仁政必自经界始

——中国现当代城市化进程中的行政区划改革若干问题研究

范今朝 著

目 录
Contents

00 导 言

“城乡统筹发展”(也即不同时期所表述的“城市化”、“城镇化”等)与“行政区划改革”这两大命题,在最近30余年来的中国,既是为理论界所关注的热点和焦点论题,也是实践中迫切需要解决而又难以有效解决的难点和重点所在。当然二者相较,城市化问题的研究起步更早一些,成果更多一些,体系也更完整一些,——原因可能在于,一般认为城市化是一个经济领域的问题(或者说,相当长的时期内,学术界将其主要作为一个经济问题来看待);相形之下,对行政区划方面的研究起步就要晚一些,成果就要少一些,学科体系目前也尚未成熟,——其原因也不言自明:行政区划问题更多涉及上层建筑,行政区划的改革也不可避免地要涉及(或落实到)政治体制改革上面。

但是,尽管对于前者的研究成果可谓汗牛充栋,但仅仅从经济层面来设计推进中国城市化进程的方案而不涉及政治、社会层面等的变革,已经被证明是缘木求鱼、本末倒置(如现在“三农”问题的迫切而难以解决,城乡差距的进一步扩大而非缩小的吊诡现象等,说明仅仅只就实体层面、物质层面而言城市化,是难以完成城市化任务的),故而仍有进一步加深研究和讨论争鸣的必要。同样,尽管对于后者的研究近些年来也成果多有,但大多数停留于表面,停留于为现行的行政区划调整方式作政策说明或在现行模式的基础上修修补补,多没有触及实质;即使少数触及到实质问题和症结所在的研究成果并进而提出的行之有效的举措,也往往得不到认同,或实践中囿于现行的政治、经济体制而难于推行;而在政策层面的改革措施,虽目的多在于加速中国的“城市化”进程(实际上是一种数量上的、外延型的城市化,而非本原的、内涵的或核心意义上的城市化,因此加上引号),但仍远远滞后于实际城市化(既包括外延型的城市化,更包含实质意义的城市化)发展的需要;并且已在行政区划调整、变革方面所采取的诸多手段使用殆尽而显现出捉襟见肘之势,证明没有深层次的改革(包括政治体制的改革)而侈谈行政区划变革,亦属隔靴搔痒,无法摆脱“头痛医头,脚痛医脚”的状态;而未来改革如何措手,目标为何,也尚不明晰。

近年来,国内外各界对相关问题的认识和研究正逐步深化;从政府决策部门而言,也先后有从“城市化”到“城镇化”,再到“新农村建设”,直至目前最新的“城乡统筹发展”等战略的提出,表明政府与学界对有关问题的看法渐趋一致;并逐渐认识到:所谓“城市化”及“新农村建设”的实现,除了经济角度的问题之外,还需要与之匹配的行政管理体制与政治体制等方面的改革。但是,限于理论上的认识误区与现实中的利益纠葛,如何推进和深化改革,以真正落实“城乡统筹发展”,在许多方面,仍有较大的难度。近年来,不论是行政区划体制深层次改革所遇到的一些问题,以及围绕行政区划改革发生的一些争论,还是现实中伴随着城市化的推进而随之出现的许许多多矛盾和冲突，都说明，对于这两大问题，依然值得从多角度、各方面，去继续深入、持续地研究下去。

本书从政区地理学的视角来审视和观察中国现实中这两大亟待破解的难题，并希望能够对这些现实问题的解决做出本学科的独特贡献。作为人文地理学中新的分支学科的政区地理学，在其发展、成长的过程之中，事实上就一直与中国当代的这两大问题息息相关；可以说，正是这些现实的问题，催生和推动了这门学科的产生、发展；而本学科也从其产生之日起，就开始关注这些迫切需要解决的现实问题，尽可能从本学科的角度，运用自身独特的视角，提出一些解决的方案；也同样，并在对这些现实问题的研究中，进而对学科理论、学科体系等有所推动、发展、深化；再返过来，学科的发展又更有助于对相关现实问题的解释和解决。本书即是在相关研究的基础上，对政区地理学若干基本理论问题的归纳和论述，并进而从政区地理学这一独特视角出发，揭示中国当代所面临的一些迫切需要解决的现实问题的形成原因与应对之道；尤其是对“城乡统筹发展”战略的实现，意图揭示其成败的关键所在，并提出与之相适应的行政区划体制的改革方略。总之，本书的出版，既希望对自身学科的成熟与发展，略尽绵薄之力；也期待对中国当代若干现实问题的解决，提供一种新的、独特的视角。

0.1　论题的缘起

行政区划体制及其格局在中国大陆地区，自 1949 年中华人民共和国成立以来，多有变动（以下在本书的论述中，为行文方便，1949 年后的“中国”一词，如无特别说明及语境，一般均指“中国大陆地区”）。但作为可以公开讨论的问题，则还是从 1978 年底开始实行改革开放政策后才逐渐展开。尤其 20 世纪 90 年代至今，随着中国经济、政治、社会体制改革的进程和城市化政策的推动，行政区划的改革也成为政府、学界和民间共同关注的一个热点问题。[①] 各种实际的举措既不断实施，而多种改革的方案更层出不穷；时而沸沸扬扬，甚至引起轩然大波；时而又着意压制，直至悄然无声。潮来潮去，起起落落，也构成了一幅生动而有趣的图景。特别是近若干年来，对行政区划的问题所在和改革设计，曾在社会上多次引起较大的争论；而实际实施中的区划调整措施，也往往引发相关地区的社会震荡，甚至酿成所谓大规模的“群体性事件”。所有这些，都凸显出这一问题在中国的特殊敏感性。

2004 年初，时任主管全国行政区划管理的民政部区划地名司司长的戴均良，在接受香港《文汇报》记者专访时，明确提出了中国行政区划改革的总体思路，即所谓“缩省并县，省县直辖，创新市制，乡镇自治”；并透露，中国各省（自治区、直辖市）范围的“行政区划改革规划”将于年内激活，并于 2005 年完成。[②]戴氏此言一出，原本可能也只是一般地谈及该部门的工作及其设想，却未料到“一石激起千层浪”；随之，媒体不断转载、炒作，各种传言也不断出现（如猜测某某市要直辖等，先后见诸公开报道的，就有深圳、青岛、大连、南京、广州、武

① 可以 1989 年“中国行政区划研究会”的成立为标志。1989 年 11 月在江苏省昆山市召开了“中国行政区划研究会成立大会暨首届行政区划学术研讨会”，会后出版论文集《中国行政区划研究》（中国社会出版社 1991 年版）。此后，多部专门探讨中国行政区划改革的著作公开出版，有关论文也逐渐增多。

② 《我国行政区划改革规划今年激活，关乎数十年布局》，见“新浪网”：http://news.sina.com.cn/c/2004-04-01/12262199508s.shtml。

汉、郑州等[①]），而民间更是推出形形色色的区划方案。与此同时，各省级民政部门也开始按照民政部的统一要求，进行各自辖区内的行政区划的调整规划工作（实际上，民政部区划地名司早于2003年4月即下发了有关文件，但各地对此反应不一，普遍启动滞后[②]）。

但是，此后不久，由于媒体愈炒愈烈，传言愈来愈多，各地开始议论纷纷，造成干部、民众心态不稳，民政部有关官员也受到很大的压力。由此，官方开始不断降低调门。是年5月，戴均良即多次公开澄清，称："我再次郑重声明，有些媒体关于中国将要设50个省的报道是严重失实的，请社会各界不要听信传言。同时也希望有关媒体尊重事实，不要随意炒作。"[③]与公开的降低宣传调门类似，各地的区划调整规划也举步维艰，迟迟难以确定和上报。

随后的时间里，学界和民间对此问题的讨论仍在继续，并不断成为媒体和社会的热点。2005年8月，据香港《大公报》报道，"国务院发展研究中心发展战略和区域经济研究部研究员刘勇透露，'十一五'期间，中国将按照统筹城乡发展的要求，坚持大中城市和小城镇协调发展的方针，走一条有自身特色的集约式城镇化道路，适时启动行政区划试点改革"，"包括实行区域城镇政府和区域辖区政府分置，城镇政府归区域辖区政府领导，城镇政府的职能仅限于城镇基础设施的规划和建设、提供城镇公共服务；适当调整行政区划，建立省县两级地方政府体制，相应地取消城镇的行政级别，仅按人口规模划分大中小城市和小城镇，除首都、省会城市及若干中心城市外，所有的城市原则上都归县政府行政管辖等"，即"改变目前'整体设市'模式，逐步恢复和推行以往'切块设市'模式，并可试行'县管市'的行政体系"。[④]再次将行政区划改革的讨论引向各界瞩目的焦点。当然，未几当事人就又加以澄清，称"只是他的个人建议"，"十一五"期间尚未将行政区划进行大的调整和变动等列入规划。[⑤]

即使延至当下，就在笔者修改、定稿本书之时，仍然有有关行政区划改革的主张乃至举措出台并引发争议。2010年3月17日，《南方日报》载文《温州将试点镇级市惹争议，专家称可在体制上突破》，称："近日，以民营经济著称的温州，'大胆'酝酿一项新举措。温州市委、市政府公开提出，要努力将该市下辖的柳市镇等5个强镇作为扩权改革的试点，建设成为镇级市。"具体即指："2月22日，温州市委常委举行强镇党委书记座谈会。温州市委书记、市人大常委会主任邵占维在会上指出，开展强镇扩权试点，加快强镇转型升级是温州市的一个重要战略任务，温州将着力解决强镇责大权小的突出问题，努力把5个试点强镇建设成为'镇级市'。"另外该报道也同时提及："就在不久前，十一届全国人大常委会第十三次会议透露，我国将积极研究完善设立县级市的标准，把人口、经济、财政、税收以及城市建设达

① 《郑州直辖传闻引发热论，重庆模式能否简单复制》，见"新浪网"：http://finance.sina.com.cn/g/20050414/18461518758.shtml。

② 戴均良：《行政区划体制创新要顺应经济发展》，《中国社会报》，2003年6月24日（总第2592期）。

③ 《民政部辟谣：我国将设50个省区市属不实传言》，见"新浪网"：http://finance.sina.com.cn/g/20040511/0851753915.shtml。

④ 《中国将在十一五期间适时启动行政区划改革》，见"南方网"：http://www.southcn.comnewschinazgkx200508310146.htm。

⑤ 《行政区划改革八字没一撇，专家推崇紧凑型城镇化》，见"新浪网"：http://finance.sina.com.cn/g/20050901/02051932689.shtml。

到一定规模和标准的县(镇),适度改设为市。这也向公众释放出我国行政区划改革的信号。"①

从前述种种情况来看,我们确实可以感觉到,行政区划问题在中国当代有其特殊的敏感性;同时,也可以发现,第一,现有的区划格局和区划制度肯定存在比较严重的问题。第二,对其的改革牵扯到方方面面的利益,非常困难。何以如此?耐人寻味。行政区划按其本意来说,只是一种为便于地方治理而进行的地理分区,一旦划定或形成,就应尽可能保持稳定。中国历史上王朝稳定时期如此,西方各主要国家也是如此。同时,区划体系本身与各方面的政治、经济等利益虽有关系,但毕竟较为间接。但在中国当代,正好与此相反;行政区划的调整、变动既非常频繁,而其自身又负载了远远超出其应该负载的东西:在当代中国,它已经不仅只是某种区域的划分,不仅只是对某种地方的历史、文化、人群的认同和承认,更与相应干部级别、地方权力、资源支配和百姓利益等等挂钩,而息息相关。

凡此种种不同的主张、争论和现实中的不同举措,都说明我们在理论上,对城市化、对行政区划等,还有许多问题、甚至是一些基本问题,尚未理清。因此,尽管这两个方面已有大量研究成果,但仍有一些理论问题值得加以探讨。事实上,这两个方面的论题恰恰存有密切的关系;孤立研究很难觅到真相,而一旦联系起来考察,则很多问题就会迎刃而解,豁然开朗。

经过近些年来的观察、比较和思考,笔者认识到,行政区划及其政区地理格局实际上与城市及其城市体系有密切关系,一定时期的政区地理格局就是由当时的城市体系所表现出来的;反过来,要认识城市的本质,也必须从这种权力的空间配置中去寻找答案。城市的本质属性,就在于权力(主要指公共权力)的空间集聚,由此才引起其他种种物质的、精神的因素集聚于此;城市既是一种客观存在的地理空间实体,更是一种聚落人口的自组织形式,是一种管理方式,是一种制度、法律体系;城市与行政区划实际上是有着密切的同源关系、互动关系的,在中国则表现为高度的同构关系。换句话说,城市为里,政区为表;城市的发展(空间上的数量增多、规模增大,实质上的管理方式变革等)直接决定政区演变(政区数量变化、层次变化、类型变化等)方向;反过来,政区体制变化也可以影响(推动或制约)城市的发展。尤其在中国,由于二者的高度同构,则行政区划体制对城市发展、对城市化进程的影响就非常巨大,有时甚至是决定性的。这层关系一经想通,则先前的诸多迷惑不解之处,诸如城市起源问题、城市发展过程的区分、城市化的确切含义等等,以及行政区划的缘起、模式和改革的诸多措施等等,均豁然明晰而不再窒碍难通。

正是在前述这些思考的基础上,笔者以 2004 年完成的博士学位论文《权力的空间配置与组织的制度创新——从城市发展与政区演变的互动关系论中国现当代的行政区划改

① 《温州将试点镇级市惹争议 专家称可在体制上突破》,《南方日报》,2010 年 3 月 17 日 A08 版,见"南方报网":http://epaper.nfdaily.cnhtml2010-03/17/content_6828448.htm。

革》[①]为基础，并将近年来个人的有关著述中的相关内容[②]，重新归纳、整理，连缀成篇，构成本书的主体部分。全书对政区地理学这一新兴的、有中国特色的人文地理学、政治地理学的分支学科进行一些理论上的归纳和总结，以期有益于学科建设和发展；并结合当前国家的发展趋向和现实需要，提出一些有针对性的主张，以希有裨于"科学发展观"的落实和城乡统筹发展及"和谐社会"的实现。

0.2 研究的意义

当然，选择这一角度，从相对形而上的、抽象的理论层面来分析城乡统筹发展(城市化问题)和行政区划改革，除了笔者个人的学术背景、经历和(甚至很大程度上)个人兴趣而外，还是具有相当的理论(学术)意义和现实意义的。中国正在面临大规模的、也可以说是人类历史上空前规模的城市化浪潮；无论这一进程成功还是失败，都将不但对中国、而且对世界产生直接的现实影响和深远的历史影响。为了顺利推进城市化，实现城乡统筹发展，一些基本理论问题必须加以澄清，一些基本发展目标必须加以确立；如果基本价值层面产生偏差甚至失误，则再好的措施(实际上已无所谓"手段"正确与否)也无济于事，甚至适得其反，城市化发展堪忧。这方面我们曾经有过(甚至目前正在经历)惨痛的失败和深刻的教训。

诺贝尔经济学奖得主斯蒂格利茨认为："中国的城市化是与美国新经济并列的世界经济增长的两个轮子。"加速城市化是中国当前发展的核心问题之一；城市化的进展，在当前中国又须臾不能离开政府的引领和推动。因此，作为政府权力空间配置的行政区划和政区格局，其与此适应与否，就具有特殊的重要作用。而要达到权力的合理配置，又不能不对诸如到底什么是城市、什么是行政区划和中国政区格局到底应该呈现怎样的状态等作出回答。

具体而言，本书的研究意义可以归纳为如下理论和实践两个层面：

(1)理论层面的意义

主要表现在城市研究和政区地理两个领域。在城市研究方面，对有关城市概念、本质，城市化概念、内涵，以及城市化道路和城市发展史等方面的研究，提出了笔者个人的一些理论新见。这些新见可能还不太成熟，表述上也会有疏漏，但就笔者个人掌握的资料来看，可算作理论上有一些创新和突破之处；如对城市本质的把握，对城市概念的界定，对城市含义

---

① 范今朝：《权力的空间配置与组织的制度创新——从城市发展与政区演变的互动关系论中国现当代的行政区划改革》(指导教师：刘君德)，华东师范大学博士学位论文，2004 年 6 月。

② 2004 年之后，笔者围绕博士学位论文所论述的重点内容，继续对行政区划改革的相关问题进行思考和研究，先后公开发表了多篇与此有关的著述。主要有：《中国当代的行政区划：形成・问题・改革》，《东亚论文》第 54 期，新加坡国立大学东亚研究所 2006 年版；《浙江省当前行政区划特征与调整改革思路》，载《经济地理》，2006 年第 26 卷增刊，第 19～23 页；《中国行政区划变更的现状与面临的问题》，载《当代中国研究》，2007 年第 1 期第 108～118 页；《遗产概念的发展与当代世界和中国的遗产保护体系》，载《经济地理》，2008 年第 28 卷第 3 期，第 503 ～507 页；《行政区划的调整与遗产"原真性"的保护——以遗产(地)所在政区的更名对区域遗产保护的负面影响为例》，载《经济地理》，2009 年第 29 卷第 9 期，第 1558 ～1563 页；《"地方"(政区)的文化意蕴与"合法性"意义——以"县"在中国政区体系中的地位和作用为例》，载：韩国高等教育财团 编：《新亚洲论坛(第三辑)》，首尔出版社 2010 年版，第 109～124 页；以及在新加坡《联合早报》所发表的一系列时评文章等。

的两个层面的区分，以及对城市化道路的阐释和对城市发展史的新的表述等。

同时，在政区地理研究领域，也对诸如行政区划的本质、类型、层次、模式等基本问题进行了梳理，对政区地理学的学科体系提出了个人的看法。一些较新的提法和新的角度的研究，也对政区地理学的理论建设具有一定的意义，如对行政区划及政区含义的辨析，对行政区划起源、发展过程的判定和描述，对行政区划模式的分析和归纳，以及政区的文化意蕴和“合法性”意义等，也多有个人的新见。

这些问题，都是学科发展最基本的概念和基础，对有关学科，如城市学、政区地理学等的顺利发展，具有重要的理论意义。

概括而言，本书在理论方面的特色和创新之处主要有如下三个方面：

第一，从较为抽象的、理论层面的角度指出了城市的本质含义，即其核心含义在于公共管理权力的集聚和运作，从而为全面和准确理解“城乡统筹发展”奠定了坚实的理论基础，对如何纠正片面的、仅实体层面的城市化而忽视公共权力配置和运作的实质意义的城市化，多注重推进大中城市发展而忽视或导致小城市和乡镇发展缓慢乃至衰落的“城市化”，给出了需要关注和解决的核心问题所在。

第二，揭示出城市发展与行政区划演变的互为因果的互动关系，对于正确认识行政区划改革对城市化及城乡统筹发展的重要作用，提供了理论依据。不仅如此，还从比较研究的视角，把中国行政区划的发展放在整个世界和全球化的背景之上，对于准确认识中国行政区划的问题和改革，具有重要意义。此外，除了从经济增长、行政管理等角度研究行政区划外，更进一步从社会、文化等角度分析政区的重要作用，研究了行政区划调整对区域历史文化遗产保护的影响，对于全面认识行政区划和政区的作用提供了新的思路和视角。

第三，更进一步分析了中国当代行政区划问题所产生的根源，即从产权配置、尤其是公有土地产权配置及其改革的角度，分析了中国当代行政区划改革产生种种问题的深层原因，提出若干应对之策。这些对于正确认识中国目前行政区划的问题和改革的目标、步骤等，也有重要借鉴价值。

(2)现实层面的意义

诚如杨豫、陈祖洲在其所译的、由美国著名学者西里尔·E·布莱克主编的《比较现代化》一书的《译者前言》中所指出的：

> 由于传统性和现代性之间缺乏足够的兼容能力，欠发达国家在现代化进程中不断出现中断。现代化的中断已经成为世界性的普遍出现的现象。所谓现代化的中断(breakdown of modernization)是指现代化过程的连续性的中断。它可以表现为经济的崩溃、社会的动乱、政府的更迭或政策的急剧转向……
>
> 在欠发达国家的现代化进程中，国家政权起着异常重要的作用。……
>
> 然而，欠发达国家由于在政治发展上的不成熟，缺乏恰当和灵活处理不稳定因素和行为的有效手段，由此造成的压力足以使变化停顿下来，甚至发生暂时的倒退。等到政府领导人调整政策重新推动现代化进程时，却又往往错过了国际和

> 国内环境的变化带来的发展和进步的重大机会。①

通观中国近现代以来直至当代的现代化历程，一个特别明显的现象就是多次的“现代化中断”的出现；表现在城市化进程乃至行政区划领域，就是多次的改弦更张与重大转向。急于描绘和实现理想图景，希图一步到位解决问题，结果往往适得其反，欲速则不达。这是中国近代以来的一个重大的教训。而其根源，就在于未能真正认识到城市的本质内涵，未能真切把握住行政区划体制的多方面的作用与意义。这样，通过揭示城市发展与政区演变的互动关系，通过对城市与城市化核心含义的揭示和对行政区划多方面作用的认识，一定程度上，可以为我们今天所进行的城市化、城乡统筹发展指出一条正确的道路，为中国的行政区划改革提供依据和方向。这些，对贯彻落实“科学发展观”、实现“和谐社会”的发展目标，无疑具有重要的现实意义。

0.3 论证的方法

朱剑如、王缉宪在其《世界城市的空间性与香港的交通建设》一文的“研究方法”一节中，介绍和论述了所谓“外延性”和“内构性”两种研究方法：

> 人文地理学的研究设计(research design)基本上可以分为两大类，“外延性”(extensive)和“内构性”(intensive)研究。前者采用大量数据，并作大量的假设，在数据中的变数寻求因果关系，以至用去伪存真的方法对事物加以解释。这一学派，用“客观”的态度来寻求共通性的定律或模式等抽象理论。由于这种研究基本上不怀疑社会结构的问题，而只是在事物表象的层面找寻解释和改善方法，可以说是修补性的和支持现状的，并对为政当局不作批判地接受。因此，当政者和既得利益者对这些研究自是欢迎和鼓励。而事实上，不少政府的报告及其聘请的顾问公司所作的研究皆循此方法，并做出结论和建议。后者研究设计本身并不标榜客观性，认为“客观性”在研究社会问题中是根本不可能达到的，虽然不少事物间因其所处的时空和社会环境而具有“规律性”地息息相关，可是其间都未必有必然的因果关系。反之，社会的结构却操纵了事物的发展方向。因此，内构性研究设计的优点在于其分析思考问题的深入性，不作客观的假设，要求拨开表象，深究事物的实质，并希望通过结构的重组，做出有意义的建议。②

本书虽然在论述不同问题时分别采取演绎或归纳的方法，但通篇而言，更多地是在所谓“内构性”的研究方法指导下展开的；目的之一是采用后者的方法论，在对有关概念、范畴进行梳理的基础上，从价值判断的角度，对中国当代城市发展与行政区划改革的问题、取向、解决思路等作较为深入的探讨。

---

① [美]西里尔·E·布莱克主编，杨豫、陈祖洲译：《比较现代化》，上海译文出版社1996年版。上引3段引文分见第23、26、27页。

② 朱剑如、王缉宪：《世界城市的空间性与香港的交通建设》，载《地理学报》，1997年第52卷增刊，第66～74页。

从具体方法的层面而言，大致包括：

(1)多学科交叉的方法

本研究涉及的领域较为广泛，因此不可避免地涉及多个学科、不同领域，如地理学、政治学、经济学、历史学、社会学等及其内部诸多分支(尤其是与城市有关的分支学科)。前面已经论及，对于城市发展和政区演变等问题，学术界已进行了大量的研究，并有许多重要的研究成果，从而为本书的研究奠定了坚实的基础。故笔者同时也广泛吸取了各学科的相关成果；可以说，本书是在众多成果的基础上加以综合、总结和补充、修正而完成的。是故，在写法上，对相关成果多采取了直接引述的方式(间或加以评述)，既为保持原文的论证和结论的完整，也为尊重原作者的劳动，并示引用者的不敢掠美和感谢之情。

(2)宏观的理论概括与微观的实证分析相结合的方法

如前所述，本书更多地是在所谓"内构性"的研究方法指导下展开的，故主要以宏观的理论概括为主，注重演绎推理和价值评判。这主要是因为本书的研究对象——不论是"城市"，还是"政区"，都不仅只是一个客观的实体，更重要的是其内在的管理体制、机制和方式，而这，更多地在于主观的选择和取舍；其利弊得失都不是简单的数量分析就可以说明的。当然，城市发展和行政区划改革又是当代中国的一项重要的实践，我们的研究自然不能无视现实的局限和实际的需要，因此，还必须结合中国现实的国情，来设计改革的路向和时序。本书即尽可能在考察中国、世界的发展状况，并以浙江省为案例来加以剖析等的基础上，试图以微观的实证分析来验证和应用前述有关的论述与结论。

(3)纵横比较的方法

在本书论证的过程中，历史的方法、比较的方法成为经常运用的、甚至是必不可少的手段。从哲学上看，时间和空间是运动着的物质的存在形式。时间表明物质运动的持续性和顺序性；空间表明物质运动的广延性。城市和政区，都是随着国家的出现而出现的，都有着漫长的发展历史；我们只有按照历史发展的自身法则去认识它，研究它，才能把握其实质，获得正确的结论。与此同时，由于历史发展过程的差异，在不同国家、不同地区以及不同时期，城市发展和政区演变又呈现复杂的面貌，因此，我们还应注意在研究中，将其置于世界范围的大的空间里，进行纵向和横向的两方面的比较和借鉴。本书的研究即主要从历史发展着眼，揭示城市、政区本质及其互动关系，不仅涉及中国，更包含世界；既进行历时的比较(历史的比较)，也进行共时的空间的比较(不同国家、模式的比较)。

0.4 框架与内容

本书着重问题导向，主旨也并非进行全面而系统的体系建构，故在结构上不去追求教科书般的平衡和面面俱到；而是主要着眼于提出一些新的看法和新的思路，或填补一些前人未曾、未暇涉及的领域；故在写作上、在内容的取舍上，以略人所详和详人所略为原则。

本书研究的基本目标是分析中国近现代以来城市化进程中行政区划的发展、演变及其未来改革的走向和方案设计，以揭示城乡统筹发展与行政区划体制的密切关系，论证适宜的行政区划体制对达成城乡统筹发展目标的重要意义。但要确切认识和说明这一过程，又不能不将诸如城市化和行政区划的一些基本理论问题弄清。因此，本书首先从历史角度分析和论证了城市的本质，指出：城市的核心是权力(公共权力)在某一特定空间的集聚，随之形成的城市体系也恰恰是行政区划体系的空间载体,从而既表明行政区划的研究重点和中心在于城市,也表明要真正理解城市,亦离不开对于公共权力的分析和把握。随即,按照这一新的视角和切入点,重新描述了城市的发展过程,也重新审视了城市化的概念、过程和道路。然后,又回过头来,专门对行政区划和政区地理的一些理论问题进行了研究,主要从中外各国比较研究的角度论述了行政区划的模式,并具体进行了一些主要方面的比较。接着,在具体分析近代以来中国城市化的进程及相应行政区划变革的过程等的基础上,提出作者对当代中国行政区划改革的路向选择和制度创新的看法,并提出方案和步骤。同时,又另辟蹊径,将此前学术界未曾引起重视的有关行政区划的历史文化意蕴及其调整对遗产保护的影响和冲击等方面的问题做了深入探讨,指出稳定的政区对地方遗产之形成和保护的重要作用,得出应尽量尊重已经存在的政区架构,行政区划格局不宜随意变动的结论。在此基础上,利用上述几方面的理论成果,以浙江省为例,专门分析和探讨了浙江省行政区划调整改革的过程、成效、问题与未来改革的初步构想。最后,对全书的主要观点和理论进行了归纳,对中国当代行政区划的一些深层次问题进行了思考,并提出有关的政策主张。本书的写作思路及逻辑结构可参见图 0-1 所示。

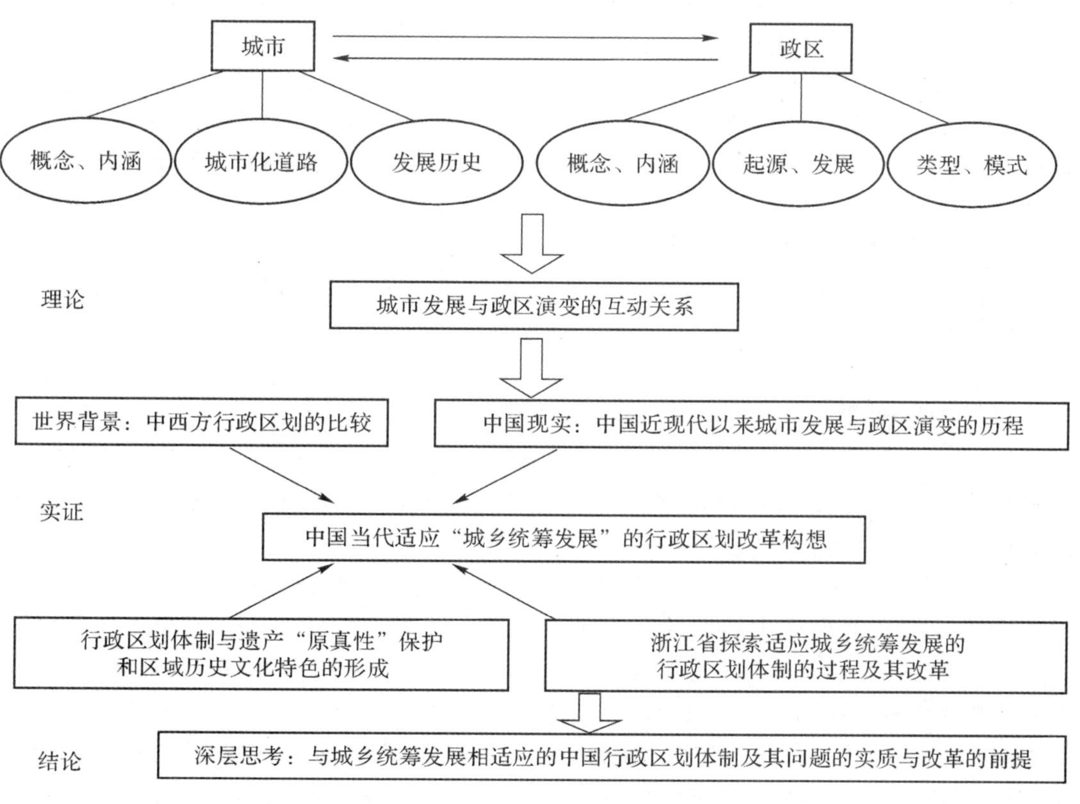

图 0-1 全书的写作思路与逻辑结构示意图

根据上述研究思路,本书在结构上,除“导言”外,共分 7 章。第一章“权力的空间集聚:城市本质、城乡发展与城市化道路的理论分析”和第二章“权力的空间配置:行政区划的本质及其城市发展与政区演变的互动关系”,主要从历史的和演绎的角度,分别讨论了与城市及城市化有关的理论问题和与政区地理有关的理论问题,涉及二者的起源、发展、模式和对目前流行的一些观点进行辨析、补充与匡正，同时明确二者之间的互动关系。第三章“集权与分权：一般类型政区和特殊类型政区的中外比较研究”，从中西方行政区划体制比较研究的角度讨论了有关问题，主要涉及中西主要国家的城市发展与政区演变的具体过程及其差别，以及联邦制与民族自治区等不同的特殊类型政区的特征。第四章“歧路彷徨与创新之道：中国近现代以来城市化进程中的行政区划体制的演变与改革”，则以此前数章论述为基础，在探讨中国近现代城市化进程及其行政区划演变的基础上，重点讨论了当代中国行政区划改革的价值取向和方案设计。第五章“政区的文化意蕴与‘合法性’意义：行政区划与遗产‘原真性’的保护和区域历史文化特色的形成”，另从社会、文化、历史等视角揭示政区的重要作用与行政区划稳定的重要意义，尤其以遗产（地）所在政区的更名对区域遗产保护的负面影响为例，讨论了当前的行政区划调整对遗产“原真性”保护的冲击。第六章“‘浙江模式’及其启示：浙江省探索适应城乡统筹发展的行政区划体制的过程及其改革构想”，则以浙江省为案例，着重介绍和分析了浙江省改革开放以来行政区划的演变过程，尤其是若干独具特色的改革举措，如财政上的“省直管县”、县市层面的“强县扩权”、乡镇层面的“强镇扩权”等，以及这些举措对城市化发展所起到的重要作用。第七章“‘仁政必自经界始’：简短的结论及对行政区划问题实质与改革关键的深层思考”，对全书有关结论加以归纳，并指出行政区划改革的实质与未来改革的关键，着重强调了地方产权的明晰与基层自治的落实的重要意义。

总而言之，本书基本上以两条线索贯穿，即：一为城市与城市化问题的研究，一为行政区划和政区地理学方面的研究。但这两条线索有内在关系，即笔者认为的实际上都与权力的配置方式有关，二者实际上是里和表的关系。这样，在相关章节中，这两条线索时而分别展开，时而合二为一。结构上则分为三大板块，即：理论推演、实证归纳和总结思考。最终，以中国近现代以来的城市化进程为研究对象，探讨为适应当代中国的城乡统筹发展，我们应该选择的城市化道路，以及在上层建筑（行政区划）领域所应该进行的制度选择和变革。

0.5 写法的说明

如上所述，本书主要采取“内构性”的研究方法，着重演绎推理和价值评判，以问题为导向而展开全书的逻辑进程，因此，在写法上主要有两点需要说明：

其一，由于本书关涉问题较多，与城市化和行政区划改革等有关的众多问题又是当前学术界、政界甚至民间广泛关注的热点和焦点，因此，相关研究成果和理论观点等非常丰富。笔者没有能力将所有涉及上述两个领域、任何方面的成果和观点都进行评述，同时这样做也非本书必需；因此，仅就与讨论问题有关的成果进行了整理和归纳。当然，这种整理和归纳无论从广度（资料掌握还有相当欠缺）而言，还是就深度（理解的偏差或评价的失允）来说，都是还有相当不足的。为避免行文啰嗦，有关归纳分见于相关问题的论述，因此，不再单独进行有关综述。

其二，笔者还需要申明的是，本书较多地是将众多研究者的许多真知灼见加以汇总归纳，而个人“卑之无甚高论”；故在写法上，为了清楚表明所引作者原意并不敢掠美，而不惮啰嗦，引述较多。当然，虽属“述而不作”的笔法，但引用的取舍之间，实际也表明了笔者的态度；笔者并不想逃避自己的责任，同时对所引有关论述的理解可能也会有偏差以至错误，故书中所存在的问题一概由本人负责。

此外,为保持严谨性和一致性,在全书正文的表述中,所引成果、观点的提出者一律直接以人名称呼,避免使用如"先生"、"教授"、"博士"等及类似的尊称或官衔;注释中有关的致谢、说明等容有例外。同时,这里谨对所有本书所引用成果的作者深致谢忱。

01 权力的空间集聚

——城市本质、城乡发展与城市化道路的理论分析

人类用了5000多年的时间，才对城市的本质和演变过程获得了一个局部的认识，也许要用更长的时间才能完全弄清它那些尚未被认识的潜在特性。

——[美]刘易斯·芒福德①

梁漱溟先生曾经用浅显生动的比喻来说明中国和西洋两种文化形态上的差异："假使西方化不同我们接触，中国是完全闭关与外间不通风的，就是再走三百年，五百年，一千年，也断不会有这些轮船、火车、飞行艇、科学方法和'德谟克拉西'精神产生出来。这句话就是说，中国人不是同西方人走一条路线。因为走得慢，比人家慢了几十里路，若是同一路线而少走些路，那么，慢慢的走终究有一天赶得上；若是各自走到别的路线上去，别一方向上去，那么，无论走好久，也不会走到那西方人所达到的地点上去的。"我们在中国古代法和罗马法的对比中看到的也是这样一种差别，而且，我们也像梁漱溟一样，首先把中国和西洋两种法律视为不同类型。它们代表了法律发展中的两种"路向态度"，而不简单是社会发展的不同阶段。

——梁治平②

讨论城市的本质和城市化道路，似乎与专门讨论政区地理的理论问题、探究中国行政区划改革等论题的距离过于遥远。话虽然不是这样说，事实上二者有许多密切的关系，这些在本章及下章中会展开分析和论证；但的确本章多是从历史的、抽象的角度来对城市及其有关问题进行粗略的梳理和宏观的归纳，而非细致的考证。梳理虽然粗略，归纳也可能会有错误，但其重要性不言而喻：正是在这些基本理论问题上的模糊不清和似是而非，导致实践中出现许多棘手的问题，其影响，就不只是在理论方面，而是实实在在、深深切切地影响到我们对未来发展方向的选择，对未来自身命运的把握。

---

① [美]刘易斯·芒福德著，倪文彦、宋俊岭译：《城市发展史——起源、演变和前景》，中国建筑工业出版社1989年版，第1页。按：该书2005年由中国建筑工业出版社另版，译者署名宋俊岭、倪文彦。

② 梁治平主编：《法律的文化解释》，生活·读书·新知三联书店1998年第2版，第35页。

1.1 城市:权力的空间集聚与权力的集聚空间——关于城市与城市化的本质的讨论

1.1.1 重新认识城市的本质

早在1961年,当美国著名城市史学家刘易斯·芒福德(Lewis Mumford)撰写和发表其最负盛名的城市研究著作《城市发展史——起源、演变和前景》(*The City in History*:*Its Origins*,*Its Transformation*,*and Its Prospects*)时,开宗明义,就发出这样的提问:

> 城市是什么?它是如何产生?又经历了哪些过程?有些什么功能?它起些什么作用?达到哪些目的?它的表现形式非常之多,很难用一种定义来概括;城市的发展,从其胚盘时期的社会核心到它成熟期的复杂形式,以及衰老期的分崩离析,总之,发展阶段应有尽有,很难用一种解释来说明。城市的起源至今还不甚了然,它的发展史,相当大一部分还埋在地下,或已消磨得难以考证了,而它的发展前景又是那样难以估量。①

以后,不断有学者追问和辨析此类问题。可以说,任何研究城市及与城市有关的问题的学者,或多或少都要探究"什么是城市"并试图给出自己的解答。1999年,刘传江在其博士学位论文《中国城市化的制度安排与创新》中,也系统考察了这一难题,并分析之所以如此的原因:

> 什么是城市?这一问题看起来似乎没有必要考虑,其实不然。在现有研究城市问题的文献中,人们难以找到一个即使是能为多数人所认可的较完整的定义。这种局面形成的一个重要原因,在于城市是一个十分复杂的社会系统,城市这一概念本身具有广泛性,经济学、社会学、人口学、地理学、历史学、文化学和城市学等不同学科的学者从各自专业视野的研究很难达成共识。②

2002年,纪晓岚更以《论城市本质》为题,完成其博士学位论文,其中也提到:

> 我用了大量时间,查阅前人的研究成果,发现对城市定义虽争议较多,但对其"本质"的探讨却很少见,而真正将城市本质作为一个专题进行全面系统的研究成果至今还没有。而城市理论研究的深化,城市化进程的加快都十分需要揭示城市的本质……③

---

① [美]刘易斯·芒福德著,倪文彦、宋俊岭译:《城市发展史——起源、演变和前景》,中国建筑工业出版社1989年版,第1页。

② 刘传江著:《中国城市化的制度安排与创新》,武汉大学出版社1999年版,第23~24页。

③ 纪晓岚著:《论城市本质》,中国社会科学出版社2002年版,第12页。

虽然纪氏文中的主要观点或可商榷，但说明对城市及其本质属性等的确还是有很多问题没有解决。而在实践中，对一个人群聚居的所谓聚落是否是一个城市或是否够得上一个城市的标准，其界定与判断更是常常因为没有统一认同的标准而成为一个比人们的想象更为复杂的问题。

1.1.1.1　城市定义的代表性表述及其分析

关于城市的各种定义，刘传江在其所著《中国城市化的制度安排与创新》第一章中，有比较全面的总结，“综观学术界不同研究视野和不同研究视角的观点，对城市这一概念的定义主要包括发生定义、人口定义、集聚定义、功能定义、区域定义、景观定义、文化定义、生活方式定义和系统定义等多方面”①。这里就按照刘传江表述的顺序，加以论列和评述。② 另外，再补充若干刘著搜罗未尽或后出的一些说法，也给以评价。

(1)城市的发生定义

这是从城市的起源角度给出的定义。刘传江首先综述了若干基本观点，指出：所谓“城”，是指以高墙围起来，扼守交通要冲，具有防卫意义的聚落；所谓“市”，是指人们从事产品交换或商品交易的场所。两者分别具有防卫职能和经济职能。“城”和“市”就其产生看，两者原本没有直接联系。后来随着生产发展和交易的扩大，为了管理和安全上的需要，较大的市逐渐移向靠近城的地方，或者移入城中，而城里也出现了市场，这样便形成了完整的城市。③ 城市作为这两者的结合，是指以墙垣围起来的进行交易的市区，它支配扩散在其周围的地区，而它的分解则成为以城郭为主要特征的城市和以中心市场为特征而未必有城墙的城市。④ 城市起源说认为，城市是一个历史范畴，它是社会生产发展到一定阶段的结果，是人类社会三次大分工的产物。⑤ 第一次社会分工——农牧分离产生固定的居民点即原始聚落是早期城市的胚胎；第二次社会分工——农业和手工业的分离，形成了固定的交换场所，已经具备了城市的雏形，并体现出自然状态的“市”的功能。随着私有制的产生、奴隶制的确立，在政治、军事、宗教的影响下产生了众多的城市。⑥

接着，刘传江又具体介绍了“城市起源说”的几种不同观点：

1)私有制说：城市是私有制产生的结果。马克思和恩格斯认为，“城乡之间的对立是随着野蛮向文明的过渡、部落制度向国家的过渡、地方局限性向民族的过渡而开始的，它贯穿着全部文明的历史并一直延续到现在”，“城乡之间的对立只有在私有制的范围内才能存在”。⑦ “在新的设防城市的周围屹立着高峻的墙壁并非无故：它们的壕沟深陷为氏族制度的墓穴，而它们的城楼已经耸入文明时代了。⑧”

2)阶级说：著名经济史学家傅筑夫是这种观点的代表人物。他认为，“中国古代的城与

① 刘传江著：《中国城市化的制度安排与创新》，武汉大学出版社1999年版，第23页。

② 参见刘传江著：《中国城市化的制度安排与创新》，武汉大学出版社1999年版，第23～33页。本节前半部分有关城市的各种定义及其介绍的内容多引于此。为说明有关观点的提出者和出处，便于进一步追索和研究，有关注解也一并转引于此。特此说明。

③ 王保畲、罗正齐著：《中国城市化的道路及其发展趋势》，学苑出版社1993年版，第2页。

④ 谭天星、陈关龙著：《未能归一的路——中西城市发展的比较》，江西人民出版社1991年版，第2页。

⑤ 崔功豪、王本炎、查彦育编著：《城市地理学》，江苏教育出版社1992年版，第2页。

⑥ 江美球等编著：《城市学》，科学普及出版社1988年版，第57～58页。

⑦ 《马克思恩格斯全集》，第3卷，第57页。

⑧ 《马克思恩格斯全集》，第21卷，第188页。

欧洲古代的城，其起源都是相同的，都是在社会分裂为对立的阶级后，随着阶级斗争的发展，剥削阶级为了保护自己的利益而新建起来的”[①]。这种观点还认为，从本质上讲，城市是国家的同义语，作为阶级社会的产物，它是统治阶级压迫被统治阶级的工具。

3)防御据点说："城市的出现并不一定是阶级矛盾不可调和的产物，而是人们为保护私有财产所采取的防御措施。"[②]防御说认为，城市之所以产生是由于统治者为了保护自身既得的统治地位，防御外来敌方侵扰而兴起的。所谓“筑城以卫君”、“君是城之本”之说正是古代城市兴起动因的历史记载，而古代城堡建筑一般具有防御工事则是城市因防御需要而兴起的事实见证，高墙深池择险而筑也就成为早期城市的一个重要景观特征。

4)交换集市中心说：这派观点认为，城市是作为初期的简单交换的交换场所而慢慢发展为经常化的集市交换市场中心地而兴起的，尽管有人认为城市是长距离贸易的产物，有人认为城市起源于集中了内部交换过程的区域中心。……简·雅各布斯(Jane Jacobs)甚至与众不同地认为城市发展先于乡村，城市是从集市中心逐渐发展起来的。[③] 尽管从历史进程看，有的城市由“城”发展而来，有的城市由“市”演变而成，但无论怎样，发展的结果是没有市场便不能称为城市。[④]

5)地理环境基础论：德国地理学家拉采尔(Friedrich Ratzel)认为，在生产力水平十分低下、盲目的原始力量起支配作用时，人类聚居形式是环境的产物。近东河谷低地的特殊自然环境，特别有利于耕作和动物驯化，为城市起源提供了条件。伍利(L. Woolly)和威特福格尔(K. A. Wittfogel)认为，只有在土地和气候有可能并且容易在一个较大的范围内创造出剩余产品的地区，城市文明才会产生。他们认为水源是古代城市文明产生的重要条件，剩余农产品很大程度上是灌溉农业的结果，而灌溉又导致了特殊形式的劳动分工，它强化了耕作，并促使人口集中。同时，灌溉还使大规模的合作成为必要，它导致了管理体系的形成。这些因素使住宅建设集中化，出现了城镇。[⑤]

6)血缘制与宗教中心论：芒福德(Lewis Mumford)认为，人类城市文明生活方式的最早萌动，实际开始于以墓地表达对祖先的怀念和祭祀以及到岩洞举行礼仪活动的行为需要。从某种意义上说，远在活人形成城市之前，死人就先有“城市”了。墓地作为死人的城市是活人城市的前驱和前身，也是活人城市形成的核心。正是由于古代社会的社会性和宗教性推动力的协同作用，这些固定的地面目标和纪念性汇集地点逐渐地把有共同的祭祀礼俗或宗教信仰的人们，定期地或永久地集中到一起，这便是城市形成的最初的胚胎。哈桑(Riaz Hassan)以前伊斯兰教阿拉伯社会的游牧文化向后伊斯兰教阿拉伯社会的城市文化的转变为例证，论述了这种转变需要宗教这种新的社会组织，并认为宗教能产生一种比家族更巩固的忠诚和社会团结的力量。他指出，如果没有对权威的尊重、对某种场所的依附及对他人权力的服从，城市文化就不可能存在。[⑥]

7)社会分工说：这种理论认为城市伴随着私有制的产生、阶级的形成和商品生产的出

---

① 傅筑夫：《中国经济史论丛》，生活·读书·新知三联书店 1979 年版，第 331 页。

② 杜瑜：《中国古代城市的起源与发展》，载《中国史研究》，1983 年第 1 期。

③ Jane Jacobs. *The Economy Of Cities*. Harmondsworth: Penguin, 1972.

④ 王保畲、罗正齐著：《中国城市化的道路及其发展趋势》，学苑出版社 1993 年版，第 3 页。

⑤ 周一星著：《城市地理学》，商务印书馆 1995 年版，第 72～73 页。

⑥ 周一星著：《城市地理学》，商务印书馆 1995 年版，第 71～73 页。

现而诞生，但私有制说、阶级说和交易集市中心论并不是城市产生的真正根源，真正的根源是社会分工。原始人在漫长时期里过着狩猎生活，没有固定的居住地点，到后来由于进入主要从事植物栽种和动物驯养的农业时代，人类才逐渐走向定居生活。原始社会末期，手工业和农业分离的第二次社会大分工，促进了劳动生产率的进一步提高，引起了私有制的产生和商品生产的出现。于是，在部落或部落联盟的中心周围出现了满足防卫需要而新建的石墙和城楼，这便是最早的城市雏形。随着商品生产的发展和市场的扩大，在奴隶社会初期出现了不从事生产、专门经营商品买卖的商人阶级，开始了第三次社会大分工。接踵而来的是阶级的出现与对立，最早的奴隶制城市就是在社会分工的基础上于这一时期出现的。[①]

笔者认为，从城市的起源来看城市的本质，应该说，是看得比较清楚的，因为那时的城市规模尚小，集聚因素相对简单，因而成因、脉络显得清晰，反可以抓住实质。上述各家说法从不同角度展开，都有各种事实依据。笔者试作如下几点简评：

1）笔者认为，从城市的起源、产生来看，城市形成与否，主要不应该是个经济问题，而应该是一个政治问题，关键在于公共权力的集聚和质变——出现国家。

2）傅筑夫的观点，如果抛开其过去特定环境下的意识形态色彩，则触及到城市的实质；即阶级如果理解为相当于阶层，则城市确实是在人群分化为不同阶层的基础上产生的，当然，“剥削”一词具有较强的否定意味，可以理解为相互提供不同的服务。另外，从本质上讲，城市确实在某种程度上，尤其在初期，等同于国家，是国家的同义语；而“镇压”与“压迫”等职能，如果作为一个中性词来理解，作为维持社会秩序的必备手段，则确实存在，且必不可少。

3）农村也有城墙，也需要防御，这应该是人类聚落的共性，故不构成城市的实质意义。倒是所谓“筑城以卫君”、“君是城之本”之说，不是证明城市的本质是防御，而恰恰说明城市是“君”所居住的地方，是权力的所在地。

4）“市”即市场，是经济权力显示的场所；市场的正常运转，离不开交易的规则，这种规则的制定，由权威确定，并由权力（以及随之而来的权威性的仲裁乃至暴力性的惩罚等）来保护，这是市场必须依附于城市的根本原因。试想，放在荒郊野外，人的安全尚且没有保障，谈何公平交易（指在确定的规则之下的“公平”，规则本身“公平”与否暂且不论；实际上，有规则，即使不太公平或很不公平，也比没有规则、巧取豪夺要好）？如何保障这种交易？这是城市与市场天然结盟的主要原因。

5）拉采尔已明确说出了或证实了笔者关于城市本质的看法。农业当时就是最先进的生产力，城市就是产生于农业之中；而非如我们现在认为的农业一直是落后的产业（就如若干工业门类在今天也像农业一样，已经成为明日黄花，但不妨碍其在某一时段为先进生产力的代表一样）。它点出了管理体系产生之于城市产生的相互关系，如果将权力做泛化理解（即政治统治权力和经济管理权力，二者实际上很难截然分开），则城市仍离不开管理权力。

6）芒福德从城市起源或源头的角度，指出了权力（神权）在城市形成中的关键作用。哈桑的后一段话，亦相当到位。周一星在评论哈桑这段话时，也提到：“这种观点实际上派生

① 肖梦主编：《城市微观宏观经济学》，人民出版社 1993 年版，第 32 页。

于民族主义与现代城市化的联系和权力结构是城市的关键等论点。”①

(2)城市的集聚定义

这是从城市构成要素的特征角度而对城市所作的定义。刘传江介绍了若干主要观点：城市是人口、非农产业、资金、技术和文化十分密集的场所。高度密集的人口、建筑、财富和信息是城市区别于乡村的普遍的、本质的特征。② 对此，马克思和恩格斯的描述是：“城市本身表明了人口、生产工具、资本、享乐和需求的集中，而在乡村里所看到的却是完全相反的情况：孤立和分散。”③

城市的集聚并不是人口或其他要素的简单、松散的堆积和集合，而是有机的系统的结合，并且能因此而产生巨大的凝聚力和辐射力。恩格斯曾经指出：“像伦敦这样的城市……这种大规模的集中，250万人集聚在一个地方使这250万人的力量增加了100倍；他们把伦敦变成了全世界的商业首都……”④弗朗索瓦·佩鲁(Francois Perroux)认为，这种集聚能形成一种资本与技术高度集中、具有规模经济效益、自身增长迅速并能对邻近地区产生强大辐射作用的“发展极”(development poles)，并通过具有“发展极”地区的优先增长，可以带动相邻地区的发展。⑤

笔者认为，应该说，“集聚”是城市的本质特征之一。但乡村也是各种人工物的集聚(当然，城市是所谓高度集聚，但何以区分?)。因此，还得探究“集聚”什么，什么是城市能够集聚而乡村未能集聚的。城市之所以“是有机的系统的结合，并且能因此而产生巨大的凝聚力和辐射力”，是因为城市首先是一种高效率的组织形式，是人类社会进化和自组织的重要体现，由此吸引其他各类因素向城市集聚；反过来，又是之所以“城市”这种自组织体富有生命力、会更加扩展的原因。

(3)城市的功能定义

这是从城市所具有的不同于农村居民点的社会经济功能的角度而作的定义。刘传江论述道：城市从起源看，主要有两方面的功能：“城”是具有防御工事的聚落，所谓“筑城以卫君，造郭以守民”正是古代城市兴起动因的历史记载；“市”是产品交易的场所，所谓“日中为市，聚天下之民，易天下之货”，则是古代城市兴起的真实写照。除了防御和交易功能外，古代的城市还有行政管理和宗教功能。近现代的城市作为一个综合性的社会系统，其功能是多方面的，但在这些功能中，经济功能是其中最主要的功能。因此，从功能的角度，人们认为“城市是工商业活动即第二、三产业活动的场所，是从事工商业活动的人群居住的场所”⑥。这一定义与城市的集聚定义是相联系的，第一产业的布局特征是分散，它构成农村的经济基础；第二产业和第三产业的布局特征是集聚，它构成城市的经济基础。

笔者认为，这种观点完全是从近代城市、尤其是近代工业城市出发所作出的判断。的确，近现代城市可能如此；但远古时期，城市却是在农业的基础上产生的，——当时，相对于游牧业、游农业等而言，定居农业则是最先进的产业类型；因此，反而农业是集中于城市(自

---

① 周一星著：《城市地理学》，商务印书馆1995年版，第73～74页。

② 崔功豪、王本炎、查彦育编著：《城市地理学》，江苏教育出版社1992年版，第3页。

③ 马克思、恩格斯：《德意志意识形态(1845～1846)》，《马克思恩格斯全集》，第3卷，第57页。

④ 恩格斯：《英国工人阶级状况》，《马克思恩格斯全集》，第2卷，第303页。

⑤ Francious Perroux. *Note Sur La Notion de Pole de Croissance*. Economic Appliqu, August 1995.

⑥ 崔功豪、王本炎、查彦育编著：《城市地理学》，江苏教育出版社1992年版，第3页。

然是当时的"城市",主要为规模较小的聚落)的产业。到了近代,随着机器大工业的兴起,农业才成为落后产业而被排挤出城市。同样,今天,则是机器大工业被排挤出城市,信息产业等第三产业成为城市的主要产业。唯一没有变化的只是城市仍为权力的集聚中心。所以,经济功能等是派生的,而非本质原因。

(4)城市的景观定义

这是从城市与乡村的外在景观差别的角度所作的概括,即刘传江所论述的"城市与农村的最直接的区别在于它与后者有着截然不同的外在景观。城市是人们改造社会最集中、作用最明显、反映最深刻的,以人造景观为特征的聚落。它是建筑高低错落而密集、空间立体开发而拥挤、设施复杂、布局井然的生产和生活场所"。

笔者认为,所谓景观差别,只是外在特征,且是相对而言的。另外,建议在与城市对称时,术语最好用"城市"与"乡村"对应为妥;原因在于,"农村"有产业的含义,而如上所论,某种产业类型并不必然与城市发生或不发生关系,似以避免使用为好。

(5)城市的文化定义

这是从更为抽象的文化、意识等层面对二者差别所作的概括。刘传江论述道:美国社会学泰斗帕克(Robert E. Park)认为,城市决不仅仅是许多单个的集合体,也不是各种社会设施的聚合体,也不只是各种服务部门和管理机构的简单聚集。城市是一种心理状态,是各种礼俗和传统构成的整体,是这些礼俗中所包含的,并随传统而流传的那些统一思想和情感所构成的整体。[①] 文化学者则更明确地指出,城市是现代文明的支点和象征,是现代文化的集散地。[②] 上述定义与集聚定义相类似,只不过它强调的是文化的集聚与扩散。在前资本主义社会,由于经济上是农业支配工业,乡村支配城市,故在文化的诸多方面,城市仍然体现出一种农业文化形态,如以农为本,思想封闭,生活节奏缓慢,社会分工不发达,注重传统礼仪,不注重技术,不追求经济功利。近现代城市的发展则以工业革命或工业化为推动力,社会分工发达,讲求实效,人们之间交往频繁,生活节奏快捷,追求经济功利。

笔者认为,这一层面的城乡差别,完全是后起的,是近代以来城市与乡村差别的写照,而且,更主要的在于,这些差别,实际上更多的是大城市与小城镇的差别,而非一般性的城市与乡村的差别,且只是描述城乡在文化、心理等方面的差别,不涉及本质。

(6)城市的生活方式定义

城市的生活方式定义涉及所谓"城市性"的概念。对此,刘传江也有详细介绍:

> 1938年,"城市社会学之父"路易斯·沃斯(Louis Wirth)在其发表的一篇题为《作为生活方式的城市性》(*Urbanism as a Way of Life*)的著名论文中把城市特有的生活方式叫做城市性(urbanism),它指的是"社会生活的形式"和在由众多异质的个人所组成的具有相对稳定性的聚居地中出现的组织。城市即是具有城市性的聚居地,用他的话说,即"城市是生活的、具有异质性的、个人的,而且还具有相对高密度的、永久性的村落"。沃斯的城市定义包括三个要点:(1)规模大;(2)人口稠密,是永久性的聚居地;(3)在社会与文化方面具有异质性的人群。这

① Robert E. Park et al. *The City*. The University of Chicago, 1968:1.

② 胡潇著:《文化现象学》,湖南出版社1991年版,第125页。

> 三者相互结合，形成了沃斯称之为“城市性”的独特生活方式。[①]
>
> R·E·帕克认为，城市生活方式与其他生活方式相比，理智成分多于感情色彩，根深蒂固的情感与偏见遇到以自我利益为基础的城市观念时显得苍白无力。在这种社会里，集团利益代替了传统的感情纽带，以差异性、利益性为基础的群体团结取代了以宗法性、相似性为基础的群体团结。[②] 刘景华博士在谈及城市的定义时，指出：“总的来说，城市现象是体现人类生存的物质、自然、社会和文化诸多条件有机联系的一种生活方式。”[③]

笔者认为，这一层面的分析和比较说明，即对“城市性”特征的描述，多是后起的，即是城市已然正式形成、发展后出现的不同于乡村的在文化、心理方面的现象，不涉及本质。不过，所谓“城市性”的原初定义，即“**在由众多异质的个人所组成的具有相对稳定性的聚居地中出现的组织**”等说法，则从人群组织的角度涉及城市的本质属性，惜未能明确展开。

(7)城市的区域定义

这是指城市是一定区域的经济、政治、交通和文化中心。刘传江进一步论述道：这种中心通常不是简单地指所处地区的地理的中心点，而是地理位置、资本、人力、资源和水利等群体的综合优势，或是人为因素和自然因素相结合的结果。任何城市总是在特定的区域范围内形成和发展的，城市与区域的关系是“点”和“面”、“中心”和“基础”的关系。即使在古代，无论是作为交易场所的集市，还是防卫据点，都有一个物资集散地或军事保护的范围。近现代的城市是区域社会经济的中心，集聚多种职能形成城市的社会经济势力范围，并通过辐射力和吸引力影响服务半径范围及其腹地区域的社会经济发展。并以德国学者沃尔特·克里斯泰勒(Walter Christaller)提出的“中心地理论”来说明：区域要素集聚的结果是导致了区域结节中心即中心地(central place)的出现；所谓中心地是一定区域社会的中心，通常是一个城镇，服务是中心地(城市)的基本职能；中心商品的消费区和中心服务的接受区即形成中心地外围的补充区(complementary area)；中心地与补充区相适应，补充区以六边形为最佳；高级中心地与大补充区相对应，低级中心地与小补充区相对应。[④]

笔者认为，区域也应该是城市概念中不可缺少的一部分。任何城市，都只有在一定的、或特定的区域范围内才有意义。大都市对应的、影响的区域范围大，小城镇对应的、影响的区域范围小，对应于小区域的城市可能在大区域内只能算作乡村。因为，其集聚的权力的影响范围决定了城市的影响范围。上引克氏理论是对城市体系的一个极好的说明；而且其三个中心地体系，正好表明三种最主要的权力所形成的城市体系，其中，以行政权(政治权力)最为重要。

(8)城市的系统定义

最后，刘传江还介绍了所谓城市的系统定义，即“对城市的定义拘囿于某一特定视野或视角往往带有明显的局限性，而应从系统的多角度下定义”：

---

① Louis Wirth. *Urbanism as a Way of Life*. American Journal of Sociology, Vol. 44(1938): 1～24.

② 何钟秀、曾涤编著：《城市科学》，浙江人民出版社 1988 年版，第 11 页。

③ 刘景华著：《城市转型与英国的勃兴》，中国纺织出版社 1994 年版，第 3 页。

④ Walter Christaller. *Central Place in Southern Germany*. Englewood Cliffs, N. J. & London: Prentice Hall, 1966.

> 城市，尤其是现代城市，是一个空间地域系统，是城市各组成部分在城市空间内形成的一个相互联系和制约的有机体。① ……英国学者巴顿(K. J. Button)认为："城市是一个坐落在有限空间内的各种经济市场——住房、劳动力、土(引者注：原文为'天'，据上下文改)地、运输等等——相互交织在一起的网状系统。"②史密斯(Wallance F. Smith)认为对城市较全面的定义至少包括如下7个方面：(1)一定的人口规模下限(minimum size)；(2)必要的政治地位(political status)；(3)较高的人口密度(density of population)；(4)非自然资源提取性职业(non-extractive Occupation)；(5)机械加工而成的基础设施(mechanical infrastructure)；(6)财富的象征(a symbol of wealth)；(7)特有的生活方式(a life style)。③ 日本学者山田浩之认为，城市或城市区域是兼有密集性、非农业的土地利用、异质性(流动性)三个性质的地域。④

笔者认为，这样的描述还是比较全面的，也包括了城市的各个方面的含义。但未明确何者为决定因素。

(9)城市的综合定义

刘传江在归纳了上述各种城市定义后，提出一个自己的看法："综上所述，我们可以将城市粗略地定义为：城市是相对村庄而言具有外表特征和内在功能的大型聚落，是非农业人口和非农产业的聚居地，是一定地域范围的经济、社会、文化和政治中心。"⑤

笔者认为，如前分析，城市并非一直是"非农业人口和非农产业的聚居地"；而是该时期高级产业及从事该高级产业的人口的聚居地。而"一定地域范围的经济、社会、文化和政治中心"也就应理解为区域的公共权力的中心。

(10)城市的本质定义

纪晓岚在其《论城市本质》一书中归纳了关于城市本质问题的不同观点，并进而提出了一种自己的观点。她先后归纳和引述了亚里士多德、刘易斯·芒福德和埃比尼泽·霍华德等西方思想家对城市本质的理解，如亚里士多德在其名著《政治学》中的观点：

> 亚氏认为城邦产生的缘由在于人类完成善业。在亚氏看来，"人类的每一种行为，其本意总是在求取某一善果"。由人类所组成的一切社会团体，其目的总是为了完成某种善业，既然一切社会团体，都以善业为目的，那么就可以称这种"至高而广涵的社会团体"，就是所谓城邦，即政治社团(城市社团)。人类从事善业而产生社会团体是城邦产生的主要因素。亚氏认为，"……人类生来就有合群的性情，人类自然是趋向于城邦生活的动物(人类在本性上，也正是一个政治动物)"。

---

① 崔功豪、王本炎、查彦育编著：《城市地理学》，江苏教育出版社1992年版，第4页。

② K. J. Button. *Urban Economics: Theory and Policy*. London: The MacMillan Press Ltd, 1976. Chapter 2.

③ Wallance F. Smith. *Urban Development: The Process and the Problems*. Berkeley, Los Angeles and London: University of California Press, 1975:3～5.

④ 山田浩之著，魏浩光等译：《城市经济学》，东北财经大学出版社1991年版，第4页。

⑤ 刘传江著：《中国城市化的制度安排与创新》，武汉大学出版社1999年版，第33页。

> 亚氏指出，要阐明城邦的本质，首先应研究公民的本质，因为城邦正是若干(许多)公民的组合。城邦的本质是由公民的本质所决定的。决定公民本质的则是公民的身份。……全称的公民是凡得参加司法事务和治权机构的人们。亚氏将公民的本质完全赋予了其政治意义。公民的本质是什么？公民是有权参加司法事务和公民大会的人，这两个机构是城邦最高权力所寄托的城市。只有享受平等政治权利的人才是公民，只有由这样的公民组成的政治团体，才是城邦……[①]

刘易斯·芒福德在《城市发展史》中的观点：

> 芒福德是从城市发展的历史过程来认识城市本质的，他倾注全力研究文化和城市的相互作用。他将城市的本质看作是其文化功能的体现。他指出："正是由于给城市规定的这一严苛的定义，才不能不引起我们深深的怀疑：密集，众多，包围成圈的城墙，这些只是偶然性特征，而不是它的实质性特征——城市不只是建筑物的群体，它更是各种密切相关的经济相互影响的各种功能的集合体——它不单是权力的集中，更是文化的归极。"[②]在芒福德看来，城市存在的意义，不在于它的物质形式，而重要的是它的传播和延续文化功能的作用。……芒福德最后的观点是将城市的本质与人的进化相联系。他认为，城市实质上就是人类的化身。城市从无到有，从简单到复杂，从低级到高级的发展历史，反映出人类社会、人类自身的同样发展过程。"最初城市是神灵的家园，而最后城市本身变成了改造人类的主要场所，人性在这里得以充分发挥。进入城市的是一连串的神灵，经过一段长期间隔后，从城市中走出来的是面目一新的男男女女，他们能够超越其神灵的局限，这是人类最初形成城市时始所未料的。"[③]

之后，纪晓岚将自己关于城市的本质界定为：**"城市是人类满足自身生存和发展需要而创造的人工环境"**[④]。

笔者认为：非常遗憾，实际上，两位思想巨人已经探寻到城市的真正本质所在，但纪晓岚则退回来，在她所给出的命题中，依旧没有抓住根本。按照纪氏说法，乡村难道就不是"人类满足自身生存和发展需要而创造的人工环境"了吗？则城市与乡村又何以区分？显然无法自圆其说。

(11)城市的数量定义

世界各国关于城市的定义有很多种描述，概括起来可以分为三大类：从人口规模入手，将达到某一特定人口规模或具有某一特定最小人口密度的地方界定为城市；就职能而言，一个地方从事经济活动的人口中，从事非农业活动的人数占到一定比例，就可以称为城市，

---

① 转引自纪晓岚著：《论城市本质》，中国社会科学出版社 2002 年版，第 27～31 页。

② 刘易斯·芒福德著，倪文彦、宋俊岭译：《城市发展史：起源，演变和前景》，中国建筑工业出版社 1988 年版，第 2 页。

③ 刘易斯·芒福德著，倪文彦、宋俊岭译：《城市发展史：起源，演变和前景》，中国建筑工业出版社 1988 年版，序言部分，第 7 页。

④ 纪晓岚著：《论城市本质》，中国社会科学出版社 2002 年版，第 43 页。

或将具有行政管理职能的地方政府所在地作为城市；在地域特征方面，将具有某些城市特征（如建筑景观、市政设施、公用设施等）的地方称为城市。①

早在 1887 年，国际统计学会就提出，人口数量在 2000 人以上的居民点称为城市，不足 2000 人的聚落称为农村。但这个划分城市与农村的标准不具有约束力，许多国家未按照这一标准来划分城乡居民点。自 20 世纪 50 年代以来，联合国一直在试图建立便于国际比较的测量城市的标准。……这些定义可以归纳为三大类：最为广泛使用的定义是基于人口规模的定义，大约有 35%的国家提供给联合国的城市资料是基于单纯的人口聚落规模的定义。这类定义对城市人口规模的限定标准大多数从 250 人至 4000 人之间甚至更多不等。第二大类城市定义基于法律的或政府的标准。在一些国家，明确规定一定级别行政区的行政中心不论人口规模都为城市。第三类城市定义为混合标准定义，通常包括人口规模标准、法定标准和行政标准。②

不过，普遍采用的运用人口统计方法来界定城市遇到了许多困惑。《城市化的世界》报告指出，只需变一下城市中心的定义，就能使中国、印度或其他一些拥有大量人口的国家的城市人口发生巨大的变化，从而造成世界城市中心人口显著上升或下降的情况。在许多国家，不仅界定"城市"发生了困惑，就是界定"城市地区"也有许多困难，往往在划分中心城外地区进行对比时，如果不考虑大城市区或者"扩展大城市地区"等因素，则会产生"戏剧性"的对比结果。城市之间不可比因素逐渐增多。运用不同的统计方法，在同样一个城市，人口规模和地域规模会相差大约四倍至五倍，如东京的居民数在 800 万至 4000 万之间，北京的居民数（1990）在 233.7 万至 1081.9 万之间，美国洛杉矶居民数在 348 万至 1453 万之间。③

1.1.1.2 把握"城市"概念的关键及一个新的界定——评析和新说

如上所述，关于"城市"的概念、本质、界定等研究成果林林总总，各家众说纷纭（有关西方英语国家学者的主要论述，还可参见《人文地理学词典》"城市"条④）。应该说，这么多的定义、解说等，从不同侧面、层面揭示了城市的一些内在本质与外在特征。康斯坦丁多西来蒂斯认为：

> 事实上，"城市"这个字眼包含很多东西。我们实在不应用"城市"这个词，而只应用"人类聚居之地"。清楚划分的空间，作为一居住单位界定城市的时代已经过去了。在 18 世纪以前，城市甚至受城墙所围绕。及后，虽然城墙不再需要了，但城市与乡村地区仍然有明确的界限。在城市范围的终点，往往便是乡村地区的始点。但如今这种现象不再存在了。人类聚居之地四处蔓延，城市已变成一动态的有机体。一个大城市，往往把外围的小城市和村落吸纳，然后再向外扩展；一个小

---

① 邹德慈主编：《城市规划导论》，中国建筑工业出版社 2002 年版，第 1 页。

② 刘传江著：《中国城市化的制度安排与创新》，武汉大学出版社 1999 年版，第 34 页。

③ 1996 年全球人类住区报告《城市化的世界》，第 14 页。转引自纪晓岚著：《论城市本质》，中国社会科学出版社 2002 年版，第 18～19 页。

④ ［英］约翰斯顿主编，柴彦威等译：《人文地理学词典》，商务印书馆 2004 年版，第 756～759 页。按：该中译本据原著第三版（出版于 1994 年）译出；而 2000 年，该著第四版已经出版，故另可参见 R. J. Johnston et al [ed.]. *The Dictionary of Geography* (*Fourth Edition*). Blackwell Publishing Ltd., 2000: 870～871.

> 的城市，则会沿着一些公路及乡村的道路伸展。在这种情况下，城市的定义可根据其大小，亦可根据其边界。我认为，人类聚居之地，不论其大小、好坏，来形容城市是正确的。因而我们也就可以根据大小、单位、社区、邻舍、街道以至房屋来加以分类。①

之所以会出现如此之多的见解，正说明城市是一个、也是一种极为复杂的实体和现象。因此，我们在讨论城市本质含义的时候，应该剔除那些明显属于外在特征或后起派生的性质，而梳理一下哪些是城市所必不可少的核心属性。

(1)从“城市”的语源学谈起——此“城”、“市”非彼“城市”

如前所述，中国传统中(20世纪之前)，“城”、“市”都有其各自特定的含义。以《辞源》为例，“城”主要包含如下一些含义：①城郭。内称城，外称郭。《墨子·七患》：“城者，所以自守也。”《孟子·公孙丑下》：“三里之城，七里之郭，环而攻之而不胜。”②古代王朝领地，诸侯封地，卿大夫采邑，都以有城垣的都邑为中心，皆称城。……②“市”则主要包含如下的含义：①聚集货物，进行买卖。《易·系辞下》：“日中为市，致天下之民，聚天下之货。”②贸易的场所。《战国策·秦一》：“臣闻争名者于朝，争利者于市。”……③

可见，所谓“城”，是指以高墙围起来，扼守交通要冲，具有防卫意义的聚落；所谓“市”，是指人们从事产品交换或商品交易的场所。而20世纪前后，接触到西方社会和西方的“城市”，即西方的city、town或municipality(法语有Villes，古希腊则称polis，polis原义即为“公民之家”)等之后，可能是在日语翻译“都市”的基础上，逐渐使用“城市”来对应西方的city等。但是，原本是译者为了便于国人理解city等现象，而使用外观上约略相似的“城市”一词来指代，但city的内涵却绝难用中国古有的“城”、“市”来表达。

简言之，西方的city等，首先是一种城市地区的管理制度和组织体系，这种管理制度和组织体系在古希腊城邦国家时代萌芽，一度中断后又在中世纪逐渐形成，是以城市内部自由人的自由结合为基础，由居民通过民主程序建立自治体，具有自治权力，且这种权力有一定的保障(主要是法律保障)。比利时著名城市史学家亨利·皮雷纳(Henri Pirenne)曾以简练的语言概括说：“中世纪的城市从十二世纪起是一个公社，受到筑有防御工事的城墙的保护，靠工商业维持生存，享有特别的法律、行政和司法，这使它成为一个享有特权的集体法人。”④

这里，皮雷纳对中世纪的城市的表述可以分为两个方面，即一方面，“受到筑有防御工事的城墙的保护，靠工商业维持生存”，另一方面，“享有特别的法律、行政和司法”，“成为一个享有特权的集体法人”。前者正好是中国“城”、“市”的含义，而后者中国的“城”、“市”自始至终处于阙如的状态。或许最初翻译之人明了其中的差异，但时过境迁，多数人望文生义，city的另外一层含义、而且是更重要的含义遂逐渐隐而不彰，而以中国的历史上的或今天的“城市”来同等视之，岂不误哉！两者尽管在外在景观上约略仿佛，但内涵相差何止十万八千里！

---

① 转引自张鸿雁著：《侵入与接替——城市社会结构变迁新论》，东南大学出版社2000年版，第49～50页。

② 《辞源》(合订本)，商务印书馆1988年版，第0326页。

③ 《辞源》(合订本)，商务印书馆1988年版，第0523页。

④ [比利时]亨利·皮雷纳著，陈国樑译：《中世纪的城市(经济和社会史评论)》，商务印书馆1985年版，第130页。

应该说，中西方城市的这种差异是实质性的；而我们长期忽视这种制度层面的差异的确是造成我们诸多城市问题的症结所在。当然，究其实质，还是在于中国自身缺失这种理解的基础和资源，近代以来按照西方城市模式的城市化发展道路又格外坎坷和曲折，使得我们实际上直到目前仍在城市制度层面的发展上原地踏步，甚至屡有后退。

当然，伴随着中国近代化的历程，在引进西方思想的过程中，每每发生此类误读现象。中国历史过于悠久，思想、文化过于成熟、定型乃至僵化，许多西方背景下的东西，一旦用汉文译过来，就多模棱两可，似是而非，往往我们只是抓住了一些外在的特征，而丢弃其内在的核心。前述"城市"如此，如周振鹤曾提及的"封建"①，如梁治平所分析的"法律"②，以及我们惯常使用的"民主"、"自由"，等等，都有这个问题。

梁治平在《法律的文化解释》中有一段话，非常精辟，虽然较长，但笔者觉得很有意义，特转引于此，这也有助于我们理解中西方城市概念、内涵的本质差异：

> 拉丁语汇中能够译作"法"的词不胜其多，最有意义的却是两个，即 Jus 和 Lex。Jus 的基本含义有二：一为法，一为权利。罗马法学家塞尔苏斯的著名定义："法乃善与正义之科学"取其第一种含义；拉丁格言："错误不得产生权利"则取后一种意思。此外，Jus 还有公平、正义等富有道德意味的含义。相比之下，Lex 的含义较为简单，……得用于纯粹司法领域，可以指任何一项立法。
>
> ……古汉语中"法"、"律"都有自己特殊的含义，与今义相去甚远，以至汉字"法"、"律"虽有 2000 年以上的历史，但作为独立合成词的"法律"却是近代由日本输入的，其历史不过百年。要在这样短的时间里把一种全新的观念注入其中，谈何容易。
>
> ……刑、律、法三者互训，……从时间顺序上看，我们今天称之为古代法的，在三代是刑，在春秋战国是法，秦汉以后则主要是律。从三者之间的关系来看，它们之间没有如 Jus 和 Lex 那样的分层，更不含有权利、正义的意蕴。不过，三者并非平列而无偏重。应该说，三者的核心乃是刑。
>
> 总之，在传统的层次上，中、西所谓法，文字不同，含义殊异，实在难以沟通。现代人常用的法字虽然已有了新的含义，但要完全道出 Jus 一词的真实意蕴，还是很困难的。所以，透过法与 Jus 之间语义上的歧义，我们看到的是不同民族历史进程和价值取向的不同，确切地说，是中西历史文化之间的差异。③

笔者没有考证，但感觉"城市"这个词（或许一开始用的是"都市"），也最先是从日语词汇中直接转引而进入汉语词汇之中的。在其一开始使用的时候，还着眼于其组织、政治、法律等方面的所谓城市的"制度"的含义（即建立"市制"）；但逐渐地，我们就偏离了西方和（甚至）日本的有关对城市的理解和把握（制度的含义在西方国家甚至日本是不言自明的，是前提），而仅仅落实在似是而非的城市客观地域实体的外在特征的层面上。原因主要在于，中

---

① 周振鹤著：《体国经野之道——新角度下的中国行政区划的再审视》，中华书局（香港）1991 年版。

② 梁治平主编：《法律的文化解释》，生活·读书·新知三联书店 1998 年第 2 版，第 363 页。

③ 梁治平主编：《法律的文化解释》，生活·读书·新知三联书店 1998 年第 2 版，第 363 页。

国原来根本没有如西方那样的城市制度；近代引进只是昙花一现；1927 年、特别是 1949 年以后又回复到 20 世纪初叶以前的以国家权力无所不包的“大一统”式的治理方式当中。所以，对城市在制度层面的含义的理解过于狭隘（如仅局限于阶级斗争、镇压等层面，忽视了公共管理的内容），并持一种否定态度。另一方面，由于城市（制度）在西方国家自中世纪以来是个不言自明的存在和前提，故西方学者从这个前提出发所研究的客观实体城市及其有关城市化的发展道路、方式等成果，往往被我们拿过来直接使用；结果，缺乏或忘记了“制度”这个前提（中西城市制度根本不同，导致许多城市现象迥异），而仅仅把城市当做地域中的一个地理实体看待，以为可以有统一的发展道路，造成许多“淮橘北枳”的现象，使得我们的城市化道路步履维艰。

综上所述，城市（city，town）在西方语境中既是实体的（urban area，很早就有），也是制度的（municipality），且这种制度不言而喻是中世纪以来的城市自治制度（西方的“市制”），二者为一而二、二而一的关系。“为保障其在封建海洋中的自由自治权利和商业生活，中世纪城市从一开始就是一个法律共同体，‘如果没有城市法律意识和一种城市法律体系，那就根本无法想象欧洲城市和城镇的产生’（伯尔曼：《法律与革命》P441）。”[①]

而城市在中国语境中主要是实体的（很早就有），也指“市制”（20 世纪初出现，最初与西方同义），但今天这种“市制”已经被逐渐抽出内核，其内涵已经与西方迥异，严格地说，不应该用“市”来谓之。用者不察，致使大错。中国人久已习惯生活于中国的城市之中，大多数人还少有机会到国外，更不用说生活于其中，当然只能以中国的情况来理解城市，也就以为城市原本如此。早些时候认为城市就是工业基地，近来又认为城市应该是第三产业集中的区域，而工业则被逐出城外，等等；这些确实都是似是而非的看法，如后所分析，早期，今天早被视为落后产业的农业却是城市起源时期最先进的产业类型。因此，这种仅仅以产业（即经济角度）来看待城市，并以此作为推进城市化的手段，而没有制度层面的建设，没有真正“市制”的建立，没有权力配置的根本变革，即使不是南辕北辙，也可以说是缘木求鱼，注定这样一条城市化之路是不会成功的。

（2）关于城市本质的思考

实际上，前述关于城市语源学的考察，已经透出城市本质的端倪。城市的本质，当然不只是所谓“人类满足自身生存和发展需要而创造的人工环境”（前引纪晓岚语）；乡村何尝不是如此？要把握城市的本质，首先需要将城市的概念分成两个层面来解析：形而下的层面——客观的地理空间的实体，人类聚落系列中的高端；以及形而上的层面——人类的一种复杂的、先进的组织、管理方式、体系（相对于同一时期来说）。不同时期、地区，这种组织、管理方式可以发生不同的变化，或具有不同的形态，即权力的空间集聚方式不同；但相同之处在于，它均是权力的集中之地、权力的集聚空间。形而下的层面只是外在特征的描述；而形而上的层面，才是城市最本质的东西。即城市最本质的特性，在于它是一定区域内某种（或某些）权力（主要是公共权力）的空间集聚之所（点），由此，引起区域内其他各种要素向该处的集聚所形成的聚落。

界定城市和理解城市本质，需要把握几个要点：

1）权力（公共权力）：不同时代、地域，城市差别很大，但其背后有其一以贯之的主线，这

---

① 转引自马长山著：《国家、市民社会与法治》，商务印书馆 2002 年版，第 70 页。

就是，不论何时、何地，城市都是权力的中心（也即所谓政治、经济、文化中心，实际即政治、经济、文化的管理权力的中心），其他特征都是由此引申而出或附加而来的。马克思说："只要村一旦变做城市，也就是说，只要用壕沟和城墙防守起来，村制度也就变成了城市制度。"[①]也是从这个意义上展开的。关于城市起源的诸如私有制说、阶级说、防御据点说、血缘制与宗教中心论乃至交换集市中心说等，实际上都表明权力（国家权力、公共权力）在城市形成中的重要作用。

当然，什么是权力及公共权力，又是一个十分复杂的问题，这与国家的形成和出现有关，我们这里不专门讨论。需要说明的是：第一，对权力（公共权力）应持相对广泛含义的理解，不仅限于国家的政治方面（如镇压、暴力；但这是基础，是威慑），还包括如经济管理、社会管理、公共事务管理等的权力，也还包括公民自发形成的公共组织的权力（当然，应得到国家认可）；第二，城市的确与国家权力的分割方式和空间配置形式有关，甚至在某种程度上受制于此（如起源阶段），但二者不是简单的单向决定的问题，而是（或应该是）双向互动的过程，在此过程中，国家、城市都可以呈现多种不同形态。

2）集聚：对此，马克思和恩格斯的描述是："城市本身表明了人口、生产工具、资本、享乐和需求的集中，而在乡村里所看到的却是完全相反的情况：孤立和分散。"[②]诚哉斯言。集聚（或聚集）是城市区别于乡村的本质特征之一，"聚集是城市最本源、最主要的特征。城市功能多样化，城市活动社会化，城市生产和管理高效化等，都是由聚集而产生出来的"[③]。这一点也得到多数学者认可。当然，笔者认为，首先是权力的集聚，然后，引起其他要素的集聚。

3）区域：城市是区域的城市，作为权力中心，它总有自己行使或达到或可及的范围，即"区域"。换句话说，从真正的意义上讲，城市是一个相对的概念；城市与乡村之间没有一个截然的界线，一个聚落是否城市，要看其处在何种区域范围。同时，就整体来看，随着历史的发展，城市的影响范围，即区域也是在不断变化的。早期，由于交通不便，自然地理等的阻隔等原因，城市的影响区域只有很小的范围；以后，形成如王国的范围、帝国的范围、国家的范围、大洲的范围、甚至世界的范围，而城市也相应扩展为所谓"全球城市"（或"世界城市"）。近代以来，随着工业的发展与垄断资本的形成，城市已经开始成为世界性城市。美国学者帕克就曾论及："英国的城市之独到之处，在于它们争夺了全世界作为自己的农村。"[④]当前，随着国际交往的普遍，超国家组织日益发挥重要作用，一些所谓"世界城市"，确实具有了全球性的政治、经济、文化等的影响力。

曾经有一个时期，中国许多城市都提出要建设成为"国际中心城市"。如上所述，国际中心城市实质上是该城市的权力的集聚范围、影响范围（即辐射范围，主要在于经济方面，但政治方面也不容忽视），其所控制的、覆盖的区域，应扩大至全球范围；这种城市是与其在国家中的政治、经济地位、有关国际组织存在与否等直接有关的，而与规模、人口、经济实力等等没有直接关系（后者反而多是由其派生而来的）。只要想想，欲为国际中心城市，首先得成为国家、地区（国家间的区域性组织）的中心城市，没有这样的政治、经济地位，则无异

① 《马克思恩格斯全集》，第 11 卷，第 361 页。

② 马克思、恩格斯：《德意志意识形态（1845～1846）》，《马克思恩格斯全集》，第 3 卷，第 57 页。

③ 陈友华、赵民主编：《城市规划概论》，上海科学技术文献出版社 2000 年版，第 1 页。

④ 帕克著：《城市社会学》，第 200 页。转引自谭天星、陈关龙著：《未能归一的路——中西城市发展的比较》，江西人民出版社 1995 年版，第 254 页。

于缘木求鱼,这是由城市的本质决定的;则中国有几个城市可以成为、或可能成为所谓的“国际中心城市”,就屈指可数了。

4)聚落:城市是人类聚居的一种形式,是与乡村相对的一种人类的聚落。“从人类生存空间形式和方式的发展史看,它经历了从穴居到宅居,从逐水草而居到择地定居,从相对分散的农村定居到更为集中的城市聚居的转变。从定居居民点(settlement)的类型由低到高和规模从小到大的序列看,一般包括路店(roadside)、小村(hamlet)、村庄(village)、镇(town)、城市(city)、大都市(metropolis)及城市群(conurbation)几种形式。其中路店、小村和村庄属于小规模的分散定居形式,居民主要从事农业生产活动,这几种聚落形式统称农村地区(rural area);镇、城市、大都市和城市群属于大规模的集中聚居形式,居民主要从事非农业生产活动,这类地区通常被称为城市地区(urban area)。”①纪晓岚也引述刘易斯·芒福德观点,将城市进化阶段各种形式概括为:早期城镇(elopes),城镇(polls),大城市(metropolis),城市群(megalopolis),而且还可能出现区域性城市(regional city),城网地带(regional urban grid)。②

聚落的高端就是城市,低端就是乡村;二者没有截然的界线,均是相对而言的。相对于百万人口的特大都会,几万人口的小城镇就是乡村;相对于几百人的村落,万人城镇就是城市。为了统计的方便,可以在宏观上划定一条界线,但具体到不同的聚落,情况必然千差万别。城市是与乡村共生或相对的概念,是“聚落”的两种形式。没有“乡村”,固然就没有“城市”;而反过来,不称其为“城市”,也就无所谓“乡村”。换句话说,作为人类社会进化、发展所形成的这种权力配置、安排的组织形式,城市与乡村是永远相互对立和互为存在条件的。乡村和城市一样,首先是一个社会学的、甚至政治学意义上的概念;其次,才具有景观方面的含义。所以,所谓的乡村“城市化”,也首先是指制度、观念等方面的变革,只有在这样的基础上,才能真正实现和获得城市化的意义;而景观变化、地域扩张等,只是外在的东西。不论社会如何发展,人类社会要正常运行和发展,必然需要有管理权力的分配,实际上就是分工的问题,互为条件,相互为用,公共权力必然集中在某些地点,而不可能绝对平均地铺开。正是在这个意义上,笔者认为,城市与乡村是永远相互对立和互为存在条件的。所谓的“消除城乡差别”,其实质不是要泯灭城市而把人口都赶到乡下,或把小乡村均建设成为大都市;这样做,实际上就是泯灭分工,是一种倒退的表现(我们国家在20世纪六七十年代前后的反城市化的所作所为,就是一个失败的例子);而应该是遵循一定的权力配置和运用的规则,并把这种规则向乡村推广。当然,在这种情况下,城乡之间的矛盾(在规则同一之后,实际上抽象的、广泛存在的城乡矛盾已经成为具体的、个案的区域之间的矛盾)会永远存在,城市化(制度的优化、变迁,景观的变迁等)也将是一个永远的过程。

5)分工及其高级产业:如上所述,从城市本质的角度来看,城市是公共管理权力的集聚空间,与聚集何种产业没有直接关系;或者,何种产业集聚于城市是后起的。因此,现在一般所谓的城市是非农产业的集聚地,是第二、第三产业的集聚地等表述,应是“以今喻古”的思维所致,是以近现代以来的城市来回套历史时期的城市。实际上,城市既然是权力的集

---

① 刘传江著:《中国城市化的制度安排与创新》,武汉大学出版社1999年版,第19页。

② 刘易斯·芒福德:《城市的形式与功能》,载《国外城市科学文选》,贵州人民出版社1984年版,第41页。转引自纪晓岚著:《论城市本质》,中国社会科学出版社2002年版,第25页。

聚空间，首先集聚的是社会的公共管理职能，包括政治、文化、经济、社会等各个方面，即集聚从事这一部分职能的人口（如果非要说产业，也只属于第三产业）；在此基础上，为了满足该部分人口的需要，相应的产业会围绕近旁而出现，另外，其他产业为了节约生产、交易成本，也围绕城市而布局，这样才导致其他各种产业在城市集聚；各种产业相互竞争，优胜劣汰，导致城市的产业向高级化方向发展、演进。因此，如果要表述城市与产业的关系，也应该表述为：城市是多种产业、尤其是高级产业的集聚地（高级产业也是一个同时性的相对的概念）。

例如，城市起源时期，相对于游牧业、游农业，定居农业是当时最先进的生产方式，故而城市起源于定居农业区域，其城内居民所从事的职业，大多数还是第一产业，或者城内有地，或者城外有地，或者兼营；近代以来，工业化突飞猛进，成为远较农业效率为高的产业门类，城市相应表现为集聚大量工业，以至我们一度认为工业化就是城市化；当代，信息产业凯歌高奏，传统工业又成为明日黄花，逐渐被信息产业、高科技产业等排挤出城市，这些一度被认为是城市代表的第二产业，已成为落后产业，其分布地区实际上成为今日的“乡村”：均是同样原因。所以，应该说，较之乡村，就产业方面的不同而言，准确的表述应该是：城市的产业呈现多样化、高级化（共时来看）特征。

其实，这一点早有学者指出。马克斯·韦伯就曾论述：我们今天总体而言有理由把典型的“市民”看作不靠自己的农田来满足自己粮食需求的人，那么，对于古代大量的城市来说，起初的情况恰恰相反，……他提出有一块田产，一块供养他的、完全属于他的农田：古代有充分权利的市民是“农业市民”。①还有学者研究指出：“中国近代以前的城内耕地和空地比例一般都很高，有些达到50%以上，例如明清时期的南京城内空地几近一半。”②

实际上，前述对城市本质及几个要点的分析，法国伟大的历史学家布罗代尔在其巨著《15至18世纪的物质文明、经济和资本主义》（第一卷）中，已经有所提及和展开，并可以作为对本书前述论点的支持：

> 任何城市，不论位于何方，都包含一定数量的、带有明显规律性的现实和过程。没有起码的分工，就没有城市；反过来，没有城市的干预，就不会有比较发达的分工。没有市场就没有城市；没有城市就不会有地区性或全国性的市场。……此外，没有兼具保护性和压制性的权力——不管这一权力采取什么形式，也不管是哪一社会集团体现这一权力——就没有城市。……
>
> ……城市只有在面对一个低级的生活形态时，才能作为城市而存在。这条规律没有例外，任何特殊情况都不能取代它。城市无论大小必定在其周围有乡村，必定把部分乡村生活纳入它的势力范围，必定迫使四乡参加它的集市，光顾它的店铺，接受它的计量标准，向它的放债人借款，请教它的律师，甚至享用它的娱乐。

---

① 马克斯·韦伯著：《经济与社会（下）》，商务印书馆1997年版，第573页。转引自华伟：《城市与市制——市制丛谈之一》，载《中国方域——行政区划与地名》，1999年第3期，第9～13页。

② 武进著：《中国城市形态》，江苏科学技术出版社1990年版，第102页。转引自华伟：《城市与市制——市制丛谈之一》，载《中国方域——行政区划与地名》，1999年第3期，第9～13页。

一座城市得以存在，必须统治一个帝国，即便是蕞尔小国。①

(3)对城市的一个新的界定和分类

城市不仅具有区域性和综合性的特点，而且属于历史范畴，一方面，人们都把城市作为人类文明的代表，时代经济、社会、科学、文化的渊薮和焦点；另一方面，城市也集中了整个社会生活、这个时代所具有的各种矛盾。目前关于城市的定义很多，但多是从某一具体学科出发来加以论述，不能反映城市的真实内涵。笔者综合各家之说，按照前述对城市本质的分析，特提出如下城市定义的新说，可暂概括为城市定义的“权力说”，以与前述各说区别，并以此对城市进行分类。

1)城市定义的“权力说”

笔者认为，城市是一定区域内，随着生产力的发展和文明的进步，其中的人口出现分化，即职业上的分工以及随之社会中的分层，为了有效地进行组织和管理，而发生组织管理权力(即公共权力)在该区域内某一特定地点的集中并建立起正式的组织和机构(即国家机构)，进而引起人口及其相关设施、活动和信息等人工创造物在该地点的较大规模的持续的集聚所形成的聚落，由此又导致该地点(该聚落)的景观也产生集聚和分化现象而与该区域内其他地方(其他聚落)有显著的差别。

因此，城市可以说是集聚和分化的矛盾统一体，即一方面是大量人口以及人类的各种活动和设施、信息的集聚，另一方面，又伴随着急剧的分化，即人口的职业分化即分工和阶层的分化即分层；反过来，又使得地域空间也产生集聚和分化现象，从而呈现出所谓“城市景观”。其核心和关键，则在于组织管理权力的集中，即城市本质上是一种有效率或高效率的组织管理方式。

2)对城市的一种新的分类

上述对城市的描述性定义是对一个城市形成过程的完整描述。按照权力的来源不同(自生的还是外发的)，不同城市的形成过程是有差别的。据此，可以将城市划分为两大类型：原生型城市与次生型城市；二者以国家为中介，原生型城市可理解为早于(或至少同时于)国家出现(指形态上、实体上的城市)，具备上述完整的形成过程，而次生型城市是在已有权力中心(国家的，或其上较大区域的权力中心)的基础上，以划分而来的部分权力为核心，再吸引其他要素集聚而成。在这个层面上，原生型城市与次生型城市形成一个国家(区域)的城市体系，并与政区体系发生联系，且可相互说明。

城市所在的区域，范围有大有小。这其中，最主要、也是最重要的区域，是国家范围。国家是公共权力的明确载体；城市则是一些公共权力的集聚空间：二者在起源阶段可以说是同源的，即由城市而形成国家，城市即是国家(如古希腊的城邦，中国周代的国、都等)。这是所谓原生型城市，一般就是首都。以后，随着国家范围的扩大，为了更好地进行统治、管理，一些权力开始划分并分配至不同地域(或者，该地域原有权力得到国家或上级权力中心认可)，形成次一级的权力中心，即形成次级城市、次生型城市。次生型城市的出现，也就意味着国家内部(区域)城市体系的形成。

① [法]费尔南·布罗代尔著，顾良、施康强译：《15至18世纪的物质文明、经济和资本主义》(第一卷)，生活·读书·新知三联书店1992年版，第570、572页。

每一次国家重构(即权力重构),也就意味着出现新的原生型城市(可以新的首都为代表),进而形成新的次生型城市(新的城市体系)。当然,早期国家时期,由于城市很少,城市多是以完全新建的形式呈现,可在另一地新建实体城市;愈至后期,则更多是在原有实体城市基础上形成,但其内涵(即权力配置方式)或多或少发生变化(这种原生型城市外观上不太典型,但其实质即权力配置是属于原生型的)。如中国自殷商开始、历周秦汉唐而至清末有所谓"七大古都"①或"八大古都"②的变迁之说,实际就是原生型城市不断重新形成、次生型城市在此基础上又不断发展的过程;多次重大的改朝换代,前代都城基本上就被完全废弃而另营新都,其他城市再以此为范本,按照礼制(等级)的规范,以各自重新被配置的权力大小加以重建或改建。

关于次生型城市,中国传统城市中最为典型,例子也是很多的。程存洁在《唐代城市史研究初篇》中提及的边城问题,就是典型的次生型城市:"虽然唐王朝边城的建制带有若干地方特色,但都城的建城礼制对边城的建设起着重要的影响。通过二者对比研究,不仅有助于我们深入认识唐王朝的边防问题,也有助于我们认识中华建城礼制及其对全国的影响。"③这里的中国传统的"礼制",实也揭示出城市制度层面的含义。

国外也有学者注意到中国传统城市的这一现象:

> 在新近出版的一本著作中,派珀·雷·格雷鲍茨(Piper Rae Grabautz)通过对呼和浩特、兰州、乌鲁木齐、西宁和昆明等5个边疆地区城市历史的研究,得出了这样一个结论:这些城市形成了一种中原文化与地方文化的混合文化——她称其为"独特的边疆城市文化"。不过她也发现:
>
> "(中国边疆城市)在某些主要方面严格遵循着所有中国城市都具有的中国古典模式。事实上,作为一个群体,与东部其他城市相比,在遵循这些模式(特别是城市形状、主要建筑物及道路的方向等)方面,这些边疆城市如果不是更胜一筹的话,起码也是一样的。因此,从某种意义上说,这些边疆城市既具有特殊的边疆城市风格也可谓典型的中国城市。"(Piper Rae Grabautz, Beyond the Great Wall: Urban Form and Transformation on the Chinese Frontiers(Stanford, 1966),p3.)
>
> 她认为,边疆城市之所以尊奉中国传统模式,是因为中央政府与汉族移民共同在此培植中国文化基本精神的结果。而其之所以又保有地方文化特色(特别是宗教事务方面),则体现的是中国文化对其他各族人民文化的一种包容精神。④

1.1.2 重新认识城市化的本质

周一星曾经在其《城市地理学》一书中系统梳理过城市化及其有关的概念:

---

① 参见陈桥驿主编:《中国七大古都》,中国青年出版社1991年版。

② 参见朱士光主编:《中国八大古都》,人民出版社2007年版。

③ 程存洁著:《唐代城市史研究初篇》,中华书局2002年版,第3页。

④ 包德威:《中国与美国的铁路城市》,载王旭、黄柯可主编:《城市社会的变迁:中美城市化及其比较》,中国社会科学出版社1998年版,第87页。

> 1867年西班牙工程师A. Serda在他的著作《城镇化基本理论》一书中首先使用了urbanization的概念。20世纪，这一名词已经风行世界。70年代后期，从urbanization转译而来的中文术语在中国流行开来以后，由于中国词语的特点却变得复杂起来。本来urban(城镇)是rural(乡村)的反义词，人类各种聚落类型除乡村居民点外，就是城镇居民点。城镇居民点粗分包括不同规模尺度的城市(city)和镇(town)。按这样推敲，urbanization直译为"城镇化"是比较准确的。然而在很多情况下，中国把"城市"和"镇"也统称为"城市"，在日本也统称为"都市"。因此，同一个词也被翻译为"城市化"或"都市化"。如果这些翻译名称的含义相同，那么用哪一个都无关紧要。但是有人认为中国要强调发展小城镇，控制发展大城市，所以应该叫"城镇化"，不叫"城市化"。还有人认为古代的城市才叫"城市"，发生了本质变化的现代城市应叫"都市"，因此主张用"都市化"。这样，同一来源的不同翻译术语就被赋予了不同的含义，用英文来表达，相应变成了urbanization，citification，metropolitanization。为了不至于在国内外产生混淆，笔者主张在统一含义的基础上统一词语，"城镇化"较为准确，"城市化"已经较为普及，从二者择其一。①

笔者同意周一星的分析。周氏在文中统一使用"城镇化"；考虑到全书行文的一致，也因为大多数学者已约定俗成使用"城市"和"城市化"这样的术语，笔者在本书中统一使用"城市化"一词。

相对于城市概念的众说纷纭，对城市化的理解宏观上大体一致，即"化为城市的过程"。当然，如何化为城市，哪些东西、什么地方化为城市，什么时候开始化为城市的过程，则又是一个见仁见智、争论颇多的问题。笔者以为，对城市化的准确理解，还是离不开前述对城市概念和本质的界定和把握。

1.1.2.1 对城市化的有关论述

什么是城市化(城镇化)？许多学者都有过论述。周一星1995年在其《城市地理学》中有过全面的归纳和总结，刘传江1999年更在其《中国城市化的制度安排与创新》中从新制度经济学的角度作过界定，其他学者也有各自的看法，都很有启发意义。

(1)周一星的归纳和观点

周一星认为，"城镇化是乡村变为城镇的一种复杂过程"，并从社会学、人口学、经济学和地理学等的角度回顾和归纳了有关对"城市(镇)化"的不同界定：

> 社会学家认为，城镇化是一个城市性生活方式的发展过程，它意味着人们不断被吸引到城镇中，并被纳入城镇的生活组织中去，而且还意味着随城镇发展而出现的城镇生活方式的不断强化。
>
> 人口学家认为城市性生活方式的扩大是人口向城镇集中的结果。因此，城镇化就是人口向城镇集中的过程，这种过程可能有两种方式，一是人口集中场所即城镇地区数量的增加，二是每个城镇地区人口数量的不断增加。

① 周一星著：《城市地理学》，商务印书馆1995年版，第59～60页。

从经济学的角度来看，城市性的生活方式是一种以非农产业生产为基础的生活方式，人口向城镇集中是为了满足第二、第三产业对劳动力的需要而出现的。因此，他们把城镇化看成是由于经济专业化的发展和技术的进步，人们离开农业经济向非农业活动转移并在城镇集聚的过程。

从地理学的角度来看，第二、第三产业向城镇的集中就是非农业部门的经济区位向城镇的集中，人口向城镇的集中也是劳动力和消费区位向城镇的集中。这一过程包括农业区甚至未开发区形成新的城镇，以及已有的城镇向外围的扩展，也包括城镇内部已有的经济区位向更集约的空间配置和更高效率的结构形态发展。

周一星进一步从纵、横两个方面对“城市(镇)化”概念作了深入分析。从横剖面上而言：“上述对城镇化的不同理解，不是互相抵触而是互相补充的关系。城镇化过程是一种影响极为深广的社会经济变化的过程。它既有人口和非农业活动向城镇的转型、集中、强化和分异，以及城镇景观的地域推进等人们看得见的实体的变化过程，也包括了城市经济、社会、技术变革在城镇等级体系中的扩散并进入乡村地区，甚至包含城市文化、生活方式、价值观念等向乡村地域扩散的较为抽象的精神上的变化过程。”并将前者称为“直接的城镇化过程”，将后者称为“间接的城镇化过程”。

而在纵剖面上，即城镇化的发展过程，周氏也介绍了学术界对城镇化的不同理解：“国外有人把城镇化过程追溯到几千年前城镇出现的年代，分古代的城镇化和现代的城镇化。国内也有人把城市在地球上出现之日起到乡村城市化完成、城乡融合时止这样一个长过程作为城镇化过程；另一种观点认为城镇化只是工业革命以来开始的过程”，并称“作者持后一种看法”。

最终，作者得出自己的看法：“综合上面的见解，可以说城镇化的实质含义是人类进入工业社会时代，社会经济的发展开始了农业活动的比重逐渐下降、非农业活动的比重逐步上升的过程。与这种经济结构的变动相适应，出现了乡村人口的比重逐渐降低，城镇人口的比重稳步上升，居民点的物质面貌和人们的生活方式逐渐向城镇性状转化或强化的过程。”①

(2)刘传江的介绍和观点

刘传江在对城市化的时间界定方面，与周一星持近似的观点：“大量历史记载和考古发现，中外城市的发源与发展已有数千年的历史，但绝大多数人相信，城市化作为一种社会经济发展过程中的结构变迁或转换，它是伴随着工业革命的兴起而初露端倪的，即从18世纪60年代英国产业革命兴起时算起，这一现象的出现也不过200余年的历史。”②其后，也引述和归纳了国内外一些学者对城市化的见解，如提到：

……威尔逊(Christopher Wilson)在其主编的《人口学辞典》中的解释是：“人

① 周一星著：《城市地理学》，商务印书馆1995年版，第60～64页。

② 刘传江著：《中国城市化的制度安排与创新》，武汉大学出版社1999年版，第44页。

口城市化即指居住在城市地区的人口比重上升的现象。"[①]人口由分散的乡村向城市的集中，一般有两种方式：一是人口集中场所即城市数量的增加；二是城镇人口数量的增加。……

……科林·克拉克(Colin G. Clark)认为，城市化是第一产业人口不断减少，第二、第三产业人口逐渐增加的过程。

……路易斯·沃斯在其1938年发表的著名论文中采用了与urbanization有区别的另一概念urbanism，并认为城市化意味着从农村生活方式向城市生活方式发展、质变的全部过程。[②] 沃斯所说的城市生活方式，不仅指有别于农村的日常生活习俗、习惯等，还包涵着制度、规划和方法等结构方面的内容。在他看来，城市化不仅是农村人口向城市集中，还应包括城市生活方式的扩散，即人们不仅是在城市中居住或工作，而且城市是通过交通、信息等手段，对居住在城市中的人们给予影响而出现的具有城市特色的生活方式变化的过程。美国学者索罗金(P. Sorokin)认为，城市化就是变农村意识、行动方式和生活方式为城市意识、行动方式和生活方式的全部过程。日本社会学家矶村英一认为，城市化的概念应该包括社会结构和社会关系的特点，城市化应该分为形态的城市化、社会结构的城市化和思想感情的城市化三个方面。[③]

艾尔德里奇(Hope Tisdale Eldridge)系统地研究了社会学文献中的有关urbanization的定义后发现，可以将众多的定义归分三种(或众多的定义实际上是将城市化定义为三种过程)：(1)扩散过程(a process of diffusion)。城市化是指城市的某些品质和特性(urban traits and characteristics)向非城市地区逐渐扩散的过程。这些品质和特征主要包括城市道德规范、价值观念、信仰、发明和创新。(2)强化过程(a process of intensification)。城市化是指各种城市行为和素质因不同人群的频繁的接触交往而日益增强的过程。(3)人口集中过程(a process of population concentration)，即人口学的城市化定义。这种集中有两种方式：一是人口集中地点(城镇)数量的增加；二是城市人口数量的增加。这种过程实质上反映的是城市地区之间和城乡之间人口的再分布过程。[④]

最后，作者从新制度经济学的视野对城市化的含义作了进一步的界定：

制度经济学认为，城市化进程中的城市(包括市和镇)是由农村(乡村)演变而来又不同于农村的人口聚居及其活动方式的制度安排。……

……因此，可以简单地认为，城市化是一个农业人口转化为非农业人口，农村地域转化为城市地域，农业活动转化为非农业活动，农村价值观念转化为城市价

---

① Christopher Wilson. *Urbanization*, In Christopher Wilson (ed.). *The Dictionary of Demography*. Oxford: Basil Blackwell Ltd.: P225.

② Wirth, Louis. *Urbanism As A Way Of Life*, American Journal Of Sociology vol 44 (1938): 1～24.

③ 崔功豪、王本炎、查彦育编著：《城市地理学》，江苏教育出版社1992年版，第68页。

④ Hope Tisdale Eldridge. *The Process of Urbanization*. In J. J. Spengler and O. D. Duncan (eds.). *Demographic Analysis*. Glencoe, IL: Free Press, 1956.

> 值观念,农村生活方式转化为城市生活方式的多景观层面的综合转换过程。……除了技术创新因素的影响外,制度创新是另一个重要的影响乃至决定因素。
>
> 综上所述,城市化的含义可以归纳为如下四个层次:(1)城市化是乡、城人口分布结构的转换;(2)城市化是产业结构及其布局地域结构的转换;(3)城市化是传统价值观念与生活方式向现代价值观念和生活方式的转换;(4)城市化是人们聚居形式和集聚方式及其相关制度安排的变迁或创新。①

(3)其他学者的观点

国内其他学者对此也有很多论述。高珮义于1991年提出:"城市化是一个变传统落后的乡村社会为现代先进的城市社会的自然历史过程。"②他认为,城市化的含义包括五个层次:第一个层次是乡村不断地转化为城市并最终为城市所同化;第二个层次是乡村本身内部的城市化;第三个层次是城市自身的发展,即所谓"城市的城市化";第四个层次是作为各个不同学科领域研究对象的城市化,如人口城市化、地域城市化、景观城市化、工业城市化和生活方式城市化等等;第五个层次是最抽象意义上的城市化,即作为城市化整体运动过程的城市化。③

崔功豪等学者认为,城市化是一个农业人口转化为非农业人口、农村地域转化为城市地域、农业活动转化为非农业活动的过程;也可以认为是农村人口和非农活动在不同规模的城市环境的地理集中过程和城市价值观、城市生活方式在农村的地理扩散过程。具体来讲,它包括两个方面的含义:一是物化了的城市化,即物质上和形态上的城市化,主要反映在人口的集中、空间形态的改变和社会经济结构的变化等方面;二是无形的城市化,即精神上的、意识上的城市化和生活方式的城市化,主要反映在农村意识、行动方式和生活方式向城市意识、行动方式和生活方式的转化或城市生活方式的扩散等方面。④

纪晓岚在其对城市本质论述的基础上,也提出"城市化是人类社会为了满足自身生存和发展需要而创造人工环境的过程"⑤,等等。

此外,主要分歧就是前述学者持否定态度的近代之前有没有、叫不叫"城市化"的问题。在此问题上,有学者指出城市化应有广义与狭义之分,如江美球认为:"城市化究竟始于何时?学术界存在着两种观点。一种观点认为:城市是滋生于地表的一种渐变的人文现象,城市产生之日,就是城市化开始之时;另一种观点则认为,城市化是从工业革命开始的,因为在此以后,城市才大规模地发展起来。这两种观点恰好强调了一个问题的两个侧面,完全可以统一于一个概念之内,即:前者可称为广义城市化,后者可称为狭义城市化。"⑥

宋丁也持相同观点,认为:"从城市产生之日起,就开始了城市化的过程。然而必须指出的是,人类历史上大规模的城市化是从近代开始的,因此,城市学对城市化问题的研究,

---

① 刘传江著:《中国城市化的制度安排与创新》,武汉大学出版社1999年版,第44~47页。

② 高珮义著:《中外城市化比较研究》,南开大学出版社1991年版,第2页。

③ 高珮义著:《中外城市化比较研究》,南开大学出版社1991年版,第3页。

④ 崔功豪、王本炎、查彦育编著:《城市地理学》,江苏教育出版社1992年版,第69~70页。转引自刘传江著:《中国城市化的制度安排与创新》,武汉大学出版社1999年版,第46~47页。

⑤ 纪晓岚著:《论城市本质》,中国社会科学出版社2002年版,第20页。

⑥ 江美球著:《城市学》,科学普及出版社1988年版,第110页。

重点是近代工业革命以来的城市化。”①

吴良镛在为《中国大百科全书・建筑、园林、城市规划卷》撰写的“城市”条目中，把城市发展的过程看作是城市化的过程，并以产业革命为界，分为两个阶段：古代城市化和近代现代城市化；近代现代城市化又具体划分为近代城市化和现代城市化两个阶段，现代城市化的起始时间是以战后城市大规模的发展为标志的。②

就城市化的时间维度的理解方面，笔者与上引学者看法类似。笔者认为：既然名之曰“城市化”而非其他什么化或特指“近代城市化”，那么不论什么时期，只要是“化为城市的过程”，就属于城市化范畴，对此不应加以限定；否则，若前此的城市化不叫城市化，那么今后的城市化叫不叫城市化呢？实质差别不在于有还是没有城市化（城市化是与城市相伴而来的），而在于不同阶段城市化的背景、方式、程度和路径等的不同。

1.1.2.2 关于城市化的含义界定及城市化的关键所在

前引刘传江从新制度经济学对城市化所作的界定，笔者认为是很有意义的。刘氏自己也提到：“无论从理论上还是从实践的角度来看，城市化都具有多层次的含义。在现实中，人们常常只看到城市化对人口、地理、经济和社会结构变迁方面的影响，而没有意识到它具有制度变迁方面的含义，并深受相关制度安排的影响，因而也就不可能从制度安排及其变迁的角度来深入地认识城市化的生成机制。”③

关于如何为城市化下定义，前引刘传江、周一星等已说得非常清楚。笔者需要强调的只是，作为“化为城市的过程”的城市化，在其内在含义上，与城市一样，也应该包括或划分为两个层面：即形而上的制度层面的城市化过程和形而下的实体（地域、景观）层面的城市化过程。前者是核心、关键，决定着城市化的发展方向和实体城市化的过程。换句话说，虽然表面看，城市化主要表现为人口、经济活动、信息、人工物等等在城市的集聚，但其引力源、动力源等却是由制度层面的权力的集聚和配置方式所决定的。近代的工业革命、现代的信息革命，只是加速了城市外在东西的集聚速度，这就如同远古的农业革命加速了当时聚落的集聚速度一样。一个个鲜活的城市的真正的发展动力还是在于其是否能够集聚权力，是否能够集聚更多的权力。

至于城市化的时间维度的界定，如上所论，笔者认同吴良镛等的观点，也认为自城市产生之日起，就意味着城市化过程的开始，只是后来形成不同的发展阶段、或不同的城市化道路。但鉴于目前已经约定俗成、或学术界已经赋予“城市化”的近代含义，故还是有必要划分为广义、狭义的城市化；以近代工业化以来的城市化为界，涵盖前者、后者的可称之为“广义的城市化”，仅含后者的可以称之为“狭义的城市化”（也即一般所使用的“城市化”），以包纳该词目前已经具有的意义。

对城市化作相对广义的理解，在中国，还有另外一层重要原因。城市化是在西方语境下，自近代、特别是现代以来所产生的一个概念；在西方语境下，它是一个工业革命以来的、主要是实体的城市化的过程。我们当然也可以取这样的理解；但是，我们要清楚，工业革命以来西方的城市化，是在制度层面的问题已经解决的前提之下提出的命题，其城市化的过

① 宋丁著：《城市学》，山西人民出版社 1988 年版，第 56 页。

② 吴良镛撰“城市”条目，见《中国大百科全书・建筑、园林、城市规划卷》，中国大百科全书出版社 1988 年版，第 42～44 页。

③ 刘传江著：《中国城市化的制度安排与创新》，武汉大学出版社 1999 年版，第 39 页。

程即城市化道路，是在中世纪所形成的城市制度的框架内进行的、展开的。而我们拿来用之于中国，在城市制度层面的问题没有解决的情况下（换句话说，是在中国传统的城市制度的制约下），单纯以工业化为城市化的手段，或单纯以其他技术层面的进步作为推进城市化的手段，就是在另一条道路上进行我们的城市化。这一条道路，西方未曾走过，西方城市化过程中所出现的问题和相应的解决思路等等，就不一定适合中国；作为我们发展目标的西方城市今天的发展状态，也就不一定能够实现；也许可以殊途同归，但也许恰恰南辕北辙。从这个意义上说，在中国，还是需要把城市化作宏观的、广义的理解，在城市化的全程上来破解城市化道路之所以不同的原因。因此，笔者主张对城市化作相对广义的理解：纵向上，在明了制度前提之形成过程的基础上，重点研究近代以来的城市化（即虽然重点在狭义的城市化，但应关注其制度前提，将研究时段稍为提前）；横向上，划分层次，既解决实体城市化问题，也更要关注制度层面的变革。

1.2 未能归一的路——新视角下城市化道路的再探讨与城市发展史的再审视

1.2.1 城市化的不同道路

1991 年，谭天星、陈关龙两位学者出版了他们研究中西城市不同发展道路的著作：《未能归一的路——中西城市发展的比较》[①]。该书似未在学术界引起重大的反响，也没有引起足够的重视，这在笔者看来是非常遗憾的；或许，是该书有些观点稍微超前了些，也或许是出版的时间有些不合时宜。虽然该著未能明确提出权力集聚、配置为城市概念的核心和根本，但全书通篇将城市权力的配置、安排，城市与国家的关系等问题作为贯穿分析城市发展史的一条主要线索，鲜明地揭示出中西城市发展之所以道路不同的原因所在，实际上已经明确地将权力问题作为城市的核心要素来对待，显示出两位作者深邃的历史洞见。例如，谭、陈两位作者明确指出：

> 然而，城市的推进并不只是一个自然的历史过程，换言之，城市的人口、经济、文化、职能分区与基础设施的发展还应受到政治力量的制约。这种政治力量包括城市的政权结构及地位（如与更高一级权力机构有无从属关系，从属的程度怎样），还有阶级集体的政治意识与权力运动等。……
>
> 中世纪的西欧，尽管很少有中国那样的狂风暴雨式的大规模暴力运动，但城市内部为了权力的独占与分享的斗争始终是相当激烈的。十一世纪那种区别于古罗马城市的城市兴起之后，行会首领控制着城市的政治命运。后来的商业巨头、金融家崛起后，即要求加入到城市统治者行列。十八世纪后期至十九世纪，工业资产阶级优越的经济条件使他们强烈要求在政治上也能居有优势，以致后来的垄断资产阶级实行了对权力的垄断。每一次权力的新的归属都伴随着冲突与调和；而权力的不断移动与新的集团的分享，使城市政权处于一种“流水不腐”、与城

---

① 谭天星、陈关龙著：《未能归一的路——中西城市发展的比较》，江西人民出版社 1991 年版。

> 市经济相调节的状态。更重要的是城市市民的权力参与意识。我们看到，在近代，他们对于普选权的争取可谓不遗余力。其结果是对抗性矛盾的缓和。作为构成城市的一个不可或缺的因素，是（引者注："是"疑为"使"）人具有一种能够相对稳定地释放其能量的环境。
>
> 中国的城市与此正好相反，在长达二千余年的封建社会中，城市政权虽然周期性地更迭，可实质上是"换汤不换药"，始终没有一个新兴的阶级力量提出权力要求。封建的枷锁使市民被禁锢，缺乏应有的冲击力。他们为旧制度所包容，从未冲决牢笼去变革城市社会。即使在帝国主义入侵后，市民的忍耐性也大于反抗性，城市是迈着沉重的步伐向前挪动的。①

如上所述，对城市化取广义的理解，在不同的城市发展阶段，不同的城市制度之下，都可能、可以进入城市化的过程。漫长的古代时期，中国的城市化，其规模、程度绝不亚于西方；如果在传统体制下继续发展（如未受到西方的强力改变），再加上今天高度发达的技术、科学的支撑，也一样可以大规模地城市化（实体意义），甚至达到更大、更高的程度（很简单，通过国家权力，把人口都迁移到城市之中，或都迁移到一起即可；就如"文革"时期，把人口从城市迁至乡村一样易如反掌）。今天，海湾国家的城市化水平可能比之西方发达国家，也要来得更高。但我们也已经发现或认识到，这样的一条城市化道路，其所引起的问题，其可持续发展的能力，其对生活于其中的居民的影响，等等，都不是我们心目中、或理想中所要达到的目标；那么，就需要寻找或借鉴另外的道路。西方国家的城市化之路，又如何呢？还有没有其他的道路呢？

由于城市化有多重含义，相应地，城市化道路也可以从不同的层面来解析。仍然循着笔者的思路，抽象地，从其形而上的制度层面，即权力集聚、配置的方式来看，笔者认为，可以宏观地概括为两种城市化道路——即上述谭、陈两位学者所称的、以中国古代和西欧国家中古以来为代表的两条"未能归一的路"：一条是国家权力消解城市（市民）权力的城市化之路，一条是城市（市民）权力与国家权力形成明确分野的城市化之路。需要说明的是，这是一种类型概括，而非特定历史形态的描述，即在不同时期、不同地域，这两种城市化方式都可能出现、可以存在；只是，中国的古代时期为前者的代表，而在西欧，中古时期及近现代大部分时间以后者为主。

1.2.1.1 两条城市化道路

城市从一般聚落中脱颖而出，其最主要的原因是借助于权力的集聚，换句话说，借助于国家力量；同样，城市的发展、扩大，也离不开国家权力的支撑。因此，国家权力与城市权力发生联系，注定是不可避免的。但是，权力（公共权力）有一个特性：当一个个分散的城市连同其影响地域汇聚成国家，国家权力就开始凌驾于城市（市民集体）权力之上；而且，国家权力如果没有阻碍，总是倾向于逐渐扩大、无限集中。在这种情况下，如果没有另外一种、或几种权力与之对抗，最终，国家将消解城市权力；极端情况下，将城市完全纳入国家的权力体系，城市体系即成为政区体系。这在中国古代，是一种常态。但在西方，则因城市权力的多样，尤其重要的是：神权（教会权力）成为权力角逐中不可忽视的一极，导致在西欧，国家

① 谭天星、陈关龙著：《未能归一的路——中西城市发展的比较》，江西人民出版社 1991 年版，第 256～257 页。

权力始终未能完全消泯城市权力，国家与城市在权力划分上达到一种妥协状态，二者有明确的分野。这样，中西方在各自完全不同的权力集聚和配置的体系下，形成两种完全不同的城市化之路，进而导致各自城市发展的不同结果。

当然，并不是说中国近代以前只有"国家权力消解城市(市民)权力"的城市化之路，在一些特定时期，另一条"城市(市民)权力与国家权力有明确分野"的城市化之路也曾经走过。就中国而言，如西周和其后的春秋、战国时期，当时总体而言，城市权力是能够与国家权力分庭抗礼的(即诸侯国的成长与日渐脱离周天子管辖，当然具体方式与西方的古希腊时期或中世纪时期不同)；但迄至秦代统一，国家权力完全覆盖、吞噬了城市权力，且基本架构直至清末未能撼动，导致长达2000余年的城市化过程没有发生本质的变化。另一个城市权力彰显的时期是清末民初的50余年时间：在西方强权的强力介入下，其城市制度等被移植进中国城市，加之或被动、或主动地吸收西方的思想、文化等，以及国家权力的弱化，使中国城市开始向西方式的城市化道路迈进；但外在的强力毕竟容易引起内部的强烈反弹，一旦外力消失，国家权力又不可避免地卷土重来(这与西方内生的"教会"的抗衡力量形成对照)，城市重又纳入国家权力支配的发展轨道。换句话说，随着大一统国家的形成和重新统一，国家权力两次成功消解了城市权力；在这样的路径之上，重新开始城市化的进程。

同样，也不是说西欧国家就没有国家权力强盛的时期，没有国家权力凌驾于城市权力之上的城市化时代；应该说是存在的，如古罗马帝国对早期希腊各城邦国家城市权力的吞噬，西欧近代民族国家形成时期若干国家权力的扩张，等等。所不同之处在于，西欧诸国中世纪以来，国家权力常常受到宗教权力、领主(贵族)权力以及商业资本(家)权力等的制约，几乎没有可能一强独大，而是在多种权力的制约下，使城市(市民)权力得以成长、伸张，并最终各权力之间形成明晰而合理的界线，国家权力与城市权力形成明确的分野；在这样的制度背景下，开启其城市化之路，并随着资产阶级革命及海外扩张，而在西欧、北美等地顺利发展。

1.2.1.2 不同城市化道路的结果——"附庸城市"与"自治城市"

这两条城市化道路所形成的城市，上述谭、陈两位学者概括为"附庸城市"与"自治城市"，也是很有启发意义的概括。

按照谭、陈两位学者的概括，所谓"附庸城市"与"自治城市"，"实际上是一个城市独立行使权力的有无问题"。他们认为，"近代及古代的中国城市基本上是附庸城市，即城市的最高权力从属于中央，这种城市的突出特点是政治性浓烈"，而"西欧城市经历的类型则非常之多，如古典的雅典与罗马城邦时代，中世纪的城市国家与自治城市，近代的民族国家城市"。①

西欧中世纪的"自治城市"，有自身的鲜明特征，并对其后欧洲现代国家和城市的发展，产生了重要的影响：

> 自治城市或称特权城市，有的学者称为"自由城市"(villes franches)。城市从国王或领主那里取得特权证书，可以自由行使各种权利，如人身自由、土地自由、司法独立与财政独立等。这种情形是与西欧政治上分裂、诸侯割据的局面相一致

① 谭天星、陈关龙著：《未能归一的路——中西城市发展的比较》，江西人民出版社1991年版，第257页。

的。这是十一世纪以来西欧兴起的城市的一个显著特点。这种城市的意义表现在:(1)城市的发展与城市自身的潜能密切相关,而不是依赖于外来的上层力量的支撑,从而导致了十四至十五世纪欧洲城市的繁荣。……城市经济活动的独立性使城市当局可以制订有利于工商业发展的法规。因而,一方面在经济发展的一批自治城市里(……)最早产生了资本主义工场手工业,从而孕育着更大规模的旧经济体系的分解运动;另一方面,城市的独立发展实质上意味着与封建领主及王权体系的日益分离,而正是这种分离乃是实现新结构取代旧结构的必要前提,这是城市变革中关键的一步。(2)自治城市的传统对近代城市的影响。近代之初,独立的城市力量已难以与强大的民族国家力量抗衡,于是在分裂的国家(如德、意),原自治城市要求统一国内市场,以政治力量来保护经济力量。在统一的国家里,城市因与王权同盟求得了更大的发展。如英国政治体制中的重要组成部分——国会最初即是由自治城市的代表所组成的。不过,正是从此开始,城市方面采取政治孤立性政策也就失去了可能性。因此,一方面自治城市的文化积淀在一定程度上也为近代城市所继承,另一方面自治城市十分注重在国会中维护本城市的利益。这样,即使在民族国家城市形成后,虽然城市在经济上依赖于国内与国际市场,但在政治上并没有完成(引者注:"成"疑为"全")依附中央权力。譬如,从市民阶级的第一需要即个人自由来看,尽管最初他们"没有把自由视为天赋权利。在他们看来,自由不过是一种很方便的事情",但自由观念代代相传,已在人们心目中根深蒂固了,这也是近代城市市民素质较高以及国家法律对城市民众自由、平等权利加以肯定的历史渊源。[①]

与之相反,两位作者认为,中国传统的城市,尤其是在秦至清末的封建社会中,"则始终是一种附属于封建政治的城市。从城市的建立、至城市的发展(包括城市的权力组织、经济结构、城市建设、城市规划等),都无不打上这一烙印"。他们引述赫伯特·韦尔什的话说:"城市对国家政治生活的影响,即使不是决定性的,也是十分巨大的。完美的城市政府问题实际上就是完美的国家政府问题。"但"遗憾的是,中国城市从来没有挣得如此显赫的地位,恰恰相反,中国城市的地位全靠中央权力(最终为皇权)的施舍"。他们认为:

首先,在中国城市的形成中起关键作用的是统治者的政治、军事需要。中国城市的层级网络基本上是与封建政权的等级结构相适应的。最大的城市往往是都城。……这种态势的形成主要并不是经济作用的结果,而是在于城市的政治性特色。……各级城市实际上就是依照都市化原则而建立的。有人把中国封建城市概括为"郡县城市",不无道理。因此,各级城市成了贯彻上层统治意志的行政中心。……我们在考察中国古代城市时,不要认为只有统治者建立的城市或行政中心所在地才名之曰城市。诸如景德镇、汉口、佛山等及江南一些"巨镇",……问题是:(1)工商业"巨镇"在封建城市中不占统治地位;(2)工商业"巨镇"受各种封建因素所控制,为封建政治与经济所包容;(3)工商业"巨镇"并没有一个强大的市

① 谭天星、陈关龙著:《未能归一的路——中西城市发展的比较》,江西人民出版社 1991 年版,第 258 页。

> 民阶级。这样,它在经济上与权力上都无法从旧的庞大的城市体系中分离出来,成为封建统治的对立物。
>
> 其次,城市的内部结构体现城市的政治特色。在城市规模上,依行政权力的大小划分城市的等次。……城之周长,城墙的高度,城门数目等都有具体规定,任何僭越都被视为违法的政治行为。在城市的布局上,都城以皇宫为中心,御道居全城中轴线之上,其它建筑均以突出这点为原则。在府、州、县治,官署也处于显眼的位置。隋唐时城市居民实行坊市制,规划齐整,坊门"朝开晚闭"。元明清的"临街设店",也按坊编制。在城市的管理上,有专门的衙署及法律来管理、规范其事,如城禁制度。
>
> 而城市的这一特点使得城市的经济与城市政治有着十分亲密的关系,政治支配着经济的主要特色,经济服务于政治取向。表现在:(1)政治对经济的干预。……(2)城市是统治者税额的重要来源,因而常是关市林立,敲剥无所不用其极。(3)对工商业者本质上的歧视与"抑末"政策。(4)官营手工业具有特殊地位,它集中了大量的人力、物力以满足统治阶级的政治、军事及消费需求。私营手工业处于被排挤的地位。(5)城市浓厚的消费性特点使中国城市在经济上始终处于一种相当发达的转运贸易所造成的繁荣之上,城市在创造力上则显得严重不足。……可见,城市的发展……仍然摆脱不了政治的主宰作用。
>
> 政治性占主导地位的城市除了具有消费性失之过重的特点外,它在整个封建社会体系中始终处于一种依附的地位。这样,正如李约瑟(Joseph Needham)所言:由地方官僚管辖的网状分布的中国城市,"假如官员大权在握,就形成社会上任何团体发展的绊脚石,所以商人也就无法争取高位与大权"。这种城市从属于封建的政治体系、经济体系与文化体系。从理论上来说,城市应该是自然经济的天敌,应该成为瓦解旧体系的强大力量。但实际上这种作用在中国城市中却是那样的微弱,以致它无法摆脱围绕封建经济轴心旋转的命运。同时,城市的发展是受封建政治的发展周期(如王朝的更替)所左右的,洛阳、长安、南京、杭州等城的几兴几落都说明了这点。中国历代的都城都主要不是凭借自身的经济优势与地区特点达到繁荣的,而是凭借统治集团在全国范围内的人、财、物的力量建设起来的。因此,它们的荣枯常反映出封建国家的兴衰。[①]

最后,谭、陈两位学者总结道:"十九世纪以来,西欧自治性城市渐渐消失,在与中央政权的关系上似乎变得与中国一样。然而这只是一种表面现象。中国城市与中央政权的关系之紧密是西欧城市所不可比的。中国城市始终处于中央的牢牢控制之中,大一统的历史使中国城市缺乏自由奔腾的勇气。"[②]诚哉斯论。

1.2.2 城市发展史的重新审视

如上所论,城市的本质是(公共)权力的集聚,城市就是公共权力的集聚空间,这是古今

① 谭天星、陈关龙著:《未能归一的路——中西城市发展的比较》,江西人民出版社 1991 年版,第 258～263 页。

② 谭天星、陈关龙著:《未能归一的路——中西城市发展的比较》,江西人民出版社 1991 年版,第 263 页。

中外"城市"这一空间实体深层来看所表现的唯一共性，各种城市概莫能外。但是，到底是哪些权力集中于城市，集聚于城市的权力又如何配置（分配）、如何行使，古今中外的不同城市却又很不相同，甚至是截然不同。由这些不同（当然是关键的权力的不同），我们可以区分出城市发展的不同阶段和历程，或者不同区域城市的不同发展走向（类型）。换句话说，就城市发展史来说，其分期、分类等问题应该以城市自身的本质特征来划分，即由公共权力及其集聚、配置、行使等的方式来说明；而使用其他的如社会发展史、王朝兴衰史等来分析和说明，则似乎总有若干未尽之处，不能确切反映城市发展的真实面貌。

1.2.2.1 现有的成果及分析框架

（1）有关城市发展史的研究成果概述

关于城市发展历史的研究成果堪称丰硕。不论是讨论世界或中国城市发展通论性的书籍，还是专门就某个时期（如起源、中世纪、城市化等）细致考索的文献，不论是历史学，还是如地理学、经济学、社会学等，都有众多的成果。

国外一些经典性的成果，如美国的刘易斯·芒福德（Lewis Mumford）的《城市发展史——起源、演变和前景》（*The City In History*，Its Origins，Its Transformation，And Its Prospects）[①]、比利时的亨利·皮雷纳（Henri Pirenne）的《中世纪的城市（经济和社会史评论）》（*Les Villes Du Moyen Age*（Essai d'histoire，economique et sociale））[②]、法国历史学家费尔南·布罗代尔（Fernand Braudel）的巨著《15至18世纪的物质文明、经济和资本主义》（第一卷）（*Civilisation Materielle*，Economie et Capitalisme，ⅩⅤE－ⅩⅤⅢE，Siecle Tome1，Les Structures du Quotidien：Le Possible et L'imposible）[③]中的第八章"城市"、美国著名汉学家施坚雅（William Skinner）主编的《中华帝国晚期的城市》（*The City In Late Imperial China*）[④]以及当代美国学者艾博特（Carl Abbott）著的《大都市边疆——当代美国西部城市》（*The Metropolitan Frontier*）[⑤]等，均已翻译介绍进来，对世界乃至中国城市总体发展状况均有宏观或细致的描述。

国内20世纪80年代以来，在大量专题研究的基础上，也先后出现了一些通论性的城市史方面的著作。1991年，谭天星、陈关龙合著的《未能归一的路——中西城市发展的比较》[⑥]从多个侧面揭示了中西城市发展的不同，尤其涉及制度层面的分析，非常深刻。1994年，宁越敏、张务栋、钱今昔出版了《中国城市发展史》[⑦]，运用历史学、地理学、经济学等多学科的研究方法，对中国城市发展中的各个方面，如萌芽成长、空间分布、功能演变、经济发展、内部格局、建筑形态、文化特征和典型城市等都作了详实的分析，从中国远古城市的起源、古代时期的发展过程，到近现代城市、当代城市等都有精当的概括，最后还论述了中国城市化的发展道路，非常完整，内容也涉及各个方面，是一部综合、全面研究中国城市发展史的著

---

① ［美］刘易斯·芒福德著，倪文彦、宋峻岭译：《城市发展史——起源、演变和前景》，中国建筑工业出版社1989年版。

② ［比利时］亨利·皮雷纳著，陈国樑译：《中世纪的城市（经济和社会史评论）》，商务印书馆1985年版。

③ ［法］费尔南·布罗代尔著，顾良、施康强译：《15至18世纪的物质文明、经济和资本主义》（第一卷），三联书店1992年版，第569～664页。

④ ［美］施坚雅主编，叶光庭等译：《中华帝国晚期的城市》，中华书局2000年版。

⑤ ［美］卡尔·艾博特著，王旭、郭立明、姜立杰译：《大都市边疆——当代美国西部城市》，商务印书馆1998年版。

⑥ 谭天星、陈关龙著：《未能归一的路——中西城市发展的比较》，江西人民出版社1991年版。

⑦ 宁越敏、张务栋、钱今昔著：《中国城市发展史》，安徽科学技术出版社1994年版。

作。另外，如顾朝林的《中国城镇体系——历史・现状・展望》[①]，李其荣的《对立与统一——城市发展历史逻辑新论》[②]，张鸿雁的《侵入与接替——城市社会结构变迁新论》[③]，王旭的《美国城市史》[④]等，也均有较高的学术和参考价值。

此外，除了上述专门的城市史研究成果外，在其他一些相关领域，也有许多成果。如考古学界对城市起源的研究，对我们准确认识城市本质很有意义。在一些代表性的著作，如张光直的《中国青铜时代》[⑤]，段渝的《政治结构与文化模式——巴蜀古代文明研究》[⑥]等中，都有精当表述。再如地理学界、经济学界等对城市化过程的研究，也有许多精辟的概括，如高珮义的《中外城市化比较研究》[⑦]，周一星的《城市地理学》[⑧]，许学强、周一星、宁越敏合著的《城市地理学》[⑨]，顾朝林、柴彦威、蔡建明等的《中国城市地理》[⑩]，顾朝林、于涛方、李王鸣等合著的《中国城市化：格局・过程・机理》[⑪]等。

(2)有关“城市革命”的几种论述

上述各成果及有关理论中，对笔者启发最大的是关于“城市革命”的几种论述：一个是柴尔德关于城市起源的“城市革命”说；一个是有关学者的“中世纪的城市革命”说（包括施坚雅关于中国的“中世纪的城市革命”的论述及谭天星、陈关龙所引及的西欧中世纪的“城市公社革命”等论述）；再一个，就是法国城市社会学家 Franois Ascher 在其所著《新城市规划原理》中，在分析了当代“超文本”社会所具有的“第三现代性”基础上提出的在这一所谓“超文本”社会中城市所发生的“第三次城市现代革命”。当然，使用中，将结合笔者自己的认识，而有所损益，有所补正，有所展开。

1)V. G. 柴尔德关于城市起源的“城市革命”说

段渝对该理论有如下的介绍和评价（原文中有关注解一并转引）：

> 城市一旦形成，便意味着史前生产方式和村落生活方式的基本结束，标志着新的生产方式、社会组织和城市生活方式的出现，宣告了文明时代的来临。正因为城市对文明社会具有特殊意义，V. G. 柴尔德才将社会从史前进入文明的巨大变革称为“城市革命”。[⑫]
>
> 早期城市的概念很难界定。尽管如此，正如柴尔德所说，“有十个以考古学材料演绎出来的抽象标准，可以把甚至是最早的城市与任何过去的或当代的村庄区别开来”。它们是：1. 大型居住区；2. 人口构成和功能与任何村庄都不同；3. 剩余财富的集中化；4. 巨大的公共建筑；5. 从事非体力劳动的统治阶级；6. 文字；7. 历

---

① 顾朝林著：《中国城镇体系——历史・现状・展望》，商务印书馆 1992 年版。

② 李其荣著：《对立与统一——城市发展历史逻辑新论》，东南大学出版社 2000 年版。

③ 张鸿雁著：《侵入与接替——城市社会结构变迁新论》，东南大学出版社 2000 年版。

④ 王旭著：《美国城市史》，中国社会科学出版社 2000 年版。

⑤ 张光直著：《中国青铜时代》二集，三联书店 1990 年版。

⑥ 段渝著：《政治结构与文化模式——巴蜀古代文明研究》，学林出版社 1999 年版。

⑦ 高珮义著：《中外城市化比较研究》，南开大学出版社 1991 年版。

⑧ 周一星著：《城市地理学》，商务印书馆 1995 年版。

⑨ 许学强、周一星、宁越敏编著：《城市地理学》，高等教育出版社 1997 年版。

⑩ 顾朝林、柴彦威、蔡建明等著：《中国城市地理》，商务印书馆 1999 年版。

⑪ 顾朝林、于涛方、李王鸣等著：《中国城市化：格局・过程・机理》，科学出版社 2008 年版。

⑫ V. G. Childe. *Man Makes Himself*. New York，1948。

法学和数学;8. 专职艺术家;9. 对外贸易;10. 以居住区而不是以亲属关系为基础的政治组织。[①] ……柴尔德的演绎抽象,……强调了各种因素之间的相互关系,是一种具有普遍性的模式……[②]

宁越敏等也对该理论持接受的态度:

约8000年前,……人类开始定居,出现了原始聚落。在4000～5000年前,……原始社会逐渐解体,国家逐步成形,城市开始出现。……由于这两个时期在人类社会发展中具有重要意义,英国著名考古学家戈登·柴尔德(G. Childe)将它们分别称之为"新石器时代革命"和"城市革命"。当然,这里所说的革命并非是突然的剧变,而是指在社群的经济结构和社会组织上的一种逐渐变化的高潮。[③]

2)G. W. 施坚雅等关于中国城市的"中世纪城市革命"说和其他学者有关西欧城市的"城市公社革命"、"行会革命"说

施坚雅在其所主编的巨著《中华帝国晚期的城市》一书第一编的《导言:中华帝国的城市发展》中,专门有一节论述了中国的所谓"中世纪城市革命":

学者们描述中世纪期间中国所发生的一些关键性的制度变革,以为始于八世纪下半叶,至北宋而达于顶点;……这个革命的鲜明特点是:(1)放松了每县一市,市须设在县城的限制;(2)官市组织衰替,终至瓦解;(3)坊市分隔制度消灭,而代之以"自由得多的街道规划,可在城内或四郊各处进行买卖交易";(4)有的城市在迅速扩大,城外商业郊区蓬勃发展;(5)出现具有重要经济职能的"大批中小市镇"。……伴随着这些变革而来的是:赋税和贸易日益钱币化了;商人的人数、财富和力量增长了;社会和官府轻视商业和商人阶级的态度缓和了。

……因而城市革命的基本成分,就是更为充分分化的经济中心地层级的发展,而把各种地区经济结合起来的,正是这些经济中心地。

在这一片土地上出现的新的中心地不仅是市镇,也就是说,不仅是经济中心地;别的种种"城市"职能,那些一度限于都邑的职能,也被移交给了它们。我们可以把整个事情翻过来说:城市职能的强度水平,从唐初至中世纪周期末,始终是稳定的,或者甚至是增长着,真正重大的变化,就是官僚政府在这些职能——行政社会职能及经济职能——上所起的作用在不断收缩。……城市发展的这一特点,是一场不断推进着的革命的信号,这场革命是整个社会的管理方式上的革命。[④]

而这种关于中国"中世纪城市革命"的说法极有可能是从描述西欧中世纪城市状况的归纳中类比而来的。在谭天星、陈关龙所著《未能归一的路——中西城市发展的比较》中对

① V. G. 柴尔德:《城市革命》(1948),载《当代国外考古学理论与方法》,三秦出版社1991年版,第1～12页。

② 段渝著:《政治结构与文化模式——巴蜀古代文明研究》,学林出版社1999年版,第204～205页。

③ 宁越敏、张务栋、钱今昔著:《中国城市发展史》,安徽科学技术出版社1994年版,第73～74页。

④ [美]施坚雅主编,叶光庭等译:《中华帝国晚期的城市》,中华书局2000年版,第23～26页。

西欧中世纪城市状况有如下的论述：

> 不难看出，从十一世纪起，持续到十二至十三世纪的“城市公社革命”即城市反封建和争取自治权的斗争，一般采用暴力或和平赎买的手段获得了适合于城市市民的城市制度。城市法与市场法的制订是城市在政治和经济上完全独立的标志。……
>
> 通过“城市公社革命”和“行会革命”，大多数城市摆脱了封建束缚和城市贵族与商人寡头的统治，流入城市的农奴在“城市的空气使人自由”的氛围下，成了自由的、特权的市民阶级。他们建立起自治机关，设立市政会，通过城市法、市场法，实行司法、行政自治。所以马克思认为，中世纪的城市实际上是由逃亡的农奴重新建立起来的。它是封建制度下阶级对抗的产物。①

3）杨重光等的“第三次城市革命”与 Franois Ascher 关于当代“超文本”社会的“第三次城市现代革命”等说法

国内学者的有关论述未获详情，只是在一则报道中见到杨重光、梁本凡等论述“第三次城市革命”的介绍：

> 第三次城市革命正在悄悄到来。它以计算机的广泛应用，信息化时代的到来，以及知识经济的诞生为标志。第三次城市革命的直接结果将是，信息和知识经济取代工业时代的“物质经济”，人力资本取代物质资本而在生产力三要素中开始起决定性作用，城市发展以人为中心，并进入个性化、分散化发展时代。城市与乡村、人与环境将进入共存、共生、共荣的“三共”和谐发展状态。②

因未见展开，且第一次、第二次城市革命也未见提及，故划分依据不明，估计是从技术角度所作的划分。

最新的理论当属法国学者 Francois Ascher 所论“第三次城市现代革命”。留法学者卓健曾将“法国城市规划学界新一代的代表人物”Francois Ascher 在其新著《新城市规划原理》中提出的关于当代“超文本”社会所具有的“第三次城市现代革命”的理论介绍进来，让人耳目一新：

> 人类社会的现代化进程不是一个持续的过程，作者因此将其划分为三个阶段。第一阶段从中世纪末到工业革命前。在作者称之为“第一现代性”的这一阶段中，城市进行了第一次真正的现代革命，宣告了“国家一民族”即以民族为基础的国家的建立，中世纪的城市被文艺复兴的“古典”城市取代，国家权力开始发挥作用，城市扩张，建筑成为一个单独的技术领域而巴洛克艺术又赋予其新的自由。这些古典城市是现代化的，因为它们是为不同的社会个体而理性设计的城市，它

① 谭天星、陈关龙著：《未能归一的路——中西城市发展的比较》，江西人民出版社 1991 年版，第 132～137 页。

② 杨重光、梁本凡：《直面第三次“城市革命”》，载《经济改革》，2000 年第 2 期，第 35 页。

们的设计者对传统的参照不再是简单的重复和复制，而是在多种动机下进行理性的选择。而且，这些城市是一种“方案”，孕育着最初的乌托邦思想。

第二阶段对应着工业革命时期，称“第二现代性”。技术的思想占据了中心位置，“国家意志”即强政府干预型的国家出现，现代城市规划学应运而生。这一次城市革命中，工业生产的规律成为城市规划决定性的原则，使城市适应于工业社会和工业生产的需要，专门化思想，福特—凯因斯—柯布西耶主义，导致城市规划简单理性化的表现：单一的功能分区，成等级的组织结构，配合整体生产整体消费的商业中心、工业区和快速交通。另一方面，国家权力加强了对城市规划尤其是房地产的直接作用，采取各种组织结构和程序试图更加理性化科学化地“规划”城市，公共设施、公共服务、社会住宅是这种“国家—意志”的具体表现。

当前的社会变化预示着现代化新阶段的开始，作者将当前更加理性化、个体化和多样化的社会所对应的阶段称为“第三现代性”。在对“后现代主义”的认识上，作者认为与其说后现代宣告了现代化的结束，不如说它是深刻指出了当代社会开始摆脱简单理性主义和对救世主思想与国家意志的迷信。现代化进程并没有结束而且开始加快，“第三现代性”是真正的、根本的、进步的现代化。

Francois Ascher 并“对当前的现代化进程从社会、经济的角度进行分析，与前两个现代化时期形成的共同体社会和工业社会进行比较，提出了‘超文本’社会的概念”[①]。

4)本书所使用的“城市革命”的含义

由上所论，“城市革命”在最初是专门对城市起源过程的一种描述。但正如芒福德所说，“革命”一词，“必定含有将事物整个儿颠倒过来的涵义，而且还包含从陈旧落伍的社会体制中摆脱出来的渐进运动过程”[②]；正因为其不确指性，后来引申出如“中世纪城市革命”、“第三次城市现代革命”等说法，已经将该术语放在城市史研究的整体长河中来指那些重大的、涉及社会体制的变革的、对城市发展具有巨大影响的关键性的转变。正是在这个意义上，笔者在下文的论述中也借用这个术语来建立分析的架构。

1.2.2.2 “三次城市革命”说与“三波城市化浪潮”论——一种新的表述和假说

笔者认为，对于城市发展史的描述，也可以而且应该从多种不同角度进行，各种角度的解析有助于我们从多个层面认识城市。与前述分析框架一致，笔者在这里的分期中，仍然以与城市有关的公共权力配置的不同形态来划分城市发展的不同阶段，并揭示不同阶段城市化的不同特征。在此分析框架下，综合前人的研究成果，笔者提出“三次城市革命”说及“三波城市化浪潮”论。当然，这种方法相对更抽象一些，同时与其他分法不相矛盾，并不可也不拟互相替代。

(1)聚落分化为城市和乡村(城市产生)的“城市革命”：第一次城市革命——第一波城市化浪潮

笔者将城市的产生(严格说来，应该是人类聚落中城市与乡村分化)界定为“第一次城市

---

① 卓健：《第三现代性和新城市规划原理》，载《城市规划汇刊》，2002年第5期，第20～24页。

② [美]刘易斯·芒福德著，倪文彦、宋峻岭译：《城市发展史——起源、演变和前景》，中国建筑工业出版社1989年版，第23页。

市革命”。对于这一次“城市革命”,学术界已有基本定论,当然具体细节还有争论。在笔者看来,“第一次城市革命”是指独立发生于世界各主要文明地区的城市与乡村分化、城市获得统治乡村的权力(即国家形成),也即城市正式形成、正式出现的重大变革;主要激发原因在于王权与神权在特定地点(特定聚落)的结合,导致国家产生,公共管理权力有了明确的载体,即国家。国家的产生,标志着城市完成与乡村的分化;此前,所谓“似城聚落”一直发展,以国家权力出现而完成向城市的飞跃和质变,即原生型城市在实体意义上是早于国家而出现的。

美国学者麦克纳(Charles W. McNett,Jr.)曾把人类原始时期的聚落形态划分为6个类型:在一定地域内作有限度的游居;一年中有部分时间居住在中央基地的游牧生活方式;半定居村落,地力耗尽后迁居;半自给村落,初级的核心形态;高级的核心形态,有永久的行政中心;核心单位组成统一国家。[①] 这种划分也清楚地表明了这一形成过程。

城市、国家产生之后,借助国家在地域上的扩张,随着国家权力的空间分配,通过征服(原有原生型城市)或新建,随之形成次生型城市,即意味着“第一波城市化”开始启动。此一阶段,由于技术落后、地理阻隔等原因,国家缓慢扩展,城市体系长期局限于小国(区域)范围;直到后期才出现和形成大国范围的统一的城市体系,如东方的中国古代时期以及西方的古罗马帝国时代的状况。同时,一般来说,城市原生的权力(城市起源时期城市权力与国家权力是同一的,以后国家超越城市,才开始分化)随着国家的扩展而逐渐为国家权力所吞噬,即属于“国家权力吞噬城市权力”的城市化道路类型。这一点,中西约略仿佛,但中国更彻底、更极端。周代在各诸侯国的内部即基层政区层面已经开始出现国家权力吞噬城市权力的现象;秦代又在高层政区方面连同诸侯国一起纳入统一的政区体系(也即城市体系)之中,成为国家权力消解城市权力的典型。这样一条城市化道路在中国一直延续到清末(19世纪40年代),才在西方强力介入下被迫改变。西方也有这样的过程,但远比中国短暂:罗马帝国后期,即在外力的作用下,大一统帝国的统一的国家权力崩溃,而使城市权力重新缓慢生长。

当然,具体过程非常复杂,中西差别也是很大的。就时段而言,西方是从城市产生到古罗马帝国灭亡之后的一段时间(约公元前3000年—公元10世纪),中国则从夏、商产生城市直至清代后期(约公元前2100年—公元1840年)。实际上,如果细分的话,从原生型城市产生,到次生型城市在国家之内形成城市体系,是可以约略区分开来的两个前后相继(当然也有交叉)的过程,这两个过程,实际上包含了从一种城市化道路(城市(市民)权力与国家权力形成明确分野的城市化之路)向另一种城市化道路(国家权力消解城市(市民)权力的城市化之路)嬗变的含义(当然是不自觉的)。以中国为例,按照目前的研究成果,夏、商国家尚未形成国家内部(指直辖范围,周围“方国”一般认为尚未与之形成统一国家)的次一级地域的权力分割,即只有国都一个原生型城市(周围“方国”的城市属于另外的原生型城市),各自独立发展;直到西周建立,通过“封邦建国”,构成统一的复合制国家,才开始形成国家内部的城市体系,至春秋战国时期国家已经开始消解城市权力,秦彻底完成。西方也大体类似。

关于这些具体过程,学者们多有表述,此不赘言。周一星在其《城市地理学》一书中对

① 转引自张光直著:《考古学专题六讲》,文物出版社1986年版,第85页。

"世界的城镇化"有过一段综述性的文字，将一些学术界公认的观点作了归纳；关于笔者这里所谓的"第一次城市革命"与"第一波城市化"的状况，他有这样的概括：

> 迄今为止，人类世界在聚落的形式和聚落组织上已经历了三次大的变化。第一次大的变化是渔猎到农业的革命，发生在新石器时代。它使人类从根本没有聚落到出现半永久性的农牧业村舍，然后过渡到定居的乡村聚落(今天叫村庄)。半永久性村舍阶段存在长达5000年，是当时落后的种植业还不足以维持人口的增长决定的。一旦地力衰竭，整个村舍即被迫迁移，甚至当个别村落人口增长，也需要分裂成较小的组团，寻找新的住地，以保证起码的人均耕地。从史前到出现聚落，整个人类可能最多只有几百万人。由于采取定居农业，人口很快就达到了几千万人。
>
> 第二次大的变动是城市的出现。由新石器时代进入城市生活的时代大约经历了1500年。定居的结果，促进了农业技术的发展。灌溉和耕作技术的进步，产生了剩余农产品，使一部分人力有可能解放出来去从事建筑业、手工业、服务业，促进了社会分工进一步复杂化。轮子的使用把人们从滑走式的笨重运输中解放出来，使人口流动、人际交往和交通运输的能力发生了第一次飞跃。一般来说，一个村庄无力供养那些专职的工匠、艺人和其他非农业人口。他们开始只好游荡于各村落之间，辗转谋生，逐渐在交通方便、安全、人口比较密集的地方聚集成市。定居还使人类居住条件日臻完善，建筑材料的质量、坚牢度都不断提高。这些经济因素促使人口日增，其结果使村庄变成集镇、变成城市。
>
> 在从分散的村落经济向高度组织化的城市经济进化过程中，最重要的参变因素是国王，或者说王权制度。是他占据中心地位，像磁体一样把一切新兴力量吸引到城市文明的心腹地区来，并把宫廷和庙宇置于他的控制之下。国王有时兴建一些新城，有时将乡村小镇改建为城市，并派出行政长官去代他管辖。国王的统治使这些城市从形式到内容都发生了本质的变化。
>
> 宗教很可能也起到了根本性的作用。狩猎部族的酋长，借助僧侣阶层的扶持，才能谋取到庞大的权力和通天的权威，乃至最后上升到国王的地位。据认为城市形成过程中的"小城"即城堡，最初也可能是为敬奉神明而设计的，属于宗教性质。当然它还是一种贮存性据点，安全地存放酋长首领的私产，主要是粮食，可能还有女人。只是到后来才更显出其军事防卫的实际效用。王权制度扩大了僧侣阶级的职能，使僧侣阶级居于社区的支配地位，他们掌管着时间和空间，预言节令性的大事件。庙宇还有着丰厚的经济基础。

因而，周一星进一步总结道："王权和神权的融合所产生的各种力量把城市的种种起源性因素组合到一起，使之具备了新的形式。城堡的主人主宰着城市的命运，从而把最大限度的社会分化、职业分化同统一、整合的发展过程结合在一起。"当然，整个城市的形成过程，实际是很漫长的，他认为，"城市的出现大致和阶级与国家的出现以及奴隶占有制的兴起是一致的"[①]。

(2)"中世纪城市革命"(自治城市出现):第二次城市革命——第二波城市化浪潮

虽然就笔者目前阅读所见,"中世纪城市革命"这一说法指的是中国宋代的情况,但学术界此前应当已经使用"中世纪城市革命"来说明西方中世纪以来城市的巨大变化(如前引谭、陈两位所称的"城市公社革命"等)。相对于西方中世纪城市的变化,中国中世纪(宋代前后)的所谓变化,未触及实质;或者,即使有城市自治的萌芽(如镇、草市等),很快就又被国家将城市权力消解,严格来讲,是够不上"中世纪城市革命"这一称谓的。故,在笔者这里的表述中,"第二次城市革命"仅指发生在西欧的城市获得自治权的重大变革。

这次革命,是市民权力先在宗教权力、继之在国王权力的支持下,先后战胜封建领主权力、教会权力而获得城市自治权的结果;换句话说,是民权或与神权、或与王权在特定地点(特定聚落)的结合,再逐渐导致近代民族国家形成。故是在西方发生的,城市权力(市民权力)出现、扩展并最终与国家权力形成明确分野的权力配置方式,在此前提下开始的城市化过程,即"第二波城市化";时段约从公元11世纪至20世纪初叶前后。

而中国的"第二波城市化",可以说是阙如的;或者说,延至近代(1840年)以来,才在外力的强制下,降临在中国大地,且时有反复,可说迄今尚未正式展开;可能将与"第三波城市化"一起在中国发生,故任务可谓艰巨之极。

对于中世纪以来中西方城市发展的不同道路,谭、陈两位在其《未能归一的路》一书中,以"'中世纪的花朵'与封建堡垒"为题,专门进行了一节有趣而又发人深省的对比:

> 十至十三世纪中叶,是东西方城市发展史上的变革时期。在中国宋代,发生了所谓中世纪"城市革命",在西欧,发生了"城市公社革命"和"行会革命"。然而革命的内容是如此不同,以致在西欧,建立了一种独立于农村的、由获得了自由的农奴建立起来的、拥有自治权的工商业城市;而在宋代,尽管商业以其自发的势力突破了城市封闭的空间和郡县一统模式,但从社会结构来讲,城市依然是一体化的、政治意义大于经济意义、消费意义大于生产意义的封建堡垒。[②]

中国的"第一波城市化"实际上早于秦代建立就告完成;此后治乱兴替,城市兴废无常,城市化就一次次在改朝换代的硝烟中重复进行,但因为没有权力配置方式的根本改变,一直保持所谓秦制,保持极端集权的专制政体和大一统的体制,因而不可能发生如西方那样的"中世纪城市革命",也无法自我走上近代化、西方化的城市发展道路。直到近代,中国在外力影响下,才艰难启动第二波城市化;但后来国家权力配置又向传统回归,导致近现代的城市化迭有反复,举步维艰。

相反,西方在"第二波城市化"过程中高歌猛进(正好与中国在"第一波城市化"过程中所达到的深度和持久性类似),并将西方的城市化道路成功地向世界各地推广(也正如中国在古代时期将中国式的城市化道路向东亚推广一样)。而近代中西方的碰撞、冲突,也可以理解为是以古代中华帝国为代表的第一波城市化道路与以近代西欧国家为代表的第二波

① 周一星著:《城市地理学》,商务印书馆1995年版,第69~71页。

② 谭天星、陈关龙著:《未能归一的路——中西城市发展的比较》,江西人民出版社1991年版,第136页。

城市化道路之间的激烈交锋。因二者分别为两种道路的代表和发源地，故冲突也格外激烈。

与“第一波城市化”过程类似，如果细分的话，从原生型城市产生，到次生型城市在国家之内形成城市体系，也可以约略区分开几个前后相继（当然也有交叉）的过程，这几个过程，实际上也包含了从一种城市化道路（城市（市民）权力与国家权力形成明确分野的城市化之路）向另一种城市化道路（国家权力消解城市（市民）权力的城市化之路）再转回来（城市（市民）权力与国家权力形成明确分野的城市化之路）的嬗变的含义。以西欧为例，大体上可以分成中世纪城市从封建王权、教权之下的独立发展（10—17 世纪）、资产阶级革命与民族国家形成时期的中央集权趋势（17—19 世纪末）和现代民主制度的普及（19 世纪末至今）几个阶段；相应地，城市化道路对应上述嬗变过程。如布罗代尔所论述和引述的：

> 在西方，资本主义和城市实际上是合二而一的。……“新兴的资本主义”用新的商业贵族的权力取代了“封建主和行会市民”的权力时，固然挣脱了中世纪城市的狭小范围的束缚，但是最终又把自己绑在国家身上；国家战胜了城市，但是继承了城市的各项体制和精神面貌，它完全不能脱离城市而生存。①

正如第一波城市化过程中伴随着“农业革命”、农业社会的形成、发展一样，在第二波城市化阶段，也伴随着“工业革命”的浪潮和工业社会的形成和发展。正如周一星指出的：

> 18 世纪中叶开始的工业革命是人类历史上的一个重要阶段，它实现了从工场手工业到机器大生产的飞跃。工业革命的浪潮从资产阶级革命首先获得胜利的英国起源，继而席卷欧美以至全世界。从此世界从农业社会开始迈入工业社会，从乡村化时代开始进入城镇化时代……
>
> 工业革命开始了人类聚落形式和组织的第三次大变动，即世界性的城镇化过程。②

(3)从“国家城市”到“世界城市”：第三次城市革命——第三波城市化浪潮

这是笔者的一种预测和对目前刚刚出现的态势的一种概括。从 20 世纪初叶开始，特别是 20 世纪末叶以来，全球化已成为一股世界性的潮流。“90 年代冷战时代的结束，拆除了经济自由化发展的政治壁垒，为经济全球化的大发展开辟了道路，而信息技术的突飞猛进则为经济全球化提供了强大的动力。……全球化的风暴使传统的政治、经济、社会结构发生着巨大的变化，使传统的政府面临严峻的挑战，传统的行政体制、组织与运行机制正在分崩离析，已经濒临崩溃的边缘。”③

全球化过程，使得国家之间的联系日益密切。为了管理日益复杂、相互依赖日益加深的国际社会，一系列国际制度（international institutions）得以建立起来，包括各种规范和调

---

① ［法］费尔南·布罗代尔著，顾良、施康强译：《15 至 18 世纪的物质文明、经济和资本主义》（第一卷），三联书店 1992 年版，第 610 页。

② 周一星著：《城市地理学》，商务印书馆 1995 年版，第 77 页。

③ 杨冠琼著：《当代中国行政管理模式沿革研究》，北京师范大学出版社 1999 年版，第 503 页。

整跨国交流和各国行为的国际组织、国际法、国际规范和惯例。国际制度既有全球性的（如联合国），也有区域性的（如亚太经合组织）；既可以是正式的（如《保护臭氧层维也纳公约》），也可以是非正式的（如关于未来环境保护的《21世纪议程》）；既有全能型的（如欧洲联盟），也有专门型的（如世界贸易组织）。形形色色的国际制度，正在成为规范和调整跨国交流和国家行为的重要源泉。①

这些超国家组织的出现，对传统国家主权观念带来很大的挑战，使得传统国家主权的观念逐渐发生变化。在这样的背景下，笔者认为：超国家组织等的出现使得权力的配置方式可能发生新的变化，则作为体现权力配置的城市肯定会发生重大的变化，即发生"第三次城市革命"和进入"第三波城市化浪潮"阶段。一方面，世界不同地区的城市将在超国家权力（外力）的支持下，遵循同一的城市化道路前行，城市权力相对于国家权力，获得伸张、生长的空间；另一方面，全球的城市发展可能形成新的世界范围的城市体系，若干控制超国家权力的城市成为"世界城市"，这些城市对其他城市的控制有可能加强，甚而导致在更大范围内超国家权力吞噬城市权力的情况发生。当然，笔者这里所谓的"第三次城市革命"也许才刚刚开始，而"第三波城市化"也许还未全面启动（因为有些地区"第二波城市化"尚未完成），未来城市发展的道路、前景等都尚未完全明朗。

如果说，第一波城市化以君主专制国家为范围，第二波城市化以近代民族国家为范围，但都是以一个国家的公共权力为配置主体和对象，则第三波城市化就是超国家范围，以超国家的公共权力的介入而影响传统的国家公共权力的配置，从而对城市及城市化道路发生影响和作用。这一过程实际上从20世纪初叶前后就已露端倪。宁越敏等曾有这样的论述：

> 随着资本的扩张，世界政治经济体系开始建立起来，世界城市体系也逐步形成。由于资本主义国家在世界政治经济体系中的中心地位，使它们的城市在世界城市体系中也处于垄断中心的地位。1900年，伦敦、巴黎、纽约、柏林、阿姆斯特丹是国际商业、金融的中心，也是政治、经济决策的重要中心，……②

但20世纪以来，经历了两次世界大战和东西方冷战的对峙，全球化过程也经受挫折和反复。20世纪90年代之后，以前苏联解体、冷战结束为标志，世界的全球化进程开始加速，如欧洲、北美、东南亚等地，均已形成诸多较为成熟的国家间组织；应该说，这些超国家权力的影响，标志着城市化进程进入一个新的阶段。

顾朝林等在考察了当代信息革命的影响和经济政治全球化的趋势后，也曾经就其对城市发展的影响指出：

> 目前，继发达国家城市化之后，世界城市化的主流正在向发展中国家转移，可以预见，在不久的将来，世界将有可能形成新的有机统一的城市体系，而不再是一个被国境分隔得支离破碎的城市体系。……

---

① 陈志敏著：《次国家政府与对外事务》，长征出版社2001年版，第43页。

② 许学强、周一星、宁越敏编著：《城市地理学》，高等教育出版社1997年版，第60页。按照该书"后记"说明，该部分由宁越敏执笔撰写。

> 总之，可以这样认为，在信息经济条件下，经济活动的全球扩散和全球一体化，一方面，使主要城市的功能进一步加强，形成一种新型的城市类型——全球城市(global cities)；另一方面，也促进网络城市(network city)和边境城市体系(frontier urban system)的发育。随着城市化的加速，城市愈来愈成为人类社会经济生活的主宰，而且，随着信息社会化和跨国公司的介入，城市在新的劳动地域分工中扮演越来越重要的角色。有些城市由于其所处的枢纽地位和新的信息节点，将发展成为国际性或全球性城市，协调和控制未来的全球经济活动；而另一些城市则会通过与这些城市的相互作用，发挥自身在世界经济发展中的作用。有些城市则由于远离信息社会而一落千丈沦为衰落的城市。①

同时进一步论述了全球城市等级体系的可能格局：

> 在可预见的未来，全球将出现三大组团，即以伦敦、巴黎为首的欧洲组团，以纽约、洛杉矶为首的北美组团和以东京为首的亚洲组团。在各自的组团中，又存在着一系列不同层次的国际性城市。因此，在综合考虑人口规模、全球战略地位和所在组团的功能作用以及各组团未来发展趋势的基础上，我们即可大体上确定未来全球城市体系的基本格局。②

并据 J. Friedmann 的"世界城市等级体系假设"，给出一幅世界城市等级体系的假设图景(如图 1-1 所示)：

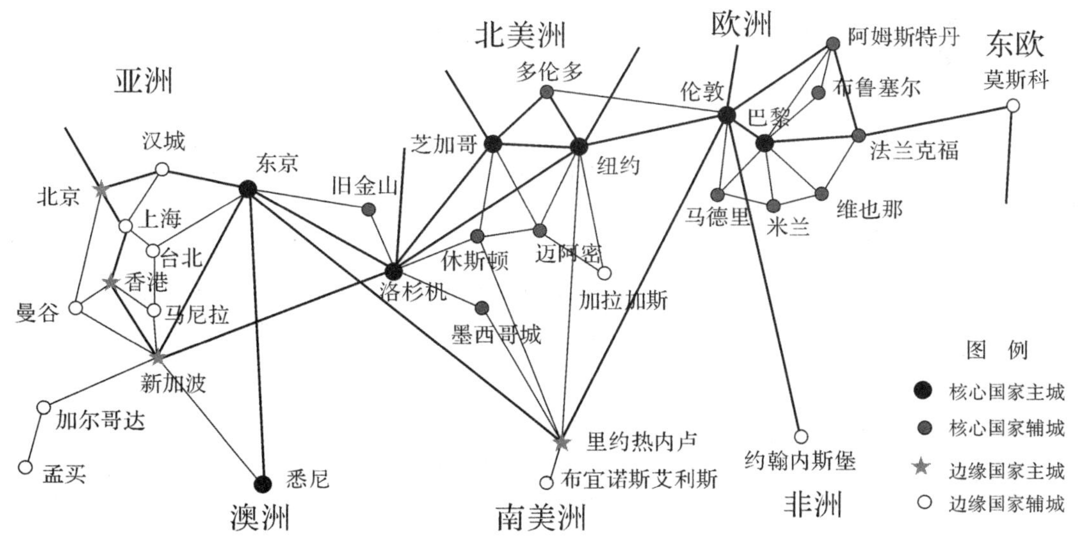

图 1-1 世界城市体系网络示意图

(转引自顾朝林等著:《经济全球化与中国城市发展》,商务印书馆 1999 年版,第 27 页。)

① 顾朝林等著:《经济全球化与中国城市发展》,商务印书馆 1999 年版,第 4～5 页,第 21～22 页。

② 顾朝林等著:《经济全球化与中国城市发展》,商务印书馆 1999 年版,第 26～27 页。

在此阶段，则伴随着“信息革命”的到来，又进入所谓“信息社会”时代。前引法国学者Francois Ascher所论“第三次城市现代革命”，也是指的这一阶段。Francois Ascher首先对当前的现代化进程从社会、经济的角度进行分析，与前两个现代化时期形成的共同体社会和工业社会进行比较，提出了“超文本”社会的概念：

>……“第三现代性”社会虽然呈现分化的状态，但社会并没有因此而解体，社会联系也没有断裂。相反，社会对安全、文明、国家权力的要求加强，社会联系增多、细化、专门化。多样化的细弱的联系组成了呈网络状的社会组织结构，社会在网络上、准确地说是在一系列互相联系的网络上运转，以支持日益增加的人流、物流、信息流的需求。这种网络状社会，相互依存的个体形成了新型的稳定关系，新社会民主的任务就在于促成这种“交流型”的稳定关系向自觉从属于集体共同利益的“自省型”稳定关系的转化。
>
>多归属的社会个体在工作、家庭、休闲、邻里、宗教和社会政治等不同的社会活动层面中自我建设。在中世纪的共同体社会中，这些社会活动层面是叠合在一起的（或者说不同的社会活动是在单一的空间范围内进行的），工业化社会中也仍有很大部分的相互重叠。这些社会活动层面在今天新的社会组织中开始分化出来，形成“层化结构”，而通过个体在不同层面之间日常的多次往返，将不同的社会活动层面联系起来，类似于一个词在不同的电脑超文本文件中建立起的联系。一些相同的词在多个文件中出现，在每一篇文章中与其他词组合，参与形成不同的意义：通过对“词”的点击，就可以打开一系列的文章。社会个体在不同设置下的实体或虚拟的社会空间中运动着，形成了作者称之为的“超文本”社会，而社会个体所具有的多重归属则形成了“超文本”社会中的“链接”。“超文本”社会的出现将彻底更新社会建设和个人识别的模式。

进而，Francois Ascher认为，城市在当前新的现代化进程中也经历着新一次的革命，并描述了在第三次现代革命中的城市的五个方面演变：

>1. 作者进一步论述了他在1995年提出的“超极化”的概念。超极化是双重的城市化过程：一方面全球化引起物质和社会财富在重要城市尤其是大城市的进一步集中，即通常说的大都市化；另一方面，公共交通和TIC（引者注：信息和通信技术的简称）的发展推动了地区性的共城市化现象，在欧洲出现了不连续、不均一、多核心的新型城市化地区，作者称之为“多极的都市地区”（Metapole）。新的城市化过程中，传统的内部发展模式（提高城市密度和近郊城市化）被外部发展模式（城市的地区性发展）取代，城乡的界限逐渐模糊。
>
>2. 城市能动性体系对城市的影响扩大。TIC特别是电子商务的发展改变了BIP系统的传统表征和传统的选址原则，向心性辐射状的空间组织方式不再符合要求，城市几何中心对市民尤其是拥有小汽车的市民来说不再是可达性最强的地区，商业在更大的空间范围内“极化”。但作者认为，交通和TIC的发展不会影响大城市的进一步集中，TIC的使用也不会减少或取代交通出行。TIC的发展使一

些方便存储复制的视听信息丧失了部分的价值，同时也引起那些不可媒介化信息的增值，第三次城市革命产生的将不会是一个完全虚拟的城市。

3. 个人化和TIC的进步改变了人们对自我空间时间的组织方式，建立时间—空间的直接联系或进行时间—空间的相互转换成为可能，空间—时间更加个人化。相同的空间距离所需要的出行时间不再相同，个人工作时间更具有弹性，留言机、电子邮件为个人的社会活动提供了时间上“再同步”的可能性。另一方面，时间的个人化趋势造成了传统社会公共服务的危机，商业和公共服务需要适应社会节奏多样化的转变，个人化的交通运输服务（门到门）、时间银行等新型的公共服务和机构开始出现。

4. 社会群体或次群体的发展在个人利益多样化的影响下，越来越缺少共同的目标和主题，现行等级制的行政管理组织结构和组织方式显露出局限性。在多维度社会中，建立国家政府性质的干预机制仍然必要，但需要可以灵活变化的管理空间范围和尺度，政府职能将主要是辅助性的，需要持续地与地方居民和地方的实施者进行多种形式的交流沟通：“不关己主义”抬头和有关城市规划的诉讼与纠纷的增加，反映了当前公共立法的危机和集体利益的不稳定性，因此，确定集体利益和制订公共政策的方式也需要改革。

5. 城市危机说明了“现代化”本身也是一柄“双刃剑”。城市暴力增加和相应城市管理上的束手无策，提高了城市居民的危机意识。发展和危机的关系成为可持续发展的重要课题：在一个危机化的社会里，“预防的原则”增强了人们面对各种不确定因素和把握未来的决心。[①]

综上所述，从近代以来，西方体制从西欧开始，向世界传播、扩散。国家消亡虽然尚不可预见，但传统国家主权观念等已经发生很大变化；国家权力除了受到原来的主要来自于内部各种力量的制约外，也日益受到来自超国家的外在力量的制约。这种趋势总体来看，是有益的，进步的，尽管肯定会产生一定的负面影响。因此，在这样的权力配置格局之中，城市、城市体系，连同整个的城市化道路，都必将发生巨大的、本质性的改变。目前而言，可见的趋势是形成以西方国家（尤其是美国）的若干城市为原核城市（原生型城市）的新的世界城市体系。对于处于后发地位的中国，则需要自觉地融入世界发展的大潮中去。第一波城市化中，中国曾成为东亚各国的楷模；同样，第二波城市化、第三波城市化，西方国家（西欧、美国）完全可以成为我们的楷模，“它山之石，可以攻玉”。

本章小结

由上所论，城市化要解决的问题，关键并不是如我们现在所一般认为的解决实体层面的问题，这只是在解决表面城市化的问题；这样一条城市化的道路，我们历史上已经走了数千年，最近也走了50余年。城市化要解决的问题，关键在于制度层面；西方国家中世纪以来的城市化道路，已经明晰地告诉我们应该何去何从。我们的抉择，不在于要不要城市化（我

---

① 卓健：《第三现代性和新城市规划原理》，《城市规划汇刊》，2002年第5期，第20～24页。

们一直在城市化),而在于选择哪一条城市化道路,选择哪一条实质的、制度方面的城市化道路(而非仅是实体的、物质的城市化)。我想,当然,在今天,答案应该是很明确的了,就是西方曾经走过的、城市与国家权力有明确分野的城市化之路。西方城市制度的根本,就是聚落的居民自治(而非表面的所谓"城乡分治");最坚固的根基,就是产权的清晰和法律的保障。

关于这一点,秋风在其《城市的灵魂是市场和自治》一文中曾用感性化的语言清晰地表达出来:

> 没有一个人——不管是主政者还是一般市民——不希望自己的城市富裕、繁荣、漂亮,适合自己居住、工作、生活和休憩。正是在这种愿望的推动下,从沿海到内地,大大小小的城市、村镇,都在发生着巨大的变化。不幸的是,在政府掌握太多资源的体制框架下,这种良好的愿望也在一定程度上转化为后发劣势:急功近利成为当今城市建设的突出特征;迷信行政权力,则成为当今城市管理的致命伤。这样的城市,在短期的飞速发展背后,潜伏着某些严重的长远隐患。而避免未来可能的弊端的东西,只能是更多的自治,更多的市场。……
>
> 城市是市民的城市,他们是城市的生命所在。他们通过自己的活动塑造着城市的风貌和精神。然而,在当今中国的城市生态中,大多数情况下,市民只是被管理的对象,他们生活的方方面面都由行政权力规定好了。……
>
> 如果我们承认,对于局部的、社区内部的情况,行政部门的了解不可能比参与者自己更深入、更切身,那么,我们就应当承认,城市中的很多事情其实应当让与其相关的市民来自己处理。他们可以自愿地结合起来,为自己的活动和事业制订局部性的规则。同行政部门制订的政策、规则一样,这些局部性规则也可能出现错误,但在出现错误的时候,其影响面会小得多。而不同社区的竞争,也会使得优秀的做法和规则被人发现和模仿。……
>
> 自治不仅仅是指市民在日常生活及涉及到自己的利益的问题上自我组织、自我治理,也包括各种各样的行业、职业团体、工商企业的自治。……
>
> 也许,城市更类似于有机的生命体,而不是一台没有生命的机器。每个城市有她独特的细胞、血脉、组织、肌肉和骨骼,理想的政府也应当是这个有机体中的一个有机的组成部分,而不是一个过于发达的组织,从而吸取了机体过多的养分,或者阻碍了某条血脉的流通,而让整个机体发育畸形。
>
> 不管是对于国家还是对于一个城市来说,一个健全而有效的政府,首先是一个知道自己的能力的限度的政府。政府的正当职责在于创造某种合适的制度框架——尤其是法治——让民众个人或通过自愿结合的方式解决自己的问题。凡是民众能够自治的领域,就应当让民众自治;凡是市场能够解决的问题,就应当让市场去解决。
>
> 当然,有些问题是自治和市场无法应付的,此时,确实需要政府发挥作用。然而,在这些问题上,政府部门的决策也必须在法治的框架中、按照事先公布的规则、透明公开地处理,并且不能堵塞市场和民众寻找解决之道的途径。而在公共

决策及其执行过程中，尤其应当尊重民众的财产权和其他权利。[①]

中国将面临“第二波城市化”和“第三波城市化”两个阶段前后相继、“制度层面”和“实体层面”的城市发展两大任务同时完成的艰难处境，既是机遇，也是挑战。我们传统的国家观念、权力配置观念等，都需要改变，也应该改变。在这种全球城市化的大潮中，中国已经走上一条不归路。中国传统资源中缺乏宗教权力，因此，国家权力在扩张的过程中，缺乏阻滞力量，使得其倾向于无限扩张，致使城市的权力无从生长、壮大，市民的权利无法得到切实保障。在目前的情势下，在全球化的浪潮中，除了国家主动培植民间权力之外，外力的介入，也不得不承认是一种与中国这样强势国家体制相抗衡的一种力量；换句话说，在中国缺乏其他权力源的状况下，外力（广义，包括如国际组织的监督、国际条约的限制、国家间的协定、主动向外界学习等等）可以充当如第二次城市革命的宗教权等作为对国家权力的制衡，以保证城市权力（市民权利）生长并形成与国家权力的明确分野。

借用梁启超在《中国史叙论》中关于“中国之中国”和“世界之中国”这一概念[②]，我们也可以说，此前中国的城市、中国城市的发展，乃是“中国之城市”；而此后中国的城市、中国城市的发展，将都是“世界之城市”。

原谅我忍不住再一次引用伟大的城市社会学家刘易斯·芒福德在其《城市发展史》巨著结尾部分的真知灼见和谆谆规诫，作为本章的结尾。他的这一巨著，实在值得我们反复咀嚼：

> 因此，我们现在必须设想一个城市，不是主要作为经营商业或设置政府机构的地方，而是作为表现和实现新的人的个性——“一个大同世界人”的个性——的重要机构。过去旧的人与自然，城里人与乡下人，希腊人与野蛮人，市民与外国人之间的那种隔离与区别，不能再维持下去了，因为，现代通讯手段，使现在整个地球正在变得像一个村庄一样近。其结果是，最小的住宅区或一个区必须规划得像较大世界的一个活动模型。现在城市必须体现的，不是一个神话了的统治者的意志，而是它市民的个人和全体的意志，目的在于能自知自觉，自治自制，自我实现。他们活动的中心将不是工业，而是教育；每一种作用和功能将按照它促进人类发展的程度来加以评价和批准，而城市本身将为日常生活中自发的冲突、挑战和拥抱提供一个生动的舞台。……
>
> 城市最早是作为一个神祇的家园：一个代表永恒的价值和显示神力的地方。至今，那些象征它的东西虽然变了，但它的实际内容没有变。我们现在才知道，生命中未经揭露的潜力远远超过现代科学引以为荣的代数学；它们对进一步改造人

---

① 秋风：《城市的灵魂是市场和自治》，载《中国经济时报》，2003年3月12日，见“新华网”：《思想先锋：城市的灵魂是市场和自治》，http://news.xinhuanet.com/fortune/2003-03/12/content_773753.htm。

② 1901年，梁启超发表《中国史叙论》一文，首次提出了“中国民族”的概念，并将中国民族的演变历史划分为三个时代：“第一，上世史，自黄帝以迄秦之一统，是为中国之中国，即中国民族自发达、自竞争、自团结之时代也”；“第二，中世史，自秦统一后至清代乾隆之末年，是为亚洲之中国，即中国民族与亚洲各民族交涉、繁赜、竞争最激烈之时代也”；“第三，近世史，自乾隆末年以至于今日，是为世界之中国，即中国民族合同全亚洲民族与西人交涉、竞争之时代也”。转引自《梁启超〈中国史叙论〉最早提出“中华民族”称谓》，见“网易网”：http://news.163.com/06/0111/10/276A2INA00011246.html。

> 的前景是极为迷人的，也是取之不尽的。没有城市养育起来的宗教上对来世的憧憬，人类生活和学习的能力能否发展到今天这样大的地步是值得怀疑的。人是依照他的神灵的形象及其所定的标准而成长起来的。必须按照我们自己时代的意识形态和文化来重新衡量由神性、权力和人性组成的复合物（它使古代城市得以产生），并将其倾注进新的城市的、区域的和全球的模型内。为了挫败现在从内部威胁文明的邪恶力量，我们必须从过去历史上一直纠缠着城市的那种最初的挫折和消极作用中解脱出来。不然的话，不受有机限制和人类目标约束的权力之神将按照他们自己既无个性也无特征的形象来改造人，并把人类的历史推向末日。
>
> 城市最终的任务是促进人们自觉地参加宇宙和历史的进程。城市，通过它自身复杂和持久的结构，城市大大地扩大了人们解释这些进程的能力并积极参加来发展这些进程，以便城市舞台上上演的每台戏剧，都具有最高程度思想上的光辉，明确的目标和爱的色彩。通过感情上的交流，理性上的传递和技术上的精通熟练，尤其是，通过激动人心的表演，从而扩大生活的各个方面的范围，这一直是历史上城市的最高职责。它将成为城市连续存在的主要理由。①

我们期待这样的城市，以及城市中这样的人，都能在中国的大地上出现、成长。

---

① [美]刘易斯·芒福德著，倪文彦、宋俊岭译：《城市发展史——起源、演变和前景》，中国建筑工业出版社 1989 年版，第 420 页，第 421～422 页。

02 权力的空间配置

——行政区划的本质及其城市发展与政区演变的互动关系

惟王建国，辨方正位，体国经野，设官分职，以为民极。

——《周礼》

国家的命运将与城市的命运密不可分。

——[法]布罗代尔[①]

先说明一点，在本章及其本书中，“政区”和“行政区划”是作为内涵一致的概念来使用的（当然，并非说毫无区别；同时，表述中，在各有约定俗成的习惯的使用环境下，依原有习惯）。在不作区分的情况下，为避免并举而致行文的啰嗦，一般仅以二者之一表述。相对于对“城市”本质、含义的认识的纷见歧出，争讼不已（包括笔者提及的城市本质“权力说”，也肯定会有诸多争议），在对政区等用语的理解上，则基本一致，即是国家（公共）权力的地域划分及其所形成的区域。但问题同样存在。一是与政区有关的一些概念很多，如“行政区”、“行政区划”等，现实中也通常混用，到底有无必要区分、如何区分；二是国家权力有多种，到底哪些权力的地域划分及其所形成的区域属于“政区”和“行政区划”范畴，而哪些不是；三是不同国家，其权力划分的方式有别，因此，在不同权力划分方式之下所形成的行政区划即政区体系差别很大，也导致对政区等的理解判然有别，应该如何看待。三个问题依次递进，实际上表明：行政区划及其所形成的政区格局只是表象，真正的差别在于国家的公共权力如何划分，在于国家的政治体制如何设计。这是我们看待政区、行政区划及其改革问题时所必须正视、不能回避、也无法回避的问题。也正是在这一深层意义上，政区演变与城市发展发生互动关系。

2.1 行政区划的核心含义及其相关概念、问题辨析

由于日常使用的频繁及有关法律的规定（如中国大陆的现行《宪法》中就有对于“行政区划”的明确规定），“行政区划”（简称“政区”）这一术语在中国极为常用。一般的对应英语译文，大陆官方都翻成 administrative division，适应不同语境的需要，也有 administrative divisions 和 administrative division system 的译法[②]；实际

---

① [法]费尔南·布罗代尔著，顾良、施康强译：《15 至 18 世纪的物质文明、经济和资本主义》（第 1 卷），生活·读书·新知三联书店 1996 年版，第 610 页。

② 见“中华人民共和国外交部网”，http://www.fmprc.gov.cn/eng/premade/9054/division.htm。

上即 administrative division 包含有 administrative divisions（区划格局）和 administrative division system（区划制度）的两种含义。其他的一些类似或相关的说法还有，如 division of administrative units（administrative areas，administrative districts 或 administrative regions），administrative and political divisions 或 subdivisions 等。中国和西方国家，由于历史文化传统和政治体制的差异，以及法律渊源等的不同，在对所谓"行政区划"的理解上，存在很大的差异，具体的区划制度，更有显著不同。有时在一个国家习以为常的事情，在另一个不同背景的国家就非常不易理解。所以这里有必要把一些与行政区划有关的基本概念先进行若干讨论。

2.1.1 关于"行政区划"的核心含义及其相近、相关概念

应该说，学术界现在基本上是把"政区"与"行政区划"作为同一层面的（甚至是完全同一的）概念在使用。笔者也持这样的看法；但前提是应该将其内涵明确和统一起来。周振鹤曾经于 2001 年在《复旦学报（社会科学版）》上发表《行政区划史研究的基本概念与学术用语刍议》一文，认为：

> 由于中国历来只有疆域沿革史与地方行政制度史，并没有专门的行政区划史，因此对行政区划本身以及与之相关的一些专门学术用语，都没有进行规范化，更没有严格的定义。十年前我撰写《体国经野之道》（香港中华书局，1990）以及三年前写作《中华文化通志·地方行政制度志》（上海人民出版社，1998）的时候已经使用过一些我自己确定的用语，但当时限于篇幅与体例，未对这些用语的定义与应用范围加以说明，因此在这里有必要将过去已经使用，但未明确定义以及尚未正式使用的术语一一加以说明，以便于读者易于理解，也便于今后学术界引起讨论而得到修订或共识。由于行政区划史研究的学术性与这些基本概念及学术用语紧密相关，因此希望本文所议能引起历史学、地理学、政治学，尤其是历史地理学方面的学者的批评。这些术语与概念可以分成两组，一组是行政区划本身，一组与研究行政区划相关……①

周振鹤可以说是中国大陆 20 世纪 80 年代以来在行政区划史研究和历史政区地理研究领域中的主要开拓者和奠基人；其所提出的若干概念和使用的一些术语，也已为学界普遍接受，并得到广泛使用，影响所及，已超出历史地理范围，而成为现代人文地理学、政治学、经济学等领域共同的话语基础。

笔者结合个人的学习和研究，也越来越感到相关研究中的确存在许多概念、术语含义不明的情形，并导致一些歧见、甚至错误发生，也越来越认识到周氏呼吁对此进行讨论和批评的良苦用心。遗憾的是，至今，笔者尚很少见到专门对此给以回应和讨论的论述。

当然，由于政区及行政区划问题的复杂性，也由于周氏主要是从中国历史时期行政区划演变的角度来提炼和概括出一些观点和概念，因此，不可避免地在若干概念和术语的含

① 周振鹤：《行政区划史研究的基本概念与学术用语刍议》，载《复旦学报（社会科学版）》，2001 年第 3 期，第 31～36 页。

义的界定和使用上，在涉及现代情形，尤其是与中国（既包括传统的，也包括现代的）行政区划体制截然不同的西方国家时，产生一些出入，有些观点也可补充和商榷。当然，周氏也明确圈定了他的论述范围，即是针对“行政区划史”研究中的问题；但笔者以为，既然是学科统一用语，相关术语的含义就应既符合如中国历史时期的特殊状况，也能够涵盖国外的、或现代的，不同时期、不同国别的行政区划的一般情形，故相关术语的界定似以扩及整个行政区划的研究更为有益。因此，本着发展和推进行政区划及相关领域研究的目的，笔者这里不揣浅陋，在周氏论述的基础上，并将有关学者的相关论述整理铺排，进而结合笔者自己心得，提出若干新见，权作对周氏呼吁的回应和补充。

2.1.1.1 关于“行政区划”及其相近、相关概念的各种阐发

由于日常使用和有关法律规定等缘故，“行政区划”这一词汇在中国而言，是一个我们最为熟悉、使用也最为频繁的用语。随着近年来研究的深入，诚如周振鹤所说，又出现了其他一些相近、相关的术语，如“政区地理”等（但“政区”一词在学术界讨论和界定之前，也早已使用，如地图出版界所出的“中国政区”图、“世界政区”图等，表明已经将“行政区划”与“政区”约略等同使用）。目前中国行政区划研究的几大主要派别和主要学者[①]，都对此问题展开过讨论，可以浦善新、刘君德、周振鹤等的有关论述为代表。

(1)浦善新等的有关论述

浦善新等于 20 世纪 80 年代中后期开始进行有关行政区划及其基本概念等问题的探讨，并在其 1995 年出版的《中国行政区划概论》一书中系统地表述了他们对“行政区划”等概念的理解，开梳理、界定有关概念的先河，对后来有关论述有一定影响。如：

> 行政区(administrative regions)是指国家为行政管理而划分的区域，也就是相应的地方国家行政机关所辖的区域。又称行政区域，亦简称政区。从广义上说一个国家也是一个行政区。行政区有标准行政区和准行政区之分，区分的标志是行政区的行政机构，凡设立一级政权(行政机关)的为标准行政区，亦即我们通常所说的行政区，凡设立行政机关派出机构的为准行政区。[②]

---

① 就笔者看来，中国当前（20 世纪 80 年代以来）已经形成行政区划研究的三大主要派别，即“历史沿革学派”、“实际操作学派”和“理论综合学派”。

“历史沿革学派”出现最早，盖因为 20 世纪 80 年代初期行政区划改革的研究尚属禁区，故最初还是集中在与现实距离稍远的历史政治地理（即传统的沿革地理）方面，以后也逐渐涉及当前的改革问题。这方面起步较早、历时最久、也最有成就的是复旦大学的周振鹤先生，此外，如孙关龙先生等也有系统研究。

“实际操作学派”以实际工作部门（主要是负责行政区划管理工作的民政部相关机构和人员，如现在的区划地名司）的有关官员为代表，代表性的人物如浦善新等，以及张文范、靳尔刚、戴均良等几任司长，还有其他有关人员等，不断就有关现实问题发表一些见解和改革主张，并在实际工作中加以推动。

“理论综合学派”：几乎与此同时，以华东师范大学的“中国行政区划研究中心”为基地，刘君德先生及其同事、学生等形成专门以中国行政区划改革为研究重点的学者群，并系统、全面、深入和持续地进行有关的理论探索和改革实践研究，逐渐成为中国行政区划研究领域的重要研究力量。与前两者不同的是，该学派既重视实际的问题研究，更注重吸收国内外不同学科的研究方法和成果，使用如公共管治理论、政治学理论等进行深层次的讨论，以揭示行政区划的实质和进行政区地理的有关理论探讨，理清行政区划背后管理方式改革的问题；在此基础上，先后提出如：“行政区经济”理论、“行政区一社区”理论等，并率先进行如西方大都市区管治方式和中国都市区行政区划体制改革的研究、中外行政区划的比较研究等。可以归入该派的，近年来还有以南京大学有关学者从城市管治角度对行政区划改革所进行的研究，理论色彩较为突出，如顾朝林（现转至清华大学）、张京祥等。

② 浦善新等著：《中国行政区划概论》，知识出版社 1995 年版，第 10 页。

后面又进一步提出构成一个行政区所必须具备的八个要素，包括：一定数量的人口，一定范围的地域空间，相应的机构，一个行政中心，隶属关系，行政建制，行政等级，名称等。[①]同时，还对行政区划作了界定：

> 简单地说，行政区划(administrative divisions 或 administrative regionalization)就是国家对行政区域的划分。具体地说，就是根据国家行政管理和政治统治的需要，遵循有关的法律规定，充分考虑经济联系、地理条件、民族分布、历史传统、风俗习惯、地区差异和人口密度等客观因素，实行行政区域的分级划分，将国家的国土划分为若干层次、大小不同的行政区域系统，并在各个区域设置相应的地方国家权力机关和行政机关，建立政府公共管理网络，为社会生活和社会交往明确空间定位。行政区划是一个国家权力再分配的一种主要形式，也是国家统治集团意志及政治、经济、军事、民族、习俗等各种要素在地域空间上的客观反映。
>
> 广义的行政区划还包括对已有行政区域的调整(变更)。……[②]

该表述后来在由靳尔刚、张文范主编的《行政区划与地名管理》一书的相应部分中[③]继续沿用未改(该部分由浦善新执笔)。这可以认为是民政部门(实际工作部门)的基本看法。

(2)刘君德等的有关论述

刘君德早于1983年就介入中国行政区划问题的研究，尤其在1990年于华东师范大学成立"中国行政区划研究中心"后，更倾其全力专注于这一领域的理论研究和改革实践[④]，是学术界研究行政区划的主要代表。以他为首的学者群先后在其《中国行政区划的理论与实践》(1996)[⑤]、《中国政区地理》(2000)[⑥]等著作中完整地论述过有关概念。以2000年所出《中国政区地理》有关论述为例，在不同章节中先后讨论了如"政区"、"行政区划"、"政区地理学"、"政治地理学"等范畴，许多论述都是颇为精当的：

> "政区"是"行政区"或"行政区域"的简称，是指一个国家的地方行政机关所辖的区域。国家根据行政管理和建设、治理的需要，遵循有关法律规定，对领土进行合理的分级(层次)划分而形成的区域和地方，这就是"行政区划"，它是国家政权建设的重要组成部分，是一种政治地理现象。
>
> 什么是政区地理学？简言之，它是研究国家的空间结构体系安排(行政区划)的一门科学，其基本矛盾关系为：在国家的领土范围内，政权建设、社会经济发展、国土规划、建设、治理与空间行政结构体系之间的矛盾。政区地理具有明显的人

---

① 浦善新等著：《中国行政区划概论》，知识出版社1995年版，第11～14页。

② 浦善新等著：《中国行政区划概论》，知识出版社1995年版，第17页。

③ 靳尔刚、张文范主编：《行政区划与地名管理》，中国社会出版社1996年版，第1～5页。

④ 刘君德：《序》，见刘君德、冯春萍、华林甫等编著：《中外行政区划比较研究》，华东师范大学出版社2002年版，第1页。

⑤ 刘君德主编：《中国行政区划的理论与实践》，华东师范大学出版社1996年版。

⑥ 刘君德等著：《中国政区地理》，科学出版社2000年版。

文地理科学的共同特性。

在实际工作中，人们往往用“行政区划”，而不用“政区地理”。实际上二者就其本质内涵而言是一致的，二者之间的关系是学科和任务的关系。行政区划是一项工作任务，政区地理是一门独立的人文地理学分支学科，有其严密的学科理论体系。这正如同经济地理学与经济区划的关系、自然地理学与自然区划的关系一样。①

后面又反复重申，完整表述：

“政区”亦称“行政区”或“行政区域”，通常是指一个国家的地方行政机关所辖的区域。它是一个静态的概念，泛指行政区域的范围。而“行政区划”则是一个动态的概念，是指一个国家根据行政管理的需要，将领土划分成不同层次结构的区域，这一划分的过程即是“行政区划”。可见，“政区”、“行政区域”与“行政区划”是有区别的两个不同的概念。但在通常情况下，“行政区域”与“行政区划”也可通用。

与“政区”相关的还有“行政单位”、“行政建制”等名词。“行政单位”是一定“行政区域”或“政区”的政府机构，从中央到地方行政单位之间有严密的行政隶属关系。“行政建制”是国家的结构单位。各国根据自己的国情与不同的目的和需要，设置了各种不同的地方行政建制。

我们认为，行政区划是个综合的概念，可以从狭义和广义两个方面加以解释。从严格的科学含义上来说，行政区划是指为实行国家的行政管理、治理与建设，对一国领土进行合理的分级（层次）划分而形成的区域和地方。从与“行政建制”的关系来看，行政区划是行政建制的空间投影。这也是从狭义的角度解释行政区划的内涵。但也有学者从广义的角度解释行政区划，认为行政区划是“行政区域”、“行政单位”与“行政建制”的有机结合，三者共同构成了一个国家的结构体系。

综合以上各种有关行政区划概念的表述，广义的概念可以概括为：行政区划是国家结构体系的安排。国家根据政权建设、经济建设和行政管理的需要，遵循有关法律规定，充分考虑政治、经济、历史、地理、人口、民族、文化、风俗等客观因素，按照一定的原则，将一个国家（小国除外）的领土划分成若干层次、大小不同的行政区域，并在各级行政区域设置对应的地方国家机关，实施行政管理。②

并认为：“行政区划是一种政治地理现象，行政区的地理研究是人文地理学的一个十分重要的领域，一般它归属于政治地理学范畴。”③“‘行政区划’与‘政区地理’从其研究的本质内涵上理解二者是一致的。‘行政区划’是行政建制的空间投影，是国家行政地域的划分。‘政区地理’是研究国家空间结构体系安排的一门科学。在实际工作中，人们往往用‘行政

① 刘君德等著：《中国政区地理》，科学出版社 2000 年版，前言，第ⅸ页。

② 刘君德等著：《中国政区地理》，科学出版社 2000 年版，第 3～4 页。

③ 刘君德等著：《中国政区地理》，科学出版社 2000 年版，第 10 页。

区划’，而不用‘政区地理’，二者之间的关系是任务与学科的关系。”[①]此外，也分析了构成行政区划（政区）的基本要素，包括：一定规模人口和面积的地域空间，一个设有相应行政机构的行政中心，一个明确的上下级隶属关系的行政等级，一个与行政建制相对应的行政区名称。[②]

（3）周振鹤等的有关论述

周振鹤主要是从历史地理学的角度来进行中国行政区划制度变迁以及当前改革问题的研究，他对有关概念的梳理集中在前引 2001 年刊发的《行政区划史研究的基本概念与学术用语刍议》中。当然，此前在有关著作中也曾有一些分析，如：

> 除非疆域特别狭小，任何一个国家都要根据行政管理的需要，将领土划分成有层次的区域，这一过程叫做行政区划，这些区域称为行政区域，行政区划和行政区域也可通用，简称为行政区或政区。[③]

在 2001 年的《行政区划史研究的基本概念与学术用语刍议》中，诚如周氏在该文中开宗明义所论：

> 行政区划是一个现代的名称。任何国家为了行政管理的方便，必须将其国土划分为有层级的区域，这就是行政区域。行政区划本来是指划分行政区域的行为与过程，但近数十年来，同时也兼有行政区域的含义，并已逐步取代了行政区域一词。行政区划又可简称为行政区或政区。行政区划虽然是一个现代名称，但并不是一个现代才有的概念。恩格斯说，国家的职能之一就是用区域划分其国民。行政区划就是这样的区域。这一职能无论中外，都是自古以来就有，因此行政区划的概念也是自古就已产生。只是在中国古代，没有行政区划体系这个说法，而称之为郡县制。
>
> 对于行政区划是什么，至今尚无严格的专门的定义。……我想可以这样回答：行政区划就是国家对于行政区域的分划。行政区域的分划过程是在既定的政治目的与行政管理需要的指导下，遵循相关的法律法规，建立在一定的自然与人文地理基础之上，并充分考虑历史渊源、人口密度、经济条件、民族分布、文化背景等各种因素的情况下进行的，其结果是在国土上建立起一个由若干层级、不等幅员的行政区域所组成的体系。[④]

（4）其他学者的有关论述

如孙关龙 1995 年在其所著《分分合合三千年——论中国行政区划及其总体改革的构想》一书中，也简单地给行政区划下了个定义：“行政区划是指国家行政管理的区域组织系

---

① 刘君德等著：《中国政区地理》，科学出版社 2000 年版，第 11 页。

② 刘君德等著：《中国政区地理》，科学出版社 2000 年版，第 29～30 页。

③ 周振鹤著：《中国历代行政区划的变迁》，商务印书馆 1998 年版，第 2 页。

④ 周振鹤：《行政区划史研究的基本概念与学术用语刍议》，载《复旦学报（社会科学版）》，2001 年第 3 期，第 31～36 页。

统。它是政治、经济发展的产物，亦是随着政治、经济的发展而发展的。”①

此外，在刘君德等的《中国政区地理》中，也对当时的一些学者说法有过一个概括：

> 应当指出，不同学者从不同学科出发，对“政区”和“行政区划”的表述是有差别的。《中国大百科全书》将“行政区划”纳入法学范畴，认为“行政区划”是“国家行政机关实行分级管理的区域划分制度”，即“国家为了实现自己的职能，便于进行管理，在中央的统一领导下，将全国分级划分成若干区域，并相应建立各级行政机关，分层管理的区域结构”（中国大百科全书编辑委员会，1984）。政治学家则强调行政区划是国家“对领土进行分级划分而形成的领土结构”，其实质是“国家为了统治、管理居民而划分的区域”（张文奎等，1991）。而地理工作者解释行政区划是指“在一个国家的领土上，根据行使国家政权和执行国家任务的需要，并考虑地理条件（如山脉、河流等）、传统历史、经济联系和民族分布等状况，实行行政管理区域的划分和调整”（《地理学词典》编辑委员会，1983）。此外，从行政管理学等学科角度也还有一些不同的表述。②

上述看法各有其合理之处，其中，如将行政区划与法律发展状态等联系起来，也是颇有见地的，与笔者后面以“法系”划分行政区划模式等有暗合之处，也启发我们从更深的层次、更广的视角来审视行政区划问题。

最后，需要着重加以介绍和说明的是，对笔者最具启发意义和支持作用的观点，是徐颂陶、徐理明1996年在其主编的《走向卓越的中国公共行政》一书中，所概括论及的他们对行政区划等的理解。该著虽非行政区划方面的专著，但在对行政区划的表述中，其认识是较为全面和深刻的，有些观点也与笔者后文所论相当一致。笔者不敢掠美，特将其主要观点摘录于下：

> 行政区划是国家管理在地域上的划分。即区分地域进行国家管理的活动，其实质是国家权力在地域上的配置。
>
> 1. 行政区划具有两个构成要素：
>
> (1)地域划分
>
> 即把国家分成不同的层次，一定大小的区域。这是行政划分的基础，也是行政区划的外在形式和表现。人们一般心目中的行政区划，都是从这个角度来理解的。
>
> (2)权力划分
>
> 即赋予各个层次的行政区域单位以相应的管理权限。这是行政区划的直接目标，也是行政区划的内在内容和实质。
>
> 划分不同层次的区域，其核心在于配置不同层次的权限，同时，不同层次的区域，在客观上也需要大小不同的权力。行政区划的研究，就是要通过对地域划分

① 孙关龙著：《分分合合三千年——论中国行政区划及其总体改革的构想》，广东教育出版社1995年版，第1页。

② 刘君德等著：《中国政区地理》，科学出版社2000年版，第3页。

及权力划分的研究，实现二者的协调，达到主客观的统一，以促进国家管理的合理化与科学化。

2. 行政区划可作静态与动态两种理解

所谓静态的行政区划，是指行政区划的现时状态，即“政区”。如国家划分为多少省区，每个省区又划分为多少个市县，它们之间的权力划分如何，等等。

所谓动态的行政区划，是指国家对行政区域进行划分的活动，如省区管理区域的调整，市、县的分设与撤并，管理权限的调整，等等。

在这个意义上的行政区划研究，在于通过对静态行政区划的研究，去推动动态行政区划的进行，即总结经验教训，找出现存问题，提出对策，加以改进。[①]

2.1.1.2 关于“行政区划”、“政区”等的实质和核心含义

诚如有学者指出的：“国家建立在一定的土地上，现代国家没有领土界线和区划就无法存在，就如没有社会阶级（阶层）的划分，社会就无法存在一样。国家领土范围的扩大要求对其赖以建立的那块土地加以划分，以便于国家履行其职能。如果不对国家疆域进行划分，国家权力便无法及于每个地方、每个角落，因而会造成国家权威的失效。在一个国家内部如何划分疆域并确定整体与组成部分之间关系的问题，就是国家结构问题。在这种意义上，国家结构既包含着作为整体的国家与各个组成部分的关系，也从制度上规定了权力在各级政府间的分配和运用，因而既是地理（空间）意义上的，又是政治意义上的。”[②]

综合各家说法，先不管各术语具体含义的差别，笔者认为，就行政区划或政区等的实质来看，可以概括为是“国家（公共）权力在其主权范围内（国土范围内）不同地域空间的划分和配置的过程和状况”，简单一句话：行政区划就是“权力的空间配置”。它是国家结构在地理（空间）上的反映，是国家内部次级的地理单位与权力单位的统一。

实际上，不管前引上述说法有多大不同，与上一章所论的“城市”定义相比，倒没有实质上的差别；与“城市”概念一样，我们也理出这么几个共同点，即政区与行政区划的核心含义，论列如下；想来各家也都是承认的。有了这些共识，后面的讨论就有了共同的基础。

（1）独立的主权国家：行政区划是一个主权国家内部的地域性的分权现象，故只有在出现国家之后，才可能出现。国家有大有小；一般而言，国家出现之初，地域范围局限在聚落周围（城市周围），人口稀少，管理事项有限，故没有必要将公共管理权力划分得很细，更不会进行权力的地域分配，则尚没有行政区划；随着国家的扩大，在管理需要的情况下，才可能将权力再进行地域的分配，则出现行政区划。即使是当代的一些小国，权力只在不同机构之间分配，而不进行地域的分配，则也没有行政区划。所以，一个独立的主权国家是行政区划的前提；但并不必然有行政区划。

（2）国家（公共）权力在不同地域或空间的划分和配置：只有当国家将公共权力进行不同地域或空间的划分和配置时，才会出现行政区划。所以，这一点是行政区划出现和形成的关键。但什么权力进行地域的划分和配置，如何划分和配置，情况也很复杂，也是引起各种争执的焦点所在。这里需要从两个方面加以认识。

① 徐颂陶、徐理明主编：《走向卓越的中国公共行政》，中国人事出版社 1996 年版，第 59～60 页。

② 王丽萍著：《联邦制与世界秩序》，北京大学出版社 2000 年版，第 15～16 页。

一方面,国家的公共权力有多种,举其大者,可分为对外和对内。对外的权力一般由中央独享(由某一机构行使或几个机构分别行使);进行地域分配的权力主要是对内的权力。其中的政治统治和军事指挥的权力也多由中央行使,故进行地域分配的对内的权力主要是涉及社会、经济和环境等的日常管理活动,即各级政区的权力相对国家的主权而言都是不完全的。但即使是这些不完全的权力,也有多种:按照西方的三权分立之说,国家的权力可分为立法、司法和行政三种;按照孙中山先生的五权之说,还有考试和监察两种。古代中国各权高度集中于皇帝之手,但往下(地域)分配也不得不予以划分(既包括机构分权,也包括地域分权;地域也存在次一级的机构和地域的分权);西方既倡"三权分立"之说,各权更要进行机构和地域的分配。虽然一般而言,多数国家都以行政权所划分的区域为基础,且各权的管辖范围甚至管理机构都是重合的,但也不排除相互不同、互有出入的时候。同时,各国历史文化有别,权力配置方式不一,也很难截然区分哪些是行政权相划分成的区域,哪些又不是。因此,笔者倾向于稍微广泛一些的理解,即只要是国家公共权力的地域配置,在各权混杂、划分未清的情况下,只要具有一般公共管理(公共行政)的含义,都可以认为是行政区划和政区。这样理解,对于认识如古代时期、或若干国家在权力划分不很清晰的状况下的行政区划格局,可以避免一些不必要的争论。当然,与各级行政权相对应的行政区划及其各级地方政府在日常的管理活动中是最活跃也是最直接的;因此,在一般的情况下和研究中,对行政区划的研究主要针对行政权力的分配,即各级政区的地方政府及其职能、构成和管治方式,而不再专门涉及立法权和司法权等的分配和行使。

另一方面,国家公共权力的地域划分和配置,现实中,又主要可以概括为两种方式,即自上而下的划分(重新划分或调整)与自下而上的认可(对原来政治上相对独立的区域的权力及管辖范围加以承认)。前者当然是一般状态(如绝大多数单一制国家,以及单一制国家内部的绝大多数政区),但后者也在历史上、现实中占有重要地位(如中国历史上中原王朝对待少数民族的治理方式,近代以来的一些联邦制国家等,甚至如中国 1997 年后所设立的特别行政区)。笔者认为,既然形成统一的主权国家,即使是认可原先的权力配置方式(但多少会发生变化,即重新进行了配置,如联邦制国家中各组成单位将部分权力转交给联邦政府)和管辖范围,也是一种国家行为,应该承认是行政区划,当然更是政区了。与是否单一制国家、是否中央集权等,没有直接关系。

(3)若干基本的、必须具备的组成要素:这些基本的、必须具备的组成要素,包括政治组织、人口和地理区域等。这是行政区划和政区外在必备的条件。这一点如前引浦善新、刘君德、周振鹤等都已经明确指出。其中,对于"政治组织"的理解,也应相对广义,即既包括严格意义上的国家法定的行政层级所形成的行政机关(即一般类型的行政区划),也包括特殊情况下具有一般公共管理(公共行政)职能的机构,如上级政府的派出机构、数权合一行使的准政府机构或民间自发组成而得到国家或法律承认的机构等。

2.1.1.3 关于"政区"、"行政区划"等相关概念的新的界定和解说

上引众多概念和范畴中,以几个基本概念,如"行政区划"、"行政区域"、"行政区"、"政区"等为最基本,各家也都有界定,如周振鹤在前引的论文中指出了其演变过程和使用范围,且认为目前已经或可以基本通用。不过,笔者认为,诚如周氏在后文指出的,"区域与区划"有别,"行政关系与政治关系"不同,"政治地理、政区地理与行政地理"亦存在依次的包容关系;在学科发展不断成熟的情况下,有关的概念应趋于精细,明确其含义和适用范围,

以利于正确使用，也便于减少歧义，从而使有关的论述和争鸣有一个坚实的基础和对话的平台。正是在这个意义上，笔者循着周氏指出的方向，认为应该也可以将有关的概念加以梳理，并尝试在下文中明确其含义和适用范围，确定这些现已使用术语的确切含义及其相互之间的区别所在。

(1)行政区划及其相关概念

行政区划从学科归属的角度而言，在地理学中，属于人文地理学中的政治地理学，应该是不会有什么争议的。问题在于政治地理学内部，又存在哪些领域或分支？这里，周氏实际上已经给出了回答，即前引的所谓"政区地理"、"行政地理"；当然这并非全部。政治地理学按照周氏的界定，"研究的是各种具有基本空间要素的政治体制，这种研究有全球的、国家的与地区的(可以相应称其为宏观、中观与微观)三种尺度"，这种说法完全正确。我国著名人文地理学家李旭旦也认为：政治地理学是"研究国家与地区等各种类型的领土内与领土间的政治活动现象的地理分布或空间布局的一门科学"[①]。

笔者循着上述思路，认为也可换一种更加清晰的说法，因为政治地理实际上是以主权国家为研究核心的，以国家来看，除了国家作为一个整体可以产生诸多政治地理现象之外，还有两种关系特别重要，即国家之间的所谓地缘政治关系，以及国家内部的不同区域的权力配置及其政治关系。前者即通常所谓的"地缘政治学"，后者则可冠之以"政区地理学"之名；二者连同一般以国家为研究对象的狭义的政治地理学一起(前二者与后者会有交叉)，可以共同构成政治地理学(广义)的重要分支。换句话说，地缘政治学和政区地理学都可以独立成为政治地理学中单独的、重要的研究分支和独立学科(具体体系可如图 2-1 所示)。

政治地理学(广义)(政治区域)
- 地缘政治学：着重研究国家之间的政治、经济的相互关系、世界整体格局(国家)
- 政治地理学(狭义)：一般研究国家为中心的各种政治地理现象(政治区域)
- 政区地理学：着重研究国家内部各种公共权力的空间配置及其地理格局(政区)

图 2-1 政治地理学体系构成图

20 世纪 80 年代以来，就中国大陆地区而言，"政区地理"、"行政地理"等用语是周振鹤首次作为正式用语而使用并被广为接受的(就笔者所见，日本学者至迟于 1954 年曾使用过"行政地理"一词，但未见解释[②]；从其所论述的内容看，指中国古代的行政区划格局)。在含义上，周氏也确实是将其作为"政治地理学"之下、专门研究一国内部的空间政治格局来界定的，他认为，"中国由于有长达两千五百年以上的行政区划历史，因此在微观尺度上可以也应该对政治地理学理论建设有重要贡献"。但问题也在此埋下，即他把政区地理仅界定为"我们可以从行政区划变迁的实际来探讨变迁的原因与规律，从而理解政治过程对政区变迁的直接作用，同时还可以探讨行政区划与自然地理环境与人文地理背景的关系"；尤其下文中更明确指出，"行政地理与政区地理没有实质上的区别，都是权宜使用的术语。……两者都意指与行政管理相关的地理现象，具体而言就是以行政区划为研究对象的历史地理分支"。而笔者以为，由于行政区划存在种种复杂情形，同时中国与西方国家差异较大，故可能对"政区地理"和"行政地理"加以区别并各自明确界定其适用范围，也许对有关讨论和学科发展更为有利。

① 李旭旦："政治地理学"词条，载《中国大百科全书·人文地理卷》，中国大百科全书出版社 1984 年版，第 208 页。

② [日]平冈武夫、市原亨吉编：《唐代的行政地理》，上海古籍出版社 1989 年版。

这里笔者认为有必要先理清这样三个概念：政治区、政区、行政区。目前我们对这三个概念是混用的，即多认为是等同的，尤其是后二者；但实际上“政治区”与“行政区”应该有较大差别，而政区似也有必要与另外两个术语加以界定和区分。

1）政治区（域）与政治区划（政治分区）

政治区即政治区域，是政治地理学中一个最重要的基本概念，“对政治区域的研究一直是政治地理学的主题”[①]。王恩涌在其主编的《政治地理学》中，对“政治区域”有这样的论述：

> 所谓政治区域，是指地球表面上任何按照政治标准划分的地区，它既包括一个国家或国家之下的行政区，也包括数国结成的区域。……任何政治区域都离不开三个基本组成要素。①政治组织，这是政治区域与其他区域，诸如经济区域、社会文化区域、自然区域相区别的一个主要标志，是构成政治区域的首要条件。狭义地讲，政治系统是指通常情况下合法的机构，包括“政府”、“国家”；广义地讲，包括实际和法定形式的政治行为，不仅包括国家的合法组织，也包括现实的政治生活，如地区群体、压力集团、政治势力等。②一定数量的人口，这是政治区域和其他以人文特征为标准划分的区域的共同特征。……③地理区域，这是构成政治区域的必要条件，也是所有区域的共同特征，……地理区域的表现形式是多种多样的，……有形的，有其明确的界线。也有无形的地理区域……[②]

可见，政治区（域）范围涵盖最广，“它既包括一个国家或国家之下的行政区，也包括数国结成的区域”，直接对应政治地理学（广义）的研究范围。即使将范围局限在国家之内，政治区也应涵盖由国家各种公共权力的空间或地域的分割和配置所形成的区域，以及这种状况下的各区域之间的关系，更不用说“广义地讲，包括实际和法定形式的政治行为，不仅包括国家的合法组织，也包括现实的政治生活，如地区群体、压力集团、政治势力等”。因此，政治区应该包含行政区，除此之外，还应包括诸如军事区、督察区、司法区（法院辖区）、经济区（如周氏文中提及宋代的路的转运使司，现代中国的金融区等）等其他方面的公共权力在空间的配置问题。相应地，可以有政治区划，政治区划的结果是形成各种政治区域；政治地理学就是研究政治区域的学科。

2）行政区（域）与行政区划（狭义）

对于行政区域和行政区划，从前述各家表述来看，字面上没有大的差别；但就各家理解而言，实际上有广、狭之别。而这种差别，影响到对一些重大问题的判断。周振鹤是持狭义的理解的：

> 行政区划的出现体现了中央集权制国家中央政府与地方政府之间存在的行政管理关系，这是中央与地方关系中最重要的一个方面。因此行政区划是中央与地方出现行政关系的产物。目前对行政区划的概念，出现两种误解，一是认为“从

① 王恩涌等编著：《政治地理学：时空中的政治格局》，高等教育出版社1999年版，第2页。

② 王恩涌等编著：《政治地理学：时空中的政治格局》，高等教育出版社1999年版，第2～3页。

> 广义上说一个国家也是一个行政区"(《中国行政区划概论》,知识出版社),二是认为中国从夏代起就已经出现行政区划。这两种认识都是混同了行政与政治这两种不同概念的结果。……
>
> 同样道理,一般人研究中国行政区划史,都从传说中的夏代开始,认为从那个时代起,就出现行政区划的概念,中国的行政区划已经有四千年的历史,其实这是一个很大的误会。从传说中的夏代到商代一直到西周的大约一千多年时间里,中国根本不存在任何行政区划,因为这一漫长的历史时期里,中央与地方关系只体现在政治方面,……换言之,在中国所谓上古三代(此处春秋战国时代不包括在其中)时期,中央与地方之间只存在政治关系,而未发生行政关系。因而行政区划是国家发展到一定阶段的产物,而不是与国家同步出现的。[①]

因此,周氏将行政区(域)、行政区划界定为专指国家内部的、国家公共权力中的国家行政权力的空间配置、分割所形成的区域及其区域关系(即地方各级政府所辖区域),而且必须是中央集权的国家体制(排除了联邦制的成员单位),是由中央自上而下一级级划分而来的(排除了"认可"的方式);行政地理学就是研究行政区域的学科。这是对"行政区划"的一种最狭义的理解。

周氏的论述当然有其道理;同时也是自我周延、自己严格把握的。但是,目前来看,大多数学者都未将行政区划等概念作如此严格的界定,而是各有不同的扩大。原因可能主要在于,中国古代的行政区划(政区体系)过于严整,周氏主要从中国的状况提炼出的界定,可能不能很好地应用于国外或现代的复杂的行政区划状况;另外,之所以将联邦制国家的成员单位不作为行政区划或政区看待,可能也与西方国家(如美国)不将其称为"地方政府"有关。但是,如果不将行政区划或政区与"地方政府"对应,则问题也就不存在了;二者都可以作为政区看待。事实上,如前约定,公共权力的空间配置方式应该是多种的,严格的"地方政府"只是一种最常见的形式;但还有其他实现形式,高层的联邦成员单位是一种,基层的各种自治体也是一种,而中国古代的分封制,也同样是一种形式。因此,笔者也认为,如周氏这样的界定方式,是过于狭隘了。

3)政区与行政区划(广义)

如果认同周振鹤关于"行政区划"的狭义的界定(当然可以,只要大家共同遵守),笔者认为,在这种情况下,就有必要将"行政区划"与"政区"加以严格区分,而不能再加以等同;否则,许多问题就难以沟通和讨论,也不利于行政区划的改革和发展实践。

政区这一概念,应该说,既可以作为"政治区域"的简称,也可以作为"行政区域"的简称;目前也正是这样在使用,不过,更多地还是作为行政区域的含义来使用多些,即我们一般是认为行政区域即等同于政区。但笔者认为,对"政区"这一术语,如果"行政区划"取狭义的界定,似乎也应该还可以再稍稍扩大一下所包括的范围。这样也就可以理解周氏所谓一国之内的"行政关系与政治关系"之确切含义,从而对行政区划有无作出恰当的判断。周氏有这样的论断:

① 周振鹤:《行政区划史研究的基本概念与学术用语刍议》,载《复旦学报(社会科学版)》,2001年第3期,第31～36页。

> 传说中的夏朝，因为目前文献与考古资料不足，其国家形态尚不十分清楚。商代是否已经出现中央权力与地方权力的分野，还在学术研究过程之中。一般认为商王是方国联盟的盟主，而非统辖所有方国的中央政权的元首。到了西周时代，则已经明显出现了中央政权与地方政权的关系。这时候的中央政权是指周王与其朝廷，地方政权是指依据封建关系建立起来的各诸侯国。所谓封建关系，是指中央将一定的疆土分划给有亲戚关系或有功劳的臣子，让他们建立自己的政权，成为所谓的诸侯国。这个政治过程称为封邦建国，简称封建。在西周时代，周王与诸侯国之间存在着明确的政治关系。这一政治关系包括两方面的内容，一方面各诸侯负有对周天子朝觐、进贡与助征伐的义务，另一方面各诸侯国又处于相对独立的地位，其内政事务基本上不受制于周天子。而且各诸侯国还可进一步分封其大夫，也就是以一部分疆土，为其属下的大夫立家。在家与诸侯国之间也存在一定的政治关系，只是因为文献不足征，这种关系还不十分明确。但是可以肯定的是，无论周王朝与诸侯国之间或诸侯国与家之间，所存在的只是政治关系，而不是行政关系。周天子对诸侯国，诸侯对家均无直接进行行政管理的权力。也因此，在西周时代以前，中国不可能出现体现中央与地方之间行政关系的行政区划制度。①

周氏的说法当然有其道理；但考虑到西周时期不可能有如我们今天明确的分权理念，既然已经承认“到了西周时代，则已经明显出现了中央政权与地方政权的关系”，即西周构成了一个统一国家，则其内部的分封诸侯，不管如何划分权力，都应该理解为是权力的空间配置，则按照前述界定，属于行政区划的范畴，至少，可以理解为形成“政区”。

因此，笔者这里建议，在使用上，一方面，严格区分政治区与行政区的概念，一方面，在需要模糊或无须也不可能精确区分行政区与政治区的场合，则以“政区”代之；即政区就是“国家内部公共权力的空间或地域的分割和配置”，它主要是指行政区划及其所形成的行政区，但也可涵盖如周氏所论述的“广义政区与狭义政区”、“正式政区与准政区”、“虚幻政区”、“复式政区”等情形：

> 行政区划有广义与狭义的区别。狭义的行政区划是指国家划定的正式的行政管理区域，如先秦已经产生的县、郡以及东汉末年以后的州，唐以后的府，宋金时期的路，元以后的省；广义的则指一切具有行政管理区域职能的区域。其中有些区域本来或为临时性质，或为局部范围内施行的制度，或为其他职能性质的区域，但在实际上又兼有部分或全部的行政管理职能。这些区域包括监察区域、军事管制区、财政督理区、宗教事务区以及边疆特殊治理区域，少数民族地区的特殊治理区域，以至虚幻的行政区划。
>
> 正式政区即上述的狭义政区，符合成为政区的充分必要条件，在狭义政区之

① 周振鹤：《行政区划史研究的基本概念与学术用语刍议》，载《复旦学报（社会科学版）》，2001年第3期，第31～36页。

> 外的政区形式，则为准政区，即上述监察、军管、理财、宗教事务区域及边疆与少数民族特殊治理区域，都是准政区，这些类型政区只具备部分的充要条件。在古代虽无正式政区与准政区这样的称呼，但相应的概念却是存在的……准政区往往是正式政区的前身，在一定情况下会发展为正式政区，如西汉诸侯王国后来经过封域的削减，自治权的剥夺，就等同于正式政区，又如作为监察区域的州在东汉末年演变为高层政区，边疆少数民族地区的土司在改土归流以后就成为正式政区，明代实土卫所在改造后就成为正式郡县。有些准政区在经过辖区变迁和机构调整以后与原有政区融合，如明后期总督巡抚辖区在清初逐步调整到与布政使司辖区相一致，总督巡抚取代布政使成为一省最高行政长官。还有些准政区因为条件不成熟，始终处于非正式政区的状态。准政区不是一个严密的概念，而是在研究过程中建立的一个模糊概念，目的是以此来统摄所有非正式政区，以便于理顺政区变化过程。
>
> 虚幻政区是指只有行政组织而无行政区划，甚至行政组织与行政区划两样皆无，而只有行政机构空名的特殊现象。前者以东晋十六国南北朝的侨置州郡为典型，后者以三国及南北朝的遥领、虚封制度为代表。
>
> 一般的政区都是单式政区，即每一级政区有一个单一的行政长官及单一的管辖范围，以及单一的行政中心。但在宋代，作为高层政区的路却呈复式形态，无单一行政长官，路的行政事务为诸监司，即转运使司、提点刑狱使司、安抚使司及提举常平使司所分管，而且各监司行使职权的范围有时也不一致，如北宋的陕西地区，从转运使路而言，分为两路；而从安抚使路看来，却分为六路。又，在荆湖南路，转运使治于长沙，而提点刑狱使却治于衡阳。这种类型的政区，我们称之为复式政区。①

换句话说，政治区涵盖最广，行政区涵盖最窄，政区则介于二者之间，而偏于后者。也由此，政治地理学中，可以有“政区地理学”和“行政地理学”的界定和区别，即行政地理学的研究对象专指各级正式地方政府的辖区，而政区地理学则可扩及与之相关的各类政区，即“次国家政府”所管辖区域。在实际应用中，我们更多地是在“政区地理”的界定中，展开我们的话语论说的。故而，鉴于“行政区划”的含义在目前的扩大，笔者倾向于在另外一个层面来使用之，即将其视作与“政区”平行、同一的概念。

笔者之所以这样界定行政区划和政区，还有一个考虑，即使得在进行古今、中外行政区划（政区）的比较研究中，可以获得一个共同的基础。因为各国传统有别，情况各异，其权力的空间配置状况可以说千差万别；如果仅以中国高度中央集权的方式来看待行政区划，来作为判断行政区划存在与否的前提和标准，则并不妥当，忽视了行政区划的实质所在。应该说，由于用语习惯，在联邦制国家和单一制国家，确实存在对有关术语的宽、窄的界定；也因此，为了消除这些分歧，出现了一些新的术语，或对有关术语作了广义的解释。这些做法和趋势，也确实可以提示我们，应该从实质层面来看待一些问题，不必拘泥于细枝末节。

① 周振鹤：《行政区划史研究的基本概念与学术用语刍议》，载《复旦学报（社会科学版）》，2001年第3期，第31～36页。

对此，近年来新出现的、源于西方国家的所谓“次国家政府”(subnational governments，有些学者也使用 non-central governments)等术语，也有助于我们理解“行政区划”的完整、准确的含义。陈志敏在其《次国家政府与对外关系》一书中，专门对此进行了论述：

> “次国家政府”一词指那些只在一国局部领土上行使管辖权的政府，即所有在中央政府以下的各级政府。它包括了单一制国家中的各级地方政府(local governments)、联邦制国家中的联邦成员单位(如美国的 states、加拿大的 provinces、德国的 lander、瑞士的 cantons 等)以及州省以下的各级地方政府。使用“次国家政府”而不是“地方政府”，主要是因为前者具有更大的包容性，可以涵盖所有的地方政府和联邦成员政府。地方政府的概念具有广义和狭义的两种定义。从狭义上说，“地方政府是指直接治理一个地域及其居民的一级政府，即基层政府”。这一定义是西方国家较为通用的定义。比如《国际社会科学百科全书》将地方政府定义为：“一个在相对较小的国土上被授权决定和执行有限范围公共政策的公共组织，它是区域政府或全国政府的一个分支机构。地方政府居于政府机构金字塔的底层，金字塔的最上方是全国政府，中间是中间政府(intermediate governments)。”《美国百科全书》也认为：“地方政府是全国政府的政治分支机构，或者在联邦制国家中是区域政府的分支机构。”广义的地方政府，按照中国学者的观点，指“中央政府以外的所有各级政府”。在单一制国家，将中央政府以下的各级政府统称为地方政府没有引起多数争议。只是根据联邦制国家的传统，联邦成员单位并不属于地方政府一类。虽然它们仅管理本国内部的某个有限的区域，并且其管理的权限仅涉及地方事务的部分领域，但和单一制国家的地方政府和联邦制国家中的地方政府不同的是，这些联邦成员政府的管理权限不是来自中央政府，而是依据宪法所确立的权力分工。①

4)简短的归纳

如上所述，考虑到狭义的行政区划与一般所使用的政区概念之间存在的差异；也由于实际使用中多数学者对行政区划作了相对广义的理解，即在相对广义的理解中，二者等同可以接受；同时，鉴于“地方政府”的概念本身也存在狭义和广义的差别，如果取广义的理解，则恰恰可以容纳对与其对应的行政区划的广义界定：如此，笔者认为，以对行政区划作广义的理解，即将“行政区划”与“政区”作为同等、同一层面的概念来理解是妥当的。

各有关概念的关系可用图 2-2 来表示。如其所示，有关概念依次包容，又互有交叉，很难截然划分；同时，当前各类政区又互有转化，相互借鉴。因此，理论上可以如上辨别；实际中却以抓住实质为要。如后所论，行政区划的法德模式国家，各类政区判然有别，易于分辨；而英美模式国家则彼此交错，种类繁多，难以用如中国这样的标准去衡量和判断。

---

① 陈志敏著：《次国家政府与对外关系》，长征出版社 2001 年版，第 5～6 页。

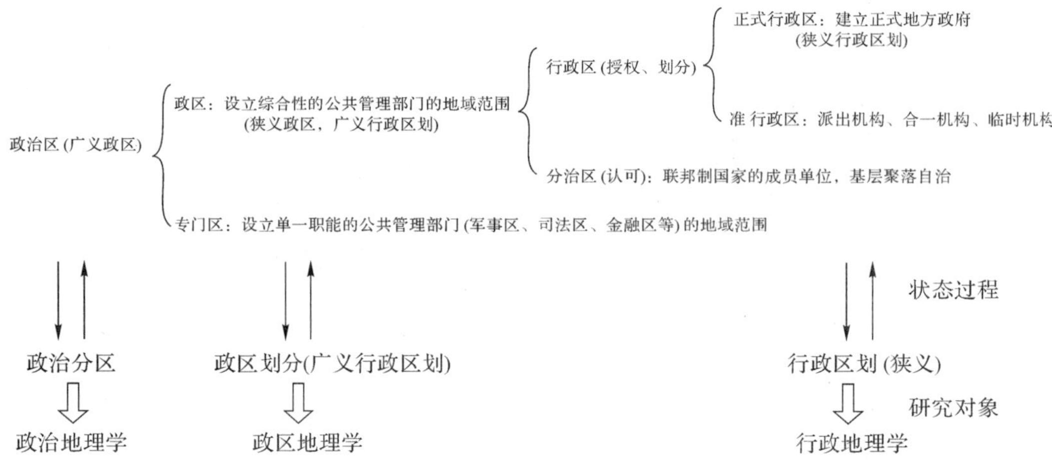

图 2-2 “政区”及其相关概念关系示意图

(2)关于“行政区划”或“政区”的类型——兼论“城乡分治”与“城乡合治”

1)现有关于政区类型的有关观点

关于行政区划或政区的类型，主要根据中国实际，刘君德等直接表述为地域型政区、城市型政区、民族型政区和特殊型政区四类[①]；浦善新则称之为 4 大行政区划体系：

> 自古以来，中国长期以农业立国，与此相适应，中国古代的行政区划体系基本上是农村型行政区划体制一统天下。进入近代，随着市镇制度的创立，以及中华人民共和国成立后民族自治地方的建立和完善，逐步形成了城市、农村、民族自治地方三大行政区划体系，若加上特别行政区等特殊类型的行政区划体系，则共四大行政区划体系。[②]

二者实际上是一致的。

周振鹤从历史发展的角度，以“郡县制与封建制”、“城市型政区与地域型政区”来概括中国的曾经存在过及目前存在的几种政区类型：

> 自从春秋战国之际产生行政区划制度萌芽以来，至本世纪二十年代的二千五百多年的时间里，中国在地方行政管理方面主要实行的是郡县制。这一制度的实质是在中央集权国家的体制下，将全国分成有层级的行政区划，并在各级区划里派出定期撤换的官员进行治理。虽然这些行政区划的名称除了县以外，不断有所变化，但因为秦始皇将以郡统县的制度推行于全国，因此郡县制就成为中国行政区划体系的代称。在郡县制出现以前，由于中央集权国家体制尚未形成，中央地方之间没有直接的行政关系，两者之间的政治关系是以层层分封的制度来体现的，因此将这一制度称为封建制。由封建制转而为郡县制不但是行政区划产生的

① 刘君德等著：《中国政区地理》，科学出版社 2000 年版，第 5～7 页。

② 浦善新等著：《中国行政区划概论》，知识出版社 1995 年版，第 276 页。

> 标志(引者按:该观点尚有争论,笔者也持保留意见),而且也是中国制度史堪称与专制变为共和相比拟的最重要的制度变迁之一。虽然中国的共和制产生于1912年,但郡县制并没有根本的变化,民国初年实行的省道县三级制是在清代省府县的基础上演变而来,从区划的视角看来,未有实质性的变化。实质性的变化应该以二十年代城市型政区的产生为标志。
>
> 二千多年的郡县体制,从空间观念上来说均属于地域型政区类型,亦即下一级政区是上一级政区(或国家)的区划。如在清代,县是府的区划,府是省的区划,而省则是国家的区划。每一级政区幅员都较大,故称之为地域型政区。虽然中国自古以来即有城市产生,但城市从未独立地以政区的面目出现,而从属于某一级具体的地域型政区。甚至直到清末,当许多城镇的经济发展已经远远超过其上属的县治或府治,但在行政管理方面仍然要隶属于该县时,这一陈旧的郡县制体系的躯壳仍然未能被突破,尽管当时风起云涌的城乡自治运动颇有建立新型政区的趋势,但终清一代,始终没有取得关键性的成功,甚至民国的成立也没有改变这一不合理的直接妨碍城镇经济发展的旧模式。直到1921年2月,广东省政府采取了革命性的措施,制定《广州市暂行条例》,将广州市区从南海县中分离出来,而成为与原所属县平行、直属于省政府的行政区划。这一规定使城市型政区终于正式产生。随着国民革命军的北伐东征,这一制度随后在汕头、汉口等地也得到实施。与此同时,北洋政府也发布了城市自治章程,在其管辖范围内陆续建立城市型政区。[①]

上述分法主要是从中国政区发展历史、现实状况中概括出来的,也大致能够反映实际状况;因此,目前得到广泛使用。但是,有些概括、概念的内涵在表述中或一般理解中,存在一些似是而非的情形,也易产生一些争议。尤其是关于"地域型政区"和"城市型政区"的分法和界定,笔者感觉尚存在许多问题。如在这种分法及其相关表述中,往往将地域型政区视为农村地区,城市型政区视作城市地区;这既与实际情况不符(理论上看,政区都是以城市聚落为中心的区域,故城市、乡村兼有;实际中看,中国当代的所谓"市",绝大多数城市化地域远小于乡村地域,而美国的有些所谓"县",已大部分甚至全部转化为城市化地域),也易混淆两类概念(政区序列和聚落序列,政区由国家分配权力,而聚落应该居民自治),而且助长了现实中改地域型政区为城市型政区之风(实际仅换一个名称);更重要的是,也引发了中国城市型政区设置的偏差,即最应该设"市"的基层聚落却反而没有相应的制度空间。故笔者感觉有必要正本清源,加以论析,以回归其本来含义。

2)"城乡分治"与"城乡合治"检讨

依笔者来看,被表述为以"城乡分治"为本质特征的与"地域型政区"对称的所谓"城市型政区",实际上应该叫做"聚落型政区"[②],而且,"地域型政区"与"聚落型政区"二者在国家

① 周振鹤:《行政区划史研究的基本概念与学术用语刍议》,载《复旦学报(社会科学版)》,2001年第3期,第31～36页。

② 就笔者阅读所见,罗浩在1999年明确提出"聚落型政区"的概念,并与地域型政区作了对比;有关论说笔者基本认同。见罗浩:《地域型政区与聚落型政区刍议——兼论撤县设市模式的误区》,载《中国方域——行政区划与地名》,1999年第5期,第14～17页。

的权力空间配置的格局中，不是一个层面（或本意不应该是一个层面）的事情，并且，不存在此消彼长的问题（即所谓地域型政区发展、演变为城市型政区）。事实上，真正以"城乡分治"（换句话说，城乡严格隔绝）为特征的"城市型政区"只是政区发展过程中的某一个阶段的一种特定的形式，有其特定的历史背景，而且并非必然是一种先进的或进步的形式，而应该根据具体问题、不同时期来作具体的分析。

从行政区划的本来意义和发展过程来看，应该理解为地域型政区与城市型政区（如果要这样划分的话）是两种不同层次的政区类型，同时存在，且不能或不应相互替代。地域型政区是正式的政区，是由国家划分而来的行政区或分治区，一般有正式建制，且位于较高层级，政治中心选择区内某一城市（且往往是较大城市）设置，是一种政区常态。而基层的大大小小的居民聚落出于自我管理的需要，可以形成各种形式的所谓自治体、共同体，当这些自治体、共同体组织的若干公共管理的权力及其有关机构为国家所认可，即可认为形成聚落型政区；若该聚落规模较大（为"城市"），则可以形成所谓的"城市型政区"；但均隶于前述高层次的所谓"地域型政区"之下，即一般层级较低，形式多样，界线不一定非常清晰，相邻政区之间也可能会有空白，公共管理机构也不一定非常正式，等等。这是聚落型政区（或城市型政区）的通常状况，如美国的"市（city）"、"镇（town）"，法国的"市镇（commune）"，日本的"市"、"町"、"村"，以及中国清末拟行的"城"、"镇"、"乡"制等。

当然，并非只要存在聚落，就可以形成"聚落型政区"；有两种情况需要说明：一是，一般而言，只有达到一定规模的聚落，出于事务繁多的需要，才可能形成自治体，在得到国家认可的前提下，进而形成政区；即规模过小的聚落（没有必要组成自治体），或自治体尚未被国家认可的情况下，不构成聚落型政区。二是，如果有些国家，并不认可这种自发的权力，则也不能成为聚落型政区，如中国古代，县级政区之下应该说是存在各种自治体或某种自治形态的，但国家只是加以利用，并不认可为一种公共权力机构，这也可以从中国古代未能出现聚落型政区（即城市型政区）而得到说明。这一点，朱国斌在探讨中国地方自治过程时，有过论述：

> 无论是肯定论者还是否定论者，有一点是共同的，即承认中国传统社会存在某种程度上的自治之"形式"，或者"事实"、"思想"。应当说，中国传统社会存在某种自治形态是不可否认的。但这种自治，实际上是官治的延伸。用现代政治观分析之，这与其说是自我管理，不如说是政府政治控制和行政管理的一种技巧。士绅治理，不是来自民众的委托，而是政府的委托，作为政府治理民众的工具，秉承政府政令，管理乡村事务。因而，这是在政治与行政支配下的一种土著自治。故中国唐代著名政治家柳宗元说："天下之治，始于里胥，终于天子。"基层乡里、保甲组织是官治网络中的一个个网节，在政府行政支配下"大小相维，轻重相制，纲举目张"，从而使中央政府的政治控制达于基层，深入民间社区。①

当然，在有些国家、有些时候（中国当代除外），曾经把一些大的聚落（城市）从周边政区

① 朱国斌：《近代中国地方自治重述与检讨》，载张庆福主编：《宪政论丛（第 2 卷）》，法律出版社 1999 年版，第331～416 页。本引文见第 334 页。

辖下剥离出来，提升等级，使之与原有政区同级甚或高于原政区，并冠以“市”名。这种情况多限于大中城市（因地域范围较为广大，人口又高度密集，经济地位重要），形成“城乡分治”的客观格局；但其内部另外形成居民的分区和自治体（即社区），故实际上是地域型政区的特例（该地域已经完成实体意义的城市化），其内部仍有聚落型政区存在；严格说来，不是“城乡分治”，而是“市县分置”。如英国的例子：1974 年以前，在英格兰与威尔士的行政区划中有 83 个郡级市的建制，可算是“城乡分治”；但其后的改革中，废除了这种形式，而代之以大城市郡与非大城市郡；不管前者还是后者，其内部次一级政区结构大同小异，说明二者已经没有实质上的差别，仍然是城乡合治的正式政区。

真正的、明显的、大规模的“城乡分治”，即城市与乡村的严格隔绝，实际上主要出现于中世纪的西欧和 1949—1979 年以至稍后的中国，各有其历史原因。中世纪的西欧的“城乡分治”是为了培育城市自治（因乡村是封建领主的统治中心），维护城市自身的自主权力；诚如前引谭天星、陈关龙所论：“城市的独立发展实质上意味着与封建领主及王权体系的日益分离，而正是这种分离乃是实现新结构取代旧结构的必要前提，这是城市变革中关键的一步。”[①]并在以后发展为遍及全部国土、惠及全体居民的地方自治，则“城乡分治”不再成为必要，而是发展为各种层次的地方和聚落自治。

中国 1949—1979 年的“城乡分治”，则是在 1927 年以来官方意图控制（大）城市自治（20 世纪 20 年代及此前中国一度推行地方自治的成果）所采取的将其纳入国家政区体系的基础上，在 1949 年后彻底完成聚落治理国家化（即建立乡镇级的正式政区，“城乡合治”深入县级政区之下，直至今天的行政村、城市社区）的前提下，为了适应大规模的经济建设（尤其是优先发展重工业），而采取的一种保证（大）城市（即国家按照较高标准所确立的“城市”）发展的制度安排：

> 为了使新兴的工业城市一开始就具有与西方不相上下的现代气质，我们也不得不依靠行政之手建立户籍、粮食供应之类的制度，强行构筑城乡分隔的高墙，以防止农村人口大规模地涌入，分享城市居民的利益，降低城市生活的现代化水平。[②]

当然，城乡分治在此主要表现为一种经济手段，在名义上尚不是政治权力的不同安排；但这样做的结果，则形成一道门槛，城市居民成为特权阶层，城市成为身份和等级的标志，从而又在实质意义上形成了不同的权力配置格局。故而，表面上看，正如中世纪城乡隔绝一样，但实质正好相反，中世纪是为了抵御领主对城市自治的干预，中国现代则是为了防止和限制农民进入，不能不说是一种历史的倒退，其弊端在今天也已显露无疑。

这样，与此对应的“城乡合治”也不能一概而论，应从两个方面分析：如在西方解决了聚落自治的问题的情况下，以城乡合治为好，不必再按照实体地域严格划分开来；而在中国未解决聚落自治的情况下，古代的城乡合治与当代的城乡合治实质上没有区别，都是自上而下“官治”的反映——古代控制到县，以下士绅自治，但不予正式官治化；当代来看，上则将

① 谭天星、陈关龙著：《未能归一的路——中西城市发展的比较》，江西人民出版社 1991 年版，第 257～263 页。

② 吴怀连：《工业化、城市化能救中国吗?》，载《读书》1991 年第 11 期。

可能发展为大中城市的地区设为“市”(如中国目前的整县改市、市管县),下则由市、县控制到乡镇,甚至行政村、社区也予控制,完全消泯了聚落自治的空间。在这种情况下,城乡合治只会压抑聚落自治的空间,而各个弱势聚落更容易为中心的、强势的聚落(即中心城市)所“合法”剥夺。

同样,所谓城乡分治的核心和真实含义,不在表面的、实体城乡的截然分开,而在于为了达到城市自治、居民自治所采取的一种权力配置的方式和手段。一旦推广为地方自治,则不再和不应该再加以分隔。美国之所以分隔极多,完全是历史和法治传统使然(使合并变得非常不易,更不用说上级调整);事实上,在这种情况下,适当整合是有利于发展的。故而,“城乡分治”与否不是关键,关键在于两个层面的结合:即“城乡(地域概念上的)合治”与“聚落(居民)自治”,且各有限度。

因此,笔者认为,“城乡分治”与“城乡合治”如果要使用,应该将其放到较低层级的政区层面,或者说,这种界定只适合于基层政区的问题,放到高层政区就会似是而非,徒增混乱。同时,城乡分治中的“城”与“乡”,也并不主要指农村地域和城市地域,而应理解为城市聚落和乡村聚落(只是聚落规模不同,没有高低贵贱之分),意指聚落分治,即聚落的自我管理,二者没有相互控制的问题;在这个层面,城乡分治才是进步的。也只有在这个层面上,“城乡合治”即大型聚落(所谓城市)控制周围其他聚落,才意味着国家意在控制基层所采取的政区手段,才是应该避免的,如同中国历史上的(郡县制)和目前的(地级市管县级市,整县改市等)政区划分方式和行政管理方式。而高层政区无一例外都是城乡合治的。我们需要提倡的,不是笼统的城乡分治或城乡合治(如前所述,在不同的权力配置格局下,表现结果很不相同),而是不同层面的地方自治,至少,是基层的聚落自治,是基层政区与高层政区的权力合理划分。

3)政区类型新说

正因为存在这些理论上的相悖之处和实际中的问题,目前一般所理解的地域型政区和城市型政区就也许还有重新检讨和认识的必要,二者实质上不应具有带先进、落后之分的含义。故此,笔者认为,将政区类型概括为“一般类型政区”与“特殊类型政区”两大类,可能更为适当。一般类型政区中,高层和基层有所不同:高层政区为地域型政区,有多个聚落,以其中之一为中心,形态典型,权力配置明确;基层政区则多为聚落自治体,形态不典型(如易变、界线不明晰、中心不明确等),权力多由居民赋予而由上级认可,配置多样。而特殊类型政区也存在多种形式,且可分属高、中、低各级政区之中。

①一般类型政区:行政区划及其所划分而成的各级政区,一般而言,在世界各国,尽管类型、名称等互有差别,但都有某种主要的、常规的形态;也即为了一般的统治、管理需要,基本按照同一标准划分,其建制单位、权责职能等也大体相似,构成一个国家的基本政区体系。这种基本的政区体系,早期基本以“城乡合治”的方式进行;即选择该区域中的中心城市或某个城市设立统治和管理的机构,此即地方政府,来统一领导该城市和周围其他的城市和乡村;其地域内部的各个城乡聚落,则均受该地方政府直接统辖,内部事务则基本以自主管理即自治为主,是一种单一型的政区,也即通常所说的地域型政区。中世纪以来,城市首先在欧洲逐渐获得自己的独立地位,建立自治机构,并获得法律上的认可,即制度意义上的“城市”出现;加之近代以降,由于城市的人口越来越多,规模越来越大,各种事务越来越繁杂,社会、经济问题也日益严重,各国逐渐认识到城市对整个国家的重要意义,遂开始设

置单独的管理机构即城市政府，将其纳入权力体系，使“城乡合治”的单一政区体系——地域型政区逐渐分化，城市具有了独立的建制，于是，出现了所谓“城市型政区”和“地域型政区”的分野。前者发展迅速，并在基层政区中有逐渐取代地域型政区的趋势。二者虽有显著差别，但究其实，却均是从单一型政区之中分化而出，有发生上的联系；且在管理方式上又相互影响，从对立走向统一；并均构成一个国家的基本的、一般的政区体系。

②特殊类型政区：相对于上述一般的、常规的政区类型，所谓特殊类型的政区则是指对某些具有特殊问题、需要特殊处理的区域，在建制上、或在管理方式上，与一般的政区区分开来，并给予不同于一般政区的法律地位和管理权限。设立这类政区的原因，一方面是政治上的，或是由于国内民族问题的存在需要特殊对待，或是由于地理距离与本土过于遥远而使得直接统治管理不便，或是特定的历史发展进程所造成，或者因为其政治、经济地位显赫；国家为了有效地维护统一、便于管理，而作出特殊的制度安排。另一方面，则作为一种权宜之计，国家在某些特定时期，出于某种特定的目的，主要是行政上或经济上的考虑，而在某些局部地区临时性地设立一些有别于一般常规类型的政区，或赋予其特殊的地位和权能。前者是一种政治性的、慎重的制度安排，多以宪法、根本法等主要法律来确定其地位，不能轻易变更；后者则多是政府的施政行为，稳定性差，具有暂时性。具体可以划分为两大类，即“民族型政区”和“其他特殊型政区”，后者包括如“特别行政区（政治性的特殊型政区）”、“经济性、行政性的特殊型政区”和“临时性的特殊型政区”等种类。特殊类型政区因国家不同而各有特点，往往都是因时、因地而设置，没有统一标准，故最为多样。

这样划分，脱离了过于具体的用语，概括性比较强些，也不易引起误解，亦使我们能够同等地看待各种类型的政区，而不至于厚此薄彼。

(3)关于行政区划或政区的层级表述问题

周振鹤根据对中国行政区划史的研究心得，提出使用“县级政区”、“统县政区”与“高层政区”来表述中国的政区层级状况：

> 层级是历代行政区划的核心要素。在中国历史上行政区划层级曾有过十分繁复的变化，统观二千五百年的历程，行政区划的层级大致可分为三层，根据其所处管理层位，我们将这三层定名为在基层的县级政区，统辖县级政区的统县政区以及在统县政区之上的高层政区。有些历史时期，只有两级政区，不存在高层政区，如秦汉时期以郡统县，只有郡县两级，郡级政区即为统县政区；有的历史时期表面上看来不止三级，如元代个别地区有省—路—府—州—县，共五级之多，但细加观察，在绝大部分地区，基本上也都可由上述三层政区所包容，省是高层政区，路同府加上部分的州，是统县政区，县以及不辖县的州则是县级政区。过去对于行政区划的层级始终没有固定的指称，很不便于论述。在不得已时，有些论文只好用一级政区、二级政区、三级政区这样的称呼，但这样的指称没有科学性，亦即没有唯一性，容易引起混乱。如秦汉时期第一级政区是郡，其下属只有县级政区（乡以下不计），而魏晋南北朝时期第一级政区是州，其下属政区有郡县二级。如果笼统地说第一级政区，就看不出两个时期的区别。反过来说，郡级政区在秦汉时期是第一级政区，在魏晋南北朝时期却是第二级政区，表面上看来级别不同，但其实，郡的下属政区在这两个时期中并无变化，都是县级政区。所以用第一级第

> 二级的称呼并不合适。比较理想的称呼是以该级政区与县级政区的关系来命名。县级政区是我国行政区划体系中最为稳定的一级政区,也是封建时代皇帝直接任命行政官员的最低一级政区,因此应将其定位为基层政区,在它之上称为统县政区,在统县政区之上则是高层政区。①

使用周振鹤提出的"高层政区"、"统县政区"和"县级政区",诚如所言,可以非常清晰地表达中国传统政区的状况。但考虑到中国当前的政区格局及世界上其他国家的政区状况,则该表述还是有些局限,如现在中国的"乡镇"一级政区无法涵盖,而其他国家的政区名称也并非都以"县"来命名(即使翻译进来也不全用"县",更不用说原名的五花八门了)。因此,笔者以为,比较好的方法是统一采用较为宽泛的序列用语,当然,也可以直接使用中国目前的政区序列来比照说明。换句话说,可以在不同的研究领域内,使用不同序列的术语。在这个问题的处理上,也许,欧盟的处理方式可以给我们以启发。

欧盟作为一个超国家组织,由于其一体化程度的加深,已经具有相当的"邦联"国家的性质,并有可能像类似于联邦制的国家转化。其内部,可以说,也已经形成了主要为 4 级层次的政区体系。欧盟有这样的统一规定:

> 在欧盟国家中,随着欧盟地区政策的推进和各国国内体制的调整,一个较为普遍的地区概念正在形成。欧洲地区大会提出的一个定义是,"地区是主权国家之下拥有自治制度的第一层领土单位"。它位于中央和地方之间,其政府属于中间政府的性质,管理较大的地域范围内的公共事务,如德国的 16 个州、法国的大区、比利时的地区以及英国的苏格兰、威尔士等。因此,地区在这里主要是行政和政治地区,其边界与各国的行政区划相同,而与那些跨越各国国内行政区划、甚至跨越国界的经济地区和语言地区不同;地区也仅仅指国内地区,它们是一国国内的部分领土,不是指像欧洲联盟这样的国际地区。
>
> 由于各国赋予其地区政府的宪法地位和权力大不相同,地区之间的自治程度高低不一。德国和比利时这样的联邦制国家有强大的地区政府,比如比利时的地区政府和语言区政府在语言、教育、文化等功能领域已经完全取代了中央政府。在另一个极端,大多数国家的地区还只拥有较小的权力,如法国的大区政府。这些大区政府的独立权力有限,而且还必须与现有的省政府进行竞争。介于两者之间是西班牙的自治区和意大利的地区。另外,一些小国还没有设立地区性政府。在荷兰,地区是指介于省和市之间的一级政府。
>
> 由于各国国内行政区划的演变正在受到欧盟地区划分标准的影响,在讨论地区概念的时候,还需要考虑欧盟的地区划分标准及其专门术语。为了便于统计和实施欧盟的地区政策,欧盟专门制定了一套地域统计单位专门术语(Nomenclature of Units for Territorial Statistics,简称 NUTS),将各成员国的地区分成三类,即 NUTS1、NUTS2 和 NUTS3。三类地区的划分主要依据成员国内

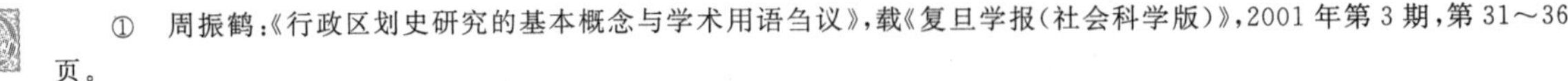

① 周振鹤:《行政区划史研究的基本概念与学术用语刍议》,载《复旦学报(社会科学版)》,2001 年第 3 期,第 31～36 页。

> 部的行政区划。每个国家都分为数个 NUTS1 单位(少数几个小国,如卢森堡,只算作一个 NUTS1 地区),每个 NUTS1 单位又可分为一些 NUTS2 单位,每个 NUTS2 单位再细分为一些更小的单位。
>
> NUTS1 单位被称为欧洲共同体地区(ECR)。它们的地理范围较大。其中一些地区在一些国家中早就存在。在其他国家中,一些地理和经济上较为接近的几个地理单位共同组成一个 NUTS1 单位。在比利时,地区属于 NUTS1 单位;在德国,16 个州也是 NUTS1 单位;在西班牙,NUTS1 单位都是由一个以上的自治区合并组成。在整个欧盟范围内,共有 71 个 NUTS1 单位。
>
> NUTS2 单位对应于大多数国家行政区划中的地区。在法国和意大利,和大区相对应。在西班牙与自治区一致。在德国和比利时,NUTS2 单位则对应于州以下的一级地方政府。在这一层次,欧盟总共有 183 个地区。
>
> NUTS3 单位对应各国国内更低一级的地方政府,如法国的省(departments)、西班牙和意大利的省(provinces)、英国的郡(counties)等。整个欧盟有 1044 个 NUTS3 单位。
>
> 总的来说,欧盟的地区划分标准(特别是在 NUTS2 单位的划分上)与各国的现有的行政区划非常相近的。[①]

NUTS3 单位之下,欧盟未再划分;但实际上还有一个层级,即各自的基层政区(如法国的市镇一级)。故为四级。

因此,笔者认为,如在最一般的情况下,或在涉及国外行政区划的描述时,可以使用“高层政区、中层政区、低层政区、基层政区”这样的序列;在主要涉及今天中国行政区划描述时,也可直接用“省级政区、地级政区、县级政区、乡级政区”这样的序列。上述二种互相对应,即“高层政区”指国家的最高一级行政区划,“县级政区”指国家的正式行政区划中的最低一级,乡级政区在多数国家为聚落型的城市自治体,可以作为基层的政区看待(但不是非常正式;不过中国例外),“中层政区”则泛指介于最高层级和最低层级之间的行政区划(没有则阙如,一般也只有一个正式层级,故可以表述清楚)。在着重涉及中国古代乃至现当代的行政区划描述时,则还可使用周振鹤提出的“高层政区”、“统县政区”和“县级政区”,并仿其例再增加“县辖政区”。其中,由于一般习惯,还可主要针对“高层政区”,直接以“一级政区”呼之;以下还可类推,如二级政区、三级政区等,当然,应可自明而不引起歧义,就如欧盟的 NUTS1、NUTS2 和 NUTS3 一样。各用语并非绝对,而是相对而言;如果只有两级,就称为高层政区和基层政区,如日本(高层:都、道、府、县;基层:市、町、村);如果有三级,就称为高层、中层和基层,如法国(大区、省、市镇)等。

2.1.2 关于行政区划或政区的一般意义上的起源、发展问题

由于对行政区划等的理解不同,因此,对诸如起源、发展等问题,不同学者会有不同的认识。这是非常正常的。我们在这里的讨论,也是希望在对相关概念求得共同认识的基础上,来准确地认识、把握中国和世界各国在行政区划发展上的不同道路及其经验和教训,并

① 陈志敏著:《次国家政府与对外事务》,长征出版社 2001 年版,第 278~280 页。

为今天的改革提供一些借鉴和启迪；当然，单纯的学术史上的意义也是不言自明的。

2.1.2.1 关于“行政区划”的起源——兼论中国行政区划的起源

(1)何谓“起源”——“社会学的起源”与“历史学的起源”

实际上，正如我们前面讨论“城市”的起源一样，关于“起源”，也可以分两个层面来理解。这一点，在常金仓为周书灿所著《中国早期国家结构研究》所写的《序》中，表述得非常清晰：

> 法国社会人类学家杜尔干在20世纪的第二个十年里讨论宗教起源时说：“如果把起源理解为绝对的开端，这一问题就没有什么科学性可言，因此应该坚决摈弃它，由于不存在一个宗教开始产生的特定时刻，所以就不必找一种把我们从思想上运转到那个时刻去的办法。如同人类的其他制度一样，宗教不是起始于任何地方。因此所有这类思辨都应理直气壮地加以扬弃，它只能是没有任何控制的主观和任意的构建。”后来英国人类学家拉德克利夫·布朗说得更明确，他说：“‘起源’这一术语是模棱两可的。在一定意义上，我们所谈的可以是‘历史学的起源’……历史起源其实也就是发生在一个漫长时期中的一系列独特事件。在这个意义上，确定任何社会制度的起源都是历史学家的任务……然而，‘起源’这一术语也可以在另一种意义上使用……任何社会制度的存在都必须遵循一定的条件，如果我们能够充分确定其中的一个条件，即人类社会必须遵循的条件，那么我们就发现了一条社会规律，假如我们能够证明某个社会是通过某种制度来遵循这种规律的，那么我们就可将此当作该制度的‘社会学的起源’。”……
>
> 在学术探索的道路上，当我们朝着一个方向无事功时，就要检查一下思路是否正确。国家的绝对开端既不可求，我们仍可以知道它的“社会学起源”——国家赖以产生的条件。过去，我们在讨论国家的本质及其职能时也涉及到这个问题，绝大多数人的见解中透露出一种“暴力论”，即国家是个暴力的工具。在国家职能中，暴力是毋庸讳言的，但这仅仅是它的一个侧面。赫尔佐克有一段很有意思的话：“与早期各种统治形式真正密不可分地联系在一起的究竟是些什么目的？假如找不出这样的目的，那么严格说来就等于证明了国家从一开始就是为了压迫人，为了保证统治者过上既奢侈又有权势的生活而发明出来的。如果没有一个对所有‘国家公民’或者至少是对大多数国家公民都有好处的目的，那么世界上的国家就都不过是一些巨大的盗匪团伙而已。”按照我的理解，一个地区最早出现的公共权力首先给人们提供一种向心力、凝聚力，暴力则是次后发生的。这种向心力或凝聚力使它统治下的人离开它就无法正常生活下去，从而对它产生日重一日的依赖。那么在研究国家的起源时应该最先引起我们关注的是那些团聚了民众的设施和手段，然后才是军队、警察、监狱。当它控制了社会生活的主要命脉时，真正合格的国家就呼之欲出了。这些社会控制权的取得在不同的地方没有统一的法式，惟其如此，同样被称为公共权力的众多国家才获得了不同的政治意识和品质。这些控制权的取得非一朝一夕之功，需要在一段相当长的时期内才能完成，其间任何重要变故都可能改变它的发展方向……
>
> 对于那些无文字的发现，问题便更多，我们差不多是一半靠实物一半靠推测

> 在"复原"着它们的面貌的。赫尔佐克在谈到从考古发现中探索国家起源时有一段虽留下一线希望却又充分强调了它的困难性的话,他说:"要想把人进行统治时所留下的痕迹从地底下挖掘、搜寻出来,比找到早期房屋建筑的踪迹,比发现各种手工工具、武器、陶制器皿、石头墓穴和雕塑品不知要困难多少倍。国家属于人的'社会环境',而社会环境则像喜和悲、爱和恨一样,不可能化为石头或者隐藏在地下。因此,如果不是很偶然地在一件出土器皿或是武器上恰好绘有当时政治生活的情景,那么就总是必须设法去探究每一件出土物品'背后'所隐含的意义,而不论这出土文物是一件武器、一座堡垒、整整一座城池,或者仅仅是一座孤立的坟茔。这项工作是困难的,带有相当大的冒险性,这条探索之路,是要踏着各种各样的错误、特别是冒着做出夸大失实的解释那样一种危险才能一步步踩出来走到成功的终点的。然而并非不可能。"①

国家如此,对于直接与国家相关或直接由国家派生的行政区划而言,就更是如此。在某种意义上,我们只能做到探寻城市、政区等的"社会学的起源";至于直接的标志或事件,具体的"历史学的起源",则要冀望于偶然的考古发现或史籍记载的只言片语了,而且新的发现或新的解说,也会不断呈现新的标志或事件。当然,"这项工作是困难的,带有相当大的冒险性","然而并非不可能"。

(2)关于中国"行政区划"的起源

理论上说,"行政区划"的起源问题已经解决,即恩格斯所论的:"国家和旧的氏族组织不同的地方,第一点就是它按地区来划分它的国民,……第二个不同点,是公共权力的设立。"②但这只是一个笼统的概括,可以算作是所谓的"社会学的起源"吧。按照这样的论述,则国家产生,应该意味着行政区划(广义)就随之产生。但具体到中国情形,即如果要探寻其"历史学的起源",则在两个问题上尚存在争论:一个是根本性的,即中国最初的国家何时产生,见解不同,相应地,对派生的行政区划的产生时间有直接影响;再一个则对第一个问题没有疑义,主要在如前述对"行政区划"术语理解的宽、窄上有差别,而导致判断不同。

1)有关的观点与争论

第一个方面的问题涉及的领域较宽,笔者没有研究,不敢乱下断语。常金仓在前引《序》中作过评析,不妨引来:

> 根据这个原则(按:指前引恩格斯语)探索中国国家起源时,出现了两种态度,由于从甲骨刻辞和传世文献里发现在商代中国社会的基层组织中还有不少血缘团体,因而一部分学者把中国文明期的到来一直向后拖,有人甚至以为战国时才有了合格的国家;另一部分人则干脆强调了中国国家的"特殊性",称夏商是"血缘国家"。我们一些把分期划段看成是历史研究惟一要务的研究者总是假设在历史上有一个血缘纽带和地域联结的交接时刻,事实上二者是长期相伴相随的。氏族社会的人类团体是靠自然的血缘亲情组织起来的,但他们对世代居住的地方并非

① 常金仓:《序二》,载周书灿著:《中国早期国家结构研究》,人民出版社 2002 年版,第 6～15 页。

② 《马克思恩格斯选集》(第三卷),第 254 页。

> 全不在意。澳洲土人一生不想走出氏族领地，北美美杜人的巡哨制度像文明国家的边防军一样守护他们的疆界都是很突出的例子，只不过因为在那时地域和血缘的控制是复合的，地域因素并未凸现出来。得到这种地区人口的血缘关系被种种因素搞混杂，血缘的力量无法将社会组织成和谐有序的整体时，地域因素才变成新的规则，不能认为这一新规则一旦确立，先前的血统联系立刻化为乌有。……国家作为公共权力一定是凌驾在众多血缘团体之上的，它是超血缘的社会政治组织，世界上还不存在纯粹的“血缘国家”。……当我们在历史记载中发现明确无误的地域组织时，离开它的产生之日可能就已经很久了。[①]

并确认夏代起中国已经产生国家。这也是目前学术界公认的观点。

第二个问题相对前者，没有过多的理论上的分歧，讨论也主要局限在行政区划领域。就中国状况而言，目前关于中国行政区划起源的观点主要有两种。一种是地理学界和实际工作领域方面的学者的观点，将夏代产生国家起，作为行政区划产生的时期，如刘君德曾经表述的中国“自夏朝至今，已有近 4000 年的行政区划史”[②]；浦善新等也认为：

> 夏朝的地方行政区划单位，是在原始公社部落基础上形成的“方国”或“小邦”。商和西周的行政区划实行以血缘关系为基础、按地域划分的分封制，所不同的是，在西周王朝所分封的诸侯国内，各诸侯国国君进行第二次分封，形成国、邑两级区域划分。总的来说，夏、商、西周是行政区划的萌发阶段，行政区域的划分尚未从根本上冲破氏族制度遗留下来的血缘联系。[③]

另一种观点以历史地理、沿革地理方面的学者为主，认为春秋以来的郡县制才是行政区划产生的标志，此前，不存在行政区划。如孙关龙认为：

> ……国家的产生是形成行政区划的首要条件。但是，并不是国家产生的同时，必然同时出现行政区划。例如，在中国夏、商、西周三代，约 1400 年左右的时间并没有形成整套的行政区划制度；各地的“方国”、“小邦”或“诸侯国”都是一个个独立的小国，与夏、商、西周王朝之间仅是松散的藩属或附属关系，所以那时也不可能对整个国家进行系统的行政区划。[④]

这种观点在前引周振鹤文中表达得更为清晰，除上文已引用之外，还有如下更进一步的阐述：

> 要而言之，我们先要分清中央政权与中央集权的区别，中央政权并不都是集权式的，如西周时期虽有中央政权存在，但与后世的集权式国家形态完全不同。

---

① 常金仓：《序二》，载周书灿著：《中国早期国家结构研究》，人民出版社 2002 年版，第 6～15 页。

② 刘君德：《中国行政区划沿革》，载《科学》，1992 年第 44 卷第 3 期。

③ 浦善新等著：《中国行政区划概论》，知识出版社 1995 年版，第 27 页。

④ 孙关龙著：《分分合合三千年——论中国行政区划及其总体改革的构想》，广东教育出版社 1995 年版，第 2 页。

> 行政区划的基本前提首先是存在一个中央集权的国家，其次是这个集权式的中央政权对其所属领土进行有计划的分划，并在分划的区域直接设置地方政权进行治理。……在中国，中央集权式的国家，并不是在三代那样统而不治的大范围的领域中产生，而是先在小范围的春秋列国中出现，最先出现在晋、秦、楚三国的县制，才是我国行政区划制度的开端。
>
> 行政区划的出现体现了中央对地方直接进行行政管理的权力，这样的权力只有在中央集权制国家形成以后才能出现。换句话说，行政区划的概念是与中央集权制国家的产生同步而来的，不可能在这种类型的国家出现之前便已存在。在中国体现中央对地方实行直接管理的制度是郡县制，因此讨论行政区划的出现应以郡县制的出现为标志，而不能从实行封建制的时代算起。一种新制度与新概念的产生，往往不是一蹴而就的产物，而是有一个长时段的过程。中国的中央集权制国家产生于春秋战国之际，郡县制即行政区划体系的产生也在此时，我们很难将其产生定在某一个具体的年代，但如果我们以县制的出现作为标志的话，我们或可将行政区划的出现定在春秋末年，如果更加具体地说，则可以公元前514年晋国建立邬、祁、平陵等十县作为行政区划出现的标志年。①

两种观点可以说是针锋相对，不遑多让。关键之处多不在事实，而在于对行政区划的理解的不同。因此，以笔者看来，二者没有实质性差别，完全可以在对有关术语进行厘清的基础上，求得一种统一的说法。

2)笔者刍见

目前，对中国夏、商、周三代，即所谓“中国早期国家结构”问题的研究，已经取得很多成果。2002年，周书灿出版了《中国早期国家结构研究》一书，在全面总结了各种成果的基础上，得出了一些令人信服的结论。这些结论，有助于我们理清中国行政区划起源和产生的若干问题。在该书的《结语》部分，周书灿这样概括“中国早期国家结构形式发展、演变的基本线索”：“按照历史发展阶段划分，笔者将其归纳为夏商时期共主制政体下的原始联盟制国家阶段、西周时期分封制政体下的早期复合制国家阶段、战国时期郡县制政体下的早期单一制国家阶段”②；并具体分析了各期的基本态势。

周书灿认为，“夏王朝是一个以夏邑为中心区域的国土范围不算太大的邑土国家。夏王朝既非部落联盟，同时也不是统一的中央集权制的奴隶制国家。夏代的国家结构形式类似于唐、宋时期的羁縻制度。夏王朝则是一个早期共主制政体下以夏后氏为共主，并以万国诸侯初具原始性的从属关系和相对的原始性、松散性、多样性为特点的早期政权”。而殷商时期，“殷商王朝日渐具备从夏代邑土国家向西周时期领土国家过渡的特征。……在商王国内，殷商王朝通过以血缘关系为纽带的宗族和家族以实现其对广大商族族众的管理和统治，并在此基础上实现对该片地区的有效的行政管辖。商王朝与邑外侯伯之间的关系大体上可以区分为附属型与敌对型两类。商王朝与附属型诸侯、方伯之间逐步建立起了一种

---

① 周振鹤：《行政区划史研究的基本概念与学术用语刍议》，载《复旦学报(社会科学版)》，2001年第3期，第31～36页。

② 周书灿著：《中国早期国家结构研究》，人民出版社2002年版，第247页。

相对稳定和巩固的权利和义务关系”①。

而西周时期，情况则发生明显变化。“西周王朝是一个基本上拥有‘中国’、四土、四国及部分多方、不廷方之地的疆域辽阔的统一的主权国家或曰领土国家。西周王朝的政治地理格局大体上呈现出国家领土主权的相对统一完整性、政治地理格局的相对稳定性、国土构造的多层次性等颇为鲜明的时代性特点。西周王朝对千里邦畿之内的土地具有最高的所有权和直接的领有权，并通过不同的组织管理形式，将其牢固地控制起来，从而在这块土地上最充分地行使着国家主权。西周王朝在辽阔的四土之境创造性地推行了封藩建国之制，并使其和宗法制度结合起来，还在军事要害地区设置军监，以加强对四土之境的行政管辖。按照畿服之制的原则和精神，规定四方诸侯的朝觐天子、贡纳方物及勤王远征等政治、经济、军事方面的义务，在此基础上建立颇为严格的封建等级秩序和宗法分封制政体下统一的中央集权制国家的早期模式。”②

春秋时期的国家结构进一步发生变化，按照周书灿的归纳，“具有从西周时期宗法分封制政体下复合制结构形式向战国、秦汉时期郡县制政体下单一制国家结构形式过渡的颇为鲜明的时代性特点”，并详细分析了“县”的出现及其意义：

> 春秋时期的县有县鄙之县与县邑之县两种基本涵义。县鄙之县与西周时期推行封建之制而形成的“国”、“野”之间的地域上的差别有关。……作为春秋时期原始形态的县从最初的县鄙之县发展转化为后来理想中的一级地方行政组织的县邑之县，这正反映了两周之际，中国的基层地域组织渐趋完备，在新的国家结构形式之下，一种新型的中央与地方之间的关系在政治、经济、军事制度的新旧交替的壮阔历史背景下，正悄悄地得到较为充分的孕育并即将萌芽这一客观的事实。……春秋时期的楚县，基本上是建立在新的政治、经济与军事制度的基础之上，楚王在政治、经济和军事方面对其直接进行管理。战国以后，楚县逐渐开始由边地军事重镇性质向地方行政区划性质转化。县的性质才开始再次发生崭新的变化，中国古代历史上的县开始了由县邑之县向作为地方行政区划的郡县之县的转变。③

继之的战国时期，则是“中国早期国家发展史上又一个关键性阶段”。此期，

> ……中国最早的地方行政区划制度已经产生，以郡统县的行政管理制度在各国普遍推行。官僚制度和中央集权官僚机构的建立，加强统治法律的制定、颁布和执行，户口的登记和赋役的摊派，内史与少府两大国家财政机构的创设，征兵制度以及军制的改革，都标志着分立的中央集权制国家内部中央与地方关系得到了空前的巩固和加强。……战国晚期，随着秦统一天下步伐的加快，战国以来各国所推行的新旧制度也在此过程中渐趋划一。伴随着中国早期国家的历史拉下帷

① 周书灿著：《中国早期国家结构研究》，人民出版社 2002 年版，第 247～248 页。

② 周书灿著：《中国早期国家结构研究》，人民出版社 2002 年版，第 248～249 页。

③ 周书灿著：《中国早期国家结构研究》，人民出版社 2002 年版，第 249～250 页。

> 幕，而中国早期国家结构则以郡县制政体下的早期单一制结构形式为秦汉大一统局面下的国家政权组织与管理提供了足以借鉴和参考的良好范例。[①]

从周书灿所总结的中国早期国家的“国土构造”(即政治地理格局)来看，基本上可以认为，在夏商时期共主制政体下的原始联盟制国家阶段，夏或商与周边“方国”尚未形成统一的国家，而是呈现一种类似近代以来邦联国家的情形，而其内部仍以血缘方式凝成共同体，未出现明确而稳定的次一级的权力中心；因此，可以认为没有出现行政区划，未形成政区。西周时期分封制政体下的早期复合制国家阶段，西周与各诸侯国之间已经构成一个统一的国家，呈现一种类似近代联邦制国家的情形，除了周天子及其直辖的京畿地区之外，已经出现了明确而稳定的次一级的权力中心(各诸侯国国都)；但各诸侯国(地方政区)内部在西周初期尚未明显分化，基本上仍以血缘方式凝成共同体，进行组织和管理；因此，应该肯定已经出现了行政区划，形成了政区，此时只有一级。春秋时期是一个转折，一方面西周统一的复合制国家趋于解体，另一方面，各诸侯国通过兼并逐渐扩大，内部逐渐形成按照地域划分权力的配置方式，郡县制开始萌芽，并与传统的血缘相混杂。最终，到了战国时期，可以认为统一的周王朝及其国家已经不复存在，各诸侯国成为独立国家，其内部则“以郡统县”的管理制度逐步推行，形成单一制国家形态，并直接为秦王朝所继承而推行于全国。

从上述对各种概念的梳理结果来看，政治区含义最广，可以肯定与国家同步产生(国家就是一个政治区)，即夏代形成。政区概念居中，可以认为西周的分封制及其各诸侯国就是政区。行政区划如果取广义理解，即与政区同义，且联系到目前的联邦制国家的情况，也可以认为西周的分封制所形成的政区，就是行政区划；而且，如果今后发现证据，则上推至商甚或夏，都不是没有可能的。当然，如果取严格的狭义理解，行政区划在中国是在郡县制产生之时，方才出现，则目前可下推至春秋时期。

笔者目前倾向于行政区划起源的“西周时期说”。因为行政区划是主权国家的内部的权力的空间配置；只要是国家权力的分配，就形成空间的政区体系；至于权力是如何分配的，这是次要的问题。此外，笔者还有一个支持，即从目前可见的材料来判断，西周初期的分封制推行，全国的城市体系始逐渐形成，这是判断政区体系出现的一个重要证明。

关于中国城市体系的产生标志及其时期，顾朝林有如下的论述(他使用“城镇体系”)：“按照城镇体系的概念，可以认为在一个国家或一定的地区内，已拥有一定数量的城市，且具有一定的城市等级—规模关系，其城市职能比较多样，尤其是各城市之间存在着一定程度的互相联系、相互作用关系。我们认为这就是地域城镇体系产生的标志。”据此认为：“根据大量资料分析表明，中国城镇作为一个体系来说，形成于奴隶社会向封建社会过渡的历史时期。具体地讲，即初形于西周奴隶社会末期……”进而具体描述了西周的城镇体系状况：

> 作为奴隶制鼎盛时期的周代，奴隶主贵族宗法组织有大小之分，其政治关系有君臣之别，体现在城邑建设上就产生了城邑建制的不同等级之别。……在这一体制下，基本形成了全国以政治职能为主的三级城邑网络，即：王城居首，为全国

① 周书灿著：《中国早期国家结构研究》，人民出版社2002年版，第251～252页。

> 宗法血缘政治中心;诸侯城(诸侯封国国都)列第二,是周王朝在一个地区的宗法血缘政治大据点;卿大夫都(采邑城)为第三级,系周王朝宗法血缘政治的基层据点。这种等级系列关系,可视为我国从历史上一直延续下来的以政治为中心,从上而下的等级规模关系的张本。①

宁越敏等也认为:"西周在中国古代城市发展史上占有重要地位,具有两项突出的成就,其一是产生了中国城市体系的雏形,其二是都城与宫殿建设,它们对后世的城市发展起了深远的影响。"②故至迟至西周时期,应该认为已经出现正式的行政区划及其相应的政区体系。当时的高层政区(诸侯国)与周天子的关系,具有近代以来的联邦制国家的特征,可以认为有些类似于今天美国的状况。

2.1.2.2 关于"行政区划"的发展——以香港地区为例

自有国家开始,便有了按地缘关系进行分区分级的区域划分。随着国家体制的完善和地方人口增长及公共管理之需,则不论就一国之内,抑或各个地方,其行政区划及其权力配置格局会有一个逐渐划分、定型的过程;这一过程,可以认为是所谓行政区划的发展的含义。对于行政区划的发展,国内外多是从具体的历史过程入手加以描述,宏观上、理论上的概括尚少。

国外曾经有学者将行政区划系统的空间进化结构描述为六个阶段:第一阶段,该地区未被发现之前,没有行政区划;第二阶段,已发现但未有人居住,有些边界已在地图上标出,以示对该地区的拥有权;第三阶段,部分地区有人居住,其居住部分被划分成更小的行政区;第四阶段,分两种类型,一种是居住区扩张,这时便有新的地区被界定,另一种是居住区人口密度增大,行政区便随之被进一步划分成更小的行政区;第五阶段也有两种类型,一种是居住区人口密度增大,为发挥经济规模优势而将小的行政区合并,另一种是随着交通的革新、通讯系统的改善,行政区服务质量集中化与标准化;第六阶段,随着价值、人口密度和布局结构的变化修正供求关系,这时区域演化成多种功能的综合体,虽然行政区保持在不利用经济规模优势的水平,却能提高标准化的地方服务。③

对此,我们还可以香港地区等为例,从一个较小的区域的政区演变过程来窥见一二。

香港目前属于中华人民共和国中央人民政府辖下的政治性的特殊型政区。由于其特有的历史背景及政治发展走势,受其原殖民地宗主国即英国的政治体制模式影响很深;同时,又由于地域面积狭小,城市化程度很高,故更多地表现为城市型政区特点。另外,香港地区的行政区划实际上并不完全,正处于形成和发展之中,某种意义上其内部目前仅可算作一种准行政区划。但就其未来发展趋势来看,则随着社会经济的发展、人口的增长、聚落的扩展、政治体制的完备和行政管理及提供公共服务的需要,会逐步成为正式的区划单元,构成完整的地方行政区划系列。因此,这里来看一下其行政区划的演变,有助于我们理解一般意义上的行政区划的发展过程。

---

① 顾朝林著:《中国城镇体系——历史·现状·展望》,商务印书馆1992年版,第24~25页。

② 宁越敏、张务栋、钱今昔著:《中国城市发展史》,安徽科学技术出版社1994年版,第61页。

③ 转引自舒庆著:《中国行政区经济与行政区划研究》,中国环境出版社1995年版,第138~139页。

(1)香港地区行政区划的演变和特点[①]

香港,狭义上是指香港岛。它位于中国大陆南部珠江入海口的东侧,南濒南海和太平洋,北隔维多利亚海峡与九龙半岛相望。广义的香港是指"香港地区",也即 1997 年 7 月 1 日后的"香港特别行政区",包括香港岛、九龙、"新界"本土和离岛四个部分,面积为 1104 平方千米,人口 700.89 万(2009 年底资料)。[②]

香港的行政区划及其行政管理体制是按英国管治的基本模式发展而成的。早期只是依原有习惯,加以认可和划分。二战之后,香港的行政区划作了较大调整,相对开始正式。1969 年,香港岛及九龙区共划分为 10 个民政区:香港岛分为中西区、湾仔区、东区和南区,九龙分为黄大仙区、深水埗区、旺角区、油麻地区、九龙城区、观塘区,皆隶属于民政署。新界民政署下设 7 个理民府,即元朗理民府、屯门理民府、大浦理民府、沙田理民府、荃湾理民府、西贡理民府和离岛理民府。

自 20 世纪 80 年代起,香港岛及九龙区仍设 10 个行政区。香港岛分为中西区、东区、南区和湾仔区,九龙及新九龙分为黄大仙区、深水埗区、旺角区、油麻地区、九龙城区、观塘区,皆隶属于市政局。新界下设 9 个区,即离岛区、北区、元朗区、屯门区、大浦区、沙田区、荃湾区、西贡区以及葵涌和青衣区,皆隶属于区域市政局。1997 年回归后,基本维持原有格局。目前香港特别行政区设立 18 个区,根据《香港特别行政区基本法》,这 18 个区只设立非政权性地区组织:中西区、东区、九龙城区、观塘区、南区、深水埗区、湾仔区、黄大仙区、油尖旺区、离岛区、葵青区、北区、西贡区、沙田区、屯门区、大埔区、荃湾区、元朗区。[③]

为使当局在地区的施政同居民之间有更好的协调,在全港每一个地区(包括新界)成立了具有政府权力的地区管理委员会。1982 年,每区内成立了一个区议会。区议会是与港九及新界地区管理委员会相适应的咨询机构,目的是使居民可以通过议会代表,进一步参与地区施政。根据区议会条例的规定,区议会主要担当咨询角色,但可以通过提出建议,在管理地区事务上作出重大贡献。在监察政府在各区的工作方面,区议会讨论的事项包罗万象,与区内居民息息相关。[④]

单就香港特别行政区表层的行政区划而论,似乎非常简单,即一般所说的三部分(香港岛、九龙和新界)或四部分(从九龙之中分出新九龙);但应注意,这里的三部分或四部分只是历史进程和习惯使然,并非正式的行政区划,甚至目前连一般的政治意义也已消失,只具有历史和地理的意义。香港的行政管理体制,有一个独特的演变过程,即从一级向 2 级或 3 级发展,分级管理的机构或组织逐渐具备了地方政府的某些性质;因而,可以认为,这些区域正在向正式政区演变。

1)一级行政区划——香港特别行政区

香港现行的政治制度是一种独特的地方行政制度,它是依照英国殖民地传统形式逐步发展而成的,其最初的殖民统治体制是根据 19 世纪英国的王室直辖殖民地模式建立的。回归之前,港英殖民统治体制是以香港总督为权力核心的集权体制,表现为一种殖民主义色

---

① 以下所举香港案例,主要内容曾载于刘君德、冯春萍、华林甫、范今朝编著:《中外行政区划比较研究》(华东师范大学出版社 2002 年版)第九章"香港和澳门地区的行政区划"(第 283~294 页)。该章由笔者执笔。这里有删节和改动。

② 中华人民共和国民政部编:《中华人民共和国行政区划简册,2010》,中国社会出版社 2010 年版,第 175 页。

③ 中华人民共和国民政部编:《中华人民共和国行政区划简册,2010》,中国社会出版社 2010 年版,第 175 页。

④ 刘凤瑞编著:《香港、澳门概况》,天马图书有限公司 1996 年版,第 11~13 页。

彩颇浓的集权制度：港督是英王全权代表，英王是香港最高统治者。总督一人总揽了行政、立法大权，并兼任了名义上的驻港英军司令。港督之下设有5个系统：①咨询性质的行政局和立法局；②以布政司为首的行政机构；③以首席按察司为首的司法机构；④直接受英国国防部指挥的驻港英军；⑤总督特派的廉政专员公署。香港不是一个国家，从1843年起，英国将它作为一个海外殖民地的地方政权治理，因此，香港政府不享有国防、外交和自行组织政府的权力。这个体制自1843年建立以来，至1997年6月30日结束英国在香港的殖民统治为止，大的框架154年中没有根本性的变化。

1997年7月1日，中国恢复对香港行使主权。根据《中华人民共和国宪法》第31条的规定，设立香港特别行政区。按照《香港特别行政区基本法》的规定，香港特别行政区直辖于中央人民政府；中央人民政府负责与香港特别行政区有关的外交事务；负责管理香港特别行政区的防务；中央人民政府依照《基本法》的有关规定任命香港特别行政区的行政长官和行政机关的主要官员。

从《基本法》第四章关于政治体制的规定来看，香港特别行政区的政治体制仍是一个以行政长官为中心的政治体制，由行政长官、行政机关、立法机关和司法机关等方面组成。

2）二级行政区划——市政局和区域市政局、乡议局

香港市政局和区域市政局独立于港府行政局、立法局和布政司署以外，其性质是一个局部地区的咨询机构，主要管理港九和新界地区的市政事务；乡议局则是港府治理"新界"的咨询机构，更多地涉及与乡村有关的事务。

①市政局：英国占领香港后，于1843年4月18日成立公众卫生及洁净委员会，负责处理卫生问题。1883年，港府成立卫生局取代公众卫生及洁净委员会。1935年，卫生局改组，易名为市政局。市政局成立初期，成员由港府官员和港府委任的非官守议员组成。1952年5月，增设民选议员。1973年，港府修改市政局条例，取消官守议席，使之成为一个全部由非官守议员组成和财政独立的法人团体。从1983年起增加分区直选议员。目前市政局由40名议员组成，15名由其辖下的15个选区直接选出，15名由港督委任，其余10名由各市区区议会选出的代表议员担任。

市政局的主要任务是负责在港九市区（不包括"新界"）内为市民提供文康市政服务，全权负责执行多项文康市政职务，包括环境卫生、食品卫生和商贩、公众街市的管理，兴建和管理公共体育设施，如游泳池、公园、游乐场等，管理博物馆、公共图书馆、大会堂等主要文化中心和设施，举办各种娱乐节目。隶属于布政司署之下文康市政科的市政总署是市政局的执行机关，其署长是市政局的行政首长。但市政总署仅执行市政局通过的、经立法局确认和港督批准的各项政策和决定，不受市政局的管辖。①

②区域市政局：区域市政局是于1986年4月1日正式成立的法定组织，接管1985年成立的临时区域议局的工作，其性质及工作与市政局相若，只是管辖地区不同，是一个为港府管理"新界"及离岛，提供政策上的建议的咨询机构，为新界地区居民提供文康市政服务。区域市政局现有议员36人，其中12人由市民直接选出，12人由港督委任，9人由辖区内9个区议会间接选举产生，其余3人是当然议员，由乡议局的主席和2名副主席出任。区域市政局财政独立，其财政来源主要是辖区内的全部差饷收益。区域市政署是区域市政局的执

① 李昌道、龚晓航、唐海虹著：《香港政制与法制》，上海社会科学院出版社1991年版，第67～69页。

行机构,隶属于布政司署下的文康市政科,其性质与市政总署相同。①

③乡议局:乡议局是港府治理"新界"的咨询机构,它是伴随着理民府制度而发展的。最初,即1898年英国将"新界"变为殖民地时,"新界"的治理方式与市区是不同的。"新界"民政署之下,按地区不同设立了理民府。1926年建立乡议局,这是当时港府委任各村村长作为港府顾问的一个咨询机构。1957年后,通过新法例,重组乡议局,作为一个新的顾问团体。根据新规章,乡议局的理事会由27个乡事委员会的正副主席、新界的非官守太平绅士以及21个特别理事所组成,2年一任。乡议局关注"新界"居民的福利,并促进人民与政府之间的了解,保护中国的风俗与传统习惯,协助政府制订土地政策,理解中国的婚姻习惯,保护野生动物,以及促进农村地区的保健、卫生与交通运输事业。乡议局处于港府和乡村之间,有其特殊的地位和作用;乡议局的某些人士也一直希望将"新界"成为有别于市区的行政地区,有自己的行政局、立法局。②

3)三级行政区划——区议会

区议会是立法局、市政局、区议会三层咨询机构中的下层机构,是港英推行"代议政制"的产物,是根据《1981年香港地方行政白皮书》和《1981年区议会条例》,于1982年正式设立,并由此开始全面推行的地方行政制度。目前香港划分为18个区,每区设立一个地区管理委员会和一个区议会。地区管理委员会由为所属地区居民提供基本服务的政府各部门代表,即政府官员组成,由政务总署的政务专员担任主席,负责协调政府部门在区内的活动。一般来讲,地区管理委员会在决策时会尽量咨询和尊重区议会的意见。区议会的主要职责是就影响区内居住或工作人士福利的问题向政府提供意见,并协助监察政府部门在地区的工作。港府也经常就影响全港市民的重要问题征询区议会的意见。区议会由委任非官守议员和来自各选区的民选议员组成,"新界"的区议会还包括各区乡事委员会主席,议员任期3年。③

综上所述,香港地区的范围虽然不大,但事实上却存在着"三级政制";虽然第二级的市政局、区域市政局和乡议局以及第三级的区议会主要还是作为咨询机构,但有向正式政区转化的趋势;尤其是第三级的区议会,有逐渐落实的可能。因此,可以这样认为,香港特别行政区的行政区划正由目前的实—虚—虚三级制向实—虚—实三级制过渡。

(2)行政区划发展的一般过程和不同路径

对于一个国家,以及国家内部某一特定地区的行政区划的发展,正如我们在本章前面所揭示的,首先是有更高层面的国家的权力的确定;在整体宏观格局、框架确定的前提下,一地的行政区划始会在此架构之下而逐渐发展、完备。而其中最显著者,就是基层的行政区划的明确、正式和多样,即原先的自治体或类似的基层非正式组织,或得到国家的确认,纳入正式的体系(如澳门);或在国家的制度安排下,得以发展、完善(最明显的,即选举过程及其选区的划分,如香港)。尽管各国、各地具体过程、情形不同,但基本上,行政区划的发展,可以归纳为这样的形成过程。这也是国外许多国家行政区划形成、发展的一般过程;尤其近现代以来,选举制度的推行,使得选区的划分,往往就演变为地方的、基层的行政区划

① 李昌道、龚晓航、唐海虹著:《香港政制与法制》,上海社会科学院出版社1991年版,第72～73页。

② 李昌道、龚晓航、唐海虹著:《香港政制与法制》,上海社会科学院出版社1991年版,第74～75页。

③ 李昌道、龚晓航、唐海虹著:《香港政制与法制》,上海社会科学院出版社1991年版,第64～65页。

格局(如新加坡等)。

简而言之,一个地区行政区划的形成和发展必须有一个前提,即高层(尤其是国家层面)的政治权威的确立,有一个权力的来源。在这种前提下,行政区划形成、发展可分为三种情形:居民先于国家的住民自决(仍需要国家认可,占少数;如美国的若干地区,澳门地区的情形亦类此);国家建立后的法制所规范之地方制度(大多数国家为此种情况),又分为两种:从上至下划分(严格意义上的行政区划,如中国大陆当代的情形),自下而上选举(原有聚落存在,格局存在,但权力自上而来,如台湾地区20世纪50年代后的情形;或尚未有明确的政区,经由划分选区,选区进而转化为行政区划,如香港特区、新加坡的例子)。

进一步加以抽象和概括,则一地的行政区划的具体发展过程,大致上可以分为两种路径,或可称之为自上而下型与自下而上型;当然,严格说来,则均是来源于国家或上层政府对其权力的确认或授予。

所谓自上而下型,即上级政府(直至中央政府)或直接划分而形成行政区划格局(重新配置权力格局),或承认(认可)原有权力格局而加以确认,如历史时期以及当代中国的情况。

所谓自下而上型,即一般所谓地方自治型,基层的选举过程是地方权力配置的来源(当然这种对选举制度的认可与维护也是从上级乃至国家权威而来)。则这种情况下,地方的选区划分,就往往成为地方行政区划格局的渊源(当然,具体选区的划分,则既有对原有格局的认可,也有重新调整、乃至完全新划的情形)。换言之,就地方的政区而言,则可能是先有选区,然后形成地方的正式行政区划。这种情形尤其对一些新生的国家或地区,如新加坡、香港特区等,是一种行政区划形成的常见路径。

2.2 中国行政区划的历史沿革及其制度变迁——对中国行政区划发展史的一个新的分析框架

对中国行政区划变迁的研究,古已有之,延续至今,即所谓"沿革地理"是也。目前,关于中国历代至今的政区的基本状况,已经没有太多问题,详述其变迁的著作乃至工具书等也林林总总,所在常见[①]。综合各家所言,简言之,秦之前,为"分封制",区划体系尚不完备和统一;对于到底严格意义上的行政区划出现与否亦存有争议[②]。秦统一及以后,"郡县制"成为主流,行政区划历代因革,但基本制度未变,并一直延续至今,故有两千余年历史的说法。

这些见解各有其立论基础,各位学者对各代具体状况的研究也较为精当;但就长时段

---

① 早的如20世纪30年代顾颉刚、史念海著《中国疆域沿革史》(该书初版于1935年,1999年商务印书馆重印)。20世纪80年代以来,主要有周振鹤著《体国经野之道——新角度下的中国行政区划沿革史》(香港中华书局1991年版),孙关龙著《分分合合三千年——论中国行政区划及其总体改革的构想》(广东教育出版社1995年版),张明庚、张明聚编著《中国历代(公元前221年—公元1911年)行政区划》(中国华侨出版社1996年版),周振鹤著《中国历代行政区划的变迁》(商务印书馆1998年版),李晓杰著《体国经野:历代行政区划》(长春出版社2004年版)等。台湾地区也有类似著述,如杨予六著《中国历代地方行政区划》(台北中华文化出版事业委员会1957年版)等。

② 持否定意见的代表性学者,早如杨予六(见杨予六著:《中国历代地方行政区划》,台北中华文化出版事业委员会1957年版,第7页),近如周振鹤(见周振鹤:《行政区划史研究的基本概念与学术用语刍议》,载《复旦学报(社会科学版)》2001年第3期,第31~36页)等。

而言，从更高的制度层面观之，则有不够完备之处。所以，本节从两个角度来介绍和分析，一为各代的具体的行政区划体系，即所谓“政区沿革”，因“前人之述备矣”，我们仅择要罗列于下；另一则为更高的政治制度层面的分析，即一般所谓的中央与地方之间的关系，对这二者之间关系的处理方式对行政区划的影响更为深刻，也是本节所谓中国行政区划发展史的新的分析架构的立足点。

2.2.1 中国历代行政区划的基本状况(夏、商、西周—今)

2.2.1.1 夏、商、西周和春秋、战国(约前2070—前221)

如前所述，由于对行政区划概念理解的不同，诸多学者(尤其是治沿革地理的学者)认为先秦(至少是春秋时期)之前的地方管理制度及其分区不属于严格意义上的行政区划，春秋以来的郡县制才是行政区划产生的标志。产生不同判断的原因，主要涉及对行政区划概念理解的广、狭的不同。从行政区划的本质意义而言，行政区划就是权力的空间配置，即只要是一国之内将国家权力进行次一级的空间分割，就可以认为是行政区划。故而笔者认为，由于夏、商两代(约前2070—前1046)资料尚少，还不能确定夏、商与周围所谓“方国”、“小邦”的准确关系；但至少西周时期(约前1046—前771)，作为一个相对而言统一的国家，在宗法封建制度之下，各分封诸国(以及其内部次一级分封的“邑”等)应该是这一时期、即“封建制”之下的行政区划的形态，就如后起的郡县制是秦之后行政区划的典型形态一样(因为即使此期，也同时还存在其他类型，如对边疆少数民族地区所实行的羁縻制度)，即中国的行政区划体系至少从西周初年就已经产生。

其后，延至春秋、战国时代(前770—前221)，各诸侯国内部出现“县”、“郡”的建制，即形成“郡县制”的萌芽，并随着周天子权威的衰落，以及事实上的各诸侯国的相对独立，而逐渐为“郡县制”所取代。但总体而言，该期行政区划格局为以分封制下的各诸侯国辖区为主体的政区体系。

2.2.1.2 秦至清末(前221—1912)

秦始皇在公元前221年统一六国后，废除分封制，实行中央集权制，把地方的郡县制推行到全国，这是中国和世界行政区划史上的一个划时代的事件。自秦代后，历代在行政区划上均仿效秦制。秦代以降，中国古代的行政区划大致被认为可分为以下四个时期，即：

(1)郡县制时期(秦、汉)，基本上为二级制；

(2)州制时期(东汉末、魏、晋、南北朝、隋)，基本上为三级制，隋并省为二级；

(3)道路时期(唐、宋)，基本上为三级制，同期的辽略近于唐而金略同于宋；

(4)行省制时期(元、明、清)，基本上为三级制(元代较为混乱，为三、四、五级的混合制)。①

前述均为各代政区的主体形态。与此同时，各代在处理与内地农耕文化截然不同的少数民族地区时，多实行所谓“羁縻制”，即“一切政治，悉因其俗”(《清圣祖实录》卷15)，在少数民族承认中原王朝统治的前提下，中原王朝允许其进行有限度的自治，保持本民族原有的社会经济制度、宗教信仰及风俗习惯、文化传统等等，达到“不改其本国之俗而属于汉”(《史记》卷111《卫将军骠骑传第五十一》)的成效，即所谓“怀柔远人，义在羁縻，无所臣属”。

---

① 张明庚、张明聚编著:《中国历代(公元前221年—公元1911年)行政区划》，中国华侨出版社1996年版，第2页。

在行政区划体制上，如秦有“道”制，汉设“都护府”，唐有“羁縻府州”，至清还在内地十八省之外，另设有五将军、驻藏办事大臣和内蒙古盟旗等辖区。[①]

2.2.1.3 “中华民国”和中华人民共和国时期(1912—今)

近现代的“中华民国”、中华人民共和国的行政区划，基本上沿袭了明、清时代的行政区划框架，只是在其区划序列上有所变化，名称有所变更，管理职能也依时局的变化而有所变化，所以也有直接将其归入“行省制”范畴的。但二者实有更重要的差别，即在指导思想、治国理念上发生根本性变化，并有了“宪法”作为规范中央与地方关系之基础(当然在执行上则多有欠缺，甚至有名无实)。

(1)“中华民国”时期(1912—1949)

“中华民国”时期基本可以分为前后两期：前期(北京政府时期，1912—1927)，基本为三级制：省(特别区)—道(盟、部)—县(旗、宗、设治局)；中、后期(南京政府时期，1927—1949)，基本为二级制：省(地方、院辖市)—县(省辖市、设治局、管理局、旗)，但在县之上后来逐渐设立行政督察区(简称专区)，所以一般又认为属于虚三级制[②]。

1949年后“中华民国”的这套政区体系继续应用于台湾地区，并续有因革，即专区不再设立，而在县以下明确设立县辖市和镇、乡，成为省、直辖市—县、市—县辖市、镇、乡的三级制行政区划格局[③]。

(2)中华人民共和国时期(1949—至今)

1949年中华人民共和国成立后，大陆地区的行政区划变动较为频繁。大体上可以分为四个阶段：

1)探索阶段(1949年10月至1954年10月)：分别实行四级制、五级制和三级制，如：大行政区—省—县—乡为四级制、大行政区—省—县—区—乡为五级制、大行政区—直辖市—市辖区为三级制。

2)基本定型阶段(1954年至1966年)：1954年第一部《中华人民共和国宪法》颁布，按照该部《宪法》规定，主要实行三级制，同时也有部分二级制或四级制，如：

三级制为：①省(自治区)—县(自治县)—乡(镇、民族乡)；②省(自治区)—市(较大的市)—市辖区；③省(自治区)—自治州—市(不设区的市)；④直辖市—县—乡(镇)。

二级制为：①直辖市—市辖区；②省(自治区)—县、市(不设区的市)。

四级制为：①省(自治区)—市(较大的市)—县—乡(镇、民族乡)；②省(自治区)—自治州(盟)—县(自治县、旗)—乡(镇、民族乡)。

3)非正常阶段(1966年至1978年)：“文革”时期，处于以党代政的非正常阶段，1975年的《宪法》将省、自治区政府的派出机关——专员公署所辖的专区，改为由一级政权机关——人大和革命委员会管辖的一级行政区域，由专区改称为地区，成为四级制区划：省、直辖市、自治区—地区、自治州、盟—县、自治县、市、旗—人民公社、镇。该体制在文革结束

---

① 具体论述可参见彭建英著：《中国古代羁縻政策的演变》，中国社会科学出版社2004年版。

② 李晓杰著：《体国经野：历代行政区划》，长春出版社2004年版，第218、222页。

③ 台湾地区曾经有《省县自治法》和《直辖市自治法》(均于1994年颁布，1999年废止)，专门规范了政区体系，后统一为《地方制度法》(1999年颁布施行，后多次修正)。该法“第三条”规定：“地方划分为省、直辖市。省划分为县、市；县划分为乡、镇、县辖市。直辖市及市均划分为区。乡以内之编组为村；镇、县辖市及区以内之编组为里。村、里以内之编组为邻。”参见李台京著：《台湾地方政府》，台北三民书局2008年版，第63～67页。

后仍为 1978 年《宪法》所继承。

4)正常发展阶段(1979 年至今):但其后不久,行政区划又开始回复到 1954 年《宪法》所规定的体制:地方的各级"革命委员会"逐渐改称为各级人民政府[①];撤销人民公社,复称为乡或镇的名称;"地区"不再作为省下的一级政权机构,而改为省府派出机关,称行政公署。这些做法为 1982 年《宪法》所确认。其后,出现大规模的"整县改市"、"撤地设市"和"市管县"等举措。

就当前情况而言,中华人民共和国行政区域的划分,其基本依据还是 1982 年《宪法》第一章第 30、31 条的规定。按照该规定,区划体系主体应该是三级制,局部四级制。但在实践中,由于该规定的简略和表述上的模糊以至疏漏,已有所变通和突破,加之实际上的治理方式,可以认为存在五级制甚至实质上的六级制的现象。按照官方正式统计,截至 2009 年 12 月底,中国的行政区域划分为(省级以下未含台湾、香港和澳门):

第一级:34 个省级单位——4 直辖市、23 省、5 自治区、2 特别行政区;

第二级:333 个地级单位——283 地级市、17 地区、30 自治州、3 盟;

第三级:2858 个县级单位——855 市辖区、367 县级市、1464 县、117 自治县、49 旗、3 自治旗、2 特区、1 林区;

第四级:40856 个乡级单位——19322 镇、13653 乡、96 苏木、1098 民族乡、1 民族苏木、6686 街道。

此外,在部分省区,还有五级(尚存计 2 个区公所)的状况存在。[②] 再加上具有政区性质的行政村和城市社区的居民委员会[③],层级就有六级。

同时,在上述正式的政区体系之外,还有大量的具有政区性质的不同类型的准政区(主要在基层政区,如若干城市地区的工作委员会,或如经济开发区、旅游度假区、风景名胜区、自然保护区等的管理委员会等),及附加于正式政区之上的多样的行政层级(如副省级市、副地级市、副县级镇等)。所以,称中国当代的行政区划体系为世界上最复杂的政区形态,当不为过。

2.2.2 中国行政区划的制度变迁

尽管中国各代具体的行政区划格局变化繁多,但就秦之后的大部分时段来看,所谓"百代都行秦政制"(毛泽东:《七律·读〈封建论〉,赠郭老》),其背后的统治思想、制度设计又一

---

① 1979 年,中华人民共和国五届人大第十一次常务委员会会议通过并公布了《关于省、自治区、直辖市可以在 1979 年设立人民代表大会常务委员会和将革命委员会改为人民政府的决议》。见杨冠琼著:《当代中国行政管理模式沿革研究》,北京师范大学出版社 1999 年版,第 398 页。

② 中华人民共和国民政部编:《中华人民共和国行政区划简册·2010》,中国社会出版社 2010 年版,第 1 页。需要说明的是,在该"简册"的统计表中,将区公所放在乡级政区中一并计算(计 40858 个),笔者这里根据实际情况将 2 个区公所析出,单独作为一个层级(当然,就发展趋势来看,该层级将会取消;这里为更好地说明其演变过程而仍旧作为独立的层级处理)。

③ 关于行政村和居民委员会的实际具有的政区意义,学者多予承认。如戴均良曾论及:"市区实行两级政府,三级管理,加上居委会组织,实际有四个层次。"见戴均良著:《中国市制》,中国地图出版社 2000 年版,第 141 页。刘君德等也认为:"在中国目前的政治、经济体制下,社区的建设、服务和管理主要依靠政府去组织和引导,并投入大量资金进行社区建设,提供社区服务,改善社区环境等。因此,中国的社区组织形态表现为行政社区的特点,这与西方国家的社区有很大差别。非行政社区(自然社区)由于被行政区所分割往往得不到发展,甚至会出现相对的衰落。"见刘君德等:《中国政区地理》,科学出版社 1999 年版,第 210 页。

脉相承，即建立和维护高度中央集权的、绝对皇权专制的所谓“大一统”国家。这种思想根深蒂固，影响深远，使得后来的种种新思潮、新理念的冲击，都未能从根本上撼动这种体制。同时，这种看法也使得我们在认识传统的中国行政区划体制时，往往就以秦之后的情形来作为中国整个古代社会的一贯形态，而忽视了先秦时代丰富多彩的不同面貌。

其实，差别和变化都是存在的。如果从一个长时段来看，所谓“郡县制”前后，根本性的变化有两次，即所谓“礼崩乐坏”的春秋战国时期和“千百年未有之变局”的清末民初时期。前者从以“宗法制”维系的“封建制”而变为绝对皇权的“大一统”体制，行政区划制度则表现为从“分封制”变为“郡县制”（后或为州县制、或为省县制，但其实未变）；后者则绝对皇权的“大一统”体制受到西方思潮的严重冲击，而被迫转变为立宪及共和，表现在行政区划中就是在原有体系之外，出现了近代意义上的具有聚落自治、地方自治含义的“市”的建制。但这两次转变命运不同，前次完全而彻底，后次则叠有反复。以“市制”为例，20 世纪初，清政府预备立宪，倡导地方自治，引入西方的“市”制，民国初年有所发展；但是，中国的传统太强，政治的走向又阴差阳错，1927 年以后，便逐渐徒有“市”名，也徒留“市”名，城市之实却逐渐消散，以至目前，在西方，甚至在 20 世纪初至 30 年代之前的中国，所谓“城市的空气使人自由”的氛围，在中国大陆是难以再看到了。

这种更深刻的制度变革对行政区划的影响，可能较之各代具体的政区体系的因革更为重要，对其的探究也更有意义。实际上，有些学者已经注意到这方面的重要性，并从这方面着手进行过一些分析，如前引周振鹤曾从历史发展的角度，以“郡县制与封建制”、“城市型政区与地域型政区”来概括中国曾经存在过及目前存在的几种政区形态，就是从制度变迁的角度进行的分析。

劳干 1957 年在为杨予六所著《中国历代地方行政区划》一书所写的序言中亦感慨：

> 中国自上古以至清世，所有地方行政制度，皆为官治，而非自治，其委任监察之权，皆集中于中央政府。中国境域辽阔，交通修阻，中央之于地方，素鲜驾驭之善策，故地方区划，小则视察难周，大则尾大不掉。自郡县之制实行以后，自战国嬴秦以至于清，区域官阶，屡经改革。大要为县级无大变迁，而郡级则屡有变迁。……
>
> 民国肇建，尽革旧制，行省道县三级之制。……至国民革命，天下底定，始定为省县二级，然省区广大，犹赖行政督查专员为之辅佐，是亦未能确行二级制也。从来大国，惟北美人口将近二亿，而各邦或大或小，皆行之无弊，此地方自治之效也。然则经世济民、贻谋久远之道，其亦必赖中山先生建国大纲，以均权为经，以自治为纬，而后可以为建治之常道乎？①

2000 年，王家范在题为《重评明末“封建与郡县之辨”》的文章中，也讨论了“以‘封建’与‘郡县’为历史性标识的两种政治体制”及“其间的重大区别”，重新评价了“封建制”在历史上乃至对今天的意义，指出：

---

① 劳干：《劳序》，见杨予六著：《中国历代地方行政区划》，中华文化出版事业委员会 1957 年版，第 1～2 页。

> 中国政制由“质胜于文”进至“文胜于质”，达臻“文明”一途，实应归功于西周的创制。仲尼夫子称颂西周为“郁郁乎文哉”，决不为过。今日看来西周政治里头显然有浓厚的贵族色彩，而“共主”名义下的地方分权体制，“部族民主”和联邦“共和”的成分也隐约可辨(注：在讨论中国古代政权政体性质时，传统的做法往往倾向于单一性的确认。其实这完全没有考虑到历史的复杂性。亚里士多德在《政治学》一书中曾说到斯巴达政体，当时许多思想家认为它属于君主政体(一长制)、寡头(少数制)和民主制(多数制)政体三者的混合组织。而亚氏本人则认为它是贵族和民主(平民)的混合政体。这一点对我们认识西周政体应该有所启发。参《政治学》，商务印书馆，1997 年版译本，第 66 页及注)。此类政制均与秦以后一统的君主“独制”格局泾渭分明。因此古贤多称周秦之间为“天下一大变局”，但其中也不乏往后看，发思古之幽情者。
>
> 这一大变局始于春秋战国之际，成于秦皇统一，而真正稳定下来，“三代世侯世卿之遗法荡然净尽”，则要到西汉文、景、武三帝“严诸侯禁制”，前后总计不少于三四百年，其中秦以后制度反复期亦有百来年(注：关于“世侯世卿”渐变为“布衣将相”之局，其间的曲折，清代赵翼在其《廿二史札记》“汉初布衣将相之局”中作了极精彩的整体概括，可参阅。中华书局，1963 年版，第 31—32 页)。这一大变革由长期渐变到最终稳定成型，大致与世界历史上任何重大的社会制度变易所需时段长度基本相似(注：唐德刚先生在其《晚清七十年》一书里多次说到社会转型，中外历史均证明至少需二三百年以上，才得最后走出“峡谷”。并说由商鞅变法到武帝，从封建到郡县的转制，一“转”就二三百年。这一论断史识卓立，特推荐于读者，有兴趣者可找唐先生原书一读。岳麓书社，1999 年版)。它将与我们今天正经历的这次社会转型，一起构成中国文明史上前后相继的两大历史性转折。其余大大小小的变局，看似重要，其实都只能算作同一社会类型历史演进中的一些渐进插曲而已。[①]

因此，笔者认为，将中国历史放在一个全景式的、整体的时段中来看，从更高的制度层面着眼，则有明显的三个可以认为是“天崩地解”的变化，行政区划也相应地呈现三种截然不同的形态。此三个阶段自不能简单从今天的角度来评说孰优孰劣，只是各个阶段的环境不同、指导思想不同，相应地其价值观不同，追求的最高目标有异。试分论之：

(1)分封制(先秦)：即三代之际和春秋战国时期，由氏族而变为国家，由小邦而长为大国，地方治理在西周初年逐渐形成“众建诸侯”、“以藩屏周”的“分封制”(或曰“封建制”)；其指导思想即为“昔武王克商，成王定之，选建明德，以藩屏周。故周公相王室以尹天下，于周为睦”(《左传》定公四年)，从而“画野分州，得百里之国者万区”(《汉书·地理志》)。此期，各诸侯国为主要政区形态；而地方具体制度或如杨予六所称：“春秋以前之地方制度，不可详考，其时聚落名称仿佛如后代之政区者，曰‘国’(国都)，曰‘邑’(大邑曰都，小邑曰邑)，曰‘鄙’。”[②]

---

① 王家范：《重评明末“封建与郡县之辨”》，载《华东师范大学学报(哲学社会科学版)》，2000 年第 4 期。

② 杨予六著：《中国历代地方行政区划》，中华文化出版事业委员会 1957 年版，第 7 页。

(2)郡县制(秦至清末):即春秋战国时期,诸侯坐大,而国君自统地方,置为县、郡,至秦始皇"并兼四海,以为州制微弱,终为诸侯所丧,故不立尺土之封,分天下为郡县"(《汉书·地理志》),而相应行政区划体制成为高度中央集权、绝对皇权专制的"郡县制"。其价值追求即如董仲舒所称:"春秋之大一统者,天地之常经,古今之通谊也。"(《汉书》卷56《董仲舒传》)汉武帝亦曰:"事天以礼,立身以义,事父以考,成民以仁,四海之内莫不为郡县,四夷八蛮咸来贡职,与天无极,人民蕃息,天禄永得。"(汉武帝"泰山刻石文",见《后汉书》志7《祭祀上》注引《风俗通》)其详细的变迁过程和具体制度之因革前节已有论及,这里不再赘述。

至于"封建"与"郡县"二者之间的本质性差别,王家范也有论述:

> 以"封建"与"郡县"为历史性标识的两种政治体制,其间的重大区别,今人据以判断的视域自然要比古人宽阔得多。肖公权先生在《中国政治思想史》中概括为两项,言简意赅:"秦灭六国为吾国政治史上空前之巨变。政制则由分割之封建而归于统一之郡县,政体则由贵族之分权而改为君主之专制。"(注:肖公权:《中国政治思想史》(二),辽宁教育出版社,1998年版,第241页。)第二项之中,实还包含有另一要项,即赵翼在《廿二史札记》借"汉初布衣将相之局"所申述的由"世侯世卿",改为中央政府任免的"流官制",布衣白身(理论上)均有机缘进入政界,贵族世袭政治格局坠坏。从行政层面上亦可简言之为:由贵族政治转至官僚政治。因此,秦开创的大一统君主中央集权体制实包含有三大要素:君主"独制"(最后裁决权一归于君主),地方集权于中央(郡县),以及官僚任免而不得世袭(流官)。[①]

(3)宪政制(民国至今):即清末民初之交,面对西方思想、文化和政治制度的冲击,清政府于内外交困之际,1906年"仿行宪政",并认为地方自治乃"立宪之基础",遂于1909年颁布《城镇乡地方自治章程》[②],1910年颁布《府厅州县地方自治章程》,确立上下两级地方自治的法律体系。至民国建立,复以《约法》、《宪法》等确认此地方自治的制度。政区体系虽袭用旧称,但其实已有不同。同时引入"市"制,为此期区划之创新。其地方自治的基本精神是:地方自治为宪政之实行;宪政为地方自治之目的。[③] 当然,此一阶段进展尚不尽如人意,宪政建设多有反复,致使有名无实之现象往往有之。如朱国斌认为:"近代中国地方自治实践始于清末立宪改革,迄于一九四九年中华人民共和国建立,期间历经南京临时政府、北洋政府和国民政府。自治史上的'联省自治'和孙中山均权主义的自治模式尤其引人瞩目。然而,真正的地方自治制度并未来得及建成。"[④]台湾地区姑且不论,就当代大陆地区而言,由于参照前苏联计划经济模式所确立的政治体制尚未根本改变,使得当前的行政区划制度更多地相似于传统的"郡县制"体制,而所谓"宪政制",可以认为还处于形成的进程之中。

---

① 王家范:《重评明末"封建与郡县之辨"》,载《华东师范大学学报(哲学社会科学版)》,2000年第4期。

② 《城镇乡地方自治章程》,光绪三十四年十二月二十七日,见故宫博物院明清档案部编:《清末筹备立宪档案史料》,中华书局1979年版,第727～741页。转引自黄东兰:《清末地方自治制度的推行与地方社会的反应——川沙"自治风潮"的个案研究》,载《开放时代》,2002年第3期,第33～50页。

③ 朱国斌:《近代中国地方自治重述与检讨》,见张庆福主编:《宪政论丛(第2卷)》,法律出版社1999年版,第331～416页。本引文见第400～401页。

④ 朱国斌:《近代中国地方自治重述与检讨》,载张庆福主编:《宪政论丛(第2卷)》,法律出版社1999年版,第331～416页。本引文见第331～332页。

2.3 城市发展与政区演变的互动关系

从前述对城市起源、发展以及城市化道路的研究中，笔者有一种体会和感觉，即：政区以城市为核心，政区体系以城市体系为载体，二者具有同源性。同样，不同的城市化道路，也可以形成不同的政区体系；而受不同的政区体系制约，行政区划体制在一定情形下，又可以影响城市发展与城市化的进程，即二者又高度互动。表现上，有的国家、有些时期，城市体系与政区体系高度一致，而有的国家、或另外的时期，二者又发生偏离（主要指城市等级和政区等级）。笔者认为，将城市发展与政区演变相互观照，这是把握行政区划（当然也是把握城市）的一个有效途径。

2.3.1 政区与城市、政区体系与城市体系的同源关系

前已述及，政区有几个基本要素：人口、地域和权力组织。在今天，政区的这几个要素都表现得非常清晰，如一般都认为，"行政区应有明确的、封闭的边界线，即行政区域界线，同级行政区既不重叠，亦无空白"[①]；但在古代，尤其国家产生初期，政区并没有这样明晰的界线，但是，大致模糊的范围是存在的。这个大致模糊的范围，就是以各级人口聚集的聚落（城市）为中心去把握的；中国古代描述政区范围，通常是以治所为中心，大致记载其"四至八到"，也是这种状况的反映。直到近代以来，测绘技术的提高才使政区界线明确下来；当然，也主要是反映在地图上，实际中，人们仍多以该政区的治所来作为政区的代表。

的确，从更早的时期来看，国家与城市是同源的。在第一章里，我们论述了城市产生与国家出现之间的关系，说明了由于公共权力的集聚和国家的出现，而导致一些聚落转变为城市。一开始，一般一个国家就是一个城市，包括该城市附近模糊的无人区域；两个相邻的国家（即两个相邻的城市）之间是大片的无人区，不可能划出明晰的界线（既无可能，当时也没有需要）。此即所谓"原生型城市"。随着国家的兼并、扩大，人口增多，开始采取一些措施（王权、皇权等的分割）来分区统治，也即出现行政区划；于是一些聚落被选择作为次一级的统治中心，即形成次生型城市。可见，不论是原生型城市，还是次生型城市，均与国家及其国家权力的空间配置有关，即城市与政区是同源的（尤其次生型城市，有些就是先有制度层面的城市，然后经过营建，方有实体层面的城市）。长期以来，政区之间的界线并不明确，基本上以治所（即城市）为核心，向外延伸至自然的山地、水系（无人区或人口稀少区）作为行政区划的界线。

同样，不论是起源阶段最初的国家出现后，还是其后不断经历的国家重构后，国家肯定是以当时分散在各地的居民点（聚落）为基础来划分公共权力而使之成为各级权力的集聚中心，从而构成一个国家的政区体系；在国家即各级政区的制约下，该国之内所形成的原生型城市与次生型城市共同构成该国的城市体系（尽管可能非常不完善，尤其在早期）。因此，城市体系与政区体系也是同源的。这样，如前述西周时期，如果有足够的证据表明当时城市体系已经出现，则反过来，就可以证明当时政区体系也已经出现（如前引顾朝林、宁越

---

① 浦善新等著：《中国行政区划概论》，知识出版社 1995 年版，第 11 页。

敏等的论述）。而夏代、商代初期，国即都，夏土或商土内可以认为只有一个城市，[①]没有形成城市体系，就可以反证未有政区体系出现。故而，所谓的“分封制”或“郡县制”，其差别只是在于具体权力的配置方式有所不同，但均有权力的空间的次一级的划分，即均构成政区，所以，这不能成为有无行政区划主要的判断标准。

2.3.2 政区体系与城市体系的互动关系——“同构”与“异构”

同样，不同的权力配置方式，可以形成不同的城市体系；不同的城市体系，反映不同的权力配置方式。第一章所概括的两条城市化道路，在政区体系与城市体系的互动关系上，有明显的反应，即：国家权力消解城市权力的城市化道路，在二者关系上，具体表现为二者的同构；而城市权力与国家权力有明确分野的城市化道路，则往往表现为二者的异构，且该种道路持续的时间越长，同构或异构越典型。

在前引《未能归一的路——中西城市发展的比较》一书中，作者对中西方的古代城市作过这样的对比，实际上已经涉及这个问题。在论及中国古代城市的发展过程时，作者指出：

> 在从邦国向帝国演进、城堡向城市演进的过程中，战国时代列国城市的政治制度实际上大半不属于它自己。作为社会体系的城市，其表现为三级分布：都市、郡邑、县城。其政治内涵充满专制性与统属性，因而毋宁说是中央集权一元化政治结构的细胞分裂。由于城市本身就是上层建筑的物化，取代传统的贵族政体的官僚层制系统的确立，就使原有的军事堡垒性城市一跃而为地区的政治中枢。这种“红杏出墙”的行政乡村化的政治特点就在于，城市在政治上统治乡村，在经济上剥削乡村。同时，作为军事据点，其政治军事化作用也很明显。
>
> ……列国城市的政治结构体现了封建化过程中的一体性。城市建设、市场管理、社会生活都被封建制度严格控制，并围绕着君主权力作轴心运转。正如 G. Betero 所言，“中国只是一个个体，而且只是一个城市”。这种组织形式几乎上承周代王制，下启历代设城墙的封建城市制度。到唐宋，陈酒换了新瓶，即城市的空间结构发生变革，但社会结构依旧未变。

而西方国家，如古希腊时代，则与此迥异：

> ……希腊城邦制度日薄西山，以财产定资格的社会改革，使城邦制度不断向城市制度转变，雅典尤其明显。工商业的发展，市民精神、民主制度的确立，城邦社会的城市主体地位，导致城市的组织机构迥然相异于中国王权运行的设防城市。
>
> 这种政治结构不具城市体系的统属性。这是城邦崩溃后的雅典以“自治市”的身份取得在马其顿统治中相对独立地位的基础。……

---

① 夏代、商代、西周均频繁迁都，但笔者认为，夏、商、周各都应该认为是一座城市，虽分布于不同地域，但承担都城的不同功能，或在不同时期承担都城的功能。例如，张光直认为，三代都城迁徙有一个共同的规律，即各代都有一个永恒不变的“圣都”（先祖宗庙的永恒基地），后来迁徙往来俗都（政治中心），好像行星那样围绕着恒星运行。见张光直著：《中国青铜时代》（二集），生活·读书·新知三联书店 1990 年版，第 77 页。

由此可见，战国时代中国城市的政治特点表现为城乡一体性、专制性，而希腊罗马城邦的政治特点表现为城市的主体性、自治意义。①

而近代以来城市地理学中著名的“城市首位律”(Law of the Primate City)理论，也是对这种状况的一个有力的说明。对于该理论，周一星有这样的介绍：

这是马克·杰弗逊(M. Jefferson)早在1939年对国家城市规模分布规律的一种概括。他提出这一法则是基于观察到一种普遍存在的现象，即一个国家的“领导城市”总要比这个国家的第二位城市(更不用说其他城市)大得异乎寻常。不仅如此，这个城市还体现了整个国家和民族的智能和情感，在国家中发挥着异常突出的影响。杰弗逊曾经分析了51个国家(其中6个国家为两个不同时段)的情况，列出了每个国家前3位城市的规模和比例关系。发现其中有28个国家的最大城市是第二位城市人口的两倍以上，有18个国家大于第二位城市三倍以上。其中最典型的例子有：英国100—14—13，伦敦(820.4万人)7倍于利物浦(117.8万人)；丹麦100—11—9，哥本哈根(84.3万人)9倍于奥尔胡斯(9.1万人)(引者注：原文误作91万人，据上下文改)；奥地利100—8—6，维也纳(187.4万人)12倍于格拉茨(15.3万人)；墨西哥100—18—13，墨西哥城(102.9万人)5倍于瓜达拉哈拉(18.4万人)等等。杰弗逊说：“各国的城市很少有相同之处，但在这方面却有这么多的共同点，真是奇妙的三重奏，这种现象已经构成了一种规律性的关系。”他就把这种在规模上与第二位城市保持巨大差距，吸引了全国城市人口的很大部分，而且在国家的政治、经济、社会、文化生活中占据明显优势的领导城市定义为首位城市(Primate City)。杰弗逊解释道，一个国家在它的城镇发展早期，无论什么原因而产生的一个规模最大的城市，都有着一种强大的自身继续发展的动力。它作为经济机会的中心而出现，把有力量的个人或活动从国家的其他部分吸引到这里，逐渐变成一个国家、一个民族的象征，在很多情况下，就成为首都。但也有例外。杰弗逊注意到当时英国的自治领国家加拿大(100—77—30)、南非(100—80—29)、澳大利亚(100—80—25)、新西兰(100—70—62)和印度(100—79—44)，它们的最大城市都只比第二位城市稍大一些，可能是因为都把伦敦作为它们的首位城市了。还有西班牙(100—91—31)、意大利(100—96—75)和一次大战前的俄国(100—85—28)，因为缺乏共同的民族意识，没有形成突出的首位城市，偏离了首位城市律。②

这种政区体系与城市体系的同构与异构，与上章所论的两条城市化道路有直接关系。综观各国、各时期的发展过程，政区体系与城市体系这二者的同构与异构，都是普遍存在的现象；只是在表现上，有的非常典型，有的则相对模糊。今天来看，可以中国和美国为两种类型的典型代表。

---

① 谭天星、陈关龙著：《未能归一的路——中西城市发展的比较》，江西人民出版社1991年版，第37～40页。

② 周一星著：《城市地理学》，商务印书馆1995年版，第254～255页。

2.3.2.1　政区体系与城市体系的同构

所谓政区体系与城市体系的同构，是指国家内部的城市发展及其相应城市体系状况直接与国家公共权力(尤其是行政权力)的空间配置方式有关。在高度集中的权力配置机制下，一方面，城市发展的动因受到国家权力的强烈干预和影响，由于城市自身权力匮乏，只能依赖由国家配置的公共权力作为城市集聚的引力源，使得城市发展严重依赖于国家权力(尤其是行政权力)，一旦缺乏国家权力(未作为政区治所或高等级治所)，则自身发展动力严重缺乏，致城市萎缩；另一方面，公共权力高度集中于各级治所所在地的城市，那么，相应地，政区等级越高，权力集聚越多，则城市发展动力越强，城市规模也越大，导致城市体系与政区体系高度一致。

如前所述，中国自秦代统一后，国家权力完全消解了城市权力，直至清末，都走的是一条彻底的"国家权力消解城市权力"的城市化之路，因此，古代阶段的城市体系完全如前引谭、陈论述战国时期状况一样，与政区体系高度同构。近现代的1840年至1949年间，由于外力作用(期间，如西方人在中国租借土地，建立租界，相对于中央政府、中国政府而言，租界处于自治和分权状态)，国家权力衰落，城市化之路随之转向，则开始发生变化，但主要集中在外力作用最明显的东南沿海地带，内地触动不大，突出表现在上海的迅速崛起和沿海港口城市的迅速发展，而与内地城市呈现出二元结构的态势；城市体系与政区体系开始偏离，显示出异构的趋向。但1949年后，国家权力再次消解了城市权力，中国城市发展又开始回归二者的同构状态。如宁越敏等对中国1949—1979年城市规模分布研究所得出的结论：

> 1949年以来的中国城市规模分布还受到经济体制的深刻影响。在传统的计划经济体制下，所有决策集中到中央政府，然后通过各级行政机构层层下达执行。这样，从50年代以来，我国行政中心城市的发展一直很快。①

因此，中国是最为典型的国家。

其他国家在其不同发展阶段上，也有同构的状况出现。如西欧的英国、法国等，在其近代民族国家形成的过程中，都出现过中央集权的阶段，因此，首都的规模发展得非常庞大。不过，由于地方权力、城市权力一直未能完全泯灭，或由于国土面积有限，因此，表现上没有中国这样典型。

正是由于中国历史上长期存在的以及1949年以来仍处于的城市体系与政区体系的高度同构状态，中国出现了特有的、典型的"行政区现象"，即行政区划体制、格局与区域的经济发展、文化特征、遗产传承，也即所谓"地方性"的形成等，有极为密切的关系。这种现象当然利弊兼有，笔者曾经在评述《中国政区地理》一书时指出：该书"在政区划分与政治、经济、社会、文化诸因素的互动关系的分析上也有未尽之处，即除了作者所提出的'行政区经济'这一多带负面效应的现象而外，也还存在着如'行政区文化'等有较多正面效应的方面，后者对形成一个地区共同的文化心理、文化景观以及政区的整合和维持具有重要意义，也

---

① 宁越敏等著：《中国城市发展史》，安徽科学技术出版社1994年版，第544页。

是一笔无形资产,并不可等闲视之"①。

当然1979年以来至今,突出的表现和问题,是所谓"行政区经济"现象,正如刘君德所总结的:

> 所谓"行政区经济"是指由于行政区划对区域经济的刚性约束而产生的一种特殊区域经济现象,是我国在从传统计划经济体制向社会主义市场经济体制转轨过程中,区域经济由纵向运行系统向横向运行系统转变过程中出现的具有过渡性质的一种区域经济类型。现阶段,我国的行政区经济主要表现出以下特征:(1)企业竞争中渗透着强烈的地方政府经济行为;(2)生产要素跨行政区流动受到很大阻碍;(3)行政区经济呈稳态结构;(4)行政中心与经济中心高度一致性;(5)行政区边界经济的衰竭性。②

此外,如目前社区建设中社区与行政区的同构、或趋于同构的状况等,也是这种同构状况的反映:"在中国目前的政治、经济体制下,社区的建设、服务和管理主要依靠政府去组织和引导,并投入大量资金进行社区建设,提供社区服务,改善社区环境等。因此,中国的社区组织形态表现为行政社区的特点,这与西方国家的社区有很大差别。非行政社区(自然社区)由于被行政区所分割往往得不到发展,甚至会出现相对的衰落。"③

2.3.2.2 政区体系与城市体系的异构

所谓政区体系与城市体系的异构,是指国家内部的城市发展及其相应城市体系状况虽然与国家公共权力(尤其是行政权力)的空间配置方式有关,但二者相关度不大。在国家权力空间配置相对分散的情况下,国家权力往往未能(被动)或不愿(主动)消解城市权力,城市发展动因除了与国家公共权力有关外,城市自身权力对城市发展的作用凸现出来,并产生强烈影响,使得城市发展可以依赖多种权力作为引力源;缺乏国家权力(未作为政区治所或高等级治所)并不必然导致城市发展动力缺乏,因而也并不必然引起城市不能迅速生长。这样,城市的发展规模就不与国家权力的配置有直接关系,城市体系与政区体系就会发生偏离,即导致二者异构。这种状况以美国最为典型。西方国家现代以来,也多向异构方向发展。中国近代一度也走上了异构的道路;当然,并非国家主动为之,而是外力所迫,使得国家不能消解城市权力,所以在外力消失后,又回归传统。

美国之所以成为异构的典型,与其独特的国家形成历史有关。如殖民地时期,以英国为权力中心,北美大陆没有原生型城市,城市体系以英国(伦敦)为核心;中世纪城市自治传统被移民带到北美大陆,国家权力鞭长莫及,没有消解城市权力,二者各自独立发展;建国后采取联邦制的国家结构,更以宪政形式对国家权力加以制约,国家权力自始就分散配置;各州开始都是独立国家性质的区域,形成州内单一制,城市体系自行发展,与国家的政区体系建构关系松散,城市等级不明显,城市首位度也不高。诚如王旭在其《美国城市史》中所

---

① 范今朝:《建立一门具有中国特色的人文地理学分支学科的成功尝试——评〈中国政区地理〉》,载《地理学报》,2000年第55卷第2期,第251~252页。

② 陈晋肃:《21世纪中国行政区划体制改革的问题与出路——刘君德教授访谈录》,载《探索与争鸣》,2002第4期,第2~6页。

③ 刘君德等:《中国政区地理》,科学出版社1999年版,第210页。

描述的：

> 随着殖民地的相继开发，城镇相继建立，每一个城镇的利益集团都试图与另一个城市的同类集团相竞争。……多元化的城市，像13个殖民地一样，促成了后来的联邦制、而非中央集权的国家。总之，尽管城市建立之初完全在英国殖民地当局的控制之下，但在后来的发展过程中，殖民地城市很快就形成了独特的风格，与欧洲城市大相径庭。它们已不效法英国的做法和模式。[①]
>
> 殖民地时期兴起的城市，有别于欧洲原有的城市模式，相应地，殖民地居民结合当地的特定环境，发明了一种特殊的市政组织形式——市镇会议。这种体制在17世纪中叶产生，到18世纪初走向成熟，是殖民地最基层的政府组织。……新英格兰地区之所以会产生这样一种市政体制，当然是与殖民地时期的民主传统密切相关的。……总的来看，市镇会议对外具有很大的独立性，对内则奉行民主。……在涉及到所在殖民地全局性的义务问题上，各市镇有责任听从殖民地政府的指示，但是殖民地政府关于这类义务的规定，只是一种原则性的指示，在具体执行过程中，市镇拥有很大的独立性。[②]
>
> 城市的迅速发展，急需建立与健全相应的市政机构和管理体制，然而，建国已百余年的美国的绝大部分地区（除新英格兰地区的市镇会议外）的市政机构还处于初创阶段。这主要是因为在19世纪末以前，美国联邦政府一直奉行自由放任政策，不干预企业活动，对城市事务也疏于过问，从未制定过全国的统一政策和原则；……[③]

当然，异构并不是说二者没有关系，更不是说城市发展与国家公共权力的配置没有关系；相反，正是在这样的国家权力配置框架内，才形成二者的异构关系。因此，今天我们来看美国的政区体系，就会发现，其多样性和混杂性，其与实体城市的偏离度，等等，都远与欧洲国家不同，更不用说与中国的差别了。形式上的差别已然如此，实质的差别更有如天壤。这方面也有学者已经指出：

> ……一般所说的美国行政区划是指州以下的地方行政区划。由于美国政府体制与我国不同，而且美国地方政府的自治性较强，因此，那些译名与我国相同的地方行政区划单位在我国容易引起误解。例如，将美国的县、市、镇、乡、村等行政区划单位等同于我国的行政区划等级体系严格的县、镇、乡、村或市、县、镇、乡、村。……
>
> 实行联邦制的美国，各州拥有自己以宪法为基础的地方政府体制，因而，其州以下的行政区划单位无统一建置是美国行政区划的最大特征。由于美国地方政治传统是强调自治性，因此要想归纳出50个州的地方行政区域的一般层次关系，

① 王旭著：《美国城市史》，中国社会科学出版社2000年版，第15页。

② 王旭著：《美国城市史》，中国社会科学出版社2000年版，第23～26页。

③ 王旭著：《美国城市史》，中国社会科学出版社2000年版，第115页。

> 特别是一般的行政等级关系绝非易事，似乎也不大可能。同时，从美国政体地方自治的特点来看，我们也不应该以我国行政等级体系严格的行政区划概念去研究和认识美国的地方行政区划问题。[①]

如果用前述对"城乡分治"与"城乡合治"的分析，则可以说，有这样的趋势，即："城乡分治"(即聚落分治)越发达，则异构现象越明显，如美国；"城乡合治"越发达(越深入基层)，则二者同构越明显，如中国。

2.3.3 城市发展与政区演变的互动关系——兼论中国当代行政区划改革的必要性与可能性

相对于行政区划或政区的形式上的差异，笔者认为行政区划真正要关注的，还是其背后的国家公共权力的配置的方式、过程和状态；没有国家公共权力的配置的合理，行政区划形式上的合理与否(包括层次、幅员、幅度等)，"城乡分治"抑或"城乡合治"，都没有实际的意义。如上所述，城市的实质在于其是一定区域内权力的空间集聚，而政区则是国家权力以各级城市为中心的空间划分和配置。行政区划和政区体系，是将所有居民纳入某种制度框架之下，将国家权力与居民自主权力进行划分和配置。国家权力的地域配置以各级城市为纽结和中心，居民自主权利(权力)也以聚落的自我管理、自我组织而得以保证和实现。就二者关系来看，如城市内部管理制度变革导致政区体制变革(城市管理方式普及于一般地域型政区)，城市数量增多导致政区类型发生演变(一般地域型政区相对稳定或有所减少，而城市型政区大量出现)，以及城市起源导致国家、政区形成，城市体系与政区体系的同构或异构等，均表明，城市为里，政区为表，城市发展决定政区演变。城市发展决定政区演变的方向、速度、数量等，而政区演变则从根本上来说，是城市发展的结果和表现。国家发展的过程，就是政区体系和城市体系形成的过程，也就是城市化的过程。由于城市化道路的不同，相应导致政区体系也呈现不同的状态，表现为二者的同构或异构。

但是，问题还可以反过来说。一定时期的政区格局及其演变，在某种程度上，尤其在某些情况下，也可以影响城市发展；这种对城市发展的影响，既可以影响其外在的数量增长、规模增长，也可以影响其内部的城市制度的变迁，以及城市型政区的管理体制向一般地域型政区传播。对于政区演变对城市以及城市化发展的这种反向影响，其效应也不能忽视。这种效应对于城市发展，尤其对于前论二者同构的国家来说，又是非常重要的。

前文研究已经阐明，所谓政区体系与城市体系的同构，是指国家内部的城市发展及其相应城市体系状况直接与国家公共权力(尤其是行政权力)的空间配置方式有关。在高度集中的权力配置机制下，一方面，城市发展的动因受到国家权力的强烈干预和影响，由于城市自身权力匮乏，只能依赖由国家配置的公共权力作为城市集聚的引力源，使得城市发展严重依赖于国家权力(尤其是行政权力)，一旦缺乏国家权力(未作为政区治所或高等级治所)，则自身发展动力严重缺乏，致城市萎缩；另一方面，公共权力高度集中于各级治所所在地的城市，那么，相应地，政区等级越高，权力集聚越多，则城市发展动力越强，城市规模也越大，导致城市体系与政区体系高度一致。

---

① 林涛:《美国地方行政区划若干问题探讨》，载《经济地理》，1998 年第 18 卷第 2 期，第 108～113 页。

至今，这种城市发展与政区等级密切相关的“行政区效应”、“行政区现象”，在中国还非常典型，并对城市发展具有重大的影响。这就是我们今天进行中国行政区划改革的一个非常重大的理由和理论支持，即：在权力配置导致城市与政区高度同构的前提下，行政区划变革对城市发展具有重大的影响和作用，通过行政区划体制的改革，可以从上层建筑的角度打破城市化（既包括实体意义上的城市化，也包括制度层面的城市化）的障碍，进行强制变迁，强行推进城市化向良性发展。这是本书对二者互动关系分析的完整结论。

刘君德曾从其“行政区经济”的理论视角，精辟地阐述了“作为国家地方行政管理制度、政府管理行为和地方权力空间投影的行政区划，必然对城市—区域可持续发展产生巨大的影响和作用”。他从相对微观的角度，具体分析了行政区划对城市发展的影响，指出：

> 行政区划体制对城市—区域联动和可持续发展的影响作用，主要是通过城市—区域的行政区划空间范围与现有的城市—区域经济区和生态自然区之间的耦合关系来体现的，在一般情况下，如果行政区与经济区、自然区三者吻合或基本吻合，则有利于对这类行政—经济—自然区内部的城市建设、区域开发、基础设施等进行科学合理的统一规划、建设与管理，实现城市—区域之间的公平联动发展、利益协调和空间优化，促进城市—区域内人口、资源、环境与社会、经济的协调发展，最终实现区际之间、多种要素之间动态协调平衡的可持续发展目标，此时，行政区划体制对城市—区域的可持续发展发挥着积极因素。然而，在现实当中，行政区与经济区、自然区之间往往不相耦合，不利于进行科学合理的统一规划，由于行政辖区利益的分割，行政区划这一看不见的墙有可能对城市—区域经济区的区际公平联动和一体化发展产生一种阻滞效应。①

该分析实际上已经涉及城市发展与政区演变的互动关系的实质。在中国权力配置没有根本改变的状况下，在可见的时期内，通过行政区划的变革，换句话说，即通过城市型政区的设置，可以使城市管理体制更快地传播，使城市的各种理念、制度更快地普及于乡村，进而推动城市本身管理体制（甚至国家政治体制）的变革。

中国当代的城市型政区的设置目前常常为人所诟病（指市的设置混乱，既分散于高层、中层和低层政区，如直辖市、地级市、县级市，复设置方式又有如整县改市、切块设市等，管理体制又有地级市管县级市等）。问题的确存在；笔者也长期曾经对此不以为然。但考虑到中国城市发展和政区演变的状况，在深层的政治体制难以一步到位完成改革的特定历史条件下，通过政区演变对城市发展的反向作用（由于中国属于典型的同构模式，则反向作用也可以发挥到最大），未尝不是推进中国城市发展（实体层面，如城市数量扩张、规模扩张）和城市制度变革（制度层面：权力的合理配置）的有效手段。无论是政府赋予某个城市（聚落）以较多的行政权力，还是政府将权力转移给聚落的主体——居民，都会使城市（聚落）具有较之以前不同的、多样的权力，从而获得发展的机遇。因此，问题的关键还不在中国当前市制的混乱，而是中国当前的市制仍未回归城市的本义——聚落以及聚落自治：中国当前

① 刘君德：《中国城市化进程中的行政区划体制改革与创新研究》（民政部理论研究招标项目）报告“第一部分 理论背景与综合研究”，2003年，第3～4页。

的市制涉及高层(直辖市)、中层(地级市)和低层(县级市)政区层面,唯独没有给予基层政区以城市发展的空间(镇虽然被界定为城市范畴,但缺乏相应的自主权力);国家在基层给予政区所配置的权力过小,更不要说聚落自治的远未实现;而没有这一层面的大发展,中国的城市化和城乡统筹发展是无法真正实现的。所以,在中国当代,从城市发展与政区演变的互动关系来考察,我们可以清晰地看到中国行政区划改革的必要性和可能性,以及突破口和重点所在。

本章小结

行政区划在目前学术界有广、狭两义;相应地,导致对一些重大问题判断上的差异。因此,笔者提出将行政区划理解为主权国家之内的公共权力的空间划分和配置的过程及其所形成的状态,即不管权力是如何配置的,只要是主权国家内部的公共管理权力的空间分割,都可以也应该认为是行政区划;亦即将行政区划与政区作同一含义的、相对广义的界定。这样理解一方面是因为行政区划的实质的确是国家权力的空间分割和配置,单一制与联邦制只是具体权力配置方式的不同,而且二者差别也在逐渐消失或二者已经相互借鉴,并不存在截然的界线;反过来,将联邦制国家(包括具有联邦制性质的国家)的高层政区排除在外,反不利于对有些问题的把握。另一方面,实际使用中,除了学术界多数持广义理解之外,目前各种出版物、媒体等的用语、表述等实际也将二者都作为行政区划及政区来对待,并未加以区分。因此,笔者认为在此问题上,还是以广义理解为妥。

相对于行政区划或政区的形式上的差异,笔者认为行政区划真正要关注的,还是其背后的国家公共权力的配置的方式、过程和状态;没有国家公共权力的配置的合理,行政区划形式上的合理与否(包括层次、幅员、幅度等),"城乡分治"抑或"城乡合治",都没有实际的意义。行政区划和政区体系,是将所有居民纳入某种制度框架之下,将国家权力与居民自主权力进行划分和配置。国家权力的地域配置以各级城市为纽结和中心,居民自主权利(权力)也以聚落的自我管理、自我组织而得以保证和实现。故总体而言,我们可以说,城市为里,政区为表,城市发展决定政区演变。

但是,问题还可以反过来说。一定时期的政区格局,也可以影响城市发展。这种影响,既可以影响外在的数量增长、规模增长,也可以影响内部的城市制度的变迁,以及城市型政区的管理体制向一般地域型政区传播。对于政区演变对城市以及城市化发展的这种反向影响,其效应也不能忽视。这种效应对于城市发展,尤其对于二者同构的国家来说,又是非常重要的。这就是我们今天推进中国行政区划改革的一个非常重大的理由和理论支持,即:通过行政区划的作用,来强行推进城市化向良性方向演进。这是本章对二者互动关系分析的完整结论。

当然,如果没有制度层面的深刻变革,则上述反向作用很容易走到反面,这是我们必须警惕的。因此,还得回到权力的合理配置和制度的大胆创新上来。中国、西方乃至世界不同国家行政区划发展状况的差异和不同,其最终答案还是得回到对权力的不同理解、不同配置上来寻找。由于对权力的看法不同,权力的来源不同,权力的空间配置方式就有很大差异。曹殊在分析中西方对权力态度的不同原因时,尝试从深层次的思想观念入手,分析了中国古代的"性善论"与专制政体的密切关系及其西方的"性恶论"与民主政体的密切关系。[①] 梁治平也从源头上考察过中西方对国家权力概念的巨大差异，亦颇发人深思：

> 国家与法所由产生的途径，不仅决定了国家的组织方式，而且也规定了法的社会功能。中西法观念的根本差异，以及这种差异在语言上的表现，首先应从这一角度来认识。我们看到，古代希腊、罗马国家的法肇始于平民与贵族的冲突，在某种意义上说，它们是社会妥协的结果，而不是任何一方以暴力无条件地强加于对方的命令。所以，尽管这种法不能不因社会集团力量的消长而偏于这一方或那一方，也不能不因为它是国家的强制力而具有镇压的职能，但它毕竟是用以确定和保护社会各阶级(当然只限于自由人)权利的重要手段，并因此获得一体遵行的效力。正因为有这样的历史前提，希腊城邦国家的政治正义论和罗马的私法才可能繁盛发达起来，西方文明也才可能发展成今天这个样子。而在中国青铜时代，宪法等观念完全阙如，因为根本没有它据以产生的政治土壤，国家不是什么"公共权力"，而是一族一姓施行其合法武力的恰当形式。所以，国家并未取代氏族组织，而是与之融合、互渗，形成一种严密的上级控制系统以求保持一个可能不稳定的系统的稳定。于是，赤裸裸的统治术取代了政治正义论，法只被看作是镇压的工具，它主要表现为刑。[②]

张千帆则揭示了西方人眼中宪法的地位：

> ……政府权力被视为个人权利的对立面。宪法也被赋予新的意义，它被认为是一种限制政府权力、保障个人权利的法律文件。因此在职能上，现代宪法的作用主要表现于对政府权力所施加的有效限制。弗里德里希指出："权力限制的全部总和构成了特定社团的宪法"，"除非程序限制得以确立并有效运行，真正的立宪政府并不存在"。
>
> 由此可见，宪法概念在近代发生了根本性的转折。宪法不仅规定了政府结构及其运作程序，而且定义了政府不得侵犯的个人权利。事实上，前者只是手段，后者才是目的。为了保障个人权利，政府结构的关键设计乃在于地域和职能上的分权。这一学说由洛克明确提出，而到孟德斯鸠的"三权分立"理论趋于完整。……
>
> 弗里德里希指出："分权乃是文明政府之基础，宪政主义之内涵"，"通过分权，宪政主义对政府行动提供了一套有效制衡的体制。……它是一套保证公平运作的规则，从而迫使政府对人民负责"。
>
> 但不论人民通过何种具体条款，宪法的根本目标与核心原则是不变的：即通过宪政来尊重与保障每个人的权利、自由与人格。[③]

---

① 曹殊：《中西方不同思想观念下权力问题比较研究》，载《甘肃理论学刊》，1995年第4期。

② 梁治平主编：《法律的文化解释》，生活·读书·新知三联书店1994年第1版，1998年第2版，第377页。

③ 张千帆著：《自由的魂魄所在——美国宪法与政府体制》，中国社会科学出版社2000年版，第1～2页。

古人说:"善言古者必验于今。"有些学者曾经设想,中国古代国家中央与地方的关系如果一直保持最初那种联盟关系,今天的中国人将是另外一个样子。周振鹤先生也就"假如齐国统一了天下"发过一番感慨:

> 公元前二二一年,秦始皇统一了天下,这是中国历史上的一件大事,从此中国走上了秦文化的道路,垂二千年而不变。中华文化实际上是秦文化的延伸与发展,春秋战国时期的多元文化次第融合于单一的秦文化之中。秦文化的基本特征可以归结为三方面:中央集权、农本思想与文化专制。这三个特征从秦到清,一以贯之,不但始终无改,甚而愈演愈烈,直至晚清才开始出现动摇的迹象。
>
> 既然齐国有统一天下的可能,那么,如果这个可能性成了现实,中国的历史会有点不同吗?这首先就要看齐文化是否有别于秦文化。……尤其是秦、齐文化的差异极其明显,如果齐文化当真推行到四海,则其后二千年的历史恐怕要有点两样。
>
> 从文化变迁的角度看,中国历史上有两次大变局,一是春秋战国,封建改而郡县;一是近现代,专制改而共和。郡县制的实质是将国家分成有层次的区域(行政区划)进行管理,变分土而治为分民而治,实现中央集权,这是社会的进步。但集权过甚,则造成社会的停滞。在第一次变局之时,历史选择了秦文化。多元文化渐渐消融于小农经济的一元文化之中,如果当时是齐文化占了上风,则历史的进程会不会两样?可惜历史是不可能再现的,我们无法验证这一问题的答案。但是温故而知新,透过对历史的分析,我们似乎可以说,中国走另一条道路的可能性还是存在的。①

当然,历史的确不能假设。同时,从历史事实来看,相当长的历史时期中,在中原王朝周边的其他民族、尤其是北方的游牧民族,常常虎视眈眈,威胁到华夏民族的生存和发展;如果不是华夏民族采取这种大一统的高度集权的国家体制和权力配置方式,如何凝成共同的文化并抵御一次次的异族进入?恐怕也如古代各文明古国一样了。所以,我们今天,重要的不是要否定历史,而是要认清现实;不是固守祖宗家法,而是融入世界潮流。两种道路,利弊互见,但窃以为难以交融;既然选择了现代化的道路,就只有义无反顾地沿着现代化的道路前行,任何的犹疑彷徨、左顾右盼乃至瞻前顾后,都是不会有出路的。

"犯其至难,图其至远!"

---

① 周振鹤:《假如齐国统一了天下》,载周振鹤著:《随无涯之旅》,生活·读书·新知三联书店 1996 年版,第 32～49 页。

03 集权与分权

——一般类型政区和特殊类型政区的中外比较研究①

劝君少骂秦始皇，焚坑事件要商量。祖龙魂死秦犹在，孔学名高实秕糠。百代都行秦政制，“十批”不是好文章。熟读唐人《封建论》，莫从子厚返文王。

——毛泽东：《七律·读〈封建论〉，赠郭老》(1973年8月)②

过去，法国需要一个强有力的、集权型的中央政权，从而使之立足于世；今天，法国需要一个分权型的政权，以免使之一蹶不振。

——[法]密特朗③

联邦既像一个小国那样自由和幸福，又像一个大国那样光荣和强大。

——[法]托克维尔④

前面两章从理论上揭示了城市、政区的各自核心内涵及其发展历程，也分析了城市发展与政区演变的互动关系。本章则更多地意图通过对中国和西方国家近现代以来行政区划的实际发展过程和特征的考察，来进一步验证和展开前面的结论，并为后文探索中国当代行政区划的改革路径等提供一些参照和借鉴。无论从研究的理论层面，还是就现实意义而言，这种比较研究都是极有必要的。行政区划可以比较的角度很多。在刘君德等编著的《中外行政区划比较研究》中曾经就行政区划的功能、层次与幅度、一般类型政区(当时称为普通型政区，包括地域型和城市型两类政区)、特殊类型政区和政区名称等进行了研究，基本涵盖了行政区划的主要方面。本章先从一般性的政区模式的概括和归纳展开，然后就一般类型政区与特殊类型政区的主要方面，展开中西方的比较研究。

---

① 本章相关内容曾以“行政区划的基本模式”(第一章第二节)、“普通型(地域型和城市型)政区比较”(第十三章)和“特殊类型政区比较”(第十四章)为题，发表于刘君德等编著《中外行政区划比较研究》。该部分由笔者执笔撰写。见刘君德、冯春萍、华林甫、范今朝编著：《中外行政区划比较研究》，华东师范大学出版社2002年版，第30～37页，第353～398页。本次作了一些数据的更新、观点的修正和表述上的修改，也做了适当的精简。

② 转引自《从尊孔到批孔 郭沫若“文革”中小心迎合毛泽东》，见“凤凰网”：http://book.ifeng.com/special/bainiandukongzilist201001/0107_9094_1502322_1.shtml。

③ 转引自朱国斌：《塑造地方自治的新模式——对法国1982年地方分权法理论与实践的考察》，载张庆福主编：《宪政论丛(第2卷)》，法律出版社1999年版，第417～470页。本段引文见第426页。

④ [法]托克维尔：《论美国的民主(上)》(中文电子版)，《家庭藏书集锦之五：哲学》，红旗出版社，第208～209页。

3.1 行政区划的模式分析与当代世界行政区划的基本模式

3.1.1 行政区划模式的不同角度分类

以上章对政区和行政区划的理解为基础，我们可以来概括一下古今中外世界各国的各种行政区划体制，在此基础上，归纳所谓行政区划的模式问题。综观世界各国的行政区划，可以说，没有两个国家是完全相同、一模一样的；不过，从不同角度分析，仍或多或少有一些共性。这些共性，就构成了所谓行政区划的模式。角度不同，可有不同的模式分类；但其中有本质与非本质的差别。本质的差别，就构成了行政区划的基本模式。

一般而言，行政区划模式可以从多种角度进行分类，既可以按照自然因素，如地理位置、国家大小（面积、人口）等进行，也可以根据人文诸因素，如政治体制、历史进程、意识形态等来归纳。后者具有实质性意义。①

3.1.1.1 从自然因素划分的行政区划模式

自然因素影响行政区划，主要表现在国家的大小（包括面积和人口）与其地理位置（主要是海陆位置）的不同；但二者又有联系，即小国又多为海岛型国家，二者有共性。从自然因素进行行政区划的模式分类，可以揭示各国行政区划的一些外在特征，但不能说明实质性问题。

（1）从国家的地理位置来划分，有陆地模式和海岛模式

陆地国家一般规模大，且历史悠久、文化繁荣、经济发达，故行政区划复杂，共性少，各国差别大；目前世界上大多数国家属于该种类型，主要位于亚洲、欧洲、非洲和南美洲。海岛国家则面积、人口一般均少，共性明显，即层次少，基本为一级；政区界限划分明确，尤其是高层政区基本以岛屿为限，海洋作为天然界限；同时因多有殖民地历史，行政区划及管治方式受外来影响很深；主要存在于大洋洲和北美洲加勒比海各岛屿国家。

（2）从国家规模来划分，有大国模式和小国模式

面积广大或人口众多或二者兼而有之的大国，其行政区划一般比较复杂；各国由于历史文化不同、政治体制有别而使行政区划各有特色，彼此之间共性少，差异大；目前世界上多数国家均属此类。面积小或人口少的所谓小国，其行政区划往往简单，即政区的层次少甚至没有划分，政区的数量也少，中央政府多直接管理各种事务，各国共性较多；如前述的海岛型国家，以及一些陆上的袖珍小国，比如亚洲的新加坡，欧洲的梵蒂冈、摩纳哥、安道尔、列支敦士登、卢森堡等。

（3）从具体政区的划分方式来看，有自然模式（不规则模式）与几何模式（规则模式）

自然模式即政区主要是按照自然地理要素，如山脉、河流、海洋等来划分，呈现出不规则的形态；目前世界上多数国家采取这种划分方式。而对于一些历史短暂、尤其是有殖民地历史的国家，由于受到宗主国的控制，为了便于管理（另外，近代科技进步导致绘图技术精确，也是一个重要原因），政区直接按照某种标准，以直线、折线或经纬线等几何方式划分，构成规则的政区形态，如美国、加拿大以及非洲一些国家。

---

① 本节以下论述中有关各国政区情况多根据周定国、纪京慧主编的《世界行政区划图册》（中国地图出版社 1999 年第二版）整理，同时参考了有关工具书、地图等加以校核。

3.1.1.2　从人文因素划分的行政区划模式

行政区划是国家行为，是统治和管理权力的空间分配，因此，人文因素是决定行政区划的主导方面。行政区划与国家的历史文化传统有关，但更受制于国家现实的政治体制。

(1)从国家发展和行政区划演化的进程来划分，有完备模式与非完备模式

对于欧洲、亚洲和南北美洲的多数国家而言，要么是历史悠久的古国，行政区划独立发展，自成体系；要么直接由殖民者将区划体制带入新的地区，完全照搬母国的方式，同时又不断受到外界影响而发生逐渐的变化；但均有完整的政区体系和完善的管治方式，因此行政区划比较完备。相形之下，有些国家建立或独立时间短暂，缺乏自身传统，外来的政治体制不能适应本国的实际情况，政治架构尚未完备，行政区划体制正处于形成之中，如非洲一些国家；另外，一些因国内民族矛盾或其他原因而处于内战、分裂状态的国家，或刚刚获得独立的国家，其政治走势尚未明朗，故政区体系也正处于形成、变化之中，因此属于非完备模式，如阿富汗、苏丹、塞浦路斯、西撒哈拉、巴勒斯坦等。

(2)从国家结构来划分，有单一制模式与联邦制模式

在单一制国家，中央政权机构处于最高地位；从法律上说，国家的所有权力都可以由中央政府来行使，各级地方是中央政府为了实施它的管理活动而划分的，地方政府的权力也是得自于中央政府的授予；全国各级地方政府受中央政府领导，服从统一的在全国范围内有效的法律。亚洲、欧洲和非洲的绝大多数国家以及其他各洲的多数国家都是单一制国家。当然单一制国家的具体情况各不相同，有的地方自治的程度高些，有的则中央对地方、上级对下级的干预多些。

联邦制国家则是由若干地位平等的政治实体组织起来的，其中既有一个联邦政府和一部在全联邦范围内有效的联邦宪法，也有各组成单位如州的政府和在州范围内有效的州宪法；联邦政府的权力和州政府的权力均由联邦宪法规定，联邦政府与州政府各自在宪法规定的权限内行使职权，互相之间不得干涉。在联邦制国家中中央政府和地方政府的概念与单一制国家有较大差别，联邦政府并不是唯一的中央政府，州政府也不是地方政府，只有州政府以下的分治区才是地方政府。目前世界上的联邦制国家虽然不多，约 20 余个，但多为有影响的大国，最典型的是美国，其他如德国、加拿大、瑞士、俄罗斯、印度等。同样，各联邦制国家州与联邦政府的关系在性质上虽然相同，但具体的权力划分各国不完全一样，有的国家宪法授予联邦政府的权力大一些，有的国家州的权力大一些。

(3)从历史发展、意识形态和社会制度来划分，有古代模式(前资本主义模式)、资本主义模式和社会主义模式

古代时期，世界几大文明地区独自发展，形成几种相对隔绝的文明形态，如东方的中国文明、古印度文明，西亚中东的伊斯兰文明，以及欧洲发源于古希腊、罗马的西方文明等。行政区划上，也各具特色，彼此相差较大。但也有共同之处，即古代时期(东方各国指受到西方殖民者侵入前，西欧各国指资产阶级革命前)各国的行政区划基本上是统一的集权国家加强统治的一种手段，自上而下进行划分，皇权或王权至高无上，属于高度中央集权的单一制类型。当然，西欧国家因地方势力强大以及古代希腊、罗马的传统，地方的自治权利一直或多或少得以保持，并在中世纪首先在基层出现城市自治而发生显著变化；相形之下，东方各国属于绝对的君主专制政体，地方没有丝毫自主的权力和可能。近代以来，资本主义最先出现于西欧；随着民族国家的建立，行政区划体系各国均逐渐完善，虽然由于历史文化

传统的差别，孤悬海外的英国与欧洲大陆国家（如法国、德国等）在形式上有很大差别，但其共同之处也很明显，即中央与地方进行合理的分权，地方自治逐渐成为主流；这种模式随着西欧国家的殖民扩张而影响到当今世界上大多数国家。社会主义模式实际上是意识形态的理论取得政治上的统治权后推行的一套制度与观念，形式上与欧洲大陆国家并无二致，但在观念上，它以民主集中制的原则整合各级政区，使中央集权成为一种普遍存在，并以国家（各级政府为代表）对社会的全面干预为特征；该模式以前苏联为代表，二战之后影响扩及东欧和一些亚、非、拉美国家；中国也于 1949 年后采纳该种模式，唯 20 世纪 90 年代后期以来已经发生巨大变化。

3.1.2 当代世界行政区划的三大模式及其影响

如上所述，就行政区划的模式而言，可以从多种角度进行分类。但透过表象，我们可以发现，行政区划的基本模式主要受到人文因素的制约，即其各自的历史发展进程和政治体制选择：前者表现在有无殖民地历史或受到何种外来影响，对一国的行政区划特征起到间接却是至关重要的控制作用；后者直接决定了各国行政区划的现状。从这一发生学和主导因素的综合观点出发，可以将当代世界各国的行政区划概括为三大模式，即英美模式、法德模式和前苏联模式。目前世界上绝大多数国家的行政区划都可归入上述三类；即使有些国家相对保持了自己独特的发展历程或有独特的文化传统，但或多或少都受到上述三种模式的影响，或者在外在形态上采用了上述模式的方式，如中国、印度、伊斯兰教国家以及非洲国家等。

3.1.2.1 英美模式

英美模式是在英国政治体制和文化传统的作用下形成的，以后随着英国殖民扩张而广泛传播。其主要特征就是自由放任，没有一个严格的划分方式，基层政区往往保留各地原有的划分方法和管治方式。故英美模式的国家其行政区划和管理体制呈现多样化特征，层级混杂，不能严格划分政区层次。

自 17 世纪英国开始对外进行殖民扩张以后，英国的政治制度、法律体系也随之向外传播。在这些殖民地或附属国地区，英国的影响主要是通过以下这些形式进行：第一，强行实施；第二，通过殖民当局官员、英国移民或殖民地中受过英国训练的人，在殖民地附属国地区建立以英国制度为模式的、适合当地情况的政治和法律制度；第三，英国殖民当局有意识地保留该地区原有的一些制度，使之与英国传统相互并存。从历史的角度来看，可将英国的殖民地分作两类：一类包括这种地区，即在殖民者第一次移居时尚未由人占有或仅由尚处于文明发展早期、政治上未组织的土著人所占有。这些殖民地，可称为“被移居殖民地”，例如澳大利亚、新西兰和北美；一般地说，新移民者自动地在那里采用英国的政治体制。另一类殖民地包括其土地已由土著贵族或其他欧洲殖民国家所控制，它们又通过征服或割让而处于英国的控制之下，可称为“被征服”或“被割让”殖民地。例如英国对法属加拿大领地和对荷兰所属南非领地的控制。在这些殖民地，英国一般并不立即取缔原先制度，因而使这些地区的行政体制以后逐步变成几种制度交织的“混合”制度。[①]

英美模式的分布范围大体上包括英国本土、爱尔兰以及曾作为英国殖民地、附属国的许多国家和地区，其中包括北美的加拿大、美国，大洋洲的澳大利亚、新西兰，亚洲的印度、

---

① 沈宗灵著：《比较法研究》，北京大学出版社 1998 年版，第 195～196 页。

巴基斯坦、孟加拉、缅甸、马来西亚、新加坡和中国香港地区，西非的塞拉利昂、加纳、尼日利亚，东非的肯尼亚、乌干达和坦桑尼亚等。英国的苏格兰、美国的路易斯安那州和加拿大的魁北克省以及南非和以色列则属于英美模式与法德模式混合的国家。印度、巴基斯坦和非洲一些国家则还受到传统印度文化、伊斯兰教和非洲自身习俗的影响。

如英国、美国、加拿大等国的行政区划状况①，见图 3-1、3-2、3-3 所示。

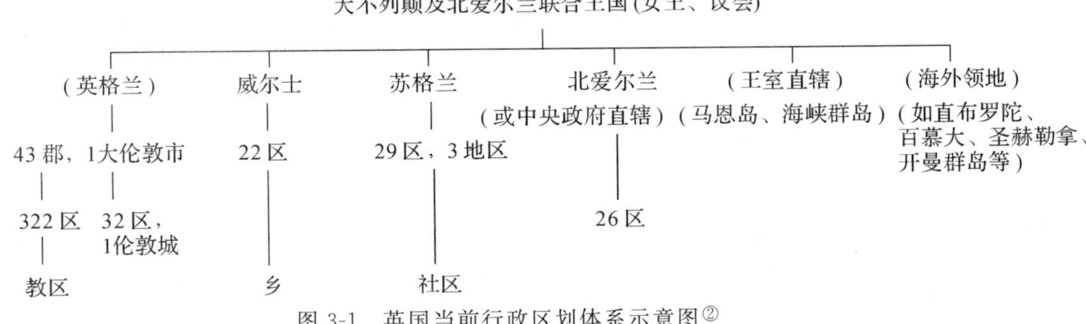

图 3-1　英国当前行政区划体系示意图②

---

① 本节各有关国家行政区划的状况，可参见刘君德等编著：《中外行政区划比较研究》(华东师范大学出版社 2002 年版)相关章节。本次并参考了“中国外交部”网站(http://www.fmprc.gov.cn/chn/pds/gjhdq/gj/)和“行政区划网”(http://www.xzqh.org/old/waiguo/)等的有关资料，做了校核和修正。

② 说明：英国近年来行政区划体系变化较大，同时也非常典型。这里将一些基本情况说明如下：

英国全称“大不列颠及北爱尔兰联合王国”，分为英格兰、威尔士、苏格兰和北爱尔兰四部分。英格兰划分为 43 个郡。苏格兰下设 32 个区，包括 3 个特别管辖区。威尔士下设 22 个区。北爱尔兰下设 26 个区。苏格兰、威尔士议会及其行政机构全面负责地方事务，中央政府仅控制外交、国防、总体经济和货币政策、就业政策以及社会保障等。

伦敦也称“大伦敦”(Greater London)，下设独立的 32 个城区(London boroughs) 和 1 个“金融城”(City of London)。各区议会负责各区主要事务，但与大伦敦市长及议会协同处理涉及整个伦敦的事务。

苏格兰和威尔士地方议会：1999 年 5 月上旬，苏格兰和威尔士相继选举成立地方议会。苏格兰议会设 129 个议席，威尔士议会设 60 个议席。7 月 1 日，两地议会正式开始运作。苏格兰和威尔士地方议会及其行政机构取代了以前作为内阁成员的苏格兰和威尔士事务大臣的大部分职能。苏格兰议会在地方政务、司法、卫生、教育、经济发展等方面享有一定的立法权和行政权，并享有部分征税权，可将所得税的基本税率浮动 3%。威尔士议会主要在就业、卫生、教育和环境等问题上拥有决策权，但没有调整税率的权力。这是工党政府实施权力下放的改革行动之一，也是英国政治史上最大的历史性变革，大大改变了英国传统上高度中央集权的体制。

北爱尔兰自治政府：1998 年 4 月 10 日，英国和爱尔兰政府及北爱冲突各方签署和平协议，后选举产生北爱地方议会。1999 年 11 月，北爱议会推举成立由北爱多党分享权力的北爱自治政府。英向北爱移交地方事务管理权，爱尔兰放弃对北爱领土的主权要求。12 月，北爱自治政府正式运作，行使除国防、外交和税收之外的立法和行政权。南北爱部长理事会、英爱政府间会议、英爱理事会等机制也正式启动。这是北爱新教派与天主教派首次共享北爱管理权，也是自 1972 年英对北爱实行直接统治以来，北爱首次拥有自治政府。但是，北爱各派在缴械等问题上的争执使和平进程屡遭挫折，2002 年 10 月 14 日，英政府被迫第 4 次中止北爱政府的运作。2003 年 11 月，北爱地方议会进行选举。但 2004 年 12 月 20 日，北爱发生历史上最大的银行抢劫案，爱尔兰共和军被指控为主谋，和平进程再度搁浅。2005 年 7 月 28 日，爱尔兰共和军发表声明，宣布从即日起放弃武装斗争，不再从事任何非和平活动。承诺将同解除武装国际独立委员会合作，并邀请新教和天主教代表共同监督声明执行情况。29 日，英北爱事务大臣海恩宣布，英军开始拆毁在北爱的部分军事设施并制订分阶段撤军计划。2006 年 4 月，英首相布莱尔和爱总理埃亨在北爱阿马郡举行会谈，就北爱议会恢复运作达成协议并设定时限。2007 年 3 月 9 日，北爱地方议会举行选举，民主统一党和新芬党得票总数过半。2007 年 3 月 26 日，民主统一党和新芬党领袖在贝尔法斯特举行历史上首次会晤。2007 年 5 月 8 日，北爱各方经过艰苦谈判，就权力分配达成妥协，北爱地方联合政府宣告重启。见“中国外交部网”：http://www.fmprc.gov.cn/chn/pds/gjhdq/gj/oz/1206_45/default.htm。

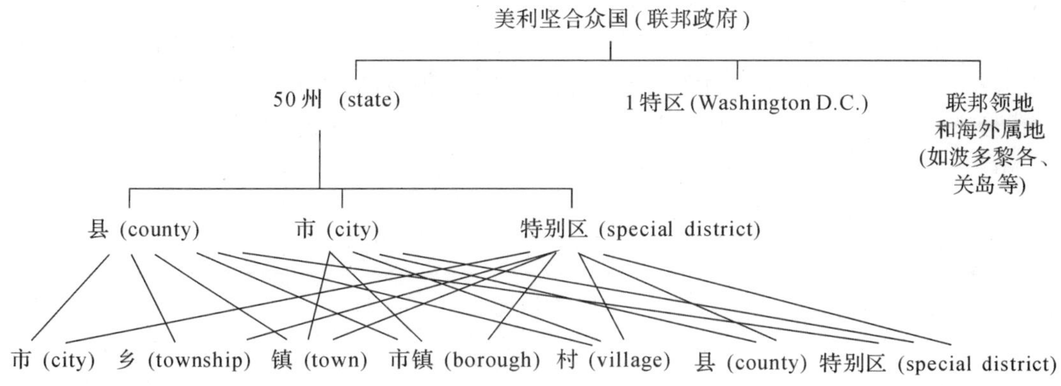

图 3-2 美国当前行政区划体系示意图

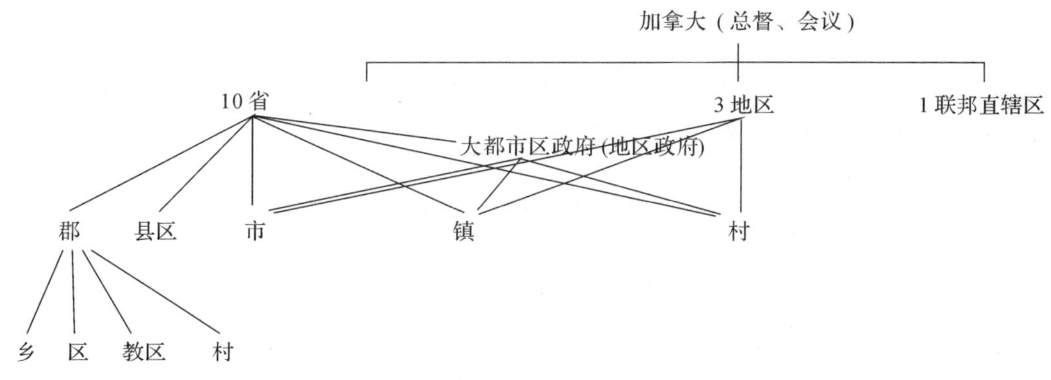

图 3-3 加拿大当前行政区划体系示意图

3.1.2.2 法德模式

法德模式也可以称为大陆模式,实际上是在所谓大陆法系即罗马—日尔曼法系的基础上确立的,特点就是有一整套严格的法律规范和划分标准,等级体系明确,管治方式划一。该模式主要为欧洲大陆各国采用,并随着欧洲各国的殖民扩张和大陆法系的广泛传播而为世界上多数国家所采用,甚至英美模式的国家近现代以来也多有借鉴。

法德模式与英美模式的扩展相比有很大差别,即英美模式一般是通过武力征服直接加于英国的殖民地,而法德模式既有殖民征服的因素,也有因其本身的特点而被其他国家接受的因素,故分布范围极为广泛,基本以欧洲大陆为中心,遍布全世界广大地区。具体而言,以法国、德国为典型,包括欧洲的比利时、卢森堡、西班牙、葡萄牙、意大利、德国、奥地利、瑞士、荷兰、挪威、瑞典、丹麦、芬兰、冰岛等;另外,在近东、亚洲、非洲,特别是中、南美洲,由于法、西、葡、荷诸国的殖民征服和对外扩张,该模式也有广泛分布。拉美各国主要是由于西班牙、葡萄牙的殖民历史而采用该模式。在亚洲,包括土耳其第一次世界大战以来的制度,近东一些阿拉伯国家(如叙利亚、伊拉克、约旦等国)则可以说是法德模式与伊斯兰教传统的混合,日本自1868年"明治维新"以来的制度以及韩国、泰国等国的制度,亦属此类,但日本二战后的制度,又受到了美国的强烈影响;1949年之前的中国以及现在中国的台湾地区,也深受该模式尤其是德国、日本的强烈影响;菲律宾由于曾先后沦为西班牙和美国的殖民地,也有二者混合的特色;印尼由于遭受荷兰殖民统治,就深受荷兰的影响,又兼有

伊斯兰教的因素。在非洲，如刚果、卢旺达、布隆迪、埃塞俄比亚等，由于之前的殖民地历史，完全属于本模式；南非曾先后是荷兰和英国的殖民地，因此，南非及其毗邻的津巴布韦、博茨瓦纳、莱索托、斯威士兰等国属于两大模式的混合物；北非各国，如阿尔及利亚、摩洛哥、突尼斯等阿拉伯国家，由于与法国、意大利的历史联系，兼具法德模式与伊斯兰教传统两种因素。[①]

如法国、德国和日本的行政区划体系状况，见图 3-4、3-5、3-6 所示。

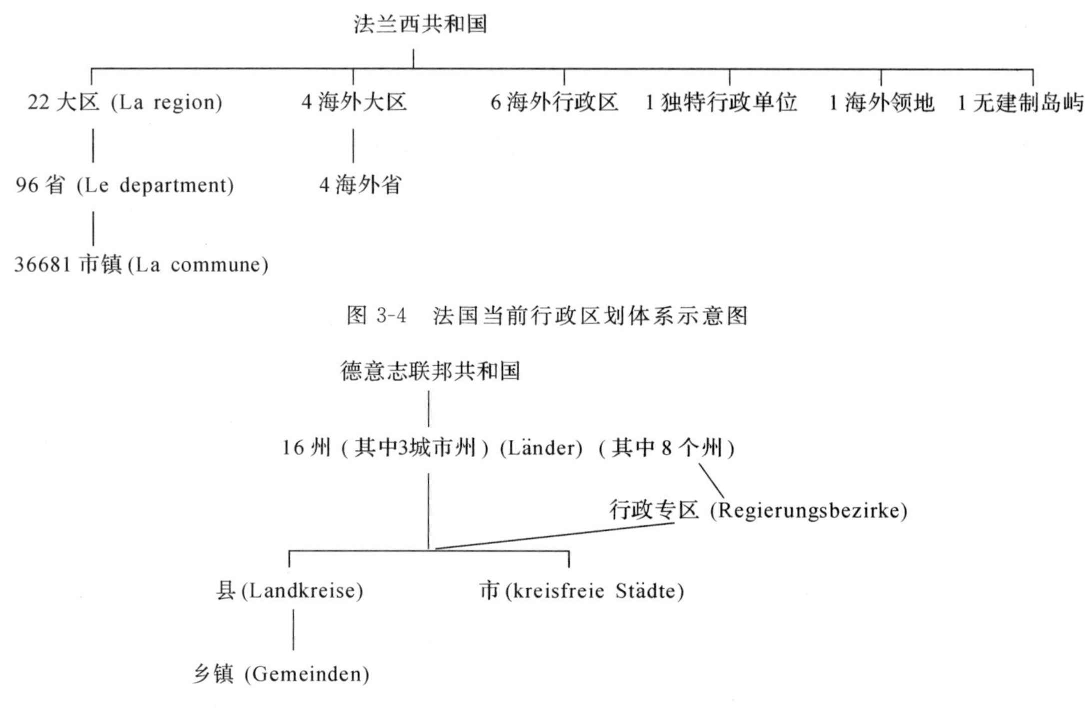

图 3-4　法国当前行政区划体系示意图

图 3-5　德国当前行政区划体系示意图

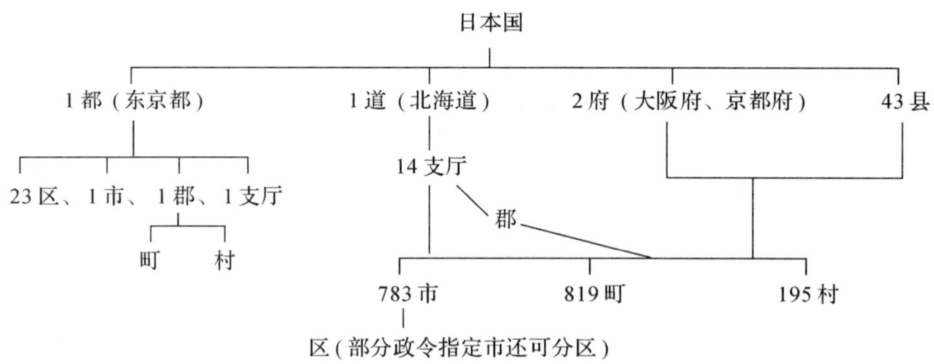

图 3-6　日本当前行政区划体系示意图

3.1.2.3　前苏联模式

前苏联模式在形式上实际与法德模式并无二致，差别主要在于其社会主义的意识形态以及由此而形成的相对全面而严密的管治方式；另外，该种模式中对于民族问题采取了独

① 沈宗灵著：《比较法研究》，北京大学出版社 1998 年版，第 74～77 页。

特的"民族区域自治"的行政区划手段。目前这种模式中的许多国家都已经或正在发生深刻的变化。

20 世纪初俄国十月革命前，基本上（主要是形式上）属于法德模式，当然由于其独特的历史背景，又有许多本质差别。十月革命胜利后，按照列宁关于处理中央与地方关系的基本思想，确立了苏联的行政区划体制。列宁认为，正确处理社会主义国家中央与地方关系的基本原则是民主集中制，集中制能够保证政权和领导的统一，政策和法令的统一，保证把人力、物力和财力集中用于完成国家的首要任务上；同时，按照民主集中制原则处理中央与地方的关系，还必须正确解决民族问题，在这方面，列宁提出了民族区域自治理论，指出："民主集中制不仅不排斥地方自治和具有特殊的经济和生活条件、特殊的民族成分等等的区域自治，相反地，它必须既要求地方自治，也要求区域自治。"[①]根据列宁提出的民主集中制原则，前苏联在处理中央与地方的关系上采取了一些措施，如根据当时的民族状况，在国家结构形式上实行了联邦制；制定了民族区域自治政策，先后建立了 20 个自治共和国，8 个自治州，10 个自治专区；在地方行政管理体制上实行双重从属制等。[②]

二战之后，随着东欧和亚洲等一些社会主义国家的建立，基本上都仿照前苏联的模式，确立了自己的行政区划体制，如欧洲的波兰、德意志民主共和国、捷克斯洛伐克、匈牙利、保加利亚、（前）南斯拉夫、罗马尼亚、阿尔巴尼亚，亚洲的中国、越南、朝鲜、蒙古，拉美的古巴，以及一些非洲国家等。但 20 世纪 90 年代以来，随着前苏联和东欧国家的剧变，该模式中的大多数国家已取消原有的社会主义意识形态色彩和民主集中制原则，重新回归法德模式；中国等其他地区的社会主义国家则既各具自身传统文化的深刻影响，也在探索新的发展道路。因此，可以说，该模式中各国的行政区划体制正处于变动和演替时期。当然，也正因为各国还带有浓重的前苏联模式的痕迹，故而，就目前来说，要认识这些国家的行政区划特征，包括新独立的前苏联的各加盟共和国和前南斯拉夫的各共和国，就不能不从其原先的模式特征来认识。这也是我们仍将之作为一种模式的原因。

如前苏联、俄罗斯和中国的行政区划体系状况，见图 3-7、3-8、3-9 所示。

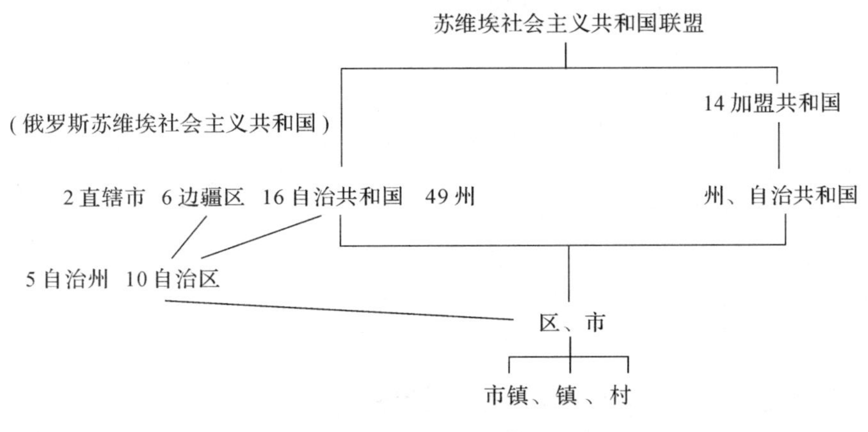

图 3-7 前苏联行政区划体系示意图

① 《列宁全集》（第二十卷），第 29～30 页。

② 薄贵利著：《近现代地方政府比较》，光明日报出版社 1988 年版，第 153～155 页。

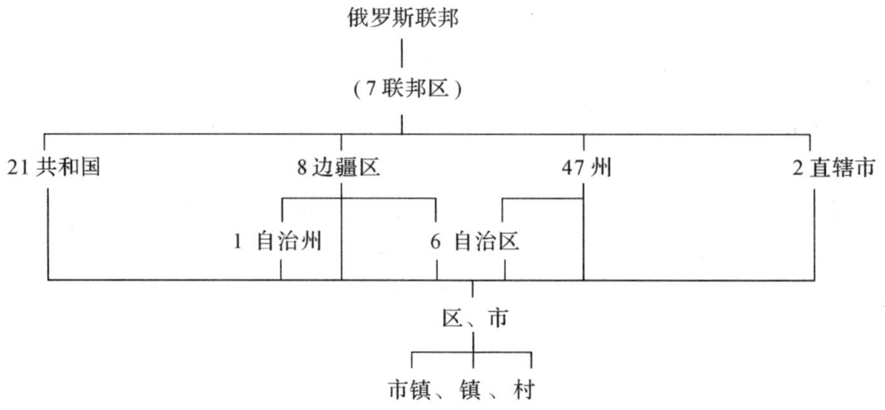

图 3-8　俄罗斯当前行政区划体系示意图

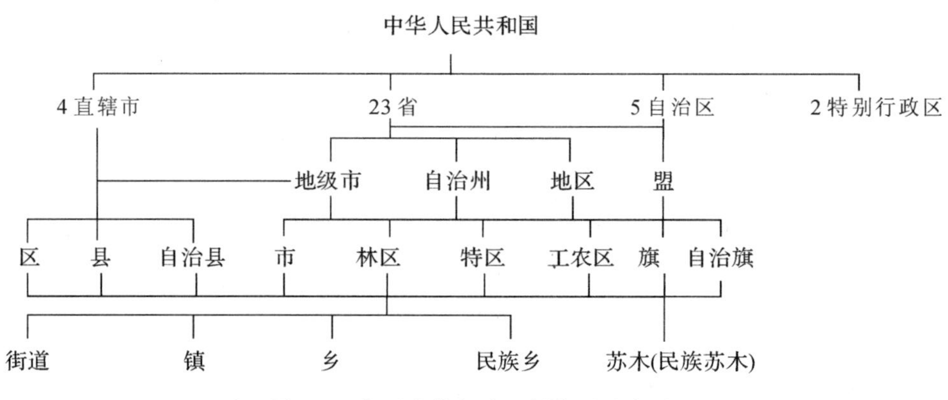

图 3-9　中国当代行政区划体系示意图

3.2　一般类型政区的比较研究

按照前文的论述，行政区划及其所划分而成的各级政区，一般而言，在世界各国，尽管类型、名称等互有差别，但都有某种主要的、常规的形态，也即为了一般的统治、管理需要，基本按照同一标准划分，其建制单位、权责职能等也大体相似，构成一个国家的基本政区体系。即笔者概括的一般类型政区，包括了现在一般认为的地域型政区和城市型政区。二者虽有显著差别，但究其实，却均是从单一型政区之中分化而出，有发生上的联系；且在管理方式上又相互影响，从对立走向统一，并均构成一个国家的基本的、一般的政区体系；因此，放在一起进行中外比较，可能更有助于揭示其实质性的差别，并给我们以有益的启迪。

3.2.1　一般类型政区的发展历史与演化趋势

一般类型政区在古代时期是以“城乡合治”的方式进行的；中世纪以来，“城乡分治”的方式首先在西方出现，并逐渐发展为扩及整个政区体制的“聚落自治”和“地方自治”，且为世界各国所接受和采用。这样，才正式形成“地域型政区”与“城市型政区”分立的格局。就中国与其他国家、尤其是西欧国家相比，中国的单一“地域型政区”延续的时间最久。而城

市型政区的出现既晚，在管理方式和政区形态上，又与西欧国家迥然不同，即：中国几经反复，目前仍然更多地采用“城乡合治”的方式，尽管冠以“市”名；而基层聚落的城市建制乃至聚落自治，仍基本阙如。这里面的原因，就不能不从中国和西方国家政区发展演变的道路以及背后的指导思想上的差别来寻找了。

3.2.1.1　中外一般类型政区的发展道路及其指导思想差别

地域型政区是一种传统的以“城乡合治”为本质特征的政区类型。在人类社会发展的早期，虽然已有纯粹的经济与地理意义上的“城乡”之分，但从作为国家的一种制度——行政区划来看，并没有将城乡实行分治，而是采取“城乡合治”的方式设置地域型政区。这是世界各国早期社会共同采用的行政区划模式。同时，在前资本主义时期，各国基本上都以建立统一的、高度中央集权的国家为目的，因此，即使对若干少数民族地区或特殊地区采用不同的政策并设立特殊的政区，也是暂时的，一般不久都被归入同一管理体系的地域型政区模式之中。故而，地域型政区是最为古老、也最为普遍的一类政区。尽管随着社会经济的发展和国家形式的多样，其他类型的政区逐渐从中分化出来，并迅速发展，但该类政区目前仍是世界各国所采用的一种主要的政区类型，当然其治理的对象、内容和方式已有很大变化。就中国和西方国家政区的发展道路及其背后所蕴涵的指导思想差异而言，中国长期走的是以传统的地域型政区管治方式来处理新型的城市型政区，以政府对下级和社会的绝对控制为目的；而西方则是在中世纪城市自治的推动下，城市型政区从地域型政区中分化而出，且逐渐影响后者，使得地方自治成为主流。

(1)西方的“城市自治”导致城市型政区的出现及其对地域型政区管治方式的影响

欧洲除了在罗马时期有过一段相对统一的国家历史之外，5 世纪以后就陷入了分裂和动荡。在罗马帝国时代，曾经划分为 101 个行省，每 10 至 12 个行省合为一个行政区，全帝国共划分为 12 个行政区，层层节制，形成了专制君主制度。[①] 但罗马帝国之后，欧洲再没有出现持久统一的强大帝国。马啸原曾概述了其后日尔曼人的社会和政治体制：

> 日尔曼人在征服罗马帝国的时候还处于氏族社会末期，仍保留着许多原始民主的习惯，他们在进入西欧后便直接向封建社会过渡，于是在政治上便形成了一种氏族民主制与封建贵族制相结合的政治体制——封建贵族民主制。其特点是：第一，君主在名义上是国家元首，实际上只能在自己的直辖领地上行使主权。封建领主名义上隶属于国王和贵族，实际上都是独立的，他们在自己的世袭领地内拥有立法、司法、行政及宣战、媾和等一切权力，国王无权干预他们领地内部的事务。第二，君主只和自己直接册封的封建领主有臣属关系，与自己的臣属分封的下属陪臣没有直接的臣属关系……封臣与陪臣的关系由册封时的誓约来确定，一般说来，陪臣都在誓约中承诺在发生战争时，对国王尽一定的军事义务，但是这种臣属关系都比较松弛，没有绝对的约束力。第三，君主要受到贵族和教会的种种约束、限制和监督，如宣战、媾和以及涉及王国的一切重大事务，都要由贵族和主教参加的会议决定。在中世纪，贵族和教会是长期能够与国王抗衡的势力，在每个王国内部，都存在着大大小小分裂割据的领地，每个贵族都是自己领地上军事、

① 马啸原著：《西方政治制度史》，高等教育出版社 2000 年版，第 41 页。

> 政治、经济的最高主宰，形成了国中有国，各树藩篱，大小贵族独立割据的状态。
>
> 应当指出，在西欧封建社会中，天主教会不仅在思想上，而且在经济上和政治上均占有极其重要的地位。[①]

在这种情况下，西欧各国实际上没有完整而严密的行政区划体系，只是在基层有类似地域型政区的管治方式。此后，在西欧中央集权国家形成的过程中，新兴的市民阶级所代表的城市型政区与封建贵族所代表的地域型政区的对立和冲突，使西欧国家的国家形成与地方自治同步进行，逐步达到今天的政区形态。在这一过程中，城市型政区的出现及其管治方式对整个政区体系有决定性影响。

中世纪初期的西欧与中国的最大区别是封建制度盛行，没有一个强有力的统一帝国。这就为自治市的萌生准备了适合的土壤。在罗马帝国的城市衰亡和自治市崛起之间的几个世纪，西欧只有封建贵族盘踞的城堡和主教教座所在地的城镇。最大的城堡只有几百人，城镇或许从未超过二三千人。设置于其中的司法和行政机构面向整个城堡区或主教区，并非城堡或城镇本身的市政管理机关。自治市的崛起与西欧的商业复兴直接有关，商业的扩张和城市运动的发展非常明显地协调一致。新兴的市集成为商人定期聚会的地点，但更多的商人定居于城堡脚下或城镇之内，城堡脚下的商人聚居地被称为外堡或者新堡，以别于与之相连的封建城堡即旧堡。教廷和主教们与王室和封建贵族之间的尖锐矛盾给了商人和他们的城市以成长的契机。韦伯说："西方的城市是通过货币经济赢利的手段从不自由上升到自由。"不自由的农奴逃进主教驻节的城镇变成自由的商人或工匠，给城镇的统治者带来了新的税收，而自己则得到政治上的庇护。"因此，城市市民悄悄地冲破领主的权利——而同所有其他城市相比，这是中世纪西方城市的一种伟大的、本质上是革命的革新。在中欧和北欧的城市里，产生了著名的原则：'城市的空气使人自由'，——也就是说，经过一段长短不同的、但是相对而言较短的时期之后，奴隶或依附农的主人就丧失权利，不能再要求把他作为权力的服从者。""城市的创建者愈是谋求更富裕的移民，他就愈是必须做出更重大的让步。"[②]

从11世纪初起，主教管辖的城镇成为市民反抗斗争的舞台。要求自治权力的市民运动发端于意大利北部。1057年，米兰爆发了反对大主教的骚乱。经过暴力或者迫于暴力的威胁，主教们不得不向城市公社转让权力。在1068年已有关于卢卡"公社法庭"的记载，1080年又设置了负责该市行政管理的"执政官"。到1107年才有资料提到米兰的执政官，但可以肯定他们早已存在。执政官从市民中产生，是城市公社的代表。这种职位的最大特点，是其任期的年度性和选举性。城市公社获得的另一项政治成果，是皇帝的、主教的和领主们的城堡悄悄退出城市：在围绕城墙的某个特定范围内不得建造城堡，以及皇帝和领主们不应拥有在城市居住的权利。大多数法国较大的城市，也都以一种类似的方式，通过各种盟誓的结义，达到制定它们的城市宪法的目的。英国的城市要到14世纪才争得特许权，获得法人资格，此后，城市才被承认为法人团体。从理论上说，城市的特权都是建立在王室和领主授予的基础之上的，当然这种授予可以擅自随意解释，但现实的政治形势妨碍了他们这

① 马啸原著：《西方政治制度史》，高等教育出版社2000年版，第49页。

② 转引自华伟：《城市与市制》，载《中国方域——行政区划与地名》，1993年第3期，第9～13页。

样做。当城市与领主双方斗争时，王室总的倾向是支持城市。

根据韦伯的总结，在中世纪欧洲自治市的高峰时代，表现出如下的一些特征：1)政治上的独立地位。市政府持久地维持着自己的军队，缔结同盟，进行大的战争，征服大片农村地区、其他城市乃至海外殖民地。大部分市派代表到国家或区域的代表机构里，由于它们财政上的强劲，往往在其中握有决定性的一票。2)拥有城市本身以及同业公会和行会自治的法律章程。3)自主，即拥有不受外来干预的自己的法院机关和行政机关。4)对市民的征税权力，市民对外免交租息和赋税。5)市场管辖权，自治的商业和手工业警察以及垄断性的驱逐权力，自治的"城市经济政策"。应当承认，中世纪欧洲的城市自治，是欧洲率先实现现代性突破的关键所在，是对人类文明的一大贡献。

18、19世纪欧洲主要国家完成资产阶级革命后，近代民族国家确立。虽然国家统一的行政区划体系确立，但城市的自治体制依然或多或少地保留下来，并逐渐推广为地方自治制度，普遍适用于所有的地方行政区划单位。这一点在法国表现得最为明显，法国大革命胜利后，国民议会立即颁布法令，规定每个城市、集镇和乡村均得设立市政机构，作为全国的基层行政区划单位。因此，总体上说，西方国家的民主选举制度是从自治市的市政选举制度脱胎而来的。[①]

(2)中国城市作为地方政府统治的中心使城市仍沿用城乡合治的地域型政区管治方式

中国古代社会完整的国家结构形式创立于秦朝，秦以前一直是一个多元而分散的社会。完整的国家结构形式是在整合了多元而分散的社会后形成的，整合的最基本手法是中央集权。公元前221年秦王朝的建立，不仅为中国统一的、多民族的国家的建立奠定了基础，而且也为后世确立了一个以县为基础的地方政府体制结构格局。自秦以后的两千年的中国历史，尽管历代封建王朝对国家机构的设置、地方政府体制层级或类型的安排不尽相同，但秦王朝确立的中央集权单一制国家结构形式和以县为基础的地方政府体制结构，却始终没有大的变化。清末思想家谭嗣同说：中国"两千年来之政，秦政也"。谭嗣同所论虽然是就整个国家政治体制来说的，但从地方政府体制结构和行政区划来看，情况亦复如是。[②]

陈小京、伏宁、黄福高等曾总结了中国古代中央集权单一制的国家结构形式及其具有的几个基本的特点。这些，对中国的政区体制有决定性的影响：

> 中国古代中央集权单一制的形成，是与封建专制君主制这一国家政权组织形式密切相关、互为因果的。因此，中国古代中央集权单一制的国家结构形式，便由此形成了几个基本的特点：
>
> 第一，存在一个专制君主——皇帝。……一是皇帝的地位至高无上，除了"神意"、"天命"等超自然的力量以外，皇帝不服从任何比自己更高的权威，……皇帝除了被别人效忠以外，没有任何法律上的效忠对象。二是皇帝的权力是绝对的、完整的、不可分割的，其权力的运作不存在任何法律形式的分权和制衡，只要皇帝愿意，他就可以管任何事、任何人。三是皇帝的权位是独占的、排他的，皇权是不

① 华伟：《城市与市制》，载《中国方域——行政区划与地名》，1993年第3期，第9～13页。

② 参见陈小京、伏宁、黄福高著：《中国地方政府体制结构》，中国广播电视出版社2001年版，第53页。

可以转移的。……宫廷成为权力的中心。

第二，国家权力的高度集中。中国自秦始皇以后的历代封建皇帝对国家政体的认定，就是只有一个中国、一个皇帝、一种制度。国家权力高度集中于皇帝个人，皇权缺乏组织上和制度上的制约。在立法权上，皇帝的意志就是国家法律的基本来源，甚至是唯一来源。在行政权上，该权从来就属于皇帝。皇帝在推行行政管理中，基本的特点是不断分官僚集团之权，而集皇帝行政之权。……在司法上，皇帝不仅掌握着司法上的最终裁决权，同时又是国家的最高审判官。……在这种国家权力的高度集中的情况下，就中央与地方关系而言，中央代表了所能集中的权力，地方官员和地方政府机构只是皇帝的代表或中央的派出机构而存在并运行，毫无自主性可言。即使在蒙、藏、回、苗等情况特殊的少数民族地区，也不主张实施自治，而是实行少数民族头人主政，皇帝敕封的政策。

第三，形成了一整套体系庞大的政府组织体系。皇权是中央集权的化身，但国家权力的实施又并非皇帝独揽，而是由一个绝对忠诚和唯帝命是从的官僚机构所完成。……在地方政府体制方面，虽然各朝都有所调整，但总体上看，秦汉以来形成的旨在维护中央集权的地方政府体制没有变化。各级地方政府组织都是中央政府垂直控制、层层节制的权力结构中的组成部分，各级地方政府在组织结构的设置上，也基本和中央机构的设置统一对口，体现了行政组织上下高度制度化和统一性的原则。

第四，中央集权与"大一统"的传统意识紧密相连。……儒学的创始人孔子首先主张大一统，认为"礼乐征伐自天子出"，强调中央集权。孟子则进一步主张国家"定于一"。……而要维护一统天下的局面，则是依靠政治权力与意识形态观念合一的一体化结构。这种一体化结构的建立，与西汉时期的董仲舒所起的作用分不开。……董仲舒的主张被汉武帝所接受，儒学借助封建国家的政治权力……成为封建社会的正统思想。进一步，参与封建国家管理的儒生们，又把宗法组织的道德要素推广到社会组织中去，……将天人合一的皇权作为伦理秩序的最高等级，将宗法组织与国家组织协调起来。由于宗法一体化的社会结构，使得中国封建社会与世界上其他国家的封建社会相比有自己鲜明的特点，那就是世界上绝大多数民族经历的封建社会都是以分裂割据状态存在的，而统一的中央集权的封建大国始终是中国封建社会的主导形式。①

在这样的背景下，中国的政区体系始终是单一的"城乡合治"的地域型政区。中国的城市起源、出现甚早，历史上也不乏规模巨大的都市。先秦的战国时期，很有一批通都大邑，经济发达、商业繁盛。但秦后，中国的城市就主要成为中央统治地方的政治据点，即主要发挥政治中心的作用。城市由于其重要的政治、经济意义而直接为各级地方政府掌握，辖地中的其他聚落因实在无法直接控制(成本太高)而事实上处于一种自治状态，但这种自治极为有限，且要受到政府的严密控制；更重要的是，没有法律保障，一旦达到一定规模，政府可以在此设置新县，又将其直接控制。因此，中国的城市非但不是自治、自由的源地，相反，是

① 陈小京、伏宁、黄福高著：《中国地方政府体制结构》，中国广播电视出版社 2001 年版，第 58～61 页。

政府控制的中心、重心。从上到下、层层节制的政区体系，实际上构成了城市体系。专制集权的中国朝廷把市镇牢牢掌控在自己的手心里。傅筑夫说："中国的城没有一个是由人民根据其自己的需要，把一个工商业荟萃的地点自行改造为城市。"在韦伯看来，中国的市镇缺乏西方城市所特有的政治力量：领事、参议会、按照拥有军事独立权的商人行会的方式组织起来的商人与工匠的政治组织，因而没有能够像西欧中世纪市镇那样，形成具有自己政治特权的"政区"和自治制度。[①] 中国传统的政区格局，表面看是地域型的，而其实质，其实就是城市的建制。中国走的是一条以上驭下、以城市控制乡村的管治之路。在中国这样人口众多、面积广大的国度，在儒家政治理想的支配下，采取这样的行政区划体系和地方管治方式，就传统中国所处背景和中央集权的国家取向而言，无疑有其合理性在，是一种成本较少而效率较高的治理手段。

20 世纪初期至 40 年代末叶，中国曾经尝试全面引进西方的地方管治方式，即实行地方自治，并确立"市"制，即出现所谓"城市型政区"。但如上所述，二者完全是中国传统中陌生的东西，缺乏生长的土壤，故需要有一个较长期的由上而下或外力强制实施的过程。但 1949 年后，中国大陆完全转向前苏联模式，在近 30 年的时间里，当时的政治理想与意识形态是与西方针锋相对的，故而断然抛弃西方的地方管治方式，全面借鉴前苏联的计划经济和政治体制，重构了中国现代的政区体制。在这种模式下，"市"制虽被保留，但其实质已发生变化，实际上重归中国传统的地域型政区管理模式，城市主要是作为国家统治、管理和控制地方的中心和据点；而且其控制的广度和深度都是传统中国所望尘莫及的，突出表现就是城市的经济职能得到空前发挥，且政权建设深入到县之下的乡、镇。20 世纪 80 年代后，中国开始改革开放，城市化又迅速推进，但因政府职能尚未明确，体制的转换更是举步维艰，因此，中国的政区管治方式仍多为传统的地域型政区手段，与西方差别甚大；而尤为突出的是所谓"市"制的扭曲，出现了"整县改市"、"地市合并"和"以市管县（市）"等与西方截然不同的现象。但是，如果我们将这种现象放在中国的政区发展过程中来看，则又会发现其不合理中的合理之处。既然市制的核心是聚落即社区的居民自治，那么在中国尚未全面推行地方自治的情况下，不论如何在表面上清晰地界定出城市的范围，都没有实际意义，因为多一个政府就会多一套编制、多一个层次、多一份开支，而这绝对是成本过高又效率极低的，与正在进行的改革背道而驰。正是从这一点出发，"地市合并"等才具有实际意义。因此，我们可以说，中国目前的一般政区体系，尽管从表面上看，已划分为地域型和城市型两大类，但与传统类似，仍基本是一种以城市为中心、层层节制的城市与地域合一的政区结构。中国的城市型政区的建设和发展，仍有很大的制度创新的空间。

3.2.1.2 一般类型政区的设立、形态及相应地方政府等外在特征的比较

如上所述，一般类型政区在中国与西方是以截然不同、甚至完全相反的发展方式演化而来的：中国长期以来主要是"城乡合治"的单一地域型政区及其由上而下的完全控制型管治方式，地方缺乏自主权，这种方式影响深远，使得近代以来从西方传入的市制即城市型政区也打上了这种地域型政区管治方式的深深烙印，二者名异而实同；城市型政区可以说还处于形成和变迁时期，属后起式。与之相反，西方的"城乡合治"的单一地域型政区经历的时间短，扩及的地域规模小，对地方的控制也弱。中世纪自治市的出现使城市自治向更广

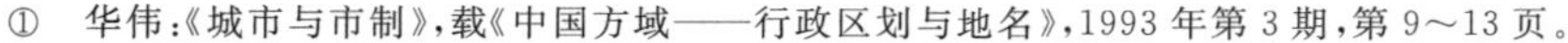

① 华伟：《城市与市制》，载《中国方域——行政区划与地名》，1993 年第 3 期，第 9～13 页。

泛的地方自治演化，正式的城市型政区基本与其近代民族国家的建立同步进行。城市型政区与地域型政区界定清晰，不相混淆。由此，形成中国和西方国家一般类型政区的其他一些外在特征的差别。

(1)政区设置

一般类型政区的设立、调整和变更，中国基本上是自上而下的，完全是中央或上级的政府行为，各级政区从上到下都是由上级政府划分而成，下级无主动权，既无高层政区与中央政府的分权，也无基层政区的自治。西方国家则基本是自上而下与自下而上的结合。从中小单一制国家来看，存在基层政区和中间层次的政区。前者主要为聚落型政区，以城市型政区为主，由社区居民自愿结合，由上级政府认可，自主管理；后者则均为地域型政区，主要由国家(中央政府)划分而成，作为中央对地方的分治及与基层的联络，管理方式上也基本采取地方自治的形式，如英国、法国。从联邦制国家尤其是一些大国来看，则既有高层的联邦政府对其成员单位的认可和划分，但均以宪法明确分权(即高层政区对中央的自治)，也有成员单位政府对基层政区的划分和认可、分权或授权，主要也采用地方自治的方式。如美国，州既有国家认可的(独立时的13州)，也有后来国家划分中西部新拓疆土形成的新州，但一旦划分，便不能轻易改变；而各州之下的政区，与西方单一制国家类似，地域型政区(如县)由州划分作为分治机构，城市型政区则由社区居民自愿结合、提出申请并自主管理。

(2)政区形态

政区形态中国与西方国家差别也很明显。这种差别是二者的内在实质差别的派生。最显著的一点，中国当代的各级、各类政区，包括所谓的城市型政区，都是面状形态，既有城市，也有乡村；而西方国家的城市型政区总体而言属于点状，多不包含大面积的乡村地区。地域型政区的形态类似之处多些，均属面状，但也有差别；因其与许多因素有关，如国家的历史进程及自然地理特征等，故稍微复杂一些。中国从上至下各级政区之间界线犬牙交错，形态各异，极不规则，显示出历史的悠久、自然的复杂和调整的频繁，是自然因素与人为划分作用的结果。西欧各国也有相当长的发展历史，与中国有类似之处，但多属中等国家，故相对均衡一些。而像美洲、大洋洲等的后起国家，尤其是有英国传统背景的美国、加拿大和澳大利亚等大国，其相当部分高层政区、基层政区的划分完全是人为因素作用的结果，显示出均衡的、规则的几何形态，这与当时该国的地广人稀和英国移民的法治传统有关。

(3)地方政府

各级政区地方政府的职能、构成等各国差异更大。这既与意识形态有关，也与历史传统、国家结构等有关，无法简单归类。兹将主要国家的地方政府特征论列如下：

1)前苏联：前苏联的地方政府是在十月革命后，根据列宁的民主集中制原则建立的。以后又有变化。在组织结构上呈现如下特点：

其一，层级结构的多样性。前苏联地方政府，就整体而言，分为四级，即加盟共和国；自治共和国、边疆区、州；区；村、镇。但在各个加盟共和国，地方政府的层级又有较大的差别，如有的加盟共和国是三级制，有的是三级制和四级制并存，还有的是四级制和五级制并存。

其二，地方政府的双重隶属性。这是前苏联模式的地方政府的一个显著特点。在前苏联，地方政府按两个系统发生隶属关系，即在横的方面，它隶属于同级的权力机关；在纵的方面，它又隶属于上级管理机关。地方政府的部门管理机关也实行双重隶属制。如执委会的各局，既从属于该执委会，又从属于上级同名称的局或部。

其三，职能部门林立。基于对社会进行全面管理的原则，前苏联各级地方政府(除村、镇一级以外)都设立了众多的职能管理部门。如州政府设立的职能管理部门多达40多个，区政府也有20多个。在这众多的职能机构中，管理经济的部门占有较大的比重。这是前苏联模式的一个显著特点。此外，还有许多附设机构。

2)中国：中国现当代的地方政府是在1949年后按照前苏联的社会主义模式和民主集中制原则建立起来的，同时受到长期中央高度集权传统的影响。20世纪80年代后开始发生变化。总体而言，类型多样，地域型政区、城市型政区、民族型政区以及特殊型政区均有设置，但除少量的特别行政区之外，管治方式基本划一；层次多，各地差异大；地方政府具有双重属性；职能部门林立，对社会、经济等实行全面管理。

3)英国：英国地方政府具有较长的历史。早在19世纪的最后几十年，就确定了地方政府的基本结构形式，其后又经过多次改革，1972年10月通过《地方政府改革法案》，1999年7月又颁布了新的《地方政府法》。从组织结构上看，英国地方政府具有两个显著的特点：

其一，英国虽然是单一制国家，但其地方政府的层级结构并不是整齐划一的。英格兰和威尔士地区大体相同，设三级地方政府，而苏格兰，则是二级制与三级制并存。至于北爱尔兰，其变化较大，它有时由其“自治政府”行使职权，有时又由联合王国的议会和政府直接管理。

其二，英国地方议会下设各种执行机构和职能机构——各种委员会，而没有一个统一的行政管理机构；各委员会直接对同级地方议会负责，直接受同级议会的领导和监督。这与其他国家的地方政府结构极不相同，是英国地方政府组织结构的一大特点。

4)法国：法国在1982年以前，长期是一个典型的中央高度集权国家。这种体制对法国地方政府的组织结构产生了直接影响。其结构特点是：其一，中央政府直接任免大区、省等的主要官员，大区长、省长对中央政府负责，定期向中央报告当地的政治、经济、社会和行政情况以及可能发生的事件；市长虽由市议会选举产生，但接受中央政府和省长的领导，直接对省长负责，从而形成了单一的、垂直的组织领导体系。其二，地方政府组织结构的同一性，即同级政府之间(巴黎市除外)在组织结构上基本相同。

1982年法国颁布《关于市镇、省和大区的权利和自由法》，进行改革，在维护单一制国家结构的前提下，逐步向分权管理发展。这样，情况发生很大变化。主要是：中央取消了对各级地方政府的监管，地方民选机构的权力明显增强。大区议会、省议会和市镇议会由单纯的议事机构转变为“议政合一”机构，“通过审议自由地管理本地区的事务”。议长为辖区最高行政长官。地方政府作出的决定，只要不违反国家法律和法令，就不受中央政府干涉，也无须得到中央政府或其代表的同意和批准。将省和大区的地方事务管理权由中央官员手中转到民选的地方官员——省议长和大区议长手中。中央委派到大区和省的行政官员不再行使地方事务的管理权，他们主要负责国家法律和法令的执行，管理与国家利益相关的事宜。地方分权改革还增强了地方政府参与经济和社会事务的权力，扩大了地方政府在地方经济发展中的活动范围。①

5)美国：美国地方政府模式，曾受到18世纪英国模式的很大影响。但由于美国国内各地情况不同，地方政府在结构形式上的变化比英国或欧洲任何一个国家都大。这种变化过

① 袁晖、曹现强主编：《当代西方行政管理体制》，山东人民出版社2000年版，第221～222页。

程发展到今天，形成了美国地方政府结构的独特特点：

其一，形式多样。这一点恰与法国地方政府形成了鲜明对照。美国各州虽然仿效联邦，实行三权分立，但各州政府均按本州的宪法加以组织，体现了本州的特点。在城市地区，市政府的结构形式更是多种多样。县、乡、镇、学区、特区政府也都根据当地的实际情况和实际需要来加以组织，并在实践当中不断地加以改进。

其二，结构复杂。美国地方政府的组织结构不像其他国家那样比较单一，恰恰相反，其结构极为复杂。美国州以下的各级地方政府，虽然都是根据州的法律或特许成立的，但其法律地位极不相同。如有的政府是自治团体，具有法人资格，有的则不是自治团体，不具有法人资格；有的地方政府是根据分权原则组织的，有的地方政府则是根据权力统一原则组成的；有的地方政府的管辖范围与行政区划一致，有的则不一致，等等。这种复杂的结构，虽然能适应各地的不同情况，但也造成了机构重叠、职责不清、效率较低等问题。

其三，纵向隶属关系较弱，地方自主权较大。美国州政府与联邦政府之间，各有自己的职权范围。州政府在自己的职权范围内，可以独立地行使职权，不受联邦政府的干预。州以下的地方政府虽然是州政府建立的，但由于它们的主要官员是由地方议会或选民选举产生的，因此，他们直接对地方议会或选民负责，而不是直接对上级政府负责，具有很大的自主性。一些具有法人资格的地方政府，依法独立行使职权，具有更大的自主性。

其四，地方政府数量多，名称不统一。①

3.2.2 一般类型政区中央与地方及不同层次地方政府之间的关系

中央与地方及地方各级政府之间的关系，可从不同的角度加以考察。首先是纵向的垂直层级之间的关系，包括中央与地方（主要是与高层政区的地方政府）之间的关系和高层政区与基层政区之间的关系；在这一关系领域，差别主要在于中国的从上至下完全的垂直控制型与西方国家的平等分权（联邦制国家成员单位，即高层政区）和地方自治（基层政区）。另外，横向的水平层级之间的关系也值得重视，这种关系主要是适应地方政府之间为共同执行某些行政任务进行合作的需要而产生和发展的。中国目前还以上级的协调、命令为主，横向关系较为微弱，西方国家则比较活跃，也有相应的法律规范，上级政府则较少或无权干预，值得借鉴。

3.2.2.1 纵向、垂直层级政区之间关系

各层级政区的关系中，纵向、垂直层级政区之间的关系是主要的，也是行政区划本来的固有含义，即一旦进行行政区域的划分，就必然发生层层节制的上级对下级的统辖和管理的关系，否则这种划分就没有意义。因此，传统的、中央集权的单一制国家，从上至下依次划分，从中央到基层，各级政区之间关系基本一致，都是授权而来的完全的垂直控制型。但对于联邦制国家和单一制的地方分权、自治型的国家而言，与上述就有很大差别，前者表现为中央与其高层政区的关系与此完全不同，后者则表现为基层政区与其上级政区的关系也与此有很大差别。基此，可将纵向关系划分为三种类型。

（1）中央与地方、高层政区对基层政区完全的垂直控制型

所谓的完全的垂直控制型，即从高层政区至基层政区，各级都是上级对下级的领导和

① 薄贵利著：《近现代地方政府比较》，光明日报出版社 1987 年版，第 119～122 页。

统辖关系，中央对地方层层授权，层层节制，地方没有或较少有自主权。这并不是说中央和上级政府完全地包办下级地方政府的一切事务，而是指下级政区的权力是由上级政府授权而来，并且，下级政府对上级政府负责，上级政府可以通过计划、财政、人事等安排来领导、监督下级政府的工作，且这种关系由法律确定。前资本主义时期的国家纵向政区之间基本上都是这种关系；1982 年之前的法国，也大体上可归入此类；现当代主要是按照前苏联的社会主义模式建立的国家属这种类型，目前以中国为典型。

中国传统上是一个高度中央集权的国家，1949 年以后，又借鉴前苏联的政治体制模式，建立了高度集中的社会主义计划经济体制，尽管经历了许多重大改革，但基本态势未根本改变。因此，中央对地方的控制最为严密。可从事权关系、人事关系加以说明。

1)事权关系：所谓事权，一般地说，就是处理事情的权力，或叫职权。由于中国实行的是单一制——集权型的政府管理形式，因此宪法和法律赋予了国务院最广泛的、几乎是无所不包的事权。从 1982 年《宪法》的规定来看，其所赋予国务院的 18 项事权中，可以看出：①中国宪法明文规定的国务院职权是极其广泛的，几乎囊括了所有的方面。因此，在事权划分方面，中央政府对地方政府的控制也就有了充分的前提和条件。②中国宪法和组织法对地方各级政府职权的规定，没能划清中央政府与地方政府之间的事权关系，也就是说没有对中央和地方各级政府各自的职责范围作出有明显区别的规定，而几乎是一致的、对等的。除了少数如外交、国防、戒严（进入紧急状态）等事权专属中央政府外，地方政府拥有的事权几乎全是中央政府的翻版。③在单一制—集权型政府结构中，中央政府对地方政府拥有足够的领导权，而这种领导关系在中国又往往以行政领导的方式出现。它一方面体现在国务院对地方政府的直接领导；另一方面是中央政府的主管部门对地方政府的各工作部门的领导或业务指导，而地方政府各工作部门又是地方政府的组成部分。因此，中央政府对地方政府的领导是双重的、垂直的领导关系。有了这种强有力的领导关系，再加上前述的事权划分的偏差，在中央政府与地方政府间的事权关系上，无论是在法律上还是在实际运行中，地方政府长期以来都处在一种软弱无力、或相对弱势的地位。近年来这种局面有所改善，但总体框架依旧。

2)人事关系：管理是由人来实现的。作为单一制——集权型的政府结构形式和运行机制，人事问题显然在中央政府和地方政府的关系中占据着极为重要也较为敏感的地位。在干部人事工作方面，中央对地方的控制主要是通过党管干部来实现的，即中央通过各级党委、党组织控制各级各类干部，形成一个层层控制的干部人事控制网。具体而言，主要有以下几种方式：①中央直接管理省、自治区、直辖市一级的领导干部。凡这些干部的考察、考核、培养、教育、提拔、任免、审查均由中央直接管理，地方无权干涉这一级干部的管理工作。②省、自治区、直辖市的厅、局级和地、市级主要领导干部，中央虽不直接管理，但必须由地方向中央定期汇报。③在紧急情况下，中央可直接决定省、自治区、直辖市主要领导干部的代理人选。④地方领导职务的代理，也必须由中央批准。⑤地方因工作需要增设机构而任命干部时，必须先报中央批准。相对中央而言，地方（主要是省、自治区、直辖市）在干部人事管理方面的权限要微弱得多。当然，近年来，地方在干部人事管理方面，权力也正在逐步扩大。[①]

---

① 韩继忠著：《政府机构改革》，中国人民大学出版社 1999 年版，第 263～267 页。

(2)高层政区与中央的平等、依托、合作型

对于联邦制国家，中央与高层政区(更确切地说，是联邦政府与成员单位政府)之间的关系明显不同于单一制国家，即二者有各自宪法确定的权限，权力散布于各个独立而又相互作用的政治中心。独立和依存、竞争和合作构成了联邦制内中央政府和地方政府关系的特色。联邦中央政府与各组成单位之间的权力划分有3个特征：①成员单位与联邦中央在法律意义上互不从属，各成员单位在规定范围内相互平等，同属至高无上。②明确划分中央政府与成员单位政府的权力，在一些事务上，中央政府独立于各成员单位政府，在另一些事务上，各成员单位政府又独立于中央政府。中央政府与成员单位政府二者均直接对人民行使权力，每一个公民都隶属于两个政府。③中央政府与成员单位政府在宪法规定的事务上互相协调。这种类型以美国、德国等西方的联邦制国家最为典型。可以美国为例。

美国在处理中央与地方权力关系方面采用联邦制原则，联邦政府与州政府的存在及权力范围由宪法规定，受宪法保护，彼此的权力处于平等地位；联邦与各州权力来自人民，不来自对方。联邦可对各州人民直接行使权力，不须各州同意。从法理上说，联邦政府的权力是由各州赋予的，而各州的权力是保留的。但是，联邦宪法又强调联邦地位高于州的原则。美国联邦宪法采取列举权力的形式来规定联邦的一系列权力，同时采取“保留权力”的形式规定一切未经宪法明文列举的权力均属州政府享有。联邦宪法列举权力主要包括：征税、借款权，管理外贸和州际商业权，发行公债和货币权，设立联邦低级法院权，宣战、缔约和对外关系权，建立和维持陆、海军等等。州保留权主要是指处理本州范围内部事务的权力，如管理州内工商业、交通、卫生、文教和司法事务的权力。①

(3)基层政区的地方自治型

单一制国家中除了前述前资本主义国家和社会主义国家的上级对下级的完全控制型之外，其他国家，尤其是西方国家(西欧和日本)，虽然其地方政府的权力来自于中央的授权，总体上也要接受中央对其的种种监控，但或多或少，地方政府对某些事项均享有一定的自由裁量权，很多国家在近些年来的地方制度改革中加大了“地方自治”的程度，使地方政府在中央的统一领导下享有一定的自由度和主动性，可以英国和法国为代表。另外，联邦制国家整体上看属于前种类型，但其成员单位之下的基层政区，也基本属于“地方自治”类型，如德国和美国。

1)英国：英国素有“地方自治之家”的称号，所以英国的地方政府被认为是最富有自治精神传统的。英国地方政府的职权非常广泛，它们是中央以授权立法的方式赋予地方的，包括通用法律、私法律、部门命令和规章以及临时、特别命令等。通过上述授权立法，地方政府取得或扩大自己的职权。这些职权在不同的地方存在着一些差异，但总体来看，大致包括以下几种：①立法权。包括两方面，一是地方政府有权制定地方规章，即地方政府依据法律授权制定的地方单行法规，多为议会制定的某一法律的实施性规定；二是地方政府有提出或反对某一私法案的权力。②行政权。即在自由裁量权范围内，从事公共建设事业，如道路、桥梁、卫生、福利事业等。③执行权。即执行强制性法律的权力，如管制精神病人、传染病人、照顾盲人等。④维护公共安全的权力。如维持地方法院，设置警察，管理交通或危险贸易，检查消防、度量衡等。⑤改良社会设施的权力。如设立学校、图书馆、公园、博物

① 吴大英主编：《西方国家政治制度剖析》，经济管理出版社1996年版，第282页。

馆、美术馆、体育馆、浴室等。⑥发展社会福利的权力。如管理公路、桥梁、城乡规划等。⑦从事准商业活动的权力。如设立市场、办理供水、客运、公墓、渡船、土地分配、储蓄银行及航空等。⑧执行全国性职务的权力。如战争或紧急时期，地方政府执行征集粮食、燃料等全国性必需品的职务。⑨财政权。如地方政府可依地方政府法及其他法律征收地方税及其他费用的权力。[①]

2)法国：长期以来，法国是传统的中央集权制国家，地方民选自治机构的权力十分有限，中央政府对地方政府进行直接的行政控制，地方行政权掌握在中央政府委派的官员手中，他们代表中央政府对地方事务进行管理和干预，对中央政府负责。直到1982年3月2日《关于市镇、省和大区权利和自由法》颁布后，中央与地方的关系才发生了实质性的变化，真正的地方分权改革从此在法国拉开了帷幕。1982年的地方分权改革目的在于减少中央集权制带来的弊端，充分调动地方政府的积极性，提高行政效率，使国家管理更加民主化。改革主要包括以下内容：

第一，改革了地方行政管理体制。首先，中央取消了对各级地方政府的监管，地方民选机构的权力明显增强。大区议会、省议会和市镇议会由单纯的议事机构转变为“议政合一”机构，“通过审议自由地管理本地区的事务”，议会主席为辖区最高行政长官。地方政府作出的决定，只要不违反国家法律和法令，就不受中央政府的干涉，也无须得到中央政府或其代表的同意和批准。其次，将省和大区的地方事务管理权由中央官员手中转到民选的地方官员——省议会主席和大区议会主席手中。中央委派到大区和省的行政官员不再行使地方事务的行政管理权，他们主要负责国家法律和法令的执行，管理与国家利益相关的事宜。

第二，增加了行政层次。该法将原经济发展大区变为一级领土单位和地方政府，规定其享有与省和市镇相同的法人地位及一切权力。至此，法国的行政体制由原先的中央—省—市镇3个层次改为中央—大区—省—市镇4个层次。

第三，扩大了地方政府的权力。该法进一步明确了中央与地方的职权划分，规定中央政府将分期分批把一些过去由中央负责的事务交由地方政府管理。改革后，大区、省和市镇三级地方议会除有权决定本级预算、决定本地区公共机构的设置、批准本地区经济合同和社会救济及经济补贴的方案外，还有权处理教育、交通、城市规划和住宅建设等法律明确规定的事务。[②]

3)德国：从宪法的角度讲，联邦制国家中的州政府并不是地方政府，州下面的县、市等基层政府才是地方政府。在德国，县和市一方面是州的行政单位，另一方面又是享有自治权限的行政实体。德国的县和市，在法律范围内有职责自己管理地方事务，但同时，它们也执行州或经过州的行政专区所委托的一些任务。德国县和市等基层政府的自治权受到联邦和州宪法的双重保护。联邦基本法规定，在州、县和乡(镇)中应设立经由普遍、直接、自由、平等和秘密选举产生的国民代表机关。这种代表机关在乡(镇)一级可由乡(镇)民大会替代之。基本法第28条第二款规定，必须保证各乡(镇)在法律范围内拥有自己负责处理各种地方性事务的权限。联合乡(镇)也应按照法律并在法律赋予它们的职权范围内拥有自治的权利。地方自治权也得到州宪法的保障，特别是州宪法一般允许乡(镇)对州法律提出

① 吴大英主编：《西方国家政治制度剖析》，经济管理出版社1996年版，第307页。

② 潘小娟著：《法国行政体制》，中国法制出版社1997年版，第126～128页。

的宪法争议诉诸州的宪法法院。地方政府也可将其与州的监督机构之间的争议申诉到行政法院。①

4)美国：与德国的情况不同，美国联邦宪法对地方自治政府未涉及。50 个州也仅有一半左右把"地方自治"的原则写进州宪法。美国地方自治权的扩大有一个历史过程。在美国联邦制下，监督地方政府是州政府的保留权力。每一个地方政府都是州创造的工具，地方政府不拥有固有的权力，只能作为州的代理人或根据州议会的特许行使权力，这被称为联邦制下的"州内单一制"。但自 19 世纪末以来，美国许多州推行了发展和鼓励"地方自治"的改革。这种改革尤其表现在城市的成立和管理中。美国的市是经州的特许成立的，许多州在颁发特许状时，赋予市更多的自主权。与此同时，现代化和人口的增长也要求县政府提供更多的服务，许多州给了县更大的决策权和灵活性。有的州还把"地方自治"的原则写进州宪法，限制州议会和州官员干预地方的权力，形成所谓"立宪地方自治"，被称为"州内的二元联邦制"。②

3.2.2.2　横向、水平层级政区之间关系

较之政区之间纵向的垂直关系，横向的、水平层级之间的关系是后生的，既具有临时性的特征，较不稳固，也多缺乏明确的法律规范，地位较低。在传统的中央集权的国家中，因政区之间纵向关系发达，控制严密，使横向关系极不发育，彼此之间联系微弱，中央政府对此持消极和疑虑的态度，亦无法律对此给予引导和规范。中国目前尚属于这种状况。联邦制国家和有地方自治传统的国家，尤其是西方国家，这方面则相当活跃。中央政府对此也给予支持和鼓励，并有相应的法律规范。可以法国为代表。

(1)均受上级政府垂直领导，彼此无直接关系的孤立型

中国目前这种横向的水平层级政区之间尚未有广泛的直接关系，同级政府之间的主动合作较少，更无法律规范这类行为，彼此之间关系微弱。

不过，值得指出的是，20 世纪 80 年代以来，中国也已开始出现一些变化的趋势和动向。如早于 1983 年，国务院即成立"上海经济区规划办公室"。规划办成立后，对规划区范围内的基础设施、水利治理、产业发展等进行了规划和协调，还成立了区域性的金融等组织，规划办编制的"太湖流域综合治理规划"经国务院批准后实施。20 世纪 90 年代后期建成的沪宁、沪杭高速公路，也由规划办最早提出、并得到交通部的支持。此外，规划办还编制了"沪宁及长江下游沿岸地区国土规划"，并推动了东海油气田的勘探调查。但后来情况发生了变化：各地竞相争取加入上海经济区，其范围由原先的苏锡常、杭嘉湖及宁波、绍兴、舟山等地市扩大到江浙两省全部，以后，江西、安徽、福建也相继加入，山东则派观察员参加，演变成了"华东经济区"。按照经济区的发展要求，加强区域合作、促进区域发展的目标被淡化，而为本地争取项目投资逐步成为各地参加经济区的主导动机。由于偏离了原定目标，规划办公室遂于 1989 年被撤销。③ 以后，又出现诸如"长江三角洲地区经济协调会"④、"西南五省区七方横向经济协调组织"⑤等。当然，多为官方论坛性质。

---

① 吴大英主编：《西方国家政治制度剖析》，经济管理出版社 1996 年版，第 295 页。

② 吴大英主编：《西方国家政治制度剖析》，经济管理出版社 1996 年版，第 295～296 页。

③ 马学新：《实现长江三角洲地区大都市带建设的制度创新》，载《经济决策分析》，2003 年第 2 期，第 31～33 页。

④ 马学新：《实现长江三角洲地区大都市带建设的制度创新》，载《经济决策分析》，2003 年第 2 期，第 31～33 页。

⑤ 李振泉、杨万钟、陆心贤主编：《中国经济地理》，华东师范大学出版社 1999 年版，第 332 页。

(2)平等合作、可发生多种关系的地方组合型

法国的地方组合,即地方领土单位的组合,是适应地方政府为共同执行某项行政任务进行合作的需要而产生和发展的。原因一是因为某项行政任务涉及若干个领土单位的共同利益,二是地方行政单位的人力、财力匮乏,难以维持必要的公共服务,非合作不可。后一种情况在市镇尤为突出。法国的市镇区域小、人口少的居多,据有关研究(20 世纪末叶情况),在 36 700 多个市镇中,约有 90%的市镇不足 2 000 居民,其中 4 078 个市镇不足 100 居民,22 531 个市镇不足 500 居民。特别是工业化的发展,农村人口的大量外流,造成许多市镇严重失血,使这一问题变得更加严重。这些小市镇在人力、财力等方面严重不足,难以行使市镇应有的职能。为此,法国政府制定了一系列法律、法规,积极鼓励市镇实行联合,组合成较大的实体。因此,地方政府的合并和联合在市镇一级比较普遍,且形式多样。法国地方领土单位的组合可分为同级行政法人的组合,即大区之间、省之间和市镇之间的联合,以及不同级行政法人的组合。

1)同级行政法人的组合:包括大区之间、省之间和市镇之间的联合。以大区为例。大区间组合的规则最初源于 1974 年 11 月 22 日法令,而 1982 年 3 月 2 日法令规定:“两个或若干个大区为行使它们的职权,可以签订协议或组建共同利益机构。”1983 年 6 月 9 日法令对此作了进一步的规定。1992 年 2 月 6 日法令扩大了大区在这方面的权限,完善了大区间合作机制。大区组合主要采取以下几种形式:①区际协定;②共同利益机构;③区际协约组织;④区际协商会。

2)不同级行政法人的联合:这也是地方政府合作的重要途径之一。形式较为有限,最主要的是混合联合体。根据有关法律,混合联合体可在跨大区的共同利益机构,省际协约组织,省、市镇联合体,联合区,都市共同体,市镇,商会,农会,手工业协会和其他公共机构之间组成,其目标是实现某项涉及每个成员法人利益的工程或服务。另外,还有省事务所、公共利益集团等。①

3.2.3 市制比较

城市是社会生产力发展到一定历史阶段的产物,是人类文明进步的结晶。作为与乡村明显不同的政治、经济和文化的综合实体,城市是指那些人口集中稠密、工商业发达、居民以从事高级产业人口为主、在各方面都处于中心和支配地位的地理区域和景观。城市的产生时代很早,但正式出现城市型政区,却只是近代以来的事情。所谓的城市型政区,是以一定规模的城市为基础和前提条件,由国家按照法定程序所设立的行政建制,设有相应的权力机关,并有明确的边界和确定的管理范围,即一般所谓的“市”。城市型政区是随着社会生产力的发展和城市化的推进而逐渐兴起并迅速扩展的一种政区类型。在西方发达国家,由于城市化程度很高,该类政区已经逐渐成为基层政区的主要类型。中国与西方国家在该类政区上差别明显,不论是市制的内涵和设置原因,还是设置标准和设置模式、管理方式,都或多或少带有传统地域型政区的烙印。另外,在城市化程度较高的地区即城市群地区及大都市区,城市的地位及管理方式也有很大差别。

① 潘小娟著:《法国行政体制》,中国法制出版社 1997 年版,第 113～125 页。

3.2.3.1 城市型政区的起源发展、设置模式和管理方式

近代以降,城市化发展迅猛,城市的重要作用日益为人们所认识。同时,城市本身日益变成一个非常复杂的庞大系统,使得对其的管理也变得更为专业和不同于乡村地区。后者的需求使得城市自身逐渐发展起相对独立的管理组织,自治市得以出现;前者则使国家开始将城市纳入整个国家的正式管理体系之中,使之成为一级或一类正式的行政区划。这一过程首先出现在西方。由于市民阶级的力量相对强大,经过复杂而曲折的斗争,国家无法完全消泯城市自治的传统,二者相互妥协,最终,城市自治成为主流,并影响到地方政区的管治方式,发展为地方自治。城市型政区保持与地域型政区的差别,二者在设置模式和管理方式上有明显不同。而中国的城市至少从秦代之后,就主要作为封建国家统治不同区域的中心和据点,受到国家严密的控制,完全没有自治的可能,也缺乏这种传统。因此,尽管在 20 世纪初一度引进西方"市"制及其自治的管理方式,但几经演变,最终还是纳入整个国家统一的政区体系之中,其设置模式、管治方式等与地域型政区并无二致,实质上使市制成为一种区分政区等级的标志和发展经济、推进城市化的手段。

(1)从市制的起源和实质看中西方的差别

皮雷纳指出:中世纪和近代城市的两个基本属性是市民阶级的居民和城市组织。城市所指的是一个地方,其居民不以耕种土地为生,而是从事商业和工业。城市应理解为一个特殊的社会,具有法人的资格,并拥有自己特有的法律和制度。这种法律制度的精髓就是城市自治。现代西方国家市制的两个基本特征是:首先,它是城乡分治的城市型行政建制;其次,它的政府体制实行市民自治制度。[①] 与之相比,中国当代的"市"制缺乏这两个特征,即具有城市之表而无"市"制之实,实际上仍具有传统地域型政区的内涵。这种状况,与市制在二者当中不同的发展历史与文化传统有关,构成自治与统治的差别。

1)自治—统治—自治:西方国家自下而上的城市自治到城市建制

欧洲大陆在公元前 7—6 世纪的罗马时代已设市政官的职位,市政官由公民会议选举产生,主要担负监督市场与街道饮水的责任。此后,在经历了长达 6 个世纪的战乱之后,至 11 世纪,在战乱中荒废了的城市随着欧洲大陆逐渐恢复的平静而如雨后春笋,勃然兴起,如欧洲南部的罗马、那不勒斯、热那亚、比萨、佛罗伦萨、威尼斯等。这些城市或为主教食邑,或为皇帝、国王及封建领主采地,因城池坚固,足以抵抗蛮族侵略,受到统治者重视,便逐渐给予一定的自治权,设立自治政府。这就是西欧封建时代自治城市的萌芽。此后由于封建社会内部的斗争,许多城市逐渐发展成为实际上的自由城市。市民可以参加自治的市政工作。这是西欧"城市自治"的原型。以后的市自治体乃至普通的地方自治观念均发端于此。尽管后来在近代民族国家形成的过程中,西欧各国不同程度地出现了中央集权的趋势,但经过曲折而复杂的斗争,城市自治乃至地方自治最终成为主流,并扩及世界范围。这一过程以英国、法国和美国最为典型。

中古时代的英国人口大多散居于乡村,从事农业,少有城市。其地方行政区划为:全国分成若干郡,由国王委任执行官 1 人。另由郡内自由人组织政府会议,以执行官为首长。郡下设百家邑,由全邑自由人组织邑署,以执行官所派的副执行官为主席。百家邑下为村。郡邑组织之外,则为市区(亦称自治市),其法律地位与权力大小,以国王发布的特许状为根

---

① 华伟:《城市与市制》,载《中国方域——行政区划与地名》,1993 年第 3 期,第 9～13 页。

据。特许状的获取及市区权力的大小，又以该市捐献数额多少以及国王对该区王侯的恩宠深浅为转移。因此，市区实际上是立于封建制度之外的特别郡。其后，市区往往不受地方法院之管辖，而是自行设立法院并推选法官，自行征收租税并径自呈献王室，郡执行官不能干预市区的事务。至都铎王朝时期，郡执行官、百家邑及采邑公署已逐渐衰落，地方政府就以教区为根据加以改组，并以清平吏为管理协调机关。其他各种地方政府的活动亦由清平吏掌握。此时的市区仍然立于普通的行政区划之外。其后，詹姆斯二世为加强王权，以市区违反市宪条款为借口，撤销了市区原有的市宪，继而颁行新市宪，强制附以中央集权之条款，便激起1688年的革命。之后，随着君主立宪的推行，城市逐渐取得了合法的自治地位。1835年，英国议会通过《市团法案》，规定市区应成立民选市议会，市地方政府不再接受清平吏的管辖。最初市议会仅有权管理公产、控制警察及通过地方法规。随着城市事务的增多，原由市区内专员或董事行使的权力移交市议会，各市便先后成立公路局、教育局、卫生局等，各局负责人均由市民选举产生。至1929年和1933年，英国又制定地方政府法案，将郡以下分为城区和乡区。乡区以下又分若干教区；城区下则不再分区。较大的城市地区又设郡市。市的法律地位、权力、机构由英王颁布的市宪确定，并以市长及市议会组成公法人。市议会由选民直接选举的市议员会同参议员组成，市长由市议院和参议院共同选举，任期1年，担任市议会主席，为市区代表。市区享有征用土地、土地管理与处理、接受与赠送；会议费用偿付；制定日常命令；制定地方法规等权力。至此，近代英国市制已发展定型。

法国在历史上以中央集权著称。1789年大革命爆发后，制宪会议废除了特派员制度，将全国划分为83个省，省下划分为区，区下为道，道下为市。其中，道为司法系统的地域单位，而省、区、市均设有直接民选的行政机关和议会，都享有极端的地方自治权，导致中央对此几乎无法控制。1795年，第一共和国的“第三年宪法”对地方行政组织大加修改，废除区制，省成立5人行政委员会，兼有行政与立法之责。省的行政委员会和市行政长官均为民选，但中央有权予以停职或免职。拿破仑执政时，公布了第八年法律，完全废除了地方自治制度。地方行政分为省、区、市。市议会设10—30名议员，由省长任命，市长及副市长由省长或中央任命，受省长指挥。1831年，市议会改由选举产生，但享有选举权的只限于公务员和纳税人，市长、副市长由中央在民选议员中委任。1848年开始才有普选产生的市议会。此后，市政府逐渐享有相当的自治权。第三共和国时期，1882年市组织法规定，将完全民选的市议会职权提高，市长亦由市议会选举产生。1884年4月5日关于市的法律，对市的地位作了全面规定，市设市议会，为地方自治机关，享有地方自治权，由有选举权的公民选举10—36名议员组成。市设市长1人，副市长1人至数人，由市议会产生，任期6年。市长兼任市议会议长，既做中央代理人，又是市自治机关代表，具有双重身份。标志着法国近代市制进入成型与成熟阶段。

美国由于独特的历史进程，直接引入英国的城市自治传统，又采用联邦体制，因此，地方自治一直保持。殖民地时期的市制与当时的英国类似。独立后，市宪颁布的权力由州议会行使，市区组织多根据合众国宪法精神，设立市长及两院的议会。市长由选举代表会选举，下院由各选区普选产生，上院则由各区各选1人组成，每年改选1次。市长与市议会关系采取制衡原则，市长对市议会的一切议案均可行使否决权。议案一经否决，市议会须再经2/3绝对多数复议通过，才能生效。1820年以后，市长多改为由市民直接选举，同时废除了选民的财产资格限制。1850—1870年之间，城市的人口继续增加，市的职能不断扩大，但州对市的控制有增无减。州议会可随时修改市宪或颁布特别法例，对市的事务直接作出规定。市议会的地位显著衰落。1870 年以后，市议会的权力继续受到削弱，市长的权力增加，州对市的控制减弱。20 世纪以来，市的法律地位、组织体制都由宪章规定，具有相当的稳定性，市宪章不得随意修改。随着城市人口剧增，城市自治运动和市政体制变革逐渐扩展。1901 年，得克萨斯州的加尔维斯顿市率先采用了市委员会制，实行议行合设的市政体制。从 1912 年起，一部分城市创建了市经理制。继续沿用市长—议会制的城市，也大大扩充了市长的权力，成为强市长议会制。至此，美国的市制发展至成型时期。①

2)统治—自治—统治：中国自上而下的引进和设置城市建制

在中国，城市具有悠久的历史。同乡村一样，城镇作为一种基层行政建制和基层行政管理形式，在封建专制国家地方行政建制中已存在，并同乡村有不同的管理形式与内容。如唐代，基层行政组织在乡村称“里”，在城区则称“坊”，说明城乡在管理体制上有区别。但这种区别没有质的差异，均受到国家和上级政府的严密控制，地方没有自治的传统；同时，作为一个城市整体也一直没有独立的正式建制。

中国真正产生具有近代意义的城市行政区，在法律上承认市、镇是一种独立的地方行政建制始于清末和民国初年。最早的城市行政区首先是在受西方国家影响最大的上海出现，然后再逐渐遍及全国的。清朝末期，封建统治者于 1905 年派员到西欧、日本等国学习近代资产阶级国家的民主宪政和地方行政制度。1909 年颁布了《城镇乡地方自治章程》，在中国历史上第一次以法律的形式将城镇区域和乡村区域区别开来，形成了城乡不同的政权系统。此章程尚未来得及全面实施，辛亥革命就爆发了。1911 年 11 月，江苏省临时参议会制定了《江苏省暂行市乡制》，规定市的组织有立法机关和行政机关，以及相应的选举办法等，这可以说是市制的开端。后经广州军政府《广州市暂行条例》和北京政府《市自治制》(1921 年)的颁发，市制逐步完善。这时市制的主要特点是：市为一种区域性自治团体。1928—1947 年是市制形成的重要阶段。1928 年，国民党政府公布《特别市组织法》和《市组织法》，将市分为两类：一是直隶于行政院的市，二是直隶于省政府的市。市下划分为区、坊、闾、邻四级。市设市长；市政会议由市长、参事、局长或科长组成，并由市参议会互选代表参加；市参议会由公民选举组成，任期 3 年，每年改选 1/3。1933 和 1947 年两度修正此法，简化了设市标准，市内行政体系改为“市以下为区，区之内编为保甲”。到 1947 年底，国民党政府直辖建制市达 12 个，省辖市达 57 个。至此，当时中国所有较大的工商业城市，均成为一级行政区划和县以上一级地方政权，并在法律上(形式上)具有地方自治的性质。②

1949 年中华人民共和国成立后，初期，城市行政管理体制沿袭了市作为地方国家行政单位的组成部分的内容和市县分治的行政区划体系，但不具有地方自治的内涵。与地方的省—(地区)—县—乡四级管理体制相平行，设有直辖市—设区的市—不设区的市—镇四级体制。在形态上，还与地域型政区有明显区别，但明确规定市“是属于省、自治区、自治州领导的行政单位”。20 世纪 80 年代以来，中国城乡社会经济结构发生了深刻变化，农村产业结构、劳动力结构大幅度调整，农村剩余劳动力大量转入非农业生产领域，自给、半自给经济逐步向商品经济转化，小城镇日益繁荣兴旺，大、中城市对社会经济发展的带动和促进作

① 木桢、高力、侯一红编著：《市政学教程》，云南大学出版社 1996 年版，第 4～7 页。

② 靳润成主编：《中国城市化之路》，学林出版社 1999 年版，第 76～77 页，第 120～121 页。

用日益显著。在这样的背景下,原有传统的设市模式和标准严重阻碍了各级各类城市的发展,因此,中国对市制进行了重大调整,即整乡改镇、整县改市、撤地设市和市领导县(市)。[①]至此,中国的市制与地域型政区已无本质的区别,成为中央和上级政府推进城市化进程的重要手段,也是政区等级的一个标志。

(2)设置程序

如上所论,西方国家的城市型政区实际上是一种聚落型政区,以各级大小聚落所在地域为基础,由其内居民自主管理,并设有相应机构。按照聚落大小不同,机构复杂程度有异,但其地位一律平等(除个别特大都市有特殊地位),即国家设置该类城市型政区主要是着眼于政治因素,是保证和实现地方自治的方式。中国当代的城市型政区的设置,则主要是缘于经济方面的考虑,为了充分发挥城市的中心和带动作用,迅速推进城市化进程,同时在不放松对地方控制的前提下节约财政支出,中国采取了同于地域型政区的设置和管治方式,使中国的市制与西方各国有明显差别。由于市制在中西方实质性的差别,使得二者在市的设置程序上差异极大。同样,西方国家由于历史传统和政治体制的差别,市的设置也有不同:基本上可以分为自下而上的申请和许可型,如英美传统的国家;以及从上至下的认可和设置型,主要是大陆传统的国家,如法国等。中国总体上属于后者。但中国与西方国家的城市在法律地位上有本质差异:西方国家的城市基本上具有独立的法人地位,市具有双重资格,即第一,它是上级政府的代理人,执行公共的或政府的职能;第二,它是地方单位,执行法人的职能;中国的城市则是国家在地方的管治机构。

1)自下而上的申请和许可型:可以美国和日本为例。美国约有 2/3 的人口生活在城市之中。在联邦宪法中,全国政府以下的政治单位是州,城市未被提及,因此城市不存有宪法权利。城市的法律基础是依州法律而设置法人。当有一定人数的居民愿意组成市法人时,即可向州议会提出申请,由议会通过特别法律准其成立。这种法律普遍称为市特许状。市特许状由政府颁发,特许状内容包括:①市政府管辖的疆界;②市法人的宗旨、权力、职能、权利与特权;③市政府的组织与职权。州议会所授予的权力和市政府的组织,依城市的等级或种类而有区别。

日本都道府县的废止、设置、分立及合并或者变更境界由法律规定;市町村的废止、设置、分立及合并或者变更境界,基于有关市町村的申请,都道府县知事必须经过都道府县议会决定,报自治大臣;市的废止、设置、分立和合并时,都道府县知事必须预先与自治大臣协商;跨都道府县境界的市町村境界变更,基于有关市町村的申请,由自治大臣决定,由此,都道府县境界也随之变更。上述申请必须经所在区域议会议决。

2)自上而下的认可和设置型:可以法国和现当代中国为例。在法国,市镇是基层地方领土单位,源于大革命前的旧王朝,是按自然群体划分的,适应以农业为主的社会的需要。在旧制度下,市镇的地位很不一致。许多城市有议会,而乡村则没有真正意义上的市镇政府。有些市镇有国王或封建主颁给的特许状,享有其他市镇所没有的特权,且特权的内容各不相同。法国大革命扫除了一切封建特权,改变了这一状况。1789 年 12 月 14 日所颁布的法令真正确立了市镇的地位。该法对市镇进行了划分,赋予所有市镇同一的地位,明确规定,所有居民共同体,不论人口多寡,均为市镇,享有市镇的法律地位。虽然市镇的组织

---

① 靳润成主编:《中国城市化之路》,学林出版社 1999 年版,第 201～207 页。

和管理体制后来发生了一些变化，但其平等地位和体制上的同一性一直保留至今。个别特大城市，如巴黎、马赛和里昂例外，它们的组织和一般市镇有所不同。

中国的市政制度出现较晚。20 世纪 50 年代之前，在借鉴西方国家市制的基础上，制定了设市标准；按照标准，设立了一些城市，兼具自上而下与自下而上两种性质。20 世纪 50 年代后，在认可之前所设城市的基础上，按照新的标准进行了调整，城市成为国家政治控制和发展经济的据点和中心。至此，市和市辖区的设立、撤销、更名和隶属关系的变更等均由省政府申请，报国务院审批；直辖市的设立、撤销、更名更须由国务院提出，报全国人民代表大会审议决定。

(3)设置模式

目前国际上主要的设市模式有三种类型，即统一型、广域型和狭域型。西方国家主要为统一型和狭域型，中国 20 世纪 80 年代后主要采用了广域型的设市模式。

1)统一型：市的行政地域与城市连续建成区范围相差甚微，或者前者略大于后者，差异部分或作为城郊农业用地，或作为城市发展备用地。这样的市的行政地域在理论上较为合理，在实践上便于进行横向比较。日本、澳大利亚等大多数国家采用这种模式。中国在 20 世纪 80 年代之前的“切块设市”模式也属于这一类型。

2)狭域型：同一连续建成区可由几个、甚至几十个大小不等的市分而治之，一个城市连续建成区实际上由一组大小不等，但在法律上彼此平等、独立的城市群组成。这种情况在英美传统的国家较为多见。实际上在起初各个城市获得特许成立时并未相连，均为统一型设市模式，以后由于城市化的迅速推进，成为都市连绵区，但由于这些国家城市自身的法律地位难以随意变动，遂形成城市分立的局面。美国、加拿大的城市行政区划属于这一类型。如美国的洛杉矶—长滩城市连续建成区，即俗称的大洛杉矶，除了洛杉矶市(市区面积 1204.4 平方千米，人口 348.6 万)外，还包括洛杉矶县和奥兰治、文图拉两县的一部分，以及贝弗利希尔斯、帕萨迪纳、长滩等 80 余个大小城镇，总面积 10567 平方千米，人口 1000 万，仅次于纽约大市区。

中国只有个别地区出现少数跨界城市的雏形，但往往即被合并为一个城市。如海南省的海口和琼山两市。早在海南建省之初，中央确立海口为特区省会，在国务院批复的《海口市城市发展总体规划》中就有一个“一一二七”之说，即将海口市的范围逐渐扩大为 1127 平方千米，包括原海口市的全部区域，原琼山市和澄迈县的部分区域。因为种种原因，这个规划迟迟难以实施，而随着两地经济发展，海口与琼山事实上已成为一体，民间称为一城两市。但在道路规划、功能区划甚至管网铺设等方面，两市的发展思路不同，甚至道路、管网标准不同，互相掣肘。民间关于两市合并呼声日益高涨。1998 年，海口市提出“两地一中心”的总体发展战略，即将海口建成高新技术产业基地、热带滨海旅游胜地、区域性商贸中心。在“十五”计划实施伊始，海口又将“两地一中心”的研究策划提上了议事日程。但矛盾始终无法彻底解决。最终，2002 年 9 月 16 日，国务院正式批复，同意调整行政区划，海口将琼山合并。①

3)广域型：市的行政区域远大于城市连续建成区的范围，城市地域在市行政区域中所

① 《辖区扩十倍人口破百万“新海口”诞生大事纪要》，见“新浪网”：http://news.gx.sina.com.cn/finance/2003-08-20/105685.html。

占比重较小，成为以农村地域占优势的市。该类城市西方国家罕见，主要为中国 1980 年代之后所采用。中国目前大多数市（即整县改设的市）就属于这一类型。[1]

（4）设置标准

与传统地域型政区不同，城市型政区的设置主要依据一些定量指标，定性为辅，最重要的指标是人口规模和经济发达程度。同样，由于市制在中西方实质性的差别，使得二者在市的设置标准上也差异极大。西方国家多为聚落型政区，故一般只要聚落的居住人口达到一定规模，就可以申请设市；中国当代由于采用地域型政区的设置方式，城市型政区成为一种广域政区，且城市具有级别和领导作用，因此，除了有比较复杂的人口指标之外，经济指标、政治指标以及特殊指标都被作为设市标准，非常繁复。

1）政治标准：如法国，所有居民共同体都可设置市镇。另外，有近 1/5 的国家是以首都和地方行政中心为设置城市条件。中国在近代引入市制之前，县级政区及其以上的治所实际上也属于这类以政治标准所设立的城市。

2）单一人口标准：多数国家采用人口标准作为设市条件。美国各州对城市分类所采用的标准很不一致，多数州规定，凡欲设城市至少须有多少人口；有的州并规定至少须有多大面积。伊利诺伊州规定人口至少须有 1000 人，面积须 4 平方英里，始准申请设市。印第安那州规定城市分为 5 等：一等城市为 25 万人以上；二等城市为 3.5 万人；三等城市为 2 万至 3.5 万人；四等城市为 1 万至 3 万人；五等城市为 2000 至 1 万人。人口在 2000 以下者为小市镇。

3）多指标体系：在日本，根据有关法律规定，町村构成市须具有以下要件：①人口在 5 万以上；②在街市居住的户数占全部户数的 60％以上；③从事工商业和其他城市工业者及与其共同生活者，占全部人口的 60％以上；④具备所在都道府县条例规定的城市设施（如机关、高中、图书馆、博物馆、会议堂、公园等文化设施）及其他作为城市所必需的要件。

中国的指标体系最为繁复。如根据 1993 年 2 月 8 日民政部向国务院上报的《关于调整设市标准的报告》，分别制定了设立县级市的标准和设立地级市的标准，除了有人口数量外，还引入“人口密度”作为分类指导的依据；经济指标上，包括了国内生产总值、财政收入、工业产值、第三产业产值比重等，并放宽了特殊类型地方设市的标准（可参看表 3-1）[2]。1997 年后，由于原有设市标准指标过低，已经不能满足调控目标和指导意义，因此，国家已经冻结审批新的县改市申请。经过几年准备，民政部曾于 2003 年在昆明开会，研讨新的设市、设区、设镇的标准，并征求意见（当然，基本思路仍是前一阶段设市标准的延伸，没有根本改易）；[3]但至今未曾正式推出和实施。

① 靳尔刚、张文范主编：《行政区划与地名管理》，中国社会出版社 1996 年版，第 101～102 页。

② 靳尔刚、张文范主编：《行政区划与地名管理》，中国社会出版社 1996 年版，第 97～101 页。

③ 《行政区划新标准出台》，载《春城晚报》，2003 年 11 月 22 日。

表 3-1　1993 年设市标准一览表

<table>
<tr><td rowspan="17">设立县级市标准</td><td colspan="3">人口密度</td><td>>400 人</td><td>100～400 人</td><td><100 人</td></tr>
<tr><td rowspan="5">县政府驻地镇</td><td colspan="2">非农业人口(万人)</td><td>12</td><td>10</td><td>8</td></tr>
<tr><td colspan="2">其中具有非农业户口人口(万人)</td><td>8</td><td>7</td><td>6</td></tr>
<tr><td colspan="2">自来水普及率(%)</td><td>65</td><td>60</td><td>55</td></tr>
<tr><td colspan="2">道路铺装率(%)</td><td>60</td><td>55</td><td>50</td></tr>
<tr><td colspan="5">城区基础设施较完善、排水系统较好</td></tr>
<tr><td rowspan="9">全县</td><td colspan="2">非农业人口(万人)</td><td>15</td><td>12</td><td>8</td></tr>
<tr><td colspan="2">非农业人口占总人口比重(%)</td><td>30</td><td>25</td><td>20</td></tr>
<tr><td colspan="2">乡镇以上工业产值(亿元)</td><td>15</td><td>12</td><td>8</td></tr>
<tr><td colspan="2">乡镇以上工业产值占工农业总产值(%)</td><td>80</td><td>70</td><td>60</td></tr>
<tr><td colspan="2">国内生产总值(亿元)</td><td>10</td><td>8</td><td>6</td></tr>
<tr><td colspan="2">第三产业产值占国内生产总值比重(%)</td><td>10</td><td>8</td><td>6</td></tr>
<tr><td rowspan="3">地方本级预算内财政收入</td><td>总值(万元)</td><td>6000</td><td>5000</td><td>4000</td></tr>
<tr><td>人均(元)</td><td>100</td><td>80</td><td>60</td></tr>
<tr><td colspan="4">承担一定的上解支出任务</td></tr>
</table>

<table>
<tr><td rowspan="7">设立地级市标准</td><td>市区非农业人口(万人)</td><td>25</td></tr>
<tr><td>市政府驻地具有非农业户口人口(万人)</td><td>20</td></tr>
<tr><td>工农业总产值(亿元)</td><td>30</td></tr>
<tr><td>工业产值占工农业总产值比重(%)</td><td>80</td></tr>
<tr><td>国内生产总值(亿元)</td><td>25</td></tr>
<tr><td>第三产业产值占国内生产总值比重(%)</td><td>35%以上并大于第一产业产值</td></tr>
<tr><td>地方本级预算内财政收入(亿元)</td><td>2</td></tr>
</table>

(资料来源:浦善新等编著:《中国行政区划概论》,知识出版社 1995 年版,第 340 页。)

(5)管理体制

城市的管理体制各国由于历史传统和国家结构等国情不同,相互之间差异较大,各有特点。但就一国内部来说,单一制国家的城市作为一级政区,在同样的法律地位和设置标准下,基本具有同一的管理体制,并与该国的地域型政区管理体制差相仿佛;而一些联邦制国家由于其成员单位具有相对独立的权力,且城市的设置和管理方式等由成员单位自行决定,因此城市体制在各成员单位之间并不完全一致,与地域型政区管理体制也有较大差别,更在如美国这样具有悠久地方自治传统的国家,甚至一州之内城市体制也不相同,呈现出丰富多彩的面貌。

1)同一型:几乎所有单一制国家和大多数的联邦制国家,其内部的城市管理体制都是基本划一的,即各城市之间基本一致,并与地域型政区基本一致。按照起主导作用的因素不同,主要有议会制和市长制两种。前者以英国为典型,主要由城市议会和城市委员会处理市政，城市委员会是城市议会的执行机构，市长由议员担任，除了主持市议会事务外，还执行一些礼仪的和相关的市政事务；后者如中国、法国等多数国家，以市长及其领导下的市政府作为主要的市政处理机构。

2）多样型：以美国最为典型。美国各州的政治经济情况和历史发展进程颇有差异，市政府体制各不相同。现在，美国有三种主要的市政府体制，即市长—议会制（又分为弱市长制 the Weak-Mayor Plan 和强市长制 the Strong-Mayor Plan）、委员会制（the Commission Plan）和议会—经理制（Council-Manager Plan）。这三种体制又派生出许多新的形式。可以说，在美国没有两个市具有完全相同的政府体制，几乎每个市的宪章委员会或州议会考虑市政府体制时，为了自己的利益和便利，都要附加若干适合本地区特点的新规定。①

3.2.3.2 都会地区的行政管理体制

中国和西方国家在都会地区行政管理体制上的差别实际上与其各自在城市之间关系上的不同直接有关。中国的城市型政区与地域型政区类似，相互之间缺乏横向的平等合作关系，主要以垂直领导关系为主，所以导致中国的城市有非常明显的等级差别，出现市领导县（市）的现象；相应地，一旦形成跨界城市和都会地区，上级政府便多采取直接合并的方式，重新构筑一个新的统一的都市管理体制。西方国家城市则具有相对独立和相互平等的法律地位，合并和兼并相对不易实施，因此发展了多种形式的合作关系；影响到都会地区，使得大都市的管理体制也多种多样。

（1）城市型政区之间的关系

对于城市型政区之间的关系，中国与西方国家有很大不同，在单一制国家和联邦制国家也有一些差异；突出的不同是中国的城市之间缺乏横向的平等合作关系，城市的发展和扩张达到一定程度发生冲突时，这种冲突无法通过平等协商加以解决，往往只能通过提高城市级别以进行垂直管理、甚至直接兼并的方式来消除矛盾。西方国家则城市地位基本平等，城市之间横向的合作关系发达，而城市的合并等因程序复杂，实施较为困难，城市之间的垂直领导甚至直接兼并的方式更为罕见；联邦制国家较之单一制国家横向关系更为发达而纵向的合并和兼并更为困难。

1）中国的垂直领导型

中国的市按照宪法和有关法律的规定，可分为直辖市、设区的市（均为地级市）和不设区的市（包括个别地级市和所有县级市）三种。按照正式的行政建制可分为直辖市、地级市（多为管县的市）和县级市。除上述正式的等级划分外，在不同时期，适应不同需要，还设立了一些具有特殊行政地位的市，如副省级市（包括部分省会城市和计划单列城市）、较大的市、经济特区市以及沿海对外开放市等，并形成市（直辖市、地级市）管县（县级市）的垂直领导格局。②

值得指出的是，中国目前也已开始出现一些变化的趋势和动向。一是官方论坛性质的城市协调会等仍然存在，如“长江三角洲城市经济协调会”③等；二是民间实质性的动向，如

① 有关各种体制的详细介绍可参见[美]奥斯特罗姆等著，井敏等译：《美国地方政府》，北京大学出版社 2004 年版，第 41～45 页。

② 赵锦良、王振海主编：《走向城市化——县改市与县级市发展》，中国广播电视出版社 1991 年版，第 32～34 页。

③ 《“长三角”市长峰会达成联动发展共识》，见“新浪网”：http://news.sina.com.cn/o/2003-08-17/0813580103s.shtml。

在长三角地区,“苏浙沪市政工程行业的企业无论在长三角任何一个城市作业,都能得到当地市政工程协会的全力帮助,随着《长三角地区市政工程协会合作协议》日前在沪签署,第一个打破了地区行政区划的民间合作协议也进入了实际运作”①。当然,还仅限于民间层面。

2)西方国家的平等合作型

西方国家的城市因多具有独立的法人地位,故而除了纵向上接受上级政府管辖之外,彼此之间地位平等,没有领导与被领导的关系;同时,除了少数特大都市尤其是首都外,城市也没有等级之分。因此,城市之间发展了多种形式的合作关系。典型的如法国和美国。

法国的市镇一度多达36700多个,其中绝大部分人口少,规模小。市镇划分的如此分散使得计划、国土整治、城市规划等政策难以实施,市镇财政负担沉重。对于大多数市镇来说,由于种种原因,特别是财政危机,市镇自治原则实际上已成为一纸空文。因此,自20世纪50年代起,为了保护市镇居民的经济和社会利益,保证对满足居民的需要而必不可少的服务的维护,法国市镇出现了合并和组合的趋势。市镇组合涉及面广,形式多样,发展迅速,如跨市镇协商会、市镇联合体、联合区、都市共同体、跨市镇合作委员会、市镇共同体、城市共同体等多种形式。②

美国则主要是因为近几十年来都会地区发展迅速,但限于体制和传统,都会地区难以建立足以统筹全局的、统一的地方政府,行政区域支离破碎。为解决这类问题,提出和试行了一些方案,除了地方单位的合并以及市县合治或建立都会县等措施之外,还通过都会联盟、特别都会区、地方合作、政府议会等方式解决所面临的问题。③

(2)都会地区的行政管理体制

随着城市化进程的迅速扩展,都会地区(或城市群区、大都市地区)纷纷出现,城市逐渐彼此相连。该类地区的行政组织与管理已经成为世界各国广泛关注的重要问题。它关系到都市化地区政府之间的各种利益关系协调、公共服务的充分供给、都市发展的空间模式、都市政府效率的提高等许多重要方面。国际上都会地区的管理体制发展经历了几十年的历史,在西方各国特定的政治文化背景条件下,形成了两种典型的政府组织与管理模式,即单中心体制和多中心体制。前者多见于单一制国家,如英国、法国等,后者则以美国为典型。④ 中国还没有确立自己的都会地区行政管理体制;但20世纪50年代以来的直辖市的设立及其演变(逐渐辖县)和20世纪80年代以来实行的市管县(市)体制,却在某种程度上顺应了都会地区管理和发展的需要,实际上使中国成为一种单中心的都会管理体制。

1)单中心体制:亦称一元化体制,是指在都会地区具有唯一的决策中心,有一个统一的大城市机构。它可以是内部有若干小单位相互包容和相互平行的一个政府体系;或者更可能是一个双层结构体系,即一个大都市地区范围的正式组织和大量的地方单位并存,它们之间有多种服务职能的分工。典型的如英国20世纪80年代之前的都市郡和目前尚存的大伦敦政府,以及日本的东京、法国的巴黎、加拿大的多伦多等。中国的北京、上海等直辖市

---

① 《无论在哪作业 大家相互帮助 长三角建起“市政联盟”》,见“新浪网”:http://news.sina.com.cn/c/2003-08-18/0900585275s.shtml。

② 潘小娟著:《法国行政体制》,中国法制出版社1997年版,第115～123页。

③ 杨百揆著:《现代西方国家政治体制研究》,春秋出版社1988年版,第465页。

④ 刘君德主编:《中国行政区划的理论与实践》,华东师范大学出版社1996年版,第453～455页。

和一些地级市也属于这种体制。

2)多中心体制:又称多元化体制,是指大都市地区存在相互独立的多个决策中心,包括正式的综合的政府单位(州、市、镇等)和大量重叠的特殊区域(如学区和其他特别区)。在西方,尤其是美国,多中心体制是都会地区最常见的公共组织。具体组织形式主要有:

①都会联盟,即地方单位在共同利益的基础上实行有限的合并,中心城市和自治成员单位之间实行分权,中心城市政府行使诸如卫生、教育、供水、消防、警察等事项的管辖权,各自成员单位则保留诸如废物处理、娱乐、街道养护等事项的管辖权。

②特别都会区,其主要任务是解决都会地区的建筑规划、卫生、供水、治安等问题,一般只履行一种或几种相关的职能,各地方单位仍继续存在,履行除赋予特别都会区以外的其他职能。

③地方合作,即都会地区的各地方政府通过自愿合作,解决许多共同的问题。中心城市的政府可以与其他市政府、县政府就某些特殊事务订立合作协议,以避免不必要的重复。合作的事务包括机场管理、建筑监督、选举活动、消防、公共保健、医疗设施等。大部分合作协定是契约性的,明确限定需要合作解决的具体事务。各自治单位的原有权力和地位不受影响。

④政府议会,即以地方政府单位(一般是市或县,有的也包括学区和特区)为议会成员,议会设立一个具有立法机关性质的、有时被称为"会议"的机构,还设立一个处理日常行政管理事务的行政委员会,主要任务是制定或调整本都会地区的发展规划,协调解决土地使用、交通运输等地方问题,主要工作方式是批准或者否决地方政府的提案。美国的"纽约大都市区"就是该类的典型,据统计,在其中有权筹集和使用资金的管理机构近1500个。①

由于中西方各国各地区都市化发展的政治、经济、人文社会、历史和自然等环境条件不同,居民偏好也有差异,因而各国都会地区公共行政组织与管理模式的选择也不相同。有的建立了大都市政府,有的则建立各种具有特殊功能、大小不一、可以叠置的管区。黄珊在对当代世界主要国家的大都市区进行了细致的实证研究之后,"分别对北美、欧洲和亚洲大都市区治理模式进行探讨,并从新的研究视角出发,借助相关的政治、经济和社会背景资料,分析归纳出当今北美、欧洲和亚洲三类区域大都市区的治理模式",即所谓"合力制衡的北美大都市区治理模式"、"主张城际联盟的欧洲模式"和"逐步分权的亚洲模式",②可以参看。

目前,在都会地区是实行单中心体制(建立一元化的大都市区政府)好,还是实行多中心体制(建立多元化的城市联合协会等)好,尚未有明确的结论,也或许根本就不会有统一的结论,因为各有其形成的背景和优缺点。但一般认为,在多中心体制下可以有多种不同规模的组织提供最好的公共商品生产和消费的组合及各种公共服务,更能满足公众的需求。③

① 杨百揆著:《现代西方国家政治体制研究》,春秋出版社1988年版,第464～466页。

② 黄珊著:《国外大都市区治理模式》,东南大学出版社2003年版,第19～20页。

③ 刘君德、汪宇明著:《制度与创新——中国城市制度的发展与改革新论》,东南大学出版社2000年版,第248页。

3.3 特殊类型政区(民族型政区和其他特殊型政区)的比较研究

相对于前述一般的、常规的政区类型，所谓特殊类型的政区则是指对某些具有特殊问题、需要特殊处理的区域，在建制上、或在管理方式上，与一般的政区区分开来，并给予不同于一般政区的法律地位和管理权限。设立这类政区的原因，一方面是政治上的，或是由于国内民族问题的存在需要特殊对待，或是由于地理距离与本土过于遥远而使得直接统治管理不便，或是由特定的历史发展进程所造成，或者因为其政治、经济地位显赫，国家为了有效地维护统一、便于管理，而作出特殊的制度安排。另一方面，则作为一种权宜之计，国家在某些特定时期，出于某种特定的目的，主要是行政上或经济上的考虑，而在某些局部地区临时性地设立一些有别于一般常规类型的政区，或赋予其特殊的地位和权能。前者是一种政治性的、慎重的制度安排，多以宪法、根本法等主要法律来确定其地位，不能轻易变更；后者则多是政府的施政行为，稳定性差，具有暂时性。具体可以划分为“民族型政区”、“特别行政区(政治性的特殊型政区)”、“经济性、行政性的特殊型政区”和“临时性的特殊型政区”等种类。特殊类型政区因国家不同而各有特点，往往都是因时、因地而设置，没有统一标准，故最为多样。

3.3.1 民族地区政治制度的选择与民族型政区的设置

民族是人们在历史上经过长期发展而形成的稳定的共同体。广义的民族包括人们在历史上形成的、处于不同历史阶段的共同体，如原始民族、古代民族、近代民族及现代民族等。同时还有其他广泛用法，或作为多民族国家各民族的总称(如中华民族)，或作为一个地域内所有民族的统称(如非洲民族、阿拉伯民族)。狭义的民族专指资本主义发展时期形成的具有共同语言、共同地域、共同经济生活以及表现于共同文化特点的共同心理素质的稳定的人群共同体。[①] 当今的世界，乃是一个民族关系错综复杂，民族问题普遍存在，民族因素具有广泛影响的世界。目前，世界上共有2000多个大小民族，交错分布在200多个国家和地区。国家少，民族多，其中属于单一民族成分的国家为数甚少；绝大多数国家都是多民族国家。这就决定了几乎在所有国家，都有一个如何对待这些处于少数地位的民族居民的问题。对于这类民族问题，不同的国家，在不同的历史时期，有不同的解决方式。总体而言，古代和近代时期，是民族国家的形成时期，当时大多数国家采取了加速同化的措施，不承认少数民族的特殊性；政区的设置也基本同于一般型，或即使临时设置特殊政区，也仅为权宜之计，并逐渐转化为一般型。现当代开始重视少数民族的权利，因此政策发生变化，即允许各民族长期共存，保持多样性；在政区的设置上，也有所体现，出现所谓“民族型政区”。

3.3.1.1 民族问题及其解决方式的制度选择

民族有自己的共同意识。民族主义就是民族意识的一种理性发展的结果，它以对民族利益的认同和民族、民族利益和民族关系问题的理性思考为基础，以民族团结和统一为目标，是一种理性化的意识形态。在民族意识形成之前，人类社会中的族类共同体并非处于无共同体意识状态，而是经历了由氏族、部落意识再到部族意识等几个族体意识的发展过

① 靳尔刚、张文范主编:《行政区划与地名管理》，中国社会出版社1996年版，第156页。

程。随着历史的演进，人类共同体相同祖先的意识、共同语言、相同的宗教信仰以及休戚与共的发展历程等直接推动和促进了现代民族意识的形成。中世纪晚期以来，现代民族意识最先在欧洲，继而在全世界产生了。作为意识形态的民族主义都以建立民族国家、实现统一为现实目标。[①] 民族主义自近代以来直至当代，都是一种重要的意识形态和实践过程。

近代从西欧开始并扩展至全世界的民族国家的建立大潮，深刻地说明了民族主义的巨大影响力，其最终目标是要建立单一制的(单)民族国家。但在现实中，由于各民族发展程度不一，以及历史进程的限制，并非所有的民族都能够建立自己的国家，总有一些民族会作为少数民族而生活在其他主体民族所建立的国家之内。对于这些少数民族，如何既承认其应有的权利，又不破坏既有国家的稳定和统一，就是一个重要的制度选择和创新的过程。换句话说，由于诸种原因，使得对某些少数民族的承认与保护，不一定非得经由建立单一制的(单)民族国家来完成。世界各国中央政府在面对维护统一与克服分离主义的过程中，可以采取多种方式，其中，既包括采取特殊的政策和管理方式，并在中央政府设立有关职能机构，也包括采用行政区划调整，设立民族型政区的手段。

(1)特殊政策和有关机构

对于一些单一制，也即相对来说主体民族占绝对优势的国家来说，经历过一个从不承认少数民族权益、采取同化政策以至引发种种争端，到逐渐认识到其应有的地位并给以积极的扶持这样一个演变过程。虽然在建制上并未将其与其他地区加以区分，但对少数民族聚居的地区，采取特殊的经济、尤其是文化和宗教政策，以保持其民族特性，并在中央机构的设置中对此加以考虑和安排。

例如，直至20世纪60年代之前，泰国与很多亚洲国家一样，不承认多民族的存在，居民不划分为不同民族，而认为所有居民都是泰人，只是按某些特征划分为泰人、华裔泰人、山地泰人、穆斯林泰人。泰国政府在全国推行同化统一的政策。但这一政策引起很多矛盾甚至反抗。民族关系中最突出的问题是南部马来人(即穆斯林泰人)在相当长时间内一直拒绝接受泰政府的同化统一政策，对泰国政府在他们当中推行泰语、泰俗、封闭宗教学校的强制同化政策极力抵制，并曾长期进行过分裂主义的武装斗争。进入20世纪60年代，泰政府逐渐认识到保留传统文化、宗教、语言的民族心理状态，在做法上开始有所改变。为了制定和推行更有效的政策，设立了一系列组织机构，采取了一系列新措施:1960年设置内务部地方行政局和行政调整部;1961年设置南部开发委员会;1964年中央政府在也拉设置派出机构——行政调整中心;1963年至1964年制定任命行政官员标准，明确规定，赴任南疆各府的官吏必须通晓伊斯兰教;1971年制定了穆斯林子弟优先入大学的措施，等等。在经济方面，政府投资进行很多建设项目，并在其第五次经济开发中，将南部边境地区列为特别开发区，给予许多优惠政策。目前，这些灵活性政策已取得成效。[②]

在其他国家，如英国的北爱尔兰事务大臣，美国参议院中的印第安人事务委员会、内政部的印第安人事务局，新西兰内阁中的毛利人事务部等，也都是类似的机构。甚至有些国家在宪法中直接规定正副总统和总理、议长等主要领导人的民族属性，以体现民族的构成

① 王利萍著:《联邦制与世界秩序》，北京大学出版社2000年版，第31～35页。

② 金涛、孙运来主编:《世界民族关系概论》，中央民族大学出版社1996年版，第217～223页。

和权利，如斐济、黎巴嫩、塞浦路斯等。[①]

(2)设置民族自治型政区

对于面积较小，且主体民族占优势的单一制国家而言，可以采取政策上的灵活措施，并通过在中央的机构设置甚至人事安排加以体现，来减少和解决民族矛盾和问题。但如果处置失当，或外界因素影响较大，仅仅通过特殊政策或中央机构、人事的安排等措施，在某些情况下仍然不能解决民族之间严重的问题。这种情形在塞浦路斯、斯里兰卡等国都有发生。尤其对于一些大国，领土广远，人口众多，民族数量多且聚居、交错分布，民族问题就远非特殊的政策或有关机构所能解决。为了解决这种情况下维护国家统一与保持民族特性的难题，就导致民族自治型政区的设置，从国家的基本结构和根本大法上对此给以保证。

当前，世界各国民族型政区主要有两种设置方式，即单一制国家的"民族自治区"和作为联邦制国家的组成成员单位。前者多是传统的中央集权制国家，在新的意识形态或民族矛盾激化的背景下，将民族聚居区单独设立自治政府并赋予其特殊职权以自主地管理本地方及本民族事务。如二战之后的一些社会主义国家，像前苏联中的一些加盟共和国(如其中俄罗斯之下的自治共和国、自治州、自治专区)、罗马尼亚、越南等国；现以中国的"民族区域自治"制度最为典型，并载入宪法，成为国家的基本政治制度；西班牙 20 世纪 70 年代后期以来的地方政区改革，也是在原先单一类型的政区体系之外，通过增设民族自治型政区，来减缓地方分离主义的压力，以维护国家的统一与稳定。

后一种方式，即直接通过采用联邦制的国家结构形式，来以联邦制本身的灵活性、包容性体现出民族自治的内涵。这种方式较之前者，其成员单位自主权更大，地位也更高。当然，联邦制与民族型政区并非等同。目前世界上有 20 余个联邦制国家，虽然其中的大多数都是多民族国家且或多或少存在民族及种族问题，不过，并非所有的联邦制国家都是出于体现民族自治而选择这一结构模式的，有些是由于历史或文化等原因造成分立的格局，有些则是由于地理的天然阻隔；同时，也并非所有的联邦组成单位都是民族型政区，有些只是一般型的常规政区，在这种情况下，单从政区名称上是看不出差别的。

3.3.1.2　民族型政区的两种主要形式

虽然没有民族自治型政区之名，但相当一部分联邦制国家之所以在建立国家、确定国家结构的时候选择了联邦制而非单一制，却直接或主要是为了解决比较突出和棘手的民族问题。因为这种民族问题的存在，使得在单一制的国家框架之内，已经无法容纳不同民族之间利益的巨大差别和日益激烈的冲突。因此，就实质而言，许多联邦制国家下的组成成员单位与单一制下的民族区域自治地方一样，都是民族型政区。二者各有特点，也各有利弊，并且既可以相互转化，即单一制转化为联邦制(如比利时、苏丹、斯里兰卡)，或联邦制转化为单一制(如南非)，又有向其他方向转化的可能，如民族型政区转化为一般型政区(如越南)，或使国家解体(如前捷克斯洛伐克、前苏联、前南斯拉夫)。

(1)以联邦制包含和体现民族自治型政区

在民族国家这一庞大的利益共同体的形成过程中，以地域为基础的局部利益与整体利益没有完全重合，而是相互竞争又不断妥协。局部利益占上风时，就是分离、分裂势力上升的时候，此时整个局面呈现出要求分裂和独立的态势。当整体利益被广泛认同并因而形成

---

① 金涛、孙运来主编:《世界民族关系概论》，中央民族大学出版社 1996 年版，第 260～266 页。

优势时,统一便呈现出很强的态势,从而使统一成为一种明显的趋势。就是在统一成为一种大势的情形下,局部利益仍在与整体利益进行着对抗与合作、竞争与妥协。就整体而言,民族国家这一庞大的利益共同体是由两个或两个以上的地域共同体所组成的,不同地域共同体具有不同的利益,甚至存在难以统一的巨大的利益分歧,局部利益之间本身就存在着竞争和对抗,整体利益是对不同局部利益中的共同点的包容和权衡不同局部利益之后所作的理性而必要的补充和调整。因此,不同的局部利益在整体利益中得到体现和表达的程度是不同的。当不同地域共同体及其利益呈现出鲜明的个性与丰富的多样性,并进而产生巨大分歧时,整体利益的容纳性、包容量和整合能力就面临考验和挑战。于是,现代意义上的观念形态的联邦制就在个体特征迥异且局部利益纷繁多样的条件下萌芽了,以此为基础的能够包容和吸纳不同差异性与多样性的联邦制则成为民族国家构建过程中一种可行的、现实的制度选择和安排。现代联邦制的观念萌芽于民族国家构建过程中建立统一国家的愿望和努力,在保留多样性的同时整合和协调难以统一的利益,并尽可能地实现最大的一致性,是观念形态的联邦制的核心内容。①

联邦制作为一种国家结构形式之所以被选择,主要有两种情形:一是在民族国家构建时选择了联邦制,一是在单一制的国家结构形式无法容纳过多的差异性而使民族国家面临整合危机时改行联邦制。

1)民族国家构建时选择联邦制

民族因素对于国家结构形式的选择具有重要影响,其中民族构成及与之相关的语言构成、宗教信仰等方面的影响尤为突出。民族因素对国家结构形式的影响要通过一个重要的中介——地域基础,即在一个共同地域之上的多个民族以各民族聚居的方式存在,在地域分布上有明确的分野。这一类国家有缅甸、印度、巴基斯坦、加拿大、尼日利亚、坦桑尼亚、波黑和瑞士等。②

例如,尼日利亚全国共有 250 多个民族,其中豪萨族、约鲁巴族、伊博族和富拉尼族是 4 个最大的民族。从民族的地域分布来看,豪萨族和富拉尼族是北部的主体民族,东南部的主体民族是伊博族,约鲁巴族则是西南部的主体民族。该国的民族构成以及在民族分布上相对稳定的地域界线对其联邦制的国家结构形式具有显著影响。

再如,瑞士的主体民族被笼统地称作“瑞士人”,但相互之间却是以语言作为其分野的。譬如,讲德语、法语、意大利语和列托—罗曼语的瑞士人分别被称为“德语瑞士人”、“法语瑞士人”、“意大利语瑞士人”以及“列托—罗曼语瑞士人”,这 4 个语言集团也就是通常所说的瑞士的 4 个民族。瑞士的语言界线是相对固定的:在全国 26 个州中,东部、北部和中部的 19 个州为德语区,西部的 6 个州为法语区,南部的提契诺州是意大利语区。瑞士的主体民族以语言作为相互区别的界线,进而在地理分布上又形成了相对集中和固定的语区,其民族构成对国家结构形式的影响显而易见。

又如印度,其语言构成对其国家结构形式的影响也是非常深刻的。在印度,建立语言邦的斗争有着很长的历史。国大党早在 20 世纪 20 年代为争取各族群众的支持,就曾把建立语言邦列入党纲。所谓建立语言邦,就是按照语言的原则重新划分行政区域,使讲同种

① 王利萍著:《联邦制与世界秩序》,北京大学出版社 2000 年版,第 37～38 页。

② 以下所举各国的具体情形,可参看王利萍著:《联邦制与世界秩序》,北京大学出版社 2000 年版,第 90～93 页。

语言的居民尽量居住在一个邦内。到20世纪60年代后期,语言邦的建设基本完成。从此,在英国殖民统治遗产的基础上,印度又被划分为14个与语言使用区域相一致的邦。不管这些语言邦的建立对民族关系和国家统一的影响如何,其中所反映的语言构成对国家结构形式的影响却是不容忽视的。

同样,双语制在加拿大既是其联邦体制安排的原因,也是其结果。英语和法语是加拿大的两种主要语言,两种语言都被赋予官方语言的地位,实际上体现了对英语民族和法语民族的同等的尊重。在加拿大的10个省区中,法裔居民集中的魁北克省是最大的一个省份。

2)单一制转化为联邦制

这一类国家为数不多,但各有特点,且均很典型,包括苏丹、斯里兰卡、比利时以及前苏联和当代的俄罗斯。例如,斯里兰卡曾经有过长期的殖民地历史,并在独立时以单一制的国家结构形式实现其民族主义。僧伽罗族和泰米尔族是其两个主要民族,前者信佛教,讲僧伽罗语,后者信印度教,讲泰米尔语。但在英国殖民统治的过程中,殖民当局利用宗教或民族矛盾分而治之,使得长期以来民族矛盾尖锐对立,加之独立后执政的僧伽罗人政党一度执行的歧视泰米尔人的政策,激化了这两个民族之间的矛盾,造成国内暴力冲突不断。因此,至1995年,政府公布"权力下放"方案。根据这一方案,斯里兰卡将成为一个"地区联邦"制国家。全国设9个行政区,以取代现有的9个省,在泰米尔人集中居住的北方省和东方省通过重新划分地界成立"东北地区"。这一方案将中央政府的权力大幅度下放到地区级行政机构,"地区委员会"可在社会治安、土地和土地安置、地方政府、住房和建设、道路、航运、农业、医药卫生、能源及税收等47个方面行使权力。国防、外交、移民、邮电、通讯、货币、民航、铁路等69个方面仍由中央政府负责。在财政方面,由国家财政委员会向各地区分配发展资金。①

再如,1993年,比利时也由单一制改行联邦制,其原因不同于斯里兰卡。这里既有比利时各民族间长期存在的语言冲突,也有国内各地区经济发展不平衡以及人口等问题。其中,瓦隆人(讲一种没有形成文字的法语方言)、佛拉芒人(类似于荷兰语)和讲德语的人之间的语言、文化冲突尤其明显。经过不断调整语言政策和设立相关机构,还是无法消除民族矛盾,最终,按照语言边界重新划分行政区域,并赋予实权,使国家具有了联邦的性质。②

又如,前苏联和当代的俄罗斯从单一制转化为联邦制则是复杂的民族问题与意识形态的结合。前苏联和现俄罗斯联邦都是一个民族众多、地域广袤的大国。十月革命前的沙皇俄国实行单一制,是一个中央集权的国家;十月革命后,沙皇帝国分崩离析,各民族地区相继出现了一批新的独立的主权国家。在当时的情形下,布尔什维克认为要遏制和粉碎国内外反动势力以及各民族地区的资产阶级瓦解苏维埃国家、破坏十月革命成果的企图,同时又解决民族问题,使各民族在平等自愿的基础上由分裂走向统一,联邦制是最适当的国家形式。③而作为前苏联加盟共和国之一的俄罗斯,在前苏联体制下则主要是以民族区域自治作为解决民族问题的制度安排,即基本上是一种单一制的国家结构。前苏联解体后,面对

---

① 王利萍著:《联邦制与世界秩序》,北京大学出版社2000年版,第70~72页。

② 王利萍著:《联邦制与世界秩序》,北京大学出版社2000年版,第73~75页。

③ 王利萍著:《联邦制与世界秩序》,北京大学出版社2000年版,第151页。

国内复杂而尖锐的民族矛盾，为了避免重蹈前苏联的覆辙，1992年，俄罗斯正式确立了联邦体制，并以宪法的形式明确了当时的89个联邦主体，其中，共和国、自治州和自治区，都是民族自治型政区（后又有变化，可参看本章图3-8所示）。

（2）单一制国家的民族自治地区

应该说，与联邦制相比，单一制的国家结构对解决民族问题的制度空间和回旋余地都较小。因此，我们可以发现，世界上土地广阔、人口和民族众多的大国，往往都实行联邦制；而一些原先实行单一制的中小国家，也由于民族问题的激化而改行联邦制。但这并不是说，单一制的国家结构就不能妥善地解决民族问题；在民族聚居地区实行"民族区域自治"制度，就是一项在单一制的国家体制之内，借鉴和吸收联邦制的成分而作出的一种制度安排，也是一种制度创新。这种制度，以中国最为典型。其他国家，有些也有设置，有些则尚处于变动之中。

1）中国的民族区域自治制度

在一个多民族的国家，解决民族问题是一个相当棘手且又敏感的问题。中国封建社会中为解决民族问题，既有征战又有和亲政策，但由于民族压迫的根源一直存在，因而民族矛盾时而缓和时而尖锐，没有找到一种良好的解决途径。马克思、恩格斯在民族问题上，提出民族平等和民族团结的原则，指出被压迫民族"具有民族独立和民族自决的历史权利"①。列宁在创立第一个社会主义国家苏联时，为解决多民族问题，采取了联邦制的国家结构。很长一个时期，在国际共产主义运动中形成了只要是由多民族组成的社会主义国家，就必然采取联邦制的国家结构的定见。中华人民共和国建立后，在民族问题面前，遵循了解决民族问题的民族平等和民族团结的原则，打破了多民族国家必然采取联邦制的成规，在单一制国家结构下创造出独特的民族区域自治制度。

按照有关学者的论述，民族区域自治，之所以是对单一制国家结构形式的新创造，主要表现在两个方面：

其一，民族自治与区域自治的结合。《民族区域自治法》明确指出："民族区域自治是在国家统一领导下，各少数民族聚居的地方实行区域自治，设立自治机关，行使自治权。"这种在国家统一领导下，以少数民族聚居地区为基础的地方自治体制，不同于其他单一制国家的地方自治或联邦制下的民族自治，不是单一的民族自治或地方自治，而是民族自治和区域自治相结合。在民族自治地区的建制上，是根据少数民族聚居的特点、民族关系、经济发展等条件，并参考历史情况，从有利于保障民族平等权利，实现民族团结合作和各民族的共同发展出发，来划分自治地区的区域范围和确定自治地区的行政地位。因而，它能够对分别聚居在国内不同地区的一个少数民族实行区域自治，或者对同一地区聚居的其他少数民族相应地实行自治。根据宪法和民族区域自治法的规定，中国民族自治地区的建制大体有三种类型：以一个少数民族的聚居区为单位建立的自治地区，以一个大的少数民族聚居区为基础建立的自治地区，以两个以上的少数民族聚居区为基础建立的联合自治地区。此外，分别聚居在不同地区的一个少数民族，也分别实行不同级别的自治。无论哪一种形式的民族自治的地区，都有不少汉族居民，甚至有的民族自治地区，汉族人口还占多数。这是由中国各民族大杂居、小聚居的民族分布特点决定的。

---

① 《马克思恩格斯全集》（第十八卷），第630页。

其二，国家统一与民族自治相结合。在中国，既实行集中统一，又充分发扬社会主义民主，用法律保障各少数民族的平等自治权利。中国各少数民族是在统一的国家领土上实行区域自治，各民族自治地区都是统一的中华人民共和国不可分割的一部分，是国家统一领导下的地方行政区域。各个民族自治地区的自治机关，是按照民主集中制原则建立的一级地方政权，同时又是实行区域自治的自治机关。因而，各少数民族地区都是统一的多民族国家的一部分，民族区域自治的自治机关必须维护国家的统一，坚持以四项基本原则作为团结各民族人民的政治基础和各项工作的指针，保证中央人民政府的统一领导和国家总的方针、政策和计划在本地方的贯彻执行；同时，从中央到地方各级国家机关，又要保证民族自治地区的自治机关充分行使自治权，照顾各民族自治地区的特点和需要，使自治机关有地方自主权，成为名副其实地保障少数民族平等权利和自治权利的地方政权机关。①

2)其他单一制国家的民族自治地区

其他单一制国家的民族自治型政区，主要有两类：一类是一些(前)社会主义国家，如前苏联的加盟共和国，在独立后，因其原先有自治共和国、自治州等的设置，直接带入新的国家；但走势如何，尚不确定，有些转化为联邦制的成员单位(如俄罗斯)，有些则重新确定其在单一制国家结构中的民族自治区的地位(如塔吉克、乌兹别克、格鲁吉亚、阿塞拜疆等)。越南独立后也曾经有自治区的设置(越北自治区、西北自治区)，但于1975年撤销。

另一类则主要是欧洲、美洲及亚洲的一些单一制多民族国家，方式不一。如意大利在全国20个区当中，有5个是特别区，即西西里区、撒丁区、特兰提诺—上阿迪治区、瓦莱·达奥斯塔区、费留利—威尼斯·朱利亚区，它们都位于国家边陲地带或岛屿上，在社会、历史、语言、文化、民族传统和自然条件方面有着不同于普通区的种种特点，因此，宪法第116条赋予它们“特殊的自治形式和自治条件”，它们有自己的专门条例，在立法方面比普通区的权力更为广泛，在一些特定的问题上，它们制定的法律可以只服从宪法而不受一般法律的约束。② 西班牙则是在20世纪70年代末期开始逐步实行建立民族自治区的方式来缓解巴斯克和加泰罗尼亚人的分离主义挑战，在原有50个省的基础上，各省联合或单独构成17个自治区，并将有关权力下放，但尚不稳定，有向联邦制转化的趋势。③ 其他如印度尼西亚设有2个特别自治区，巴拿马有1个特区(即印第安人自治区)等，也各有特殊的政策和权力。

3.3.2 其他类型的特殊型政区

当代世界各国的行政区划体系，除了前述地域型、城市型和民族型这三大主要的类型之外，还存在一些特殊的行政区。它们不仅在名称上有别于一般行政区，而且其设置的原则、标准及目的也都和一般行政区有所不同，可统称为狭义的特殊型政区，或其他特殊型政区。概括地讲，特殊型政区是相对于当时地方一般行政建制而言的一种地方行政区域单位，即国家为了满足某些特殊需要，包括政治、经济、军事需要等，在特定的地方、特定时期设置的不同于一般行政区的特殊行政区域单位。该类政区一般都有设置原则灵活、设置条件随机、行政地位特殊以及临时性和过渡性等特征。④ 按照其设立和变更的程序、机构设置

---

① 陈小京、伏宁、黄福高著：《中国地方政府体制结构》，中国广播电视出版社2001年版，第142～144页。

② 金太军著：《当代各国政治体制——南欧诸国》，兰州大学出版社1998年版，第165页。

③ 金涛、孙运来主编：《世界民族关系概论》，中央民族大学出版社1996年版，第284～291页。

④ 靳尔刚、张文范主编：《行政区划与地名管理》，中国社会出版社1996年版，第179～180页。

和职能以及管理方式等的差别，可分为正式行政区与非正式的或临时性的行政区两大类，前者又可细分为“政治性的特殊型政区”和“行政性、经济性的特殊型政区”等，其内部又各有不同。

3.3.2.1 政治性的特殊型政区

政治性的特殊型政区是由于政治统治的需要，把若干地位特别重要的地区或有独特历史进程的地区以及地理位置与本土过于遥远或人口过于稀少的地区与其他一般型政区区分开来，单独加以设置，赋予特殊权力和职能并由宪法或根本法加以保证，一般较之其他类型的政区地位要高。主要包括三类，即一类是国家内部的首都和个别重要城市所在地区，基本为城市型；另一类为主要由殖民地历史所造成，如中国的特别行政区和过去一些殖民大国的海外领地、领土等，地域型、城市型兼有；还有一类则是在国家外围、边缘甚至远隔重洋的地区，或人口过于稀少之地，如历史上美国的“准州”，目前加拿大、澳大利亚等的“地方”等，多为地域型，该类有些还具有临时性政区的特征。

(1)首都和重要城市或重要地区的特殊建制

世界各国，无论大小，几乎都把首都所在地区建制为中央直辖型政区，即一级政区，而不管其面积与人口规模大小。单一制国家一般将其设为直辖政区，而与其他各种类型的政区并列(名称上有直辖市、都、特别市等)；联邦制国家则往往将其作为一个特殊成员单位(如：首都区、国家区、联邦区、特区、直属区等)直辖于联邦政府。前者如中国的北京市、法国的巴黎市、日本的东京都等；后者则如美国的华盛顿(哥伦比亚特区)、马来西亚的吉隆坡(联邦直辖区)等。

另外，在某些国家，还将首都之外的若干重要都市，尤其是该国的经济中心，或迁都之前的首都等，也赋予特殊的地位，如中国的上海等几个直辖市；俄罗斯则把圣彼得堡与首都莫斯科一样也作为联邦的直辖市，并同属于俄联邦的构成主体；德国除首都柏林城市州外，亦将汉堡和不来梅也作为城市州与其他州并列；在韩国，则除了首都首尔被设置为“特别市”外，另有仁川、大田、大邱、釜山、蔚山和光州等6个广域市的设置。

甚至近年来，有些国家为了推进地方发展，也将若干地区赋予特殊法律地位，如韩国2006年所正式设立的“济州特别自治道”，中央政府“除国防、外交等关系国家命脉的事务外，将分步骤地移交所有事务的管理权”，该道将拥有立法、财政等覆盖整个自治行政领域的自治权。①

还有少数国家，则把个别具有特殊意义的地区(如宗教圣地)，也给予特殊地位，如希腊的阿索斯山区，按照该国宪法的规定，实行与希腊其他地方不同的地方自治体制，“依照其古老的特权地位，是希腊国家的一个自治部分”，其行政机构的细则及其活动方式由《阿索斯山区宪章》确定。②

(2)殖民地历史所造成的特殊型政区

近代以来，主要是欧洲许多国家在海外占有广阔的殖民地。二战以后，大批殖民地获得独立；但少数殖民地宗主国，如英国、法国、西班牙、葡萄牙、丹麦等，以及美国，仍然占有一些海外领土；同时，也有若干殖民地回归母国。前者由于与本土相隔遥远，居民成分复

① 参见“济州特别自治道”网：http://chinese.jeju.go.kr/contents/index.php? mid=0202。

② 金太军著：《当代各国政治体制——南欧诸国》，兰州大学出版社1998年版，第295页。

杂，宗主国在统治上往往采取特殊措施，使该地具有特殊地位和权力，构成其海外领地、海外省或特殊的自治地区；后者大部分采取了与母国同样的统治方式，成为一般型政区，但也有一些国家对其采取特殊的统治措施，使之也形成具有特殊地位和权力的特殊型政区，典型的如中国在香港和澳门回归之后按照“一国两制”构想所设立的特别行政区。

1）中国单一制下的特别行政区

在1997年和1999年中国恢复对香港、澳门行使主权后，在单一制国家结构形式中创造出了全新的、具有中国特色的新模式——“一国两制”，即在统一的中华人民共和国的主权范围内，在大陆坚持社会主义制度的前提下，在香港、澳门设立实行资本主义制度的、享有高度自治权的特别行政区。具体说来，根据宪法规定设立特别行政区，直辖于中央人民政府；特别行政区享有高度自治权，除外交和国防事务由中央人民政府管理外，特别行政区享有行政管理权、立法权、独立的司法权和终审权；现行的社会、经济制度不变，生活方式不变，法律基本不变；特别行政区政府由当地人组成等。这种模式不同于中国在单一制国家结构下所建立起来的地方政府体制结构，而与联邦制国家结构形式下的中央政府与各成员政府之间的关系相似，但性质又完全不同。一般认为，其差别主要表现在以下三个方面：

第一，特别行政区享有非主权性的高度自治权，即不是特别行政区本身固有的，而是由中央政府授予的，其性质是国家主权的派生。联邦国家的成员本是主权国家，在组成或参加联邦时，分出一部分主权给联邦，但仍保留一部分主权在自己手里，因此，它所享有的权力属于主权范畴，与地方自治权是两种不同性质的权力。另外，二者的内容也不尽相同。由于联邦是各成员自愿联合组成的，所以成员保有退出联邦的权力，但是特别行政区享有的高度自治权不包含此种权力。

第二，在“一国两制”的基础上实行高度自治。不论是单一制模式下的地方自治，还是联邦制模式下的地方自治，地方行政区实行的政治、经济制度，是同整个国家的政治、经济制度相同的。而特别行政区是按照资本主义的经济制度、政治体制、法律制度和司法制度实行地方自治，全国性的法律，除某些特定情况外，一般不在那里实施，即是在实行与整个国家不同制度的基础上自治。因此，特别行政区的高度自治权虽然是由中央政府授予的，但是自治权的运作方式却不是按照国家的基本制度的框架和原则，而是按照完全不同的特别行政区原有制度的框架和原则。

第三，中央政府对特别行政区的管辖与一般内地的地方政府也有所不同。在单一制国家结构形式下，中央政府对内地地方政府实行全面领导，一般地方政府的地方事务，没有一项是中央不能过问的。即便是在联邦制模式下，中央政府可以依据宪法，要求各成员实行与国家一样的基本政治和经济制度；在税收的划分上，由中央政府与各成员政府协商决定，中央政府有权调节划分的比例。然而，特别行政区享有高度的自治权，凡属高度自治范围的事务都由特别行政区自己管理，政治、经济制度独立，财政税收制度独立，货币制度独立。中央政府所负责管理的仅限于特别行政区的防务、与特别行政区有关的外交事务以及其他属于国家主权和国家整体权益范围的事务。[①]

2）其他国家的地方自治地区或海外省、海外领地

其他国家的该类政区则主要是殖民地宗主国在其剩余的原殖民地设置的特殊型政区，

① 陈小京、伏宁、黄福高著：《中国地方政府体制结构》，中国广播电视出版社2001年版，第144～147页。

原因各异，形式多样，但都有特殊的法律地位和较多的管理权限。例如，荷兰的荷属安的列斯和阿鲁巴，按照王国法律规定，荷兰、安的列斯、阿鲁巴 3 个地区各自处理自己有关的事务，并在平等的基础上彼此相互支援；安的列斯和阿鲁巴具有地区自治权，它们与荷兰是平等的伙伴关系；每一地区的政府成员对本地区所选出的议会负责，有关王国的一些事务根据法律程序由荷兰、安的列斯、阿鲁巴共同处理；共同事务中最重要的是国防、外交与国籍方面的事务，规定只有整个王国可以缔结条约和国际公约；允许两地有自己的宪法。①

再如，法国于 1947 年将留尼汪岛、瓜德罗普岛、马提尼克岛和法属圭亚那设置为海外省，1982 年又加设海外大区，即上述 4 地同时享有省和大区的地位。海外省和海外大区受制于省和大区的共同法，但具有一定的特殊性，它们可根据自己的特殊情况对立法制度和行政组织采取相应的措施，并可在国家外部事务的协调方面起重要作用，在防务方面也拥有特别权力。另外，法国还于 1956 年设置有海外领地，即法属波利尼西亚群岛、新喀里多尼亚群岛、瓦利斯和富图纳群岛以及法属南半球和南极属地等；较之海外省具有更大的自治权，共和国政府在此的权力极为有限。②

其他，如芬兰的奥兰群岛，丹麦的法罗群岛、格陵兰岛，葡萄牙的亚速尔群岛、马德拉群岛，美国的波多黎各、维尔京群岛、关岛、美属萨摩亚等，也都各具特色。

(3)因人口过于稀少或地理位置距离本土过于遥远而设立的特殊型政区

该类政区一般地广人稀，位置偏远，故较难或无必要组织自治政府或地方政府，因此一般直属于中央政府或联邦政府，待经济发展、人口增加达到一定规模时，改设一般型政区。多见于联邦制国家。如历史上，美国西部一些州开始时只设“准州”(territory)，后陆续改设为“州”(state)。目前，尚有如加拿大的 3 个地区(西北地区、育空地区、努纳武特地区)，澳大利亚的 1 个地区(北部地区)，委内瑞拉的 2 个边疆区(亚马孙、阿马库罗三角洲)和 1 个联邦属地(由 72 个岛屿组成)，巴西的 3 个地区(阿马帕、费尔南多—迪诺罗尼亚、罗赖马)等仍属这一类型。

3.3.2.2 行政性、经济性的特殊型政区

行政性、经济性的特殊型政区也是一级正式的行政建制，有自己的地方政府。该类政区主要是出于经济开发(如中国)或执行某些特别职能(如美国)的需要，为了行政管理的方便，而因地制宜加以设置的，故主要为基层政区，层级较低。世界许多国家在不同时期都有该类政区的设置，但目前以美国最为普遍和典型。

(1)中国的经济开发型

该类政区在中国主要表现为国家为开发某个地区的矿产、林业、旅游业、盐业等资源而设置的、实行与一般行政区不同的政企(事)合一的行政管理体制的特殊型政区。这类行政特区的名称比较混乱，1949 年新中国成立后曾设过的有特区、工矿特区、工业区、矿区、盐区、特别区、管理局、林区、工农区、风景名胜区、管理委员会等。一般说来，其名称因开发资源或对象的不同而不同。中华人民共和国成立以来，共计设置过 40 余个这类特区，目前已基本撤销，仅余 4 个。由于这类政区都是国家为开发或保护某种资源或开发某个地区而设置的，因而有着强烈的开发性特点；同时，都是以该特区内某个大型企业或事业单位的主管

---

① 张东升著：《当代各国政治体制——荷兰》，兰州大学出版社 1998 年版，第 137～139 页。

② 潘小娟著：《法国行政体制》，中国法制出版社 1997 年版，第 107～113 页。

机关兼理地方政务，即实行政企(事)合一的行政管理体制。[①]

(2)美国的行政管理型

美国除了县、市、镇的地方政府以外，还有大量的特别区(包括学校区)。所谓特别区是由州议会决定成立的、用以完成政府难以处理的特别问题而设立的单一职能的地方政府。特区种类繁多，如学校区、灌溉区、消防区、水供应区、卫生区、公园区、土壤保护区、公墓管理区等，广泛存在于除阿拉斯加和哥伦比亚特区以外的其他各州。特别区一般由管理委员会进行管理，其委员有的由区内的居民选举，也有的是由上级政府任命，任期两至六年不等。

学校区实际上也是一种特别区。学校区历史悠久，在殖民时代就已经出现。学校区独立于地方政府之外，自行管理，在中西部地区，又分为小学学校区和中学学校区，分别提供小学和中学教育，负责实施联邦和州的教育部门的计划和政策。学校区设管理委员会(也有的称为董事会或教育委员会)进行管理，城市学校区的委员会有的由市长任命，但大多数学校区的委员会均由区内选民选举产生，委员会负责聘任教师和学校管理人员，决定教学计划和学校管理的重大事务。

特别区的一大特点，是其区划往往与普通行政区域不一致，也不属于所在的县、市、乡政府，甚至切割普通行政区域的疆界；在有的情况下，某些特别区如学校区尽管同乡、镇的区划一致，但管理分开，由独立的专门机关管理。[②]

3.3.2.3 临时性的或非正式的特殊型政区

这一类政区往往是在某种特定的时期，出于某种特殊的目的，由上级政府进行设置的，缺乏法律依据，或由上级个别授权，随意性较强，故往往具有临时性质。管理体制也是五花八门，难以尽述。

就较为正式的而言，既有政治性的，如中华人民共和国成立后，曾经设置过大行政区、城关区、行署区、行政区、军事管制委员会、临时委员会、设治区、山区、中心区、设治局、行政委员会、工作委员会等；[③]也有经济性的，如中国的经济特区(深圳市、珠海市、汕头市、厦门市和海南省)，等。

就较为非正式的而言，则改革开放后中国各地大量出现的如高新技术产业开发区、经济技术开发区、保税区，等等；以及如法国在1982年之前的经济大区，美国的田纳西流域管理局等，也具有这类政区的性质。

本章小结

就目前世界上大大小小200余个国家而言，其行政区划的方式、作用等各不相同，也各有特征。其中，中国与美国则差别极大，堪称典型。表现如下：(1)中国是一个具有悠久的独立发展历史的东方大国，既有丰富的传统行政区划遗产，又经历了近现代以来的多次嬗变，目前仍处于变迁和发展之中；美国则历史相对短暂，又是一个移民国家，直接继承了英

---

① 靳尔刚、张文范主编:《行政区划与地名管理》，中国社会出版社1996年版，第183～184页。

② 马啸原著:《西方政治制度史》，高等教育出版社2000年版，第215页。

③ 靳尔刚、张文范主编:《行政区划与地名管理》，中国社会出版社1996年版，第185页。

国的行政区划传统，建国以来相对稳定，没有发生剧烈的变化和本质的演替。(2)中国长期以来是一个高度中央集权的君主专制国家，虽经近现代以来的多次嬗变，仍未完全改变中央集权的单一制体制；美国则建国伊始就确立了联邦制体制，联邦政府与各州政府适度分权，基层政区多样而活跃。(3)中国历史上长期属于封建君主专制体制，有一套完整而严密的行政区划体系，民国时期则主要模仿法德模式进行行政区划的建构，现当代又仿照前苏联体制，确立社会主义制度，成为前苏联模式的代表；美国则是资本主义制度，属于英国传统，是英美模式的代表。

因此，中美两国的行政区划差别极为明显，其基本特征、分权理论、管治方式以及发展走势等均截然不同，可以说是两种差别极为典型的行政区划模式的代表。这种差异，表面上看来，是诸如设立与变更的程序不同，层次与幅度相异，管治方式有别；但实质上的深层次的原因，却在于两国的意识形态和政治体制的根本差别，在于对权力的不同的看法和不同的配置方式；在这种根本差别的制约下，两国的行政区划表现出不同的特征。大略而言，这种差别主要在于三个方面。而中国行政区划改革的取向和路径，也不能不从这三个方面加以关注、深思和借鉴。

(1)权力配置的方式不同——分权与集权

美国是一个典型的联邦制国家，又是一个典型的三权分立的国家；各级政府都既存在横向的分权和制衡，又存在纵向的分权与合作。这是决定美国行政区划一系列外在特征的根本原因。在美国，行政区划并不是一个重要的问题，各级政府也远非至高无上、无所不能，个人的权利、民间的组织和社会的力量都充分发展，并得到宪法和法律的保障以及法院系统的维护。因此，实际上，美国的政区系统与社区系统相互交织，尤其在基层，二者有时很难截然分开。这也是导致美国行政区划含义模糊、体系混杂、相互错综甚至难以判定的主要原因。而在中国，由于传统的政治文化根深蒂固，现代以来又按照前苏联模式确立了人民代表大会的基本政治制度，理论上，全国人民代表大会及其常务委员会是全国人民的代表，它代表全国人民行使权力，其权力是至高无上的，其他权力都由此派生，因此，是一种诸权合一的体制，并以国务院(即中央人民政府)作为其执行机关。从中央到地方，各级政区均采用这种组织方式，并实行民主集中制的原则，形成了人大(但在实际上又成为政府)的高度集权及其中央对地方的高度集权。这种状况，导致政区体系严整，管治划一，层层节制，控制严密；相应地，个人的、民间的乃至社会的权利长期被忽视。

(2)政区体系的形态不同——平等合作的网络交错型与垂直控制的金字塔型

在上述权力配置机制的直接制约下，中美两国政区体系在形态上的差别就凸显出来。简言之，美国是一种平等合作的网络交错型，其各类地方政区法律上、政治上基本平等，没有明确的等级之分，因此，发展了多种多样的协商和合作的形式：既包括基层政区的合作，也可以是州乃至联邦与基层政区的合作，形成网络交错状的平等合作的关系。中国则正好与之相反，属于从上至下层层节制的垂直控制的金字塔型，导致纵向控制严密而横向关系微弱。这种状况的结果，就是在中国，一旦有了政治、社会、经济等的需要，因为无法通过政区之间平等合作来解决，只有频繁地调整政区，进行政区的撤并或等级的变更，往往造成较大的社会震荡。

(3)制度创新的空间不同——弹性的联邦制与刚性的单一制

一般而言，采用联邦制的国家，其体制上包容性更大一些，制度创新也易于在原先的框架内进行；而单一制国家，则因为体制的制约，相对不易在现有的框架中进行。但这并不是绝对的。前者如印度和拉美一些国家的联邦制，实质上具有中央集权的性质；后者则如英国及一些欧洲国家，体制上也较灵活。不过，就中美两国来说，则可以说分属两个极端，即美国是一种弹性较大的联邦制，而中国却是一种刚性很强的单一制。在美国，由于意识形态色彩淡薄，联邦与各州权限划分明确且各州保留有多样的权力，故可以容纳多种制度，因而地方（基层）政区的变动及其管治方式的变化都是一件很自然的事情，不会引发全局的震动，如多样化的市政管理体制可以不断出现，且同时共存。但在如中国这样的国家，由于意识形态色彩浓厚，中央与地方权限划分不清晰且地方从属于上级和中央政府，故制度创新的空间较小，各地管理体制划一且难以随时而变，而几乎每一次政区的调整或者管理体制的变革，又往往会引发较大的社会震荡，一着不慎，就会造成难以预料的结果，特殊情况下甚至会导致整个体制的崩溃。

从某种角度而言，我们可以认为，在这些理念、体制等因素的差异和不同的作用下，中国与美国选择了、或走上了不甚相同的发展道路，也导致发展结果迥异。美国立国 200 余年，基本保持了国家的稳定与持续的发展，并成为世界首屈一指的大国，普通的美国人亦在其中分享国家、社区和个人的自由和尊严。美国，成为如 1908 年赞格威尔在其剧作《熔炉》中所说的："美国是上帝的坩锅，一个伟大的熔炉，在这个熔炉中，欧洲各个种族都熔在一起改造成新人。"而中国，从古代、近代直至现代、当代，则走上了另外一条颇为不同的道路。

中国历史悠久，文化昌盛；表现在政治智慧上，也是既深且广。在中央和地方关系的处理上，也有一套成熟的手法，尤其是秦后所采用的"郡县制"，垂 2000 余年而基本未变。可以说，在行政区划领域，已经把在中国传统思维方式框架内所能有的方法使用、发挥殆尽；并且在秦后二千余年东亚独特的环境中行之有效，成就了东方文明古国、"中央帝国"的广阔版图、巍巍雄姿。

从春秋、战国时代起，当时的士人（尤其是儒家）就不断鼓吹所谓"大一统"的思想。秦始皇虽然焚书坑儒，但对此思想却身体力行，六国统一伊始，即不立尺土之封，确立了高度中央集权和绝对皇权专制的"郡县制"的行政区划制度。西汉武帝时"罢黜百家，独尊儒术"，大儒董仲舒称"春秋之大一统者，天地之常经，古今之通谊也"（《汉书》卷 56《董仲舒传》），至此，在中央与地方的关系上，即"百代都行秦政制"，均是绝对的中央集权。表现上，就是行政区划中"郡县制"的推行，所谓"四海之内莫不为郡县"，尽管名称上或为州县、或为省县，具体制度也多有因革，但终清末年，其实未变。

中国古人的政治智慧在于，为了达到"四海之内莫不为郡县"的效果，在处理与自身农耕文化截然不同的少数民族地区时，却可以采取多种手段，以在少数民族地区扩大和巩固统治。这些手段和方式被统冠以"羁縻制"的名称，即所谓"怀柔远人，义在羁縻，无所臣属"。当然，最终目的，还是要"以华变夷"，"华夷一体"，直至实现"大一统"的局面。

"天下一体"、"华夷一家"、"世界大同"，等等，都是无比美好的景象。但是我们今天知道，不会有明君圣主，一切要靠制度，靠法律。同样，中国古代的这些智慧、做法，其利弊得失，也可以见仁见智。我们可以说，存在的就是合理的，在古代东亚独特的环境中，它取得了成效，在当时自有其合理性在。但世易时移，在世界环境发生巨大变化，人们的思想、眼界逐渐开阔，不同文化密切交融、碰撞的时代，仍然秉持"天朝上国"的心态，仍然墨守这样的做法，就如同满清末造之时的统治者，与世界发展潮流相悖，颟顸固执，四处碰壁，首尾难顾，终至国势衰颓，一蹶不振。

因此，毕竟时代变了，环境变了，思想变了，认识也变了，则主政者的观念也应该变化。中国古语有云："穷则变，变则通，通则久。"的确，如果换一种思路，换一种心态，则一切完全可以曲径通幽、豁然开朗。这就是真正落实宪政的思想、契约的思想。在中国传统观念中，中央与地方，公民与国家，是对立的，是以上驭下、绝对服从的关系；但时至今日，从宪政的角度来观之，则这样的做法并非天经地义，甚至严重抵牾。既然我们选择了行宪之路，并且已经有了可以为依凭的《中华人民共和国宪法》，那就以此为据，彻底抛弃传统的"郡县制"、"羁縻制"的狭隘束缚，真正构造出新型的、合乎宪政思想的中央与地方、国家与公民的和谐关系，不是以上驭下、对立抗争的，也没有高低贵贱之分，而是平等的、合作的，是双方的权利、义务法有明文规定且有独立的司法系统保障的现代的宪政关系。

中国当然有自己的国情，也有自身的历史文化传统和政治价值体系。但是，如果中国要真正实现现代化，真正跟上人类文明发展的潮流，就不能不审慎而又明智地设定自己的发展方向和价值取向，断然抛弃任何狭隘的教条、偏执的心态和陈腐的传统，勇敢地正视世界上的一切文明成果，大胆拿来，弃旧图新。行政区划的改革，实际上也是中国政治体制改革和制度创新的一个重要的组成部分；而这种改革的顺利推进，又是中国真正实现长治久安和繁荣富强的前提和保证。

"周虽旧邦，其命维新。"

04 歧路彷徨与创新之道

——中国近现代以来城市化进程中的行政区划体制的演变与改革

中国特色社会主义道路，就是在中国共产党领导下，立足基本国情，以经济建设为中心，坚持四项基本原则，坚持改革开放，解放和发展社会生产力，巩固和完善社会主义制度，建设社会主义市场经济、社会主义民主政治、社会主义先进文化、社会主义和谐社会，建设富强民主文明和谐的社会主义现代化国家。

——胡锦涛①

中国是世界文明古国之一。在漫长的传统社会里，古代中国人创构了一整套与农业文明相适应的发达的政治制度。中国的官僚制度具有典型性。在相当长的历史时期，中国的治理结构和行政管理水平，都处在世界领先水平，为世人所称道。但是，尽管中国传统的政治结构和行政制度表面上看在很多方面具备了向现代化转型的雏形，尽管中国传统的治理结构从表面上看有利于社会自治，然而这种结构和制度并没有合乎逻辑地向现代政体转变，也没有孕育出地方自治制度。

——朱国斌②

实体城市的发展离不开制度层面城市治理方式的转变，这一点我们在前面已经反复申明。近现代以来，由于各种因素的影响，中国城市在这两个层面的发展上，时而艰难地一致，时而固执地背离，导致中国的城市发展步履蹒跚，城市化道路荆棘丛生。由于中西方城市理念的差异悬殊，在西方是城市发展前提的东西，在我们这里成为与政治斗争、意识形态等纠缠在一起的重大制度性难题。城市在实体层面的发展，也往往在这两种城市化道路之间，歧路彷徨，左顾右盼，东摇西摆。因此，回顾一下与今天乃至未来直接相关的中国近现代的城市化进程及其相应行政区划领域的发展与变革，有助于我们深刻地理解今天中国城乡发展与政区体系矛盾之症结所在，也有助于深刻理解城乡制度层面建设、发展、变革的必要性与紧迫性，当然，亦有助于我们深刻理解这种变革的复杂性、艰难性、长期性。

尽管面临如此众多的问题和困难，但是，城市制度的变革和由此而引起的行政区划领域的改革，不仅可以使我们获得城市的长足发展和城市化进程的顺利推

① 胡锦涛：《胡锦涛在纪念党的十一届三中全会召开30周年大会上的讲话》，见“中国共产党新闻网”：http://cpc.people.com.cn/GB/64093/64094/8544901.html。

② 朱国斌：《近代中国地方自治重述与检讨》，载张庆福主编：《宪政论丛》（第2卷），法律出版社1999年版，第331～416页。本引文见第331～332页。

进，而且可以使我们的国家（国家机构）、社会（社会组织）、族群（民族群体）和公民（公民个人）等，都能对各自的权力与权利等有一个明晰的理解和感同身受的把握；并在这一过程中，明确"群己权界"（严复语），各守权力分际，而使得城市（也包括乡村，即各种、各类聚落）能够成为如刘易斯·芒福德所说的："不是一个神话了的统治者的意志，而是它市民的个人和全体的意志，目的在于能自知自觉，自治自制，自我实现。"[①]这一点尤为重要。这样，许多目前困扰国家结构和行政区划改革的问题，也许就会迎刃而解，而我们对整个国家制度和政区体系的改革，也许自然就会水到渠成。

4.1 回应与互动：中国近现代以来的城市化进程与行政区划发展、变革的基本过程

4.1.1 中国近现代以来的城市化进程与"市"制的发展、变革

关于近现代时期城市化进程及相应"市"制发展过程，已经有很多学者论及，如浦善新、刘君德、宁越敏、孙关龙等均在其相关著述中有所论列。[②] 比较专门、完整地叙述这一过程的，笔者所见，有靳润成主编、郁晓航副主编的《中国城市化之路》[③]，戴均良所著《中国市制》[④]和刘君德、汪宇明所著《制度与创新——中国城市制度的发展与改革新论》[⑤]等；另外，华伟在其连载于《中国方域——行政区划与地名》中的四篇"市制丛谈"[⑥]中，也完整地论述了中国近现代以来的市制发展、变革、问题以及改革方向等。其他还有学者从近代宪政发展的角度，在论述近代中国地方自治发展过程时，也涉及这一命题，如朱国斌在《宪政论丛》（第二卷）中所发表的《近代中国地方自治重述与检讨》[⑦]。上述诸论相当深刻、完整，故笔者不拟重复，择其要概述如下。

4.1.1.1 近代中国在外来影响下的城市化历程与"市"制的出现（1840—1949）

近代中国的一个显著特点是国家权力的弱化。在外来力量的介入和干预下，中国传统的国家权力的配置方式（基本被当时的国人认为是天经地义的）不得不或被动地或主动地（主要是被动地）发生变化。平心而论，今天看来，这种外力的介入具有两面性，既有强加于

---

① ［美］刘易斯·芒福德著，倪文彦、宋俊岭译：《城市发展史——起源、演变和前景》，中国建筑工业出版社1989年版，第422页。

② 如浦善新等著：《中国行政区划概论》，知识出版社1995年版，第95～97页，第355～359页。刘君德等著：《中国政区地理》，科学出版社2000年版，第113～121页，第129～131页。宁越敏等著：《中国城市发展史》，安徽科学技术出版社1994年版，第418～455页，第502～513页。孙关龙著：《分分合合三千年——论中国行政区划及其改革的总体构想》，广东教育出版社1995年版，第105～121页。

③ 靳润成主编：《中国城市化之路》，学林出版社1999年版。

④ 戴均良著：《中国市制》，中国地图出版社2000年版。

⑤ 刘君德、汪宇明著：《制度与创新——中国城市制度的发展与改革新论》，东南大学出版社2000年版。

⑥ 华伟：《城市与市制——市制丛谈之一》，载《中国方域——行政区划与地名》，1999年第3期，第9～13页；《自治市与行政市——市制丛谈之二》，载《中国方域——行政区划与地名》，2000年第1期，第18～25页；《城乡分治与合治——市制丛谈之三》，载《中国方域——行政区划与地名》，2000年第3期，第8～17页；《新形势与新构想——市制丛谈之四》，载《中国方域——行政区划与地名》，2000年第4期，第8～13页。

⑦ 朱国斌：《近代中国地方自治重述与检讨》，载张庆福主编：《宪政论丛》（第2卷），法律出版社1999年版，第331～416页。

人的不平等的一面，但也有制约国家权力（实际即“皇权”）、彰扬“民权”的进步意义（尤其在中国自秦以后2000余年没有“民权”的情况下）。如果是在国势强盛或统治者未发生统治危机（“合法性危机”）的前提下进入，双方处于平等地位，则肯定“惠莫大焉”（日本约略如是）。然而，由于事实上的不平等地位，加之与国内各种矛盾（如当时的民族矛盾等）交织在一起，使得国人将这种外力的介入常常或自觉不自觉地、或有意识无意识地视作奇耻大辱。于是，在我们整个重新整合国家的过程中，借助外力而艰难发展起来的城市及其权力（近代的“市制”），又随着外力的逐渐削弱及消失而渐趋衰亡，徒留其表。

（1）二元权力制约下的中国近代城市化历程

关于近代中国城市的发展，宁越敏等有这样的概括和介绍：

> 中国近代的历史是从清道光二十年（1840年）鸦片战争开始的。由于中国在鸦片战争中失败，资本主义进入中国，中国被强行拉入了资本主义世界体系。但是从1840—1949年，中国在世界体系中始终处于边缘国的地位，因此尽管在沿海沿江地区和东北出现了一批近代工商业城市，广大内地的城市却很少变化，或根本没有变化，这就使中国近现代城市体系呈现出以沿海近代工商业城市为一方，广大内地传统城市为另一方的二元结构。[①]
>
> 总的来说，1840年到1894年期间，中国资本主义的发展是十分缓慢的，相应的城市化进程也十分缓慢。美国学者施坚雅估计1893年清代关内18省（未包括台湾）有城镇1779个，城镇人口2351万人，城镇化水平为6.0%。与1843年比较，城镇人口仅增加279万，城镇化水平仅提高0.9个百分点。[②]
>
> 1949年，城镇总人口为5765万人，比1983年增长1.45倍，增长速度是缓慢的。同期，中国总人口的增长速度则更为缓慢，使城镇人口占总人口的比重从1893年的6.1%上升至10.6%，城市化水平有所提高。但此时世界城市化水平已达28%左右，中国与世界城市化水平的差距较以往拉得更大了。[③]

总之，由于外力介入，中国走上了双重权力制约下的城市化道路，两条道路时有交叉，但终未合一，使得城市发展呈现出典型的二元结构，不仅表现于实体层面，而且体现在制度层面，即东南沿海地区的近代工商业城市的快速扩展及城市内部的市民权力的伸张与内地传统城市的凝固衰退及传统管治方式的维持和延续。

（2）从“自治市”到“行政市”

华伟在其“市制丛谈之二”的《自治市与行政市》中，将整个中国近代城市“市制”的发展过程作了详尽的介绍和精当的评析，以“市制的样板”、“市制的确立”、“自治市的隐退”和“行政市的发展”为题，揭示了中国“市制”是怎样一步步从“自治市”到“行政市”的曲折过程。[④] 这一过程在靳润成等的《城市化之路》、刘君德等的《制度与创新》中，也都作了简要的概括。概而言之，中国近代“市制”的演变，大体上可分为如下的三个阶段：

---

① 宁越敏等著：《中国城市发展史》，安徽科学技术出版社1994年版，第418页。

② 宁越敏等著：《中国城市发展史》，安徽科学技术出版社1994年版，第425～426页。

③ 宁越敏等著：《中国城市发展史》，安徽科学技术出版社1994年版，第437页。

④ 华伟：《自治市与行政市——市制丛谈之二》，载《中国方域——行政区划与地名》，2000年第1期，第18～25页。

1)租界地区中西方人的先导与口岸城市中地方绅商的模仿

“中国的城市发展虽有4000多年的历史,但是真的产生具有近代意义的城市行政区,在法律上承认市、镇是一种独立的地方行政建制则始于清末和民国初年。”起初,是上海租界地区的西方人按照西方的城市管理模式,率先成立了自治性的市政组织。其后,受其影响的上海地方士绅,亦模仿此类机构,而成立了中国人自己的市政机构,亦具有自治的性质,独立于官方政府之外。对此,靳润成等有这样的介绍:

> 最早的城市行政区首先[是]在受资本主义影响最大的上海出现,然后再逐渐遍及全国的。1854年,英、美、法三国在上海的租界成立了具有地方政府性质的机构——“工部局”。1862年,法国自“工部局”中分出,单独成立了性质相似的机构——“公董局”。“工部局”和“公董局”一方面是在外国领事们的扶植下产生的,实际上是资本主义列强在上海租界的代理机构;另一方面这种机构与中国传统的政权相比毕竟是新事物,在市政管理上具有先进性,它的出现为上海的中国人所居住的“华界”在客观上树立了一个样板。果然,到了1900年,上海闸北地区绅商得到批准,组建了“闸北工程总局”。这是一个自治性的,以开发建设闸北地区为主要目的的管理机构。虽然它因财政困难于1906年宣告结束,但是意义重大,可以算是上海“华界”设置城市管理机构的开始。1905年,上海南市地方绅商在地方政府的支持下,成立了“上海城厢内外总工程局”。该局作为上海城区的自治机构一直存在到1909年。上述机构可以说开了中国人自己开始管理近代城市的先河。①

2)清末民初的具有“地方自治”内涵的“市制”——从“城镇乡制”到“市自治制”

20世纪初,清政府在内外交困的形势下,被迫推行“新政”改革,在地方层面,正式引入具有“地方自治”内涵的模仿西方国家的“城镇乡制”,后演变为民国初年的“市制”:

> 20世纪初,清政府推行“新政改革”,主要内容之一就是实行包括城镇在内的地方自治。为此,清政府于1909年1月18日公布了《城镇乡地方自治章程》,在我国第一次以法律形式将城镇区域和乡村区域分别开来,同为县领导下的基层行政建制,该章程有关设置城镇管理机构的条款内容大体如下:
>
> 1.设置条件。凡府、州、县治所在的城厢地方称为“城”,其余地方人口满5万人以上的称为“镇”,不足5万的称为“乡”。城与镇均可与府、州、县等传统政区一样,单独设置自治机构。
>
> 2.机构级别。规定城、镇和乡一样,为下级自治机关;而府、州、厅、县则为上级行政自治机关。城、镇自治要受所在地地方官的严格监督,地方官还有权解散自治机构。
>
> 3.机构设置及职能。城、镇自治机构设议事会和董事会,办公处称自治公所。自治机构的职能主要涉及教育、卫生、救济、市政工程、工商业管理及其他城市公共事业。
>
> 4.区域界线。规定以城、镇固有的境界为准。若境界不明确的,应在地方政府监

① 靳润成主编:《中国城市化之路》,学林出版社1999年版,第76页。

督下，重新划分；城市区域广大或人口满10万以上者，可划分为若干个区进行管理。

在中国城市行政区的发展史上，这份章程尽管还很不完备，但毕竟首次规定了城市政区与其他原有的政区一样，可以实行自治，使城市单独进行行政管理有了法律依据。依照《城镇乡地方自治章程》规定，全国各地的城、镇自治或快或慢，均有所进展。像上海这样开风气之先的城市，因城区面积大，情况较复杂，所以并没有建立全城统一的机构，只是将原有的“城厢内外总工程局”及“闸北工程总局”改组为“城自治公所”。另外在城区其他部分也建立了管理机构。其他各地情况也不尽相同。据有关史料统计，进展较快的是四川、湖北二省。截止到1911年，四川城市自治会已成立了100多个，镇自治会成立了143个，湖北省也成立了沙市等15个城市的自治会。①

继之，进入民国前后，该制度进一步发展，“市自治制”正式出现，即演变为近代意义上的、完整的“市制”：

……1911年11月江苏省召开临时省议会通过了《江苏暂行市乡制》，规定凡县治城厢和人口5万以上的市镇村庄屯集为市，第一次提出了市制的概念。1918年“中华民国”军政府设立广州市政公所，1920年改为市政厅，这是中国市政制度的首次实践。1921年7月3日，北洋政府内务部以“大总统敕令”形式，颁布了《市自治制》，试图建立欧洲式的市镇制度。这是中国第一部由中央政府颁布的关于设置市建制的正式文件，从国家意义上开创了中国市制。翌年，又制定了《市自治制施行细则》，规定设市地方，以首都、省会、商埠、县治城厢，以及其他满1万人口的城镇为限。市分为特别市和普通市两种。

3)1927年后“市制”的变异与行政化趋势

1927年南京国民政府成立后，鉴于“当时所谓的市，仅是一种自治团体，不是一级地方行政实体，各自有不同的暂行条例，而无共同适用的组织法，设市后，没有明确的行政区域界线，与有关的省、县往往因权限及行政区划问题发生争执”等问题的出现，“对原来的市制进行了变革，将市改为一级地方行政实体，同时兼有自治团体性质”。其具体过程如下：

1928年7月3日公布了《特别市组织法》和《普通市组织法》，……市仍分为特别市和普通市两种。特别市的设置须经国民政府批准，直隶于中央政府，与所在的省有明确的行政区域界线，其设置必须符合下列条件之一：(1)首都；(2)人口在100万以上的城市；(3)其他有特殊情形者。普通市的设置，由所属的省政府呈请，经国民政府批准，隶属于省政府，与所在的县有明确的行政区域界线，其设置条件为人口在20万以上的城镇。……

1930年5月20日，国民党政府废止了《特别市组织法》和《普通市组织法》，另颁布《市组织法》，根据隶属关系将市分为院辖市和省辖市两种，并提高了设市标准。规定设置(行政)院辖市必须具备下列条件之一：(1)首都；(2)人口在100万以

① 靳润成主编：《中国城市化之路》，学林出版社1999年版，第76～77页。

上的城市；(3)在政治及经济上有特殊情形者。符合(2)、(3)两款之一，为省政府所在地者，应隶属于省政府。设置省辖市应符合下列条件之一：(1)满足设置院辖市条件(2)、(3)两款之一并为省政府所在地者；(2)人口在30万以上的城市；(3)人口在20万以上，其所收营业税牌照土地税每年合计占该地总收入1/2以上者。院辖市由行政院呈请国民政府决定，省辖市由省政府呈经行政院转请国民政府决定。市的基层实行闾邻制，市以下设区，区以下设坊，坊以下设闾，闾以下设邻，并规定5户为邻，5邻为闾，20闾为坊，10坊为区。……

1943年5月国民党政府对《市组织法》进行了较大的修正，一是规定省辖市工作机构除公安局外一律改为科。二是简化了设市标准，取消了省会不设院辖市的规定。把设置省辖市的条件改为：(1)省会；(2)人口在20万以上的城市；(3)在政治、经济、文化上的地位重要，其人口在10万以上者，从而使一些在政治、经济、文化上居重要地位而人口在10万以上的城市可设省辖市。三是在市的基层废除闾邻制，实行保甲制，“10户至30户为甲，10甲至30甲为保，10保至30保为区”。……

为了解决设置市建制中存在的问题，国民党政府内务部曾于1947年12月拟定了《直辖市自治通则》和《市自治通则》两个草案，将市分为直辖市、省辖市、县辖市3种，首都划为特别行政区。设置直辖市须符合下列条件之一：(1)人口在50万以上者；(2)在军事、政治、经济、文化、历史上有特殊情形者。直辖市置废及区域变更报中央政府核准，由内政部指挥。设置省辖市须符合下列条件之一：(1)人口在10万以上者；(2)在军事、政治、经济、文化、历史上地位重要者。省辖市置废及区域变更报中央省政府核准，由省政府指挥。设置县辖市必须符合下列条件之一：(1)人口在1万以上者；(2)在军事、经济上有重要作用者。县辖市置废及区域变更报省政府核准，内政部备案，由县政府指挥。①

但总体来看，此期虽然市的行政建制有很大发展，市建制数亦显著增多，但日渐脱离“市”的本意，即更多地关注实体城市的建制，往往以城市人口规模为标准，将“市”的建制赋予一些大、中城市，而“市”的本意即“地方自治”、“聚落自治”的内涵，则受到忽视，市自治也基本上陷于停顿。当然，根据当时的法律，“市自治制”仍存，或仍在追求“自治”的方向：

……根据1934年2月21日国民党中央政治会议通过的《地方自治原则》，市自治之进行分为三期：(一)扶植自治时期，市长由政府任命；市参议会，得由市长聘任一部分专家为议员，任筹备自治及执行之责。(二)自治开始时期，市长由政府任命；市议会由人民选举。(三)自治完成时期，市长及市议会均由民选产生。……表明它们只是“扶植自治时期”，而非民选且无完全自治立法权、监督权和咨询机构，离真正的市自治相距遥远。②

---

① 刘君德、汪宇明著：《制度与创新——中国城市制度的发展与改革新论》，东南大学出版社2000年版，第31～34页。

② 华伟：《自治市与行政市——市制丛谈之二》，载《中国方域——行政区划与地名》，2000年第1期，第18～25页。

自20世纪50年代起，国民党政府退居台湾地区后，则在台湾地区推行具有“地方自治”内涵的地方制度，即专区不再设立，而在县以下明确设立县辖市和镇、乡，成为省、直辖市—县、市—县辖市、镇、乡的三级制行政区划格局。[①] 这里，包括了县以下的基层的“乡、镇、市”的“市制”，则是对“市制”的“聚落自治”本意的回归。当然，这是后话了。

4.1.1.2 现代中国国家重构完成后一元权力制约下的城市化历程与“市”制的变异(1949—今)

前已述及，上一个阶段后期(自1927年南京国民政府建立以来)，随着国家重构的进行，实际上已经出现权力向国家回归的迹象(既与城市市民权力的相对弱小有关，也与当时的国际、国内环境有关；当然，深厚的传统政治遗产的影响更毋庸讳言)，但理论上城市的自治权力仍然得以保持。1949年以来，现代中国(即中国大陆地区)的国家重构基本完成，但国家的指导思想、价值取向、经济制度等与此前彻底决裂；在借鉴前苏联高度集中的政治、经济管理体制的基础上，完成了现代中国的管理体制和权力配置方式的建设。于是，城市在原有的基础上，在国家完全的支配下，按照新的城市化道路，开始了现代中国的城市化进程。虽然表面看来，城市化过程大起大落，城市发展方向似乎不断转向、飘忽不定，城市管理体制即所谓“市”制也不断变更；但就实质而言，笔者认为尚没有根本改易，即所有这些，都是在国家一元权力制约下合乎逻辑的发展结果。直至当前，这种一元权力体制尽管有所松动，但仍未根本改变。

(1)一元权力体制制约下的中国现代城市化历程

1949年后，中国城市进入一个新的历史时期。1949—1979这30年间，由于外来权力消失，而国家建立了高度集权的计划经济体制，因此，城市的发展在国家权力的极度支配下进行，受到国家政策的极大影响。宁越敏等将这一阶段总结为：

> (1)随着工业化的全面展开，城市化进程加速，新的城镇不断涌现，城镇数量和城镇人口达到历史上的最高峰。但由于我国人口数量庞大，城市化水平仍然很低。
>
> (2)城市经济实力大大增强。但受“左”的思想影响，在相当长一段时间里，各城市片面发展工业，第三产业趋于萎缩，城市基础设施和住宅供应严重不足，……
>
> (3)不论是城市化的进程，还是城市经济的发展，都呈现出波浪式的起伏，特别是在“大跃进”和“文革”期间，波动剧烈，造成巨大损失。[②]

靳润成等则在指出“中国城市化进程的反复性和曲折性是世界上其他国家所少见的，大起大落是中国的主要教训”后，更具体划分为如下的几个阶段：①1949－1957年的短暂健康发展；②1958－1960年的过度城镇化；③1961－1965年的第一次反城镇化；④1966－1976年的第二次反城镇化；⑤1977年以后重新步入正轨。[③]

---

① 台湾地区曾经有《省县自治法》和《直辖市自治法》(均于1994年颁布，1999年废止)，专门规范了政区体系，后统一为《地方制度法》(1999年颁布施行，后多次修正)。该法“第三条”规定：“地方划分为省、直辖市。省划分为县、市；县划分为乡、镇、县辖市。直辖市及市均划分为区。乡以内之编组为村；镇、县辖市及区以内之编组为里。村、里以内之编组为邻。”参见李台京著：《台湾地方政府》，台北三民书局2008年版，第63～67页。

② 宁越敏等著：《中国城市发展史》，安徽科学技术出版社1994年版，第502页。

③ 靳润成主编：《中国城市化之路》，学林出版社1999年版，第224页。

顾朝林等将1949年以来的中国城市化道路划分为起步阶段(1949—1957)、大起大落阶段(1958—1965)、停滞阶段(1966—1978)和恢复与发展阶段(1979年以来)这样4个截然不同的发展阶段。①

在1979年之后的当代阶段中,中国城市化的进展是非常迅速的(虽然统计口径和计算结果略有不同,但结果大体一致)。1980年全国城镇人口为19140万人,占总人口的比重为19.4%,到1984年城镇人口增加到30191万人,占总人口比重为23.01%,再至1995年,城镇人口又增加到3.66亿人,城市化水平达到30%。"总之,从1980年到1995年的15年间,中国城市化水平提高了10.6个百分点,平均每年增长0.7个百分点,是新中国成立以来城市化发展最快的一个时期。但与其他工业化国家的发展比较,中国尚处于工业化和城市化的初步发展阶段。"②另有学者论及:"1978—2005年,……城市化率从17.9%提高到43.0%;城镇人口由1.72亿增加到5.62亿。"③而国家统计局在2009年9月17日发布的"新中国六十年"系列报告称:"迄2008年末止,中国城市化率已达到45.68%,比1991年提高19个百分点。"④

1979年以来,尽管一般认为中国城市发展进入正轨,大力推进城市化也已经成为各方共识,甚至将实现"城市化"(实体意义上)抬高为中国发展的不二法门;但笔者认为,由于制约城市发展的因素没有根本改变,因此,中国仍处于与此前相同的一元权力制约下的城市发展阶段,城市的发展,仍然没有摆脱完全受制于国家权力的状况,仍然受到国家政策的巨大影响(实际上,这一时期、尤其是前期的城市化的巨大发展是对"文革"十年的补偿性反应,而后期的迅速提高则有行政区划调整变动的因素在内,均非自然演进的结果)。变化更多地表现在只是将国家高度集中于中央政府的权力下放给地方(尤其是省级)政府。当然,这种下放某种程度上也是一种值得肯定的历史性进步,因为权力的多元化呈现端倪,而这,是城市健康发展的保证,但仍缺乏制度性保障。

1992年后,在建立社会主义市场经济体制这一改革目标确立的影响下,随着国家、社会、个人之间权力(权利)界线的逐渐明晰(尽管是不自觉的,但这是市场经济等的必然要求)和理性的分配,中国的城乡发展及城市化道路,才有可能发生巨大的、翻天覆地的变化。当然,目前还只能说是隐约可见或可以预期,还没有成为定势,还可能出现反复,这种改变的影响,也需要在若干年以后,才能清楚地看到成效。

(2)从"城乡分治"到"城乡合治"

同样,在论及1949年后的现代中国"市制"发展的脉络时,浦善新(1995)和刘君德、汪宇明(2000)等多次对这一过程进行过介绍和分析⑤;华伟(2000)也在其"市制丛谈之三"中以《城乡分治与合治》为题来加以概括。当然,在对这一时期"市"制的评价上,也存在较大争议,如浦善新曾详尽介绍了1949年以来大陆设市标准的繁复演变的过程(1955、1963、1983、

① 顾朝林等著:《经济全球化与中国城市发展》,商务印书馆1999年版,第157页。

② 顾朝林等著:《经济全球化与中国城市发展》,商务印书馆1999年版,第157～158页。

③ 吴良镛、吴唯佳:《中国特色城市化道路的探索与建议》,载顾朝林主编:《城市与区域规划研究(第2期)》,商务印书馆2008年版,第1～16页。本引文见第2页。

④ 《统计局:建国60年我国城市化水平提高5倍多》,见"新华网":http://news.xinhuanet.com/fortune/2009-09/18/content_12075777.htm。

⑤ 参见浦善新等著:《中国行政区划概论》,知识出版社1995年版,第334～346页。刘君德、汪宇明著:《制度与创新——中国城市制度的发展与改革新论》,东南大学出版社2000年版,第42～52页。

1986、1993)，并对1979年以来大规模实行的“整县改市”、“市领导县”等作过论述。

事实上，在1949年之后至1954年之间，新中国最初的“市制”曾一度仍延续民国时期的体制(当然“地方自治”的含义消失)，即包括了直辖市、省辖市与县辖市三类，且均为狭域型政区形态。1953年初，国家取消县辖市①，并在1954年《宪法》中得到确认。1958年后，先是直辖市扩大管辖范围(将若干周边县划归其管辖)；接着，即在少数大城市和省会城市实行“市领导县”体制(初期所领导的县数较少)；再至20世纪80年代之后，在地级层面推行地市合并、市领导县，在县级层面则改变了设市模式，改原先的“切块设市”为“整县改市”。至此，中国大陆地区的“市”，彻底演变为广域型的政区形态。诚如华伟所概括的：

> 市是城市型行政单位，是人口密集的聚居“点”上的行政建制，其居民主体是从事第二产业和第三产业的市民(即非农业人口)，这是世界通例。在民国时期，中国的建制市在这一点上与世界各国并无不同。1949年以后，最初实行的市制基本上延续了民国的体制；后来，随着城市郊区的扩大，市领导县，地市合并，整县改市，建制市逐渐演变为一种广域型行政建制；最后，人口密集的聚居“点”上的行政建制反而不叫市，而改成了其他的建制名。②

因此，对这一阶段中国大陆城市型政区的发展和变化，笔者在华伟等前论的基础上，认为可以直接表述为：从“城乡分治”到“城乡合治”。这里的“城乡分治”(主要在1949—1979时期)才是真正具有中国特色的、绝对的、极端的“城乡分治”，与西方国家的同类政区在表面上(形态上)几乎完全一致，并且更进一步，推广到所有高层至低层政区层面(如直辖市、地级市、县级市、镇，均有类似的演变过程；直辖市在1958年前可算是狭域型，其他则在20世纪80年代之前绝大多数为狭域型)，但就实质(权力配置上)而言，又正好背道而驰(城市成为国家绝对的控制中心，当然，城市市民也成为绝对的“特权”阶层)。

正因为如此，笔者才认为，在中国1949年后高度的一元权力体制的制约下，将所谓“市制”从“城乡分治”的设置方式转变而为1979年后的“城乡合治”，既是前一阶段合乎逻辑的发展，也有其合理性在，即：这是一种充分发挥国家权力而又减少管理成本的高效率的政区体制；同时，也与1949年后国家的意识形态追求相吻合，即理论上，我们一直追求所谓缩小甚至消除“三大差别”，目前也强调城乡统筹发展，而此前的“城乡分治”，却恰恰与此理念背道而驰，也最为人所诟病。因此，在政区设置层面，拆除(或试图拆除)这样的城乡人为樊篱，是一种社会进步的表现，也是在现有权力配置框架下的理性选择(可能也是唯一的选择)。当然，这样的说法是严格限定在“高度的一元权力体制的制约下”才成立的。因此，笔者对中国该阶段政区问题症结所在与目前一般学者所论不同，即并非一定要“城乡分治”(指如中国大陆1949—1979年状况)，相反，“城乡合治”(即城乡一体化)才是世界潮流；关键仍在于如何配置和界定国家(从而也包括城市)的权力。

在第二章里，笔者曾经就“城乡分治”与“城乡合治”的含义作过一番解析。笔者指出，二者并非截然对立，而是两个不同层面的问题。正式的、高层的政区，都是“城乡合治”的，

① 张全在、贺晨：《镇政府管理》，中国广播电视出版社1998年版，第52页。

② 华伟：《城乡分治与合治——市制丛谈之三》，载《中国方域——行政区划与地名》，2000年第3期，第8～17页。

"城乡分治"则适用于基层的聚落自治体，即应城市聚落、乡村聚落等各自分立，故应该称作"聚落自治"更为准确。"城乡分治"的本意不在于政治统治、发展经济等，而在于便利居民自我管理。既然中国城市没有居民自治，而是统统纳入国家权力体系，则当然人为分割既耗费管理资源，又有诸多不便，所以必然逐渐演变为合治。如果再考虑到这种层层设置的权力体系(截然分治)对纳税人(尤其乡村地区农民)负担的加重至不堪忍受，则这种合治是应该提倡的，至少在现阶段。如果在权力配置未能改变的情况下，侈谈分治，或仍如20世纪80年代之前的严格城乡隔绝，则实际上是进一步加剧城乡差距的方式。换句话说，中国的城乡分治，实际上是大城市优先发展的体现(但当时的大城市，也主要理解为工业、尤其是重工业城市)；为了保证大城市的发展，才提高设市门槛，人为割裂城乡，于国、于民都是没有好处的。

当然，上述说法也是一种理想状态。实际上，中国城乡分治发展到城乡合治，并不是城市(市民)权力增加使然，相反，倒是国家消解城市权力的过程的一步步延伸、进展的自然发展过程，与前一阶段没有实质性的变化，而是前一阶段合乎逻辑的发展。前已述及，中国在20世纪初叶引进市制，本意是与西方并无二致的《聚落自治》(这从清末"城镇乡自治章程"可以清晰看出)；但1927年南京国民政府已经开始将之纳入官治轨道，只是碍于当时法律规定若干年后条件成熟之时仍须行宪(宪法中包括"地方自治"的规定)，方将此前的城乡分治体系保留。1949年之后，虽然地方自治不再提及，但最初仍沿袭分治体系；同时，则将政权建设深入乡镇一级。在国家实行重工业优先发展战略时期，国家无力供养过多的城市人口，只好严格限制城市规模，并建立了严格的户籍管理制度。但与此同时，国家也越来越感觉到，城乡分治过多增加了管理成本，而城乡协调也难以实现。因此，20世纪50年代末开始，就着手以城市区域来管理乡村地区(先是直辖市的扩大，后有省会城市管理周围数县)。可以设想，如果没有文革十年的停滞和混乱，城乡合治的体制肯定会早十年铺开。因为，在当时这样的权力配置之下，城市是没有自主权的；而分治的本意却在于维护和凸现城市的自主权。这样，20世纪80年代后，当一切步入正轨，在中国这样的权力配置体系下，城市以及城市制度、政区制度，都合乎逻辑地朝着城乡合治的方向发展。

但问题在于，这种合治是单一、单向的，没有城乡分治(即聚落自治)作为不可缺少的一翼(甚至连补充的地位也没有)，必然导致最终国家权力对城市权力的完全消解。实际上，中国目前的政区体系，从上到下，甚至连村、居一级，也都被整合进国家政区体系(目前的行政村、社区多具有官治色彩，离真正的自治还有很长的距离)。换句话说，中国当前，城乡合治已经深入乡镇一级，聚落自治则退至村、居一级(还多停留在理论上)。这不要说西方国家无法做到，就是古代中国、民国中国、甚至建国初期的中国也都没有做到。而在这种情况下，还出现这么多难以解决的问题，只能说明此路不通。如果说何为中国政区存在的核心问题，则关键在此。而要解决中国的政区问题，也必须在城乡合治(官治)与聚落自治(民治)之间，找到适当的分野；既非前者独大，也非后者过于膨胀。当然，中国当代的问题不是说后者多小，而是几乎没有。

如果说，城乡分治在中世纪的西欧，本意在于维护城市权力，拒斥封建领主的干预，从而形成地域的分治；那么，在20世纪50年代—80年代的中国，城乡分治虽然也在维护城市的权力(权利、特权)，但这种权力却是城市剥削乡村的特权，是城市人高人一等的等级身份的特权，以及随之而具有的高福利的特权。为此而保持城乡地域的分治(又由于国家财力的有限而尽可能缩小城市范围)，则不是意味着自由权利的普及和保障，而是反其道而行之，意味着高度的不平等、不公正。从这个意义来说，从城乡分治到城乡合治，在现有体制下，不仅不是退步，反而是巨大的进步。

当然，这不是说没有问题。前面的判断是在现有权力配置的框架下作出的，即必须以之为前提才能成立。而随着市场经济体制的建立，现有的权力配置方式必然发生变化；在变化了的情况下(肯定城市权力要凸现)，则采取何种政区格局，就需要另作研究和斟酌。

目前是合理的，并不是说必然合理，更不是说永远合理。前一种制度的基础是高度集中的计划经济体制。在这种体制下，国家权力高度集中，政区体系与城市体系高度整合，如果方向正确，效率更高，城市化更快(我们前面第一章作过假设，即两种不同的城市化道路)。但是，随着中国市场经济体制的建立，整个经济基础发生了变化；与世界的交融，也使得国家权力不得不受到外界的制约。在这种情境下，权力配置要求分散，必然要求上层建筑发生变化。否则，国家仍维系传统的权力配置方式，即使初衷多么好，也会造成问题。在此转型阶段，国家的任务不是在原有体系上修修补补，而是改弦更张，寻找到一条正确的道路。国家在改弦更张的过程中，以国家权威，保证转型、转轨的顺利完成，并最终形成国家与城市(民间)的权力分野。

4.1.2 中国当代行政区划体系的形成、发展与行政管理模式的渊源、特征和局限

中国当代行政区划体系，直接源于1949年之前中国共产党领导的根据地时期的实践，更多地是传统管理方式的继承和发挥，这是时代局限使然。1949年后，又根据前苏联的模式，对中国大陆的已有政区格局进行了彻底的改造和重构，而民国时期的管理方式和城市理念，被彻底抛弃。1979年后，改革逐渐推进，目前尚未完成(也远未完成)。由于改革主要局限于经济领域，城市化也仅仅理解为实体层面，而城市及城市化的本来含义则付之阙如，导致问题积累深厚，难以为继。随着目前“科学发展观”思想的提出并成为国家的指导思想，以及政治文明建设、“和谐社会”理论等的提出和强调，使我们有可能突破过去的束缚，在政治体制改革的进程中，真正回归城市本意，也使得中国的政区格局向良性方向发展。

4.1.2.1 中国当代行政区划体系的形成、发展过程

中国当代政区体系及其管治方式，形式上可以分成4类，即前已述及的所谓地域型政区、城市型政区、民族型政区和特殊型政区；当然，如果就实质意义而言，应该为3类，即一般类型政区、民族区域自治型政区和高度自治的特别行政区；如果更严格一些，则仅2类：大陆的中央集权为特征的政区体系与特殊区域(港、澳和台湾)的政区体系。这一格局有其形成和发展的过程。

(1)中华苏维埃政府时期(1931—1937年)

中华苏维埃全国政府建立之前，各地方的行政区域划分、各政府的行政组织、机构设置、人员编制等各行一套，参差不齐，不便于统一领导和指挥。鉴于这种状况，1931年11月，中央执行委员会决定对苏区行政区域的划分和建制制定统一的规范。《中华苏维埃共和国划分行政区域暂时条例》决定，将中华苏维埃共和国地方政权机关分为省、县、区、乡

(城市)四级,并详细规定了省、县、区、乡(城市)的划分原则、范围和人口。[①] 1931 年的《中华苏维埃共和国宪法草案》和 1934 年的《中华苏维埃宪法大纲》均规定,全国苏维埃代表大会是中华苏维埃共和国的最高政权机关,即最高权力机关,中央政府和各级地方政府均为其执行机构。后者更明确规定了中央政府与地方政府之权力划分与关系:各级地方政府,特别是作为最高一级地方政府的省苏维埃,必须服从中央的统一领导,坚决执行中央政府制定的行政措施、行政法规和发布的决定和命令。[②]

可见,当时的政区划分方式形式上还是与民国初期的方式一致,即基层政区为聚落型(有意思的是,当时特别注明"乡"即为"城市",正是这种状况的反映),当然只是外在形态上的一致,抽出了自治的内核。不过,当时在设置上、管理体制上,都相当灵活。

(2)陕甘宁边区政府时期(1937—1949 年)

1936 年红军到达陕北后,成立了西北苏区的最高权力机构——西北办事处。西北办事处成立后,对西北苏区行政区划进行了调整,设立陕甘宁、陕北两个省和关中、神府、三边三个特区,统一归西北办事处领导。在省和特区下设有县、区、乡及后来的市苏维埃等四级地方基层政府组织。[③]

1937 年 9 月 6 日,中共中央代表与蒋介石达成协议,决定将中华苏维埃共和国政府西北办事处改组为陕甘宁边区政府。《陕甘宁边区选举条例》规定,边区各级行政长官——乡长、区长、县长、边区主席均由各级议会选举产生。[④] 此后,该基本框架一直延续到 1949 年。

陕甘宁边区时期政权建设中的一个历史性的新创举是政府机关中干部构成的"三三制"。"三三制"是党中央为适应当时全国人民反日抗日和实行彻底的社会经济变革的迫切愿望,为建立最广泛的抗日民族统一战线,针对国民党政府的一党专政及其片面抗战路线而提出的、实行彻底的民主政治的一种政权组织形式。"三三制"蕴含着丰富的社会、政治、经济和心理内涵,它不仅对中国共产党成功地建立起广泛的统一战线,获得多数社会阶层的大力支持,夺得抗日战争和解放战争的胜利,具有重大的历史意义,而且对于推动中国社会政治民主化的发展和当代中国政治体制改革具有巨大的促进作用和借鉴意义。[⑤] 当然,在此后的发展历程中,该制度逐渐不彰;而另外一些东西,如高度统一的管理模式等则继承下来。

(3)《共同纲领》的规定及其实践(1949—1954 年)

1949 年 9 月召开的中国人民政治协商会议第一次全体会议通过的《中国人民政治协商会议共同纲领》等,具有临时宪法的性质和作用。《共同纲领》确定的国家结构与政府体制以单一制的国家权力结构和议行合一的政府管理体制与运行机制为特征,因此,各级地方政府既是地方一级的政权机关,又是国家行政管理的有机组成部分,是国家中央行政机关在地方的延伸与拓展。新中国成立初期,由于国家各方面都处于重建、恢复与调整状态,各

---

① 详见《中华苏维埃共和国划分行政区域暂时条例》,见江西省档案馆、中共江西省委党校党史教研室编:《中央革命根据地史料选编》下册,第 192～193 页。转引自杨冠琼著:《当代中国行政管理模式沿革研究》,北京师范大学出版社 1999 年版,第 19 页。

② 杨冠琼著:《当代中国行政管理模式沿革研究》,北京师范大学出版社 1999 年版,第 21 页。

③ 杨冠琼著:《当代中国行政管理模式沿革研究》,北京师范大学出版社 1999 年版,第 40 页。

④ 杨冠琼著:《当代中国行政管理模式沿革研究》,北京师范大学出版社 1999 年版,第 45 页。

⑤ 杨冠琼著:《当代中国行政管理模式沿革研究》,北京师范大学出版社 1999 年版,第 49～50 页。

级地方政府均是在战时政权组织机构基础上改建而来，因而明显地带有战争年代形成的固有结构模式影响的痕迹与特征。从国家政权纵向结构上说，其主要表现是地方政府层次中的大行政区体制。1949 年以前各大行政区均为本区最高行政机关，而且大区之间均为平行关系，统一受中共中央的领导。1949 年中央人民政府的成立使各大区政府有了统一的中央政府领导机构，各大区自此成为国家政权纵向结构链中的环节之一。由于新中国成立初期大行政区的存在，国家政权纵向结构分为六级，即大区、省、市、县(城区)、区、乡(镇)。不同层次的地方政府作为国家行政机关的构成部分，担负着重要的社会政治、经济与文化功能。大区政府改为行政委员会后，当时中国实行的地方制度是所谓的“四实三虚”制度，“四实”是中央一省一县一乡四级政权，均组成人民政府；“三虚”是大区设行政委员会，省属专区设行政公署，县属区设区公所，均作为上一级政府的派出机构。[①]

值得注意的是，在《共同纲领》第 51 条中，明确提出了民族区域自治的政治制度问题：“各少数民族聚居的地区，应实行民族的区域自治，按照民族聚居的人口多少和区域大小，分别建立各种民族自治机关。凡各民族杂居的地方及民族自治区内，各民族在当地政权机关中均应有相当名额的代表。”[②]为后来普遍实行的民族区域自治制度打下了基础。

(4)1954 年宪法及其实践中的曲折(1954—1982 年)

1954 年 9 月制定的《宪法》对中国的国家结构形式、地方各级政府的层次划分与权力范围、地方政府的权力结构及运行机制等都作了较为明确的规定，铸成了中国纵向政权结构和权力关系比较稳定的模式。虽然此后仍历经变化与调整，但本质上均未超出这一框架所划定的范围，因而成为新中国纵向政权结构与权力关系历史中的常量。[③]

1954 年《宪法》规定，“中华人民共和国是统一的多民族的国家”，“各少数民族聚居的地方实行区域自治。各民族自治地方都是中华人民共和国不可分离的部分”，从而再次确定中国为单一制结构形式的国家。同时从法律规范的角度将全国政区体系划分为省(自治区、直辖市)、自治州、县(自治县、市、市辖区)、乡(镇、民族乡)的三和四级混合的正式层级[④]；若再加上间杂于省、县之间的派出机构“专区”与县、乡之间的派出机构“区公所”(在不设区的市和市辖区之下则有派出机构“街道办事处”)[⑤]在内，则有 5 级的架构。并明确规定，全国“地方各级人民委员会，即地方各级人民政府，是地方各级人民代表大会的执行机

① 杨冠琼著：《当代中国行政管理模式沿革研究》，北京师范大学出版社 1999 年版，第 147～148 页。

② 《中国人民政治协商会议共同纲领》(1949 年 9 月 29 日中国人民政治协商会议第一届全体会议通过)，见“法律教育网”：http://www.chinalawedu.comnews1200/21752/21753/2006/3/me5429194349193600219306-0.htm。

③ 杨冠琼著：《当代中国行政管理模式沿革研究》，北京师范大学出版社 1999 年版，第 243 页。

④ 《中华人民共和国宪法(1954)》(1954 年 9 月 20 日第一届全国人民代表大会第一次会议通过)第 53 条规定：“中华人民共和国的行政区域划分如下：(一)全国分为省、自治区、直辖市；(二)省、自治区分为自治州、县、自治县、市；(三)县、自治县分为乡、民族乡、镇。直辖市和较大的市分为区。自治州分为县、自治县、市。自治区、自治州、自治县都是民族自治地方。”见“法律教育网”：http://www.chinalawedu.comnews1200/21752/21753/2006/2/ma8861219541622600221960.htm。

⑤ 在《中华人民共和国地方各级人民代表大会和地方各级人民委员会组织法》(1954 年 9 月 21 日第一届全国人民代表大会第一次会议通过)中，提到省的派出机构“专区”、县的派出机构“区”和市的派出机构“街道办事处”的设置：“第四十二条　省人民委员会在必要的时候，经国务院批准，可以设立若干专员公署，作为它的派出机关。县人民委员会在必要的时候，经省人民委员会批准，可以设立若干区公所，作为它的派出机关。市辖区、不设区的市的人民委员会在必要的时候，经上一级人民委员会批准，可以设立若干街道办事处，作为它的派出机关。”见“法律教育网”：http://www.chinalawedu.comnews1200/21752/21754/21761/2006/3/ma7964435861136002296 27-0.htm。

关，是地方各级国家行政机关”，都服从国务院的统一领导。

上面所描述的实际上是1954年以后中央与地方关系的基本格局——单一制中央集权体制的基本格局，即中央政府掌握着全国各种资源的控制权、分配权和最终决定权，以及与此相适应的权力运行机制。单一制集权政府体制即使在当今世界也并非中华人民共和国所独属，但由于传统意识与心态、政党制度以及小农充斥的社会现实等使中华人民共和国的中央集权体制即中央与地方的关系具有别无他属的“中国特色”。这种格局的形成既有传统文化酵素的作用，也是当时社会、政治、经济等背景的实际状况所使然，更是社会发展道路与方式的一种主观选择。①

但是，按照1954年宪法正常运转未久，1958年“大跃进”后，整个国家发展就脱离了宪法轨道。政区方面，也不断突破宪法规定，出现了一些新的形式和管理体制，并在1975的《宪法》中得到确认。先是1958年后，中国农村出现了取代宪法规定的基层政权（即乡、民族乡）的新的组织形式——人民公社（1958—1982年），成为当时农村基层政权和劳动群众集体所有制的政社合一的组织，即成为农村的基层行政区；以及1959年正式确认“直辖市和较大的市可以领导县、自治县”②，使得原先所规定的直辖市和较大的市仅可以分区扩展为可同时辖县。再就是1966年后“文化大革命”的特殊产物——地方各级人民政府为新成立的“革命委员会”（1967—1980年）所取代，以及“地区”成为一级正式的行政区划。③

上述“文化大革命”的混乱状态随着1976年10月“四人帮”的被粉碎而结束。但1978年制定的《宪法》没有能够从根本上摆脱“左”的指导思想的影响，因而仍是一部有着明显缺陷的宪法。在政区方面，也仍然沿袭了1975年宪法的规定（“地区”则回复到“派出机构”的地位）。④ 因此其后不久，1979年，五届人大第十一次常务委员会会议通过并公布了《关于省、自治区、直辖市可以在1979年设立人民代表大会常务委员会和将革命委员会改为人民政府的决议》。根据这一指示精神，从1979年8月至1980年6月，各省、自治区、直辖市先

---

① 杨冠琼著：《当代中国行政管理模式沿革研究》，北京师范大学出版社1999年版，第244～245页。

② 《全国人民代表大会常务委员会关于直辖市和较大的市可以领导县自治县的决定》（1959年9月17日第二届全国人民代表大会常务委员会第九次会议通过）规定“为了适应我国社会主义建设事业的迅速发展，特别是去年以来工农业生产的大跃进和农村的人民公社化，密切城市和农村的经济关系，促进工农业的相互支援，便利劳动力的调配，决定：直辖市和较大的市可以领导县、自治县。”见“法律教育网”：http://www.chinalawedu.comnews1200/21752/21754/21761/2006/3/ma6878850151136002284 2-0.htm。

③ 《中华人民共和国宪法（1975）》（1975年1月17日中华人民共和国第四届全国人民代表大会第一次会议通过）中，没有关于行政区划制度的统一表述，而是分散在不同的章节，如第七条的“农村人民公社是政社合一的组织”；在第三节“地方各级人民代表大会和地方各级革命委员会”中，第二十一条规定“地方各级人民代表大会都是地方国家权力机关。省、直辖市的人民代表大会每届任期五年。地区、市、县的人民代表大会每届任期三年。农村人民公社、镇的人民代表大会每届任期两年”，第二十二条规定“地方各级革命委员会是地方各级人民代表大会的常设机关，同时又是地方各级人民政府”；在第四节“民族自治地方的自治机关”中，第二十四条规定“自治区、自治州、自治县都是民族自治地方，它的自治机关是人民代表大会和革命委员会”。见“法律教育网”：http://www.chinalawedu.comnews1200/21752/21753/2006/2/ma5362191254162260024560-0.htm。

④ 《中华人民共和国宪法（1978）》（1978年3月5日中华人民共和国第五届全国人民代表大会第一次会议通过）第33条规定：“中华人民共和国的行政区域划分如下：（一）全国分为省、自治区、直辖市；（二）省、自治区分为自治州、县、自治县、市；（三）县、自治县分为人民公社、镇。直辖市和较大的市分为区、县。自治州分为县、自治县、市。自治区、自治州、自治县都是民族自治地方。”第34条规定：“省、直辖市、县、市、市辖区、人民公社、镇设立人民代表大会和革命委员会。人民公社的人民代表大会和革命委员会是基层政权组织，又是集体经济的领导机构。省革命委员会可以按地区设立行政公署，作为自己的派出机构。自治区、自治州、自治县设立自治机关。”见“法律教育网”：http://www.chinalawedu.comnews1200/21752/21753/2006/2/ma3433194416226002988-0.htm。

后召开了各级人民代表大会，选举了各级人大常委会主任和省长、自治区主席及市长，并将地方各级革命委员会改为各级人民政府，决定人民公社不设人民代表大会常务委员会和人民政府，而设管理委员会。至此，“革命委员会”这一“文化大革命”的特殊产物退出了中国的政治舞台。[①] 但行政区划体系仍为在 1954 年基础上的 5 级的混合体制：省（自治区、直辖市）—地区（虚）（自治州、较大的市）—县（自治县、市辖区）—人民公社（镇）；“较大的市”辖县得到确认；而地区、区公所和街道办事处的派出机构地位仍予以维持。[②]

（5）1982 年宪法及其以后的实践（1982 年至今）

1982 年颁行的宪法是以 1954 年宪法为参照基础和蓝本制定的；但关于行政区划的规定则基本承认和延续了 1978 年宪法的规定，仅将基层的“人民公社”体制，恢复为与 1954 年宪法一致的乡（民族乡）的架构，同时增加了为解决台湾、香港和澳门问题而规定的“特别行政区”制度。[③] 另外，就是对基层的城乡居民自治问题，作了明确规定，确立了城市地区“居民委员会”和乡村地区“村民委员会”的法律地位。[④]。对于准政区的派出机构，亦与此前基本一致，根据《中华人民共和国地方各级人民代表大会和地方各级人民政府组织法》的规定，仍有省县之间、县乡之间（以及“不设区的市”与“市辖区”之下）可设立派出机构的规定；唯在 1986 年该法进行了修订，将省以下的“地区”级派出机构加以模糊，以“省、自治区的人民政府在必要的时候，经国务院批准，可以设立若干派出机关”这样的表述加以涵盖，[⑤]为的是适应当时东部地区有关省份刚刚兴起的“地区改市”（撤地设市）的政区改革的新方式。至 1997、1999 年的香港、澳门回归，中国当前的四大类政区体系正式确定。

与此同时，在有关政区的具体调整和设置方式上，也发生若干变化。最显著的，就是

---

① 杨冠琼著：《当代中国行政管理模式沿革研究》，北京师范大学出版社 1999 年版，第 398 页。

② 《中华人民共和国地方各级人民代表大会和地方各级人民政府组织法》（1979 年 7 月 1 日第五届全国人民代表大会第二次会议通过）第 42 条规定：“省、自治区的人民政府在必要的时候，经国务院批准，可以设立若干行政公署，作为它的派出机关。县、自治县的人民政府在必要的时候，经省、自治区、直辖市的人民政府批准，可以设立若干区公所，作为它的派出机关。市辖区、不设区的市的人民政府，经上一级人民政府批准，可以设立若干街道办事处，作为它的派出机关。”见“法律教育网”：http://www.chinalawedu.comnews1200/21752/21754/21761/2006/3/ma26212926511360021261 5-0.htm。

③ 《中华人民共和国宪法（1982）》（1982 年 12 月 4 日第五届全国人民代表大会第五次会议通过），虽后经多次修正（1988 年、1993 年、1999 年和 2004 年），但关于“行政区划”规定的部分相沿未改。其第一章《总纲》第 30 条规定：“中华人民共和国的行政区域划分如下：（一）全国分为省、自治区、直辖市；（二）省、自治区分为自治州、县、自治县、市；（三）县、自治县分为乡、民族乡、镇。直辖市和较大的市分为区、县。自治州分为县、自治县、市。自治区、自治州、自治县都是民族自治地方。”第 31 条规定：“国家在必要时得设立特别行政区，在特别行政区内实行的制度按照具体情况报全国人民代表大会以法律规定。”见“法律教育网”：http://www.chinalawedu.comnews1200/21752/21753/2006/2/ma5991752341622600229925-0.htm。

④ 《中华人民共和国宪法（1982）》（1982 年 12 月 4 日第五届全国人民代表大会第五次会议通过）第 111 条规定：“城市和农村按居民居住地区设立的居民委员会或者村民委员会是基层群众性自治组织。居民委员会、村民委员会的主任、副主任和委员由居民选举。居民委员会、村民委员会同基层政权的相互关系由法律规定。”见“法律教育网”：http://www.chinalawedu.comnews1200/21752/21753/2006/2/ma5991752341622600229925-0.htm。

⑤ 《全国人民代表大会常务委员会关于修改〈中华人民共和国地方各级人民代表大会和地方各级人民政府组织法〉的决定》（1986 年 12 月 2 日第六届全国人民代表大会常务委员会第八次会议通过），将原第 42 条改为第 59 条，且第一款修改为：“省、自治区的人民政府在必要的时候，经国务院批准，可以设立若干派出机关。”则修改后的该法第 59 条规定如下：“省、自治区的人民政府在必要的时候，经国务院批准，可以设立若干派出机关。县、自治县的人民政府在必要的时候，经省、自治区、直辖市的人民政府批准，可以设立若干区公所，作为它的派出机关。市辖区、不设区的市的人民政府，经上一级人民政府批准，可以设立若干街道办事处，作为它的派出机关。”见“法律教育网”：http://www.chinalawedu.comnews1200/21752/21754/21761/2006/3/ma3580474741136002361 9-0.htm。

“整县改市”代替“切块设市”、“整乡改镇”代替“切块设镇”，即城市的设置方式从“城乡分治”变为“城乡合治”，城市成为一种广域型的政区形态。虽然，这种变化并无法律上的直接依据，但可以认为是继“直辖市”、“较大的市”扩展为可辖县的广域型政区的变化之后，“市制”的内涵的合乎逻辑的发展，即中国当代的城市，均成为一种广域型的空间形态。但是，就实际上的管理体制和权力配置关系而言，则尚未有根本改易。

如前所述，由于这一阶段改革的不断推进，中国的行政区划体系也变化较大。按照有关法规，区划体系主体应该是三级制，局部四级制；但在实践中，随着地级市辖县体制的推广，已经演变为主体是四级制、局部为三级制的状态。同时，由于有关法律规定的简略和表述上的模糊以至疏漏，已有较大变通和突破，加之实际上的治理方式不同(同时，包括在上述正式的政区体系之外，还有大量的具有政区性质的不同类型的准政区，以及附加于正式政区之上的多样的行政层级)，可以认为存在五级制甚至实质上的六级制的现象。故中国当代的政区体系成为世界上最复杂的政区形态。

4.1.2.2 中国当代行政管理模式的渊源、特征和作用、局限

我国当代的行政管理模式，是中国共产党在领导中国人民探索革命和建设的途径和方式的过程中，产生、形成、发展起来的。行政管理模式的演化过程也就是中国共产党探索国家组织与管理的过程，是累积经验、深化认识、探究一般规律的过程。杨冠琼在其《当代中国行政管理模式沿革研究》一书中，对该模式的渊源、特征及其局限所在进行了深刻的总结，这里择要引录如下。

(1)中国当代行政管理模式的渊源

杨冠琼认为，从来源上说，我国行政管理模式的形式主要有以下几个方面：

> 第一，以苏联为模板。苏联模式对我国行政管理模式的产生、形成发生了重大的影响作用。在历史上我国曾两次大规模地摹拟、仿照苏联模式建构我国的行政管理框架。一次是苏维埃时期，一次是1953年第一个五年计划开始时期。尽管以后的历次变动使苏联模式的影响有所减弱，但从根本骨架上看，仍未摆脱苏联模式的束缚。
>
> 第二，以根据地时期的管理模式为改革的诉求和替代选择。苏维埃时期和陕甘宁时期政权建设和政府管理的实际探索与实践经验，对建国后行政管理模式的变革，产生了重要的参考作用。1956年下半年开始酝酿的行政管理改革，主要是针对仿照苏联建立起来的高度集中的管理体制暴露出的严重的官僚主义、机构庞大、效率低下等弊端，并已严重影响经济发展的情况而提出的。然而，由于当时除了苏联模式之外，再无可资参考的其他选择，致使这场改革由陷入“小跃进”，继而又陷入“大跃进”。这实际上是陕甘宁边区时期行政管理模式在新的历史环境下，新的历史轮回的一次重演。中央政府机构大量精简，下放权力，充实地方；加强党的集中统一领导，实行党领导一切、管理一切、包揽一切的工作方式，资源动员与生产组织采取大规模的群众运动的方式；同时，实行更高一层的生产合作运动，大搞人民公社化；政治动员、政治情绪、政治运动与生产活动密切关联，融为一体；“组织军事化，行政战斗化，生活集体化”；“理想感召话语”弥漫于政治化了的社会生活之中，情绪代替可能，理想代替现实，精神代替物质。

第三，以中国传统文化为治世之源。……从文化的连续和积淀的角度说，传统文化不能不对我国的行政管理模式产生有形或无形的、有意识或无意识的影响。像中国传统政治制度这样一个持续如此长久并且有如此高度自主性的体系，其影响力不可能仅限于自身制度在形式上存在的那段时期，甚至在新体制超出旧类型时，传统价值和行为也可长久地持续下去。事实上，从单一制的国家体制到平均主义的分配制度，从“大同书”和“乌托邦”的理念与价值取向到以东汉末年张陵与三国时期张鲁的“五斗米道”为原型的“人民公社化”，无不与传统文化有着孪生关系。①

(2)中国当代行政管理模式的特点

杨冠琼认为，从特征上说，我国的行政管理模式至少有以下五点：

第一，体制上中央高度集权。中央集权是现代国家共有的特征。但我国的中央集权却别具特殊性。一是单一制国家基础上的集权，地方政府必须无条件地执行中央政府的任何一项它认为具有全盘性意义的政策和主张；二是建立在生产资料公有制基础上的经济体制，使地方政府成为中央政府管理经济的一个分支机构，成为“社会大工厂”的一个管理车间，所有的财政预算与支出都由中央控制；三是地方除了满足中央政策需求和政策偏好之外，不能有任何自身的利益要求，为服从中央利益必须无条件地牺牲地方利益；四是中央不仅控制地方的经济资源，而且也控制地方的人事安排。

第二，利益表达与政策创新渠道单一。现代社会是利益多元的社会，尽管在社会主义社会，个人、集体、国家的利益从整体上说是一致的，但在一些具体利益上仍存在着差别。因而利益表达与政策创新亦应是多元的。各种不同的利益表达与政策创新的多元性是民主政治的客观要求。但长期以来，在我国，利益表达与政策创新只能由党的主要领导人提出。……

第三，政企不分。企业不仅是政府的附属物，而且是政府的延伸。企业的人、财、物，产、供、销均由政府决定……

第四，党政不分，以党代政。党政不分是我国政治生活和行政管理生活中的一个历史常量，自从中国共产党组织政府以来，这一问题就一直存在，……

第五，行政协调性手段为行政管理的唯一手段。我国在经济领域的以直接的刚性计划为主要内容的、以“动员型命令经济”为特征的行政性协调模式建成之后，便取得了一种自主性的地位和运行机制，扩散到社会生活的一切领域。连布鲁斯认为天然地应当分散进行的“个人决策”，如消费选择、职业选择等，在中国也在很大程度上由行政机关掌握和控制。由此整个社会完全靠自上而下的科层组织的推动在运转。法律手段、经济手段几乎被人完全遗忘，使一个生机勃勃、气象万新的社会被科层行政这一“铁笼”，严格地进行了如机器运转一样死板的分割，

① 杨冠琼著：《当代中国行政管理模式沿革研究》，北京师范大学出版社1999年版，第507～508页。

社会完全由“行政权力支配”，到处缺乏活力、缺乏主动性、缺乏创造性。①

(3)中国当代行政管理模式的历史适宜性、作用与局限

杨冠琼认为，从历史适宜性、作用与局限方面来说，主要有以下几点：

第一，我国高度集权的行政管理模式之所以在建国后形成并一直存在下来，主要有以下原因：一是革命后中国领导层面临的严峻的政治任务是建立和巩固新的政治权威，扩大新政权的社会基础，以便组织社会的重建。二是社会资源的匮乏使社会不可能形成自我调节功能完善的资源再分配机制，必须用统一的、集中的方式来分配有限的资源，以最大可能地满足社会的利益要求，平衡各地关系，促进各地区均衡发展。三是战时军事领导体制的影响。新中国是通过革命战争建立起来的，在长期的军事活动中，形成了一种自上而下完整的指挥体制，新中国成立后，初期基本上还必须依靠这套体制来实行政治领导，军事指挥需要高度集中的体制，这种体制在人员、运行方式、心里等方面都构成“范式”。这样就限制和界定了选择空间。四是高度集权的行政管理模式，适应于小农普遍存在的国度，它利于将趋向各异的多种力量聚集在一起，尤其利于将分散孤立的众多小农集合在一起，将他们变成一支有组织的力量。

第二，高度集权的行政管理模式有助于力量的协调和资源的动员与征用，以支持国家所急需或应付危机，便于集中运用稀缺资源满足政府的偏好，发展为增强国家实力所需要发展的行业或部门；便于迅速做出决策和决定的有效执行。集权模式的这些特点，为我国建国初期稳定社会经济秩序、打击经济领域的投机活动、保证重点项目的完成，以奠定我国现代工业体系，进行广泛的土地改革以适应现代农业生产的发展等都做出了突出的贡献。……

第三，行政权力对社会经济活动纵向的全面支配，以及对社会、文化等领域纵向的全面控制，非但无法控制资源配置、发展速度、流通与分配等方面极为严重的主观随意性，而且也无法使各地区、各部门按照经济和社会发展的客观需要广泛地建立起相互之间的横向联系，更抑制了个人、企业、地方的生产积极性、主动性和创造性，使社会经济技术进步极为缓慢。……高度集权产生了严重的官僚主义、“官本位”，以及到处可见的腐败行为；高度集权必然造成“人治”，缺乏“法治”，致使人们的法律意识淡薄，国家法律残缺不全；高度集权导致“官民对立”这一封建社会的产物复现于现代社会，使民众、政府以至政党之间存在着至少是不顺的关系。②

---

① 杨冠琼著：《当代中国行政管理模式沿革研究》，北京师范大学出版社 1999 年版，第 509～510 页。

② 杨冠琼著：《当代中国行政管理模式沿革研究》，北京师范大学出版社 1999 年版，第 511～513 页。

4.2 矛盾与困境:有关行政区划改革的研究评述及中国当代行政区划所面临的主要问题

4.2.1 有关行政区划改革的研究评述

关于行政区划的改革及其有关研究,从1988年以来的20余年来,在高层的默认和推动下,已经从政府部门的闭门工作,扩及学界、甚至民间的广泛研究,成果斐然。当然,这里涉及两个层面的问题:一个是一般而言的行政区划改革,即着重点在政区形式方面的调整,也是民政部门职责所在,可以民政部门所认可的范畴界定,即:

> 广义的行政区划还包括对已有行政区域的调整(变更)。行政区划变更的内容按具体情况可以分为以下6类:1.建制变更,包括增设、裁撤、改设(如县改为市)。2.行政区域界线变更,即行政区域扩大或缩小。3.行政机关驻地迁移,包括新增设行政区确定新的行政中心。4.隶属关系变更,即A行政区由甲管辖改为由乙管辖,对A来说就是隶属关系变更,而对甲、乙而言,实际上是行政区域界线变更。5.行政等级变更,包括升级和降级。6.更名和命名。更名是指行政区专名改变,……命名是指给新设的行政区确定专名……在实际工作中,一个地方一次行政区划变更,可能只涉及上述六类中的一项,也可能涉及几项。①

这一层面成果较为集中,许多已经直接付诸实施。但同时,笔者认为,行政区划改革又不能不涉及到另一个层面的、形式背后的决定因素,即权力配置方式的变革,换句话说,就是与国家政治体制等有关的问题和变革。这是真正实质性的变革,没有这一层面的变革,仅就行政区划的形式进行调整,是不能解决根本问题的。这一层面研究成果相对分散,前述单纯从行政区划领域着手研究的学者等也都多少会有涉及,同时,还分散于学界、政界和民间,并以政治学、法律界等讨论较多,也较深入。

对于中国行政区划改革的研究及其有关方案的探讨和设计,近现代以来,由于政治气候、社会形势等因素影响,明显集中在两个时期;一个时期是20世纪初叶至50年代之前,尤其是20世纪初期和40年代前后,在民国肇建和民国重建的历史时期,诸多学者和各界人士纷纷畅言,提出了各种方案、设计,堪称中国行政区划研究史上的黄金时期。另一个时期是相隔近半个世纪以后,在20世纪80年代末期及其后,同样是在共和国重建(即改革开放)时期,针对行政区划管理中的诸多矛盾和问题,特别是城市化迅速推进的形势下,着眼于加速中国的城市化进程,政界和学术界又旧事重提,开始进行行政区划改革的研究,目前正在进行当中。后一个时期的研究,由于起步时间尚短,且仍存在诸多禁忌和禁区,使得目前的研究有许多先天不足之处,多停留在政区形式层面,许多主张还是在回归和重复前一时期的观点,也表明这一阶段的研究在某些方面,在深度和视野上尚未达到60年前的高度。因此,在论及当代行政区划改革的主要研究成果时,略微回顾一下60年前诸多学者的主张,经历

① 靳尔刚、张文范主编:《行政区划与地名管理》,中国社会出版社1996年版,第5页。

一下那一次次汹涌激荡的改制浪潮，还是可以给我们以启发和教益的。

4.2.1.1 20世纪50年代之前有关行政区划改革研究的简单回顾和评价

20世纪初叶至50年代，对于中国而言，是一个天崩地解的时代，也是传统政区格局和管治方式受到冲击、进行变革的年代。这50余年的时间，仁人志士、学者政客，在政区领域提出诸多设想、方案，并且有些已然付诸实践。虽然现实的结果是由于各种原因而多未能延续下来，但这些设想、方案，却有其价值在。虽相隔已有半个世纪乃至一个世纪之久的光阴，但岁月只是洗去了由于政治因素而强加于其上的“莫须有”的罪名和“莫名其妙”的恐惧，今天我们回头审视，诸多当时已经提出、甚至解决的问题，在我们今天，仍是需要梳理、正名和反复争执的症结和焦点。历史的轮回和无奈，让人唏嘘不已。

如果细分，20世纪初期的研究和20世纪40年代前后的研究（约可以1927年南京国民政府成立为界）其实重点是有差别的。20世纪初期在民国肇建时期，面临国家根本制度的改易，更多的是在国家结构等根本政治制度的层面来讨论行政区划改革的问题。因此，当时的重点在于两个方面：其一，基层政区的聚落自治问题及其实践，并多由官方推动；其二，高层政区的联邦制问题及其实践，多局限于由地方主张。二者又相互交织，汇成当时地方自治的政治诉求。① 对此，朱国斌有这样的论述：

> 辛亥革命使中国失去了具有两千多年历史的政治统一的象征：君主政体。革命还剪断了中央与地方之间的行政纽带。……消除权威危机和合法性危机是中国在辛亥革命后面临的严重的政治课题。……
>
> 于是，中国进入了一个活跃的政治实验期。这是一个没有权威主导的、政治理想主义和实力主义盛行的时代。……
>
> 这样的背景下，地方自治作为扩大政治参与的法律和制度安排，也进入了一个活跃期。它也就不可避免地带有政治试验期里的典型特征：多变性、法律与实际的脱节性。中央政府为消减合法性危机不得不容忍地方实力主义，地方实力主义为寻求合法性又往往求助于政治理想主义，地方自治的推动力量就显得格外繁杂和紊乱。由是，出现了两种类型的地方自治。一种是中央政府为加强合法性基础——表明其对扩大政治参与的重视——而进行的政治操作：制度设计和实际推动；另一种是地方主义的一种政治架构、存在形式（事实上的联邦制结构）或为寻找合法性基础而进行的政治操作。前者基本上是对政治改革年代预备立宪时期推行的地方自治的延续；后者则是无法律依据但却是为地方主义寻求合法性辩护的实力张扬和事实存在。②

同时，有学者提出若干具体的政区调整方案（主要是省级政区），如康有为的《废省论》（1913），刘仲仁的《蒙古建省议》（1917），张兆岐的《徐州改建行省意见书》（1918），林传甲的

---

① 这一过程及其各种主张、实践，乃至最终归于失败及其原因，朱国斌在其《近代中国地方自治重述与检讨》中有完整叙述与精辟分析。见张庆福主编：《宪政论丛（第2卷）》，法律出版社1999年版，第331～416页。

② 朱国斌：《近代中国地方自治重述与检讨》，见张庆福主编：《宪政论丛（第2卷）》，法律出版社1999年版，第357页。

《阿尔泰改省议》、《阿尔泰改省续议》(1918)，郭选方的《分建西康行省议》等[①]，宋教仁、熊希龄、孙洪伊等也有分省主张[②]。当然，联邦制的国家结构从未成为中央政府认可和推行的目标，故在1927年后被当时的中央政府——南京国民政府——毫不犹豫地抛弃，而代之以孙中山先生的中央与地方的均权说；地方自治则理论上延续下来，并一度发展为各级政区的“地方自治”取向(停留在目标层面，尚未实际达成)：

> ……面对国际国内的强大政治压力，也为了应付共产主义革命的严峻挑战，国民党当局宣布无论是否具备实行宪政的条件，都要立即实行宪政。1946年11月，具有最高权力机关性质、经区域和职业选举制选举产生的国民大会，制定了《中华民国宪法》。1948年，在国共内战的隆隆炮火声中，又召开了“行宪国民大会”，宣布正式实施宪法，国家进入宪政时期；国民党变为“普通政党”，“其在朝在野，视选举结果而定”；国民大会为中央政权机关，行使中央法律的创制权、复决权并代表国民行使对中央政府的选举权、罢免权；中央政府实行五权分立；中央和地方关系以均权制为原则；实行完全的地方自治制度。
>
> 《中华民国宪法》确立了地方自治的宪法地位，并规定了地方自治的基本精神。基于孙中山学说，关于地方自治的基本精神是：地方自治为宪政之实行；宪政为地方自治之目的。[③]

但在1949年后，也合乎逻辑地被新的继承者放弃，而在大陆代之以前苏联的高度中央集权的计划经济体制。

而20世纪40年代前后的讨论，主要是在当时国家结构的基本框架已经确定的条件下，为了便利行政管理，而在狭义的行政区划调整的意义上，提出了诸多方案，重点是重划省区的方案，更确切地说，是缩小省区、重划省区和新设省区的方案。方案林林总总，莫衷一是；并在20世纪40年代后期曾经有所实践，但昙花一现，很快夭折了。这一时期方案很多，且多全面、统筹、周密之设计，达到了很高的学术水平。举其著者，如刘君德等所评述：

> ……民国28年(1939)，行政院组织“省制问题设计委员会”，聘请蒋廷黼、傅斯年、胡焕庸等进行研究设计，于1940年4月提交了《设计报告书》。“在历来缩省论中，方案之具体，办法之周详，以此为最。”民国33年(1944)，抗日战争胜利之前，缩小省区运动更趋活跃。国民党中央设计局成立区域计划组，聘黄国璋再次研究省区调整计划，提出了“迁就现实”与“通盘筹划”两个方案。后一方案强调了以自然地理区域为依据，考虑经济的长远发展，有一定进步意义。抗战胜利后又有不少学者纷纷发表论著，谈改革省制问题，其中洪绂和张其昀最具代表性。
>
> 洪绂于民国34年(1945)在《大公报》及《东方杂志》先后发表了“新省区论”及“重划省区方案刍议”论文。认为元代以降的省区原为军界区域，不适民主自治；

---

① 参见张文范主编:《中国省制》，中国大百科全书出版社1995年版。

② 参见刘君德等著:《中国政区地理》，科学出版社2000年版，第161页。

③ 朱国斌:《近代中国地方自治重述与检讨》，见张庆福主编:《宪政论丛(第2卷)》，法律出版社1999年版，第400～401页。

旧省区不尽适合当地居民的政治愿望；交通日臻发达，今昔形势大异，行政区域极需改革以便管理。中央大学教授张其昀于民国35年(1946)在《大公报》发表的“缩小省区方案刍议”，认为现省区面积过大，施政不易贯彻，必须取消行政督察区这一中间环节，实行省、县二级制。

应当特别指出的是，在解放之前，对中国省区重划问题研究最为系统、全面的当数担任国民政府内政部方域司司长的傅角今。他主编的《重划中国省区论》(商务印书馆，1948)长达13.7万字，作者简要回顾了中国历代政区的沿革，对重划省区运动之演进过程与经验进行了总结。在此基础上，全面论述了重划省区之必要，对划省的原则、省区数量、规模(人口、面积)、省名与省界、省会与辖县、市与海军要塞区进行了系统研究论证，提出新省区划分的草案——56省、2地方、12直辖市。可以说是解放前中国省制问题研究的系统总结性成果，也是最详实、具有操作性的省制改革方案。①

有趣的是，当时似较少有学者关注所谓设“市”的问题(而这是我们今天讨论最多、也是最热门的话题)，倒是值得我们深思。笔者忖度，原因约略有二：1)城市(也包括各级政区)自治问题法律有明文规定，依法办事即可，即不存在制度瓶颈；2)当时政府与经济没有直接关系，无须为了推进经济增长而以城市政区改革作为抓手。这些，也是与我们今天改革的背景和出发点截然相反，适成对照。

其实，真正说起来，公允地、不带偏见地、不以成败来论地看，中国近代在政区研究方面，不论是理论上的探索，还是实践中的举措，实际上已经摸索出政区格局大致正确的框架；只是，“时运不济，命途多舛”，半途夭折；只是，历史的发展和进程跟人们开了个玩笑，弹指半个世纪乃至一个世纪逝去，到了今天，我们仍不得不对这一问题进行解说和争论。

4.2.1.2 20世纪80年代以来有关行政区划改革研究的基本状况和评价

(1)20世纪80年代以来研究的简单回顾

20世纪80年代前后重新启动行政区划研究以来，其背景、过程和主要研究领域及其成果等，诸多学者已经在不同时期、从各个角度、或全面或微观地进行过总结和评述。1995年，浦善新等在其《中国行政区划概论》中将其前的行政区划实际工作和理论研究进行了“回顾与总结”，将“1978年以来行政区划工作取得的成绩”概括为8大方面：

一、改革市镇设置标准，确立新的设置模式，合理调整城市地区行政区划，有力地推动和促进了城镇的发展；

二、积极探索地区体制改革路子，试行地市合并、市领导县体制；

三、进行了减少行政管理层次的尝试；

四、贯彻党的民族政策，恢复和新设了一些民族自治地方；

五、行政区划法制建设不断加强；

六、设市预测与规划工作顺利完成，为有计划、有步骤、科学合理而又积极稳

① 刘君德等著：《中国政区地理》，科学出版社2000年版，第161～162页。其中，洪绂、傅角今、胡焕庸等方案原文可参见张文范主编：《中国省制》，中国大百科全书出版社1995年版。

妥地搞好设市工作创造了条件；

七、行政区划理论研究开始起步，并已经初见成效；

八、认真调处边界争议，积极开展勘界试点工作。[①]

1999年，刘君德等在其《中国政区地理》中，也以相当长的篇幅，在“中国政区的发展与研究概述”一节中，全面论述了中国古代、近代至现当代的政区研究状况。在对“解放后我国政区研究的发展”所进行的评述中，将1949年以来的研究实际上划分为3个阶段，即1949—1978年的行政区划研究被视为“禁区”的阶段、1979—1987年的恢复性研究阶段和1988年以来的蓬勃发展、欣欣向荣阶段，“其标志是1989年11月在江苏省昆山市召开的‘中国行政区划研究会成立大会暨首届行政区划学术研讨会’。……它在我国行政区划研究史上具有划时代的意义”[②]。在对最后这一阶段的评述中，也分四个方面概括了当时研究的基本状况：

昆山会议以来，我国行政区划研究具有以下明显特征：

1)成立了研究机构，建立和扩大了一支行政区划专业研究队伍，增强了研究力量。

2)积极开展了行政区划的应用研究及相关的论证，为行政区划的科学决策提供了依据。

3)学术活动十分活跃，论文著作成果颇丰，质量提高，理论研究与国外研究有所加强。

4)行政区划的专业研究队伍与职能部门的管理工作者经常沟通，相互促进，并注重行政区划专业人才的培养。[③]

并将主要成果及若干理论创见进行了总结：

……在学术研讨会基础上编辑出版了《中国行政区划研究》(1991)和《沿海地带行政区划研究》(1993)等专著。研究会还参与组织出版了若干行政区划研究著作，主要有：《中国县情大全》(1991—1993)、《中华人民共和国县级市建设与发展》(1991)、《中国省制》(1995)等，此外，这一时期还出版了《中国行政区划文献目录》(华东师大，1992)、《走向城市化——县改市与县级市发展》(1991)、《中国地方国家机构概要》(1989)、《各国地方政府比较研究》(1991)、《中国行政区经济与行政区划研究》(1995)、《中国行政区划概论》(1995)、《中国行政区划的理论与实践》(1996)、《世纪之交的珠江三角洲行政区划》(1997)等著作。在各种杂志和报刊上发表的论文就更多了，涉及行政区划的各个领域和政治学、经济学、地理学、历史学、管理学等各个相关学科。不仅数量较多，而且在总体质量上比过去有所提高。

① 浦善新等：《中国行政区划概论》，知识出版社1995年版，第520～527页。

② 刘君德等：《中国政区地理》，科学出版社1999年版，第16～21页。

③ 刘君德等：《中国政区地理》，科学出版社1999年版，第20～21页。

> 大多数论文针对目前行政区划的热点问题，如市镇制度，设市模式，市带县体制等进行了较深入的研究。
>
> 令人可喜的[是]理论研究也有所加强。华东师范大学中国行政区划研究中心……根据中国国情提出的“行政区经济”的新概念和理论机制的若干观点，就是行政区划与区域经济理论相互融合、渗透而提出的一种新的理论思维，具有开拓性……此外，还将行政区划理论与社区研究相结合，从中国的实际情况出发，提出了建立城市行政区——社区体系的理论，也是一种创新。
>
> 还应当指出，随着改革开放的深入，为了吸取国外的经验，部分学者已开始重视对国外行政区划与管理体制的研究，特别是国外城市群区域（都市区）行政管理模式的经验研究与介绍，对我国城市群区域行政区划体制的改革是有一定借鉴意义的。①

1999年以来，在前期全面研究的基础上，研究重点明显转至对都市区行政区划及管治方式的研究上来（正如刘君德等在1999年时所指出的研究发展方向）。仅就直接与行政区划调整有关的成果而论，主要如：刘君德、汪宇明等合著《制度与创新：中国城市制度的发展与改革新论》（2000）②、戴均良著《中国市制》（2000）③、黄珊著《国外大都市区治理模式》（2003）④、宋迎昌著《都市圈：从实践到理论的思考》（2003）⑤等专著，以及刘君德《21世纪中国直辖市政区改革的战略思考》（1999）⑥，戴均良等《市辖市：中国城市型政区设置的法律挑战与出路选择》（2000）⑦，汪宇明等《中国的城市化与城市地区的行政区划体制创新》（2000）⑧、《上海大都市区行政区划体制研究》（2000）⑨，顾朝林《论城市管治研究》（2000）⑩、《发展中国家城市管治研究及其对我国的启发》（2001）⑪、《我国大都市地区行政区划体制改革设想》（1999）⑫、《南京城市行政区重构与城市管治研究》（2002）⑬，张京祥等《试论行政区

① 刘君德等：《中国政区地理》，科学出版社1999年版，第21页。

② 刘君德、汪宇明著：《制度与创新：中国城市制度的发展与改革新论》，东南大学出版社2000年版。

③ 戴均良著：《中国市制》，中国地图出版社2000年版。

④ 黄珊著：《国外大都市区治理模式》，东南大学出版社2003年版。

⑤ 宋迎昌著：《都市圈：从实践到理论的思考》，中国环境科学出版社2003年版。

⑥ 刘君德：《21世纪中国直辖市政区改革的战略思考》，载《中国方域——行政区划与地名》，1999年第1期，第2～6页。

⑦ 戴均良、刘君德、汪宇明：《市辖市：中国城市型政区设置的法律挑战与出路选择》，载《中国方域——行政区划与地名》，2000年第3期，第6～7期。

⑧ 汪宇明：《中国的城市化与城市地区的行政区划体制创新》，载《城市规划》，2002年第26卷第6期，第22～25页。

⑨ 汪宇明、刘君德、戴均良：《上海大都市区行政区划体制研究》，载《人文地理》，2000年第15卷第6期，第5～8页。

⑩ 顾朝林：《论城市管治研究》，载《城市规划》，2000年第9期，第7～10页。

⑪ 顾朝林：《发展中国家城市管治研究及其对我国的启发》，载《城市规划》，2001年第9期，第7～10页。

⑫ 顾朝林：《我国大都市地区行政区划体制改革设想》，载《中国方域——行政区划与地名》，1999年第2期，第5～8页。

⑬ 顾朝林：《南京城市行政区重构与城市管治研究》，载《城市规划》，2002年第26卷第9期，第51～56页。

划调整与推进城市化》(2002)[①]、《都市密集地区区域管治中行政区划的影响》(2002)[②]等论文。其中以刘君德等为代表的华东师范大学学者群，以顾朝林、张京祥等为代表的南京大学学者群(顾朝林现转至清华大学)，以及民政部门的实际工作者如戴均良、浦善新等的研究最为系统、深入和持续。

此外，对于基层政区的管治方式问题，也继续给以较多关注，并向纵深发展(如城市社区建设问题，城、乡的居民、村民的聚落自治问题等)。相关成果主要集中在社会学界、政治学界等。与行政区划结合进行研究的，或涉及行政管理体制方面问题的，主要成果如：论文方面，包括华伟在1999至2000年发表的4篇"市制丛谈"中关于"市自治的基本构想"[③]，刘君德的《城市规划·行政区划·社区建设》(2002)[④]，冯玲、李志远的《中国城市社区治理结构变迁的过程分析——基于资源配置视角》(2003)[⑤]等；著作方面，如林彬、王汉生主编的《变迁中的城区政府与区街经济——一个典型城区的调查研究》[⑥]，刘建军著《单位中国：社会调控体系重构中的个人、组织与国家》[⑦]，李路路、李汉林著《中国的单位组织——资源、权力与交换》[⑧]，折晓叶、陈婴婴著《社区的实践——"超级村庄"的发展历程》[⑨]，唐忠新著《中国城市社区建设概论》[⑩]，程玉申著《中国城市社区发展研究》[⑪]，白钢、赵寿星著《选举与治理：中国村民自治研究》[⑫]，刘亚伟编《给农民让权——直选的回声》[⑬]等。

(2)20世纪80年代以来研究的简要评价

如前所述(本书第二章)，20世纪80年代以来，中国大陆地区的行政区划研究，实际上已经形成了三大主要派别，也可约略概括为"三大学派"，即"历史沿革学派"、"实际操作学派"和"理论综合学派"。从对行政区划改革的角度而论，则宏观地来看，20世纪80年代以来的研究，又可分为两个大的方面，即政府管理部门(政界)的研究及其实践和学术界(学界)的研究和呼吁。

前者以民政部的行政区划主管部门(如现在的区划地名司)为代表，在自身权限范围内，进行了中国近30余年来政区改革的具体方案的规划、设计和实施。这一过程中，紧紧围

---

① 张京祥、范朝礼、沈建法：《试论行政区划调整与推进城市化》，载《城市规划汇刊》，2002年第5期，第25～28页。

② 张京祥、沈建法、黄钧尧等：《都市密集地区区域管治中行政区划的影响》，载《城市规划》，2002年第26卷第9期，第40～44页。

③ 华伟：《城市与市制——市制丛谈之一》，载《中国方域——行政区划与地名》，1999年第3期，第9～13页；《自治市与行政市——市制丛谈之二》，载《中国方域——行政区划与地名》，2000年第1期，第18～25页；《城乡分治与合治——市制丛谈之三》，载《中国方域——行政区划与地名》，2000年第3期，第8～17页；《新形势与新构想——市制丛谈之四》，载《中国方域——行政区划与地名》，2000年第4期，第8～13页。

④ 刘君德：《城市规划·行政区划·社区建设》，载《城市规划》，2002年第26卷第2期，第34～39页。

⑤ 冯玲、李志远：《中国城市社区治理结构变迁的过程分析——基于资源配置视角》，载《人文杂志》，第2003年第1期，第133～138页。

⑥ 林彬、王汉生主编：《变迁中的城区政府与区街经济——一个典型城区的调查研究》，中国社会科学出版社2002年版。

⑦ 刘建军著：《单位中国：社会调控体系重构中的个人、组织与国家》，天津人民出版社2000年版。

⑧ 李路路、李汉林著：《中国的单位组织——资源、权力与交换》，浙江人民出版社2000年版。

⑨ 折晓叶、陈婴婴著：《社区的实践——"超级村庄"的发展历程》，浙江人民出版社2000年版。

⑩ 唐忠新著：《中国城市社区建设概论》，天津人民出版社2000年版。

⑪ 程玉申著：《中国城市社区发展研究》，华东师范大学出版社2002年版。

⑫ 白钢、赵寿星著：《选举与治理：中国村民自治研究》，中国社会科学出版社2001年版。

⑬ 刘亚伟编：《给农民让权——直选的回声》，西北大学出版社2002年版。

绕国家的中心工作，始终以城市为核心来实施和推进行政区划改革；虽然小心翼翼，但在对问题的剖析、实施的步骤、方向的把握等方面还是颇有成效，且依稀可见未来的目标。可以浦善新、戴均良等的研究和有关著述为代表。

学术界的研究，近年来也扩及许多领域和众多学者。应该说，以研究的广度、深度和历时的长久、队伍的规模等而言，以刘君德为首的华东师大中国行政区划研究中心的学者群，是相当引人注目的一支重要研究力量。从20世纪80年代末开始，该群体率先从学术与实践结合的角度对当代中国行政区划改革问题进行研究，并在每一个时期都对当时研究的热点问题作过深入研究和精辟分析，如：理论上所概括出的行政区经济理论、社区－行政区同构理论等；最先在苏锡常政区改革研究中提出都市区的管治问题，并在此后一直密切关注，从不同角度加深认识；外国行政区划的研究及中外比较研究等；以及诸如市县分等的问题、取消市管县的问题，等等。这些都是一些开创性的研究，也多关涉中国政区发展的关键之处。

其他学者，则多从各自的学术背景和思考理念出发，也提出过各种看法和有价值的改革见解，如周振鹤、华伟、于明超、孙关龙、顾朝林、周一星、杨开忠等。其中，如周振鹤对中国历史时期政区格局和利弊得失的总结，华伟、于明超等对地方自治的强调，顾朝林、周一星等对都市区管理体制问题的深入研究等，都有相当深度。[①]

1988年以来中国大陆的行政区划研究，成绩有目共睹，无须再赘。不过，需要指出的是，总体来看，这一时期的研究表现为这样一种倾向，即：实践性较强，而理论层面还嫌薄弱；问题－对策性的被动研究较多，而发展－规范性的主动设计、全面建构尚少；高层推动－学界注解性的解说色彩较浓，而独立色彩的学理研究相对缺乏并不被重视。导致这种状况的原因，一方面是因为对行政区划及其改革的研究是从实践领域最先开始的；国家针对政区当中所存在的问题和混乱状况，在急于解决问题的背景下，先后推出一些改革举措，实践中也在不断探索改革的方向；而学术界的研究则相对滞后一段时期，并主要针对已经采取的改革措施来分析利弊得失，且仍存在一些制度层面的束缚。另一方面，可能也与当前需要解决的问题交错混杂在一起有关，有些是国家结构等基本层面的设计问题，有些则是行政区划本身形式上的问题。应该说，由于1949年前后中华人民共和国建立初期对于行政区划等研究的缺失以及有关政治体制方面所存在的缺陷，我们现在的工作必须是在两个方面同时进行，即政治制度层面的改革和具体行政区划的调整；而目前，我们多数仅仅停留在后一个阶段，这是远远不够的。可以说，没有政治体制层面的改革与统筹设计，任何一种单纯从行政区划形式上所进行的改革和方案设计都会出现问题。因此，与20世纪前半期的研究相比，我们今天还缺乏深层次的制度建设的勇气（当然，也缺少这样的氛围），而不仅仅只是学识上的差别。

4.2.2 中国当代行政区划所面临的主要问题及其原因分析

笔者前文已经反复申明，行政区划的实质是国家公共权力的空间配置；现有的行政区

---

① 如前所述各家的主要著述。并可参见《中国方域——行政区划与地名》1999年第2期收载的有关论述，如刘君德《中国市制的几大问题及其对策》，周一星《中国市制改革的三种出路及三套方案》，杨开忠《关于都会地区行政区划改革的几点看法》，顾朝林《探索适合中国国情的大城市地区行政管理模式已是当务之急》，等。见该期第2～24页。

划问题，表面上看，是政区形式上的层次、幅度等的不尽合理，但这些形式上的问题又无一不是由国家权力的配置的不合理所引起的。现有问题根源并不在于行政区划的形式本身多么有问题（当然也存在），而在于深层次的政治体制、行政体制等改革尚未到位和理顺。在一定的权力配置方式下，一定的发展目标支配下，在高层的价值追求、体制结构等层面的问题解决的前提下，才可能对某种政区格局好坏作出判断；否则，同样的格局，在不同的发展框架下，会产生不同的效果，从而得出不同的结论（如优先民主政治还是注重经济发展）。因此要进行行政区划改革，必须首先明确我们的最终发展目标以及为达到这一目标所必须匹配的政治、经济等体制，并在同时进行政治体制改革的基础上，进行行政区划体系的改革；否则，中国近60年来行政区划的翻来覆去，而问题的愈改愈多，就是仅就行政区划形式进行改革并劳而无功的明证，反而徒增纷扰和混乱。与其如此，不如不改。

关于政治体制及其改革等方面的问题，已有大量论述和分析。前引杨冠琼对中国当代行政管理模式的渊源、特征和作用、局限的分析，已经就主要存在问题作了深入分析。多数学者对此也都持类似的看法，如汪玉凯于2001年也曾经指出：

> 就政治发展而言，中国目前最大的问题莫过于政治结构分化不充分，而权力制衡机制不完善；另外，政治参与渠道、参与途径的短缺，也在一定程度上影响、乃至挫伤了人们政治参与的热情，增加了政治不稳定的因素。这就告诉我们，中国政治层面的体制创新，最根本的问题是要解决政治结构的科学分化以及与此相联系的制度的重新安排问题。①

在这些政治体制方面的问题得到解决从而使行政区划向良性方向发展之外，单从政区格局、行政区划层面而言，笔者认为，问题可以概括为三个方面：国家整合问题尚未解决（主要是高层的特殊政区问题）；国民待遇问题尚未解决（主要是城、乡同等待遇和聚落自治的问题）；管理效率问题尚未解决（即现有政区体系与达到国家发展目标的不相适应）。其中，前二者是带有根本性的基本制度问题，事关国家统一与人民基本权利，可以说是国本所系，而此前我们并未引起特别重视。只有在前两个问题解决（或向此方向解决）的情况下，第三个方面的研究及其有关措施（即为达此目标而做的政区体系的安排）才是真正有意义的。当然，考虑到中国的城市与政区的高度同构及城市发展与政区演变的互动关系，在具体设计改革方案和操作改革进程时，则可以颠倒过来，近期以充分发挥政府作用，提高管理效能为目标，避免盲目性、自发性所造成的浪费和拖延；同时根据前述目标，逐步推进，以最终达到良好的政区格局。

4.2.2.1 高层政区层面：国家整合问题尚未完全解决

应该说，政区的划分及其相应权力的空间配置，其首要的功用是要维护国家的统一；如果这一点都不能达到或不能很好达到（不稳定，易纷争等），这样的政区格局肯定是不成功的，更不用说获得所希求的发展目标了。一般而言，影响国家整合的主要是高层政区。就目前而言，中国在高层政区层面，为了获得国家整合（统一）的最高目标，已经进行了一系列的制度创新。1949年以来，在原有一般类型政区的基础上，先是按照民族区域自治的思想，

① 汪玉凯：《世纪之交与中国的政治体制创新》，载《桂海论丛》，2001年第17卷第1期，第63～65页。

设立了"民族自治区"这一政区类型,在一系列措施的配合下,大体完成了大陆地区的统一;又于1979年之后,针对香港、澳门和台湾的实际情况,提出"一国两制"的构想,先后解决了香港、澳门的回归问题,设立了"特别行政区"这一政区类型。在国家整体权力配置没有实质性改变(当然,目前已然逐渐在发生变化)的情况下,能够作出这样务实的制度安排,是难能可贵的。

当然,也正因为1949年以来所形成的这样一套高度集中的权力配置方式尚未根本改变,导致国家整合(统一)问题迄今尚未完全解决。一部分领土尚处于游离状态(台湾);某些地区过去在封闭状态下所积压的一些矛盾,也随着开放和外界的影响,而逐渐暴露出来(若干民族地区)。这些问题,除了明显的台湾问题、港澳问题和若干民族地区的问题("藏独"、"东突"等)影响到国家统一之外,推而广之,实际上还包括这样一个隐性的统一问题,即国内其他地区(及其居民)与中央的权力的合理配置问题,以及与这些特殊政区享受同样待遇(同等或基本类似的权限)的问题,也即广义的中央与地方的关系问题的改革。如果说,前者是形式上的统一,则后者就属实质意义上的统一;否则,如果由于中央与地方权力配置的不合理而导致大陆混乱状况出现,其他方面的统一就更无从谈起了。换句话说,原本就不应该出现特殊地区与其他地区权力配置方式的不同或过大差别。这种过于悬殊的权力配置的差别,正说明我们的政治制度(包括政区制度)存在某种严重缺陷,如权力过于集中于中央或上级,中央与地方(及各级地方之间)权力划分不明确且无宪政措施保障等等。这样,使得获得权力的地区担心会发生变化,而未获权力的地区既受到压抑,也明显不公。如果我们可以设计出或采纳一种规范的、权力配置明晰、中央与地方权力界定合理的体制,使得这两类政区权力配置不致差别过大,既能容纳特殊地区、民族地区的自治诉求,又能将整个国家一体惠及,则国家的统一,不论是形式上,还是实质上,都具备了可能性。这虽然不能完全做到,但应该尽量向这一方向努力。

关于台湾问题、民族问题等,仍是迄今为止影响国家统一、也是影响政区格局发展的重大问题。因该问题主要在于国家的政治决断,且众多学者已有研究,故笔者在此不拟多予置喙。

至于一般的中央与地方关系的问题,众多学者也在不同时期进行过各种分析,对问题所在的认识也基本一致。1997年,潘小娟曾撰文指出:"建国以来,我国中央与地方的关系一直没有走出集权—分权—再集权—再分权,权力一收就死、一死就放、一放就乱、一乱就收的恶性循环。集权时,地方完全依附于中央,失去了活力和积极性;放权时,中央权威被削弱,宏观调控乏力,形成'弱中央,强地方'的不协调的格局。这种单纯收放权力的徘徊循环给我国的经济建设和社会发展带来了极大的消极影响。"并分析了造成这一局面的原因所在:

> (1)中央政府与地方政府之间职责权限划分不科学,不合理。我国的法律没有对中央政府和地方政府各自的职责范围做出有明确区分的规定。职权的划分不是以分工式为主,而是以总量分割式为主。除外交、国防等少数专属中央的权限外,法律赋予中央政府与地方政府的权限几乎是一致的、对等的,地方政府拥有的权限可以说是中央政府的翻版。同样,法律也没有对各级地方政府之间的权限划分做出明确规定。《中华人民共和国地方各级人民代表大会和地方各级人民政

> 府组织法》对县级以上的地方各级政府的职权作了统一规定，但使人难以确切了解地方各级政府之间的权限划分。这就不可避免地导致了中央政府与地方政府以及地方各级政府之间职责权限模糊不清，重叠多变，造成中央与地方有权的无职无责，无权的有职有责，职责无法行使，无权的却要承担责任的“错位”局面。
>
> (2)法律制度不健全。无论是在中央与地方的权限划分，还是权限制约上，宪法和法律的规定都过于原则、笼统和宽泛，不易于操作。这在实践中就难免会出现摩擦冲突，逾越冒犯等弊端，使中央和地方各自的职权很难切实有效地实施。一方面中央可以随意地干预地方事务，地方不能有效地履行自己的职责；另一方面地方也常有越权行为和“变通”做法，使中央的政令难以落实。这既扼制了地方作用和积极性的发挥，也严重削弱了中央的宏观调控能力，弱化了中央的权威。既不利于地方的发展，也不利于全国的发展。此外，由于法律没有对中央政府和地方政府以及地方各级政府之间的权限划分及划分的程序做出明确的规定，就使得中央与地方、地方和地方的权限划分带有很大的随意性、不规范性和不稳定性。
>
> (3)中央对地方的监督软弱乏力。地方封锁、市场分割、条块分割、争夺资源、投资失控、盲目引进、重复建设等现象的出现和加剧就是明证。监督不力的原因，一是由于法律没有对中央与地方的关系做出明确的规范，监督缺乏法律依据，发现问题也难以依法做出适当的处理和裁决；二是监督体系不完善，监督机构不具备应有的地位和权威；三是缺乏法制化的监督机制和程序，监督工作常常受到外来因素的干扰和制约；四是监督手段落后。①

而究其实，其根源亦如潘小娟所说，在于：“我国是一个单一制国家，长期以来实行的是中央高度集权的行政管理体制。宪法和法律赋予中央政府——国务院广泛的、几乎是无所不包的职权。……在中央与地方关系结构中，中央政府一直居于十分重要的‘托管人’地位。地方政府从属于中央政府，受中央政府的直接控制。地方行政机关既是地方权力的执行机关，又是国家行政机关的下级机关。地方政府的权限源于中央政府的授予和划定，中央政府可以根据需要予以扩大或削减。地方政府做出的许多决定都须得到中央政府的批准。……我国中央与地方的关系从整体上说仍属集权型。”②

4.2.2.2 基层政区层面：国民待遇问题（即城乡同等待遇）及居民（聚落）自治问题尚未完全解决

与维护国家统一的追求一样，政区格局及其权力的空间配置方式还应有助于维护和保护公民（国民）的基本政治、经济、文化权利。这涉及我们前面所论的城市（聚落、市民）权力与国家权力划分问题，也涉及城、乡（在中国即城市型政区与一般地域型政区，以及大中城市与小城镇和村落社区等）的平等地位、居民的同等国民待遇问题。因为我们长期走的是一条以城市（大中城市聚落）剥夺乡村（小的、分散的、相对无权和弱势的乡村聚落）的城市化发展之路，这一点前面第二章有过分析。问题的实质即地方自治问题、至少是基层的居民自治问题尚未解决。中国政区中的许多问题根源不在于政区本身，而在于政府管得太

① 潘小娟：《中央与地方关系的若干思考》，载《政治学研究》，1997年第3期，第16～21页。

② 潘小娟：《中央与地方关系的若干思考》，载《政治学研究》，1997年第3期，第16～21页。

多、太死，国家权力过于强大，导致个人的、群体的、社团的权力(权利)被压抑，基层没有活力。在政区层面来说，对中国当前而言，最重要的，也是亟待解决的，是基层政区的聚落自治问题尚未很好解决。

应该说，当代中国在法律上，基层层面之群体的、社区的自治是存在的，即乡村地区的以行政村为单位的村民自治和城市地区以社区为单位的居民自治(即现行《宪法》第111条所规定的“城市和农村按居民居住地区设立的居民委员会或者村民委员会是基层群众性自治组织”)。但问题是，一方面，实际执行中缺乏可操作性的制度安排和保障，行政化倾向非常明显，离真正的自治还有相当距离；另一方面，这种自治在聚落系列中，还是层次太低，规模太小，导致其作用难以充分发挥，而官治在很大程度上仍然深入到方方面面。应该说，许多现存的诸如农村“三农”问题，城乡分割问题，等等，根源都在于聚落的真正意义上的自治没有实现，导致国家权力可以任意攫取民间资源、城市任意剥夺乡村。

对于村、居自治的问题和目前的行政化趋向，许多学者曾有评述。陈林在《乡村市场结构与产权制度》一文中，论述了“行政村”在当前的困惑：

> 通常所讲的村集体，这个概念是不清楚的。严格说来，哪怕按照现行的法律条文，村是村、集体是集体，两者不是一回事，虽然表面上常有重合。
>
> 1999年3月修订后的宪法第八条载明：“农村集体经济组织实行家庭承包经营为基础、统分结合的双层经营体制。”但是，这种集体经济组织似乎是无形的，既无法人登记，也永远搞不清自己的治理结构。
>
> 而《村民委员会组织法》第二条规定：“村民委员会是村民自我管理、自我教育、自我服务的基层群众性自治组织，实行民主选举、民主决策、民主管理、民主监督。村民委员会办理本村的公共事务和公益事业，调解民间纠纷，协助维护社会治安，向人民政府反映村民的意见、要求和提出建议。”第五条还规定：“村民委员会应当尊重集体经济组织依法独立进行经济活动的自主权，维护以家庭承包经营为基础、统分结合的双层经营体制，保障集体经济组织和村民、承包经营户、联户或者合伙的合法的财产权和其他合法的权利和利益。”这也至少说明了“村民委员会”与“集体经济组织”，两者不是一回事，否则何来“尊重”、“维护”、“保障”之说呢。……
>
> 村委会还面临着另外一层角色冲突。作为一个群众性自治组织，从理论上讲，村委会是村民自下而上选举产生的，其经费也来自村民，自当对下负责，主要任务在于办理社区公益事业。而现实中的村委会，更大的精力在于为上级政府“要粮”、“要款”、“要命”(抓办计划生育)，实际充当着上级政府的派出机构，不妨称之为“村公所”，在这个意义上，“行政村”的称谓确有来由。[①]

冯玲等则揭示了20世纪90年代以来随着城市“社区建设”的推进，城市内部如街道办事处“行政地位不断加强”的事实和趋势以及“党和街道行政系统对于社区控制能力远远强于社区建设提出之前”的状况：

---

① 陈林:《乡村市场结构与产权制度》，载《中共宁波市委党校学报》，2002年第24卷第6期，第33～39页。

90年代以后，“社区人”和社区事务的突然增加，意味着街道“责任”增加。实际上，如果不按照法律条文而根据实际行动判断的话，很多城市的街道办在这一时期完全涵盖了一个城区基层政府的全部职能。但这并不代表街道有“能力”将任务做好。由于缺乏制度性资源和配置性资源，街道办“责”、“权”无法统一，由此形成“上头千条线，下边一根针”的条块冲突。为此在新一轮政府导向的社区制改革中，政府首当其冲是在调整党、街道办、居委会在社区中的治理主体角色，通过“责权利”的统一，赋予街道办以人、财、物及制度等资源，加强街道办自身能力建设。

社区建设的一个明显特征，是国家权力重心下移。街道办在权力下放、街道一级基层政权建设的行政改革过程中，行政地位不断加强。如北京市的街道办改革体现为获得四种权力：其一，监督检查权；其二，综合协调权；其三，属地管理权；其四，部分人事建议权。

除此之外，党在社区中的权力也在不断增强。中办发[2000]23号文件要求，街道党工委在社区建设中不再干预行政具体事务，但事实上街道党工委经区委授权仍然在其辖区享有：1. 重大事项的决策权；2. 干部任免权；3. 党风政纪监督权；4. 基层党组织和党员的管理权。这意味着党工委能够领导和监督街区行政，在社区建设中始终处于政治领导地位。此外，街道党工委还将工作重心下移，在居委会辖区内设置基层党支部，作为居委会辖区内“各种组织和各项工作的领导核心”。

另一方面居委会的角色却正在发生不尴不尬的变化，或者说正在发生推动基层政权增强的变化。23号文件规定居委会需要恢复社区自治组织的角色，而不是国家行政体系的“脚”。为此城市社区推行社区自治，民主选举社区居委会，社区居民代表会议和社区居委会“分设”，居委会作为工作层面向社会公开招聘，实行民主选举、竞争上岗、居务公开等；议事层干部被吸收进城区管理委员会的社区事务协商会议参与议事工作，对于不遵守会议决定的单位，相关居委会可以向其催促或向街道汇报，由街道督促其解决等等。但尽管如此，居委会的自治角色依然难以界定。居委会所有的财政都由街道提供，尽管其中部分并非直接由街道作为工资或奖金发放，而是以奖励的形式返还。但这种形式“换汤不换药”，关键性的财政资源和决策资源依然掌握在街道手里，居委会能够获得的无非是更多做事情的“责任”，和相关部门要求“协助”而非“命令”的工作方式。

这些都意味着：基层党组织和街道办“责”减少了，但权力却在增强，党和街道行政系统对于社区控制能力远远强于社区建设提出之前。如果说社区建设提出之前，街道“责”（事情）很多的话，那么社区建设提出之后，街道的“权”是在大大增强了。①

而对于目前的村、居自治的层次太低，规模太小，导致其作用难以充分发挥而需要提升至更高的政区层级（如县辖政区，即乡镇自治）的问题，也有学者进行过考察。于建嵘曾“以20世纪乡镇体制变迁为视野”，考察了乡镇政区存在的问题及其自治的可行性。他首先提

① 冯玲、李志远：《中国城市社区治理结构变迁的过程分析——基于资源配置视角》，载《人文杂志》，2003年第1期，第133～138页。

及“目前有关我国乡镇体制的改革”的“两种基本的政策主张”：

其一是强化乡镇体制。主张者认为，应该强化国家对农村社会的主导作用，大力加强乡镇体制建设，在规范乡镇各政权机构相互之间的关系同时，采取有力措施提高乡镇干部的素质并努力使其行为制度化，特别是县级政权要简政放权，下放各部门在乡镇的下设机构，以改变目前乡镇体制上条块分割的状况而提高乡镇政府的工作效率。有研究者进一步指出，要强化乡镇体制，还需要将社会体制的下线伸入到村，实行“乡治、村政、社有”，也就是将村级组织的行政功能扩大并制度化，在村一级建立行政化体制。其二是弱化乡镇体制。主张者认为，乡镇政权改革应该遵循转型期以来中国农村政治发展的基本逻辑，国家的行政权力要逐渐退出农村的政治领域。其政策性主张是撤乡并镇，在确保国家基本行政职能下沉的同时，逐渐实现国家行政权力体制性上移，最终在国家法律权威下建立授权性自治体制，即在村一级实行村民自治，在乡镇一级实行社区自治。

接着在回顾了1982年以来现行乡镇体制的建立的过程之后，进一步系统地论述了现行乡镇体制所存在的诸多问题：

……首先是利益冲突。国家实行“切块包干、分灶吃饭”的财政体制后，乡镇政府及其各部门也从单一的国家利益体系中分化出来，具有了独立于“国家”之外的利益。这样就形成了国家、乡镇组织、乡镇干部、村民多种主体之间的复杂关系。其次，体制冲突。目前的乡镇政权体制，存在诸如党委一元化领导和一体化运作的现状与党政分开的改革目标及乡镇长负责制之间的冲突；乡镇人民代表大会的法定权力受到一定程度虚置；政府职能部门条块分割，乡镇政府的管理职能受到肢解，县级职能部门设立的分支或派出机构使乡镇职能部门化，从而使乡镇权力的运行难以发挥整体效能。再次是人员臃塞。目前我国乡镇政权吃“财政饭”和“事业饭”的人数普遍在100—200人之间，有的甚至超过500人。又次是财政困难。乡镇政权人员的臃塞，势必增加乡镇财政的负担。据对全国81个农民负担监测县调查，乡镇平均债务额1098.6万元，平均净负债708.2万元，乡镇财政濒临破产。最后是行为腐败。乡镇干部整体综合素质较低及激励机制欠缺，工作效能差和制度化程度低，加上社会分配不公的刺激，造成乡镇干部行为具有明显的短期性和寻租性，他们利用手中权力直接、间接地为自己谋取私利，收受贿赂、敲诈勒索，大吃大喝、假公济私风等个体化的不规范行为泛滥。这些问题的存在，势必造成干群关系紧张，乡镇政权处于从农村获利和维护农村安定的两难之中。①

进而提出“重构乡镇自治体制”的必要性和具体思路：

以上考察表明，从20世纪初晚清推行农村改革开始，在受西方政治话语的影

① 于建嵘：《乡镇自治：根据和路径——以20世纪乡镇体制变迁为视野》，载《战略与管理》，2002年第6期。

响下,“地方自治”成为了基层政权“合法性”的基础。但就其总的历史状况和目标而言,那些“自治法规”又大都停留在文本制度上,民族国家为了将农村社会纳入到国家现代化统一进程之中,从来没有放弃将国家行政权力体制下沉到农村基层社会的努力,并最终在国民党“乡村建设”时期实现了乡镇行政化。许多学者将这一历史过程的原因解释为与后发达国家现代化进程中农村动员体制有关。因为,像中国这样一个后发展的民族国家,现代化是与农村动员紧密联系在一起的。只有将农村社会纳入到国家的体制之中实现全社会的有机整合,才能获得国家现代化所需要的经济和政治资源。也就是说,中国社会没有进行也不可能完成西方社会那样一个由农村社会向工业社会的自然转型,而是在走一条“规划的社会变迁”之路。这就要求以政治发展来推动社会发展,“政府要在农村发展中扮演主导角色”,在乡镇建立行政体制也就成为了相应的选择。从社会治理的角度来看,乡镇行政化的过程表现为一种控制型治理体制建立。这是自上而下的单向度的政治统治方式。就其权力关系而言,是一种科层体制。依据韦伯的理论,“科层制”最本质的意义在于“命令—服从”互动关系的确立。也就是说,科层体制是以服从的持续存在为基本前提的。而“命令—服从”互动关系的建立是与对资源的占有和支配状况相联系的。因此,随着国家市场化的努力,这种体制表现出来的问题就显现出结构冲突并具有不可修复性。在现实的农村政治中,这种行政支配主导型乡镇组织在成为相对独立的利益体后,由于缺少约束制衡的因素,表现出了很强的自我扩张惯性。因此,“随着国家对乡村经济依赖性的减弱和乡村市场经济的发展,以及传统的权力文化向现代权利文化的转变,国家的行政权力将逐渐退出乡村的政治领域”,实现乡镇自治就应该成为改革重要目标。

自治型治理,作为以一定社区或群体为对象而相对独立地组织起来的公共权力管理方式,建立的是“法制—遵守”的行为模式,即国家通过强制性的法律预期方式,将基本的社会规范和目标确定下来,社区在法律框架内进行广泛的自治。在这种意义上,作为改革目标的乡镇自治是一种社区自治,它不同于历史上建立在保甲体制基础上的那种“地方自治”,是以现行的村民自治体制为基础的,但并不是村民自治的简单延伸。它要求以“一地方之人,在一地方区域以内,依国家法律所规定和本地方公共之意志,处理一地方公共之事务”。因此,如何确定“本地方之人”来表达“地方公共意志”是乡镇自治体制的关键。村民自治的成功实践已经证明,只要有适合国情而明确的规则体系,乡村社会是可以通过民主选举的方式形成有利于社区发展的“公共意志”并处理好“地方公共事务”的。当然,前提是要“重新思考国家行政的形式和界限与市民社会的形式和界限”,即将农村社区事务与国家目标进行适当区分。从目前的情况来看,对于诸如各种税收、计划生育和国土管理等国家目标,则依靠法律手段,进行职能部门的法制管制。对于农村经济的管理,根据市场化的进程,应该从直接管理过渡到利用非行政手段的宏观调节。对于农村社区性事务,则在国家的法律权威下,实现农村居民广泛参与地方自治。具体来说,撤销乡镇政府,建立自治组织;健全和强化县级政府职能部门如公安、工商、税收、计生、教育的派出机构;充实和加强村级自治组织;大力发展农村经济中介组织;开放农会等农民利益代表组织。[①]

因此,无论目前尚存在多少问题,但至少理论上村民、居民的自治已然确定。我们有理由期许,通过这样的循序渐进的过程,在逐渐落实村、居自治的基础上,改革现行乡镇(城市化地区内部为"街道")体制,以聚落为单位,重组、归并,上升为如乡镇(街道)规模的社区自治,最终可以影响到合理的政区体系的形成。

4.2.2.3 各级政区(尤其中层政区)层面:管理效率问题尚未完全解决

在前述问题解决或达成共识后,政区的适当的管理形式、管理幅度、政区类型等技术性问题,就是需要认真考量并加以科学设计了。原因很简单,任何一级政区的管理幅度的大小都与管理事项的多少直接相关,也即与权力多少、大小有关。减少权力,下放权力,就可以扩大管理幅度;放权于民间和社会,就可以减少官治层次。就这一层面的问题而言,由于这是行政区划管理中的问题,也即民政部门所承担的管理职责,因此,是 20 世纪 80 年代以来研究的重点。

从这一阶段政区改革的种种举措来看,无不是为了达到节省管理成本而又能获得满意的治理目标这样的追求。前者当然没错,只是,由于治理的目标在各级官员手里往往成为追求政绩的冲动,而长期以来,各级地方官员的政绩观是有偏差的,故表现上就是多唯上级、唯城市、唯经济是从,唯独少考虑民间和社会诉求,导致许多初衷是好的体制和改革措施,在现实中,扭曲、变形,而走到其反面,以致往往成为各级政府推卸责任的口实,将需要政府承担的公共服务也推给民间和企业,而有利可图的具体经济活动则迟迟不愿放手,结果往往是成本没有节约多少,而许多治理目标则难以实现。我们现在评价各种改革举措,很难绝对说好还是不好。原因很简单:遇到好的官员,执行得就好;遇到不好的官员,好的制度,也会走到反面。这样,问题根源又回到政治体制的改革上。由于我们目前的政治体制的缺陷,导致原本希望提高效率的改革,又往往在其他方面暴露出问题。

为了节省管理成本而又能获得满意的治理目标,20 世纪 80 年代以来,在政区层面,举措不可谓不多,各种主张也层出不穷。应该说,各级政区均有涉及;但以中间层次的为主,影响也最大,自然,问题、争议也最多。概而言之,主要从管理效率和达到发展目标(主要是经济目标)的角度来看,中国政区目前存在的问题表现于两个方面:其一,是管理层次过多以及由之而来的管理幅度较小的问题;其二,是城市化地区的行政区划体制尚未理顺的问题。

(1)管理层次和幅度问题

中国现行行政区划的管理层次多而乱,管理幅度小且差异悬殊,在当今与各国相比,都是非常突出的(如表 4-1 所示)。

---

① 于建嵘:《乡镇自治:根据和路径——以 20 世纪乡镇体制变迁为视野》,载《战略与管理》,2002 年第 6 期。

表 4-1 世界主要国家各级政区的管理幅度对照表

	中国(大陆)	美国	日本	德国	法国(本土)
一级政区	31	51	47	16	22
二级政区	333	县:3137;市:19200	3273	328	96
三级政区	2859	—	—	8500	36760
四级政区	40828	—	—	—	—
平均幅度(上辖下)	10.7/8.6/14.3	62 县,380 市	69	20.5/26	4.3/375

(资料来源和说明:外国情况根据周定国等《世界行政区划图册》(1999 年第 2 版)整理。中国大陆资料根据《中华人民共和国行政区划简册.2009》整理。该表原载刘君德等编著:《中外行政区划比较研究》第 347 页,中国情况据近年资料改。因上表外国数据为 2000 年之前资料,近年来有些国家进行过若干调整,故仅为参考。但基本态势依旧。)

由此而导致的行政机构叠床架屋、行政权力过分集中、行政人员臃肿扯皮等弊端也是有目共睹。"中国的地方行政层次有的为三级,有的是四级,加上地区、区公所、街道办事处等派出机关,达 5～6 级,整个地方行政体系十分复杂、繁芜。这不仅给国家统一的行政管理带来很多困难和不便,而且层次多必然造成整个国家行政机构膨胀、臃肿,而机构臃肿又必然促使官僚主义盛行……"①以 2008 年底为例(见表 4-1),中国大陆平均 1 个省级行政区管辖 10.7 个地级行政区(市、自治州、地区、盟),1 个地级行政区管辖 8.6 个县级行政区,1 个县级行政区管辖 14.3 个乡级行政区。"由于管理幅度小,必然层次重叠,人浮于事,为了有事做就会事无巨细地统管起来。"②对此问题,政界、学界早已达成共识,且均认为非改不可,也提出许多设想。但是,考虑到中国政府权力的高度集中,政府管理事项的繁多芜杂,则单纯减少层次、扩大幅度,而没有政府权力的减少和下放,并不能从根本上解决问题,早晚还会膨胀。因此,减少层次、扩大幅度,必须同时伴随着政府和国家政治体制的改革,政府坚决从非公共领域退出。

从中国当代有关政区的法律规定和现实格局而言,问题主要集中在地级政区和乡级政区,当然二者性质不同。

1)地级政区的问题分析

地级政区的问题主要是作为派出机构的"地区"的实体化以及地级市管理县和县级市的没有法律依据,均有"名不正、言不顺"之嫌。

对于派出机构的"地区"的实体化及其所带来的问题,有学者曾有论述:

> 为了解决因县数量太多而省(区)不便直接管理的问题,现行的《地方组织法》规定,省(区)在必要的时候,经国务院批准,可以设立若干行政公署,作为它的派出机关。在省县之间设置派出性质的机关始于解放前的民国时期,当初是作为取消清朝实行的府(州)制而采取的过渡措施,解放后沿用这种体制仍带有过渡性质。虽然,作为省(区)和县(自治县)之间的中间层次,地区行政公署只是派出机

① 浦善新等:《中国行政区划概论》,知识出版社 1995 年版,第 532 页。

② 浦善新等:《中国行政区划概论》,知识出版社 1995 年版,第 533 页。

关(正因如此才称行署而不称政府,还有人称其为准行政建制),但其在实际中又多作为一级独立建制运作,已是名虚而实实的行政管理层次,起着一级政府的作用。在机构设置上,地区行政公署与省县之间上下对口,已达到了一级政府的规模,其人员编制也已接近地级市政府。除不设相应的人民代表大会和人民政治协商会议外,省、县有什么机构,地区几乎就有什么机构。在行政权力和职责上,行政公署对下辖的县(市)所承担的责任和任务与行使的行政权力,与地级市几乎相同。如在布置工作时,省(区)几乎总是把其与地级市、自治州等同对待、同样使用,各项任务均布置到地区,通过地区行政公署组织落实。地区行政公署的这种虚实之间的矛盾,造成我国行政区划体系在法律上的三级制与现实上的四级制之间的矛盾,产生了一些法律问题。地区行政公署本来是作为督导县的机构,但由于地区不设人大和政协,对其本身的监督就成为很大问题。例如,行政公署不向人大报告工作;其国民经济和社会发展计划、财政预算不经过人大审查和批准,下级(县)人大却要在其划定的框框内运作;行政公署受上级人大监督较弱,下级人大则受其制约;行政公署组成人员多由省(区)政府委任,不经人大选举或决定,是否实行了任期制也成为问题。

虽然设置地区行政公署与全国省级建制的数量偏少、各省(区)辖县级建制的数量太多有关,但是,设置地级机构使省和地两级机构管辖的下级单位数量都过少。[①]

至于地级市管理县和县级市的没有法律依据,我们在本章第一部分中曾有过详细的分析,即按照法律规定,仅有"较大的市"可辖区、县,但未规定可以辖市;而按照立法原意,则不可辖市。更何况现在一般的所谓"地级市",其实并不能等同于"较大的市",其自身亦缺乏法律依据,宪法等并无关于"地级市"的规定,更不用说可分区、辖县,乃至管辖县级市了。

2)乡级政区的问题分析

乡级政区的问题则是国家权力深入数量庞大的基层社区导致政府机构、以及由此由国家供养人员大量增加而致的财政负担过于沉重并延至人民尤其是农民的负担沉重。前引于建嵘的论述,已经涉及乡级政区的问题。温铁军也分析过之所以如此的原因:

为什么自秦设郡县以来2000多年里,历朝历代都是"皇权不下县"?不就是因为小农经济剩余太少而高度分散?政府到农村去拿这个小农的剩余,交易成本太高,所以才实行县以下自治,基层乡村靠乡规民约由社区精英管治。这是拿不到剩余而不得已采取的低成本办法。……为什么只统治到县呢?因为没有办法解决交易成本问题。

现在硬要把政权建到村里,并且自上而下地要村贯彻上一级指示,怎么样呢?现在还是小农经济啊。工业化的农村在沿海确有不少,但全国有400多万自然村,能有多少是工业化的呢?有多少能够通过乡村工业提供剩余来支撑现在这种制度安排呢?照搬一套管理制度,乡乡建法院、安派出所,六套班子,七所八站,这要多大的管理成本啊。

① 宫桂枝:《我国行政区划体制现状与改革构想》,载《政治学研究》,2000第2期,第63～73页。

这样，地方政府怎么能不去乱摊派乱收费？因为管治费用是昂贵的。这套管治制度靠谁来维持呢？靠警察。问题是现在农民能拿多少钱来维持警察制度？要多少警察才能管得了9亿农民？县以上的警察费用财政也许能够开支，乡一级的派出所连警械、车子、房子都是要农民出钱的。……

加快城镇化建设首先要改制。如果不改制，加快城镇化建设无异于对农民一场新的剥夺。现行的这种市管县、镇管村的制度，这是典型的城市中心主义。实行镇管村，就可以依托传统体制伸手向农村要钱，用于镇中心区的建设。所以，如果不把镇改为自治镇，享有和村民自治同样的地位，自治体之间平等交易和对话，加快城镇化建设很难保证不是对农民新一轮的剥夺。既然县以下的农村几乎没有什么剩余，而有限的剩余又高度分散，政府和农村之间的交易成本就过高。因此，需要加紧推行乡村两级包括镇在内的自治。全国农村按行政村算有70多万个，如果把9亿个农民变为70多万个村级主体，交易成本会大为减少。所以，既然农村土地归集体所有，村社是一级主体，为什么这一级主体却没有法律地位呢？为什么它不能直接面对县一级机构呢？为什么要这些部门七顶八顶大盖帽、几十种工作制服都要下农村去执行本部门的命令呢？[①]

因此，地级政区取消（而非仅仅取消"地区"；现在虽然撤销了地区，但又转换成地级市，反而从"虚"更落到"实"）和乡镇政区社区化（居民自治，官方设立较小规模的监督机构和上层政区的派出机构）是两条可行途径。在此基础上，适当在高层政区分省（区）增设直辖市，在县级政区适当扩并，则基本可以理顺中国的政区体系，解决管理层次与管理幅度的问题。

（2）城市化地区（都市区）行政区划体制问题

应该说，各种类型的政区都存在其内部行政区划体制的矛盾和问题；只是由于20世纪80年代以来，国家乃至各级政府均把城市化作为主要发展战略，相应地对城市地区格外重视，在政区层面所采取的举措也非常突出，因此，问题暴露得也最多，矛盾也较大。这一问题，实际上又可以从两个方面来看，即城市化地区政区建制外部的行政区划体制的矛盾，主要是20世纪80年代以来所采取的"市领导县"（即地级市管辖县、县级市）体制；以及城市化地区政区建制内部的行政区划体制的矛盾，如整县改市的问题，撤县（市）设区以及导致的市辖区规模差异悬殊的问题，等等。

1）关于"市领导县（市）"体制

对于"市领导县（县级市）"体制，从其推行伊始，就存在很大争议，实际效果也不尽如人意。其存在问题和弊端众多学者也多有总结，所持的否定态度也基本类似，如戴均良2001年所指出的：

概括起来讲，市领导县体制的矛盾主要表现在三个方面：一是经济利益的矛盾，就是市县争利的问题，这是市县矛盾的核心。产生这方面矛盾的主要根源是市的经济实力不够雄厚，加上有些市管辖数个甚至十几个县，人口多，面积大，市带县带不动，对县的经济社会发展难以有较大的倾斜、扶持和援助，相反要依靠县

① 温铁军：《应该推行村镇自治》，载《21世纪经济报道》，2001年8月9日。

的"贡献"来投入市区建设。二是行政管理的矛盾。地区体制时期很多行政管理工作由省直接对县，而省里管得比较宏观，县的自主权和回旋的空间都比较大。在市领导县的体制下，市对县的领导是全方位的具体的领导，县的自主权比地区体制时期不是扩大了而是缩小了，从这个角度出发，县里认为市的管理层是多余的。三是城乡关系的矛盾。在市领导县体制下，市既要抓城市工作，又要抓农村工作，在工作部署、城乡利益分配方面等难免出现不平衡。[①]

浦善新等根据多次实地调查分析，得出如下结论：

①实行市领导县体制效果比较好的地方，不是经济发达地区，而是中等发达地区，矛盾最突出的不是小马拉大车型，而是大马拉大车型。②城市与农村之间的经济差距越大，市领导县越成功，城市优势的扩散效能就越大。……③在行政管理模式上，地区行政公署比地级市政府要好。④从经济体制方面看，开放程度越高、市场经济成分越大，矛盾越严重。由此可见，市领导县体制并不是今后的发展方向，而是新旧体制交替阶段的一种过渡形式。[②]

2)关于"整县改市(县级市)"体制

关于"整县改市(县级市)"，则利弊互见，学者意见也有分歧。对此，浦善新曾于1995年作过全面总结，指出："随着近年来市总数的激增，县改市已成为人们普遍关心的众多行政区划问题中的一个热门话题，社会各界对此褒贬不一"，归纳起来大体上可以分为"绝对肯定"、基本"否定"和基本肯定但需要"完善"等3种不同看法。[③]

"绝对肯定县改市模式"者认为，"这一模式是中国迈向具有中国特色的社会主义城市道路的具体措施，完全符合中国社会经济发展的客观规律，从切块设市到整县改市，是设市模式的重大改革"。这当然与事实不符。

"否定整县改市模式"者则认为，"这一模式是在没有充分理论准备和宏观思考的情况下，为了解决行政区划调整中出现的一些具体矛盾，仓促出台的方案，是折衷调和的产物"。浦善新综合当时观点，所列举的主要弊端有以下几个方面：

第一，混乱了市的概念，搞得市不像市，县不像县。其理由是，市是人口集中、工商业相对发达而地域相对较小的点状政区，而县是包括城镇和广大农村在内的面状政区，整县改市扩大了市的范围，市不再是传统意义的"市"，出现了既不像市，又不是县的"不伦不类"的行政建制，使现在"市"既包括传统的点状市，又包括整县改设的面状市，成了一个"模糊的、没有确切内涵"的概念。

第二，市域内的农村人口比重过大，城乡概念模糊，给城镇人口的统计工作带来困难，造成城市化水平的混乱，出现了"假性城市化"的现象。其理由是，城市人

---

① 戴均良：《行政区划应实行省县二级制》，载《中国改革》，2001年第9期，第38～39页。

② 浦善新等著：《中国行政区划概论》，知识出版社1995年版，第413页。

③ 以下几种观点均引自浦善新等著：《中国行政区划概论》，知识出版社1995年版，第351～355页。

口占总人口的比重，是衡量城市化水平的最重要的指标，中国一个县人口少则几十万，多则一百多万，整县改市使很多县摇身一变，成了大城市和特大城市，而实际上这些大城市徒有其名，非农业人口只有几十万，甚至几万，其中还有相当一部分是不稳定的流动人口。这种名不副实的状况，不仅给统计和使用这方面统计数字的有关部门、科研单位带来混乱和困难，而且容易造成国内外有关人士对中国城市化水平的误解。

第三，造成城郊比例的严重失调。由于整县改市无法调整城郊比例，县多大市就多大，致使市的郊区普遍偏大，市与市的城郊比例悬殊，而且县级市的郊区普遍大于地级市。

第四，不利于行政区划长远的宏观管理。其理由是，从长远看，撤县设市基本思路并不清楚，其发展前景如何？是用市制代替县制，还是县制、市制并存？缺乏必要的理论思考和论证，也没有相应的对策，只是摸着石头过河，走一步看一步，这样下去总有一天所有的县都会改为市。

第五，不利于宏观经济的发展。提出这种观点的理由之一是，撤县设市对经济的推动作用，主要表现为知名度的提高，使市得到了不少有形的和无形的好处。但是，知名度是相对的，是建立在县衬托的基础上的。从局部看，县级市由于知名度提高，吸引了资金、项目等，加快了发展。从全局看，国家的资金、技术、项目、原材料的总数是定数，市发展的加快意味着县发展的相对放慢，市得到的，正是县失去的。可以说县级市“知名度”的优势是从县里“借来的”。因此“借知名度”推动经济发展，就全国而言，并无普遍意义。其理由之二，县改市地域大，有广大的农村作腹地，可以利用地域优势、劳动力优势、原材料优势等，发展以乡镇企业为主体的相对独立的经济体系，结果在客观上形成与大中城市争原料、争市场、争项目的态势，不利于大中城市优势的发挥。整县改市使市自成一体，加上财政上分灶吃饭的体制，给更大区域内生产力的合理布局和宏观调控增加了难度。

第六，造成在设市指导思想上，对市、县功能差异重视不够，形成了一股“设市热”，结果名不副实，有的农业县建了市，有的穷县甚至财政补贴县也挂了市的招牌，设市后，依然“路不平，灯不亮，建不建市一个样”。

第七，很多整县改市的县级市，城区管理体制未理顺。以湖南省为例，该省凡撤县改市的，原城关镇全部撤销，市政府直接领导街道办事处或居委会。多年的实践证明，这样做既不能达到“精简效能”的目的，还严重影响到城镇经济发展和城市统一规划、建设和管理。各县级市为了加强对原城关镇工业的领导，像醴陵、娄底、湘乡等市都先后成立了城工委之类的机构。沅江市城区有3个办事处，并成立了城工委，都属区级编制。由于这类机构毕竟不是一级政府，许多事情仍不好办，给社会治安、城市建设、环境卫生、计划生育、市场管理等带来困难。

前述“撤县设市”后所出现的问题，的确多多少少都有存在，但该体制在现行的政治、经济制度下，与过去的如“切块设市”等模式相比，也有一些明显优势，因此，也有相当一批学者持“肯定撤县设市是今后设市的主要模式，同时也承认这种模式在实施过程还存在某些不足，需要进一步完善”的观点，认为“撤县设市与过去的切块设市相比，其优势是明显的，主要表现在以下几个方面”：

> 第一，打破了过去市县分设、城乡分割、人为割断城乡经济有机联系的局面，有利于城乡结合、工农结合，促进了城乡经济的协调发展，符合社会主义市场经济城乡一体化的客观要求。
>
> 第二，解决了长期以来市县并存、同驻一地这一难以解决的矛盾。切块设市，市县并存，必然矛盾重重。首先，市县分设县驻地问题无法解决，如果市县同驻一地，就会产生诸如办公用房、住房、征地、副食补贴等一系列问题，很多驻在市的县要求搬迁就充分证明了这一点。如果县城迁驻，又迁往何处？数亿元的经费从何而来？干部家属的就业问题如何解决？
>
> 第三，精简了机构，减少了行政编制，节约了经费开支。整县改市与市县分设相比，设一个市可以减少党、政、人大、政协4套县级机构，至少可以精简2000人。按此估算，1979—1993年撤县设市320个，加上市县合并，扣除同期由市析置的县数，合计减少县级单位至少350个，共可精简70万人。若按现行标准计算，每人每年开支8000元，则累计节省非生产性开支390多亿元。
>
> 第四，整县改市使市有广大的农村为腹地，回旋余地大，便于今后长期的发展。避免了过去市辖区过小，不断向外蚕吞的状况，解决了长期存在的城市蔬菜、副食品的供应问题，有利城市建设的统一规划、长远规划，保证城市总体规划的实施，增加规划的弹性和可行性。尤其在当前行政区经济运行阶段，地方政府演化为重要的利益主体，土地有偿使用，切块设市，市边界动态扩展变得愈来愈不可取：一是靠近中心城市的城区往往是县域经济比较发达的地区，市边界扩张过程即是县域经济优势向市域经济转移的过程，这难免有“劫贫济富”之嫌，不利于县域经济的成长；二是这种切割方式破坏了传统的社会经济、政治、文化、历史等诸多方面的联系；三是对于毗邻城市的郊县而言，往往为了避免县域优势地区被侵吞，而不愿在邻近城市的地区投资建设，这就人为地浪费了优势区位，对市和郊县经济发展都不利。
>
> 第五，有利于行政区划的相对稳定和社会稳定。县是中国春秋战国时期就开始逐步形成的基本行政区划单位，历经3000多年的发展，一直沿用至今，其内部长期形成的政治、经济、社会文化联系，是难以分割的，当地居民的归属感和认同感已经根深蒂固，人为地把一个县分割开，难以为当地居民所接受，容易产生不必要的不安定因素，不利于社会的安定团结。

至于该体制所存在的问题和不足，如“一是不便于城乡分别统计，尤其给城市人口统计带来诸多不便，不利于城乡分类统计与其他国家的横向比较。二是市县合并在广东、江苏等经济发达地区遇到了挑战”等，则认为可以通过适当的方式加以解决：“对前者，我们认为解决的根本出路，只能是借鉴美国都市标准统计区的方式，确定城乡划分标准，改革现行的城乡统计办法。对后者，随着社会主义市场经济体制的逐步建立，企业成为真正的投资主体，金融体制、投资体制、财税体制等改革大大削弱了地方政府的利益主体地位，同一连续建成区跨越不同行政区界限的矛盾主要演化成城市的统一规划和城市统一管理间的矛盾。

在力求解决城市的统一规划、统一管理及城市副食品供应等问题的前提下，参照国外狭域型方式，试行跨界设市模式，如佛山市与南海市、江门市与新会市、海口市与琼山市等。”①

但事实上，其后的实践表明，“整县改市”的这些弊端是较难消除的。就所论第一点而言，至今，我国尚无适宜的、合理的城乡划分和统计办法，城市化水平仍言人人殊，较为模糊；就第二点而论，则所设想的所谓“跨界城市”在中国难以实现，如佛山与南海、海口与琼山，后者均已经撤市设区，被前者兼并。更重要的，则是该思路仍是计划经济、全能政府体制下的发展路径，且导致的结果往往是大城市化、中等城市化，而没有小城市、小城镇发展的空间；而这，显然是不可持续的。故总体而言，该体制尽管利弊皆存，但所存在的一些深层次的矛盾难以解决，故1997年后，国家暂停了对“整县改市”的审批。

3)关于“撤县(县级市)改区”体制

“撤县(县级市)改区”模式则是20世纪90年代以来(尤其在近10余年来)为了加速大城市发展而迅速兴起的一种政区调整浪潮。在这种模式影响之下，导致中国市辖区制度发生重大变化，也出现许多问题。张知常1999年论述过中国当前市辖区存在的问题②；刘君德、汪宇明等也持类似看法：

> 由于市辖区与紧邻的上级建制单位(市)所管辖的地域都是城市型社区，管理的方式和重点较一致，加之一般城市市域范围紧凑，市、区两级政府间权力过渡的空间过小，市辖区的地位不如同级的其他建制单位(县和县级市)那样易被认识和理解。有关市辖区的设置、调整等工作长期得不到重视，导致这方面的工作或生硬僵化，或主观随意，缺乏一定的标准和规范；在市辖区规模分布上，存在着个别市辖区规模过大和市郊比例失当——即市郊面积和经济总量之比过大或过小等现象；在利益关系上，市辖区尤其是中心城区与郊区之间，市辖区与市之间，郊区与邻县之间存在着对立和矛盾；在市辖区区划调整工作中，尤其是郊区与郊县(市)调整变更存在着反复现象；在市辖区的管理上，存在着飞地管理和人户分离带来的异地管理和管理空白。这些现象和问题的形成固然分别有其各自特定的地理、历史、经济和社会原因，然而在体制层面上，我国长期计划经济体制下形成的行政区经济格局，及城乡二元体制，则是这些问题必然产生的制度因素。在行政区经济运行下，各行政区——包括市、中心城区市辖区、郊区、郊县(市)——不仅是一个个相对独立的社会行政管理单元，更是一个个相对完整独立的社会经济地域实体，行政区划与城市经济发展紧密地交织在一起，城市社会分区管理格局，与城市内各行政区的利益分配格局“天然”地结合在一起。行政区划变动直接反映为地方利益格局的调整。对于县(县级市)改区情况而言，行政建制变更导致的政府决策独立性的降低，还将直接影响原县(县级市)域经济的发展动力和方向，这正是郊县调整为市辖区存在反复现象的一个重要原因。此外，在城乡二元体制下，与居民利益切身相关的就业、就学等政策的差别和农村集体经济利益分配制度导致人户分离，大大增加了城市社会管理的难度，加剧了市区与郊区(县)矛盾

① 浦善新等著：《中国行政区划概论》，知识出版社1995年版，第351～355页。

② 张知常：《市辖区：急待规范和调整》，载《中国方域——行政区划与地名》，1999年第1期，第10～13页。

> 的复杂性。总之，市辖区的现行状况已不能适应城市社会经济发展的要求，显见和潜在的问题颇多。①

并将存在问题概括为5个方面：市辖区的设置模式极不规范；市辖区的设置缺乏统一标准；市辖区命名不规范；市辖区区界模糊，出现政区重叠或管辖真空；现行区界不符合城市发展和布局的变化。②

李丽雅曾以上海为例，将“撤县改区”模式的弊端，概括为三个方面：第一，造成城市持续向外蔓延，耕地资源大面积锐减；第二，混淆了不同类型的行政区，出现了假性城市化现象；第三，撤县改区有可能对原郊县的社会经济发展产生负面影响。③

不过，总体来说，对于这种模式本身，尤其在当前阶段，还是有颇多学者基本持肯定态度的，如张京祥等所论：

> 从国际发展看，伴随全球化进程，国家之间、地区之间的竞争日益集中地体现为以大城市为主体的区域性竞争。这就意味着人们必须更加重视研究城市与区域的协调发展，通过区域内部各种资源要素的优化配置和重组整合，来增强区域的整体竞争力。在中国，快速转型的经济体制和相对缓慢的行政管理体制转变不相匹配、相互钳制，行政区划成为诸侯经济、地方经济存在和发展的动因与依托基础，由此导致的区域非规范竞争和城市化进程滞缓已经十分明显。
>
> 行政区划的调整，本质上涉及不同层级政府间的分权或集权问题。从西方国家发展的实际境况看，分权论强调地方自治，地方分权和自治意味着能不断扩大民众对政治生活的参与和对社会管理的介入；而集权论强调中央政府或上级政府在整个社会协调和控制中的重要地位和作用，认为集权可以带来社会化大生产发展和消除无政府主义竞争局面，以及对社会资源的合理配置。折中的均权论则是试图找到一条平衡解决的途径，强调上级政府与地方政府之间在职能和权力上进行分工与协作制衡，以实现政府之间的合作与互补。
>
> 虽然分权主义一直是西方公共行政体系的主流传统，但进入1990年代，受到经济全球化影响的挑战，区域主义再度盛行，为谋求整体利益而进行区域发展的协调管理，再度引起人们的重视，其中一个重要的举措就是行政区划调整（兼并或合并等）的问题。对此，公共选择理论者和合并倡导者争论不休。公共选择理论者认为政府之间的竞争可以降低成本，使政府更加有效，因而反对合并；而合并倡导者则认为，合并行政区后可以按照规模经济的要求更有效地提供服务，从而减少财政不平衡，促进经济发展。欧美国家由于政治体制的限制，而无法将行政区划调整作为推进区域协调发展的一项频繁性工作和主要手段。而近年来在亚洲国家，曼谷都市密集区、名古屋都市密集区、釜山都市密集区等都进行了积极的实践。与西方国家相比，我国调整行政区划的阻力相对较小。因此，通过行政区划

---

① 刘君德、汪宇明著：《制度与创新：中国城市制度的发展与改革新论》，东南大学出版社2000年版，第180～181页。

② 刘君德、汪宇明著：《制度与创新：中国城市制度的发展与改革新论》，东南大学出版社2000年版，第181～186页。

③ 李丽雅：《特大城市边缘地区城市化与行政区划体制改革研究——对特大城市边缘地区“撤县（市）改区”模式的透视》，载《经济地理》，2002年第22卷第4期，第460～464页。

调整推进城市化进程,是当前最为现实和有效的途径之一。[①]

这里的关键,则在于合理界定都市区及其政府直接管辖的范围,既不能过大,也不宜太小。

4.3 调控与创新:中国行政区划改革的基本构想

4.3.1 有关中国行政区划改革的方案及其评述

关于中国行政区划的改革,20 世纪 80 年代以来,众多学者曾纷纷提出各自方案:早于 1988 年昆山会议上,就已经提出许多有价值的构想;[②]以后,又从不同学科、多个角度,逐渐加深认识,针对各种问题,提出过更多深刻而又切实可行的思路,如前引有关问题分析中就已透露出的各自的构想。单独就某一方面论述的暂且不论,宏观地、全面地提出的方案,就有很多。举其著者,近年来比较有代表性的观点,如浦善新等(1995,2006)、孙关龙(1995)、华伟、于明超(1997)、戴均良(2001)、刘君德(2002)等。其他主要针对都市区和城市型政区等存在的问题,诸多学者也提出了见解和对策。

浦善新 1995 年在其《中国行政区划概论》中提出了自己的“中国行政区划改革的宏观构想”,主要主张包括:(1)适当划小省区,增加管理幅度,减少管理层次,理顺行政区划体系;(2)实行市县(自治县)分等、分类管理;(3)理顺行政区域名称;(4)勘定行政区域界线。并分析了改革的可行性,提出了实施的步骤。[③] 这些主张在其 2006 年出版的专著《中国行政区划改革研究》中,进一步结合形势的变化和发展,而有更深入、细致的分析和详尽的改革方案。[④]

浦善新 1995 年方案示意图如图 4-1 所示:

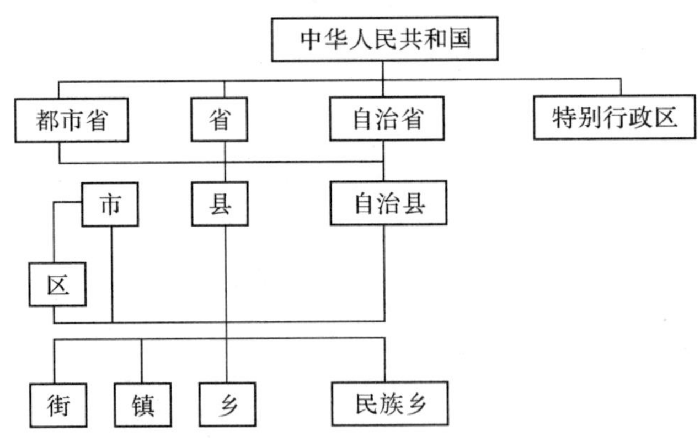

图 4-1 浦善新的中国行政区划结构改革示意图

(引自浦善新等著:《中国行政区划概论》,知识出版社 1995 年版,第 540 页。)

---

① 张京祥、范朝礼、沈建法:《试论行政区划调整与推进城市化》,载《城市规划汇刊》,2002 年第 5 期,第 25~28 页。

② 如 1988 年昆山会议上,诸多学者就中国行政区划改革问题,从各个方面,提出了许多有价值的见解,如层次过多、管理幅度过大、名称混乱等。主要论文后收入中国行政区划研究会编:《中国行政区划研究》,中国社会出版社 1991 年版,可参见相关论述。

③ 浦善新等著:《中国行政区划概论》,知识出版社 1995 年版,第 538~547 页。

④ 参见浦善新著:《中国行政区划改革研究》(商务印书馆 2006 年版)的第六章“行政区划存在的主要问题和改革设想”、第七章“县级政区整合指南”和第八章“省级政区重划草案”等。

孙关龙也于同年在其《分分合合三千年——论中国行政区划及其总体改革的构想》中，在分析了现存政区体系所存在的各种弊端之后，提出一套"中国行政区划改革的总体构想"，主要方面基本持与浦善新类似的观点，如减少级次，缩小省区，变"市管县"制为"省管县"制，改"大郊县、小城区"模式为"小郊区、大城区"模式，市、县分等；并提出三个阶段实施的步骤(如图 4-2 所示)；最后提到：

> 总之，用 30—60 年时间按三个阶段，分三步走来实现中国地方行政区划体制由省区市制转化为都省制；由"大而多"的模式转变为"小而少"的模式，全国地方一级政区数由现在的 31 个增加到 55 至 63 个；并实现中国地方行政区划单位或通名的科学化、体系化、规范化和标准化。这样，宪法对改革后的行政区划新体系应作如下表述：
>
> 全国分为都、省、自治省和特别行政省。
>
> 都、特别行政省分为市、区。
>
> 省、自治省分为县、自治县、市。
>
> 县、自治县、市、区分为乡、民族乡、镇、坊。[①]

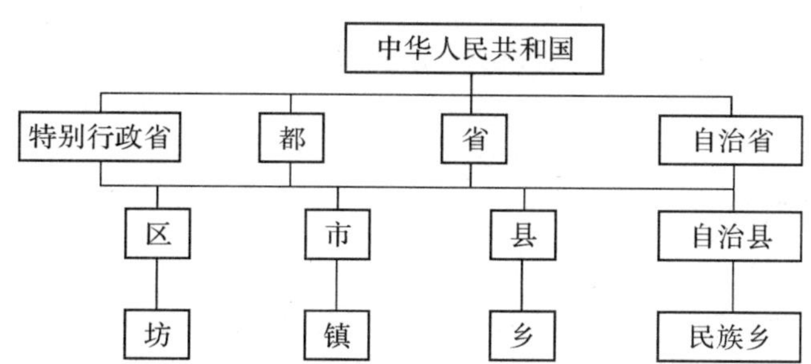

图 4-2　孙关龙的改革后的中国行政区划体系图

(引自孙关龙著：《分分合合三千年——论中国行政区划及其总体改革的构想》，广东教育出版社 1995 年版，第 237 页。)

华伟、于明超在分析比较了地方自治在中国和国外的发展状况和可行性的基础上，从确立地方自治这一制度层面提出了自己的改革构想：

> ……从基层开始实行地方自治，再逐步把上级地方行政体改组为地方自治体。像中国这样一个人口众多、经济不发达的大国，地方自治体与非自治的地方行政体将会长期共存，必须等到条件完全成熟时，才能考虑让后者或改组或消亡。
>
> 我们主张，在现阶段实行两级地方自治：将中央直辖市、计划单列市、省会城市、地级市和地区改组为都、府、州，确定为上级地方自治单位，简称地方自治体；以按新标准设立的市、镇、乡和坊(即现在大城市中的街道)为下级地方自治单位，

① 孙关龙著：《分分合合三千年——论中国行政区划及其总体改革的构想》，广东教育出版社 1995 年版，第 227～237 页。

> 简称社区自治体。省、县暂时保留为非自治的地方行政体，村则作为准自治体。①

戴均良也在多种场合提出了自己对中国行政区划改革的设想，如 2001 年发表的《行政区划应实行省县二级制》，认为：应当“逐渐划小省份，逐步撤销地级管理层，乡镇逐步向基层自治转变，最终形成省一县(市)二级制的地方行政体制。……目前最迫切需要改革，而且基本具备了改革条件的地方行政体制改革是，改革地管县(县级市)体制，取消市对县的领导，由省直接领导县”。并从相关配套措施和深层政治体制改革的角度展开论述：

> 一要科学确立各级政府职能，特别是科学划分中央、省、县(市)职能。该由下级政府管理的职能，上级政府不要截留；该由企事业单位、社团组织办理的事务，政府不要再包办。
>
> 二要逐步调整省、县规模，把大省缩小，把小县扩大。划小省区的办法有三：一是将一个省一分为二，二是从几个省中划出一块设一个省，三是以一个特大城市为中心增设几个重庆模式的直辖市。第三种办法是比较好的办法，增加机构少，震动小，比较容易为地方接受。另外还可以扩大现有直辖市的行政区域，如北京、天津可以与河北一起考虑，上海可以与江苏、浙江一起考虑。
>
> 在划小省的同时，对规模过小的县也可以合并。如河北、山西等省，县的规模就偏小……这样的县无论从精简机构，减轻人民负担，还是从经济发展和行政管理的要求看，都应该撤并。撤并一些规模过小的县后，县的总数就减少了，就更有利于省直接管县体制的推行。特别是近年随着乡镇的撤并和乡镇数量的减少，在此基础上撤并一些小县的条件已经成熟。
>
> 三要相应改革一些单项管理体制，如司法体制、金融体制等。就司法体制而言，在撤销地级管理层后，为解决两级终审制的问题，可以在省高级法院、省检察院下设立派出机构，负责几个县(市)的案件复审复查工作。②

刘君德从 20 世纪 80 年代后期起就一直关注中国行政区划的改革问题，先后在许多场合、多篇论著中，或全面论及改革思路和框架，或单独就某一方面(如都市区、社区等)深入探究问题症结所在和解决对策，不断思考，逐步完善，形成了较为完整的理论体系和改革思路。早在 1992 年，他就在《科学》杂志上撰文，论述了中国行政区划改革的基本思路，文中就提出了诸如政区层次减少为三级制的问题，省区划小的问题，省直管市、县以及县下辖市的主张，市县分等问题，政区名称问题等。③ 以后，又多次深化和充实；并在 2002 年在接受记者访谈时，全面而简明地表述了自己对中国行政区划改革的看法，非常深刻，也具有可操作性。当时，他“根据国际经验和国内现状”，将中国“大陆地区未来政区改革的基本思路”概括为以下六个方面：

① 华伟、于明超：《我国行政区划改革的初步构想》，载《战略与管理》，1997 年第 6 期，第 1～10 页。

② 戴均良：《行政区划应实行省县二级制——关于逐步改革市领导县体制的思考》，《中国改革》，2001 年第 9 期，第 38～39 页。

③ 刘君德：《我国行政区划的改革》，载《科学(双月刊)》，1992 年第 44 卷第 4 期，第 46～50 页。

思路一：改革不合理的政区层次和幅度。总体看来，我国目前政区的层级过多，且较混乱，而省、地两级的管理幅度又偏小。我们认为，从我国实际情况出发，实行《宪法》规定的省—县—乡三级层次的政区体制仍然是正确的、科学的。解决政区层级多、幅度偏小的途径有二：一是取消市管市（县）体制，实行省直接管县（市）制；二是划小省区，我国省级政区宜划分为55—60个。

思路二：以增设直辖市作为划小省区的突破口。我国目前只有北京、天津、上海、重庆四个直辖市，从总体看，我国直辖市数量偏少，分布不均。首先，增设直辖市有利于缩小省区，增加一级政区数量，从而使我国行政区的层次和幅度逐步趋向合理；其次，可提高部分大城市的行政地位，使之成为跨省区的新的经济增长极；第三，从政治因素考虑，有利于加强中央政权调控的主体地位。从区位、规模、实力、辐射力以及可操作性等因素考虑，东北的大连、西北的西安、华中的武汉、华南的深圳（或广州）等，相对具备升格直辖市的条件。

思路三：把完善和创新城市政区制度作为我国政区改革的重点。针对目前我国城市型政区存在的问题、借鉴国际经验，城市型政区改革的方面主要是：其一，在指导思想上，由目前的“城乡合治”逐步走向新的“城乡分治”；其二，取消市管市体制，实行省管市分等制；第三，改革设市模式，提高整县改市标准，从严控制县改市模式，试行镇升格为市、县辖市体制。

思路四：研究和创新中国都市区政区管理体制。根据国际经验，建立都市区行政组织管理的模式主要有三种：一是通过“合并”或“兼并”的方式，建立一元化的、高度集权的都市区政府；二是采取协商联合的方式，建立松散的城市协调组织机构（非政府机构）；三是建立跨界职能的城市联合政府，行使某些跨界职能（如交通、供水、环境保护等）。我国宜采用何种模式，需要深入研究。当前，建立都市区政区改革实验区是一个良策。

思路五：理顺和改革政区通名是一项重要而较易实现的任务。我国现行政区名称中的主要问题是通名多而乱，特别是“区”和“市”，前者有自治区、市辖区、特区、开发区、郊区、区公所等；后者有地辖市、地级市、县级市等。各类不同的“区”和“市”有不同的解释、不同的性质和模式，极易混淆，给管理和研究带来诸多不便。由于通名改革不涉及区划界线的调整，较易操作，因而应积极推进政区通名改革，使我国政区通名走向科学化、规范化、标准化的轨道。

思路六：当务之急是加强行政区划的法制建设。①

上述各位学者在一些主要方面都有共识，其他学者也多持与此类似的看法，差别只是在诸如名称确定、时序步骤等方面。笔者也认同这些基本思路。

4.3.2 笔者对中国行政区划改革的若干构想

上述各种论述，基本上都已把中国政区所存在的问题及其解决思路明确阐发。笔者在

① 陈晋肃：《21世纪中国行政区划体制改革的问题与出路——刘君德教授访谈录》，载《探索与争鸣》，2002年第4期，第2～6页。

研读前述这些论述的过程中获益良多。在此基础上，针对存在的问题和笔者个人的研究心得，在前人阐述的基础上，并连同个人一些想法，略事综合和补充、发挥，提出笔者的一些构想。笔者认为，可以将完整的有关中国行政区划改革的方案，区分为三个层面的问题，分别展开和论说，即前提、目标和实施。

4.3.2.1 前提：积极推进政治体制改革和政治文明建设

由上所述，现有行政区划本身形式的问题，根源于深层次的政治体制、经济体制、行政管理体制等改革的尚未到位和理顺；因此要进行行政区划改革，必须首先或同时进行政治体制的改革。只有逐渐形成制度保证，从宪政体制的角度，将改革方向、或曰政治文明的发展目标确定下来，并依次推进，然后才谈得上行政区划改革的顺利实施并达到理想的效果。诚如杨冠琼所表达的：

> 经济全球化时代的政府，必须具有高度的“情景分析”能力，具有洞察性的“结构化”能力。正如鲁珀特·肖尔茨在1997年11月18日的德国《法兰克福汇报》刊出的文章所言，精简国家机构是当代最重要的论题之一。但精简国家机构的意义决不在于字面上的或形式上的裁撤机构和削减冗员，其目的在于彻底转变传统的治理国家的模式，迅速适应经济全球化浪潮的要求。除了那些关系到国家主权的传统任务外，公共管理部门必须找到从传统的政府管理部门转为现代劳务管理部门的道路。这意味着，公共管理在许多情况下要告别线形体制、严格等级制度和相应的官僚主义组织的传统结构等要素。这样，公共管理就可以进一步找到有效的质量管理形式，淡化等级制度，加强内部的自我负责，使整个结构变得更经济、更实效、更精简。①

关于深层次的政治体制改革的问题，目前的议论也已逐渐增多。笔者非这方面的专家，也没有深入研究过，因此，提不出什么具体方案，更拿不出灵丹妙药。但鄙意以为，几个方向性的目标，一些基本的价值，应该得到明确和认同，如国家、社团、企业和公民等的法律上的平等地位，个人私有财产的不可侵犯，社区、地方的自治，土地公有制基础上的分级所有及其平等交易，以及公民的政治经济文化权利等的制度保障等，都涉及一些重大的制度性的改革和完善。可喜的是，目前，我们国家已经向此方向发展，如签署了若干国际人权公约，国家宪法也已经在诸如“国家尊重和保障人权”、“公民的合法的私有财产不受侵犯”和用“紧急状态”取代“戒严”等方面做出重大修改，其意义和影响将是长期和深远的。

只有在政治体制改革顺利推进、政治文明建设得到认同的前提下，中国的行政区划改革才能达到其维护国家统一、保障公民权利和提高管理效率的初衷和目标。因此，在这一过程中，尽管可以从行政区划的角度来促成管治目标的实现，但行政区划改革本身不是目的，只是手段；政区格局只是在空间上提供了一个分权和治理的框架；而只有在一个相对稳定的框架内，权力的配置才能稳定而持久。因此，就其本质意义而言，实际上行政区划在形式上，是应该尽可能稳定的，能不动，就不要轻易去变动；我们所要改革的，应该是深层次的管治方式。同时还应该承认，中国数千年以来，在各种因素影响下所形成的行政区划和政

---

① 杨冠琼著：《当代中国行政管理模式沿革研究》，北京师范大学出版社1999年版，第504页。

区体系、格局，总体而言，是符合自然、人文环境的，也已经形成各种相对明晰的、地域、人文和社会的综合体，不宜轻率打破；而60年来我们的反复调整和“改革”，在没有实质上的权力配置的变革的情况下，只能是、也还会是愈来愈乱，成为所谓“折腾”，达不到“良治”的目的。

当然，现实是，一方面，政府的权能还非常强大，行政区划的调整仍是一种必备的、行之有效的手段；另一方面，中国当前的政区格局，不论就高层、基层来看，还是就中层分析，确实存在一些与当今现实和国际潮流不相符合、甚至严重抵牾的问题，尤其难以适应城市化迅猛发展的需要。所以，我们应该在上述基本目标之下，审慎改革，争取划分得相对合理，并争取长期稳定(指基本架构，基层则应充满活力和易于有序变动)。

对此，学界也开始引起重视。如张京祥等对此进行过阐发：

> 笔者最后需要阐述的一个基本观点是，行政区划调整对推进我国的城市化进程固然有着重要的作用，但根本上还是要依赖系统的制度创新。行政区划从其设立的初始意义上讲，是出于划分地方管辖事权领域、政府间利益分配需要而形成的政治、经济地理边界。无论经济、社会发展到什么程度，行政区划总会存在。而且从“公共选择理论”角度看，行政区划也是促使区域内外各发展利益单元保持适度、有效竞争的必要条件，促使政府提供更为有效、低廉、高质的公共服务，是实现良好区域管治必需的持续动力。
>
> 人们所见到的行政区划矛盾，不过是深层次经济与行政管理体制矛盾在行政区划这个空间载体上的外在表现。例如，政府直接介入经济运作职能的多寡，也就决定了“行政区经济”的显形或隐形程度以及行政区壁垒的强弱。因此，行政区划调整虽然可以解决城市化进程中的目前问题，但不能解决根本的、长远的问题；行政区划调整虽然可以解决城市化进程中的局部地域性问题，却不能解决更大的区域性问题。要真正寻找到推进我国城市化发展的保障机制，还需要一个系统的制度创新。行政区划的制度创新，就不能仅仅停留在区划调整层面上，而必须和政府职能转变、地方财政税收体制、地方政府绩效考核体制、区域管治模式等的变革，相匹配进行。①

刘君德也曾在论述“新时期中国行政区划改革的作用与原则”时明确指出：

> 对于行政区划的作用，要实事求是地客观分析，既不要低估，也不要夸大；行政区划调整既要积极，更要稳妥；行政区划是重要手段，但并非万能；要反对搞形式主义的城市化，防止“建制城市化”。从长远来看，随着市场经济体制改革的深入，政府职能转变、政治文明的发展，干部考核制度的改革，城市与区域、城市与城市、区域与区域之间经济发展差异的缩小，行政区之间利益的摩擦也将会逐步减少，行政区划的经济功能将淡化，城市之间、区域之间、城市和区域之间的联合也

---

① 张京祥、范朝礼、沈建法：《试论行政区划调整与推进城市化》，载《城市规划汇刊》，2002年第5期，第25～28页。

将逐步加强。[①]

4.3.2.2 目标:分权体制、聚落自治、都市善治——中国政区改革的三大目标

在前述政治发展目标、政治体制改革等认同或展开的前提下,针对笔者总结的中国当代行政区划所存在的三大问题,笔者将中国政区改革的目标确定为分权体制、聚落自治和都市善治,分别对应高层政区、基层政区和中层政区。当然,三者既非、也不是能截然分开的三个问题,而是互为形成或达到的条件和保障。

(1)高层政区:分权体制

笔者认为,在高层政区,应借鉴一些联邦制的经验和做法,切实给地方(高层政区)以相当大的自主权,即区分四类政区,分别授权:特别行政区:各自单独授权,高度自治;民族自治区:《民族区域自治法》中统一授权,应该有相当多的权限;省、直辖市有所区别,大体一样(也应有中央与地方关系法等或具体的省管理法、市管理法等加以规定);即形成"有联邦制成分的单一制"和制度化的分权体制,将中央与地方关系明晰化、法律化。当然,具体如何进展,要根据中国实际政治运作和发展的状况,但必须向此方向迈进。

关于联邦制的有关论说,诸多学者已经从多种角度展开过有价值的探索[②];在本书第三章"特殊类型政区的中外比较研究"一节中也有所论列,可参看。

总之,国家整合问题,需要在制度层面加以突破;至少应该尝试,尽力而为,而不能无所作为。台湾问题,民族问题,虽然成因不同,但目前都可以归结为民族、族群问题,认同度过低的问题。现有的高层政区及其有关权力划分和制度安排,无法容纳其各自诉求。这就需要拿出智慧和勇气,进行权力的重新配置。台湾如此,香港、澳门如此,民族自治地方亦应如此,乃至一般高层政区,均应妥善分权。

鉴于目前中国大陆地区的高层政区规模(面积、人口)的差异较大,可以考虑拆分省区,至于增设何种政区类型,倒是可以仔细权衡。增设直辖市建制近期是一种可行的、有成功经验的方式[③];但该方式实际上主要是从降低管理成本出发所采取的措施,考虑到今后宪政的发展和政府职能的减少,实际上,建新省(如几省交界地区析出或过大的省区拆分)、建立新的民族自治区(如过大的民族自治州地区)、甚至设立新的特别行政区(如位处边界的小范围的特殊区域)等,都是可以考虑的举措。关键是要有明确的、宪法保障的制度安排。因此,笔者主张,借鉴联邦制思想,参考特殊型政区经验,构造一种复式的国家结构体系,即台湾、香港、澳门为一类,民族自治区为一类,省、直辖市这样的一般类型政区为一类,形成合理、明晰且有宪法保障的"分权体制",并最终推广为所有政区相对一致的管理体制。

(2)基层政区:聚落自治

相对于前述高层政区"分权体制"的尚缺乏法理基础和观念上的暂时无法普遍认同,对

---

① 刘君德:《中国城市化进程中的行政区划体制改革与创新研究》(民政部理论研究招标项目)报告"第一部分 理论背景与综合研究"(2003),第 14～15 页。

② 近期比较全面论述联邦制的论著可举王丽萍著:《联邦制与世界秩序》,北京大学出版社 2000 年版。王著揭示了"联邦制是一种从分散到集中的制度,分权不过是其实现集中的手段"。

③ 对此刘君德等多次有所论述,如早于 1998 年发表的《21 世纪中国直辖市政区改革的战略思考》等,载《浙江学刊》1998 年第 4 期。戴均良在其 2000 年出版的《中国市制》(中国地图出版社 2000 年版)一书中,更专辟一章(第六章 设立直辖市与调整行政区划,第 121～144 页),论述了增设直辖市的必要性、可行性和实施步骤,可参看。

于基层政区(实际停留在“准政区”层面)的聚落自治,应该说得到官方和学界的一致认可,更有一些基本的法律支撑①。当然,也有重要不同,差别主要在于聚落自治应该在哪个层面上展开、在多大聚落中推行;同时,实际操作中也还未能尽如人意。因此,还是应该先从理论上明确“聚落自治”的重要意义和价值,并认同这一制度取向;然后,才能考虑实施的步骤和时序。而如果不认同将之作为一种基本的制度安排来推进,则可以说,中国行政区划的改革不会成功。

1)中国“村民自治”的实践与意义

2000 年,唐兴霖、张紧跟针对中国的“村民自治”制度,主要从促进乡村发展和推进中国民主政治建设的角度,进行过分析和阐发:

> 村民自治的出现,是中国农村 70 年代末以来经济体制改革和社会变迁中产生和形成的一种新型民主制度,是市场经济社会中重构农村和谐秩序的一种尝试。古代中国社会长期被锁定在一种中国式专制主义的政治制度中,要进行民主建设必须借助于政权之外的力量和国家的政治力量。1949 年以来,虽然国家确立了建设社会主义民主政治的目标,但是中国的民主建设一直充满坎坷。所以问题的关键在于找到一个既能为社会认同且符合民主真义,又能获得国家支持的民主建设的起点和突破口。而村民自治经过近 20 年的发展和探索,能够使政治民主化在农村先行一步,成为现阶段中国民主建设的起点和突破口。
>
> 村民自治的基本原则是自我管理、自我教育、自我服务,在实践中又具体化为村民的民主选举、民主决策、民主管理、民主监督四项民主权利和民主制度。这四项民主权利的行使和民主制度的运行,构成了村民自治的基本内容。(一)民主选举。是村民自治的前提,这是指由村民直接选举村委会组成人员的权利和制度。经过十余年的发展,目前已基本走向正规。(二)民主决策是村民自治的根本。民主决策就是按照《村民委员会组织法》规定,在农村设立村民会议或村民代表会议,让农民和村干部一起讨论决定村内大事。(三)民主管理是村民自治的实体。民主管理,就是发动和依靠村民,共同管理村内的各项事务,维护村内的社会秩序。(四)民主监督是村民自治的保障。民主监督是指村民对村委会的工作及村干部的行为实际监督的权利和制度。民主监督有两种主要形式:一是村委会定期向村民会议、村民代表会议报告工作,村委会干部定期述职,接受村民的评议;二是村务公开,把与村民利益相关的种类事项公之于众,接受监督。民主监督的实施,使村务工作更加民主化、公开化,使村民自治有了可靠的保障。
>
> 村民自治,从 1982 年 12 月至今已走过 17 个年头,村民自治政策逐步得到加强和完善,村民自治逐步法制化、规范化,这一切为村民自治成功迈向 21 世纪奠定了坚实的基础;村民自治在促进农村经济社会发展的同时,也对社会主义政治建设作出了重大贡献。这表现为:

---

① 如现行《宪法》第 111 条的规定(即:“城市和农村按居民居住地区设立的居民委员会或者村民委员会是基层群众性自治组织”),以及 1987 年颁行的《中华人民共和国村民委员会组织法(试行)》(该法于 10 年后经修订予以正式颁行)和 1990 年颁行的《中华人民共和国城市居民委员会组织法》。

> 首先，村民自治有利于提高农民的民主素质，为社会主义民主建设提供了坚实的人力资源基础。……
>
> 其次，以村民自治为主体的基层民主的发展，反映了社会主义民主的本质，代表了其发展方向。……
>
> 最后，以村民自治为主体的基层民主的建设与发展，为社会主义民主建设奠定了基础。……可以想见，随着村民自治的不断推进，占中国人口主体的农民开始接受社会主义民主政治文化，这将为未来中国的民主建设奠定坚实的精神文化基础。
>
> 村民自治的发展，通过提高乡村社会的自治能力，将为国家制度的民主化提供一个坚实的社会平台。一方面，以村民自治为主体的社会民主的发展，使传统的国家与社会的关系逐步发生变化，从而推动了国家制度的民主化。另一方面，村民自治重构了乡村社会的和谐秩序，保持了农村社会的相对稳定，这对于中国这样一个农村地域和人口为主导的超大社会来说是至关重要的，农村的稳定是中国社会稳定的基石，而这正是中国民主建设赖以顺利推进的社会基础。

不仅如此，两位学者进一步指出，村民自治的顺利推进，还会对中国社会的发展和民主化进程，起到更为重要的作用：

> 从中国民主化进程的视野来审视村民自治，可以得出的结论，正如有学者所论证的：村民自治可形成中国民主政治建设的路径依赖。这些都可以归结为：村民自治的良性发展已经为中国民主建设的全面推进奠定了基础。
>
> 的确，用现代民主的眼光去衡量村民自治，二者之间还有相当的距离，村民自治的成功也绝不意味着中国民主建设的成功；即使村民自治本身，也还存在诸多问题，其浓厚的国家主导性也限制了其发展。但是，毕竟中国的政治民主化是一个漫长的渐进之路，一方面，村民自治从一开始就孕育着强大的内源动力，其经过近20年发展形成的惯性运动已显示出一种不可遏制的特点，在渐进的发展中，随着其现代民主性色彩的不断强化，它必将对国家权力产生不断加大的压力；另一方面，作为主导性的国家政权也在不断寻求国家制度的民主化，这两种作用方向是基本一致的，更重要的是在中国历史上，它首次能够将国家权力的建设与公民权利的发展协调起来，形成合力，共同推进社会主义民主政治。因此，当我们重新回到民主建设起点时，我们很容易得出结论：以村民自治为主体的基层民主是当代中国民主建设的微观社会基础。
>
> 提出这一观点是基于一种学理的分析，也是基于我们对村民自治的发展已经取得或即将取得的成就而提出的一种期望。当然，我们也认识到，从村民自治到社会民主之间还有相当长的路要走，即使是村民自治本身也还存在诸多问题，自下而上的民主建设也不可能完全取代自上而下的民主建设，中国的民主建设还面临诸多不可测因素等。有学者就指出，从制度供给的角度出发，在村自治的基础上进一步向更高层次推进中国的民主政治发展，由于权力中心在供给更高层次的民主制度安排时将会面临考验，因此将会面临民主制度短缺的问题。也许，正是

这些因素决定了当代中国民主建设的渐进发展之路，也预示着当代中国的民主建设仍将经历坎坷和曲折。但是，我们也应该看到，村民自治的发展已经为当代中国的民主建设找到了一个良好的起点，它第一次真正实现了国家政权要求民主化与人民实践民主政治的双向互动，而这正是现代民主的真义，这也必将是未来中国民主的希望。[①]

2)“聚落自治”在行政区划体制上的落实

从行政区划改革的角度来看，就是按照人口聚居所形成的聚落，实行聚落中居民（城市聚落中的市民和乡村聚落中的村民）的自治（即西方“市”制的最初含义）。目前我们只是在最小的聚落（村）或较大聚落中局部很小的范围（城市社区）来实行，且政府行政权还往往过多干预，这是远远不够的。鉴于农村居民负担的过于沉重，近期可以先在乡村地区将聚落自治的层次、层面提升。具体来说，在县以下，以实际聚落为单位，将各聚落按照人口聚居程度，从小到大，依次划分为村、乡、镇、城（县辖市），但彼此互不统属，即只是规模大小不同，但法律地位平等；先在村（已经实行）、乡和镇的层面推行自治，待时机成熟、政治体制改革到位，再逐步向高层聚落推进，即推至城市化地区（县辖市和大城市内部街道一级，名称可以再议）。最终，所有层次的政区，配合高层“分权体制”的推行，包括中间层次的地域型政区和大都市地区实行全面的“地方自治”，就不是一件非常困难的事情，而是自然水到渠成。

(3)中层政区：都市善治

相对于聚落自治目前层面的尚低以及向高层推进的困难，政府在利用行政区划调整以促进城市化发展方面，却没有丝毫的犹疑，而是极力促成。因此，都市地区（本书指一般的城市化地区 urbanized area）、尤其是大都市区（本书指中等城市，尤其是大、特大城市地区 metropolitan area）的管理体制改革（包括行政区划调整），就成为各级政府关注的焦点所在。由于城市规模的巨大，因此，其在政区体系中，都处于中、上层次，最大量的位居中间层次。对于这一层次的改革，可以说是共识最多、阻力最小，也是目前正在着手进行的领域。相对于其他类型政区而言，城市型政区的改革既可以满足近期各级政府的发展取向和目标（主要在经济层面），又可以以经济的发展来减缓和抵消行政区划调整所必须付出的成本和代价而达到改革和理顺政区体系（如增设直辖市以分省等）目的，并最终完成前述如聚落自治的政治诉求；因此，城市型政区的改革成为推进中国行政区划改革的着手点和突破口。当然，都市地区的政区形式和管理方式，必须有所变化。

关于都市地区管理的理念和追求，从国外经验和学界研究成果来看，笔者将之概括为应定位于达到“都市善治”的目标。即在中层政区、都市地区的这一改革过程中，必须以政府为主导，发生从“统治”(governing and government)到“善治”(good governance)的变迁，并形成多样的政区形式。

当前，发源于国外的关于都市地区的“治理”或“管治”的理念，已经被国内学者接受并得到推广；由于理解的差别，在术语的确定和使用上不尽相同，如译为治理、管治、统理、治

① 唐兴霖、张紧跟：《村民自治：中国民主政治的微观社会基础》，载《社会主义研究》，2000年第5期。

道和善治等[①]。笔者将其区分为两个层面，即作为一种管理的过程，使用“管治”或“治理”；希图在这种方式下所获得的结果，使用“善治”。故将这一层面改革的目标表述为“都市善治”，可能较之原意略有引申。

1)“治理”或“管治”的理念及其对都市区行政区划体制的影响

关于“善治”的含义等，黄珊有过系统论述(她使用“治理”一词)：“20 世纪 90 年代以来，西方学者，尤其是政治家和社会学家，对‘治理’作出了许多新的界定”，主要有：

> 1992 年“全球治理委员会”成立时，W. 勃兰特在《我们的全球近邻》报告中将治理定义为：治理是各种公共和私人机构管理其共同事务的诸多方式的总和，它是使相互冲突的或不同的利益得以调和，并且采取联合行动使之得以持续的过程。治理既包括有权迫使人们服从的正式制度和规则，也包括各种符合人们共同利益的非正式的制度安排。概括起来，治理具有如下四特征：(1)治理不是一整套规则，也不是一种活动，而是一种过程；(2)治理不是控制，而是协调；(3)治理既涉及公共部门，也包括私人部门；(4)治理不是一种正式的制度，而是持续的互相行为。……
>
> 研究治理理论的另一位权威格里·斯托克(Gerry Stoker)对目前流行的各种治理概念作了一番梳理后指出：到目前为止，各国学者们对作为一种理论的治理已经提出了五种主要的观点。它们分别是：
>
> (1)治理意味着一系列来自政府但又不限于政府的社会公共机构和行为者。它对传统的国家和政府权威提出挑战，它认为政府并不是国家惟一的权力中心。各种公共的和私人的机构只要其行使的权力得到了公众的认可，就都可能成为在各个不同层面上的权力中心。
>
> (2)治理意味着在为社会和经济问题寻求解决方案的过程中存在着界限和责任方面的模糊性。它表明，在现代社会，国家正在把原先由它独自承担的责任转移给公民社会，即各种私人部门和公民自愿性团体，后者正在承担越来越多的原先由国家承担的责任。这样，国家与社会之间、公共部门与私人部门之间的界限和责任便日益变得模糊不清。
>
> (3)治理明确肯定了在涉及集体行为的各个社会公共机构之间存在着权力依赖。进一步说，致力于集体行为的组织必须依靠其他组织；为达到目的，各个组织必须交换资源、谈判共同的目标；交换的结果不仅取决于各参与者的资源，而且也取决于游戏规则以及进行交换的环境。
>
> (4)治理意味着参与者最终将形成一个自主的网络。这一自主的网络在某个特定的领域中拥有发号施令的权威，它与政府在特定的领域进行合作，分担政府的行政管理责任。
>
> (5)治理意味着办好事情的能力并不仅限于政府的权力，不仅限于政府的发号施令或运用权。在公共事务的管理中，还存在着其他的管理方法和技术，政府有责任使用这些新的方法和技术来更好地对公共事务进行控制和引导。……

① 黄珊著：《国外大都市区治理模式》，东南大学出版社 2003 年版，第 5 页。

全球治理委员会于1995年又进一步将Governance定义为政府或公共行政管理的同义词，是“使用政治权威控制和经营社会及资源以争取社会和经济的发展”。委员会认为“好的治理”的含义是：通过司法独立来实现公民安全得到保障、法律得到尊重，亦即实行法治；公共机构正确而公正地管理公共开支，亦即进行有效的行政管理；政府领导人就其行为向人民负责，亦即实行责任制；信息灵通，便于全体公民了解情况，亦即具有政治透明性。①

张京祥等则将“管治”理论系统运用于都市区政区体制改革的分析当中。他们首先系统地介绍了有关西方国家关于“管治”、“好的管治”等理论以及在区域发展和都市区治理中的应用：

什么是“好的管治”？全球管治委员会（Commission on Global Governance，1995）曾经有一个定义：即能够实现平等包容、反馈及时、透明公开、政府负责、舆论导向、公众参与、遵守法律、效能并存，对于都市密集区的区域管治也应如此。……区域管治的一个重点是涉及不同层级政府（或发展主体）之间、同级政府之间的权利互动关系，实质上就是能否寻求到一种公平与效率并重的区域管理方式。……

目前西方国家处理都市密集区矛盾常见的方法有：(1)实行统一管理，在大都市区建立一个单一的综合目标型政府；(2)功能转移，即地方当局将一部分事务转让给更高层次的政府，典型的如实行双层制管理；(3)税收转移，使各地方政府的财政在城市区域中获得公平的分配；(4)设立专门职能的协调部门；(5)通过松散或相对固定的市政活动相互协调。但是即使在西方国家的区域管治中，欧洲和美国也存在着巨大的价值差异。欧洲大陆传统上将国家、政府视作至高无上的主体实权，凌驾于私人利益之上；而美国人则通常把政府看作是众多相互竞争的私人利益间的仲裁者，而政府本身也应受到约束，并被划分为相互制衡的权力系统。因此，和欧洲建立的诸多综合职能的都市区政府管治体系相比，在美国政治文化传统中，则更倾向于通过各种共同建立的专门机构去处理区域问题、管理大都市，而不是建立大都市市政府，也就是说它们更希望建立的是管理体制，而不是政府体制。

以上分析给我们的启示是，“好的区域管治”实际上是紧密联系于区域地方的政治、经济与文化背景，并不存在唯一的模式。不同于在分权传统中谈论区域管治的西方国家，对于那些正从集权传统转向管治理念的亚洲国家，在都市密集地区的区域管治中，如何在地方政府、私营企业、社会甚至是非政府组织和国际机构的纷纷介入下，既保持各级政府（直至中央政府）的管治能力（尤其是在一些关系到国计民生的重大决策方面），又发挥各方力量的主动性，平衡各自利益，是需长期探索和实践的主要方向。

---

① 黄丽著：《国外大都市区治理模式》，东南大学出版社2003年版，第6～9页。

接着,"针对中国目前的行政区划体制和行政建制特征",张京祥等认为可以着重借鉴西方大都市区的"双层制"管理体制,来"进行稳妥而有效的改造",并提出了可能的改革步骤:

双层制管理政府模式是一种较为成功的大都市区政府模式,它并不是严格的等级隶属制,而是在两个层次之间进行明晰的分权。采取这种体制是因为人们认识到统一全区域所共有资源与职能的必要性,而同时又希望能在地方性事务方面保存地方的和私人的经营与管理。目前,西方国家的双层制大都市政府在职能划分上已经基本达成共识:大都市政府职能管理那些超出地方政府辖区的区域性公共事务,提供地方政府无法提供的跨区域服务,它与地方政府之间有明确的职能分工,因此它的存在并不会完全剥夺地方政府自治的权利;而地方政府的职能范围限于消防、治安、教育、城市卫生、道路交通、福利与文化娱乐等社区性事务。

在中国的都市密集地区可以建立由两级双层管理体制组合成的三层管理系统:第一层是进行大范围的区域性协调(多个大都市区联合的层面);第二层是提供地区范围的多种服务(大都市区层面,如整个地级区域);第三层是地方政府提供的所有其他服务(市/县、镇层面)。

随之,张京祥等具体设计了"市(地区)/县(市)双层制管理体制的架构与运行":

首先要改变传统市管县的等级化行政管理模式,中心城市将具体的城市管理职能交由区级政府负责,而重新恢复其作为一级区域性政府(大都市区政府)职能;其次是随着城市政府职能的改革将经济运行、管理职能淡化,进而逐步将宏观经济协调的职能转移到多个大都市区的联合组织或省级、国家级层次,以此共同组成一个空间一体化管理的大都市区双层政府体制。处于下层的县/市、区的政府负责所在城市的日常社会服务职能,如教育、住房、城市卫生、社会福利、城市建设,小城镇政府更加强调社区生活服务的色彩,而将交通、水利、土地、环境等条条性的规划管理职权移交给上层政府,但可以在本级政府内设置具体实施的机构。处于上层的大都市政府则负责全地区的区域性服务职能,如区域供水与排水、垃圾处理、公路交通等基础设施的协调建设、环境保护、农业发展、区域空间开发管理、战略规划编制及实施监督等,以条条性的管理职能为主。但是,如何顾及区域内各地的利益将是大都市政府面临的一大挑战。

上下两层政府的财税分别源自于它们职能划分的不同管理领域。这样,区域内的各个市镇摆脱了行政等级羁绊和行政区划约束,可以在更为平等的环境中按照实际需求协调发展;上层大都市政府则去除了为中心城市重点谋利的包袱,可以在更高层次上进行区域的统一协调以实现效率与公平,诸如市县同城的问题就未必需要通过调整行政区划来解决。两层政府分工有序、各司其职,提高了工作效率。这种大都市双层制管理模式不同于西方国家一般通过选举或联合产生的松散型双层制政府,它是一种紧密型的大都市管治模式,因为它直接来源于对现有"市管县"行政体制的改造,主要是一种自上而下的调节,既减少了成立中不必要的麻烦而同时又维系了上层政府的权威性，并且通过财政收入的分领域获得，保证了上层政府进行区域统一协调管理的实际力量。这亦说明，未来的中国大都市区政府有可能比西方国家来得更为有效。公平合理的分税制的实行，将是其中的一个关键。……

这个双层制组织的建立是为了协调多个大都市区之间的矛盾（相当于整个长江三角洲、珠江三角洲层面）。在中国由于现已存在省—地（市）—县（市）—镇四个等级政府，独立再构建一个跨地市的、具有完整行政地位的政府，其可能性较小；而形成自下而上联合管治组织的可能性更大。但即便如此，为了保证区域/市（地区）双层制管理体制的切实运行，也必须赋予其明确的组织形式与调控职能。

多个大都市区的联合管治组织不是一个综合职能的政府，而应着重建设成为一个针对若干区域重大问题的专门性协调解决机构和企业化的执行组织。相对于大都市区政府而言，它致力于解决更大区域内的协调发展问题（江海港口、高速公路、铁路、机场、大区域环境整治等）。而为了促成这一层次区域管治体系的有效运作，可以赋予它以区域环境整治、交通建设等资金的分配权、区域性空间协调发展的审批权或实施监督权、区域性贷款投资的倡议权等。这个组织的规模、紧密程度及整体调控职能的强度，可以随着区域发展的实际需求与可能而变化。①

2）中国都市区行政区划体制改革的可行之道

应该说，中国20世纪80年代推出的“市领导县”体制，在某种程度上就是一种都市地区不同层级地方政府协调合作的管治方式（甚至“整县改市”模式也是，只是城市规模较小罢了）；但这种模式总体而言在中国是失败的。这里的深层原因就在于中西方城市（地方政府）的权力配置方式的不同：一方面，中国各级政府权力发达，但除了政府权力之外，民间的、公司的、非政府组织等的权力非常薄弱甚至阙如，而西方则前者相对受到制约，后者相当发育；没有社会力量的参与，中国很难形成“管治”的格局。另一方面，暂时抛开社会力量不论，仅从都市地区内部各城市（地方）政府的权力配置来看，也很难形成如西方那样的管治局面。原因在于，中国的“市领导县”体制，其所形成的“大都市区”政府（在类比的意义上使用，即地级市政府）具有双重属性，它既是整个大都市区（地级市范围）的联合政府，又是其中某一个（驻地）城市（当然，往往是核心城市）的地方政府；加之中国城市行政等级清晰，但各级地方政府权力划分极不明确，上下级政府职权相互交叉、重叠，导致上级政府可以相对随意干预下级政府权限范围内的事情；而这种双重身份就使其不可避免地偏好于将资源过多地投向其所驻地城市。如果各非驻地的市、县完全归地级市政府管辖，倒也不会产生太多矛盾，因为根据中国体制理应如此；问题又恰恰在于这些市、县又具有相当大的独立的权力（从地区体制下继承而来），而县级市更在法律上只是由地级市“代管”而已。应该说，这是引起市领导县体制产生尖锐矛盾的实质（笔者将这种体制概括为都市区行政区划的“复式结构”）。相对而言，整县改市模式所形成的县级市，因是整县改市而来，其内部各城镇原先不具有独立的权力，而是由县政府统管，故改市后虽然也形成双重政府的问题（全市

① 张京祥、沈建法、黄钧尧等：《都市密集地区区域管治中行政区划的影响》，载《城市规划》，2002年第26卷第9期，第40～44页。

政府可以理解为各城镇的联合政府，同时又是驻地城市政府，可理解为设街道区域)，但矛盾不大。

市领导县体制的失败而整县改市的矛盾不太尖锐，启发我们，在权力配置方式没有发生重大变化的条件下，中国城市政区及其管理体制的改革，在相当长的时期内，还不可能完全照搬西方国家都市地区自下而上形成联合政府的体制，更不用说达到“善治”的目标。我们在现阶段当然需要认同“善治”的理念和目标，并审慎进行政治体制改革，以逐渐改变权力配置方面的弊端；但同时，为了达到加速城市化的发展诉求，又必须在现有权力配置格局之下，寻求最合适的政区形态和管理体制。因此，笔者认为，应区分发展时段和改革进程，来确定都市地区的政区体系。在当前的城市发展阶段和权力配置格局之下，对于明显形成或将要形成的都市地区，必须采取合并(实际是兼并)的方式，利用政府的力量来加速中心城市的发展(当然，其范围应该适当：以目前的市领导县的范围来论，该并进来的，坚决合并；该放手的，坚决让其独立发展)，即目前所采取的“撤县(市)设区”模式(笔者将这种体制概括为都市区行政区划的“双层结构”)。随着城市化的稳定以及权力配置格局的变化，再采取协商、合作的方式解决区域发展的问题，而较少或不再采用直接调整行政区划的方式解决面临的共同问题。实际上，西方国家之所以发展起比较发达的协商、合作机制，实在是有部分迫不得已的成分在内，因为西方国家(尤其是美国)城市权力(地方自治政府)较强大，合并或兼并的实施，阻力实在是很大的(成本太高)；但城市发展面临的共同问题又必须解决，故只能多在开展协作方面致力(效率难免降低)。相对而言，单纯就管理效率而言，一个统一的、对内部具有绝对权威的都市地区(城市)政府，更可以有效地解决都市发展所面临的问题。

关于这一点，学界、政界也有共识。如戴均良所论：

> 我国是单一制国家，不同级别、不同类别的行政建制享有不同的管理职权，有的问题只能通过行政手段解决，有的问题则是通过行政手段解决比通过经济手段来解决更有效益。这一点与地方自治制不一样。比如市县同城和县包围市的矛盾，在地方自治体制下通过协商机制就可以比较好地解决，但在单一制体制下通过行政区划手段来解决更容易一些，也更有利于城乡统筹发展。而且目前我国市场经济体制还不完善，通过协商机制解决市县矛盾的难度更大，因此通过调整行政区划来解决市县矛盾或大市与小市矛盾，既是一个不得已而为之的办法，也是一个较为可行的办法。①

4.3.2.3 实施：中国行政区划改革的时序、措施和形成的格局

应该明确，行政区划的改革也与政治体制的改革一样，绝不可能一蹴而就，也没有绝对理想的政区状态；并且，在国家权力配置趋于合理，中央与地方、政府与社会的权力得到合理划分及其有效保障的条件下，行政区划的调整就不再是一件必需的事情。面临复杂的国际、国内形势，考虑到目前中国所处的发展阶段，当前，各级政府的主导作用必须加强和发挥，并由各级政府来有序推进各项改革；但与此同时，政府必须要明确我们的发展方向，明

① 戴均良：《关于近年来大中城市市区行政区划调整变更的研究》，载《行政区划与地名》，2003年第2期。

确政治文明建设的目标。

在认同前论的前提、目标(即使是部分目标)的基础上,对行政区划改革而言,下一步的重要问题,就在于把握和区分改革和发展进程,抓住时机,在每一个大的政治体制改革展开、或城市化发展的质变阶段,有序推进政区改革。这里时序把握的关键,仍然在于国家权力的配置方式的变革。随着国家权力配置从中央到地方、从国家到社会的分权的展开,相应地,行政区划体系必然发生变革;二者实际上互为条件和依托,相辅相成,缺一不可。

(1)时序

从中国当代政区发展(1949 年以来)的完整过程来看,如果前述目标可以实现的话,中国的国家公共权力的配置大体上可以认为经历了或将经历着这样的四个阶段;相应地,行政区划体系也存在并将要呈现这样的四个状态:

1)第一阶段(1949—1979 年):

●权力配置特征:中央高度集权,地方基本无权,民间毫无权力;

●行政区划特征:"城乡分治",国家严格区分城市、乡村,分别严密控制;二者具有不同地位和待遇;

●政区调整特征:混乱,多变,随意,缺乏规则;

●行政区划体系(以 1954 年宪法规定为例,其后时期虽然名称上多有更动,但基本格局未变):省、自治区、直辖市一(地区)、自治州、地级市(少数)一县、自治县、市、(区)一乡、民族乡、镇;

●亮点:民族自治区这一政区类型出现,并得到宪法保障(虽然实质上混同于一般类型政区,但承认民族自治权力的存在,毕竟是一个进步)。

2)第二阶段(1979 年至今):

●权力配置特征:中央与地方分权,地方(主要是省级政区,并逐渐下放至中层政区的市、县政府)集权,民间权力开始具有生长空间(城乡的"居民自治"出现);

●行政区划特征:"城乡合治",强地方政府——各级城市为核心:国家出于发展经济、促进城市化发展、减少管理成本等考虑,推行市领导县和整县改市模式,开始探索都市化地区的合理的政区体系和管理方式;推进城乡一体化发展,二者不再具有严格的地位和待遇差别;

●政区调整特征:虽然频繁,多变,但开始有序进行,有法可依,可以预期;

●行政区划体系(以 1982 年宪法规定为例,虽然名称上仍有混乱之处,但已经相对固定,并向规范化方向发展):省、自治区、直辖市、特别行政区一(地区)、自治州、地级市(多数)一县、自治县、市、区一乡、民族乡、镇;

●亮点:高层:特别行政区这一政区类型出现,并得到宪法保障(且获得了实质意义上的高度自治权力,使得中国国家结构具有了一定的"联邦制"的成分,无疑对中国政区的演变,具有非常重要的意义);基层:村民自治、居民自治等人群自治具有最初含义的"社区自治"意义,成为以后提升自治层次的突破口;

●今后改革重点:都市地区,中层政区(地、县级政区),高层适当分省设直辖市;

●目标取向:都市善治;形成:省、自治区、直辖市、特别行政区一市、县、自治县一乡、镇、镇级市的三级体制(如东部沿海发达省份)与原先的四级体制并存的状态(如中西部省份,尤其是民族地区)。

3)第三阶段(今后某一时期):

●权力配置特征:中央与地方分权,地方与聚落(居民)分权,民间权力增强且有表达载体(非政府组织、社区组织、公司组织等,“人群自治”发展为“社区自治”);

●行政区划特征:“城、乡分置”(而非“城乡分治”),即基层政区的“聚落自治”或“城乡自治”。在前一阶段村民、居民自治等人群自治的基础上,提升至县以下的乡镇政区层面,将乡镇改为具有自治体性质的政区状态(可保留国家监督的县级派出机构,形成二元权力配置);政府权力受到限制。中层政区相对稳定;

●政区调整特征:高、中层相对稳定,不再轻易变动;基层政区(社区)确定设置规则,虽然频繁,多变,但依法有序进行,可以预期;

●行政区划体系:时机成熟时适当修宪,将若干混乱的通名等加以划一(但不是必须),将乡镇层面的聚落自治加以明确(必须进行)。形成全面的省、自治区、直辖市、特别行政区一市、县、自治县一市(县辖)、区(市辖)、镇、乡三级体系;市县分等;取消自治州建制;

●亮点:聚落自治从社区层面上升为政区层面,国家与民间权力的划分和配置进入宪政轨道,将使中国政治文明建设、城市发展等等真正进入现代化状态;

●改革重点:基层政区(社区自治推至县、市之下的乡镇一级);

●达到目标:聚落自治;政区体系与社区体系有机统一,政区形成二级制:省一市(县);社区形成大中小聚落体系,只是规模不同,地位一致:市(县辖市)、区(市辖区)、镇、乡。形成完全的(实际上的)行政区划三级体制。

4)第四阶段(更为久远的将来):

●权力配置特征:中央与地方、国家与民间权力划分和配置形成稳定的宪政保障;

●行政区划特征:各级政区“地方自治”;

●政区调整特征:高、中层政区均相对稳定,不再轻易变动;基层变动有明确规则。变动依法有序进行,可以预期;

●行政区划体系:时机成熟时适当修宪,将若干混乱的通名等加以划一(但不是必须),将各级政区的权力配置关系加以明确(必须进行)。形成省、自治区、直辖市、特别行政区一市、县、自治县一区(市辖区)、市(县辖)、镇、乡三级体系;市县名义上不再分等;

●亮点:高层政区形成稳定的具有某些“联邦制”性质的分权模式;在此基础上,聚落自治从基层政区层面上升至中层政区层面,形成地方自治的格局;

●改革重点:高层政区、中层政区(中央与地方关系改革,形式上则基本不动);

●达到目标:分权体制;地方自治形成;政区稳定;形成完全的(实际上的)行政区划三级体制。

(2)措施

有关措施要点前面已经有所论列。就具体措施而言,则应区分不同时段,采取不同的策略:

1)第一阶段:“都市治理”

——适当分省(设直辖都市区)、扩县(设省辖都市区)、并镇(设县辖市),取消中层政区(个别省区保留),形成省、县、乡三级制(回归宪法规定,形式上);

——都市区治理取消复合制(指取消市领导县体制;如有必要,则要么设地区,要么设自治州),建立等级制(设区的市,即地级市;不设区的市,即县级市;不设街道的市,即县辖市）；形成多种市和多种市内部政区体制，如大都市区采取撤县（市）设区模式，形成合理范围；内部重划市辖区，形成双层治理模式。

2）第二阶段："聚落自治"

——从村、居自治上升至乡镇自治（近期）、县辖市自治（远期）；形成县级政区之下的不同规模的聚落自治体（市、镇、乡），基层政区社区化、民治化（上级政区有派出机关监督，即二元权力配置）；

——县级政区及其以上的"市"尝试名称改革，作为不同类型的中、高层政区，避免与基层的聚落型政区的"市"混淆。

3）第三阶段："分权体制"

——先以某些联邦制思路处理特别地区问题（香港、澳门特别行政区，台湾），再摸索以类似联邦制思路处理民族地区问题，最后，各类型政区大致同等待遇，消泯政区的特殊性，达致完全、真正的统一（实质上，或法律意义上，或公民同等的国民待遇上的真正的"统一"）；

——聚落自治上升为各级政区的"地方自治"。

（3）格局和步骤

在确立这样的价值判断和改革目标的前提下，对于中国未来行政区划的改革，个人认为，应从上层和基层、宏观和微观、长远和近期诸方面同时推进。

1）宏观层面与整体步骤

在宏观层面，积极推进国家整体行政区划改革，在时机成熟时修改宪法、法律，确立符合国情和适应市场经济要求的、有利于建设民主政治和市民社会的政区体系和政府管理体制。

第一步：理顺现行行政区划体系。目前对如何改革中国的行政区划体制已有多种方案和广泛呼声，但因涉及宪法和一些基本法律的修改，短期内难于实现。应结合实际，着眼长远，对各方案预先研究、比较，并积极推进这一改革进程。基本原则是，现行宪法、法律所规定的政区体系能不变的就不改变，以减少震动；同时，探讨政区名称加以理顺、规范的可能性。为此，笔者倾向于如下的行政区划体系：

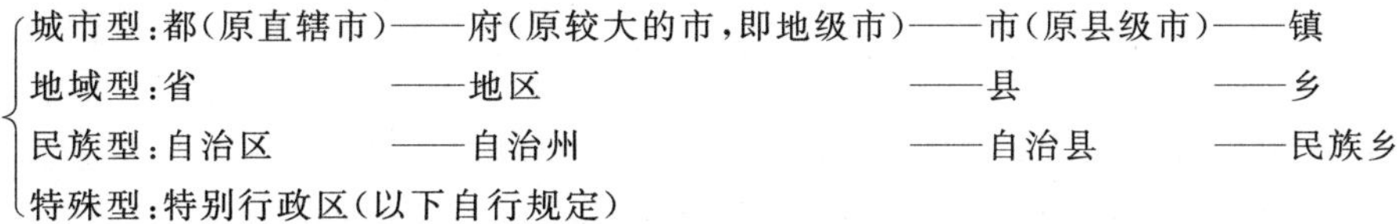

图 4-3 笔者拟构的改革初期的中国行政区划体系示意图

其中，都、府所在地可分"区"（市、县级），区、市所在地可分街道（镇、乡级），均作为都、府和市、区直辖的城市化地区的城市内部分区，独立性相对其他正式建制稍弱（区，近期强化，远期弱化。镇近期强化，远期分化，即部分改设为县辖市）。

第二步：建立国家统治的"政区体系"与公民自治的"社区体系"相结合的管治模式。即县以上各级政区体系保持不变（仍为国家地方政府系列），县级政区以下按照实际聚落（以人口聚居规模划分为城、镇、乡；城即"县辖市"或"镇级市"，为避免与县级市相混，可直接称为"城"，这也是回归"市制"产生之初即清末的"城镇乡制"时所使用的名称），实行各级聚落的社区自治。即：

{政区体系:(县级以上体系同上图)
社区体系:城、镇、乡、村(只是人口规模不同,地位平等,各自独立,互不统属,隶于县级政区)

图 4-4　笔者拟构的改革中期的中国行政区划体系示意图

第三步:建立各级政区体系的地方自治。可在增加第一级的"都、省、区、特"的数量的基础上(也即缩省),取消第二级建制,即形成省级和县级的双层地方自治体系。当然,具体的权力、职责划分等须以宪法和基本法律明确和保障之。即:

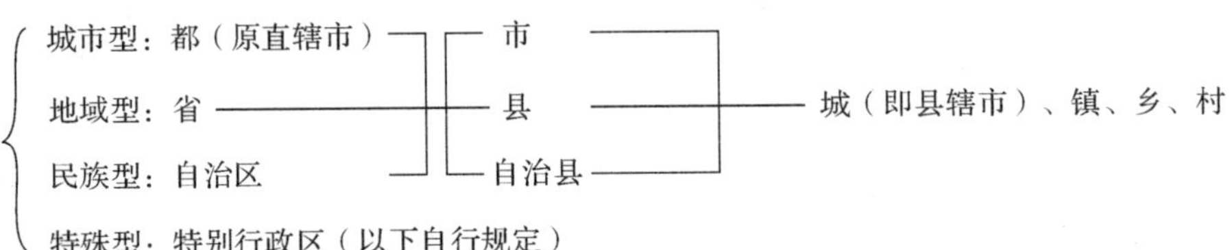

图 4-5　笔者拟构的改革后期的中国行政区划体系示意图

2)微观角度与近期重点

就近期而言,应从微观层面入手,在不与现行法规冲突的情况下,关注小城镇行政区划体制的创新和城市、乡村基层(准)政区即城市社区、乡村社区的建设及居民、村民自治的推进。

小城镇的可持续发展是一个大的战略性问题,涉及政治制度、行政管理、经济政策、法制建设等多项内容。将各方面皆优秀的小城镇划出设立为县级市,或突破现有法律束缚而在县下设市,应当说在目前情况下都是比较好的设想,这是引导和促进小城镇健康、有序和可持续发展的重要途径。具体而言,为了减少行政区划剧烈变更所带来的震荡,可以采取先改其实、后改其名的方式,大胆赋予若干乡、镇高一级的管理权限,使之具有实际上的政区改设的含义;待实际情况许可或原有法规突破、修正之后,再进行正式改设。

当下中国基层民主和群众自治最有特色的是以村民自治为代表的所谓"草根民主"。自 20 世纪 80 年代初始,在改革开放的大背景下,随着家庭联产承包责任制的推广和人民公社体制的解体,农村以民主选举、民主决策、民主管理、民主监督和村务公开为内容的村民自治悄然兴起;其对中国农村乃至整个国家的政治发展和经济社会的全面进步所具有的深刻意义,并不逊于以家庭联产承包制为主要内容的农村经济体制改革。城市在单位制逐渐解体的情况下,也开始进行社区建设,自上而下推动城市居民的群众自治。尽管这些基层的群众自治性组织并非正式行政单位,但其发展和完善却对中国政区及管理体制的改革具有重大意义,可以使目前的"全能政府"转变为"有限政府",进而使行政区划回归其背景的、空间分区的本意,而不必再成为政府推进城市化、或达到治理目的的手段。因此,应大力推进城市、乡村基层(准)政区即城市社区、乡村社区的建设,使居民、村民自治真正落实。

本章小结

据有关权威数据,"建国 60 年,我国城市化水平大幅提高,城市个数由建国前的 132 个增加到2008年的655个，城市化水平由1949年的7.3%提高到2008年的45.68%”[①]。换言之，中国的城市化水平（或称城市化率，即城镇人口占全国总人口的比重），在2008年底，已经达到近46%，全国城镇人口（居住在城镇地区半年及以上的人口）达6.07亿人，较之1978年改革开放之初的1.7亿城市人口、城市化率不到18%（1978年城镇人口为17245万人，城市化率17.92%[②]，由于统计口径不同，各界对此有不同看法，约在13.7%～19.4%之间[③]），整整提高了约28个百分点。

但是，透过这些表面的巨大成就，对中国的城乡统筹发展而言，若干深层次的矛盾和问题依旧存在，且相当严峻。在党的17大的报告中，对此也有论述：“突出的是：经济增长的资源环境代价过大；城乡、区域、经济社会发展仍然不平衡；农业稳定发展和农民持续增收难度加大……”[④]，等等。

事实上，中国从20世纪70年代末启动改革开放以来，在发展战略上，有一个从此前单纯的“工业化”（实际为“重工业化”）转为重视“城市化”（实际为实体的、侧重大中城市的“城市化”），再至目前的兼顾“新农村建设”，以及“城乡统筹发展”的转变过程。但是，正如此前时期对何谓“工业化”，在理解上产生巨大偏差一样（表现为如工业布局分散，忽视城市建设等），对何谓“城市化”，也取了极为片面的认识和理解，正如有学者论述的：“在现实中，‘城市化’被演绎成一场自上而下的、规模空前的经济运动。在这场运动中，许多事物获得了意义：农民进城打工成了‘非农化’的主要内容，城市改造及城市规模的扩大成为各级政府最重要的政绩，城市的经济产出被视为国家发展的主要指标……”[⑤]，但惟独缺失了“城市化”的制度建设的视角。

以致到了20世纪末叶，所谓“三农”问题凸显——“农民真苦，农村真穷，农业真危险”，引起执政党和社会各界的重视，随即有了开始于几年前的“新农村建设”的举措；而后，并进一步发展为“城乡统筹发展”的战略。但是，对于如何进行“新农村建设”，如何统筹城乡发展，我们目前仍然有许多方面的模糊认识。

之所以会有这些认识上的巨大偏差及其所导致的曲折的发展过程，究其实，根源则很大程度上仍然在于我们对“城市”真正意涵的把握的不足，缺失了对城市化的制度层面的理解和重视；这样，导致我们不仅对乡村，即使是在最为重视的城市的发展中，亦均存在许多突出的问题。这其中，又特别在政府的管理体制上，还存在诸多制约城乡统筹发展的障碍。而障碍之一，即是中国当代的行政区划体制——该体制明显存在着对乡村发展、小城镇发展乃至弱势地区发展不利的因素，甚至成为阻碍乡村、小城镇乃至诸多弱势地区健康发展的桎梏。

从1979年至今，在短短30余年的时间内，中国的行政区划改革涉及层面之多、变动数

---

① 《统计局：建国60年我国城市化水平提高5倍多》，见“新华网”：http://news.xinhuanet.com/fortune/2009-09/18/content_12075777.htm。

② 《统计局：建国60年我国城市化水平提高5倍多》，见“新华网”：http://news.xinhuanet.com/fortune/2009-09/18/content_12075777.htm。

③ 如顾朝林（顾朝林等著：《经济全球化与中国城市发展》，商务印书馆1999年版，第157～158页）、许学强（许学强等编著：《城市地理学》，高等教育出版社1997年版，第76页）等论述。

④ 胡锦涛：《在中国共产党第十七次全国代表大会上的报告》，“见新华网”：http://news.xinhuanet.com/newscenter/2007-10/24/content_6938568.htm。

⑤ 陈映芳：《“城市化”质疑》，载《读书》，2004年第2期，第34～40页。

量之大,都是历史上不多见的。若干重大的制度性的改革举措,包括:在地级政区层面,撤销地区建制,实行"市(地级市)领导县(县级市)"体制,使得原本的行政区划的主体上的三级制演变为四级制;在县级政区层面,从"切块设市"变为"整县改市",导致市的空间形态发生变化,中心市区与周边乡村并存;对于若干大都市地区的中心城市,则"撤县(市)设区",将所在或周边的县(市)并入中心城市直辖,导致市辖区数量增多,市区范围大幅扩张;在县级以下基层政区层面,则进行乡、镇、街道的调整,撤并乡、镇,增设街道,扩大镇域范围,乡数量则显著减少。

这些改革的初衷,都是为了推进和加速各地的所谓"城市化"进程;但从导致的结果来看,则产生若干严重问题:即城市化战略,被理解为"城市优先"战略,乡村地区受到忽视;城市化过程本身,也往往变成"大城市化",广大的小城市、乡镇、村庄等聚落难以发展,甚至衰败;而在一个个大大小小、层层镶嵌、重重套叠的行政辖区内(上至首都、省会,中经地级市、县级市,下至镇),也都出现中心聚落、中心城区迅速发展,而周边其他聚落受到抑制的现象。

实际上,在现有的政治、经济的制度安排下,现行的行政区划体制可以概括为是一种中国特有的、以城市为核心的"嵌套体制":即上级政府或城市政区的政府既直接管理中心城市聚落,又具有对周边其他聚落或政区的管辖权,导致城市地区(中心城市聚落)发展迅速而周边政区(包括其辖下的各个聚落)发展受到抑制。以"县级市"(现在也已经包括部分"县")为例,即某一城市政府既管辖中心城市聚落(设"街道"区域),也管辖周边其他聚落(设"镇"、"乡"建制的区域);换言之,即同为聚落,但不同的城、乡聚落的政治地位不一样,前者对后者有管辖权。其他如"市管县"、"撤县(市)设区"等类似。

可以说,在很大程度上,正是这种中国特有的行政区划的"嵌套体制",配合着其他各项制度安排,造就了中国改革开放30年来的城市化的巨大发展,也同时导致了城乡失衡、环境恶化、乡村衰败等等严重问题。如果说,中华人民共和国成立后的前30年"工业化"的巨大成就,是由计划经济体制下的工农产品的剪刀差支撑的;那么,我们也可以取个近似的说法,即中国改革开放以来"城市化"的巨大成就,尤其在20世纪90年代以后,也在很大程度上,是由所谓市场经济体制下的城乡土地价格的巨大的剪刀差所供养的。这一巨额的城乡土地价格之差(即城市政府征收农村集体所有的土地后按照市场价出让的土地价格与支付给农村集体和农民个人的土地补偿价格之差),通过这种行政区划的"嵌套体制",不知不觉、无声无息地悄然流入城市。

因此,中国当代行政区划改革的关键所在,即在于打破这种"嵌套体制":在各级政区层面,均应合理界定其各自的管辖空间与职责权限,减少层次,聚落自治,变行政区划的复杂繁冗、权责不清、空间虚泛的"复式结构"为层级简单、权责清晰与空间明确的"双层结构";从制度层面维护弱势政区、周边地区的利益。

2000多年前,汉代的贾谊,曾写下著名的《治安策》。开宗明义,他有这样的深深的忧虑:

> 臣窃惟事势,可为痛哭者一,可为流涕者二,可为长太息者六,若其它背理而伤道者,难遍以疏举。进言者皆曰天下已安已治矣,臣独以为未也。曰安且治者,非愚则谀,皆非事实知治乱之体者也。夫抱火厝之积薪之下而寝其上,火未及燃,因谓之

安，方今之势，何以异此！本末舛逆，首尾衡决，国制抢攘，非甚有纪，胡可谓治！

而当代中国，在经济高速发展的今天，也面临着各种问题和危机；其最著者，可能恰恰是城乡之间、区域之间发展的差距愈拉愈大，"三农"问题愈演愈烈。因此。若不改变此种危及城乡统筹发展的行政区划的"嵌套体制"，则不但城市化难于顺利推进和真正实现，"三农"问题亦难以根本解决，则恐治乱易势，国本将危。其慎之哉！

05 政区的文化意蕴与“合法性”意义

——行政区划体制与遗产“原真性”的保护和区域历史文化特色的形成

在夏朝国家建立后，由它控制的地域已逐渐成为标志国家主体的不可分割的内容。这在中国历史上造成了一个重要的政治传统，即建立一个真正的、被承认的国家，就必须占据特定的地域，并有相应的中央权力。

——谢维扬①

……在传统地理学中，对山水的宏观格局有系统认识，但那些宏观格局是作为华夏大地的不易骨骼看待，其最高意义是为人文大局规定永恒分野，《禹贡》“九州”便是一例，僧一行的天下河山“两戒”也是一例，它们叙述的是河山布列，表达出来的却是人文大局。“国破山河在”，山河的永固，意味着民族之肌体颠扑不破，“使兖州可移而济河之兖不能移，使梁州可迁而华阳黑水之梁不能迁”，历朝人士对中华大地的认知，“一以禹贡九州为准的”。

——唐晓峰②

行政区划体制及其格局在1949年中华人民共和国成立以来，多有变动。但作为可以公开讨论的问题，则还是从1979年开始实行改革开放政策后才逐渐展开。尤其20世纪90年代至今，随着中国经济、政治、社会体制改革的进程和城市化政策的推动，行政区划的改革也成为政府、学界和民间共同关注的一个热点问题。各种实际的举措既不断实施，而多种改革的方案更层出不穷。但从现有的研究状况来看，仍有相当的不足和欠缺。虽然对行政区划改革的研究，已经从初期单纯的历史沿革考证及其历史经验借鉴发展到日益关注当代现实、不回避敏感问题，也从主要为政府主管部门所出台的改革措施进行宣传、解说到进行反思、批评和提出新的政策主张；但我们不得不承认，其研究的视角仍多集中于行政学、经济学的范畴（即使在这些领域也多有局限），即改革的目标和评价的标准仍着重于行政管理的改革与促进经济发展的目标。换言之，仅把行政区划单纯作为既定体制架构下的从上而下的国家治理的工具——一种为了达到一定的政治目标或经济目

① 谢维扬著：《中国早期国家》（浙江人民出版社1995年版），转引自唐晓峰著：《人文地理随笔》，生活·读书·新知三联书店2005年版，第254页。

② 唐晓峰著：《人文地理随笔》，生活·读书·新知三联书店2005年版，第227页。

标而可以随意使用的工具。但细细思之，问题并非如此简单。至少，当前，党和政府所提出的“以人为本”、建设“和谐社会”的目标①和“科学发展观”②理论，就给我们指出了若干新的、之前我们在行政区划的调整中所忽视的几个目标维度——社会和谐、生态和谐等。而在当代世界各国（也包括当今中国）日益引起重视的遗产保护思潮，亦给我们另一种新的视角，也是我们在以前的行政区划调整中所忽视的一个目标维度或政区的重要作用——政区所具有的承载地方文化、形成地方遗产与保护和传承这些遗产，并善加利用以推动地方可持续发展的作用。同样，以政治学、社会学领域中的“合法性”理论来分析，亦可以发现政区背后所蕴含的更深层的权力秩序的意义；而这一层面的意义，可能对我们正确认识行政区划的改革，也有相当的重要性。

造成这种状况的原因，笔者认为至少有四：

一则在于对行政区划本身性质认识的片面性，即一般认为属于上层建筑范畴，是政府治理的一种工具。这当然有其正确性，但问题在于并非全部，它还有复杂的经济性、社会性和文化性在其中。而且，长期过于强调了所谓“行政区划是私有制、阶级和国家的产物，是统治阶级实现其统治的行政手段之一，明显地带有阶级烙印”③，而忽视了其所具有的公共管理的性质。2000 年，笔者就曾指出此点，并认为，实际上，行政区划“对形成一个地区共同的文化心理、文化景观以及政区的整合和维持具有重要意义，也是一笔无形资产，并不可等闲视之”④。但遗憾的是，这些为我们、尤其是政策制定者所长期忽视。

二则在于中国当代行政区划的调整和改革的初始动因源于促进经济发展和推进城市化（指外延性的城市化），进而就以此作为改革的唯一目标，以致形成路径依赖，相应忽视了行政区划的其他方面的作用。

三则在于中国行政区划的历史传统以及当代政治体制的特点，即推崇“大一统”的体制及其自上而下的统驭和命令机制，地方乃至基层社区则处于被动状态，且逐层控制，自主权则相应递减，至社区基本杳无声息，以致惯性使然，在行政区划的改革中较少关注基层社区的权益和应有的权利（权力）。

四则在于长期未认识到行政区划所具有的超越短期经济利益的社会和文化效应。政区实际上是地方的社会结构、文化特征，也即其内部的各种历史文化遗产形成和维系的重要依托，尤其是无形的、非物质性的遗产；因此，对其的维护，就与保存这些遗产，也进而就与保持地方稳定、推动社区发展等息息相关。这当然还与我们长期对历史文化等遗产的认识的偏差有关，即过于激进的“历史观”和过于实用的“发展观”在相当长的时期内居于统治地位，在或强调“阶级斗争”、或致力“经济优先”的国家意识形态主导下，对遗产采取了“全面否定”（如“文革”十年）或“选择利用”（1979 年改革开放之后，主要是获取经济收益）的态度，未能将其在地方稳定、社区发展、生态环境保护，也即“社会和谐”、“生态和谐”等方面的

① 《中共中央关于构建社会主义和谐社会若干重大问题的决定（2006 年 10 月 11 日中国共产党第十六届中央委员会第六次全体会议通过）》，见“新华网”：http://news.xinhuanet.com/politics/2006-10/18/content_5218639.htm。

② 胡锦涛：《高举中国特色社会主义伟大旗帜 为夺取全面建设小康社会新胜利而奋斗——在中国共产党第十七次全国代表大会上的报告》，见“新华网”：http://news.xinhuanet.com/newscenter/2007-10/24/content_6938568.htm。

③ 侯景新、蒲善新、肖金成编著：《行政区划与区域管理》，中国人民大学出版社 2006 年版，第 14 页。按：此种观点长期存在于对行政区划特点的论述中，如前引浦善新（1995）、刘君德（1996）等。

④ 范今朝：《建立一门具有中国特色的人文地理学分支学科的成功尝试——评〈中国政区地理〉》，载《地理学报》，2000 年第 55 卷第 2 期，第 251～252 页。

作用一体考虑。

诸多因素相叠，导致相当长的时期以来行政区划改革的种种不尽如人意之处。换言之，我们对行政区划的研究，还是多从行政学、经济学等角度着眼，而较少从社会学、文化学等角度入手，这是非常令人遗憾的。目前，学术界已经有学者从"合法性"以及文化意义方面来分析中国的一些文化地理现象，也有从行政区划调整（尤其是政区更名等）对地方文化遗产影响（主要是对与之有关的旅游活动的影响）的角度来审视改革的利弊；但均不很系统，如尚未对具体政区（如"县"）进行个案分析和详尽展开，没有全面分析各种调整方式对遗产保护所造成的负面影响，亦未能揭示这种文化意蕴等对今天改革的意义。

因此，回转过来，从文化学的、社会学的视角来审视中国行政区划的发展和改革，也别有意义，或许，更加重要。不过，就本章而言，不拟全面展开从上述视角的研究，仅是提出有关研究的思路；并以遗产与政区的关系为切入点，从其最基本的遗产保护的"原真性"原则出发，来分析遗产与区域、尤其是与低层政区和基层社区的密切关系，剖析中国当代行政区划的调整和改革对遗产保护的影响和冲击，进而揭示区域的权力核心、权力结构等的存废（表现上即行政区划的调整）对区域特色形成和维系的重要作用；并从政治"合法性"的角度来分析和揭示如"县"这样的政区的深层意蕴。明乎此，就容易确定中国大陆当代行政区划改革的前提和出发点；也可藉对县级政区进行个案研究，使我们可以进一步推广，而对各级、各类政区，都会发现和体认到有类似的深层意义存在，并值得我们重视。

5.1 遗产概念、遗产保护体系及遗产保护的"原真性"原则

遗产保护，现已成为世界各国和联合国日益重视的文化热点。所谓遗产，指的是自然演进与人类文明发展过程中历史积淀的精华；在当代，则有其特定的内涵，即以联合国教科文组织在有关文献中所确定的含义为准。① 而"原真性"则是文化遗产保护中特别重要的概念：它直接决定着文化遗产所表征的"文化身份"，因而既是文化遗产认证和评价的本质因素，又是文化遗产保护和管理的基本准则。②

5.1.1 遗产概念的含义与发展

对于遗产概念，目前多见直接使用而未见细致分析。如上所述，徐嵩龄先生曾经概括，即"遗产，指的是自然演进与人类文明发展过程中历史积淀的精华"；在当代，又有其特定的内涵，即联合国教科文组织等在有关文献中所确定的含义。这一概括是较为全面而准确的，惜未进一步阐说。笔者以为，虽然二者在本质上是相通的，但从可实践性来看还是有差别的，前者是其本义，范围更广，后者则更多着眼于操作和实施层面，构成相对明确的保护管理体系；且也有一个认识上由浅入深、进而这一保护体系也随之而逐渐扩展的过程。

5.1.1.1 遗产概念的本来含义及其构成分析

对于"遗产"这一词汇的原初含义，中西方认识上没有什么差别。如商务印书馆 2001 年修订 3 版的《新华词典》中解释为："①法律上指公民死亡时遗留的个人合法财产。包括公

① 徐嵩龄著:《第三国策:论中国文化与自然遗产保护》,科学出版社 2005 年版,第 3 页。

② 徐嵩龄著:《第三国策:论中国文化与自然遗产保护》,科学出版社 2005 年版,第 103 页。

民的收入，公民的房屋、储蓄和生活用品，公民的林木、牲畜和家禽，公民的文物、图书资料，法律允许公民所有的生产资料，公民的著作权、专利权中的财产权利，公民的其他合法财产。②借指历史上遗留下来的精神财富或物质财富。”[①]

西方语境中也与此类似。以英语而言，表达遗产概念的几个词汇，如 Inheritance、Legacy 和 Heritage，就包含了上述两种含义。目前专用于遗产保护领域的词汇 Heritage，在较新的《牛津高级英语词典》（第七版）（Oxford Advanced Learner's Dictionary, Seventh edition）中，就已经专指“一个国家、地区或社会长期拥有的、且被认为是其自身特征的重要组成部分的历史、传统和特质”（The history, traditions and qualities that a country or society has had for many years and that are considered as an important part of its character）了。[②]

从这些定义可以看出，遗产与历史遗留至今的物质性或精神性的东西有关，但并非所有历史遗存都可被视为遗产，而是其中的某些部分，且这些部分被今天的人们认为有价值、可以被利用（或经济、或文化、或政治作用），并值得被传承下去，即中文所表达的“精神财富”或“物质财富”，西文所表达的“被认为是其自身特征的重要组成部分”（considered as an important part of its character）。也即如同英国和北美几位学者所论及的：“遗产就是从当代的视角所看待的过去或未来”（Heritage is a view from the present, either backward to a past or forward to a future），是“我们现在所使用‘过去’的方式”（If these concerns, however, focus upon the ways in which we use the past now, …then we are engaged with heritage）。[③]

从这样的理解出发，可以认为，遗产是所谓“过去”、“历史”的一部分，这一部分虽范围不断扩大，但不可能容纳所有“历史”。换言之，遗产总是有选择的、或被选择的，总有相当大部分的“历史”、“过去”的东西（自然的、文化的，物质性的、非物质性的）会被遗忘；能够成为遗产的，毕竟是少数，是今人从今天的角度所认为的有价值的那部分“历史”。但自然界的遗存与人类的文化创造，都包含了过去世代累积的信息和发展的可能性；很多看似不起眼的东西，我们今天不知道它有什么重要性，以后可能非常重要，可能会影响到人类未来的发展。所以，今天的人们，尤其需要相对宽容和较为开阔的胸怀，将此范围尽可能扩大，将更多的“历史”、“过去”的东西作为“遗产”来看待、而保护。

从当前人们的认识深度来看，则可以按照联合国教科文组织的有关分类，将遗产划分为自然遗产、（物质性）文化遗产和非物质文化遗产三类（当然，这里是仅就属性而言的，不涉及其在有关公约中所确定的严格定义和价值高低）。但三者不是截然分开的，而是互有交叉；且今天人们愈来愈认识到三者的不可分割性，即构成如美国文化地理学家索尔所提出的“文化景观”[④]式遗产的重要性。这个角度的遗产概念及其构成要素可如图 5-1 所示。

---

① 商务印书馆辞书研究中心：《新华词典（2001 年修订版）》，商务印书馆 2001 年版，第 1161 页.

② *Oxford Advanced Learner's Dictionary* (*Seventh edition*). Oxford: Oxford University Press, 2005:699～700.

③ Brian Graham, G. J. Ashworth, J. E. Tunbridge. *A Geography of Heritage: Power, Culture and Economy*. London: Arnold, 2000:2.

④ ［美］普雷斯顿·詹姆斯、杰弗雷·马丁著，李旭旦译：《地理学思想史》，商务印书馆 1989 年版，第 375～376 页。

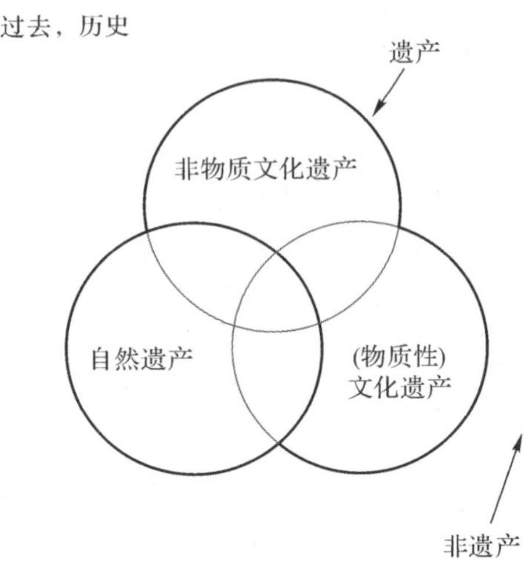

图 5-1 遗产的横向构成示意图

5.1.1.2 作为遗产保护实践对象的遗产的含义和构成

显然，在前述定义范畴，何者可以作为遗产而需要保护、何者不被认为是遗产而任其自生自灭甚至有意损毁，在不同国家、地区，不同时期、场合，甚至不同社区、人群，都是一个具有争议、也很难达成共识的问题，即西方学者所称的“竞争性”、“竞择性”(contestation)，并往往出现如“一个占据强势地位的精英团体可通过遗产而将其价值观等强加于为其所控制的附属群体之上”(… as one dominant elite imposing its values on a subordinate group through heritage)①的现象。这里就涉及对遗产概念及其构成的另一个维度的理解，即纵向来说，遗产又是分层次的。关于这一点，西方学者在研究欧洲遗产时已有论及，如图 5-2 所示的欧洲的情形。②

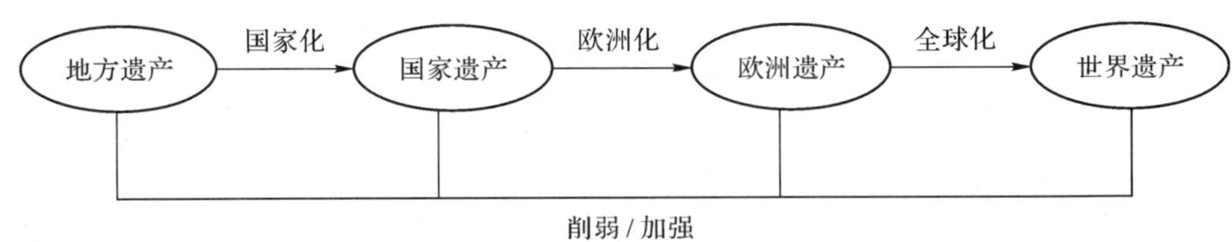

图 5-2 从欧洲视角所见不同空间尺度的遗产的相互作用示意图

(据 Brian Graham 等. A Geography of Heritage: Power, Culture and Eoonomy. London: Amold, 2000:182 图译绘)

从目前世界范围乃至各国遗产保护的实践来看，这些不同空间影响尺度(指被承认、认可和产生影响的范围，不是其实际分布的空间范围)的遗产在其受到保护的机制、强度方面

① Brian Graham, G. J. Ashworth, J. E. Tunbridge. *A Geography of Heritage*: *Power*, *Culture and Economy*. London: Arnold 2000:24。

② Brian Graham, G. J. Ashworth, J. E. Tunbridge. *A Geography of Heritage*: *Power*, *Culture and Economy*. London:Arnold 2000:182.

是有着显著差别的，即愈被国家承认乃至成为世界遗产，也就愈具有影响力并能得到国家一级至国际组织的关注和保护。换言之，从地方遗产到世界遗产，数量从多至少，影响从小到大，保护力度由弱到强，而保护机制也由不甚正式到有正式的、官方的体制保障。

从这一观点出发，我们可以将上述层次简化，以保护机制的正式与否，结合其空间影响范围，将遗产纵向划分为世界遗产、国家遗产与社区（群体、个人）遗产三个层次。“世界遗产”即目前已经被纳入各种世界性的遗产保护名录之中的遗产；“国家遗产”指已经被纳入各种全国性、地方性的遗产保护名录之中的遗产，有国家正式的体制支撑与措施保障；而“社区遗产”则指与社区直接相关、并为其所认可的遗产。需要说明的是，这里的“国家遗产”不仅指所谓国家级的遗产，还包括被国家纳入正式保护体系的各级地方遗产；而“社区（群体、个人）遗产”是指由相关主体所认可的，与其生活、历史、环境等直接有关，并由其保护、传承的遗产，除了上述被国家认可而纳入正式的保护体系之外，绝大多数都没有正式的保护制度；也因之，为避免混淆，笔者这里没有使用“地方遗产”而称之以“社区遗产”。如图5-3所示。

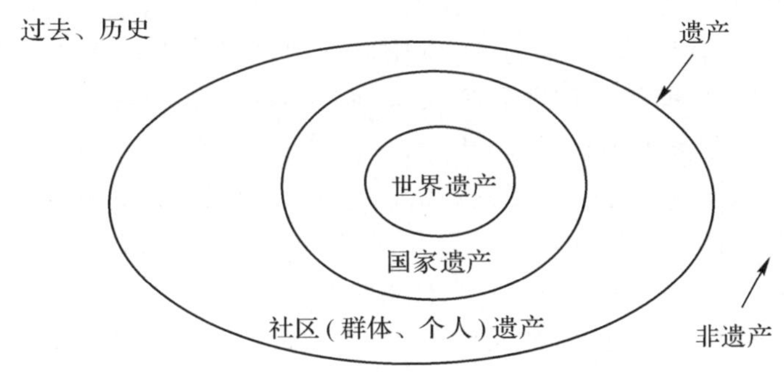

图 5-3　遗产的纵向构成示意图

这三个层次的遗产也不是截然分开的，但与前述横向构成不同，不是互有交叉，而是叠置在一起，通过选择、竞争和取舍而从低到高，个别遗产从社区性遗产中脱颖而出，由国家的认可而上升为国家乃至世界性遗产。在这三个层次中，显然，国家在遗产保护的过程中处于枢纽地位；社区性遗产要能够维持、世界性遗产要落实保障，都要得到国家以及各级政府的正式的机制支持，至少是任其自然演变而不加干预。

这样，从遗产保护实践中可以被落实的、现实的对象而言，我们也可以认为，前两类遗产是已经被认识到的、被认可的遗产，有国家相对正式的保护制度为依托，也即构成了作为遗产保护实践对象中的遗产含义。相对而言，大量的、地方性的社区层面的遗产，就成为较为模糊的、不确定性的遗产，既有可能被国家承认而纳入正式的保护体系，又有可能长期被忽视，任其自然演变，乃至有意将其掩盖、遮蔽而以至湮没无存；即后者往往尚不被作为遗产保护实践对象中的“遗产”看待。

从遗产保护的实践过程来看，由于各国认识不一，或者甚至由于对遗产的认识产生偏差而由国家强力干预，在现代化的过程中，就有可能有意无意地造成遗产的大规模、不可逆的破坏，尤其以地方层面的遗产最为脆弱。有鉴于此，以联合国教科文组织为代表的若干国际组织，在一些国家、若干地区实践的基础上，发起了国际性的遗产保护运动。这一运动是在已有的对文物古迹、历史建筑和珍稀物种、生态环境等进行单项保护的实践基础上，进

而明确提出了世界文化与自然遗产的概念，又进而发展到非物质文化遗产的概念，并提出和设立了多种保护名录，构成了世界一级的遗产保护体系。在这一国际性思潮、运动的推动（抑或压力）下，各国则根据自身发展特点，借鉴国际经验，或早或晚，也建立起了互有不同、具有自身特色的正式的遗产保护制度。当然，在社区、群体乃至个人层面，也有被其所认可的遗产，甚至也有其自发建立的保护制度；但一则这样的保护体系不甚系统和正式，再则仍需要国家正式体制的认可（至少是默认），若不被认可则缺乏持久性。因此，该层面的遗产如何落实保护措施，还存在诸多问题；对这类遗产的保护，也就需要格外引起重视。这也是我们进行遗产纵向分析，并划分为这三个层次的原因之一。

5.1.2 当代世界与中国的遗产保护体系及状况

5.1.2.1 当代世界的遗产保护体系

自从联合国教科文（UNESCO）组织于 1972 年制定和实施《保护世界文化和自然遗产公约》（Convention Concerning the Protection of World Cultural and Natural Heritage）以来，世界性的遗产保护运动方兴未艾，并逐渐从仅保护单一要素遗产向同时注重保护多要素集成遗产，从仅保护有形的、可触摸的、物质形态的自然和文化遗产（Tangible Heritage）发展到对无形的、不可触摸的所谓非物质文化遗产（Intangible Heritage）和文化景观（cultural landscape）、历史环境（historic environment）等的保护。2003 年，联合国教科文组织通过的《保护非物质文化遗产公约》（Convention for the Safeguarding of the Intangible Cultural Heritage），即是这一趋势的反映。与此同时，相关国际组织或机构也先后提出了保护世界“工业遗产”（Industrial Heritage）[①]、“农业遗产”（Agricultural Heritage）[②]等“与人类有关的所有领域”，使传统的注重保护“静态遗产”（static heritage）向同时注重“活态遗产”（living heritage）保护的方向发展。[③] 目前世界上的遗产保护体系可概括为如图 5-4 所示，有关遗产名录的基本情况可参见表 5-1。

5.1.2.2 中国目前的遗产保护体系和遗产构成状况

正是在这些世界性的思潮和实践的推动下，中国也主要在近 30 余年的时间里，先后开始了对有形的文化和自然遗产以及无形文化遗产等的保护，并建立起了从中央到地方，涵盖自然与文化、有形与无形的相对完备的保护体系。从自然遗产的保护来看，有世界自然遗产、世界地质公园和众多国家级、地方各级（如省级、市县级等）的自然保护区、风景名胜区、地质公园等；从文化遗产的保护来看，则有世界文化遗产、世界非物质文化遗产和国家级、地方级的文物保护单位、历史文化名城（街区、村镇），以及国家级非物质文化遗产等。

从目前中国的遗产保护体系来看，可以概括为纵向的三个层次和横向的三大系列。纵向的三个层次为：世界级、国家级、地方级（主要是省级）的遗产保护等级；横向的三大系列即按照管理部门的不同，大体上可划分为：文化管理和文物保护部门所管理的文化遗产（主要是可移动文物、文物保护单位与非物质文化遗产），城乡建设管理部门所管理的遗产地类遗产（涵盖文化遗产、自然遗产和复合遗产），以及国土资源、环境保护、林业、海洋、农业等

---

① 阙维民：《国际工业遗产的保护与管理》，载《北京大学学报（自然科学版）》，2007 年第 4 期。

② 王欣、闵庆文、吴殿廷等：《基于全球重要农业文化遗产的旅游开发研究——以青田稻鱼共生农业系统为例》，载《地域研究与开发》，第 2006 年第 25 卷第 5 期，第 63～67 页。

③ 徐嵩龄：《第三国策：论中国文化与自然遗产保护》，科学出版社 2005 年版，第 3～4 页。

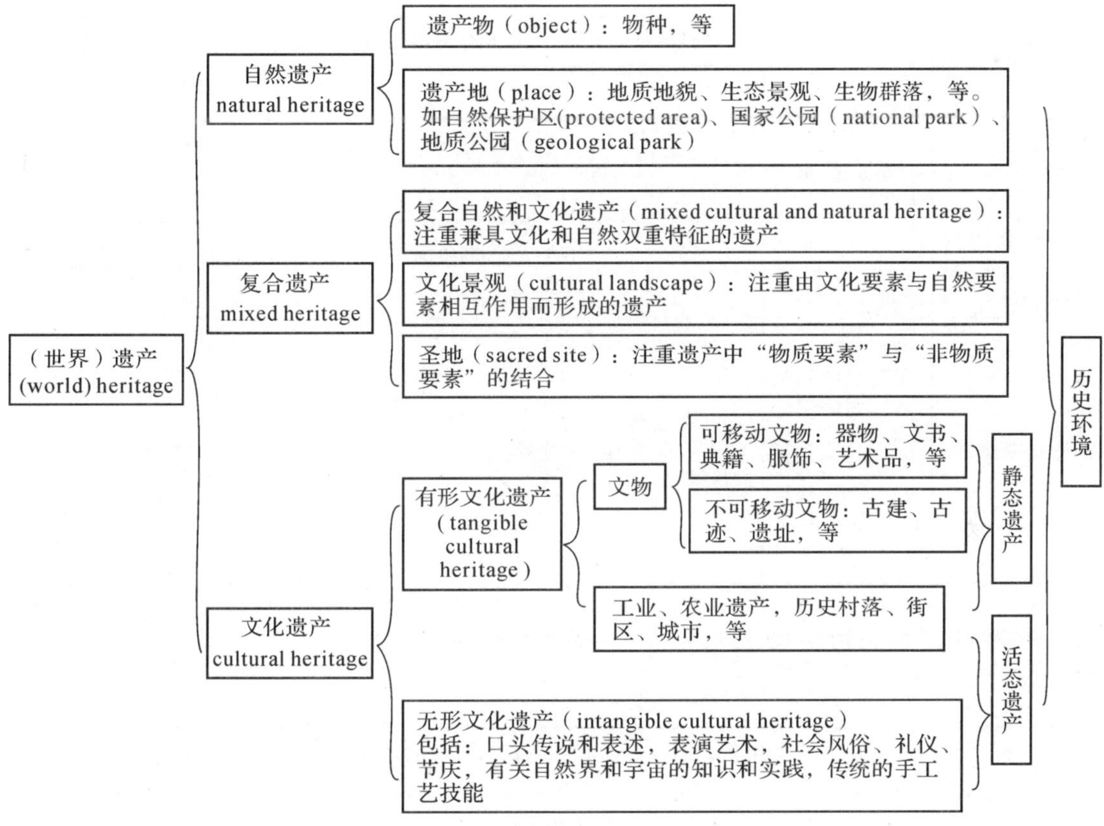

图 5-4 当代世界的遗产保护体系示意图

环境资源管理部门所管理的自然遗产(包括珍稀物种和自然遗产地)。中国目前的世界级和国家级遗产状况如表 5-1、表 5-2 所示。

表 5-1 世界遗产的主要类型及中国目前的主要世界级遗产状况一览表

类型	主要文件	世界数量	中国有关组织及主管部门	中国现有数量
世界自然和文化遗产	1972《保护世界文化和自然遗产公约》	911 项 其中:文化遗产 704 项,自然遗产 180 项,复合遗产 27 项	中国联合国教科文组织全国委员会(教科文全委会目前由 28 个国务院职能部门、国家级公共机构和全国性非政府组织和机构组成,教育部牵头领导,主要涉及文化部、国土资源部、建设部、水利部、国家海洋局、国家文物局)	40 项 其中:文化遗产 28 项,自然遗产 8 项,复合遗产 4 项
人类非物质文化遗产代表作(涵盖之前的“人类口述和非物质遗产代表作”)	2003《保护非物质文化遗产公约》	213 项,另有 16 项列入急待保护名录	同上	28 项,另有 6 项列入急待保护名录
世界记忆遗产	1997 联合国教科文组织“世界记忆”工程	193 项	国家档案局	5 项

续表

类型	主要文件	世界数量	中国有关组织及主管部门	中国现有数量
全球重要农业文化遗产(GIAHS)	2002 联合国发展计划项目——全球重要农业文化遗产	8 项试点(候补项目 9 个)	农业部	3 项
世界生物圈保护区网络(WNBR)	1971 人与生物圈计划	507 处	中华人民共和国人与生物圈国家委员会	28 个自然保护区加入了世界生物圈保护区
国际重要湿地	1971 《湿地公约》,又称《拉姆萨尔公约》,全名是:《关于特别是作为水禽栖息地的国际重要湿地公约》	1847 块湿地列入国际重要湿地目录	林业局	37 块
世界地质公园网络(GGN)	2004 《保护地质遗迹——北京宣言》	64 个	世界地质公园网络办公室 国土资源部	22 个

(资料来源:联合国教科文组织(http://whc.unesco.org/en/list,http://www.unesco.org/culture/ich/index.php? lg=en&pg=00011,http://portal.unesco.org/ci/en/ev.php-URL_ID=23928&URL_DO=DO_TOPIC&URL_SECTION=201.html)、世界粮农组织(http://www.fao.org/sd/giahs/index.asp)、世界地质公园网络(http://www.globalgeopark.org/publish/portal0/tab509/)及国内有关部委局的官方网站,资料截至 2010 年 10 月底。)

表 5-2 中国目前的主要国家级遗产状况一览表

类型	自然遗产			自然和文化遗产		文化遗产					非物质文化遗产
	珍稀物种	重要湿地	自然保护区	地质公园	风景名胜区	历史文化名城	历史文化名镇、名村	文物保护单位	馆藏文物	档案文献	
数量	如:国家重点保护野生植物名录;国家重点保护野生动物名录等*	中国重要湿地名录:173 处	国家级自然保护区:310 处	国家地质公园(共 5 批):182 处	国家重点风景名胜区(共 7 批):207 处	中国历史文化名城(正式 3 批 99 座,后单独批准 13 座):112 座	中国历史文化名镇(共 5 批):181 个;中国历史文化名村(共 5 批):169 个	全国重点文物保护单位(共 6 批):2351 个	《全国馆藏一级文物总目录(2005)》:4.6 万余套,109197 件	《中国档案文献遗产名录》(共 3 批):113 件组	国家级非物质文化遗产名录(第 1 批:518 项;第 2 批 510 项;第 3 批推荐项目 190 项):1218 项
主管单位	林业局、农业部等	林业局	环境保护部、国土资源部、农业部、林业局、海洋局等	国土资源部	住房与城乡建设部	文物局、住房与城乡建设部	文物局、建设部	文物局、文化部	文物局	国家档案馆	文化部

* 2000 年林业部又发布《国家保护的有益的或者有重要经济、科学研究价值的陆生野生动物名录》,包括 5 纲 46 目 177 科 1591 种及昆虫 120 属的所有种和另外 110 种。

(资料来源:表内所涉及国内有关部委局馆的官方网站,资料截至 2010 年 10 月底。)

地方级遗产的保护框架基本承袭国家的体系而来,有些类型也相对完备,涵盖省、市

(地)、县(市)各级(如地质公园、风景名胜区、文物保护单位、自然保护区等),有些则仅有省级(如历史文化名城、名镇、名村等),这里就不一一列举了。

除此之外,在当前中国,随着旅游活动的发展,还出现其他一些带有自然特色或历史文化遗存的旅游地区域,如森林公园、旅游度假区和水利旅游区等,有些也有一定的遗产地性质。但因其主要目的在于旅游休闲及其经营活动,或与前述正式的遗产地有部分甚至全部的重合,这里也不详细介绍了。2007 年 1 月,国务院在发布的《关于进一步加强古籍保护工作的意见》的通知中,又提出“建立《国家珍贵古籍名录》”和命名“全国古籍重点保护单位”的设想,并于 2008 年 4 月公布第一批“国家珍贵古籍名录”(2392 部)和第一批“全国古籍重点保护单位”(51 处)[①],2009 年 6 月公布第二批“国家珍贵古籍名录”(4478 部)和第二批“全国古籍重点保护单位”(62 处)[②],2010 年 9 月又公布了第三批“国家珍贵古籍名录”(2989 部)和第三批“全国古籍重点保护单位”(37 处)[③]。2010 年 10 月,再确立“国家考古遗址公园”的保护体系,“国家文物局同意圆明园考古遗址公园等 12 个项目为第一批国家考古遗址公园,晋阳古城考古遗址公园等 23 个项目获得国家考古遗址公园立项”[④]。凡此种种,也构成中国当代遗产保护体系新的组成部分。

本章所称的“遗产”,即以上述扩展的含义、类别为准,而不仅仅只包括前述类别中已收入相关名录中者(既包括有关的世界名录,也包含如中国国内的类似名录)。换言之,只要符合各类遗产定义和标准,具有相应的科学、美学、历史等方面的突出价值,就应被认为是“遗产”之属。这样理解,既可涵盖许多目前尚未被列入有关名录中的潜在的世界或国家的遗产,更可以包容大量暂时不太可能被列入上述名录,但对于地方、社区具有重要意义的、且可能被未来的人们认识到其所具有的重要价值的“遗产”。也即,我们应该以对待目前的世界级、国家级的遗产的态度,来认识、对待地方和社区层面的遗产。

5.1.3 遗产保护的“原真性”原则

“原真性”(authenticity)是当代世界各国公认的遗产保护的一个基础和核心概念。对此概念的理解,国际遗产界也经历过很长的认识过程。[⑤] 国内的徐嵩龄近年来对这一概念

---

① 《国务院关于公布第一批国家珍贵古籍名录和第一批全国古籍重点保护单位名单的通知》,见“中华人民共和国中央人民政府网”,http://www.gov.cnzwgk2008-04/29/content_957266.htm.

② 《国务院公布第二批〈国家珍贵古籍名录〉及全国古籍重点保护单位》,见“中华人民共和国文化部网”,http://www.ccnt.gov.cnsjzzshwhsgzdt200906/t20090624_71319.html.

③ 《国务院关于公布第三批国家珍贵古籍名录和第三批全国古籍重点保护单位名单的通知》,见“中国古籍保护网”,http://www.nlc.gov.cn/service/others/gujibhw/sbpx-zggjml-4.htm.

④ 《关于公布第一批国家考古遗址公园名单和立项名单的通知》,见“新华网”,http://news.xinhuanet.com/ziliao/2010-10/11/c_12647143.htm.

⑤ 对于遗产保护“原真性”、“完整性”原则的含义和详细阐发,可参见联合国教科文组织世界遗产中心(UNESCO World Heritage Centre)所公布的《执行世界遗产公约的操作指南》(Operational Guidelines for the Implementation of the World Heritage Convention)2008 年版第 21～25 页,见“联合国教科文组织网”:http://whc.unesco.org/en/guidelines。

有过详细分析[①]，马小京[②]、黄亮[③]也于2006年从遗产旅游的角度，综述过国际上对“原真性”概念的研究状况和主要观点。本章因下文分析需要，择要略述如下。

徐嵩龄曾经指出，在国际遗产界，过去一般强调两个原则，即“Authenticity”与“Integrity”，我国将其称之为“真实性”与“完整性”。但近年来，国际文化遗产界越来越重视“Authenticity”中蕴涵的“Integrity”的含义，“在现代国际文化遗产界看来，‘原真性’在语义学上至少应当包含‘原初的’、‘真实的’、‘可信的’、‘完整的’4种含义”，这样，“世界文化与自然遗产界开始出现一种主张，即认为‘Authenticity’（原真性）与‘Integrity’（原整性）这两个概念的含义等同”[④]。本章也取这样的看法，即本章所称的原真性，是“Authenticity”（原真性）与“Integrity”（原整性）这两个概念的含义之和。

关于遗产原真性的概念，徐嵩龄有过较为全面的分析和论述：

> 遗产领域的“原真性”概念，首先由《威尼斯宪章》提出。其后，尤其是自《世界遗产公约》实施以来，这一概念的内容已大为丰富和扩展。现代的“原真性”概念不仅适用于静态遗产，同样适用于活态遗产；不仅适用于文化遗产，同样适用于自然遗产。它应包含以下组分：①地点位置；②设计（形态、法式等）；③材料材质；④技艺；⑤功能；⑥环境；⑦精神情感；⑧原住民社区（包括社区制度、生活方式、习俗等非物质内容）；⑨相关事件、人物、地方；⑩时序变化。
>
> ……进一步将原真性分为5类。它们是：①遗产本体原真性（地点，设计，材料，技艺，时序变化）；②遗产的环境原真性（环境，相关事件、人物、地方，时序变化）；③遗产的非物质原真性（精神符号，地名、遗产名等，时序变化）；④遗产的社会原真性（原住民社区，功能，时序变化）；⑤遗产的知识层面原真性（关于以上4类原真性的知识信息）。[⑤]

除了上述水平理解之外，还可以从垂直角度，分为三个层面来理解。包括：

> 物质层次原真性：即前述“水平理解”中所有具有物质内容的信息。这些物质信息使遗产成为一个完整的、有着丰富内容的、有特色的有形实体。
>
> 知识层次原真性：表现为对遗产的物质层次原真性信息及其研究的各种记录。其记录形式有：文字、摹写、摹绘、仿制、音像、口传心授。其记录内容有：对遗产的具体描述和描绘，对遗产相关的事物的记录，对遗产的各类信息的综合研究（分析、解释、提炼、加工、升华），以及由遗产产生的文学、艺术、历史、科学作品等。
>
> 精神价值和社会功能层次原真性：是前二者的升华。如果文化遗产是与历史

---

① 徐嵩龄的有关论述，如《文化遗产保护中的“原真性”概念》、《文化遗产保护中的重建问题：兼评中国重建实践与理论》、《原真性与遗产回归》、《中国遗产旅游业对遗产原真性的影响》等论文，均收录于徐嵩龄著：《第三国策：论中国文化与自然遗产保护》，科学出版社2005年版。

② 马晓京：《国外民族文化遗产旅游原真性问题研究述评》，载《广西民族研究》，2006年第3期。

③ 黄亮：《近十年国外遗产旅游研究述评》，载《安徽商贸职业技术学院学报》，2006第3期。

④ 徐嵩龄著：《第三国策：论中国文化与自然遗产保护》，科学出版社2005年版，第106页。

⑤ 徐嵩龄著：《第三国策：论中国文化与自然遗产保护》，科学出版社2005年版，第174页。

上重大的政治事件、军事事件、社会事件、经济事件、宗教和思想史事件、工程事件、文学艺术事件等相关联时，它们往往会作为一个历史文化符号，历史政治或民族象征，社会或族群精神偶像，历史地理坐标，等等，存留在人们的记忆中、感情和信仰中以及社会习俗和生活方式中。这些就是遗产的精神价值和社会功能。①

当然，前述徐嵩龄的论述，主要是概念上，基于客观主义的立场，从保护的角度立论的。但随着遗产概念的扩大与遗产旅游活动的开展，“人们对原真性的理解阐释也随之发生了很大的变化，涌现出形形色色的观点，形成了各种流派”②，马晓京概括了几种代表性的观点，如客观主义、建构主义、后现代主义和存在主义等。这些观点虽彼此有别，但互有侧重，实际上完整地揭示出“原真性”在不同主体、语境、时空中的多个侧面。笔者认为，其中，以客观主义和建构主义最为重要，也最值得关注：

客观主义：客观主义者认为原真性是一种由外在的客观标准决定的现实性、精确性、原创性或是真理。……由于客观主义者所指的原真性都不是由旅游者所感知的，而是由专家来判断。

建构主义：与客观主义不同，在认识论与方法论上，建构主义认为没有一个唯一的、原真的世界预先存在并独立于人类的脑力活动和象征语言之外。……原真性就是对事物之原真性的一种主观解释，而不是一种根据经验就可以辨别的原真的、客观的现象。……总之，建构主义者认为，原真性不是事物的一种内在特性，而是主体的一种判断或评价，取决于语境、意识形态、梦想、形象或期待、历史或时间等多种因素。由于原真性只是其持有者眼中的一种观念，没有任何客观标准，因此，对于某个民族文化旅游产品，尽管专家持不同观点，旅游者仍然可以视其具有原真性，或者说，所谓的象征原真性。③

总之，正如徐嵩龄先生所说，“原真性是遗产的质量精髓”，“所谓‘遗产保护’，应真正落实于‘遗产原真性的保护’。舍此而谈‘保护’，只能是一句空话”。④

5.2 遗产的“地方性”：遗产与基层社区和低级政区的关系

从空间尺度而言，“遗产”都是在国家之内的某一“地方”(locality)分布的；当然，这一“地方”在空间上也是有相当大差别的，从相对广大的国家内部的区域(region)范围(如中国的长城之于北方，越剧之于江南，三江并流之于滇藏地区，等)，到某一建筑坐落、某一物种分布、某一事件发生的确定地点(location)，都可视之为“地方”。⑤ 但就绝大多数遗产而言，

① 徐嵩龄著：《第三国策：论中国文化与自然遗产保护》，科学出版社 2005 年版，第 116 页。

② 马晓京：《国外民族文化遗产旅游原真性问题研究述评》，载《广西民族研究》，2006 年第 3 期。

③ 马晓京：《国外民族文化遗产旅游原真性问题研究述评》，载《广西民族研究》，2006 年第 3 期。

④ 徐嵩龄著：《第三国策：论中国文化与自然遗产保护》，科学出版社 2005 年版，第 173 页。

⑤ Brian Graham, G. J. Ashworth, J. E. Tunbridge. *A Geography of Heritage: Power, Culture and Economy*, London: Arnold, 2000: 197.

尤其是文化类或复合类的遗产，都与聚落所构成的社区，以及在此基础上所形成的(低层)政区直接相关:其空间上既分布、存在于某个社区(政区)空间之内，而其形成、发展也依赖于该社区(政区)的社会组织结构。即遗产首先是社区(群体、个人)的遗产，然后为国家认可而上升为国家的遗产乃至世界的遗产。

社区和政区分别是社会学(社会地理学)和政治学(政治地理学)领域的基本概念;如何界定，还有一些争论，但基本共识还是存在的。如所谓社区，是指:"由居住在某一地方的人们结成多种社会关系和社会群体，从事多种社会活动所构成的社会地域生活共同体"，是"社会团体中个人及其社会制度的地理分布……，指人类的各种聚落"[①]。而所谓政区，即行政区、行政区域或行政区划的简称，如前所述，在当代中国，主要指"国家为行政管理而划分的区域，也就是相应的地方国家行政机关所辖的区域"[②];而在西方国家，尤其低层政区则基本是按照聚落所设立的有公共管理机构的区域，与社区多所重合。

二者的构成要素，也基本相同。一般认为，社区包含5项要素，即居民、地区、共同的关系、社区组织和社区意识[③];政区则可细分为8项要素，包括:一定数量的人口、一定范围的地域空间、相应的机构、一个行政中心、隶属关系、行政建制、行政等级、名称等。[④] 其中最重要的为3项，即居民、地区和权力中心(正式或非正式的公共管理性的组织)，二者一致。要说区别，只是一个社会性强(强调共同的关系和共同的社区意识，自我组织的管理机构可正式、可非正式)，一个政治性强(强调有正式的管理机构和法定地位)。尤其在较低层级，二者差别并不明显:西方国家社区的组织体系更健全、自主性更强，承担较多的类似中国低层政区的功能;而中国当代的社区则各种组织大多为行政主导，自主性欠缺，具有较多"行政化"色彩，甚至就构成基层政区。在本章的使用中，基层社区指聚落实体范围(即按照人口规模将聚落区分为城、镇、乡、村，不是今天中国行政区划制度所确定的概念，但在乡、镇政区层面有重合或交叉)，低层政区指若干聚落构成的区域(在中国为县级政区规模)范围。

遗产与特定的区域(主要是社区，在中国，则可认为还包括低级政区，因二者难以区分)的关系，可以从当代世界范围遗产概念的扩展和"原真性"保护的要求以及中国自身遗产发展特点与现有遗产保护体系这两个方面来考察。

5.2.1 从遗产概念的扩展和"原真性"保护的要求看遗产与政区(社区)的关系

5.2.1.1 从当代世界范围遗产概念的扩展来看

从遗产概念自身的扩展与遗产保护体系的发展来看，有一个趋势非常明显，即愈来愈强调遗产与其所在的环境、区域的关系，甚至环境、区域(社区)本身就是遗产必不可少的组成部分。虽然1972年联合国教科文组织的《保护世界文化和自然遗产公约》所给出的文化遗产和自然遗产的界定中，还没有明确其与所在环境、社区的关系，但在有关定义中已经包含了二者共生、并需共同保护的思想。

例如，所谓的"文化遗产"主要包括:文物(monuments)，建筑群(groups of buildings)，

---

① 唐忠新著:《中国城市社区建设概论》，天津人民出版社2000年版，第3～4页。

② 浦善新著:《中国行政区划概论》，知识出版社1995年版，第10页。

③ 唐忠新著:《中国城市社区建设概论》，天津人民出版社2000年版，第11页。

④ 浦善新著:《中国行政区划概论》，知识出版社1995年版，第11～14页。

遗址(sites)。在建筑群的界定中,就提及“与环境景色结合方面”(该条全文为:从历史、艺术或科学角度看,在建筑式样、分布均匀或与环境景色结合方面,具有突出的普遍价值的单立或连接的建筑群)。“自然遗产”则主要包括:自然面貌,地质和自然地理结构,动物和植物生境区,天然名胜或自然区域等,亦强调了均是某个区域范围的整体生态环境,而非仅仅是某些珍稀物种或某项单一要素。①

而随着认识的深入,遗产保护更从仅保护单要素遗产向同时注重保护多要素集成遗产,从仅保护有形的、可触摸的、物质形态的自然和文化遗产发展到对无形的、不可触摸的所谓非物质文化遗产和文化景观、历史环境等的保护,其与所在区域、社区的关系就更为密切。

2003年,联合国教科文组织通过《保护非物质文化遗产公约》(Convention for the Safeguarding of the Intangible Cultural Heritage),明确了非物质遗产的概念和保护要求。该公约第一章第2条给出了非物质文化遗产的界定,也专门提及:“‘非物质文化遗产’指被各群体(communities)、团体(groups)、有时为个人(individuals)视为其文化遗产的各种实践(practices)、表演(representations)、表现形式(expressions)、知识(knowledge)和技能(skills)及其有关的工具(instruments)、实物(objects)、工艺品(artefacts)和文化场所(cultural spaces)。各个群体和团体随着其所处环境(environment)、与自然界(nature)的相互关系和历史条件(history)的变化不断使这种代代相传的非物质文化遗产得到创新,同时使他们自己具有一种认同感和历史感,从而促进了文化多样性和人类的创造力。”②这里,就明确提出了非物质文化遗产直接与社区相关,与该社区的环境、自然界和自身历史密不可分,甚至“文化场所”本身就成为遗产。

至于其他当前国际上日益引起重视的遗产类型,如“工业遗产”,“农业遗产”,历史村落、城镇,以及文化景观等,其与所在区域、尤其是聚落社区,就更是二而一、一而二的关系了。以联合国粮农组织近年来提出的“全球重要农业文化遗产”(GIAHS)保护项目为例,其含义就是“农村与其所处环境长期协同进化和动态适应下所形成的独特的土地利用系统和农业景观,这种系统与景观具有丰富的生物多样性,而且可以满足当地社会经济与文化发展的需要,有利于促进区域可持续发展”③。而工业遗产的概念中,也包含“用于有关工业社会活动(诸如居住、宗教信仰或教育)的遗址”的内容④。历史村落、城镇,以及文化景观等就更不用说了,其本身就构成了社区,或成为社区的核心(精神中心、地方身份的象征等)。换言之,要对这样的遗产实施保护,就意味着对整个社区的保护(当然是指对社区“原真性”的

① 《保护世界文化与自然遗产公约》第一条、第二条,转引自刘红婴、王健民著:《世界遗产概论》,中国旅游出版社2005年第二版,第254页。

② 《保护非物质文化遗产公约》第二条,转引自刘红婴、王健民著:《世界遗产概论》,中国旅游出版社2005年第二版,第264页。

③ 王欣、闵庆文、吴殿廷等:《基于全球重要农业文化遗产的旅游开发研究——以青田稻鱼共生农业系统为例》,载《地域研究与开发》,2006年第5期。详细情况可参见联合国粮农组织网站关于GIAHS的相关介绍和文献,见“联合国粮农组织网”:http://www.fao.org/sd/giahs/index.asp。

④ 工业遗产一般认为“包括工业文化的遗存,具有历史的、技术的、社会的、建筑的或科学的价值。这些遗存包括建筑群与机器、车间、工场和工厂、矿山与处理与提炼遗址、货栈与仓库、能源产生、输送与使用的遗址、交通及所有其基础,以及用于有关工业社会活动(诸如居住、宗教信仰或教育)的遗址”。引自阙维民:《国际工业遗产的保护与管理》,载《北京大学学报(自然科学版)》,2007年第4期。

保护，而非将此社区作为一个静止的、不再发展的文物来保护）。

5.2.1.2 从遗产保护的“原真性”原则来看

从遗产保护的原真性要求来看，如前所述，我们可以从对“原真性”的两种主要观点——客观主义和建构主义来分别考察。

从客观主义观点来看，不论是原真性的水平含义，还是垂直含义，都包含了大量的区域要素。从原真性的水平含义来看，所包括的10个方面中，如地点位置、环境、原住民社区（包括社区制度、生活方式、习俗等非物质内容）、相关事件、人物、地方以及时序变化等5项内容，都直接涉及区域、尤其是社区范围。

从遗产原真性的垂直含义分析，在知识层次的原真性中，对遗产的感知和记录，首先是由社区中的人士来进行的，有些也只能由身在其中的当地居民完成，如口传心授；而其准确性、完整性，也非当地人而不能达成。在精神价值和社会功能层次原真性方面，则所谓的历史文化符号，历史政治或民族象征，社会或族群精神偶像，历史地理坐标，等等，也绝大多数均是首先存留在当地社区的人们的记忆、感情和信仰中以及社会习俗和生活方式中；而后其中的少数才可能再为其他地方乃至国家所接受、承认和继承。

例如，从1995年起，中国和挪威合作在中国建立的若干“生态博物馆”，其目的就是“作为一种新理念、新模式，突出强调保护和保存文化遗产的真实性、完整性和原生性，向社会提供的是一个正在生活着的社区的环境、经济、文化的整体”[①]。在这里，社区的自然环境、建筑风格，乃至社区居民的生活方式、生产活动、信仰习俗等等内容，综合在一起才构成了这一遗产的原真性。缺少任何一种，都是对原真性的破坏。

从具有主观色彩的建构主义观点来看，尽管遗产的“原真性”可能言人人殊，但出现这些不同认识的原因，主要因为原真性本身是多样、多组分的，是有多个层面、多个侧面的，并且随时间流逝还可能是流动、变迁的；因此，不同的主体，不同的时代，会有不同的认识和界定。但是，笔者认为，至少从保护的角度来看，第一，如徐嵩龄所揭示的原真性的客观性、其客观的组成要素是存在的，只是我们要全面把握和认识，这是一切不同解读（建构）的基础。第二，在诸多把握主体中，对诸多原真性的要素的认识，应以当地社区居民所认可的原真性最为重要，专家其次，而旅游者最弱；在原真性的诸多要素和表现中，并不是一概静止不动，而是有些可能消逝不见，有些可能长期稳定，有些应该严格保护，有些则会缓慢变迁；而某些因素变迁的前提是，当地居民愿意接受这种改变，专家、学者认可这种改变，而一般游者也基本认同；最重要的是，遗产的精神价值和社会功能层次的原真性没有改变，与遗产有关的社区及其居民，其身份（identity）未变，则就是原真性得到了保护。

因而，诚如前文所分析的，遗产原真性的客观基础是存在的，而对原真性的看法，也首先应该以当地社区居民的把握为主；即使从外界来看，如许多学者所指出的，“那些购买陶器纪念品的旅游者认为，原真性与5个因素有关，外表与功能，传统与证明，获取的困难度，当地生产，低价。当地旅游者认为陶器的原真性主要通过其外表和功能显现，而国际旅游者更多关注陶器是否由当地人在当地生产”[②]，也是把当地人的活动作为原真性的重要

---

① 《中国已建成7座生态博物馆》，见“新华网”：http://news.xinhuanet.com/newscenter/2005-06/03/content_3040142.htm。

② 马晓京：《国外民族文化遗产旅游原真性问题研究述评》，载《广西民族研究》，2006年第3期。

表现。

5.2.2 中国的政区在遗产(文化类遗产)形成中所起到的重要作用

在中国,由行政区划所划分而来的政区(尤其是县级政区),与基层社区(村落、里坊)一道,在遗产、尤其是文化类遗产的形成中都扮演了至关重要的角色。县级政区在中国是最为稳定的低层政区。自古,中国的官治仅及于县的层面,其下,则为以聚落为单位的自治模式。因此,遗产的形成,与这两类区域,关系至为紧密。从目前历史地理学界的诸多研究成果来看,均证明了这一点。对此,谭其骧早于20世纪40年代就曾有论述:

> 县乃历代地方行政区划之基本单位。州郡置罢,分并无常,境界盈缩不恒,县则大致与时俱增,置后少有罢并,比较稳定。……县则历代标准大致相似,虚置滥设者较少。一地方至于创建县治,大致即可以表示该地开发已臻成熟;而其设县以前所隶属之县,又大致即为开发此县动力所自来。①

实际上,关于政区与区域的发展、区域历史文化特征的形成,也即区域遗产的形成的关系,已经多有论述,早如谭其骧关于“浙江各地区的开发过程与省界、地区界的形成”关系的论述②,周振鹤关于“方言与历史政区”关系的考察③等,近则如张伟然、康健、张晓虹等对湖南、云南、陕西等区域文化地理的论述④,黄忠怀对“庙宇与华北平原明清村落社区”发展关系的考察⑤,以及朱竑等关于“行政建置变更对海南岛区域文化历史发展的影响”的研究⑥等等,都从不同侧面说明了政区与区域文化现象形成的高度相关性,只是未直接使用今天的“遗产”概念罢了。2006年,张伟然就明确提出:“有些文化现象,如物质层面的某些文化要素其空间过程确实与政区没有多少联系,而有些文化现象,它与政区之间简直就密不可分。特别是当讨论地域观念、文化认同等等问题时,我们不妨说,文化区就与某种尺度的政区具有一种重叠的关系。”⑦

从理论上来分析,行政区划其实包含着两个层面的含义:一个是空间的意义,有明晰、确定的空间范围,是一块明确的区域,以及其上、其内的各种人口、设施和活动;另一个则是权力的意义,有公共管理权力及其相关组织的存在,包括其运作方式、管理网络,也即权力的配置方式和所形成的权力格局。这二者之中,前者为基础,但后者更为主要;只有具备了稳定的、明确的权力核心,一个区域的独特性始能彰显,其“地方性”始能缓慢形成,进而其

---

① 谭其骧:《浙江省历代行政区域——兼论浙江各地区的开发过程》(原载1947年10月4日杭州《东南日报》副刊《云涛》第5期,后收录于谭其骧:《长水集》,人民出版社1987年版,第398～416页。引文见该书第403～404页)。

② 谭其骧:《浙江各地区的开发过程与省界、地区界的形成》,载复旦大学中国历史地理研究所编:《历史地理研究[1]》,复旦大学出版社1986年版,第1～11页。

③ 周振鹤、游汝杰著:《方言与中国文化》,上海人民出版社1986年版,第54～67页。

④ 参见周振鹤主著《中国历史文化区域研究》(复旦大学出版社1997年版)中的相关论述。

⑤ 黄忠怀:《庙宇与华北平原明清村落社区的发展》,载《历史地理(第二十一辑)》,上海人民出版社2006年版,第194－208页。

⑥ 朱竑、司徒尚纪:《行政建置变更对海南岛区域文化历史发展的影响研究》,载《地理科学》,2006年第4期。

⑦ 张伟然:《归属、表达、调整:小尺度区域的政治命运——以“南湾事件”为例》,载《历史地理(第二十一辑)》,上海人民出版社2006年版,第172—193页。

"地方认同"或曰"身份"(identity)方能获得。如此,在其相对稳定的行政区域——它是权力安排的一个框架和前提,是权力体系得以展开的一个背景——这一空间格局之内,一个地方的文化、特色,财富、资产,乃至认同感、地方感等才会逐渐形成、强化和延续。

在中国,由于长期的"官本位"思想和单一的"自上而下"的权力来源体制,其对地方各方面的影响就更加明显。这种影响,对县和县级以上政区而言,主要是直接作用而形成,即在自上赋予权力之后,经过较长时期的发展,导致该类政区负载有深厚的共同资产、文化积淀、地方认同,各种经济活动、社会关系以及有形、无形的文化遗产等均赖以存在,其空间范围与权力核心的稳定,也就更加至关重要。相对而言,县以下的基层政区,则是另一种影响方式,一种较为复杂而间接的影响方式,即视自上所施加的权力大小而与聚落自身的权力互为消长,在"皇权不下县"的传统社会、近代明确的官权与民权分离的"地方自治"阶段与1949年后自上而下的"直接管治"状态下,应以各类聚落为单位而形成的基层政区也面貌各异;但其需要相对确定的空间范围、且具备明确而稳定的权力核心则是同样的,如此,各个聚落(不拘规模)的地方性和稳定发展始能保持和延续。

回到遗产保护层面,从中国当代被纳入法定保护体系的遗产的构成来看,也可发现:当代中国的遗产类型,也绝大多数均与区域,尤其是社区和县级政区有关。

如前所述,中国目前的遗产保护体系,可以概括为纵向的三个层次和横向的三大系列。这其中,如名城、名镇、名村等,其本身就是规模不同的各级聚落,分处乡村社区和县级政区层面;风景名胜区、自然保护区等,也都主要在县级政区范围。尤其是历史文化名城、名镇和名村,其作为一个整体,既包含了其中的物质性的建筑物、城市格局,也包含着其中居民的生活方式、社会交往和习俗信仰等,且构成浑然不可割裂的整体,方构成完整的遗产。

非物质文化遗产,就更与基层社区息息相关。以2006年国家公布的第一批"非物质文化遗产"①为例,十个大类518个项目中,除了第九大类"传统医药"谈不上与社区、低层政区直接有关外,其他九个大类中,大量项目直接与所在社区相关,甚至名称上就直接以此命名,如,耿村民间故事(河北省藁城市),左权开花调(山西省左权县),等等。2008年公布的第二批510项"非物质文化遗产"②,情形亦复如是,如北票民间故事(辽宁省北票市)、昌黎民歌(河北省昌黎县),等等。

这些遗产,已经与其所在区域密不可分。换言之,区域的诸多文化特质、环境特征等,就是构成这些遗产的原真性的重要组成部分。对于这些直接以政区、社区命名的遗产,其之所以形成的重要原因,就在于其与该区域的形成互为因果。因此,对这些遗产要进行保护,就意味着同时要对其所在区域进行保护,包括区域的名称、权力体系和结构、以及境域的完整等。则如果政区改名,直接就破坏了其原真性;而中心权威的丧失(取消中心,并入他区,或拆分析置等),对其的传承就更是毁灭性的影响。

另一方面,遗产是分层次的,可以是地方的、次国家的、国家层面的乃至世界意义的;但不论是遗产的空间分布,还是遗产的文化意蕴,都首先是地方的;从遗产形成、认知与传承的角度来看,也应该首先是落实在社区(聚落)的层面,然后是低层政区的,再依次上升至中

① 《国务院关于公布第一批国家级非物质文化遗产名录的通知》,见"中华人民共和国中央人民政府网",http://www.gov.cn/gongbao/content㊣content_334718.htm。

② 《国务院关于公布第二批国家级非物质文化遗产名录和第一批国家级非物质文化遗产扩展项目名录的通知》,见"中华人民共和国中央人民政府网",http://www.gov.cnzwgk2008-06/14/content_1016331.htm。

层、高层政区，乃至国家层面，以至于世界遗产。而一个文化区域、文化景观的形成，即区域遗产的形成，与该区域之是否为法定的政区、独立的社区，实有重大关联。许多遗产、尤其是非物质类的文化遗产，都与这样的政区、社区息息相关；则不承认其独立性，不维持社区的社会结构、权力（权威）架构，就很可能无从保护遗产。这也正是遗产，尤其是文化类遗产，更是非物质类文化遗产的保护与传承的关键。

由此可见，不论是当代对遗产概念认识的深化和保护范围的扩展，还是遗产保护本身“原真性”的要求，都表明遗产与其所在区域，首先是各类聚落所形成的社区密不可分。在中国，由行政区划所划分而来的政区，尤其是县级政区，在遗产（尤其是文化类遗产）的形成中也扮演了至关重要的角色。反过来，要有效保护这些遗产，也就必然要求其所在的、或赖以依附的聚落社区、县级政区发挥首要的、直接的作用。而相应地，遗产的收益（包括经济收益），也应该首先由遗产所在地的聚落社区、县级政区及其内的居民共同享有。

5.3 “政区”的“合法性”——以“县”在中国政区体系中的地位和作用为例①

如本书第二章所提及，县和县级政区、县辖政区、统县政区等，都是具有中国特色的政区分析概念。在关于政区层级的四个层面（高层政区、统县政区、县级政区、县辖政区）的政区体系的概括中，我们可以发现一个有趣的现象：至少三个层面都与“县”有关，即“县级政区”本身，以及其上的“统县政区”，其下的“县辖政区”，甚至“高层政区”也常常就是“统县政区”。这就无疑会给我们一种深刻的印象，即“县”在中国政区体系中具有某种特殊的地位，同时，也具有某些特殊的意义。不论是“统县政区”，还是“县辖政区”，都与“县”和县级政区密不可分，它们都是建立在有“县”（和县级政区）存在，且具备长期性、稳定性和明确定位的基础之上的。虽然许多学者在通常的意义上指出过县的悠久历史和稳定地位，但也似乎仅止于此，未能深入分析这一现象背后的深厚意蕴。本节即试图主要从“文化性”的视角，来揭示“县”的若干深层意蕴，以弥补此前研究的不足之处。

目前，在我们讨论中国当代行政区划改革等问题时，对于如县（还包括省）这样的范畴，更多地谈论的是对其如何改革（如撤县设市、设区，或随意撤并等）以达到不同时期的所谓“发展”目标，其不言而喻的前提似乎是：县是天然落后的、乡村式的、适合传统社会的政区形式，且基本遵循的是从上至下、行政命令式的程序和方式。这些，今天来看，都有反思的必要。实际的改革过程中，我们也似乎考虑了许多因素，但却对于各级政区本身，对于其所具备的意义——既有文化层面的，也有政治层面的——往往不甚关注，或被有意无意地忽视（这一点似乎与我们1949年以来，也包括1978年改革开放以来在几乎一切领域中的做法如出一辙，即对古代的、传统的、东方的、或我们自身固有的东西，抱持一种虚无主义的、视之为天然落后的，乃至一定是要被抛弃、废弃的这样的想法）。换言之，县是天然要被改革的，也是可以随意被改革的；各级各类政区及其辖境，也是可以随意撤并或改变的。在此种

① 本节内容曾载于史卫东、贺曲夫、范今朝合著的《中国“统县政区”和“县辖政区”的历史发展与当代改革》（东南大学出版社2010年版）的第一章第3节中。该部分由笔者执笔。因与本章论述有关，特转收于此。这里做了一些改动和补充。

认知下，我们1949年以来的行政区划，就几经调整、变更、改革，既有体制上的、基本制度层面的，也有许许多多具体个案的变化；但时至今日，仍未确定明晰的框架。而伴随着这些改革，虽然取得了很大的成绩，但问题和矛盾也不断出现，有些还相当严重。

这种状况，促使我们反思。一方面，可以看到，尽管县和县级政区几经调整，但其基本格局、职能等依然较为稳定，而社会各界在谈论中国当代行政区划的改革时，也基本认同以县和县级政区为基本单位。这些，都说明，县在人们的心目中，已经自觉或不自觉地具备了某种先在的、既定的、不言而喻的体现某种权力秩序体系的意蕴，也是人们基本的地方认同、地方归属的单位。而另一方面，则我们多年来的调整、反复，以及目前的迷失、找不准改革的目标等现象，又说明我们对政区、尤其是县和县级政区的意义、作用等，认识上还较肤浅，既缺乏对其所承载的地方意义、地方遗产的必要尊重，更没有认识到其所体现和蕴含的诸如"合法性"等方面的意义。这样，出现随意调整，无视其重要作用、价值的现象也就不足为奇了。

目前，学术界已经有学者从"合法性"以及文化意义方面来分析中国的一些文化地理现象，如唐晓峰近年来的诸多论述。但尚未对具体政区(如"县")进行个案分析和详尽展开，亦未能揭示这种意蕴对今天改革的意义。所以，本节的主旨即拟从文化意蕴和"合法性"的角度来分析和揭示如"县"这样的政区的深层意蕴。明乎此，则就容易确定中国大陆当代行政区划改革的前提和出发点，也可藉对县级政区的个案研究，使我们可以进一步推广，而对各级、各类政区，都会发现和体认到有类似的深层意义存在，并值得我们重视。

以县而论，我们认为，"县"(及县级政区)在中国的政区体系中具有核心和基础的地位，是各地地方特色、文化遗产形成的主要依托，也是政府治理"合法性"的重要表现。其所以如此，可从如下两个方面来加以分析，即从表象来看，从历史发展和现实态势而言，在长达2000余年不间断的发展历史中，县在客观上形成介于地方和基层之间，具有承上启下、沟通各方的作用的政区层级；而从深层来分析，县实际上还具有形成地方特色，并进而维系地方，形成地方性、地方遗产的重要作用，也是政府治理"合法性"的重要来源。在这些分析的基础上，我们对当代中国的行政区划改革以及相应的地方治理结构对地方、社区可持续发展和城乡统筹发展所能起到的重要作用和应该关注的问题等方面，提出了一些初步的看法。

5.3.1 "县"在中国政区体系中的核心地位和"合法性"意义分析

5.3.1.1 表象：历史发展与现实态势

从中国政区的历史发展来看，在各类政区中，县是最为稳定的，其延续性也最长。如前引谭其骧的论述："县乃历代地方行政区划之基本单位。州郡置罢，分并无常，境界盈缩不恒，县则大致与时俱增，置后少有罢并，比较稳定。"

从历史角度而言，一般认为，县制萌芽于西周，产生于春秋，发展于战国，定制于秦代，并一直延续至近代，以迄于今，延续2500余年。同时，又贯穿不同社会形态，且其内在治理方式虽也发生了很大的变化，而在职能定位上，县又一直为治权所及的最主要单位，具备完善的治理功能，可以承担全责。

秦始皇统一六国后，废除了"分土封侯"、"世卿世袭"之制，全面推行了郡县制，将"县"作为正式的行政区划建制，加以规范，每县都由皇帝任命的官员进行管理。纵观秦以来我国各时期政区体制发展与演变，尽管发生了很多变革，但这些变化主要都是高层政区和统县政区的变化，而县作为低层政区一直保持相对稳定，其职能、辖境等也一脉相承，较少改变。秦全面推行郡县制后，当时全国大约共设有900～1000个县。其后，除个别时期外，我国历史上县的数量从总体上看是在保持相对稳定中逐步增加。从汉武帝元封年间（前110年）到清末（1909年），县的数量大体在1100～1450个之间。清末边疆和民族地区“改土归流”政策的实施，以及民国时期裁撤府（州、厅）改为县，且设置了很多新的县或者为设县做准备的带有过渡性质的设治局，才使得县级政区的数目大量增加；但所增加的新县主要在边疆地区，原来的县仍相对稳定。民国三年（1914年）县级政区（县、旗）的数目为2032个（含当时的外蒙古地区的旗数目），其中县为1815个。到新中国成立初期（1951年），县级政区数目大量增加，达到2195个左右，其中县为2082个，地辖市为38个。

新中国成立以来，除1956—1961年因为合并一些县（大多不久又恢复原建制）而导致县的数目有所减少外，县级政区数目呈现稳中逐渐增加的现象。原因也主要在于这么几个方面：首先是新中国成立以来的相当一段时间，由部分大县拆小分县、或析置设立自治区（县级）；其次是西藏地区的行政区划规范（1960年西藏地区的83个宗和64个相当于县一级的豁合并改设为72个县）；再次是由于1949年以来我国设市模式曾经长期以“切块设市”为主，使得我国县级政区（含特殊类型县级政区，但不含市辖区）上升到2200多个左右，但县（自治县）的数目基本稳定在2000个左右。①

从当代发展态势来看，改革开放以来，随着设市模式转向整县改市为主，我国县级政区数目变化不大，但县的数目明显减少。到2009年底，全国共有1581个县（自治县）②，比1980年的2070个减少了489个，减少了23.67%。主要是因为它们被大量地改为县级市和市辖区，这与我国改革开放以来社会经济的发展、城市化进程加速有着密切的联系。当然这种县的改市、改区的区划调整方式还存在很大的争议。但无论如何，县仍是最基本、最稳定的区划单元。

总之，诚如有论者所指出的：“县制在中国历史上之所以长盛不衰，对历代行政产生重大作用和深远影响，就是因为县的设置不是一种权宜的或随意的措施，而是由于政治、行政和经济等种种因素结合而成的。因此，经过2000多年的发展，县逐渐成为社会政治、经济、文化等方面相对独立的、呈稳定状态的基层社会单元，能够在任何国家制度下，都以不可轻易分解的行政实体而发挥作用。”③

当代政治学者吴国光也认为：“‘县’在中国目前是行政区划的关键一环：低于县的层级（即目前的乡镇一级）并不具备全面的治理功能；而高于县的层级（包括地市一级和省一级）则距离民众较远，幅员更为广大，虽则其治理功能基本上是县一级的放大。在多种意义上，‘县’都是中国权力架构的基本单位。正因为如此，目前中国政治所面临的困境在县一级也特别突出。”④

5.3.1.2 深层：政治“合法性”的重要来源

上述所论，是目前学术界对“县”制的基本看法；但这仅是表象，是一般的历史事实。然

① 浦善新、陈德彧、周艺等著：《中国行政区划概论》，知识出版社1995年版，第507页。

② 中华人民共和国民政部编：《中华人民共和国行政区划简册·2010》，中国社会出版社2010年版，第1页。

③ 靳尔纲、张文范主编：《行政区划与地名管理》，中国社会出版社1996年版，第144页。

④ 吴国光：《“县政中国”：从分权到民主化的改革》，载《当代中国研究》，2004年第1期，第34～42页。

则仅仅如此，并不必然表示县制的不可代替、不可废弃。更重要的还在于，县在其长期发展过程中，具备了重要的文化学的、政治学的意义，即下对辖区的历史文化等地方特色的形成、维系和发展，即地方感、归属感的形成等，有重要意义；上则成为政府、统治者的权力、治理的合法性，也即地域“合法性”的重要来源。

政区对辖区的历史文化等地方特色的形成、维系和发展，地方遗产的形成等方面的作用已如前所分析。以县而论，“县”的确立和稳定，除了对形成地方文化、地方遗产，也即形成“地方性”等方面具有重要意义之外；更重要的是，县在其长期的发展、演变过程中，还具备了政治上的特殊含义。即在中国传统社会中，县还与国家的发展目标有关，即是儒家或官方政治理想中的政区模式；用今天的术语来说，也是政治“合法性”、“正当性”的重要来源。

所谓“合法性”、“正当性”(legitimacy)，康晓光等在分析儒家的“仁政”思想时，有过概括：

> 任何一种人类社会的复杂形态都面临一个合法性的问题，即秩序是否和为什么应该获得其成员的忠诚的问题。而在现代社会，这个问题变得更为突出也更为普遍。西方学者，如韦伯、李普塞特、哈贝马斯等人，对合法性有重要论述。一般说来，一种政治秩序的合法性是指它获得被统治者自愿服从的能力，或者说在不使用暴力的条件下获得被统治者支持的可能性。韦伯指出：“一切经验表明，没有任何一种统治自愿地满足于仅仅以物质的动机或者仅仅以情绪的动机，或者仅仅以价值合乎理性的动机，作为其继续存在的机会。勿宁说，任何统治都企图唤起并维持对它的‘合法性’的信仰。”哈贝马斯指出，一种制度要赢得人们的承认，即获得合法性，需要借助哲学、伦理学、宗教对该制度的正确性和合理性作出论证。一个政治秩序失去合法性意味着失去被统治者的忠诚。这便是合法性危机。合法性危机将带来国家和社会基本结构的变化。李普塞特强调，政治稳定既取决于政治秩序的“合法性”，也取决于其“有效性”。所谓“政治系统的合法性”是指政治系统使人们产生和坚持现存政治制度是该社会的最适宜制度之信仰的能力。人是有理性的动物，也是有尊严的动物，因此他会要求服从的理由。所以任何政体都需要意识形态，都需要给自己披上合法性的外衣。①

这些理论，同样可以用在分析中国社会方面。中国古代王朝的地域正统性，也就是地域合法性，在古代是一个很重要的问题。县，即在统治区内设立“县”的建制，无疑就是王朝、政府等占有地域合法性的重要因素。对此，唐晓峰曾经有过精辟的分析。他指出：

> 从理论上说，经过夏商周以及秦汉的长期历史酝酿，在《禹贡》和《汉书·地理志》中，已然形成了垂范百代的一系列重要人文地理概念。可以说，为在偌大一块地域中安排好庞大帝国的空间秩序，我们那个时代的祖先既树立了社会地理的

① 康晓光：《仁政：权威主义国家的合法性理论》，载康晓光著：《仁政：中国政治发展的第三条道路》，新加坡八方文化创作室2005年版，第58页。

> “主义”，也解决了社会地理的“问题”。“主义”就是“九州”、“五服”、“移风”、“易俗”，这是“普天之下”；“问题”则是州、郡、县、乡、亭、里，这是“莫非王土”。[①]

唐晓峰还论及：“铭文中将大禹治水与‘明德’密切联系起来，……‘德’，是周人着重宣扬的精神崇拜对象，是一切事物是否具有正统性的标准。大禹治水与‘德’的联结，说明‘禹迹’、‘九州’这些连带性观念，都具有了如‘德’一般的崇高地位。这一思想发展，为后世以‘九州’为代表的大一统地理观念之不可动摇的地位，奠定了基础。”[②]“中国古代王朝正统性的认同，就包括一种地域的归属感，正统地域的归属，就要归属到九州之内、五岳之内。”[③]顺着唐先生的思路，我们还可以这样补充：即“正统地域的归属，也要归属到郡县之内、省县之内”。总之，“历朝人士对中华大地的认知，‘一以禹贡九州为准的’”[④]。

事实上，传统社会中，县的设立与否，不仅表示的是一地区及人民是否为统治者所直辖的状况，而且表示的是中华文化、“纲常名教”是否播于四方，也就是说，该地是否为华夏衣冠所及、声教所传之地。中国古代王朝、帝王的政治理想，在儒家成为正统思想后，《禹贡》所勾画的九州，以及其他的空间构成体系，都成为必须追求的目标，也是必须承当的责任，最终，达到“声教迄于四海”(《尚书・禹贡》)的理想境界。这样，设置郡、县，就是这种追求的结果。相反，在文化尚未认同之地，则为羁縻之制。此点，汉武帝曾经清晰地表达出来：“事天以礼，立身以义，事父以考，成民以仁，四海之内莫不为郡县，四夷八蛮咸来贡职，与天无极，人民藩息，天禄永得。”(汉武帝“泰山刻石文”，见《后汉书》志 7《祭祀上》注引《风俗通》)这里的“四海之内莫不为郡县”，就是一种重要的政治理想，也是一个政权、统治者获得合法性、正当性的重要原因，即他愿意承担这样的使命。古代中国统治者的合法性，就在于“以华变夷”(即将儒家思想为核心的中华文化推布于四方)，进而“四海之内莫不为郡县”；而精英、民众也均对此服膺勿失。这一过程，虽也伴随着开疆拓土、征战杀戮，但其目标，仍在于将儒家的理想——即仁义礼教等播于四海。即使在当代，虽然缺少了儒家理想的支撑，但在中国人心底深处，或者作为中华文化熏陶的结果，对诸如“县”这样的符号，仍持有相似的认知，成为一种集体无意识，一种惯性和习惯。

这里，“县”就不仅仅只是一个一般的名称了，而是蕴含有诸多价值、信仰的符号。正是这一符号及其所蕴含的价值和信仰，决定了人们对既定政治过程、对现实的政治组织、对既有的当权者的态度，也即在相当长的历史时期里人们对既定政权、既有政治空间的正当性、合法性的认知。

5.3.2 政区的“合法性”与稳定的宪政秩序的确立

从以上分析，我们可以看到，县和县级政区不仅在形成地方特色、文化景观等“地方性”方面，具有决定性的作用；而且，其设立本身，实际上也成为地方治理和地方政府“合法性”的重要来源。理解了“县”的文化、政治方面的意义，我们始会对县级政区以及统县政区、县辖政区等有更深切的认识。我们可以明白，政区体系中的种种，都不是无缘无故而来，更非

① 唐晓峰著：《人文地理随笔》，生活・读书・新知三联书店 2005 年版，第 225 页。

② 唐晓峰著：《人文地理随笔》，生活・读书・新知三联书店 2005 年版，第 13 页。

③ 唐晓峰著：《人文地理随笔》，生活・读书・新知三联书店 2005 年版，第 25 页。

④ 唐晓峰著：《人文地理随笔》，生活・读书・新知三联书店 2005 年版，第 227 页。

随心所欲就可以变更的，而是有其内在的秩序、传统、理念，也即一种准“宪政”秩序存在。这些传统、秩序，对于文化传承、地方发展、社区稳定和社会和谐，在某种程度上，也是至关重要的。

因此，我们这里对“县”和各级政区的文化意蕴和政治“合法性”意义的分析，可以带给我们两个方面的启示：

第一，是希望能够体认和尊重这种权力秩序（准“宪政”秩序），尊重各个政区之上所承载的“合法性”意义。

认识到这种稳定的政区和附着于其上的传统的“合法性”意义，对今天的遗产保护、文化传承等仍有重要作用；也希望在对诸如行政区划的调整和改革的过程中，将文化的、历史的等因素纳入考量的范围，而非仅仅着眼于单纯的经济利益。

笔者曾经论及，在中国当代行政区划的改革之中，有两个重要的教训，很值得我们深思：

> 一是一切皆围绕所谓“破旧立新”展开，对传统尊重不够，而过于热衷对前代的一概否定，偏于“革命”手段、激进方式与短期见效，而不耐“改良”的渐进与缓慢的成效；但结果往往事与愿违，“旧制”虽破而“新规”却难立，每每转了一圈之后又回到原点，成为“折腾”。二是“法治”观念淡薄，没有发自内心的对法律的尊重和认可，往往只是作为随手可用、也随手可丢的工具，违法则无从监督、惩处，致使管理者可以随意曲解法律、变更法律，或一旦现实中有新的问题出现，乃至一些做法与法律规定有抵触，也是先行做起，然后就轻言修法、甚至修宪。这些教训我们多有经历，感同身受，殷鉴不远，正可为今日之诫。
>
> 所以，行政区划的改革，有两个重要的出发点，或曰两个原则，我们认为首先要把握：其一，就是尽可能在法律所规定的框架内，严格遵守法律规定及其立法精神和原意，而不轻言修法、修宪；其二，在行政区划两重含义中，尽量尊重既成、已有的政区空间格局，包括其行政区域和行政中心，而着重对其中的权力配置体系、管理方式等实质性的行政管理体制、乃至政治体制等进行改革和完善。①

我们也曾经在对中国“统县政区”的分析之中，提及“统县政区”的“历史、文化传承之需”的功能：

> 就历史发展的惯性而言，从秦代立郡以来，尤其是明清的府之范围，基本为后来“统县政区”的基础，如建国后的地区、自治州，以及目前的“地级市”等，且也是与“省制”直接相关的一级区划，是“省”构成的基础。因此，从地方发展的历史延续性和地方文化心理而言，“统县政区”仍有其意义，如浙江的“上三府，下八府”之说，福建号为“八闽”，广西号为“八桂”，等等，均脱出于“统县政区”。尤其重要的是，许多历史、文化、民俗等人文现象的空间范围，如方言、戏曲、习俗，以及文化心

① 史卫东、贺曲夫、范今朝：《中国“统县政区”和“县辖政区”的历史发展与当代改革》，东南大学出版社2010年版，第395页。

> 理、地方认同等，亦以府为范围；原府或现地区、地级市的中心城市也基本为传统的中心，得到该地区居民的认同。故“统县政区”至少从文化传承的角度而言，甚至其本身的存在，就是一项重要文化遗产的延续。保留之（或至少在形式上保留之），从功利的角度而言，有助于文化遗产的保护与传承；而从更重要的角度来看，实质上是对“地方性”、地方民众的一种尊重。故不可轻易言废。①

也正如法国19世纪著名的政治学者贡斯当曾经指出的：“我一直认为对待过去应当客气一些，因为首先在过去，并非一切都不好；其次，客气一些可以使过去比较平和地隐退。”②我们认为，对于县制、“县”名，乃至有关的政区格局等，亦当作如是观。

第二，也是更重要的一方面，则是希望在新的时期，重新借鉴传统资源，并吸收最新理念，建立一种新型的关于地方的“合法性”认同与“宪政”秩序。

中国大陆1949年以来发展的曲折过程以及当代各种问题的出现，与无视或忽视这种地方的“合法性”有关，导致很大程度上的地方的“消失”，即仅关注所谓国家层面的“整体”利益（但这种“整体利益”是很难确切界定的），而牺牲乡村或边缘地区的发展机会和利益，导致所谓“区域剥夺”现象的出现③，致使城乡差别、区域差别、人群差别等愈拉愈大。种种问题，可能与地方治理结构，也即中国当代的行政区划制度有相当程度的关联。这是被以往研究者所忽视的视角。

因此，我们还需在新的形势下，重新思考地方的“合法性”问题，重建和重新构筑地方的“合法性”。如果说，古代，由于有儒家的理想作为支撑，而成就了地方的合法性，也导致地方治理的相对成功；那么今天，就需要为地方的“合法性”，寻找和确立新的理想和目标。笔者认为，这就是对地方自主权的尊重、确认和保障。换言之，即确立“地方自治”的行政区划改革的目标，通过明确的法律规定和制度保障，赋予中央与各级地方之间明确的权限划分和财政分配方式，也即赋予地方明确的、稳定的宪政地位。没有这样的稳定地位，地方和社区的发展，就会始终处于一种不稳定的状态，也难以抵御各种仓促的、着眼于短期利益或经济收益等方面的行政区划调整的冲动。

揆诸西方国家及近邻东亚各地的情况，不论国家层面之民主与否，地方的自治权和居民的完整的财产权利、政治文化权利等一直得到法律的确认和司法的保障④，导致居民、社区和地方都可以分享到国家、地区发展所带来的益处，而地方也藉此而可以充分关注地方自身的发展需求和自身文化遗产等的传承。所以，这反而是国家均衡发展、地方文化遗产

---

① 史卫东、贺曲夫、范今朝：《中国“统县政区”和“县辖政区”的历史发展与当代改革》，东南大学出版社2010年版，第396页。

② 转引自刘军宁等编：《自由与社群》，三联书店1998年版，第5页。

③ 方创琳、刘海燕：《快速城市化进程中的区域剥夺行为与调控路径》，载《地理学报》，2007年第62卷第8期，第849～860页。

④ 关于这一点，当代社会依然有众多体现；虽然背后的理念不同，但其所起到的作用是一致的。典型如美国，在其立国之初所制定的“宪法”中，就对地方自治，也即地方所拥有的宪政地位，做出了明确的规定：《美国宪法》第四条第三款规定：“国会得准许新州加入联邦；如无有关各州之州议会及国会之同意，不得于任何州之管辖区域内建立新州；亦不得合并两州或数州、或数州之一部分而成立新州。”且各方面也都对此予以尊重和承认，也保证了美国政区以及国家的长期稳定。

同为汉文化圈的日本、韩国和台湾地区，也都制定有详略不同、表述有异的《地方自治法》，但其实质也均相同，即以国家基本或主要法律的形式，确认了地方的相对独立、自我组织及当地居民决定地方存否的宪法权力。

得以确认和保护的重要机制和保证。

法国另一位19世纪的著名学者托克维尔在考察美国的情况后曾指出:"美国民主制度所依赖的三权分立体系,虽然绝对是必要的,但并不足以使一个国家既享有自由,又拥有民主。……一个独立于国家的多元的、自我管理的公民社会,是民主社会的必不可少的条件。"进而认为,西方宪政民主如果没有社会自治作为基础,是不可能成功建构的:"如果说美国是因为有了宪法才保持了民主,这对我来说是本末倒置;如果说是因为这个社会基本上是民主的,宪法才保持下来,这听起来似乎不对,但实际上却正确得多。"①

对中国这样一个大国而言,尤其需要在各个层次上,确认地方的存在和明确的法律地位(宪政地位)。不仅是县级政区,而且是省级政区、县级政区和基层社区,均有明确的法律地位。对此,笔者称之为"地方的重建"。只有各级"地方"具备了这种稳定的"宪政"地位,"地方自治"(或地方自主权、地方的人民真正当家做主等,不拘怎样表述)得以真正实现,则地方的文化才能够真正顺利传承,地方发展、社区发展才可以持续和健康。这其实也是中国真正实现城乡统筹、区域统筹和可持续发展的基本点与关键所在。

5.4 行政区划的调整与遗产"原真性"的保护——以遗产(地)所在政区的更名对区域遗产保护的负面影响为例

就本节所论及的行政区划改革与遗产保护这两大问题而言,目前学术界及社会各界都对其各自领域的研究较为重视,取得了较多成果。但将二者结合,即或从行政区划调整对遗产保护所造成的冲击与影响的角度,或反过来,从为了推进遗产保护事业而反思我们当前的行政区划调整对其有无阻碍的角度,等等,这些方面的研究还觉尚少,有些研究虽然有所涉及,但没有专门进行深入剖析,更无系统的论述。

从实践方面而言,将行政区划调整与遗产保护和利用挂钩是开始于"遗产旅游"的出现。随着遗产保护思潮的兴起,遗产旅游也迅速成为旅游活动中最具魅力、最有生命力的形式之一。② 在国外,是先有遗产保护,再随之兴起遗产旅游;但在中国,却是先利用这些遗产资源搞起旅游活动,再发现遗产的重要经济价值,再认识到遗产保护的重要性。所以,利用遗产资源,通过申报世界遗产提高知名度,就成为各地的普遍做法。同时,不少地方又进而通过将遗产利用与行政区划的调整相结合的方式来提高该地的知名度,其中,以改名,即选择区内自认为最具知名度和吸引力的遗产(包括自然景观、文化遗存乃至非物质文化遗产等)来命名政区最为普遍。

理论上,随着前述实践的发展和问题的出现,关于行政区划调整对遗产保护的影响,学术界近期开始略有涉及,但角度还较为狭窄。徐嵩龄直接分析过中国的遗产原真性在旅游中的受损等问题,涉及政区调整对遗产保护及遗产原真性的影响,但不是从行政区划角度出发的专门分析,仅是作为影响的一个方面有所提及。③ 张朝枝在以张家界武陵源风景区为例探讨"旅游与遗产保护"关系时,论及了行政区划调整对该遗产地形成和发展的重要作

---

① 转引自唐兴霖、张紧跟:《村民自治:中国民主政治的微观基础》,载《社会主义研究》,2000年第5期。

② 徐嵩龄著:《第三国策:论中国文化与自然遗产保护》,科学出版社2005年版,第103页。

③ 徐嵩龄:《中国遗产旅游业对遗产原真性的影响》,见徐嵩龄著:《第三国策:论中国文化与自然遗产保护》,科学出版社2005年版,第173~179页。

用，同时也指出由于管理体制的问题而导致的治理失效的问题；但行政区划调整仅作为一个背景因素，未详细阐发。[①] 其他学者的研究，则多限于具体区划调整的个案的效果分析，一方面集中在政区名称改变的影响上，如朱昌春[②]、许宗元[③]等对黄山等的分析，柴海燕则对风景旅游城市地名变更现象进行了系统审视[④]，该方面研究多认为弊多利少；另一方面则主要是从旅游方面的效果来分析区划调整的影响，如张建强调了区域旅游合作开发中要重视行政区划因素[⑤]，余凤龙、陆林等在对江西井冈山市与黄山市比较的基础上，分析了行政区划调整的旅游效应[⑥]，郝革宗以桂林市、桂林地区合并为例，分析了行政区划变更对旅游业的影响[⑦]，鲁明勇等则提出基于旅游效应的湘西行政区划调整的思路[⑧]等，这一角度的研究主要持正面看法，认为利弊皆有，但以利为主。总体来看，由于缺乏全面分析现行区划制度和实施方式对遗产保护的影响，使得前述结论都未免不够全面和系统，或失之偏颇。

同时，目前的研究，还多是仅就具体区划调整的影响来进行分析，没有深入揭示体制、制度性方面的因素。此外，也多局限于严格意义上的县级政区及以上的政区调整，对更多的、影响更深远的县级政区以下的遗产，尚未关注；而实际上，这一层面更加重要。1949 年以来中国的地方治理体系，与传统的一个重要差别，即在于压缩了聚落社区自我管理（自治）的空间，将国家的政区体系深入县以下的乡镇（所谓“农村地区”）、街区（所谓“城市地区”），而名义上为农村居民（村民）或城市居民的自治性组织的村委会、居委会等，也有强烈的行政化色彩。因而，中国实际上缺乏严格意义上的社区，故可以广义地（或实质上地）认为都属于行政区划的范畴（可参见第二章的论述）。也因之，行政区划体制及其调整的影响，就不但及于县、乡等正式作为行政建制的区域和聚落，而且影响到更小的（农村）村落、（城市）社区。在这个意义上，行政区划的制度更替和具体调整对遗产保护的影响，就非常巨大了。实际上，基层社区层面的遗产保护更加难以解决。而要解决这一根本问题，就不仅是基层社区、低级政区的具体的调整如何进行，更涉及若干地方治理制度的改革和完善。

因此，行政区划调整对遗产保护的影响，从为了推进地方旅游发展而更改政区名称的角度分析，仅仅是较为表面的现象；更深层的对地方遗产保护的影响，还是现行区划制度的不完善与随之而来的频繁的拆分、合并等更动。不论是为了推进遗产旅游或遗产保护而有意为之（如大量的政区改名），还是为了其他目的所进行的调整，总的来看，当代中国的行政区划调整和改革，由于从一开始就未能充分认识遗产与区域的关系，未能将区域的历史文化和社会意义考虑进去，而主要着眼于促进经济增长，推进城市化（指外延的、表面意义的城市化，而非实质性的城市化）进程，因此，不论是具体的调整个案，还是总体的制度改革，

---

① 张朝枝著：《旅游与遗产保护——政府治理视角的理论与实证》，中国旅游出版社 2006 年版，第 57 页。

② 朱昌春：《地名在风景名胜区的应用》，载《旅游学刊》，2002 年第 17 卷第 6 期，第 19～22 页。

③ 许宗元：《旅游地市行政地名命名的思考：以徽州—黄山市为例》，载《旅游科学》，2002 年第 6 期，第 23～27 页。

④ 柴海燕：《风景旅游城市地名变更现象透视》，载《地域研究与开发》，2000 年第 2 期，第 82～85 页。

⑤ 张建：《重视区域旅游合作开发中的行政区划因素》，载《科学经济社会》，2005 年第 1 期，第 55～60 页。

⑥ 余凤龙、陆林、操文斌等：《行政区划调整的旅游效应研究——兼论井冈山市与黄山市的比较》，载《地理科学》，2006 年第 26 卷第 1 期，第 20～25 页。

⑦ 郝革宗：《行政区划变更对旅游业的影响——以桂林、桂林地区合并为例》，载《广州师范学院学报》，2003 年第 8 期，第 52～56 页。

⑧ 鲁明勇、王兆峰、杨玉国：《基于旅游效应的湘西行政区划调整》，载《湖南农业大学学报（社会科学版）》，2007 年第 8 卷第 5 期，第 55～58 页。

都对遗产保护造成了巨大的冲击，且以制度层面演变的影响为甚。而目前，学术界主要关注的还多是具体的区划调整的影响，却恰恰忽视了更重要的后一方面。故本节在着重对遗产(地)所在政区的更名对区域遗产保护的负面影响进行分析的基础上，分别从这两个层面来论述行政区划调整对遗产保护的影响和冲击，进而揭示区域的权力核心、权力结构等的存废(表现上即行政区划的调整)对区域历史文化形成和维系的重要作用，也为今后的行政区划改革提供一些思路和建议。

5.4.1 具体的行政区划调整对遗产保护的影响分析

行政区划调整变更的内容按具体情况可以分为以下 6 类：建制变更；行政区域界线变更；行政机关驻地迁移；隶属关系变更；行政等级变更；更名和命名。在实际工作中，一个地方一次行政区划变更，可能只涉及上述 6 类中的一项，也可能涉及几项。[①] 这些具体的调整方式都可能对遗产及其原真性的保护造成影响：或者造成有些遗产被放大、强化，或者造成有些遗产被压缩、消泯。而且，涉及改变的类项越多，对遗产保护的负面的影响和冲击越大。

按照具体区划调整的程度差别、调整目的等，可以将其分为三种情况：一为单纯的政区的专名更改，基本不涉及其他要素变更，主要是界线不变，隶属关系、行政等级不变，即形式上还是同一个完整的政区(当然，可能会有局部微调)。这可以说是目前直接从遗产的保护和利用角度所进行的行政区划调整。当然，主要目的是借遗产地的高知名度来提升该地区的知名度，以获得各种利益。这一类例子非常多，可以说是最近 20 余年中国行政区划改革中最常见的现象之一。二为政区的专名未变，而其他要素或多或少变更。该类调整的目的原非着眼于遗产保护或利用，相对而言影响较小，但在客观上也会对遗产保护产生影响。第三种则为在政区专名变更的同时，还伴有其他要素的变更，即综合了前两种情况，影响也最大。三种情形，对区域遗产保护影响的效果差别很大，并以一、三种为甚。

5.4.1.1 单纯地名更改(主要体现在政区专名的更改方面)，其他要素均不更动

从 20 世纪 80 年代以来中国行政区划调整的实践来看，单纯的政区专名更改而其他要素均不更动，主要表现在县级政区，尤其是相对独立的县、自治县和县级市等政区。地级政区的更名，往往伴随着其中的县、县级市和市辖区的同时调整；乡镇级政区的更名，也基本上包括了所辖范围等的一并更动。同时，若是市辖区、乡、镇或地级市等单独更名，则其效果与县级政区类似，故下面着重以县级政区来分析、说明。

20 世纪 80 年代以来，可以确认主要出于利用境内重要遗产地或遗产资源而进行政区更名的县级政区计有(不完全统计)：1983 年安徽省太平县改为黄山市(县级市)，1988 年四川省峨眉县改为峨眉山市、灌县改为都江堰市，1989 年福建省崇安县改为武夷山市，1997 年四川省南坪县改为九寨沟县，1998 年则有湖北省蒲圻市改为赤壁市、云南省路南彝族自治县改为石林彝族自治县，2001 年又有云南省中甸县改为香格里拉县，等等。市辖区更名的也很多，以 2005 年为例，如浙江省嘉兴市的秀城区更名为南湖区，河南省开封市的南关区更名为禹王台区、郊区更名为金明区，甘肃省天水市的北道区更名为麦积区等。

应该说，以境内的风景名胜、原有历史名称或其他珍贵遗产(物产、名人等)进行政区命

① 靳尔刚、张文范著：《行政区划与地名管理》，中国社会出版社 1996 年版，第 5 页。

名，古已有之，也基本符合地名命名和发展的规律（即较为稳定）。但就当前中国政区命名的实践本身而言，则存在直接将遗产名称照搬，使用中易造成一定程度的混淆。如王际桐所指出的：“行政区域名称以自然地理实体命名的甚多，本无可非议，也是符合地名命名规律的。但其中欠妥之处就是通名重叠。尤其是使用名山大川命名更不宜通名重叠。山西的五台县以五台山得名，湖南的衡阳市以处于衡山之阳得名，通名不相重叠。但也有些以山川命名的行政区域名称，山川通名仍然保留，如武夷山市、黄山市等，一旦政区通名脱落，就会造成与山川混淆的结果。”①

其实，现存至今的大量政区地名，多有以山川名胜命名的例子。但是，古人显然较之今人要含蓄得多，也文雅一些。多是借用名胜，辅以方位等词汇，使得二者既有联系，又不雷同，一望而可知其孰为名胜、孰为政区；既便于实用，又得以提升地方知名度。而现在的命名更名，如前所举诸例，则是过于直接、过于直白，也显得过于急功近利了。

同时，仔细分析，以辖区内的某一著名遗产给政区更名，除了前述二者的容易混淆之外，对区域遗产的保护而言，则可能导致出现如下两类问题（当然，不同政区表现上会有差别，有些较为轻微，有些则影响巨大，端视原有遗产的积淀丰厚与否）。

(1)实际上出现“以偏概全”的问题

盲目选取辖区内的知名（自以为）景观，冠在全区之上，很可能会导致“以偏概全”，使得区域自身的历史文化内涵受到扭曲，区域整体的遗产原真性受到破坏。如许宗元分析的，“是一种制约旅游、不利行政、贻害游客、泯灭文化、割舍传统的行为”，“名山大川在国人乃至地球村人的心中已形成特定形象，不可扩大或缩小其名称的指称范围，避免造成风景区这一特定空间形象与包含风景区的地理区域范围的名称混乱”。并进一步举例分析，“‘黄山’取代‘徽州’是将名山固有指称范围扩大了，‘武夷山’取代‘崇安’是将名山固有的指称范围缩小了。倘因某景区在该行政地域内赚了大把旅游钱便以该景区名来作行政地域地名，那么，可能有朝一日北京市被改为故宫市、西安市被改为秦皇兵马俑市、杭州市被改为西湖市。这种急功近利、视短心浮如不扫除，对我民族心态、气质极为不利。所以，为旅游地市命名，一定要从定位功能、文化底蕴、信息含量、旅游资源等角度全面权衡，全面把握，科学从事”②。

当然，适当的更改并非完全不能。从遗产保护的角度分析，以这种方式命名的政区，即辖境不变，治所未迁，只改名称，可以将境内仅属于局部社区的遗产提升为整个区域的遗产，彰显其最有价值之一面，因其具有更大的意义和知名度，对整个区域知名度的提升有利；同时，也有利于对该遗产的认知和区域共同意识的维护，从而有利于对该遗产本身的保护。

但是，不可避免的就是，该遗产在区域中的地位的提升，会影响到区域中对其他遗产的认知（即原本各个遗产在区域中地位大致平等，但现在其他遗产就会处于劣势），有可能会遮蔽或掩盖区域内其他有价值的遗产。当然，原有政区名称愈不知名，内涵愈少，这种遮蔽和损失愈小；而设若原有政区名称蕴含有丰富内涵，则一旦更改，对区域内原有的和其他的有形、无形遗产的影响就愈大。

---

① 王际桐著：《王际桐地名论稿》，社会科学文献出版社 1999 年版，第 57 页。

② 许宗元：《旅游地市行政地名命名的思考：以徽州—黄山市为例》，载《旅游科学》，2002 年第 6 期，第 23～27 页。

(2)派生地名会出现混乱,并使诸多物质性、非物质性的遗产资源失真

此外,还有一个重要问题,即政区名称并不单纯只是一个地方的名称而已,而是随之而会产生大量的派生地名。大量的企业、机关、学校、站场等的名称,多是由政区名称引申出来的,对其的更改,就会造成许多不便和浪费。"由于旅游业的快速发展,使一些邻近风景名胜区的市县领导急功近利,市县不能改某某山市,就在交通上做文章。泰安市政府向铁道部申请,将泰安站改为泰山站;浙江德清县的德清站改莫干山站;江西九江县站改庐山站;安徽潜山县的潜山站改天柱山站;陕西华阴市的华阴站改华山站;湖北丹江口市老营镇站改武当山站;甘肃安西县柳园站距敦煌 132 公里,硬改为敦煌站。泰山站、华山站由于位于山脚下,还有实际意义,其他名山车站距名山景区均有 20—30 公里不等,明显有误导游客之嫌。有标准的地名不用,硬要改为名山站,其目的很简单——提高知名度,发展经济,增加收入。但如此做法所带来的其他负面影响,人们却很少考虑。"①

同时,诸多物质性、非物质性的遗产资源,其名称也常常冠以政区之名。则对其的更改,就很可能造成对这些与政区有密切关系的遗产(及其中的某些部分)的原真性逐渐受到损害。

就物质性遗产而言,如许多地方性的名产、特产,习惯上多以政区命名,国际上通行的对"地理标志产品"②的保护,也是冠以政区之名并以明确的地理范围为基础的;故一旦政区调整(或改名,或拆分,或归并),就会名实不符。诸多原产地保护问题的出现,亦与政区随意归并、拆分有关。王际桐就曾指出:"……'祁红屯绿'是很有名的,改为黄山市,屯溪绿茶也被埋没了。地名稳定了,与地名有关的名产、特产,国内外皆知的工、矿企业都会被人所知。地名一改,原来这些信息内容都要重新在国内外认定,这就需要时间。"③

例如,杭州的名茶"西湖龙井",根据《杭州市西湖龙井茶基地保护条例》,只有产自杭州市西湖区周边的 168 km^2 范围内的龙井茶才能称为"西湖龙井"④,而杭州周边乃至浙江其他地区产的茶,一般称为"浙江龙井"或者径称"龙井茶"。但随着杭州行政区范围的逐渐扩展,杭州概念随之扩大,杭州的"西湖龙井"也随之不断泛化,不仅余杭、萧山,甚至市属 6 县(市)所产,也都成杭州"龙井"了。这是随政区扩张而强势扩展的例子。也还有大量的与政区有关的物产,则因政区调整,或被归并,或被降级,名已不存,则其维护就面临许多困难,如宣莲(浙江的宣平并入武义)、涪陵榨菜(涪陵作为一个区并入重庆市)、黄岩蜜橘(黄岩作为一个区并入台州市)等,乃至如"郫县豆瓣"(郫县要否并入成都而成为一个区)所引起的争论等。这是随政区消泯而弱势衰退的例子。

至于目前日益引起各方重视的诸多非物质文化遗产,大多数都与基层社区和政区有关,其命名也多以政区之名、社区之名而来,则政区更名或其他调整,势必影响到这些非物质文化遗产原真性的保持。如以前举 2006 年、2008 年国家公布的两批"非物质文化遗产"

---

① 朱昌春:《地名在风景名胜区的应用》,载《旅游学刊》,2002 年第 17 卷第 6 期,第 19~22 页。

② 根据 2005 年中国国家质量监督检验检疫总局颁布的《地理标志产品保护规定》,所谓"地理标志产品"系指:"产自特定地域,所具有的质量、声誉或其他特性本质上取决于该产地的自然因素和人文因素,经审核批准以地理名称进行命名的产品。"见"中国法院网":http://www.chinacourt.orgflwkshow1.php? file_id=103019。

③ 王际桐著:《王际桐地名论稿》,社会科学文献出版社 1999 年版,第 57 页。

④ 《西湖龙井生产模式落后影响整体竞争力》,见"新浪网":http://news.sina.com.cn/c/2008-06-16/005615749571.shtml。

为例，大量项目均直接与所在社区、政区相关，甚至名称上就直接以此命名，如，耿村民间故事（河北省藁城市）、左权开花调（山西省左权县）、北票民间故事（辽宁省北票市）、昌黎民歌（河北省昌黎县）等。对此，徐嵩龄在有关分析中，也认为改名等首先损害了遗产的非物质原真性，并举了黄山、峨眉山等的例子进行过分析。[①]

5.4.1.2 政区专名变更的同时，还伴有其他要素的变更

单纯政区名称的变更，已经引起诸多问题；而实际中，更多见的，是涉及政区多类项的变更问题，而且，涉及的因素越多，对遗产的原真性保护的冲击也越大。地级市层面的调整，就一般包括了多个类项，如驻地迁移、隶属变更、等级变更、辖域重组、更名和命名等，导致名实不符、张冠李戴、以偏概全等等问题。其他县、乡级政区也有类似问题出现。

（1）名实不符和张冠李戴

行政区划调整中的一个突出问题，就是出现名实不符和张冠李戴的现象，且尤以地级市及其内部市辖区区划的调整为甚。如江苏省苏州市的虎丘区，原以虎丘山得名，而今该山已不在虎丘区；无锡市有锡山，但不在锡山区，有惠山，也不在惠山区（锡山、惠山都在无锡市北塘区境内）；等等。其中，如1987年地级黄山市的区划调整（将县级黄山市的范围扩及整个地级市的范围，且治所在屯溪区而非黄山区）、2000年地级淮阴市更名为淮安市（即原县级淮安市之名升格为地级市范围，而原县级淮安市辖区变为楚州区）的区划调整，以及2007年地级思茅市改为普洱市（而将原普洱哈尼族彝族自治县改为宁洱哈尼族彝族自治县）的区划调整等，就都将原属县级范围的遗产扩及更广大的地级范围，且与原已经固有的对政区的认知有显著差异，造成明显的名实不符和张冠李戴。

这里，又以黄山行政区划的变迁最为典型，被讥为“皖南处处皆黄山”。诚如有论者所称：“衍生出来的结果，‘黄山’成了一顶金帽子，黄山风景区的七邻八舍九族都争着往自己头上戴。比如屯溪火车站改名黄山火车站，屯溪机场改名黄山机场，距风景区一二百公里外的饭店宾馆也挂上了‘黄山’的牌子。近万平方公里的土地上处处高举‘黄山’牌，游客却不知此黄山离真黄山尚路途遥遥。那些以为到了黄山火车站和黄山机场就到了黄山风景区的游客，其实已经走了好大的弯路，到了他们本无意到达的屯溪。而该地距黄山风景区南大门还有79公里，到北大门还有135公里。”[②]对此，已经多有学者及社会各界人士指出，兹不赘论。

近期，在距2000年地级淮阴市更名为淮安市之后9年，在有关报道中披露了淮安与淮阴的“正名”之争，称“9年来，为了夺回‘淮安’二字，楚州区许多人一直没有放弃过努力”。其实质，也是这种问题的反映：

> 淮安二字，更重要的意义在于，它作为周总理家乡的政治、文化效应。“国家历史文化名城”曾经是楚州区最大的一张“名片”，但这张“名片”如今已经为淮安市所用。
>
> 更名带来诸多不便。慕名来瞻仰周恩来故居的，常被带到淮安市，再折回

① 徐嵩龄：《文化遗产保护中的“原真性”概念》，见徐嵩龄著：《第三国策：论中国文化与自然遗产保护》，科学出版社2005年版，第175页。

② 晓舟：《归去来兮，徽州——一份人大政协建议、提案的追踪》，载《时代潮》，2004年第6期。

> 楚州。
>
> 而无论是外出联谊、招商，楚州区干部总要费许多口舌来解释“楚州”是怎么回事，甚至名片上也要印上“楚州(原淮安，周恩来故里)”之类的字样。当他们自称是周总理的“老乡”时，常被人笑为“牵强附会”。①
>
> ……因此，一段时间来，在江苏淮安市的网络和地方舆论圈中，一场“正名”的争论正在进行。周恩来总理的故乡江苏省淮安市楚州区(原县级淮安市)，正努力重回“淮安”之名。

这种情况，正如在该报道中所配插图的说明文字所云：老“淮安”是一把雨伞，以前下面只站了一个人，现在下面站了9个人。如此，焉能不乱？

(2)对区域内其他遗产的遮蔽

另一个问题，就是对区域内其他遗产的遮蔽非常严重。辖境改变，名称所指扩大(治所未迁，仍在原中心城镇，即核心区未变；但辖境扩大，将原属其他政区的聚落划入)，对其所使用为全政区名称的遗产有利；但覆盖至周边原属其他政区的聚落，难免遮蔽其他社区的遗产，对其他社区的遗产保护不利。如果其他社区遗产价值不大，损失尚可接受；但如果有较高价值，可能会造成遗产的巨大损失。典型的也如黄山市改名后对“徽州文化”的巨大遮蔽效应。如前引论者所指出：“……造成了当地文化资产的巨大损失，既没抱到西瓜，还丢了芝麻，形成皖南处处皆黄山的怪现状，不仅让前来看黄山的游客费尽周折，而且把有几千年历史的文化名城徽州，淹没在黄山地名的迷雾中了。而真正具有纪念和指向性的黄山区和徽州区，被当作黄山的市级辖区，一般很难标在全国和省地图上。……随着徽州这一行政区划的消失，徽剧、徽墨、歙砚等中华文化史中的瑰宝从此失去了发源地，徽州建筑、徽商的崛起失去了历史印证地。从这一角度来看，徽州从地理概念上的消失，使一个区域性文化概念从此消失了。”②

另外，仅就更名而言，所引起的诸多问题，这种情况下表现也更为严重。对中心城区，不存在更名问题；但对被合并进来的政区而言，实际上就是被更换了名称(即被并入的地区之名)，且失去了独立性，即权力中心转移(原治所中心权力下降或丧失，转至被并入的中心城区)。实际上，将单纯更名的弊端放大而益处几乎完全丧失。

换言之，在县级政区，有关行政区划的变动对遗产“原真性”的影响有限；一旦扩及县级政区以上，则负面影响就非常明显。黄山是一个典型。原本内涵极为丰富的“徽州文化”，因“徽州”之名的丧失而无所依凭，为“黄山”所遮蔽。近几年，因为对“徽州文化”的深入研究，以及西递、宏村古村落的入选世界文化遗产，人们才认识到废弃徽州之名的弊端。但如果“徽州”文化遗产没有那么高的价值，或没有及时为人们所认识，则很可能还不会引起争论。这恰恰是大多数其他地区的境况。

还以前引淮安与淮阴的例子，不仅淮安之名被“名不副实”，就连淮阴之名也不知不觉地被“遮蔽”，仅成为市辖区的名称，且由于各种原因似乎人们不愿多加以提及而渐渐淡出

---

① 《江苏淮阴占用周恩来故乡淮安之名引9年纷争》，载《南方周末》，2010年2月9日，见“新浪网”：http://news.sina.com.cncsd2010-02-09/212919663821.shtml。

② 晓舟：《归去来兮，徽州——一份人大政协建议、提案的追踪》，载《时代潮》2004年第6期。

人们的视野。也正如在该篇报道中最后所提到的：

……一些淮安市的老干部，也反对将行政中心迁往楚州区，其影响力不亚于楚州区。“淮阴人肯定是不同意行政中心迁移的，他们也到处反映。”金兆峰说，“淮阴人有淮阴人的情结，淮阴的历史同样悠久。”

江苏省文物局文物管理处副处长束有春亦在接受南方周末采访时认为：“当地政府对淮阴和淮安的价值认识不清楚，总以为淮安名气响，可以借总理故乡扩大名气，但实际上把淮阴丢了，把总理故乡也丢了。”①

这里的关键就是：更动有没有涉及其他要素的变化，若仅仅是名称（专名）变化，改变仅局限在县级政区的范围，影响就不会太大；但超过这一范围，负面影响就会很大。换言之，这类更动，必须局限在县级政区（含市辖区）的范围，始不会对遗产保护和地方认知造成不利影响。一旦超越这一层面，问题就会突显出来。

5.4.2 深层的行政区划的制度变迁对遗产保护的影响分析

实际上，前述的最后一种情况，已经涉及行政区划改革的制度层面的问题。即 20 世纪 80 年代以来所实行的“整县改市”、“市管县”、“撤县（市）设区”乃至“撤（并）乡（镇）建镇”等，从制度上造成了区划的混乱及各种问题的产生。概而言之，制度上的缺陷对遗产保护的冲击和影响主要表现在如下两个方面。

5.4.2.1 “市”制的内涵转换及其对遗产保护的影响

20 世纪 80 年代中期之前，设市、设镇的方式主要还是“切块设市”、“切块设镇”等，其指称性比较强，不致引起歧义；但其后，中国大陆地区的设市、设镇模式均转变为“整县改市”、“整乡改镇”。即“市”制的内涵发生转换，市、镇等从聚落型的所谓“狭域型政区”名称，在 20 世纪 80 年代中期后，变为“广域型政区”名称；市、镇扩及整个县级政区、乡级政区范围，甚至扩及地区范围（地级市），且有些治所中心也随之迁移，遂造成区内诸多遗产的“原真性”受损。

这对聚落型的文化遗产，影响最大。所谓的历史文化名城、名镇、名村，原本都是明确的聚落，行政管理的范围就是该聚落的空间实体的范围，而目前，市、镇都既包括中心聚落，也包含了周边广大的区域和其他聚落，则到底“名城”、“名镇”所指为何？这既导致遗产“原真性”受损，也导致实践中遗产保护的难以真正落实。

例如，撤乡并镇之后，中心镇加强，但原各乡自然中心——集镇则逐渐衰落。这样，中心镇的遗产可能得到维护（有权力中心），但周围集镇的遗产，尤其一些文化性的、非物质性的遗产，就可能由于权力中心降级、转移，导致其可能被中心镇的遗产所遮蔽，或不受重视而日渐消亡。

城市也是如此。“切块设市”改为“整县改市”后，原来相对完整的聚落实体——城市，也被扩大至整个区域，则原来相对平等的各个聚落（均隶于县级政区之下），就变为中心城

① 《江苏淮阴占用周恩来故乡淮安之名引 9 年纷争》，载《南方周末》，2010 年 2 月 9 日，见“新浪网”：http://news.sina.com.cncsd2010-02-09/212919663821.shtml。

市聚落凌驾于其他聚落之上，导致在该县级政区范围内，中心“城市”的遗产得到加强、强化，扩及所有辖区；原辖区内的其他各级聚落的遗产，就可能被遮蔽、被忽视。

更有甚者，即聚落的独立建制取消或改变（降级），表现为通名改变（改村为居，改镇为街道，改市、县为区），或拆散打乱重新安排，则其原来相对独立的权力核心弱化甚至消失，或所指明确的名称（名镇、名村、名城之名）不存，或完整空间被肢解，这样都难免导致遗产名不符实、内涵错乱以致无从维系，该遗产也就难以有效保护了。

5.4.2.2 “复合型政区”的广泛推行及其对遗产保护的影响

20 世纪 80 年代中期以来的另外一项重大的行政区划制度变迁，就是所谓“复合型政区”的广泛推行，即地级市直辖区的同时还管辖县（县级市），县（县级市）直辖街道的同时还管辖乡、镇等，以“市管县”为代表。这一体制，别的方面的问题暂且不论，即就对遗产保护的影响而言，与前述所导致的问题类似，即同一名称而所指范围扩大，造成遗产失真，或遮蔽辖区内的其他遗产。

以“市管县”（即以地区改地级市，同时撤销原辖若干县、市改区，且将周边其他县市纳入其管辖）体制为例，该体制使得原来相对独立的县、市失去或部分失去了独立性，原有的大量依附于此政区的遗产，变成了“别人”（被合并进的、或属其管辖的政区）的遗产；但“别人”早已约定俗成而有自身较为固定的形象与认知，故并不认可、或难以将之（被并入政区或纳入管辖的政区的遗产）作为自己的遗产，这些遗产又因缺乏原有权力中心的支撑和依托，而难免被边缘化。这种效应，以地级政区范围的调整影响最大。因中心城市、周边县市都有大量依附于各自政区的各种遗产，一旦推行这种体制，则中心城市的光环效应大、权力配置高，对周围县市的遗产遮蔽得也更厉害，也即对周围其他遗产的原真性损害更为严重。黄山是一个典型；类似的，其他地级市或多或少也都存在此类问题。如杭州，2000 年将余杭、萧山两市并入，统一打杭州牌子；但余杭、萧山原有的文化内涵和自身遗产，就难免受到损害。在 2006 年萧山的世界休闲博览会期间，就有学者表示担心，“萧山被杭州所淹没，失去了自我，失去了特色”[①]。所以，这种体制，对遗产原真性的损害，是非常大的，某种程度上，甚至是致命的。

2007 年 5 月 8 日，国家旅游局发文公布首批 66 处国家 5A 级旅游景区[②]；但在所属政区的表述中，却均以地级市及以上层级的政区名称概括，让人不能不产生一些联想。之所以如此，想来当然有主事者的考量，也可能有不得已的苦衷；但无可置疑的是，低层政区再一次被忽略、被边缘化，低层政区的遗产（连同其知名度、美誉度等）也再一次被其上的高层政区占有。而作为景区核心的诸多遗产，其作为原真性重要组成部分的地理属性、社区属性等，也再一次被扭曲、破坏。

位居市辖区内和直辖市范围内的暂且不论，仅以明显的不位于中心市区，而是位于法定具有独立地位的县（县级市、自治县等）范围内的而论，就可以看到许多不甚准确的表述，如：忻州市五台山风景名胜区（应该位于山西省五台县），温州市雁荡山风景名胜区（应该位于浙江省乐清市），池州市九华山风景区（应该位于安徽省青阳县），南平市武夷山风景名胜

---

① 《今天去了休博园》，见“阳光下网”，http://bbs.insunlight.com/dispbbs.asp? boardid=80&id=9076。

② 《故宫博物院等 66 家景区被批准为国家 5A 级旅游景区》，见“中华人民共和国中央人民政府网”：http://www.gov.cnzfjgcontent_622749.htm。

区(应该位于福建省武夷山市),吉安市井冈山风景旅游区(应该位于江西省井冈山市),济宁市曲阜明故城(三孔)旅游区(应该位于山东省曲阜市),成都市青城山——都江堰旅游景区(应该位于四川省都江堰市),乐山市峨眉山景区(应该位于四川省峨眉山市),安顺市黄果树大瀑布景区(应该位于贵州省镇宁布依族苗族自治县),昆明市石林风景区(应该位于云南省石林彝族自治县),丽江市玉龙雪山景区(应该位于云南省玉龙纳西族自治县),延安市黄帝陵景区(应该位于陕西省黄陵县),等等。

试想一下,对我们局外人而言,这些已经足以让我们感到造成了对遗产的歪曲和对遗产原真性的破坏;而作为局内人,作为该遗产所在地的,遗产与其自身历史、生活等直接相关的居民而言,他们又会是怎样的感受呢? 作为五台县、青阳县、黄陵县,作为都江堰市(原灌县)、峨眉山市、武夷山市的居民,怕也只能默默承受自身遗产被实际上拿走、自身历史逐渐消泯、自我身份逐渐模糊的尴尬处境。这种影响是深远的、痛楚的,又是无从言说、也实在说不清楚的。他们所能感受到的,可能更多的还是旅游经济收益的流失、外来者(管理者及旅游者)对他们原有生活的直接介入乃至冲击,以及他们与遗产的日渐疏离。

5.5 行政区划与行政管理体制影响历史文化遗产保护的若干个案分析与深层思考

5.5.1 “申遗热”与“毁灭潮”

从 2006 年开始,每年的 6 月 9 日,是中国的“文化遗产日”。比如 2007 年,围绕“保护文化遗产,构建和谐社会”这一主题,中国各地都推出了一系列的活动,轰轰烈烈,热闹非凡。的确,中国 5000 余年连续不断的文明史,今天约 960 万平方千米的广袤国土及其上千姿百态的自然面貌,以及 56 个民族的绚丽多姿的生存方式,都给我们留下了众多有形或无形的、自然及文化的丰厚遗产。

1949 年之后,大陆在经历过对遗产认识的曲折过程,并且一度可称近似疯狂的(如十年“文革”时期)破坏之后,1979 年以来,总的来说,中国政府在接受国际理念,修正发展目标,落实抢救措施,完善保护体系等等方面,都已经与国际接轨,对遗产的保护日渐重视,进步自是可圈可点。目前,也已经形成了从中央到地方,从自然遗产到文化遗产、从有形遗产到无形遗产的全面的保护体系。

但是,在热闹的“申遗”背后,却往往出现一些令人匪夷所思的现象。早在 2003 年,就有专家针对物质性遗产的保护状况指出,“中国现有的 28 处世界文化遗产应立法加强保护,建立全国性的协调机构,否则新的景区被列入世界文化遗产目录的那天就是其遭受破坏的开始”,被人戏称为“申来就死”。① 而 2008 年 6 月 1 日,中国国家非物质文化遗产保护工作专家委员会副主任乌丙安也发出这样的警示:“现在,各地都掀起了保护非物质文化遗产的热潮,而我们要警惕的却是,这股热潮有可能演变为对非物质文化遗产的一次集中毁灭。”专家们担心,各地方政府在有限财力的情况下,对新一轮“非遗”热,可能会采取“抓大放小”的

① 《世界文化遗产“申”来就“死”有何用?》,见“新浪网”:http://news.sina.com.cn/c/2003-02-28/1843927669.shtml。

原则，即保护几个重点项目，放弃无数星光点点的文化遗产。[①]

(1)中国遗产保护的问题及其原因

无可否认，中国的遗产保护面临的问题和挑战非常巨大。且不说“文革”十年甚至包括之前对各种遗产的有意无意地忽视、破坏乃至无情摧残，就是近30余年来，为了追求经济的迅速发展，所造成的环境污染、生态恶化，不仅直接导致了自然遗产受到破坏，一些文化遗产也难逃风沙进逼、酸雨侵蚀的厄运，而大规模的工程建设、水电开发，也给自然或文化遗产的保护带来巨大冲击(如已建的三峡工程、青藏铁路，还有三江源地区拟上马的水电项目等)；更不必说在城市、乡镇建设中广泛存在的大拆大建、商业开发，使得众多历史文化名城(街区、村镇)、古建筑、古遗址及风景名胜区等的整体风貌遭到破坏；再加之由于经济发展、社会变迁以及生活方式的改变，而使得众多无形遗产面临无以为继、民族或区域文化特色消失加快的窘境。

造成这些问题的原因，当然可以从许多角度来分析；但笔者以为，一个很关键的因素，是在指导思想或曰意识形态方面，以及与此意识形态相配套的体制架构与治理方式。

中国的遗产保护的曲折历程，可以说与执政党的指导思想的变化紧密相连。1949年以来，大陆官方的指导思想，粗略地说，可以认为经历了这样的三个阶段，即：阶级斗争——经济优先——社会和谐。“斗争哲学”，从1949年开始，以“破坏一个旧世界”为出发点，逐步升级，至“文革”十年达至顶峰，对大陆的有形、无形的自然和文化遗产，都造成了严重的摧残和破坏，称“浩劫”名副其实。1979年以来的“经济优先”，虽开始逐渐重视对遗产的保护，但中央，尤其是各级地方，则仍更多地重视经济上的收益，且在有些情形下，虽保护了“点”，却忽视了“面”，为了追求经济增长，而导致的环境污染、生态恶化、城镇大拆大建等现象，在某种程度上说，较之“文革”的砸碑圮楼，对遗产所造成的冲击和破坏，可能更为严重而持久。

相对而言，建设社会主义“和谐社会”思想的提出，给中国的遗产保护，提供了更加坚实的理论支持。当然，尽管目前该理论已经成为中央大力倡导的新的指导思想，但客观地说，还更多只是停留在纸面上，只是一种观念或构想，而与之相适应的政治体制、管治方式等，还没有建立起来或转变过来；相反，后者多多少少还沿袭着此前“经济优先”甚至“阶级斗争”思想指导下的体制架构。而在这样的架构下，依循过去的管治惯性，则小至诸如对言论、网络和新闻的过度控制，对公民宗教信仰的过多限制，对各种民间和非政府组织自由活动的疑虑和压制，大至中央与地方缺乏宪政性的分权机制，社区自治组织的无法真正独立运作，乃至公民没有适当的、有效的途径去监督政府的施政，等等，都会直接或间接影响到对遗产的保护和传承。

(2)和谐共存，生生不息

“和而不同”方称“和”，彼此尊重始能“谐”。遗产保护，既是国家层面的义务和职责，也是各级地方、不同族群、基层社区乃至每个公民个人的愿望和任务。从有效保护、不断传承的角度而言，后者的作用更加重要。事实上，众多遗产，不论是自然的、文化的，有形的、无形的，都与该地区基层的民众、社区、族群等的生活环境、生存方式、宗教信仰等息息相关，甚至融为一体。因而，也只有充分保障他们自主选择其生活方式、宗教信仰，自主管理其日

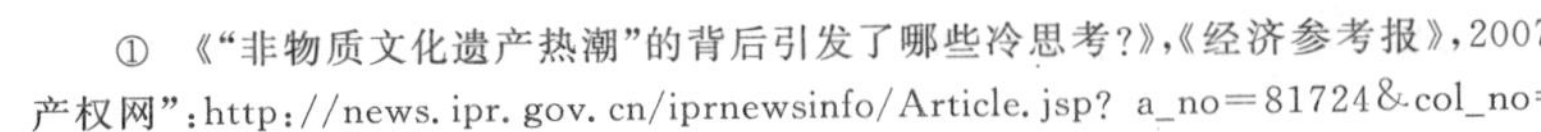

① 《“非物质文化遗产热潮”的背后引发了哪些冷思考?》,《经济参考报》,2007年6月1日，转引自“中国保护知识产权网”:http://news.ipr.gov.cn/iprnewsinfo/Article.jsp? a_no=81724&col_no=5&dir=200706。

常生活和文化、社会活动等的权利，才能真正使得与其紧密相连、互为表里的自然及文化遗产得到有效的保护和持久的传承。

故而，在目前中国，如何有效地发挥这些基层乃至地方因素的作用，是党和政府应该考虑的重要问题。党和政府应该尽可能尊重普通百姓选择自身生活方式的权利，充分发挥地方、社区、族群和社会团体的活力和主动性，这样，遗产的保护才能真正内化为每个公民、社区、族群、地方的自觉的意愿和自觉的行为。这才是遗产的真正的保护和传承，是自然和文化多样性得以延续的保证，并且也是文化得以继续发展的关键。

相反，如果一味仅由外在力量强制推动，一拥而起，一哄而上，却没有社区、民众的自觉自愿的配合，很可能导致抵触情绪甚至破坏行为，难以持久。同样，如果仅把遗产当做静止不动的、死的文物来保存，或演变成为粉饰太平的伪民俗的表演，或者为了招揽游客而取媚俗或哗众取宠的形式，这种状态，也只能算是一种变质的遗产保护。只有这些遗产，连同与其息息相关的民众一起共同存在，生活着、生长着，并为人们所实践着，才能真正使其传承、常新。

和谐共存，和谐共生，这是真正的遗产得以保护的道路，也是一条生生不息的遗产传承、文化创新和社会发展之路。而所有这些的达成，在指导思想开始转变为建设“和谐社会”的今日中国，就都端赖执政党在管治理念、执政方式等方面进行一系列重大的调整和变革。

5.5.2 “千城一面”谁之过?

英国《卫报》2007 年 6 月 12 日曾有一篇题为“一千个雷同城市构成的国家”的报道。[①]文中提及，“一位政府高级官员对中国朝向现代化的高歌猛进，提出了直言不讳的批评”；并引述中国建设部副部长仇保兴的话，称“现在对国家遗产的破坏跟‘文革’无异”。

报道引用仇保兴的话说：“在‘文革’早期，红卫兵以政治革命之名洗劫寺庙，焚烧古代遗址。而今天，进行破坏的，更可能是城市开发者们以经济发展之名来进行的”，“历史名城和文化遗址，已被种种‘改造’项目毁坏”，“很多城市的建筑风格都千篇一律。这情形有点像一千座外观一模一样的城市”。

该报道中也引述了仇保兴给出的解释：“这些‘愚蠢的行为’是地方官员们的失误，他们‘完全不懂得文化遗产的价值’。”

可是，果然如此么？中国近 30 余年来，不是愈来愈关注遗产的保护么？要知道，现在中国的各个地区，尤其是地方官员，对本辖区内的“申遗”，可是热心之极，甚至有时达到不择手段的地步，怎会不知道、不懂得“遗产的价值”？

对于中国大陆地区城市建设中的这一现象，一般的解释，与此类似，都认为主要在于对历史文化遗产不够重视，仅仅关注城市的短期经济利益，忽视了遗产的重大的历史文化价值，乃至官员获取政绩、谋取私利以及腐败，等等。

但是，笔者以为，把账都算在地方官员身上，未免失之偏颇，也有失公允。对他们而言，除开谋取私利以至腐败等因素外，以国际最新技术、材料、理念来建设、规划城市，以最快

---

① “Minister rails at China, land of a thousand identical cities”，见英国“卫报网”：http://www.guardian.co.uk/world/2007/jun/12/china.travel。以下有关引文见该报道。

速、最简单、最经济的方式完成城市改造、建设，都是合乎理性的选择，既能最迅捷地达到城市发展的目标，也符合最大多数城市居民的利益。相反，让他们承担起一幢一幢历史建筑的维修、一条一条传统街区的改造、一座一座文化城镇的保护，既工程浩繁，又投资高昂，还众口难调，且言人人殊，可以说是件根本完不成的任务。其结果，只能是，保护了几个重点，而众多遗产会遭到忽视和破坏。

况且，由政府完全包办，也未见得就公平。因为，政府保护了这个遗产，就还要保护那个遗产；保护了你的（某个人的、某个社区的）遗产，就也应该保护我的（另外的个人或社区的）遗产。何所取舍，既费思量，也可以断言，绝不会使方方面面都满意。毕竟，政府财力有限，也毕竟，城市需要发展，还毕竟，许多遗产本身就是互相矛盾的，保护了此，就无法保护彼。

故此，在当代中国大陆，地方政府、地方官员并不愚蠢；在遗产保护上，也如同在许多其他方面一样，他们非不为也，实不能也。

(1)“大传统”与“小传统”，国家目标与个体追求

国家有国家的目标，地方有地方的传统，个人也有个人的追求。某座建筑，可能在别人眼里不值一提，但却很可能为某个人、某个家族所格外珍视，因为它对于这个个人、这个家族，有特殊的意义，则他或他们就会悉心保护，希图代代传承，所谓“兄弟析烟亦不远徙，祖宗庐墓永以为依”是也。同样，一座小庙，对国家、甚至城市，可能完全不值一提，但对一个村落、一个社区，则竟可能是精神的圣地，他们又怎能不悉心保守、护持？

这样，还用烦劳政府出面去强迫他们保护或额外投入么？政府所要做的，就是对此予以尊重，不予干预，仅此而已。而保护的成效，由于他们是主要出自内心，较之政府的外在的保护，就有效得多；在遗产的“原真性”的存续和显示上，更是较之外界强加，而有天壤之别。

换言之，以国家、政府的名义来直接进行所谓的遗产保护，其效果必然大打折扣。要么，是一大批“假古董”出现，如该报道中提及的“上海颇受欢迎的新天地地区被推平，然后又重建以仿古建筑——增加了星巴克、酒吧和时尚专卖店”；要么，是建筑中“复古主义”流行，如同北京曾经出现的“夺回古都风貌”的笑谈。而同时，现代、后现代的东西既不可能舍而不顾，且肯定会成为城市建设中的主流（中国当代的城市化及其现代化战略，即国家意识形态、国家意志使然）。与之相伴的，也必然是，少数遗产得到重视、保护（只有得到国家认可的、承认的遗产，才可能得到保护，但毕竟少之又少），而极大量的未纳入国家、政府眼中的遗产，那些个人的、社区的、团体的、族群的，为其所珍视的、持有的、传承的遗产，因其无权自由支配，就会被忽视、淡忘，直至自生自灭，甚至被无情摧毁。

(2)“为天子为百姓之心，必不如其自为”

其实，看看周邻的日本、韩国等国和台湾、香港等地区，看看欧美各国，中国与之两相对照，我们可以发现其中的一些重要差别，或许，这些差别，就是深层的原因所在。我想，关键之处就在于，在后者，国家、政府与民间社会存在明确的分野，各自具有确定的管辖边界，各自拥有自身法定的权力和权利，个人、社区能够自由支配自身财产、自主从事各项活动。具体到城市建设上，则土地及其上的建筑，能够为其所有（或实质上为其所有）并自主支配。这样，政府、商人要想开发、建设，则必须通过协商、通过市场、征得同意、平等交换始能进行；而个人、社区，也尽可以按照自身的意愿对其加以维护、修缮和使用、改造。

明末清初的思想家顾炎武早就有言：“天下之人各怀其家，各私其子，其常情也。为天子为百姓之心，必不如其自为，此在三代以上已然矣。”(《亭林文集》卷之一)

在经济领域，中国已经慢慢学会放弃计划，培育市场，让各个市场主体自由活动，优胜劣汰；同样，在社会领域、文化领域，中国也要学会放弃控制，放任自治，仅给以必要的规范、引导、扶持。只有这样，各司其职，各尽其责，也相互竞争、谈判、妥协、制约并互相尊重，多元、和谐的景象始能获得。

让我们的地方官员，在他们的职权范围内，尽情地创造最新、最先进、最现代、最后现代的建筑；也让我们不同的个人、社区、团体、族群，在各自自己的空间里，将自己的遗产，悉心呵护、维持、传承。如此，想不多元、想不多样，都不可能；如此，自然而然，就会出现多元、和谐的场景；如此，也就远胜于人为的、做作的、没有生气的、缺乏灵魂的所谓的遗产保护。

这样，我们就再不会“撕掉一幅价值连城的画，然后代之以一张廉价的印刷品”(前引报道中引国家文物局副局长童明康语)；而中国，也就不会再是“千城一面”，而会成为一个由一千座、上万座不同面貌、各呈风采的城市、村镇所构成的“可爱的中国”。

本章小结

中国5000余年连续不断的文明史，今天约960万平方千米的广袤国土及其上千姿百态的自然面貌，以及56个民族的绚丽多姿的生存方式，都给我们留下了众多有形或无形的、自然及文化的丰厚遗产，值得我们后人好好珍惜。虽然在中国，这种对遗产的珍视和保护来得有些太迟，也无论在现实中还存在多少体制不顺、执行不力的地方，但保护既已启动，就不会停止；保护既已上升为国家意志，也就总有强制力和引导力。我们可以期待，中国的遗产保护，对中国自身的稳定发展、文明延续，对世界自然和文化多样性的保持，都会有重大意义。

然而，以中国历史的悠久和地域的辽阔，上述被纳入各级正式的、官方的保护体系之中的遗产，尽管以目前来看，是最重要的，但毕竟只是少数，还有相当多的遗产(社区层面的遗产)未被纳入其中。我们既不能说它们不甚重要(其潜在价值后人或许会认识到)，更不应该以有无经济价值而确定取舍。尤其重要的是，遗产的保护，毕竟不能仅靠国家强制、外界强加，而是需要低层的地方政府，尤其是基层的社区、族群乃至个人的直接参与，因为他们以及他们的祖先，既是遗产的直接创造者、继承者，而这些遗产更与其生活、命运、追求等息息相关、休戚与共。如前所述，遗产首先是具有地方性的，然后其中的少数遗产才上升为国家的、世界的遗产。也因之，对其的保护，就首先必须落实到基层，由与之直接相关的基层的社区、族群来体认哪些是遗产，哪些值得保护、需要传承。也恰在这一点上，前述遗产保护的三个层次中，真正的地方性的社区层面的遗产保护，却存在诸多问题，尚没有有效的保护机制，因而也更值得关注。

中国，由于长期形成的自上而下的管理方式，国家对基层社区乃至个人活动的全面介入和支配，以及社区、个人的经济、文化权利的缺失(如土地产权的阙如与自我组织的困难)，与西方国家的社区相比，更少独立性，更无力抵挡国家意志的渗入和国家遗产对社区遗产的遮蔽乃至置换，因而在社区、个人层面遗产的传承上也有更多困难。在当代中国遗产保护所面临的诸多困难和挑战中，可能上述问题和困难是最难解决的，也可能是最重要、最需要解决的。换言之,中国遗产保护成败的关键,也可以说就在这一点上。举个简单的例子,在当前的地方管理和区划体制下,所谓的"整县改市"、"撤乡并镇"、"镇改街道"以及"撤村建居"等,就直接冲击了对历史名城、历史名镇和历史名村等的保护。原因非常简单,原本一个个完整的聚落,在这样的改革中,被随意撤并,或拆分得支离破碎,或纳入其他政区,或范围不适当地扩大,其原真性、完整性又如何保护?甚至名称都不复存在,又如何"循名责实"呢?在这一方面,的确还有很多的问题,有些还是长期乃至于至今仍为我们所忽视的问题,非常值得进一步深入研究。

综上所述,笔者有以下一些思考,供各界参酌:

第一,对遗产的理解,必须放宽眼界,也必须全面把握。除了将遗产概念扩大至自然、文化、非物质文化以及自然与文化交融的复合遗产之外,还必须将关注的目光从世界级、国家级遗产,向下延至地方的、社区的遗产;不仅强调自上而下的国家强制性的保护及其保护制度的建立,更应关注社区、地方的遗产的保护,关注这种保护所需要的地方自主性的发挥,以及这种自主性得以实现的制度和机制的建立和完善。在某种意义上,后者是遗产真正得以传承、遗产的原真性真正得到保护的最重要、最主要的环节,也是遗产最根本的保护手段。

第二,各类遗产,尤其是文化类遗产,从其空间分布乃至形成、流布来看,都首先是地方性的;它们分布于特定地域空间,并与特定的社区、地方的人群发生关系,甚至就是其社区居民日常生产、生活、传统、信仰的组成部分。这些遗产的形成,与特定地方、社区的组织结构、权力体系、权威中心的存在,有直接关系。则反过来,要保护、维持这些遗产,这一权威中心、权力体系也就必须予以维持。这既是规范社区居民日常行为,从而自觉沿袭传统的生活方式、信仰及宗教的重要环节,也是遗产内化于居民的日常生活之中,从而使遗产的原真性得以保持和延续的关键。否则,就只剩下静态的、僵死的类似文物性的保护,既不符合当前遗产保护的最新认识和理念,也事实上更失去了遗产原真性的大量组成要素。

第三,在中国,县级政区长期稳定,基层社区相对自治,既是地方遗产形成的重要原因,也是遗产得以传承的重要依托,甚至其本身就构成遗产原真性的有机组成部分;反过来,要保护这些遗产,维持固有的权力安排、权力空间、治理结构,就必不可少,甚至有些权力体系的安排和架构本身,就是遗产的组成部分,就是遗产原真性的重要体现。这在一些精神性的遗产的保护中,尤为重要。而当代中国,恰恰在这个方面,面临着许多严峻的矛盾;目前的地方治理体系和行政体制,以及行政区划调整和改革的目标取向,也还多有与此扞格难通、甚至格格不入之处。

第四,行政区划的架构、调整及其所形成的地方权力格局,在中国可以说是深入到方方面面,影响所及,怕已然无处不在。在这种治理结构下,地方、社区的权力中心的维持与否,就直接表现于行政区划的调整之上。而目前的行政区划调整,仍多着眼于利用现有遗产以获得经济收益,以及关注推进现代化、城市化的发展目标。但是,对遗产保护尚未给以足够的重视,尤其对大量社区层面、地方性的遗产,现有的调整,在强化和提升个别遗产的同时,更多地造成众多其他遗产的被遮蔽、衰落和失真(原真性的丧失)。长期以来,由于我们对行政区划规律的认识不够全面,不够准确,没有及时认识到其深深地受制于国家政治体制中所存在的若干弊端,也没有全面考量其所具有的政治、经济、社会和文化意义,导致其在调整和改革中出现了种种困惑、很多问题。所以,必须在进行区划调整时,在经济增长和现代化目标之外，增加遗产保护以及相应社会性、文化性和生态性的分析和目标。

从目前所进行的行政区划调整对遗产保护影响的实例来看，如果一个地区以自然遗产为著，而没有很多文化积淀，则为着管理上的便利，进行区域整合，调整为统一的一个政区，是有利于行政管理，也有利于对该遗产的保护和利用的，如张朝枝对张家界市的分析[①]。除此，则在调整时，应尽可能慎重，且幅度要小，最好不要涉及分拆、撤并，而是完整政区进行适当的调整（如改名、升级等）。

第五，遗产，不论自然遗产，还是文化遗产，也不论物质性还是非物质性遗产，都首先是社区的、地方的，然后才可能有选择性地成为区域的，更有选择性地成为国家的乃至世界的。因此，对遗产的认同、保护以至传承，也必须首先成为社区的、地方的居民的共识，得到他们的认可，并由他们负起保育之责、传承之任。物质性遗产如此，非物质性遗产就更是如此。因之，社区的（村、镇乃至城市及内部分区的，即各级聚落的）自治、基层县级政区的稳定，就至关重要。而在当代中国，行政区划的调整和改革，却正好反其道而行之，不是自下而上，重建社区，即赋予各类城乡聚落以相对独立的管理和财政之权（换言之，即“聚落自治”），并相对稳定长久以来所形成的县级政区，而是大行“市管县”（地级市管县和县级市）、“撤县（市）设区”和“撤乡并镇”等举措，导致众多的“社区”（各种城乡聚落）在所谓现代化的大潮中进一步被摧毁，稳定的“地方”（县级政区）也风雨飘摇，则别的所导致的后果暂且不论，与遗产保护息息相关的这些载体不在，甚至有些社区或地方就是遗产本身，又谈何遗产保护的真正落实。

本章完成之际，已是5·12汶川大地震发生两年多的时间了。据有关报道，对于此次震灾中遭受重创的北川羌族自治县，国家决定异地重建县城；一个重要的考虑，就是为了更有效地保护和延续羌族的文化。[②] 这也从另一个侧面，一个极端的事态，说明了政区的存在、地方权力格局的维持等对遗产保护的重要作用，也说明了行政区划调整中文化因素、社会因素和遗产因素等开始纳入有关方面考量的视野。这当然是值得称道的，同时也是发人深思的。而我们需要继续努力的，就是不仅在这种极端状态下才考虑遗产保护的问题，也要使之常态化，在一般的调整过程中，也将之纳入考量的范围。

“见兔而顾犬，未为晚也；亡羊而补牢，未为迟也。”（《战国策·楚策》）让我们戒慎恐惧，悉心呵护，尊重民意，敬畏自然，则我们的各类遗产就将生生不息，一脉传承，并能永续利用，造福万代；中华民族的物质家园和精神家园就可以永世长存，并让我们的子孙后代可以永远依傍，就如温家宝总理所言：“一脉文心传万代，千户不绝是真魂。”[③]

---

① 张朝枝著：《旅游与遗产保护——政府治理视角的理论与实证》，中国旅游出版社2006年版。

② 《北川县委书记讲述新城选址板凳桥原因》，见“新浪网”：http://news.sina.com.cn/c/2008-06-13/073615736310.shtml。另：2009年2月，民政部发文（民函[2009]41号）《关于四川省调整北川羌族自治县行政区划的批复》，将安县的安昌镇、永安镇，黄土镇的常乐等6个村划归北川羌族自治县管辖。北川羌族自治县人民政府驻地由曲山镇迁至安昌镇。载中华人民共和国民政部编：《中华人民共和国行政区划简册·2010》，中国社会出版社2010年版，第204页。

③ 《温家宝参观非物质文化遗产专题展》，见“新浪网”：http://news.sina.com.cn/c/2007-06-09/193611990530s.shtml。

06 “浙江模式”及其启示

——浙江省探索适应城乡统筹发展的行政区划体制的过程及其改革构想

继续推进省直管县财政管理体制改革，提高县乡基本财力保障水平，落实村级组织运转经费保障政策。……继续推进扩权强县改革试点，推动经济发展快、人口吸纳能力强的镇行政管理体制改革，根据经济社会发展需要，下放管理权限，合理设置机构和配备人员编制。

——《中共中央　国务院关于加大统筹城乡发展力度进一步夯实农业农村发展基础的若干意见》(2010年中央一号文件)[①]

中国是县与县之间的竞争，产生了和欧洲奇迹一样的效果。中国是一个国家，当然中间还有很多问题。不要看这些问题，我们看这个结构。整个中国就是一个合约组织，上下之间是层层承包，然后完全通过佃农分成制度，上下相连，左右不连，因为县有经济权力，所以它们竞争得最激烈。

——张五常[②]

行政区划作为国家公共管理的空间架构，对区域的经济、社会、文化等的发展，具有举足轻重的作用。世界各国政治体制差异显著，历史文化背景各异，表现在行政区划方面，其划分方式、结构功能等也存在较大差异。中国行政区划发展历史悠久，不同时期变更、调整频繁；在改革开放以来由计划经济向市场经济转轨的特定历史时期，其对地方的政治、经济、社会的发展以及资源环境利用保护等的影响更为显著。由于中国正在经历深刻的政治、社会和经济、文化等各方面的变革和转轨，各级地方政府职能还将维持在较为强势的地位，因此，行政区划的调整以及行政管理体制的改革还会经常地成为各级政府推进各项事业的重要手段。

浙江省位于中国东南沿海、长江三角洲南翼，东北与上海市相邻。陆域面积10.18万平方千米，其中山地和丘陵占70.4%，平原和盆地占23.2%，河流和湖泊占6.4%，耕地面积仅20亿平方米(2998万亩)，故有“七山一水两分田”之说。全省海岸线总长6486千米，居全国首位；有面积500平方米以上岛屿3061个，是中国岛屿最多的一个省份。[③] 2007年末，全省常住人口为5060万人，其中居住在城

---

① 《中共中央　国务院关于加大统筹城乡发展力度进一步夯实农业农村发展基础的若干意见》(2010年中央一号文件)，见“新华网”：http://news.xinhuanet.com/politics/2010-01/31/content_12907829_5.htm。

② 《张五常：“平生没有见过这么好的制度”》，见“腾讯网”：http://view.news.99.com/a/20080912/000001_2.htm。

③ 邵波、潘强等编著：《浙江省城乡建设用地规模和优化布局研究》，浙江大学出版社2006，第5页。

镇的人口 2894.3 万人，占总人口的 57.2%；居住在乡村的人口 2165.7 万人，占总人口的 42.8%。在经济发展的自然资源条件方面，浙江省并不具有特别明显的优势，是一个“资源小省”，区域经济的发展水平在改革开放前长期居于国内的中游。改革开放以后，浙江省凭借其率先改革带来的体制创新优势，区域经济发展十分迅速，生产总值从 1978 年的 124 亿元猛增至 2005 年的 13443 亿元，连续 8 年位居全国各省、自治区、直辖市的第四位。①

始于 1978 年末的改革开放以来，浙江省克服地域小省、资源小省的局限，通过大规模的体制改革和制度创新，推进了区域经济的工业化和市场化进程，提高了城市化水平和城乡一体化的步伐，并且进而在政治、文化、社会和生态建设等各个方面都取得了长足的进展，全省的经济社会面貌发生了巨大的变化，形成了独特的“浙江模式”。② 这其中，包括行政区划的具体调整、变更及其内在治理方式变迁等在内的诸多制度、体制和机制等的改革，作为上层建筑变革的重要方面，对浙江省的城市化和经济社会等的发展，也起到了重要的、甚至是基础性的作用；其自身，也成为“浙江模式”的重要组成部分，并且对全国产生了若干积极的影响。

2009 年年初，中央 1 号文件《关于 2009 年促进农业稳定发展农民持续增收的若干意见》中，在其第五部分“推进城乡经济社会发展一体化”中专门辟出两节(25、26)，论述了推进“乡财县管”的乡镇机构改革问题和推进省直接管理县(市)财政体制改革的问题，引起广泛关注。③ 2010 年初，又再一次在 2010 年的 1 号文件《关于加大统筹城乡发展力度进一步夯实农业农村发展基础的若干意见》中，提到“省直管县”、“扩权强县”与“推动经济发展快、人口吸纳能力强的镇行政管理体制改革”等思路。④ 这几大问题，实质上就是近年来社会各界热议的行政区划体制改革中的两大关键性问题，也是浙江省改革开放 30 年来在行政区划体制改革的实践中不断探索、试图予以解决、并取得较好成效的两大课题。从文件表述来看，说明中央已经对相关问题有了深刻认识，并提出了近期改革的方向；这些改革方向，与浙江省的有关探索、实践是一致的。这充分说明，行政区划领域的“浙江模式”，也得到中央的认可、支持与推广。当然，改革的目标、方向虽然确定，但如何操作，如何具体实施，现实中还存在哪些问题和障碍，则仍需仔细斟酌，不断探索。

总之，改革开放至今，浙江省也与全国一样，适应不同时期的发展取向及其相关政策，采用不同的方式进行行政区划调整，不断探寻适合自身区域特征和发展特点的区划体制和管理方式，促进了各项事业的发展，也在全国的行政区划改革中初步形成独具特色并产生广泛影响的“浙江模式”。当然，由于经济体制转轨尚未全面完成，行政管理体制的改革仍显滞后，政治体制改革的目标尚不明晰，导致与之相应的行政区划体制也难以定型，对其的调整、改革，在可见的时期内，还会较多地进行。因此，站在科学发展观的高度，回顾改革开放以来浙江省行政区划调整的思路、方式及其利弊得失，探讨政区调整对浙江的城市化、对经济社会和城乡统筹发展等的作用和影响，不但对浙江省今后的行政区划工作，可以起到借鉴意义，对探索适合中国国情的行政区划改革道路，也是具有启发意义的。

---

① 史晋川等著：《浙江省改革开放研究的回顾与展望》，浙江大学出版社 2007 年版，第 1 页。

② 史晋川等著：《浙江省改革开放研究的回顾与展望》，浙江大学出版社 2007 年版，第 1 页。

③ 《授权发布：中共中央 国务院关于 2009 年促进农业稳定发展农民持续增收的若干意见》，见“新华网”：http://news.xinhuanet.com/newscenter/2009-02/01/content_10746024_3.htm。

④ 《中共中央 国务院关于加大统筹城乡发展力度进一步夯实农业农村发展基础的若干意见》(2010 年中央一号文件)，见“新华网”：http://news.xinhuanet.com/politics/2010-01/31/content_12907829_5.htm。

6.1 浙江省行政区划的演变概况与改革开放以来探索适应城市化发展的行政区划体制的过程

6.1.1 浙江省行政区划演变概况

浙江省以浙江(今称钱塘江)得名。春秋时期(前770—前476),今浙江地分属吴、越两国;秦时期(前221—前207),属会稽郡、鄣郡、闽中郡地域;汉时期(前206—220)属扬州刺史部,西汉为会稽、丹阳2郡地域,东汉又分属会稽、吴、丹阳3郡;三国至隋时期(222—618)州、郡益多;唐时期(618—907)属江南东道,设浙东观察使和浙西观察使;北宋时期(960—1127)置两浙路;南宋时期(1127—1279)又分属两浙东路和两浙西路,简称浙东路和浙西路;元时期(1271—1368)属江浙行省;明时期(1368—1644)设浙江等处承宣布政使司;清时期(1644—1911)改设浙江行省;民国时期(1912—1949)、中华人民共和国时期(1949年后)均设浙江省。

今浙江省域正式成为一个完整的省级行政区是在明初。明太祖丙午年(1366)置浙江等处行中书省;洪武九年(1376)改称浙江等处承宣布政使司;洪武十四年(1381)嘉兴、湖州二府自直隶改属浙江,时辖11府、1州、75县,浙江版图从此稳定少变。清康熙初改称浙江行省,时领11府和1州、2厅、75县;省和府之间复设杭嘉湖、宁绍台、金衢严、温处4道。民国初年废府、州、厅制,代以道制,以道承省统县,在清4道的基础上,置钱塘、会稽、金华、瓯海4道和75县;1927年废道制,实行省、县二级制;又在城市地区引入市制,至20世纪40年代末,设杭州市和77县①。

1949年中华人民共和国成立,是年全省共设杭州、温州、宁波3省辖市,嘉兴、宁波、衢州、建德、温州、台州、丽水、金华、临安、绍兴10专区和嘉兴、湖州、绍兴、金华、兰溪、衢州6地辖市,78县,2专署直属区。自后至改革开放前的近30年时间,浙江省行政区划的变动较为频繁,主要是地、县的合并、分立以及市的建立、撤销,如地区级政区,曾先后撤销临安(1953)、衢州(1955)、建德(1958)3专区,增设舟山专区(1953),丽水、绍兴、台州、舟山等专区又撤而复设,至1964年才稳定少变;②其他如市、县、区的撤销、合并和恢复,以及行政区界线的调整和政府驻地的迁移等,也多有进行。由于当时的政治背景及相对粗放的管理方式,使行政区划调整偏重于短期目标的考虑。

至1978年末,随着中国进入改革开放进程,行政区划工作逐步走上规范化轨道,其标志就是原来"文革"时期被各级"革命委员会"所代替的省、地和县、市、区各级人民政府(专员公署)相继恢复,行政区划的调整变更也逐渐有了法律、法规等的依据。③ 截至1978年底,浙江省县以上行政区划为:3地级市(杭州、宁波、温州)、8地区(嘉兴地区、宁波地区、绍兴地区、金华地区、台州地区、丽水地区、温州地区、舟山地区)和65县、10市辖区。④

1979年后,在改革开放的大背景下,适应国家以经济建设为中心的指导思想,作为二、三

---

① 吕以春:"浙江省建置沿革表",《浙江分县简志(上册)》,浙江人民出版社1983年版,第5页。

② 吕以春:"浙江省建置沿革表",《浙江分县简志(上册)》,浙江人民出版社1983年版,第5页。

③ 浙江省民政志编纂委员会主编:《浙江省民政志》,中国社会出版社1994年版,第44页。

④ 浙江省民政厅主编:《浙江省行政区划》,浙江人民出版社1988年版,第53～54页。

产业主要载体的城市发展得到空前的重视，相应地，国家的行政区划设置方向和方式发生了很大的变化，具体的行政区划调整也呈现出阶段性的特点。在这一阶段，浙江省的行政区划格局同样发生了很大的变化，主要表现为市、镇建制的比例显著增加。至 2009 年底，全省辖杭州、宁波、温州、嘉兴、湖州、绍兴、金华、衢州、舟山、台州、丽水 11 个地级市，共有 32 个市辖区、22 个县级市、35 个县、1 个自治县和 445 个乡、735 个镇、333 个街道(详见表 6-1)。[①]

表 6-1　浙江省行政区划(截至 2009 年底)统计表

市区县	乡	镇	街道	市区县	乡	镇	街道	市区县	乡	镇	街道	市区县	乡	镇	街道
杭州市	31	99	70	**温州市**	143	119	30	**绍兴市**	15	79	24	**舟山市**	11	21	11
上城区			6	鹿城区	5	4	12	越城区		7	7	定海区	3	7	6
下城区			8	龙湾区		5	5	诸暨市	1	23	3	普陀区	3	5	5
江干区		4	6	瓯海区		6	7	上虞市	3	15	3	岱山县	1	6	
拱墅区		2	8	瑞安市	19	12	6	嵊州市	6	11	4	嵊泗县	4	3	
西湖区		2	10	乐清市	10	21		绍兴县		15	4	**台州市**	28	64	41
滨江区			3	洞头县	3	3		新昌县	5	8	3	椒江区		1	8
萧山区		17	11	永嘉县	26	12		**金华市**	36	76	39	黄岩区	6	5	8
余杭区	1	14	5	平阳县	14	17		婺城区	9	9	9	路桥区		4	6
建德市	1	12	3	苍南县	16	20		金东区	1	8	2	温岭市		11	5
富阳市	6	15	4	文成县	25	8		兰溪市	3	7	6	临海市		14	5
临安市	7	15	4	泰顺县	25	11		义乌市		6	7	玉环县	3	5	3
桐庐县	4	7	2	**嘉兴市**		47	24	东阳市	1	11	6	三门县	4	10	
淳安县	12	11		南湖区		5	7	永康市		11	3	天台县	5	7	3
宁波市	11	78	63	秀洲区		5	4	武义县	7	8	3	仙居县	10	7	3
海曙区			8	海宁市		8	4	浦江县	5	7	3	**丽水市**	109	61	9
江东区			8	平湖市		6	3	磐安县	10	9		莲都区	7	5	6
江北区		1	7	桐乡市		9	3	**衢州市**	46	47	13	龙泉市	8	8	3
北仑区	1	2	7	嘉善县		6	3	柯城区	8	2	7	青田县	21	10	
镇海区		2	4	海盐县		8		衢江区	9	10	2	缙云县	8	8	
鄞州区	1	17	6	**湖州市**	15	44	9	江山市	6	13	2	遂昌县	11	9	
余姚市	1	14	6	吴兴区	2	6	9	常山县	7	7		松阳县	15	5	
慈溪市		15	5	南浔区		9		开化县	9	9		云和县	10	4	
奉化市		6	5	德清县	2	9		龙游县	7	6	2	庆元县	13	7	
象山县	5	10	3	长兴县	6	10						景宁畲族自治县	16	5	
宁海县	3	11	4	安吉县	5	10									
2009 年底全省共有(个)：地级市 11　市辖区 32　县级市 22　县 36(其中自治县 1)　乡 445　镇 735　街道 333															
2008 年底全省共有(个)：地级市 11　市辖区 32　县级市 22　县 36(其中自治县 1)　乡 446　镇 747　街道 318															
2007 年底全省共有(个)：地级市 11　市辖区 32　县级市 22　县 36(其中自治县 1)　乡 453　镇 750　街道 313															
2006 年底全省共有(个)：地级市 11　市辖区 32　县级市 22　县 36(其中自治县 1)　乡 461　镇 754　街道 304															
2009 比 2008 增减(个)：地级市 0　市辖区 0　县级市 0　县 0　乡－1　镇－12　街道＋15															
2008 比 2007 增减(个)：地级市 0　市辖区 0　县级市 0　县 0　乡－7　镇－3　街道＋5															
2007 比 2006 增减(个)：地级市 0　市辖区 0　县级市 0　县 0　乡－8　镇－4　街道＋9															

(资料来源：据“浙江地名网”(http://www.zjsdmw.com/sitesmain)有关数据整理。)

① “浙江地名网”：http://www.zjsdmw.com/sitesmaintemplate/0001.aspx? id=506。

6.1.2 改革开放以来浙江探索适应城市化发展的行政区划体制的过程及相关研究概述

行政区划属于上层建筑范畴，应与一定时期的经济基础相适应；但如果一个地区的行政区划体制已经让政府的行政管理产生不便，已经不能很好地促进区域经济的发展，同时也制约了当地的城镇化进程，那么，该地区的行政区划格局就是滞后于区域长远发展需求的，在很大程度上就需要进行某些方面的行政区划改革。如前所述，1979 年以来，浙江省行政区划的体制和格局都发生了很大的变化。在改革开放的大背景下，适应国家以经济建设为中心的指导思想和大力推进中国特色的城市（镇）化发展战略的需要，在与既有政治体制与行政管理体制既相制约又不断突破的调适过程中，行政区划作为适应经济发展的上层建筑范畴，反过来，其调整与改革又承担起了推动经济发展的重大责任。因此，对其进行适时的改革与调整，遂成为政府经常使用的手段，成为一种与区域发展、城镇化发展密切相关的行政调节行为。浙江省也离不开这一大的背景与宏观的体制制约。

从我国的多数行政区划改革来看，其根本目的都是适应行政管理、促进区域经济发展、推动城镇化这三个方面。这些调整的过程，就是一个不断寻找适应不同地区城市化快速推进的行政区划体制的过程。就浙江省而言，在 30 余年的改革过程中，不论是各级政府及相关部门，还是行政区划的业务主管机关，以至学术界与社会各界，都对探索适应该省城市化发展的行政区划体制和各种改革调整举措给予了很多关注并给以大力推动。诸多较为成功的做法、理念，乃至所谓“浙江模式”的形成，也是各方面不断摸索、创新，相互借鉴、调适，并逐渐达成共识，才相对完备的。

改革开放之初，浙江省委、省政府针对浙江省实际情况，在行政区划方面采取了相对审慎的态度；尤其在全国普遍推行“市管县”体制的背景下，创造性地保留了省对县的财政、人事等直管的体制，并多次实行“强县扩权”，对行政区划的“浙江模式”的形成起到了极为重要的作用。1997 年后，又抓住有利时机，先后推出《浙江省城市化发展纲要》和《浙江省统筹城乡发展、推进城乡一体化纲要》，在全国率先作出了加快城市化进程和统筹城乡发展等的重大战略决策，为行政区划的体制改革和具体调整指明了方向并提供了政策空间，极大地推动了行政区划体制的变革和调整。相关政府部门（如民政厅、政策研究机构、发改委等）和各级地方政府也作了大量的研究、论证、实施工作，出台了一系列配套改革措施，为各类行政区划调整提供了较为充分的依据和保障。

学术界也一直关注浙江省的改革实践，并从多方面进行研究。就国内学者而言，浙江省行政区划体制方面的各种改革举措，由于具有很强的独特性及其较为显著的成效，故很早就引起各方重视，并予以持续研究，如刘君德（2001）①，孙永森、刘亭等（2001）②，李植斌、

① 刘君德：《中国农民第一城——龙港镇行政区划体制改革的思考》，载《中国方域——行政区划与地名》，2001 年第 6 期，第 7～9 页。

② 孙永森、刘亭、钱建新等：《城市化进程中行政区划调整的几个问题》，见汪洋主编：《“十五”城镇化发展规划研究》，中国计划出版社 2001 年版，第 250～260 页。

陈雄(2002)[①],金勇兴(2002)[②],张国云(2003)[③],张道刚(2004)[④],徐竹青(2004)[⑤],卓勇良(2004)[⑥],范今朝(2004,2006)[⑦],蒋荣、杨华丽(2006)[⑧],陈剩勇、张丙宣(2007)[⑨],顾朝林、于涛方、李王鸣(2008)[⑩]等。这些研究,对浙江省行政区划体制改革和调整的顺利推进,也起到了重要的作用。

由于行政区划的管理和改革多涉及国家统一的政治体制、行政体制等层面,因此有关措施等多由国家提供改革的制度空间。就浙江省本身而言,相对来说,全面的、专门的以省域范围为对象的行政区划改革的研究尚少;但是,在一些有关的专题研究和政府规划中,特别是涉及各级政区的经济社会发展规划和各级、各类城市的总体规划、城镇体系规划等中,多少都有所涉及。当然,与此同时,相关的基础性的资料整理和政区演变的沿革研究等,则相对丰富。

6.1.2.1 基础性的资料整理和政区沿革的研究

相关的基础性的资料整理和政区演变的沿革研究等,主要包括3类:

一是行政区划的主管部门,如浙江省民政厅等进行过多次有关基础资料的整理和规范工作,如《浙江省民政志》(1994)[⑪]、《浙江省行政区划》(1998)[⑫]、《浙江省区划地名实用手册》(2003)[⑬]和《浙江建置区划沿革》[⑭]等。

二是省内各地(市)和市、县、区等的地方志、民政志等已基本编纂完毕,相关地区的政区沿革状况已经得到整理和研究;同时有关年鉴类等的各类资料书也多有印行,如叶兆雄主编的《浙江省民族乡(镇)概况》[⑮]、王志邦主编的《浙江省乡镇街道年鉴·2002》[⑯]和虞乐南、金福新主编的《浙江省情地图集》[⑰]等。

三是有关学者也参与了相关研究并有成果问世,如吕以春编制的“浙江省建置沿革表”

---

① 李植斌、陈雄:《区域体制改革与创新》,中国社会科学出版社2002年版。

② 金勇兴:《聚集与扩散——温州建制镇城市化研究》,社会科学文献出版社2002年版。

③ 张国云:《浙江尝试“省管县”》,载《决策咨询》,2003年第8期,第18—20页。

④ 张道刚:《解读浙江“省管县”》,载《决策咨询》,2004年第1期,第7—10页。

⑤ 徐竹青:《省管县建制模式研究——以浙江为例》,载《中共浙江省委党校学报》,2004年第6期,第94—99页。

⑥ 卓勇良著:《挑战沼泽:浙江制度变迁与经济发展》,中国社会科学出版社2004年版。

⑦ 范今朝:《浙江省1979年以来行政区划调整变更的过程及其作用》,载《经济地理》,2004年第24卷第4期,第49～453页。范今朝、欧阳安蛟:《浙江省当前行政区划特征与调整改革思路》,载《经济地理》,2006年第26卷增刊,第19～23页。

⑧ 蒋荣、杨华丽:《中国省县直辖与市制创新改革方向探索——以浙江为例》,载《中共浙江省委党校学报》,2006年第3期。

⑨ 陈剩勇、张丙宣:《强镇扩权:浙江省近年来小城镇政府管理体制改革的实践》,载《浙江学刊》,2007年第6期,第112～117页。

⑩ 顾朝林、于涛方、李王鸣:《中国城市化:格局·过程·机理》,科学出版社2008年版。

⑪ 浙江省民政志编纂委员会编:《浙江省民政志》,中国社会出版社1994年版。

⑫ 浙江省民政厅编:《浙江省行政区划》,浙江人民出版社1988年版。

⑬ 浙江省区划地名实用手册编委会:《浙江省区划地名实用手册》,浙江大学出版社2003年版。

⑭ 浙江省民政厅编:《浙江建置区划沿革》,浙江大学出版社2009年版。

⑮ 叶兆雄主编:《浙江省民族乡(镇)概况》,中央民族大学出版社1999年版。

⑯ 王志邦主编:《浙江省乡镇街道年鉴·2002》,方志出版社2002年版。

⑰ 虞乐南、金福新主编:《浙江省情地图集》,中国地图出版社1999年版。

(1983)[①]、谭其骧的论文《浙江各地区的开发过程与省界、地区界的形成》(1983)[②]和陈桥驿主编的《浙江古今地名词典》(1991)[③]等。

6.1.2.2 有关行政区划的现实问题和改革的研究

对浙江省当前行政区划问题及其改革的专门性、系统化的研究尚不多见，有关论述多散见于论文和研究报告、规划成果之中。值得提出来的，一个是由李植斌等完成的浙江省哲学社会科学"九五"规划、浙江省社会科学界联合会重大招标课题"浙江省城市化进程中行政体制改革与行政区划调整问题研究"，最终成果作为专著以《区域体制改革与创新》[④]为题于2002年由中国社会科学出版社出版。如该书所言，"从历史时期行政区划沿革，特别是建国以来浙江省行政区划变更的过程入手，理论研究与实际分析相结合，揭示了行政体制改革与行政区划变更的发展规律，探讨了城市化进程中行政体制改革与行政区划调整问题……内容主要包括行政区划的演变规律、城市化进程中行政区划改革、城市社区组织制度创新、城市辖区体制改革与创新、县级市撤城关镇建街道办事处、都市区行政组织与管理体制改革、乡镇行政区划调整、市管县(市)体制及其设市模式研究等"。就其所论述和涉及的内容而言已经相当全面，也提出了一些适合浙江省实际的看法，是关于省级行政区划改革的完整论著。当然，该项研究或许面铺得太开，具体到浙江实际，仍有浮泛之感，多是将现有改革主张直接"拿来"，未能将有关构想进一步细化，可操作性不强。

有关论文涉及浙江省行政区划改革的，包括宏观和微观两个方面的研究。宏观方面，公开发表的，如孙永森、刘亭、钱建新等的《城市化进程中行政区划调整的几个问题》[⑤]，对浙江省改革开放以来适应城市化发展的行政区划调整和改革的进程和措施作了总结和评述，并提出相关的政策建议，较为全面和系统。微观方面，公开发表的，如徐伟中的《以行政区划调整为契机，加快现代化新温州的建设步伐》[⑥]、刘君德的《中国农民第一城——龙港镇行政区划体制改革的思考》[⑦]、倪世康的《打破"三府一地"的旧有格局，实现金华跨世纪的发展目标》[⑧]等，有些是学者的构想和探讨，有些是现实的改革措施的说明。

在一些相关的研究中，则涉及较多具体行政区划调整方面的设想，主要与有关的城市化发展的研究相结合。有关的专著如方民生著的《浙江制度变迁与发展轨迹》[⑨]，史晋川、罗

---

① 吕以春：《浙江省建置沿革表》，载《浙江分县简志(上册)》，浙江人民出版社1983年版，第1～6页。

② 谭其骧：《浙江各地区的开发过程与省界、地区界的形成》，载复旦大学中国历史地理研究所编：《历史地理研究(1)》，复旦大学出版社1986年版，第1～11页。

③ 陈桥驿主编：《浙江古今地名词典》，浙江人民出版社1991年版。

④ 李植斌、陈雄著：《区域体制改革与创新》，中国社会科学出版社2002年版。

⑤ 孙永森、刘亭、钱建新等：《城市化进程中行政区划调整的几个问题》。载汪洋主编：《"十五"城镇化发展规划研究》，中国计划出版社2001年版，第250～260页。

⑥ 徐伟中：《以行政区划调整为契机，加快现代化新温州的建设步伐》，载《中国方域——行政区划与地名》，2001年第5期，第25～27页。

⑦ 刘君德：《中国农民第一城——龙港镇行政区划体制改革的思考》，载《中国方域——行政区划与地名》，2001年第6期，第7～9页。

⑧ 倪世康：《打破"三府一地"的旧有格局，实现金华跨世纪的发展目标》，载《中国方域——行政区划与地名》，2002年第2期，第34～35页。

⑨ 方民生著：《浙江制度变迁与发展轨迹》，浙江人民出版社2000年版。

卫东主编的《浙江现代化道路研究》[①]，汪水波、马力宏主编的《浙江农村城镇化道路探索》[②]，潘云鹤、史晋川等著的《浙江省“十五”至2015年经济社会发展前瞻》和史晋川等著的《制度变迁与经济发展——温州模式研究》[③]等。不过，多是从更宏观的制度变迁的层面所进行的研究。

另外，在小城镇历史演变和发展道路等的研究方面，也有许多成果。如金勇兴在《集聚与扩散——温州建制镇城市化研究》[④]一书中，以温州建制镇的发展为例，探讨了小城镇的管理体制改革及区划调整问题，是乡镇层面实证研究的一部著作。该书除了在第一章中概略介绍了建制镇的沿革等之外，尤其在第七章《困境与对策》中提出了诸如县辖镇等有关行政管理体制和行政区划改革的意见，较有针对性。高飞、陈国灿在《历史视野中的浙东南乡村城镇化进程》[⑤]一书中，则从历史和现实结合的角度，探讨了浙东南乡村地区的城镇化过程及有关的管理体制问题。

直接论述到行政区划改革及其有关具体的改革措施和实施方案的研究，涉及全省层面的，主要体现在如浙江省计划委员会等所作的有关规划和研究，如在“九五”、“十五”规划及其相关研究，有关全省的城市化发展规划、城镇体系规划及若干重点地区（如环杭州湾都市带）的规划等中，都涉及浙江省行政区划的发展、调整和改革等问题。虽然论述的篇幅不长，但有些很有见地，如由浙江省发展计划委员会课题组所承担的“‘十五’期间浙江城市化发展战略研究”的报告中，专门论述了“要深化行政管理体制改革，积极探索有利于城市管理、发展、壮大的新机制”的思路：

> 实施城市化战略要把行政区划改革放到重要位置。尽快解决“一城多府”的管理体制不顺问题，避免城市化过程中的“重复建设”，应权衡利弊，适时推进市县、市市合并，以理顺行政体制。对通过行政区划变动有利于形成大城市或中等城市的地区，也应顺应城市化的要求进行合并。深化中心镇行政管理体制，完善中心镇政府的经济、社会管理职能，按“小政府，大社会”的原则综合设置机构，体现精简、综合、效能的要求。[⑥]

各地级市、县级市等在进行各自辖区的城市总体规划、城镇体系规划等工作中，也多多少少涉及行政区划体制的调整以及改革的方案、构想等。举例来看，代表性的如南京大学在对杭州市所进行的“概念规划”中，涉及杭州都市区的政区调整方案：

> 在中国未来相当长的时期内，行政区经济依然会发挥强大而明显的作用。为了更好地整合杭州都市区的整体优势，必须对市区进行行政区划调整，将现行的

① 史晋川、罗卫东主编：《浙江现代化道路研究》，浙江人民出版社2000年版。

② 汪水波、马力宏主编：《浙江农村城镇化道路探索》，浙江人民出版社2001年版。

③ 史晋川等著：《制度变迁与经济发展——温州模式研究》，浙江大学出版社2002年版。

④ 金勇兴著：《聚集与扩散——温州建制镇城市化研究》，社会科学文献出版社2002年版。

⑤ 高飞、陈国灿著：《历史视野中的浙东南乡村城镇化进程》，浙江大学出版社2002年版。

⑥ 浙江省发展计划委员会课题组：《“十五”期间浙江城市化发展战略研究》，载中共浙江省委政策研究室、浙江省发展计划委员会编：《浙江“十五”发展宏伟蓝图》（内部），2001，第394～410页。

八个城区重新划分为新的八区：

东城区、西城区：以运河为界将老城区划为东城区、西城区。其中西城区是城市的商贸、文教、居住、行政集中区；东城区是大交通和制造业集中区。

西湖区维持原区划：主要是致力于西湖风景区的延伸发展与管理经营。

新萧山区：钱塘江南岸环城路内区域，是杭州新城、高新产业汇集区、高教区、CBD内核等。

临平区：以临平镇为中心的杭州东北部地区，是生活居住地域及杭州北翼腹地的物流中心。

余杭区：以余杭镇为中心的都市区西部地区，作为都市区生态屏障，以自然景观为主的生态旅游及都市农业，为其主要功能。

临浦区：以临浦镇为中心的西南部地区，致力于生态维护与水源涵养，重点发展洁净工业和都市郊野旅游。

瓜沥区：以瓜沥镇为中心的东南部地区，城市空港组团、杭州南翼腹地的物流中心，生态维护和制造业功能兼具，远景作为城市规模制造业和其他功能的战略储备空间。①

6.2 1979年以来浙江省行政区划调整改革的过程和特点

6.2.1 1979年以来浙江省行政区划调整改革的过程和阶段划分

浙江省1979年以来行政区划的调整变更较为频繁，前述六类情形均有涉及。从总体情况或政区主体而言，以建制类型变更(即县改市、乡改镇，以及县、市改区，乡、镇改街道等)最为突出，影响也最大；但县级以下政区的乡、镇、街道的调整，往往同时伴随着多种变更，呈现更为复杂的面貌。故下面的分析从两个层面展开，即总体行政区划(主要是县及县级以上政区)调整改革的过程和县级以下政区(乡、镇、街道)的调整改革状况。

6.2.1.1 县级及其以上行政区划调整改革的过程和阶段

如前所述，1979年以来浙江省行政区划的变化，主要是建制变更(即县与市、乡与镇的变化)。建制变更在各级政区均普遍出现，包括地区(地级市)级、县(市、区)级和乡(民族乡、镇、街道)级等。现将县级以上政区调整状况列表说明如下(详见表6-2)。

表6-2 浙江省1979年以来县级以上行政区划调整变更状况一览表

年份	地区	地级市	市辖区	县级市	县	自治县	特区
1978	8	3	10	0	65	0	0
1979	8	3	10	5	65	0	0
1980	8	3	13	5	65	0	1
1981	7	3	13	6	62	0	0

① 顾朝林等编著：《概念规划：理论·方法·实例》，中国建筑工业出版社2003年版，第221～222页。

续表

年份	地区	地级市	市辖区	县级市	县	自治县	特区
1982	7	3	13	6	63	0	0
1983	4	6	16	3	66	0	0
1984	4	6	17	3	66	1	0
1985	3	8	20	3	65	1	0
1986	3	8	20	6	62	1	0
1987	2	9	22	9	57	1	0
1988	2	9	20	13	53	1	0
1989	2	9	20	15	51	1	0
1990	2	9	19	16	50	1	0
1991	2	9	19	17	49	1	0
1992	2	9	20	20	45	1	0
1993	2	9	20	22	43	1	0
1994	1	10	23	23	40	1	0
1995	1	10	23	24	39	1	0
1996	1	10	24	25	38	1	0
1997—1999	1	10	24	25	38	1	0
2000	0	11	26	24	37	1	0
2001	0	11	29	22	36	1	0
2002	0	11	30	22	35	1	0
2003—2009	0	11	32	22	35	1	0

（资料来源：2002年以前据《浙江省区划地名实用手册》第665～676页整理。2003年至2009年资料据浙江省民政厅区划地名处（浙江地名网http://www.zjsdmw.com/sitesmain）。2003年后，浙江省县级及以上政区未再进行过调整。）

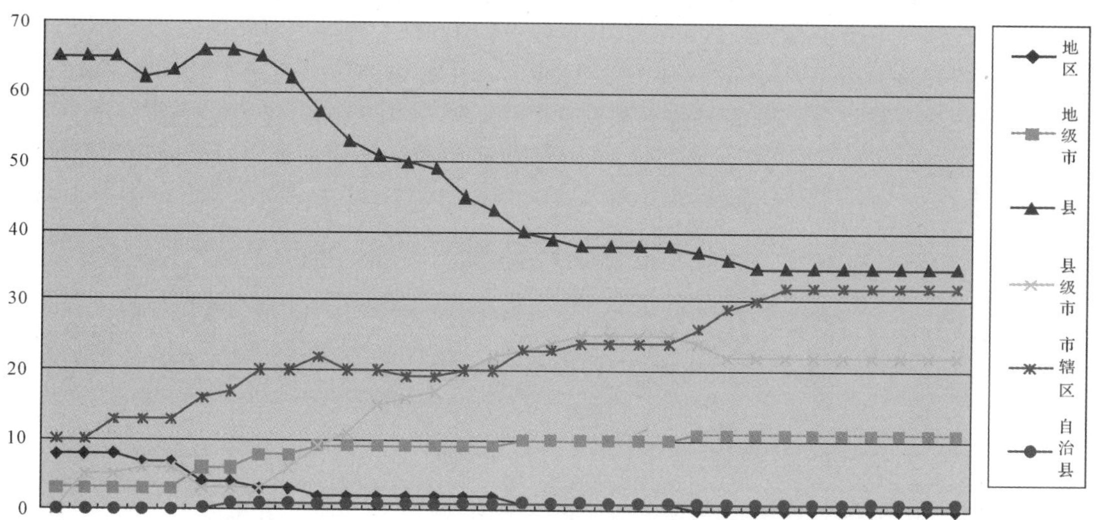

图6-1 浙江省1979年以来县及县级以上行政区划调整变更过程图

从表 6-2 和图 6-1 可以看出，浙江省改革开放以来的行政区划调整，大体上经历了这样几个阶段（这里的阶段划分只具有相对意义，即该阶段占主导地位的政区改革模式，但并非仅局限于该时段，此前此后都仍有该类政区设置方式出现）：

(1)恢复阶段(1979—1983 年)

该阶段的主要特点是：按照传统方式（如切块设市）恢复和新设市、县建制。

湖州、嘉兴、绍兴、金华和衢州曾经都有过市的建制，且均为地区中心，故在 1979 年国家工作重心转移到经济建设上来之后，中心城市的作用开始受到重视，便被首先恢复设市。这时的设市模式还是沿用过去的“切块设市”的方式，即在传统计划经济体制下，依据“市县分立、城乡分离”、“城市工业、农村农业”的二元经济结构，以县的中心城镇或县、市中心以外的重要的工矿镇、交通枢纽、风景名胜点、边境口岸等地及其近郊析置市，市县并存，城乡分置。简言之，即以县（自治县）的部分行政区域析置市。这种模式在改革开放以前一直是中国的主要设市模式。[①] 上述 5 市均为市、县同城的环状包围形态，市区范围狭小，周围为县域政区。该阶段新设市也是采用“切块设市”的方式，如 1981 年在海门特区基础上设立的椒江市，仍然是沿用传统方式切块设立的。

另外，还恢复了一些过去被合并的县，如从平阳划出苍南，从遂昌划出松阳等。

(2)地级政区改革阶段(1983—1985 年)

该阶段的主要特点是：逐步撤销地区建制，实行市（地级市）领导县（县级市）体制。

中国的市领导县体制，萌发于市制创立之初，1926 年汉口市（今武汉一部分）辖汉阳县，开市领导县体制之先河。中华人民共和国成立初期，市领导县体制处于自生自灭状态。从 1958 年开始，实行市领导县体制的范围迅速扩大，但 20 世纪 60 年代初期的自然灾害和经济困难，导致绝大多数市领导的县又划回专区，市领导县陷入低潮；以后虽有缓慢恢复和回升，但平均每个市领导县的数量明显减少。1982 年，中共中央以〔1982〕51 号文件发出了改革地区体制、实行市领导县体制的通知，年末首先在江苏省试点，1983 年开始在全国试行。从此，市领导县的体制，成为替代地区行署体制的主要方式，在全国全面推行。[②]

浙江省的情况也是如此。1949 年之后该体制也曾有过实行，如杭州，20 世纪 50 年代后期以来，一直领导了萧山、临安、桐庐、富阳、余杭、建德和淳安 7 县。但当时并不普遍，也未成为一种主要模式，至 1980 年除杭州市以外，也只有宁波市领导了镇海 1 县。以 1981 年温州地、市合并为先导，1983 年，宁波撤地管县；尤其同年，嘉兴、湖州、绍兴亦先后撤地、升级、设区，同时领导原地辖各县，标志着市领导县的体制成为一种主要方式。1985 年，金华、衢州撤地升级，浙江省 11 个地、市中已有 8 个实行市领导县体制。以后，1987 年设立地级舟山市，1994 设立地级台州市，2000 年设立地级丽水市，彻底完成了地级政区管理方式的变革。

(3)县级政区改革阶段(1985—1992 年)

该阶段的主要特点是：从“切块设市”转变为“整县改市”，市建制迅速增加，县建制大幅减少。

几乎与撤地设市、市领导县体制实行的同时，中国的设市模式也开始发生重大变化，从

① 靳尔刚、张文范主编：《行政区划与地名管理》，中国社会出版社 1996 年版，第 103 页。

② 靳尔刚、张文范主编：《行政区划与地名管理》，中国社会出版社 1996 年版，第 118～120 页。

以前的切块设市，发展成为“整县改市”，即或将整个县的范围改设为市，或几个县合并为一个市，或撤销市外围的县并入市。这种模式为改革开放以来全国各地所普遍采用。浙江省基本上属于将整个县的范围改设为市这种类型。

1984年的温州增设龙湾区、宁波新设滨海区，已经具有了“整县改市”的含义，但不属于典型的“整县改市”。以1985年兰溪、余姚撤县设市为标志，1986年丽水、临海、海宁，1987年瑞安、萧山、江山，1988年慈溪、奉化、东阳、义乌，1989年诸暨、黄岩，1990年龙泉，1991年平湖，1992年建德、上虞、永康，短短8年时间，浙江省的县级市从3个增加到20个(还有县级市升格为地级市)，占数量最多时(25)的80%。

(4)大都市地区政区改革阶段(1992—2003)

该阶段的主要特点是：都市区政府直辖范围扩大，撤县(市)设区，还包括大量各类开发区的设立；市辖区数量增多，市区范围大幅扩张。

市辖区是由市管辖的下一级行政区域单位，其行政地位一般相当于县。市辖区是大中城市不可分割的有机组成部分，是中等以上城市下面一个不可缺少的管理层次。由于市辖区是出于为市分担城市管理服务的需要而设置的，它实质上具有市的行政分治区的地位，是市的一种内部结构，因此市辖区在行使其职权上，不具有一般地方行政单位那样的独立性。①

随着浙江省经济、社会的发展和城市化的推进，城市发展从数量扩张开始向内涵发展转变，培育经济中心、特别是培育特大都市，成为城市发展重点。适应这一转变，首先从管理体制上就要求拓宽城市发展空间，城乡统筹，协调发展。在这种背景下，最早是宁波，为建设“东方大港”，1985年就率先撤销镇海县，设立镇海区。但成为主流是在20世纪90年代。1992年，温州撤销瓯海县，设立瓯海区；1994年，在新设立地级台州市时，直接撤销椒江市、黄岩市，设立椒江区、黄岩区、路桥区；2000年，金华撤销金华县，与原婺城区重新划分设立新的婺城区和金东区。进入21世纪，这种方式出现一个高潮。2001年杭州撤销萧山市、余杭市设立萧山区、余杭区，温州重新划分鹿城区、龙湾区和瓯海区管辖范围，衢州撤销衢县，与原柯城区重新划分设立新的柯城区和衢江区，绍兴也将部分绍兴县地域划归越城区管辖。2002年，又有鄞县的撤销和宁波市鄞州区的设立。更在2003年，曾经于1988年撤销市辖区而采用独特的由市(地级市)直辖乡、镇管理体制的湖州市也在市区恢复设立吴兴区和南浔区。至2003年底，市辖区的数量已达32个，较之1978年(10个)整整增长了2倍有余。

与此同时，除了上述正式的区划调整之外，还有大量的经济开发区、工业园区等的设立，以及诸如旅游度假区、大学高教园区等的建设，各类园区内部，往往越过正常的管理层级，而由高一层次的政府管辖。而且，虽然各类开发区各个层级均有，但以受地级及以上城市管辖最多，实际上也成为地级市、大都市地区政区改革的组成部分。

6.2.1.2 县辖政区(乡、民族乡、镇和街道)改革过程分析

县辖政区(乡级政区)在中国当代的行政区划体系中，具有比较特殊的地位和发展过程。相对于县和县级以上政区的历史悠久和相对稳定，县辖政区的变化较多，既包括其基本制度层面如体制、地位、权责等的变动不居，如从人民公社体制转变为区一乡体制，再至

---

① 靳尔刚、张文范主编：《行政区划与地名管理》，中国社会出版社1996年版，第114～115页。

乡、镇、街道并列的体制，也更有具体政区个案的如设立或撤销，建制等级的升、降和具体辖域的并、拆等。导致该层级政区调整的频繁和形态的多变。浙江省1979年以来，乡级政区也经历了很大的调整和变迁；其中，以建制变更（即乡与镇、街道的变化）和辖域变化（主要是乡级政区的合并）为最。现将浙江省县级以下政区调整状况列表说明如下（详见表6-3）。

表6-3　浙江省1979年以来县级以下行政区划调整变更状况一览表

年份	人民公社数	区公所数	乡（含民族乡）数	镇数	街道数
1978	2944	349	—	167	41
1979	?	?	—	167	?
1980	?	?	—	169	?
1981	?	?	—	177	?
1982	3089	?	—	184	?
1983	1384	?	1751	186	133
1984	—	378	3041	243	135
1985	—	377	2748	506	138
1986	—	?	2652	574	142
1987	—	?	2569	640	129
1988	—	?	2491	700	135
1989	—	?	2454	734	149
1990	—	354	2426	749	98
1991	—	354	2401	769	98
1992	—	—	946	897	95
1993	—	—	922	917	94
1994	—	—	890	949	96
1995	—	—	872	965	101
1996	—	—	863	981	103
1997	—	—	846	998	105
1998	—	—	823	1006	108
1999	—	—	767	987	105
2000	—	—	752	970	106
2001	—	—	562	837	212
2002	—	—	553	824	233
2003	—	—	540	782	275
2004	—	—	519	760	290
2005	—	—	475	752	298
2006	—	—	461	754	304
2007	—	—	453	750	313
2008	—	—	446	747	318
2009	—	—	445	735	333

（资料来源：乡、镇、街道数据由浙江省民政厅区划地名处提供（1978—1982年街道数缺，1978年街道数据《浙江区划地名溯源》第686页补）。人民公社数和区公所数主要据《浙江省民政志》补。此外，早期

(20世纪90年代之前)各不同来源的统计数据互有不同,酌情选取(因当时区划调整尚不规范所致);但差距不大,不影响分析结果。另:表中"?"为数据不详,"—"为此种类型已无。)

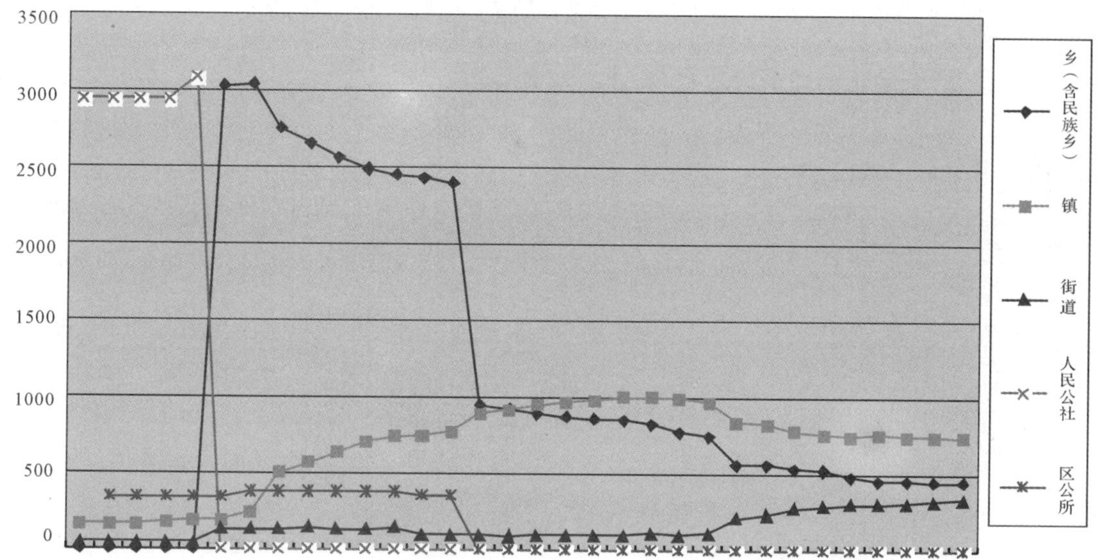

图6-2　浙江省1979年以来县级以下行政区划调整变更过程图

据表6-3和图6-2分析,1979年以来,结合全国的发展过程,浙江省的县辖政区的调整改革,也可以基本划分为如下前后相继的四个阶段:

(1)人民公社体制的延续阶段(1979—1982)

该阶段的主要特点是:以政社合一的人民公社体制为主;仍含少数镇的建制,为"切块设镇"模式。

1949年10月后,县之下主要是建立了乡级政权,作为县辖政区的主体;同时,延续了之前的镇的建制,并共同隶属于县辖区之下。1954年《宪法》确认了这样的体制,明确规定我国乡村地区基层政权为乡、民族乡和镇,第一次以"宪法"的形式确定了乡、镇为我国基层行政区划。同时,《地方组织法》规定:"县人民委员会在必要的时候,经省人民委员会批准,可以设立若干区公所,作为它的派出机关。"①这既是对新中国成立初期在县、乡之间已设置的区公所的一种法律追认,又是进一步规范和统一区公所作为县、乡之间的准行政层级的性质与作为县级政权派出机构的行政地位。此外,《地方组织法》对城镇型政区设立派出机关也作出了较为明确的规定:"市辖区、不设区的市的人民委员会在必要的时候,经上一级人民委员会批准,可以设立若干街道办事处,作为它的派出机关。"从此,"街道办事处"成为市辖区或者不设区的市(即县级市)下设的准行政层级。

但是,1958年后,由于特殊的政治原因,宪法未能得到严格遵守,我国行政区划制度建设进入不正常运行时期,县辖政区也是如此。1958年9月中共中央政治局扩大会议通过了《关于在农村建立人民公社的决议》,全国开始实行"政社合一"的人民公社体制,为适应理

① 《中华人民共和国法规汇编(1954年9月—1955年6月)》,法律出版社1957年版,第140页。

想中的“一大二公”的需要，再次合并小乡为大乡，大乡改为人民公社。于是，人民公社便在全国各地普遍建立起来，作为“工农兵学商相结合”的基层政权，是当时农村基层政权和劳动群众集体所有制的社会主义经济组织相结合的机构，取代了原有的乡（民族乡）和相当一部分镇。换言之，乡已经不再存在，镇仍存少量，且为狭域型的“切块”设置而成；同时，城市之中的街道，作为城市政府的派出机构，也仍然存在。

1978 年后的改革开放初期，仍延续了过去的体制。1979 年修改的《宪法》中，仍规定“县、自治县分为人民公社、镇”。浙江省也是如此，在 1978 年底，设置区公所 349 个，人民公社 2944 个，镇 167 个，街道 41 个。至 1982 年，在农村家庭联产承包责任制等改革措施的推动下，人民公社体制开始解体。

(2)恢复“区－乡”二级制阶段(1983—1991)

该阶段的主要特点是：废止人民公社体制，重建乡建制，逐步增设镇（仍为“切块设镇”模式）。

1978 年底党的十一届三中全会后，全国各方面工作逐步恢复正常。我国农村普遍开始实行家庭联产承包责任制，人民公社的生产经营管理体制已经越来越不适应新的“家庭承包制”下的我国农村经济发展的实际，公社体制改革势在必行。1982 年 12 月，第五届全国人民代表大会第五次会议通过的《中华人民共和国宪法》规定，中国农村基层行政区为乡、民族乡、镇。1983 年 10 月，中共中央、国务院发出《关于实行政社分开建立乡政府的通知》。浙江省经过试点，由点到面分期分批开展政社分设工作，到 1984 年 9 月全面完成。按照《浙江省民政志》所载，由原设的 2985 个人民公社，改建为 3041 个乡人民政府（含民族乡 14 个），其中以原公社辖区为基础建乡的 2933 个，以原公社的几个生产大队合并建乡的 108 个。[①] 至此，“人民公社”作为我国基层行政区划建制，终于退出了中国历史舞台。

同时，1982 年新通过的《地方组织法》规定：“县、自治县的人民政府在必要的时候，经省、自治区、直辖市的人民政府批准，可以设立若干区公所，作为它的派出机关。市辖区、不设区的市的人民政府，经上一级人民政府批准，可以设立若干街道办事处，作为它的派出机关。”故而在人民公社改为乡、镇体制时，包括浙江省在内的很多省区又恢复设立了区公所，作为县政府的派出机构，管辖若干乡镇。这样，县辖政区实际上回复到 1958 年“大跃进”以前的模式，即“区－乡”二级体制，这既是 1982 年宪法的规定，也是对 1954 年宪法的回归。

(3)撤区、扩镇、并乡阶段(1992—2000)

该阶段的主要特点是：县辖政区变“区－乡”二级制为乡、镇并立的一级制；设镇模式由“切块设镇”改为“整乡改镇”；镇成为县以下政区主体，乡数量大幅减少。

随着社会主义市场经济体制的逐步建立健全，各级政府都在进一步转变职能，特别是经济管理从微观管理转向宏观管理，区域经济的运行逐渐由以纵向为主的计划经济转向以横向为主的市场经济，这就要求行政区划的结构体系由层次多、幅度小向层次少、幅度大的方向转化；并且，随着科技的进步、交通通讯的发达和管理手段的现代化，行政管理效率大大提高，为行政区划体制的结构性调整创造了条件，县对乡、镇的直接管辖已经成为可能。1986 年 9 月中共中央、国务院《关于加强农村基层政权建设工作的通知》指出，除边远山区、交通不便的地区外，县以下一般不设区。根据上述要求，全国开始了“撤区并乡”和“（撤区）

① 浙江省民政志编纂委员会：《浙江省民政志》，中国社会出版社 1994 年版，第 64 页。

并乡建镇”的工作。同时，1986 年出台的“设市标准”中“县级市下不能设置区公所”的规定，也在一定程度上促进了撤区工作的开展。在这次撤区过程中，实行的是撤区、并乡、建镇“三位一体”的策略：“撤区”是减少政区层级，提高行政效率，减轻国家和农民负担；“并乡”是减少乡镇数目、适当扩大乡镇的管理幅度，便于县直接管辖；“建镇”则是在撤区并乡过程中，选择一些基础设施较好的集镇设置城镇型的政区，体现推动城镇化迅速发展的要求。

适应全国形势的变化和浙江省农村经济的发展，为进一步深化农村改革，1992 年，中共浙江省委、省人民政府决定在全省开展撤区、扩镇、并乡工作。撤区、扩镇、并乡工作主要遵循的原则是有利于经济发展和社会的稳定；合理布局，整撤整并；有利于管理，方便群众；进一步发展农村小城镇建设。① 重点是扩镇，要求通过扩镇实现以大中城市的辐射带动卫星城镇，沟通广大农村，使乡村向城镇靠拢；从行政区划上、管理体制上把城乡结合起来，形成梯级推进、全省开放的浙江经济发展格局。1992 年末，全省由 2405 个乡撤并为 946 个乡，全省 354 个县辖区的建制全部撤销。② 全省设建制镇 897 个，占全省基层政权设置总数的 49%。③ 至 2000 年，全省建制镇数为 970 个，乡为 752 个，镇数已占基层政权总数的 56%多。

此期，若单从数量上来看，乡、镇（尤其是乡）减少幅度惊人。但这里有一点必须指出，就如同此期设市模式由“切块设市”改为“整县改市”一样，镇的设置方式，也由此前的“切块设镇”，转变为乡、镇合并后的整乡改镇模式；所以，一方面，表现为乡数量的大幅减少，另一方面，则是镇形态的从“点”（非农业居民为主的建成区）到“面”（包含大量乡村人口和非建成区的地域），镇的辖域面积、人口规模等都大幅扩张。

（4）乡、镇改设街道与中心镇建设阶段（2001—今）

该阶段的主要特点是：街道的设置突破法律的限制，在县级中心区推行，其设置方式也转变为“整乡（镇）设街”模式；进一步进行乡镇合并，强化中心镇建设。

进入 21 世纪后，国家又进一步强调（撤区）合并乡镇的工作。2000 年《中共中央、国务院关于转发〈国家发展计划委员会关于当前农村经济发展中几个主要问题和对策措施的意见〉的通知》（中发〔2000〕15 号），进而又在 2000 年 12 月中办、国办《关于市县乡人员编制精简的意见》、2001 年 3 月 15 日九届全国人大第四次会议批准的《中华人民共和国国民经济和社会发展第十个五年计划纲要》中，也分别再次予以强调。2001 年 7 月 21 日，经国务院同意，民政部、中央编办、国务院体改办、建设部、财政部、国土资源部、农业部等 7 部门，联合向各省级人民政府发出了《关于乡镇区划调整工作的指导意见》（民发〔2001〕196 号）（简称“七部委意见”），在肯定各地撤并乡镇做法的同时，也提出了进一步完善的措施意见。这些步骤都再一次大大地推进了（撤区）合并乡镇的工作。

这次县辖政区改革仍然着眼于推进城市化的进程，表现在两个方面：首先，在撤区并乡过程中，大大地增加了建制镇的设置数量。由于大量的并乡建镇，使得建制镇的数目从 20 世纪 90 年代中期以来，已经超过了乡的数目。其次，一般的县下也开始设置“街道办事处”。街道办事处本来应该是我国城市中基层政区的派出机关，在基层政府的领导下，行使部分

① 浙江省民政志编纂委员会：《浙江省民政志》，中国社会出版社 1994 年版，第 68 页。
② 浙江省民政志编纂委员会：《浙江省民政志》，中国社会出版社 1994 年版，第 65 页。
③ 浙江省民政志编纂委员会：《浙江省民政志》，中国社会出版社 1994 年版，第 67 页。

基层政府的权力，办理和协助办理其辖区的各种政府行政工作。我国《地方组织法》明确规定，能够设置街道办事处的所谓“城市基层政府”是指不设区的市（即县级市）和市辖区政府，而一般的县并未包括在此范围内。但近年来随着我国城市化进程的加快，县城和部分经济较发达的大镇的规模日益扩大，部分县开始尝试把县城和部分建制镇改设为街道办事处，在城市（镇）管理的组织架构上实现向城市模式的转变。

2001 年 10 月 26 日，根据民政部等七部委《关于乡镇行政区划调整工作的指导意见》（民办〔2001〕196 号）精神，浙江省政府办公厅转发省体改办、省民政厅、省建设厅、省编委办、省国土资源厅、省财政厅、省农业厅等 7 部门拟定的《关于乡镇行政区划调整工作的意见》（浙政办发〔2001〕73 号），标志着浙江省行政区划改革的重点正式转向县级以下的乡、镇政区；随即全省有 52 个县（市、区）进行了乡、镇的行政区划调整。[①] 各地在县（市）域城镇体系规划的指导下，围绕中心镇的培育，加大调整力度，至 2007 年底，全省所有县（市）均进行过该层次行政区划的调整工作，有的还多次进行。建制镇总数从 1999 年初最大数量的 1006 个，到 2001 年初的 970 个，再减少到 2007 年底的 750 个，2008 的 747 个，2009 的 735 个；乡的总数从 1999 年初的 823 个，到 2001 年初的 752 个，再减少到 2007 年底的 453 个，2008 的 446 个，2009 的 445 个。2009 年与 2001 年相比，乡镇合计共减少 542 个，下降幅度超过 30%。

与此同时，开始尝试在诸如市辖区建成区范围内、县级市政府驻地的镇和有条件的县城驻地的镇，进行撤镇建街道办事处的政区改革方式，改变了原城关镇的体制。2001 年 7 月“七部委意见”发布以后，许多省在制定相应实施细则时，均有县城与部分乡镇改设为街道办事处的规定，浙江省在前述《关于乡镇行政区划调整工作意见的通知》（浙政办发〔2001〕73 号）中的“合理确定乡镇和街道的设置规模”中规定：“县（市、区）政府驻地镇撤镇改设街道的，其街道人口为 4～8 万人，面积为 20～50 平方公里。”如此，街道体制也发生了新的变化，突破了 1954 年《城市街道办事处条例》的规定，而具有了一定的基层政权的性质，也成为与乡、镇并列的行政区划新体制。街道的数量，从 2000 年的 106 个，到 2001 年底达到 211 个，至 2009 年底已经达到 333 个；而形态和面貌上，也不同于原来规模较小、以建成区为主的地域景观，而是规模较大、有较大非建成区的地域，并成为景观变迁明显、城市化推进迅速的过渡性、变动性地域。

6.2.2 浙江省行政区划的现状设置特点与若干具有全国影响的改革举措

中国自秦代以来，除了分裂、分治时期而外，一直是一个单一制的、中央集权的国家。1949 年以来，主要在大陆地区，又借鉴前苏联的模式，建立起中央计划、高度集权的政治、经济体制。尽管 1979 年以来中央与地方关系发生了很大变化，但就权力配置的基本格局而言，并无根本性、实质性的变动；如果说有变化，就是由此前的中央高度集中各种权力到此后的中央向地方（尤其省级政区）分权，地方政府（目前主要是省级政府）在各自区域内呈现相对集权的状况，尤其是 1994 年分税制实行以来。因此，就作为国家权力空间配置的载体和依托的行政区划而言，其基本体系仍保持举国一统，并由国家供给改革的空间这样一种状态，地方基本没有自行设置政区（尤其县级及以上层级政区）的权力；即使是基层政区，其

---

① 谢永明：《乡镇行政区划调整工作进展顺利》，载《浙江年鉴 2002》，第 240 页。

改革和变迁的方向也多由国家给以政策层面的引导。

浙江省作为中华人民共和国的一个省份，自身不具备任何特殊的地位（如特别行政区、民族自治区或经济特区等）；因此，其在行政区划体制方面完全根据国家一般的规定而来，没有特别的权力和特殊的地区。此外，浙江省陆域规模偏小（全国大陆31个省级政区，除了4个直辖市外，仅大于海南和宁夏，与江苏基本持平），人口虽然相对偏多（排在大陆31个省级政区的第11位）（有关各省市区情况可参见表6-4），但民族构成简单且分布较为分散（仅有畲族具备局部区域性的集中分布）；而且尽管与此同时，经济发展迅猛，城市化水平迅速提升，但由于历史条件等限制，也并不非常突出（如与广东、江苏等省份相比）。

表6-4 中国内地31个省级行政区的面积、人口、政区结构（截至2008年底）一览表

省级政区	面积（万平方千米）	人口（万）	政区结构、数量
北京市	1.7	1216	18(16区,2县)
天津市	1.2	964	18(15区,3县)
河北省	19	7032	11(11地级市)—172(36市辖区、22县级市、108县、6自治县)
山西省	16	3392	11(11地级市)—119(23市辖区、11县级市、85县)
内蒙古自治区	118	2414	12(9地级市,3盟)—101(21市辖区、11县级市、17县、49旗、3自治旗)
辽宁省	15	4232	14(14地级市)—98(54区、17县级市、19县、8自治县)
吉林省	19	2696	9(8地级市,1自治州)—60(20市辖区、20县级市、17县、3自治县)
黑龙江省	46	3820	13(12地级市,1地区)—128(64市辖区、18县级市、45县、1自治县)
上海市	0.6	1379	19(18区,1县)
江苏省	10	7354	13(13地级市)—106(54市辖区、27县级市、25县)
浙江省	10	4659	11(11地级市)—90(32市辖区、22县级市、35县、1自治县)
安徽省	14	6676	17(17地级市)—105(44市辖区、5县级市、56县)
福建省	12	3441	9(9地级市)—85(26市辖区、14县级市、45县)
江西省	17	4529	11(11地级市)—99(19市辖区、10县级市、70县)
山东省	16	9346	17(地级市)—140(49市辖区、31县级市、60县)
河南省	17	10363	17(地级市)—159(50市辖区、21县级市、88县)
湖北省	19	6085	13(12地级市,1自治州)—102(38市辖区、24县级市、37县、2自治县、1林区)
湖南省	21	6880	14(13地级市,1自治州)—122(34市辖区、16县级市、65县、7自治县)
广东省	18	8156	21(地级市)—121(54市辖区、23县级市、41县、3自治县)

续表

省级政区	面积（万平方千米）	人口（万）	政区结构、数量
广西壮族自治区	24	5061	14(地级市)－109(34 市辖区、7 县级市、56 县、12 自治县)
海南省	3.4	849	18(2 地级市(4 区)，6 县级市，4 县，6 自治县)
重庆市	8.2	3235	40(19 区，17 县，4 自治县)
四川省	49	8815	21(18 地级市，3 自治州)－182(43 市辖区、14 县级市、120 县、4 自治县)
贵州省	18	3985	9(4 地级市，2 地区，3 自治州)－88(10 市辖区、9 县级市、56 县、11 自治县、2 特区)
云南省	39	4371	16(8 地级市，8 自治州)－129(12 市辖区、9 县级市、79 县、29 自治县)
西藏自治区	123	274	7(1 地级市，6 地区)－73(1 市辖区、1 县级市、71 县)
陕西省	21	3783	10(地级市)－107(24 市辖区、3 县级市、80 县)
甘肃省	43	2649	14(12 地级市，2 自治州)－86(17 市辖区、4 县级市、58 县、7 自治县)
青海省	72	522	8(1 地级市，1 地区，6 自治州)－43(4 市辖区、2 县级市、30 县、7 自治县)
宁夏回族自治区	6.6	613	5(地级市)－21(8 市辖区、2 县级市、11 县)
新疆维吾尔自治区	166	2042	14(2 地级市，7 地区，5 自治州)－98(11 市辖区、19 县级市、62 县、6 自治县)

(数据来源：据《中华人民共和国行政区划简册.2009》(中国社会出版社 2009 年版)整理。)

因此，浙江省总体而言，其在行政区划的安排、设置上，呈现出一种居中的、不甚引人注目的特征(尤其是正式政区)；但透过表面，在具体的管理体制层面，又往往能够适应不同类型地区特点及不同发展阶段，在形式上不改变行政区划的前提下，采取多样而灵活的管理方式，取得了较好的治理效果。若干举措，甚至在全国具有表率意义，产生了很大影响。

6.2.2.1 浙江省行政区划的现状设置特点

改革开放以来，浙江省行政区划经过不断的调整、改革，与国内其他省、市、区相比较，呈现出如下一些比较显著的特点：

(1)就政区类型而言，以一般类型政区(地域型政区和城市型政区)为主，且特殊类型政区的特殊性不强

目前一般将中国当代的行政区划体制划分为 4 种类型，即地域型政区、城市型政区(二者可合称一般类型政区)和民族型政区、特殊型政区(二者可合称特殊类型政区)。四种类型均可见于不同层级政区。省级政区比较明确，即国家宪法所规定的省、直辖市、民族自治区和特别行政区。省级政区以下，在不同层次，也各有其一般类型与特殊类型：就一般类型而言，为地级市(、地区)－县级市、县、区－乡、镇(、街道)；就特殊类型而言，民族型政区一般为自治州－自治县－民族乡，特殊型政区则形式多样，如较为正式的副省级的经济特区市、计划单列市、省会城市等，以及不甚正式的如副地级市、副县级镇等。

浙江省本身属于高层政区(省、直辖市和自治区、特别行政区)中的一般类型。副省级

城市为杭州和宁波，其中，杭州为省会城市，宁波为计划单列市；尽管具有较多的独立权限，但与如经济特区市等相比，还是具有较大的一般类型政区的成分（因省会城市各省、区均有；而计划单列市也广泛分布于主要是东南沿海的省份之中，实际上也成为国家的一种常态政区形式）。地级政区除了上述杭州、宁波之外，都已建置为地级市，没有民族自治类型。县级政区目前也仅有1个自治县，即景宁畲族自治县（亦晚于20世纪80年代中期始给以建置）；其他均为县、县级市和区；20世纪80年代初曾经暂时有“特区”的正式建制，即椒江特区，也旋即改置为县级市。其他各种具有政区性质的如开发区、管理区、度假区等虽然较多，但只是与正常政区相比而言，按照其各自系统来看，并无多少特殊性存在，均属于临时性、经济性的准政区。县级政区以下情况也与全国一致，存在民族乡这一类型的民族自治区域的建制，不过数量较少，在整个乡镇级建制中，所占比例较低。

（2）就政区层次而言，省以下实行完全的实三级制；同时，管理体制又引人注目地具备了二级制特征

中国当代的政区层次一般为四级制，即省级（省、自治区、直辖市、特别行政区）－地级（地区、地级市、自治州）－县级（县、县级市、自治县、区）－乡级（乡、镇、民族乡、街道）；其中，地区、街道为派出机构，即虚级（但实际上被作为正式政区对待）。浙江省则在2000年将最后一个地区丽水改置为地级市后，省以下成为完全的实三级制（地级市－区、县级市、县、自治县－乡、镇、民族乡、街道），已经没有地区的建制。这在中国大陆23个省中，也逐渐成为一种常态和发展方向（截至2008年底，23个省中，海南省建省之初即实行省直辖市、县的二级制；其余22个省中，13个仅辖地级市，另有6个辖地级市和自治州，共有19个为这种实三级制①，接近90%。参见表6-4）。

浙江省的特殊性在于，其在实行实三级制的同时，却在行政区划背后实质性的权力的配置上保持了或有意设置了向二级制转换的管理体制，即较早（改革开放初期）在全国实行了县、自治县和市（甚至个别市辖区）的财政直接对省和县级主要领导由省任免的制度。②

1992年以来，又持续下放行政管理权限，赋予市和经济发展水平较高的县以较大的行政管理权限。具体说来，“1992年，出台了扩大萧山、余杭、鄞县等13个县（市）部分经济管理权限的政策，主要有扩大固定资产投资项目审批权、外商投资项目审批权等4项。1997年，省政府同意萧山、余杭试行享受市地一部分经济管理权限，主要有固定资产投资审批权限等11项。2002年，省委、省政府第三次出台政策，进一步扩大和完善23个经济强县（市）的经济管理权限，其中萧山、余杭和鄞州3区比照执行。扩大的权限有计划、经贸等10大类，共计16项。这一系列做法，有力地促进了广大基层和群众的创业创新，极大地推动了浙江市场化进程和经济发展，增强了基层政府管理协调能力，强化了省直接领导县（市）的体制”③。2006年11月，中共浙江省委办公厅、浙江省政府办公厅又联合下发了《关于开展扩大义乌市经济社会管理权限改革试点工作的若干意见》，开展扩大义乌市经济社会管理权限改革试点，被媒体称为“浙江省启动第四轮省管县改革，而位于浙江省中部的义乌市成为

① 中华人民共和国民政部编：《中华人民共和国行政区划简册·2009》，中国地图出版社2009年版，第1～8页。

② 戴均良：《行政区划应实行省县二级制——关于逐步改革市领导县体制的思考》，《中国改革》，2001年第9期，第38～39页。

③ 卓勇良著：《挑战沼泽：浙江制度变迁与经济发展》，中国社会科学出版社2004年版，第270页。

本次改革的唯一试点城市"①。

在此基础上,2008 年底,在应对"国际金融危机影响的背景下,浙江启动了第五轮县域扩权改革",并将原有"强县扩权"的说法,改成了"扩权强县"。在这次改革之后,县域扩权的范围将从 20 个县(区)扩大到全省所有县,内容从下放几十项权限到"凡是法律、法规、规章明确规定以外的其他省、市管理权限"②。

所有这些,使之在实质上具备了二级制的特征(省直接管市、县)。这种名义和实质分离的三级制,即管理体制上的二级制特征,在全国是非常引人注目的。

(3)就各级政区的划分方式而言,与国内其他省区比较来看,基本合理,数量和规模也大体适中,但尚不完全适应城市化发展的需要

如前所述,浙江省陆域规模偏小,人口虽然相对偏多但民族区域构成简单,地形虽然浙北、浙东与浙江的西、南地区差异明显,但与中国西部地区相比,也并不存在显著的恶劣环境而不适宜居住或存在重大的生态问题。因此,在政区划分上,大体符合自然环境特征与人口分布密度,划分方式基本合理,管理幅度(政区数量和政区规模)就全国而言,也比较适中。如中国内地按照地级政区数量排序,除北京、上海、天津、重庆、海南五个二级制地区外,26 个省、区中,浙江与河北、山西、江西并列第 8;按照县级政区数量排序,内地 31 个省、市、区中,浙江列第 12(从低至高顺序。有关数据可参见表 6-4)。

当然,随着城市化进程的推进,尤其对浙北、浙东的都市化地区(杭州湾两岸"V"字形区域)和浙中、浙南的城市密集地区(浙中盆地、温台沿海)而言,传统的政区格局在应对城市化进程方面存在制度的刚性。浙江省基层小城镇的自发生长更具有全国意义,但其发展的制度空间也相对不足,更需要在行政区划体制方面进行制度突破和创新,以拓宽大规模城市化的制度空间。

(4)都市区的管理体制和行政区划呈现由复式结构(市直辖区的同时领导县)向双层结构(市直辖区而不辖县)转换的态势,但限于体制之囿,尚未着力推进

如前所述,中国于 20 世纪 80 年代推出的"市领导县"体制,在某种程度上是一种都市地区不同层级地方政府协调合作的管治方式(甚至"整县改市"模式也是,只是城市规模较小罢了)。推出这种模式的主要出发点,一是精简机构的考虑,将行署与驻地城市政府合一,既可减少一定的行政人员,又可使地级层面的公共管理由虚转实,通过管辖关系的调整减少地级层面与驻地县级层面的行政协调成本;二是为省域亚区中心的集聚发展提供体制基础,提升亚区中心的行政层级,落实"市管县"的隶属关系,期望以传统的行政力量整合亚区的资源要素,使亚区中心不仅为行政中心,也成为能带动亚区发展的经济中心、能强化认同感的文化中心、能承载人口转移的区域中心。在当时计划经济体制为主流的背景下,其设想自有其逻辑起点,不能说没有一点合理之处。

但是总体而言,经过 30 多年的运行,这种体制的实际效能与当初的设想还有不小的距离。这里的深层原因,一是社会主义市场经济体制逐步建立和完善,政府在经济领域的管理趋于宏观,对资源流动加以干预的手段不断减少,期望通过行政措施"制造"经济中心,就

---

① 《浙江启动第四轮省管县改革 义乌市成唯一试点》,见"新浪网":http://news.sina.com.cn/c/2006-11-24/210710589976s.shtml。

② 《浙江启动第五轮县域扩权改革》,见"新浪网":http://news.sina.com.cn/c/2008-12-31/033814961168s.shtml。

显得力不从心;二是市对县(县级市)的管辖遇到了县(县级市)程度不一的消极对待,县(县级市)从“地区”体制下继承而来的独立权力,不具立法权的大多数地级市难以合法获得,而县级市更在法律上只是由地级市“代管”而已。

相反,不少地级市与县(县级市)间的矛盾还有所增加,原因如前所述,即“市领导县”体制所形成的“大都市区”政府的双重属性,它既是整个地级市范围的联合政府,又是其中某一个(驻地)城市(当然,往往是核心城市)的地方政府,即行政区划体系呈现一种“复式结构”的状态;各级地方政府权力划分上又很不明确,上下级政府职权相互交叉、重叠,双重身份的地级市可能会偏好于将资源过多地投向其驻地城市,导致地级市政府易于出现干预县(县级市)政府权限内事务的冲动,而造成地级市与所辖县(县级市)间较多的矛盾。

而目前所采取的“撤县(市)设区”模式,使都市区行政区划体系呈现一种“双层结构”;都市区政府对各区统一行使管辖权,各区则地位一致(或发展方向将趋于一致),并逐渐与城市政府合理分权。两种模式相对而言,单纯就管理效率而言,则一个统一的、对内部具有绝对权威的都市地区(城市)政府,即“双层结构”,在中国当前的政治体制和背景下,更可以有效地解决都市发展所面临的问题。

浙江省如前所述,目前虽然还是“市领导县”体制,但由于管理体制上的省一县二级制特征,使得大多数地级市的实际管辖没有达到、也无法达到“行政层级”所给予的水平。因此,在都市地区的行政区划和管理体制上,呈现由“市领导县”的“复式结构”向“撤县设区”的“双层结构”转换的趋势,如杭州、宁波、温州、金华、衢州等地都尝试进行了撤县(市)设区的调整。但这一改革的设定目标并不是行政体制的“双层结构”,因此与理想的“双层结构”相比,还有些欠缺,如:一是在名义上地级市仍管辖(或代管)县(或县级市);二是即使进行了行政区划的调整,但新“区”与原有城区之间的真正融合(即管理体制、法规政策等的一致)还远未完成。

(5)适应不同类型政区或准政区特点及不同发展阶段,在不改变行政区划的前提下,采取多样而灵活的管理方式、管理体制等,有效地促进了地区发展,但也引发了一些矛盾在中国,按照目前的体制,地方一般正式的行政区的设置要受人口、面积、经济发展水平、历史传统、风俗习惯、交通条件,以及政治、文化等因素的限制,还有严格的法律程序,同时在干部配置、机构设置等方面都有相应的标准,往往进行直接的调整和变动较为困难。但在某些特定时期,某一级的政府(尤其是县级以上地方政府)又为了达成某种发展目标,而需要设置一些具有一定政区特征的区域(既可以是其下整建制的政区,也可能是其下某政区内部的部分地区),赋予其某些特殊的权力(由于设置目的的特殊性,使许多准政区的行政地位普遍高于同等规模的一般行政区,而且往往突破正常的行政隶属关系),以促使其跳跃式发展。由此,各类正式政区或准政区中,都出现了多种多样的管理方式、管理体制。

当然,管理体制的多样化也是中国当前由于行政区划及政治体制、行政体制等的改革尚不到位、法律法规还不健全的情况下所出现的一种现象。各级政府为了达到各自在不同时期的发展目标,往往赋予一些政区(或准政区)特殊的管理权限和地位。应该说,这对促进这些特殊地区的发展有很大作用。就正式政区而言,如计划单列市,由于具有部分省一级的管理权限,使决策的力度和灵活性都大为增强;就非正式政区而言,如各类经济技术开发区对城市产业结构的调整和提升以及城市新区的建设,一些旅游度假区、风景名胜区等对区域旅游资源的保护与利用等。但另一方面,也不可避免地引发了一些矛盾,存在一些弊端。

浙江省改革开放30年来，主要为了促进经济发展，适应不同类型政区或特殊地区特点及不同发展阶段，在不改变行政区划的前提下，采取多样而灵活的管理方式、管理体制等，也有效地促进了地区发展。就浙江省目前来看，各级、各类政区及其内部都存在管理体制多样性的现象（当然，有一些特殊政区非浙江省所能设置；这里一并列出）。具体表现为：

1）副省级市与一般地级市的差异：杭州是省会城市，宁波是计划单列市，二者又都为“较大的市”，享有副省级管理权限，具有其他9个地级市所不具备的一些立法权、管理权。

2）地级市中“不完全的”市领导县体制与“完全的”市领导县体制的差异：主要表现在财政体制方面。由于宁波为国家计划单列市，财政体制等方面直接对国家，因此，其所属的市、县、区财政完全由宁波市统管。而其他10个地级市，由于浙江省实行省直接管县的财政体制，其所属的市和县（甚至个别市辖区）的财政并不由地级市管辖，而形成管理体制的二级制。

3）扩权的县、市、区与一般的县、市、区的差异：随着浙江省“强县扩权”的推行，20余个强县、市、区具有更多的经济、社会管理的权力，更高的独立于地级市、直接对省的地位。当然，随着“强县扩权”转变为“扩权强县”，此种差别会逐渐减少乃至消失。

4）市辖区内部管理体制的差异：主要是一些2000年以来撤县（市）设区所形成的新区（如杭州的萧山区和余杭区），与原有老城区相比，新区仍保留了相当大的原来县（市）所具有的相对独立的财权和管理权。

5）中心镇与一般镇的差异：一些中心镇、试点镇被赋予各种各样高于一般镇、乡的管理、财政等权力，如龙港、鳌江等，均是国家某种改革的试点镇，龙港更由苍南县“委托授权”设立了具有许多县级的管理职权的机构[①]。2000年，浙江在实施城市化战略中确定了择优发展小城镇的原则，省政府公布了136个省中心镇；2007年5月，浙江又在141个中心镇大规模推行强镇扩权。当然，由于这些权力的授予或机构的设置缺乏明确的法律依据，随着市场经济体制的不断完善和法律法规的健全和严格，若干委托授权等可能会逐渐遇到一些法律障碍或其他问题。

6）各种具有经济开发性质的准政区内部的不同管理体制的差异：相对于前述情形（上述各类政区虽然权力有差别，但未打破行政区域范围，即在该范围内政府的权力所及仍覆盖所有辖区范围，相互之间互不干预），各种经济开发性质的地区等具有准政区性质的区域（如经济技术开发区、旅游度假区、风景名胜区、自然保护区等），由于位居某种政区范围之内，且往往由高一级（甚至更高级别）政区直接管辖，并被赋予某些等同于甚或高于其所在政区的权力，就会与其所在政区发生复杂的关系；处理不好，就会产生许多矛盾。

从浙江省目前实际运作情况来看，大体上，可以分为两大类型，即正式政区被赋予若干特殊管理权限（前述1～5种情形）和位于正式政区内部的局部地区（准政区）突破正常的行政隶属关系由高一级政府直接管辖（第6种情形）。问题和矛盾两类均存在，但突出集中在

---

① 典型如龙港，为浙江省中心镇、浙江省教育强镇和可持续发展实验区，还是首批全国小城镇综合改革试点镇中的重点镇、联合国中国可持续发展的项目试点镇、国务院农村劳动力开发就业试点镇、全国小城镇建设示范镇、全国群众体育先进镇、全国投资环境百强镇等。1995年实行计划单列，享有县级项目的审批和管理权，由苍南县“委托授权”在龙港设立了一办（党政办）、二委（纪委、政法委）、七局（财政局、计划发展局、农业经济发展局、社会发展局、贸易发展局、城镇建设管理局和计划生育局），与此同时，中央的11个部委都将龙港列为试点镇（2004年4月29日龙港调研了解）。

后者。

从特殊准政区与其所在政区在管理体制上的关系角度而言，准政区管理体制有以下几种模式，如：1)纯粹的派出机构，履行经济职能，不承担社会管理职责(如温州龙湾区和温州经济技术开发区之间)；2)同上，但干部相互兼职(如杭州西湖区和之江旅游度假区之间)；3)将开发区内社会事务委托授权开发区管理(如杭州江干区和下沙开发区)；4)开发区与正式市辖区二区合一(如杭州滨江区)。其管理体制基本上与其各自所处的开发阶段相适应。故问题也主要在于，一旦随着特殊地区的发展和范围的扩大，势必引起人口的增加以及相应社会事务的增多，而管理体制的调整往往滞后，导致产生一些矛盾，局部甚至相当尖锐。

6.2.2.2 “浙江经验”与“浙江模式”：浙江省在行政区划改革方面的若干独特之处及其影响

如前所指出的，浙江省总体而言，其在行政区划的安排、设置上，呈现出一种居中的、不甚引人注目的特征(尤其是正式政区)；但透过表面，在具体的管理体制层面，又往往能够适应不同类型地区特点及不同发展阶段，在形式上不改变行政区划的前提下，采取多样而灵活的管理方式，取得了较好的治理效果。若干举措，甚至在全国具有表率意义，产生了很大影响。这其中，以对“(地级)市管县(县级市)”的虚化最为世所称道，形成实质上的“省直管县(市)”的格局，也是对宪法有关规定的依循，故在全国引起很大反响。此外，在县辖政区的改革中，适应城市化和经济社会发展的需要，率先进行了培育中心镇、乡镇改设街道等的改革。这一改革，除了有利于加强中、小城市和小城镇的发展之外，实际上还对城市观念的普及、市民社会的培育乃至基层社区治理中的政府有序退出、让位于民间自治等有深远的影响。因此，这些既是浙江省在行政区划领域的改革中所取得的宝贵经验，也可以认为形成了一种独特的“模式”，或可称之为“浙江模式”。

(1)实质上的“省直管县(市)”和“准”升格的“强县(市)扩权”

中国目前的行政区划体制呈现出一种复杂而矛盾的状态。按照《宪法》规定，政区主体应该是“省(自治区)—县(市、自治县)—乡(民族乡、镇)”的三级架构，局部为“省(自治区)—自治州—县、市、自治县—乡(民族乡、镇)”或“省(自治区)—较大的市—区、县—乡(民族乡、镇)”的四级制；但现实是，在对原有派出机构“地区”改革的过程中，则将所谓“地级市”提升至与“较大的市”同等地位，形成“市管县”体制，甚至超越宪法规定而形成“(地级)市管辖(县级)市”的状况。之所以形成这样的局面，当然有其历史的原因(主要是适应改革开放初期的计划经济体制下的城市化战略)，但这种“市管县”的体制无论在法律层面，还是在现实当中，都引起许多问题，造成诸多矛盾。随着改革的深入和向市场经济体制的转轨，各界对此有较多议论。

浙江省则从改革开放之初就未转向完全的“市管县”体制，而是根据自身发展情况，一直实行县(市)财政直接对省的做法，坚持下放财权，给县(市)以较大的自主权。如有论者所指出的：“早在1978年2月，根据中央对浙江试行‘增收分成’的办法，对各地的财政体制改为‘定收定支、收支挂钩、增收分成、下年使用’的办法，由于有‘下年使用’的规定，因此事实上成为一种财政包干。1980年进一步明确全省财政实行省和市、县两级包干。这以后，财政体制几经变迁，但县(市)财政直接对省的做法一直沿袭至今，形成一种扁平化的政府层级体制，成为浙江在全国独树一帜的体制特点。虽然对此一直有争议，但实践表明，这一体制在总体上有利于市场经济条件下的县域经济发展。我们的实证分析也表明，省直接对县(市)的财政体制,也并没有较多地影响地级市的发展。”[①]

进而,早于20世纪90年代初期,浙江省又率先尝试行政管理体制的改革,打破严格的“市管县”的层级,而实行“强县扩权”。1992年,开始对13个经济发展较快的县、市进行了扩权,内容主要是扩大建设、技术改造和外商投资项目的审批权;1997年赋予县级政区萧山、余杭部分地级市的经济管理权限。[②] 2002年8月,中共浙江省委办公厅、浙江省人民政府办公厅下发《关于扩大部分县(市)经济管理权限的通知》(浙委办〔2002〕40号文件),简称“40号文件”。[③] 浙江省“40号文件”的出台,逐步在全国范围内掀起“强县扩权”热潮,被学界和政策研究部门广为借鉴、引用。

浙江省“40号文件”内容有如下几个方面:一是,规定扩大经济强县(市)经济管理权限的总体原则“能放都放”,即除国家法律、法规有明确规定的以外,目前须经市审批或由市管理的,由“扩权县(市)”自行审批、管理,报市备案;须经市审核、报省审批的,由“扩权县(市)”直接报省审批,报市备案。对国务院有关部(委、办)文件规定的,须经市审核、审批的事项,采取省、市政府委托、授权、机构延伸或争取国家有关部(委、办)支持等办法放权。市级保留的审批、审核事项,须报省审批制度改革办公室核准。二是,划定了扩权的县、市名单,“为了鼓励和支持经济强县(市)充分发挥优势,进一步做大做强,省委、省政府决定,扩大绍兴、温岭、慈溪、诸暨、余姚、乐清、瑞安、上虞、义乌、海宁、桐乡、富阳、东阳、平湖、玉环、临安、嘉善等17个县(市)的经济管理权限”,“杭州市萧山区、余杭区,宁波市鄞州区等参照执行。慈溪市、余姚市、鄞州区扩权的范围和内容,由宁波市委、市政府按本通知精神制定具体实施办法”。三是,圈定了具体下放县(市)的权限:第一批扩权事项,包括有关计划审批,经济贸易审批,外经贸审批,国土资源审批,交通审批,建设、环保审批,财政、税务、体改审批,农、林、水利、海洋与渔业审批,劳动、民政审批,科技、教育、信息产业审批,工商、技术监督、药品监督审批和旅游审批等12大类,313项管理权限。“强县扩权”所下放的权力主要集中在“事权”、“财权”两个方面。

2006年11月,浙江启动了第四轮强县扩权试点,“赋予义乌市与设区市同等的经济社会管理权限;推动义乌市优化机构设置和人员配置”[④]。这次扩权只有义乌一家,主要内容是:在不改变其由金华市领导的管理体制的前提下,进一步扩大义乌市政府经济社会管理权限,以社会管理权限为重点,除规划管理、重要资源配置、重大社会事务管理等经济社会管理事项外,赋予义乌市与设区市同等的经济社会管理权限。扩权之后,义乌市可根据经济社会发展需要,按照全面履行政府职能的要求,研究提出调整优化政府机构设置和人员编制方案。通过扩权,义乌市政府基本上具备了地级市政府所具有的权限。

从目前全国各地实践来看,除海南建省之初就实行省直管县,以及4个直辖市北京、上海、天津、重庆之外,浙江则在名义上的“市管县”体制下,多年来一直保持了财政等方面的

---

① 卓勇良著:《挑战沼泽:浙江制度变迁与经济发展》,中国社会科学出版社2004年版,第269页。

② 李梁:《浙江“强县扩权”独家披露》,载《南方周末》,第1023期,2003年9月18日。

③ 《中共浙江省委办公厅、浙江省人民政府办公厅关于扩大部分县(市)经济管理权限的通知》(浙委办〔2002〕40号),见“数字中国网”:http://www.0571-zj.china001.com/show_hdr.php?xname=4D0A601&dname=MJE8701&xpos=52。

④ 《浙江15年四轮强县扩权 义乌成为全国权力最大县》,载《中国经济周刊》,转引自“新华网”:http://news.xinhuanet.com/fortune/2007-01/15/content_5607357.htm。

“省直管县”体制。近年来，河北、江苏、河南、安徽、广东、湖北、江西、吉林等省份陆续推行了以“强县扩权”和省直管县为主要内容的改革试点，即在现行政府架构下对行政管理体制和财政体制进行调整，其实质是缩小地市级政府对所属县的管理权，扩大县级政府的自主权，减少管理层次，提高行政效率，促进县域经济发展。有些地方实行财政体制上的省直管县，减少了收入分享的层次，增加了县级财政收入，有效缓解了县乡财政困难。

2008年底，浙江省加大改革力度，在应对国际金融危机影响的背景下，启动了第五轮县域扩权改革，“今后浙江将下放58个县和宁波市鄞州区，杭州市萧山区、余杭区的443项经济社会管理权限。同时，义乌的县域扩权试点改革，在保留原有524项扩权事项的基础上，新增下放与经济社会管理密切相关的94项事项”，且将原有“强县扩权”的说法，改成了“扩权强县”。“这两个词顺序的变化，预示浙江将为县域发展提供普惠公平的制度保障，并提高县级政府应对当前经济困难的能力。”在这次改革之后，县域扩权的范围从20个县(区)扩大到全省所有县，内容从下放几十项权限到“凡是法律、法规、规章明确规定以外的其他省、市管理权限”。①

实践证明，实行“省直管县”，省级政府能够更加有效地统筹地区之间的发展，更好地发挥协调能力；能够通过减少行政层级降低行政成本，提高财政资金运转效率和财政管理工作效率；能够增加财政管理透明度，调动县级财政发展经济的积极性；能够更好地发展县域经济，增强建设新农村的自觉性。故有论者认为：“省直接领导县(市)的体制，是市场经济条件下，一种比较合理的政府层级体系。无论是计划经济还是市场经济，区域都是经济发展中的空间竞争单位，差异在于竞争方式不同。在市场经济状况下，地方政府也会有一种竞争性关系，但这种竞争主要是通过市场进行的，如果具有较多的、较复杂的垂直行政层级关系，就会影响区域间的竞争关系，扭曲市场机制对于资源的合理配置，影响经济运行效率。”②

我们也曾经对此做过实证研究，通过对浙中地区有代表性的两座城市——金华和义乌关系的考察，从经济成长绩效的角度(即主要从目前影响行政区划调整最为直接的因素——地区经济成长的绩效的角度——来的进行分析，而暂时撇开其他政治、文化和社会的因素)，来判断何种体制更适合该地区各相邻城市的发展。浙江的行政区划体制与国内其他省区有所不同，即在实行统一的“市管县”体制的基础上，一直实行财政“省管县”的体制，并在20世纪90年代后进行了一系列的“强县扩权”，取得了县域经济明显发展的效果。这些体制和措施在浙中地区实行得最为彻底，各城市发展也较为均衡和快速。其中，金华是传统的政治中心城市，而义乌是新兴的经济中心城市。因此，二者的相互关系演变对分析行政区划体制与城市发展的关系具有典型意义。研究表明，仅仅考虑经济发展绩效而不考虑其他方面的影响，对一般性的中等乃至更小规模的城市而言，或者相邻的城市之间在规模、实力相差不大的情况下，各自保持原有行政区划体制并相对独立发展，也是最有效率的，更不用说减少行政区划调整所带来的不可避免的震荡和冲击，以及对地方固有文化遗产等的破坏的意义了。

---

① 《浙江启动第五轮县域扩权改革》，见“新浪网”：http://news.sina.com.cn/c/2008-12-31/033814961168s.shtml。

② 卓勇良著：《挑战沼泽：浙江制度变迁与经济发展》，中国社会科学出版社2004年版，第271页。

在当代中国，城市密集地区各相邻城市的行政区划体制及其演变，主要有三种方式，即直接兼并(撤销中心城市的周边县、市并改设为区)，“市管县”体制(行政中心城市全面管辖周边县、市)，和各自相对独立发展(包括海南省的省、县二级制，也包括有关省的财政、人事等省县直辖的“准省管县”体制)。总体而言，在目前的这三种方式中，省管县体制最具普遍性，最符合现有法律的规定，也最适应市场经济发展的要求和体现区域公平，并达成城乡统筹发展的目标。在全国普遍实行全面的“市管县”的体制之下，浙江省独辟蹊径，保持了财政等方面的实质上的省县直辖，且不断对县级政区放权、扩权，这对浙江省大量中小城市，尤其是浙中城市群的崛起，起到了较为关键的作用。因此，对城市密集地区各相邻城市的发展而言，一般情况下，应选择保持相对独立的行政区划体制，并赋予各县级政区明确的职权和财权，即选择“省县直辖”的体制。这也是今后中国一般性地区所应该采取的行政区划体制。①

故而，还可以这样理解，即“强县扩权”的改革，就是在不改变目前形式上的行政区划架构的前提下，对深层次的管理体制和权力配置方式进行改革；既可以被认为是给予某些县级市管理权限上准升格的举措，也可以被看作是达到弱化“市管县”，并进而回归宪法规定的“省一县”二级制的可能途径。

(2)率先进行培育中心镇、“强镇扩权”等的改革

在浙江，改革开放 30 年来，民营经济高速发展，产业不断聚集并形成主导产业和主导产业群，一大批特色小城镇发展壮大。在城镇化的过程中，地方政府曾经发挥了积极的主导与推动作用。然而，随着城镇化的推进，原有政府管理体制暴露出来的问题，尤其是小城镇政府管理体制的一些问题，如政府职能配置的离散性(职能部门条块关系不顺等)、权能不足(社会管理权和执行权不足、事权与财政的不相称等)，以及政府行政行为短视(城镇规划的盲目性、随意性和滞后性)等，严重地制约了当地民营经济和小城镇的发展，成为小城镇社会经济发展的体制瓶颈。

为了解决这些问题，浙江省各级政府积极探索乡镇政府体制改革的路径，努力推动中心镇建设的制度创新。浙江在 20 世纪 90 年代初期和近几年，已经进行了多次乡镇规模调整工作，进一步在新的条件下，优化了行政区域和行政层级体系。尤其重要的是，在乡镇行政区划外在调整的同时，更关注乡镇管理体制的改革，并不断对中心镇实行扩权。

自 1994 年以来，浙江省的小城镇改革主要分两个阶段：一是试点阶段。1994 年 11 月，浙江省提出推进小城镇综合改革试点，建设 100 个现代化的小城镇，带动农村经济社会发展的要求。1995 年，全国 57 个小城镇开展小城镇综合试点，浙江有 6 个镇列入试点。至 1998 年，全省确定了 112 个综合改革试点镇，其中全国试点镇 28 个。二是推进城市化阶段。2000 年，浙江在实施城市化战略中确定了择优发展小城镇的原则，省政府公布了 136 个省中心镇。这阶段改革的目标主要是继续推进小城镇综合改革，择优发展小城镇。2005 年，全国确定了 118 个发展改革试点镇，浙江有 11 个。同年 11 月，浙江在绍兴县的杨汛桥镇、钱清镇等 5 个镇进行中心镇培育工程试点(即“强镇扩权”)。2007 年 5 月，浙江又在 141

① 可参见浙江大学余鑫星的本科毕业论文：《行政区划体制与浙中地区的城市发展：基于经济成长绩效的考察——以金华—义乌的相互关系为例》。该文由笔者担任指导教师。

个中心镇大规模推行强镇扩权。[1]

浙江省县域经济发达，素以块状经济著称，“一镇一品”、“一镇一业”是浙江经济的典型现象。诸如龙港不锈钢、织里服装、柳市电器、钱清轻纺原料市场等，都是名气很大的经济集群。但与经济快速发展相比，这些经济强镇的社会管理却相对落后。我国现行乡镇管理体制决定了乡镇管理权限过小，无法统筹解决诸如镇域内的环境保护、社会保障、集镇规划、审批处罚等与经济同步协调发展的问题。此外，由于乡镇没有独立财权，其税收支配份额较小，致使乡镇公共财政无法发挥更大作用，基础设施和公共服务设施的建设也相对滞后。

面对这样的窘境，浙江省政府决定推行“强镇扩权”，明确赋予中心镇部分县级经济社会管理权限，通过政府推动、政策扶持，努力把部分中心镇培育建设成为产业的集聚区、人口的集中区。按照浙江省政府 2007 年 4 月下发的《关于加快推进中心镇培育工程的若干意见》规定，自该年起全省部分省级中心镇都将获得部分县级经济社会管理权限和执法管理权。按照“依法下放、能放就放”的原则，浙江这次向中心镇放权，涉及财政、规费、资金扶持、土地、社会管理、户籍等 10 个方面；强化中心镇政府农村科技、信息、就业和社会保障、义务教育、公共医疗卫生等公共服务职能；理顺中心镇条块关系，垂直部门派驻中心镇机构及主要领导干部的考核纳入中心镇考核体系，主要领导干部任免须事先征求所在镇党委意见；积极探索中心镇行政执法监管改革，界定法定职责，合理确定协助义务，今后与地方发展密切相关的环保、劳保、安监、城建等领域的部分行政执法权限，将会在这些中心镇有所体现，此举将打破此前我国行政执法权以县一级作为主体、乡镇层面几乎是空白的局面。

这项举措已经开始实施，比如绍兴县建设、发改、经贸、外经贸、建管、商贸等部门，就已和杨汛桥镇、钱清镇等签订委托协议书，将投资项目的核准、备案，建筑工程许可证核发等相应的职权下放到镇。同时这些镇还享受相对独立的财权，镇域范围内的土地出让净收益全部返还给这些镇。此外，这次“强镇扩权”改革中，户籍制度进一步放宽，规定今后凡在中心镇有合法固定住所、稳定职业或生活来源的人员及其共同居住生活的直系亲属，都可以根据本人意愿办理城镇常住户口，在教育、就业、兵役、社会保障等方面享受与当地城镇居民同等待遇，并承担相应义务。同时，允许中心镇开展农民住宅产权登记试点，并采取异地置换方式，积极鼓励山区农民迁移到中心镇落户就业。

2007 年这次扩权，浙江主要从发展空间、区位条件、潜力和人口产业基础等要素，综合对比筛选，从全省 1227 个乡镇中选定首批 141 个省级中心镇，占全省乡镇总数的 11.5%，未来将达到 200 个左右，使全省形成一批布局合理、特色明显、经济发达、功能齐全、环境优美、生活富裕、体制机制活、集聚集约水平高的小城市。

更在 2010 年初，如笔者在本书“导言”中所引述的温州拟设“镇级市”的报道，即“2 月 22 日，温州市委常委举行强镇党委书记座谈会。温州市委书记、市人大常委会主任邵占维在会上指出，开展强镇扩权试点，加快强镇转型升级是温州市的一个重要战略任务，温州将着力解决强镇责大权小的突出问题，努力把 5 个试点强镇建设成为‘镇级市’”[2]。虽然仅是地

① 陈剩勇、张丙宣：《强镇扩权：浙江省近年来小城镇政府管理体制改革的实践》，载《浙江学刊》，2007 年第 6 期，第 112～117 页。

② 《温州将试点镇级市惹争议 专家称可在体制上突破》，载《南方日报》，2010 年 3 月 17 日，A08 版，见“南方报网”：http://epaper.nfdaily.cnhtml2010-03/17/content_6828448.htm。

方上的初步构想，且现实中能否实现，还有待观察；但也说明浙江省在探索乡级政区改革和强镇扩权方面的突破性和先导性。

总之，浙江省"强镇扩权"举措将大大促进中心镇的发展，并为我国县—乡、镇关系改革作出有益的探索，这也在客观上为推进县以下行政区划体制改革，合理划分县与乡镇之间的管理权限打下了坚实的基础。有论者评价："浙江以'强镇扩权'为特征的乡镇体制改革，对于我国乡镇体制改革的深化，对于调整县镇（乡）关系、提升小城镇经济发展的活力，对构建公共服务型政府，推进社会主义新农村建设、统筹城乡发展等，都具有积极的效应"，"浙江省在地方政府体制改革和制度建设过程中积累的一系列成功经验，包括'强镇扩权'的制度创新，堪称是我国小城镇政府管理体制改革的范式之一，可以提供给其他省市作为乡镇体制改革的借鉴"。[①]这些评价也是较为允当的。

6.3 行政区划体制对浙江省经济社会发展和城市化进程所起到的作用和存在问题分析

城市化，或称城镇化、都市化，是英文 urbanization 的不同译法。虽然不同学科从各自研究领域出发，对城市化有不同理解，但基本上都认为城市化过程是一种影响极为深广的社会经济变化的过程。它既有人口和非农业活动向城镇的转型、集中、强化和分异，以及城镇景观的地域推进等人们看得见的实体的变化过程，也包括了城市的经济、社会、技术变革在城镇等级体系中的扩散并进入乡村地区，甚至包含城市文化、生活方式、价值观念等向乡村地域扩散的较为抽象的精神上的变化过程。前者是直接的城市化过程，后者是间接的城市化过程。[②]

美国学者弗里德曼(J. Friedmann)亦将城市化过程区分为城市化Ⅰ和城市化Ⅱ。前者包括了人口和非农业活动在规模不同的城市环境中的地域集中过程、非城市型景观转化为城市型景观的地域推进过程；后者包括城市文化、城市生活方式和价值观在农村的地域扩散过程。因此，城市化Ⅰ是可见的、物化的或实体性的过程，而城市化Ⅱ则是抽象的、精神上的过程[③]。故完整意义上的城市化过程，应该是城市化Ⅰ和城市化Ⅱ、或称直接城市化和间接城市化的统一。二者相辅相成，缺一不可；缺失了某一个方面，都不是完整的城市化。

从城市发展与政区演变的关系来看，按照一般的发展过程，是城市逐渐发展、城市化水平逐步提高，然后推动政区体系发生缓慢的变动；而且，这种变动中，既有政区形态等外在的变动（如合并、分立、辖域变化、治所迁移等），更多的，则是治理方式逐渐变化而与新的社会形态相适应（不一定有政区形态的变化）。但在中国当代，由于政府选择了以经济发展为突破口，以及社会变革所依赖的基础、经济发展所面临的压力，而正好反过来，先由政府按照发展目标，设定城市化的取向，再通过政区改革和调整，营造大中小城市的框架，再推进城市化Ⅰ或称直接城市化过程，再逐渐完成实质性的或称间接城市化（城市化Ⅱ）的进程。这样，行政区划在其中所起到的作用就是非常巨大而独特的了；同时，不可避免地，也就存

---

① 陈剩勇、张丙宣：《强镇扩权：浙江省近年来小城镇政府管理体制改革的实践》，载《浙江学刊》，2007 年第 6 期，第 112～117 页。

② 周一星著：《城市地理学》，商务印书馆 1995 年版，第 60～61 页。

③ 许学强、周一星、宁越敏编著：《城市地理学》，高等教育出版社 1997 年版，第 36～37 页。

在新的体制形成和磨合期间与其他管理体制相协调的问题。

改革开放30年来，浙江省经济、社会发展的成就，浙江人“敢为天下先”的精神，早已闻名全国。总的来看，浙江省最近30年来经济、社会的迅速发展，城市化的迅速推进，是与行政区划及其管理体制的调整改革分不开的。调整改革到位，就显示出巨大的促进作用，如地级市和县级市的设置对于培育区域中心，撤县设区对于大都市的迅速扩张，撤乡建镇对于小城镇的成长，等等，都顺应了或引导了城市化的发展趋势。同时，由于整个行政管理体制(包括行政区划体系)的改革多年来的探索还难以上升到宪法等法律层面，与经济领域取得的突破相比，改革滞后的现象仍然比较明显，多种改革诉求，在省级层面一时也难有系统化的解决方案。

6.3.1 行政区划体制的改革对浙江省城市化进程的推动作用

就行政区划改革的整体而言，浙江省1979年以来至今的行政区划的调整和变更，在不同的时期、面对不同的发展要求，采取了不同的措施和方式；其起到的作用，表现在以下一些方面：

第一，将过去不合理撤并的地(地级市)、县、市等及时加以恢复，既尊重了历史文化传统，也使管理幅度相对合理；

第二，于1984年建立了景宁畲族自治县，保护了少数民族权益，体现了“民族区域自治法”的要求，也是浙江省历史上首次出现的较高层次的民族型政区；

第三，顺应国家发展战略重点的转移和城市化发展的需要，在不同阶段，采用多种方式，尝试理顺城市型政区的管理体制，以保证和推动城市化进程。如先后采取地、市合并，市(地级市)领导县(县级市)的体制，来加强和发挥区域中心城市的作用；适应大都市发展的需要而调整和增加市辖区的建制；撤并乡(镇)建镇、设立街道等以促进小城市和小城镇发展等；

第四，基层(准)政区的改革适应了城市、乡村民主政治建设的需要，如行政村的调整、城市社区的建设等，从体制上对基层政治文明的发展给以呼应并提供了一定的保证。

概括起来，实际上其积极作用可以分为两个方面，或者说在两个阶段有不同表现，发挥了不同的作用：即一方面是拨乱反正，意在恢复此前为“文革”等所破坏的政区体系和管理秩序。虽然只是恢复，还没有认识到(更不要说改革)原有政区体系的弊端，但相对于此前的混乱和无序，这种有秩序的状态本身就足以获得社会稳定和经济增长的效果。另一方面则是发展与改革，意在为满足国家在新时期的经济发展目标与政治发展诉求，而克服政区中所存在的制度性的、体制性的障碍，即具体表现于上述后三个方面。其中，民族区域自治制度是国家的一项基本政治制度，基层城、乡的社区(居民、村民)自治也是国家民主政治建设的重要内容，二者主要具有政治上的意义；与之相对而言，则城市型政区的改革更多源于经济层面的发展动机。由于中国政治体制改革滞后于经济体制改革，因此，行政区划调整改革的重点既在城市型政区(地级市、县级市、镇和市辖区)，其对城市化的促进作用也发挥得最为充分。

浙江省由于民族区域分布的相对简单，而城乡居民自治也还处于最低的聚落层面，尚未上升至政区层面，故还没有对现有政区格局造成直接或明显影响。因此，行政区划的作用也突出表现于推动和促进大、中、小各级城市的发展，加速城市化发展进程，即在推进城

市经济发展和城市化进程(指外延城市化)方面起到的作用最为明显和直接;同时,对地方辖区内的城乡一体化进程与基层民主自治的发展等,也开始显现出一定的推动作用。

具体说来,行政区划的调整和改革对浙江省城市化进程的推动作用,主要表现在如下一些方面。

(1)优化布局,构建体系,为持续快速发展提供制度性的平台、保障空间

行政区划在浙江发展中的基础作用,是通过优化各级政区布局,合理配置隶属关系,形成大、中、小城市网络,同时在体制上减少实际运行的层级,为经济发展和社会进步提供高效的管理框架。行政区划首先是经济发展和社会管理的平台,由于县级以上政区70%在形式上实现了城市管理,在管理观念上逐步引进了现代因素,给工业经济的组织和发展提供了有利的条件。浙江省县域经济的发达,离不开县乡两级行政区划的合理设置。县域经济在地域上的主要依托,是改革开放后建立和完善的城镇网络,主体是分布在县域发展轴线上的中心镇和重点镇,这些镇实际上承担了县域发展副中心的职能。通过产业链的联结,县域经济之间又构成了上下游衔接的块状经济区,并成为浙江民营经济的突出特点,如宁波市、台州市、金华市、绍兴市、嘉兴市等等,无不是依托在行政区划构成的城镇平台上。行政区划又为城市发展提供了拓展的空间,形成了能级合理配置的城市节点。在行政区划的重点建设阶段,浙江省的市辖区从20个增加到32个,面积扩大3倍以上,县级政府驻地镇(街道)也在持续的乡镇行政区划调整中扩大了规模,面积扩大2倍以上,为目前乃至将来一个时期的城市发展提供了较宽裕的空间,继而使城市建成区在近年得到成倍的增长,全省的城市化水平得到显著的提高。

1)布局中心集聚,实现强县(市)扩权,并走向扩权强县

目前的"市管县"的体制无论在法律层面,还是在现实当中,都引起许多问题,造成诸多矛盾。浙江省则根据自身发展情况,坚持实行县(市)财政直接对省的做法,下放财权,给市、县以较大的自主权。20世纪90年代初期,浙江省率先尝试行政管理体制的改革,打破严格的"市管县"的层级,实行"强县扩权"。即在不改变政区形式的前提下,把部分许可权由地级政府下放给县级政府,以减少管理层次,提高工作效率,降低行政成本。从1992年开始,至2008年12月,浙江省共进行了五轮的扩权改革,并从最初有选择的"强县扩权",发展为相对公平一致的"扩权强县"。

在体制还没有定论时,浙江省率先推行"强县扩权"改革,被学界和政策研究部门看作是达到弱化"市管县"、并进而回归宪法规定的"省一县"二级制的可能途径;而"扩权强县",则更加凸显出减少区域差别、营造相对公平的竞争环境的新时期科学发展观的要求。这些独特做法引起全国范围的重视,并被广为借鉴、引用。

2)乡镇调整突出中心镇,实现"强镇扩权"创新

针对省内乡镇数量偏多、规模偏小、档次偏低、公益设施重复建设的状况,浙江省进行了多次乡镇区划调整工作,全省乡镇总数由1984年的3257个,减少到目前的1180个(2009年末),乡镇总数下降65%,精简了机构和人员,减轻了财政支出和农民负担。但与经济快速发展相比,我国现行乡镇管理体制决定了乡镇管理权限过小,无法统筹解决诸如镇域内的环境保护、社会保障、集镇规划、审批处罚等与经济同步协调发展的问题。

为了推动了小城镇的发展,浙江省先后于2001年、2007年两次确定了136个、141个镇为省级中心镇。按照省政府2007年4月下发的《关于加快推进中心镇培育工程的若干意

见》规定，省级中心镇获得部分县级经济社会管理权限和执法管理权，涉及财政、规费、资金扶持、土地、社会管理、户籍等10个方面。此举打破此前我国行政执法权以县一级为主体、乡镇层面几乎是空白的局面。浙江省的"强镇扩权"举措为我国"县—乡(镇)"关系改革做出了有益的探索，对于我国乡镇体制改革的深化、提升小城镇经济发展的活力、构建公共服务型政府、推进社会主义新农村建设、统筹城乡发展等，都具有积极的效应。

(2)加速城市化水平提升，促进城市化进程

改革开放之前的计划经济时期，受新中国成立后重工业优先发展战略以及国家整体军事战略的影响，浙江省从20世纪50年代到60年代中期，除杭州及一些内陆城市得到一定的发展以外，地处沿海海防前线的城市几乎处于停滞状态；从20世纪60年代后期到70年代中期，随着上述城市基础设施负荷的增加，建设投资向内地和发展县级支农工业转移，城市发展以县城及一些内地城镇为主体。在整个计划经济时期，浙江城市化水平进展是相当缓慢的，且随着国民经济的剧烈波动而时涨时落，到1978年，全省城市化水平仅14.05%，设市城市为3个，城镇数量为167个。[①] 同时，城市规模偏小，基础设施薄弱。

这一时期的城市化进程主要受到新中国成立后重工业赶超战略的影响，城乡劳动力转移和城市建设等基本上依赖高度集权的计划配置机制。城市以重化工业项目为主，第三产业发展受到限制；城乡人口转移被阻隔；城市功能不全，城市化水平严重滞后于工业化。[②]总之，由于发展战略失误、政策压制等多种原因，浙江省城市发展水平是非常低下的。

改革开放以后，微观经济运行主体逐步拥有了较大的自主权。在农村工业化的强力推进下，浙江省的城市化进程出现了上下推进、内外结合的多元化发展格局。作为当前中国经济发展最具活力的区域之一，其城市化进程的发展也较为迅速。1978年浙江省的城市化率仅为14%，到1998年则达到35%，年均提高1个百分点左右；而到了2002年浙江省的城市化率已达到51.9%，与1998年相比提高了17个百分点，年均上升约4.25个百分点(见表6-5)。这表明自20世纪90年代末起，浙江省的城市化进入了一个快速发展时期。[③]

表6-5 浙江省1979年以来代表性年份的城市化发展水平一览表

年份	1978	1979	1982	1985	1990	1995	1998	2000	2002	2003	2004	2005
城市化率(%)	14.5	14.9	15.0	19.8	31.2	32.6	36.7	48.7	51.9	53	54	56

(资料来源：1978～1998年数据据孙永森、刘亭、钱建新等编著《城市化进程中行政区划调整的几个问题》(见汪洋主编：《"十五"城镇化发展规划研究》，中国计划出版社2001年版，第250～260页。有关数据见第253～254页)。2000～2005年数据据邵波、潘强等编著：《浙江省城乡建设用地规模和优化布局研究》(浙江大学出版社2006年版，第7页)。

① 刘亭、倪树高：《试论浙江城市化进程》，载《浙江社会科学》，1996年第4期，第18—22页。

② 史晋川等著：《浙江省改革开放研究的回顾与展望》，浙江大学出版社2007年版，第186页。

③ 史晋川等著：《浙江省改革开放研究的回顾与展望》，浙江大学出版社2007年版，第184页。

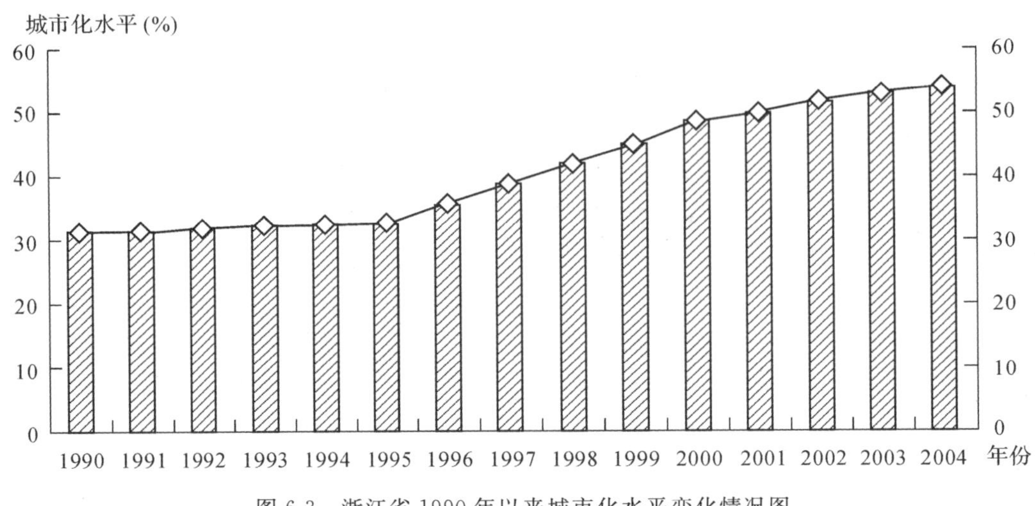

图 6-3 浙江省 1990 年以来城市化水平变化情况图

（引自邵波、潘强等编著:《浙江省城乡建设用地规模和优化布局研究》,浙江大学出版社 2006 年版,第 7 页。）

同时,浙江省的城市化水平也由改革开放之前低于全国平均水平的状况转而为逐渐高于全国平均水平,且 2000 年后,呈现加速发展的趋势,高于全国平均水平 10 个百分点左右(如图 6-4 所示)。

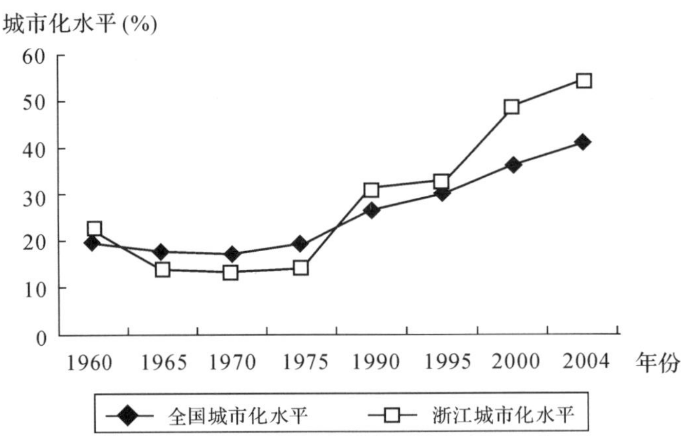

图 6-4 浙江省与全国城市化水平比较图

（引自邵波、潘强等编著:《浙江省城乡建设用地规模和优化布局研究》,浙江大学出版社 2006 年版,第 8 页。）

随着城市化的飞速发展,除了城镇人口快速集聚之外,浙江省城镇建设用地也不断增长,城市建成区用地大幅扩展;近些年来这种增长还有不断加速的趋势。依据城建部门关于城市用地统计口径,1990－1995 年,浙江城镇建设用地年增 110.59 平方千米,1995－2004 年,浙江城镇建设用地年增 145.45 平方千米。对应城市化水平从 37.6%发展到 54%,城市化水平每增长一个百分点,城市人口增加 54.7 万,全省城市建设用地增 54.4 平方千米。[①]

表 6-6　浙江省历年城镇建设用地总量变化表

年份	1990 年	1995 年	2004 年
城镇建设用地(平方千米)	824.10	1377.07	2686.12

(资料来源:根据全省土地详查资料,结合城市建设发展实际和开发区用地纳入城市统一考虑,确定统计城市用地。其中城市用地包括土地变更数据中前城市用地,建制镇用地,占农村居民点用地 3.824%的城中村用地、70%的独立工矿用地。)

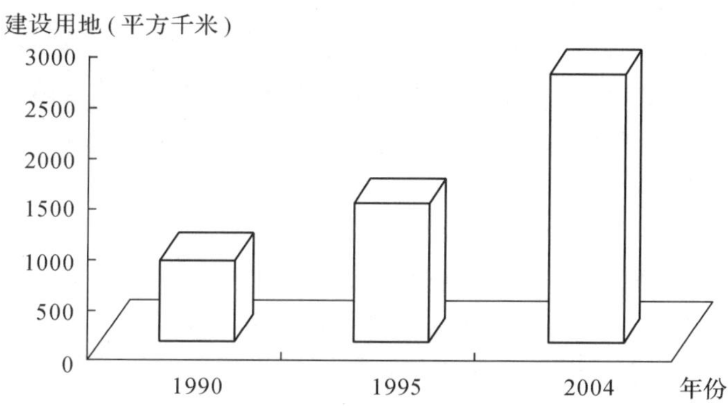

图 6-5　浙江省城镇建设用地变化情况图

(引自邵波、潘强等编著:《浙江省城乡建设用地规模和优化布局研究》,浙江大学出版社 2006 年版,第 26 页)

之所以会出现改革开放以来浙江省城市化迅速发展的局面,行政区划的调整在其中起到了很大的作用。诚如有论者所指出的:“浙江省城市化的动力来自市场、来自民间,但政府在一些关键时刻也发挥了积极作用。政府推进城市化进程中主要做法和经验是:①积极稳妥地推进行政区划调整,拓展城市发展空间;②建设各类园区,加快城市产业集聚;③改革户籍制度,加快城市人口集聚;④改革投融资体制,拓宽城市建设资金来源;⑤拓宽用地渠道,盘活土地存量(浙江人多地少,城市化受到土地资源不足的严重制约);⑥运用市场机制,提高经营城市水平。”[②]这里,通过行政区划的调整,极大地解放了束缚城市发展的各种体制性约束和空间性约束,使得城市人口、城市用地都得到大幅扩张。

行政区划调整对推进城市化的必要性和意义,主要在于:一是传统的城市建设方针,导致在行政区划中大城市的发展空间过小,人口密集度过高,制约了中心城市的集聚和辐射功能的发挥;二是中小城市行政管理职能重叠,使得其要素的空间布局往往受到行政区划的限制,削弱了其对周边地区的带动作用;三是小城镇受行政利益驱使,相互恶性竞争和低水平重复建设的状况时有发生,导致城镇布局混乱和地区经济整体水平无法提高。而通过行政区划调整,则可以:1)直接扩大中心城市用地与功能重组的空间,提高城市竞争力;2)减少管理层级,促进要素流动与合理集聚;3)促进政府职能转变,推动政府管理制度的创

① 邵波、潘强等编著:《浙江省城乡建设用地规模和优化布局研究》,浙江大学出版社 2006 年版,第 26 页。

② 余潇枫、陈劲主编:《浙江模式与地方政府创新》,浙江大学出版社 2007 年版,第 218 页。

新，从而促进区域城市化水平和经济发展整体水平的提高。[①]

换言之，总体而言，改革开放30年来，以城市为中心的行政区划的调整改革，对于促使观念改变(对城市的看法由过去更多的负面和否定转变为正面和肯定)，推动工作重心转移(从农村改革到小城镇发展，再到逐步重视大城市发展)，促进政府职能转变和管理制度创新("强县扩权"、"强镇扩权")，以至在具体城市建设诸如基础设施投入加大("县改市"后市的城市建设经费增加，知名度提升)，各种政策放开(如户籍制度)，乃至跳跃式、超常规的空间拓展(各类开发区建设，以及直接的区划调整)等等中，都发挥了重要作用。因而，在整体上极大地加速了浙江省城市化水平的提升。

(3)促进各级中心城市发展，发挥中心城区带动作用

浙江省的城镇集中并主宰着全省的主要经济活动和社会活动，是全省二、三产业的主要载体。随着经济的发展，乡镇的撤并，大、中城市行政区划的调整以及市场经济的自发调节作用，浙江省城镇布局也在不断发生变化。一般认为，浙江省改革开放以来的城市化进程可分为3个阶段：第一阶段(1985—1990)是城市化的起步阶段，利用初级的工业化建立城市化的经济动力，大量农村人口的从业状态发生变化，并有向城镇转移的趋势。第二阶段(1991—1999)是城市化的展开阶段，以工业的规模化、专业化为主动力，配套提高与完善城市的社会服务功能，建立一批中小城市，促进大城市的发育和扩张。2000年以来，浙江开始了城市化的第三个阶段，即以城乡一体化为目标的城市扩张阶段，通过扩大城市规模，增强城市的集聚功能，以促进社会资源的合理优化配置。[②]

在这一过程中，浙江省委、省政府等有关方面及时对城市化加以引导，于1999年12月制定并开始实施《浙江省城市化发展纲要》，把改革创新作为推进城市化的重要途径，把合理调整行政区划与增强城市功能紧密结合起来，拓展发展空间，整合生产要素，增强了城市的集聚和辐射功能。同时，在工作中注重分类指导，抓点带面，重点抓了杭、甬、温三大中心城市，鼓励区域中心城市和有条件的中等城市向大城市发展，鼓励衢州、丽水等欠发达地区加快城市化进程，全省的城市化全面推进，取得了突破性进展。[③]

以1995年和2004年为例。1995年，全省有各级城镇972个，其中，地级市以上的城市10个，县级市24个，除台州、舟山、湖州三个地级市驻地镇和县级市驻地镇外共有建制镇938个。大城市功能相对薄弱，中等城市发展迟缓，小城镇发展充满活力。全省972个城市(镇)中，有特大城市1个，大城市2个，中等城市6个，小城市24个。大、中城市数量明显偏少，且规模也较小。而小城镇却量大面广，尤其是政府驻地人口在0.5万以下城镇占全省城镇总量的半数以上。(详见图6-6)

---

① 张京祥、范朝礼、沈建法：《试论行政区划调整与推进城市化》，载《城市规划汇刊》，2002年第5期，第25—28页。

② 史晋川等著：《浙江省改革开放研究的回顾与展望》，浙江大学出版社2007年版，第186页。

③ 浙江省发展计划委员会编：《城市化：重整山河绘新图——浙江省城市化工作会议专辑》，浙江大学出版社2002年版，第3页。

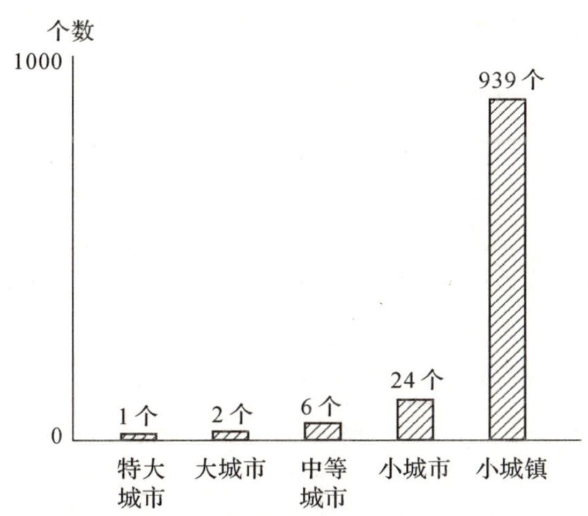

图 6-6 浙江省 1995 年城镇等级分布图

(引自邵波、潘强等编著:《浙江省城乡建设用地规模和优化布局研究》,浙江大学出版社 2006 年版,第 15 页。)

而在 2004 年,全省共有地级及以上城市 11 个,县及县级市 58 个,建制镇 791 个。与 1995 年相比,城镇规模扩大,数量减少,尤其是大城市、特大城市有了较大的发展。全省特大城市(>100 万)、大城市(50～100 万)、中等城市(20 万～50 万)、小城市(5 万～20 万)、小城镇(<5 万)的数量之比为 3∶6∶12∶77∶695,人口规模之比 24.2∶14.0∶13.8∶28.7∶19.3,全省中等城市以上人口规模占全省城市人口的 52%。全省 11 个地市均为设区城市,主要经济强市的中心城市所在地(除个别外)均经过行政区划调整成为街道建制。[①] (详见图 6-7)

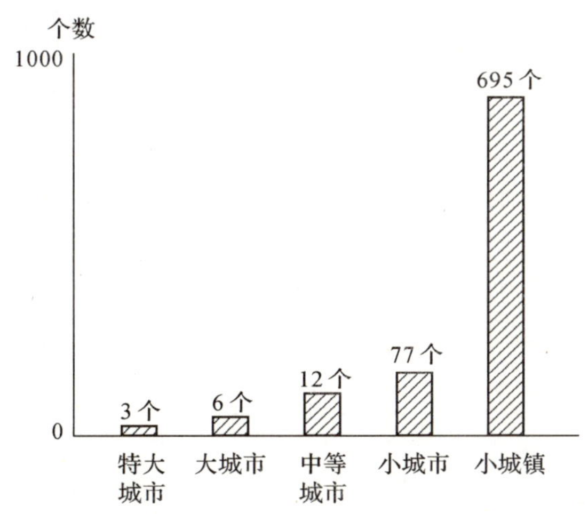

图 6-7 浙江省 2004 年城镇等级分布图

(引自邵波、潘强等编著:《浙江省城乡建设用地规模和优化布局研究》,浙江大学出版社 2006 年版,第 16 页。)

具体而言,行政区划的调整对浙江省的城市化进程和各类城市的迅速发展,所发挥的重大推动作用,可举例说明如下:

① 邵波、潘强等编著:《浙江省城乡建设用地规模和优化布局研究》,浙江大学出版社 2006 年版,第 14～16 页。

1)促进了特大城市、大城市的迅速扩张(撤县市设区、市管县体制、开发区设立等)

长期以来,浙江省的大城市区划空间过小,人口密集度过高,制约了中心城市的集聚和辐射功能的发挥。在整个城镇体系中,大城市的发展起着枢纽的作用,联动着整个城镇群的发展。我国长期采取严格控制大城市发展的方针,使得在行政区划中大城市的发展空间过小。[①] 通过行政区划的调整,1994 年至 2003 年,浙江省有 10 个中心城市(地级市)都实施了行政区划调整,解决了长期困扰城市发展的"一城多府"、体制不顺、发展空间不足的问题。1994 年台州市撤地设市时,在椒江、黄岩、路桥建立新市区,通过"撤地设市"实行"市管县"的行政体制,有利于台州市新城区的建设并促进了其城市化水平的迅速上升。[②] 丽水市在撤地设市之前的 1998 年市政建设投入仅 6058 万元,2001 年已超过 10 个亿。[③] 从 1999 年到 2001 年的三年间,丽水市区的基础设施建设投入超过前 20 年的总和,年均递增 50% 以上;城市规划区面积从原来的 98 平方千米扩大到近 200 平方千米,城市建成区面积扩大近 9 平方千米,城市人口增加了近 3.6 万,城市化水平提高了近 10 个百分点。[④]

表 6-7 浙江省 11 个地级市中心城市(市区)建设用地变化情况表

城市	城市建设用地(万平方米)			平均增长率(%)
	1995 年	2004 年	增长	
杭州市	12000.00	26261.00	14261.00	14.86
宁波市	7122.40	16114.25	8991.85	15.78
温州市	6223.75	16330.11	10106.36	20.30
台州市	2746.98	6963.06	4216.08	19.19
嘉兴市	2017.14	4629.00	2611.86	16.19
湖州市	1866.67	5304.94	3438.27	23.02
绍兴市	3771.43	6146.95	2375.52	7.87
金华市	2531.00	5303.75	2772.75	13.69
舟山市	1783.00	3398.62	1615.62	11.33
衢州市	1585.00	2705.60	1120.60	8.84
丽水市	933.72	1867.00	933.28	12.49
合计	42581.09	95024.28	52443.19	15.40

(资料来源:11 个地市中心城市用地统计报表(转引自邵波、潘强等编著:《浙江省城乡建设用地规模和优化布局研究》,浙江大学出版社 2006 年版,第 27 页)。)

① 李植斌、陈雄:《区域体制改革与创新》,中国社会科学出版社 2002 年版,第 53～56 页。

② 钱陈:《民营经济发展、制度变迁与城镇化——以浙江省台州市城镇化为例》,载《城市规划》,2004 年第 3 期,第 39—42 页。

③ 浙江省发展计划委员会编:《城市化:重整山河绘新图——浙江省城市化工作会议专辑》,浙江大学出版社 2002 年版,第 23 页。

④ 浙江省发展计划委员会编:《城市化:重整山河绘新图——浙江省城市化工作会议专辑》,浙江大学出版社 2002 年版,第 163 页。

目前，浙江省设市城市的国内生产总值占全省的比重超过75%，财政收入和利税份额分别达到85%和90%以上。杭、甬、温三大中心城市的经济增长速度明显高过全省平均水平。2001年，这三大中心城市面积仅占全省的5.5%，人口占13.8%，而国内生产总值占32.3%，人均国内生产总值是全省平均水平的2.4倍，财政收入占全省的39%。[①] 11个地级市中心城区的城市建设用地都得到迅速扩展(如表6-7所示)。

以杭州市为例。根据《浙江省城市化发展纲要》提出的形成杭州城市经济圈的要求，为克服杭州城市化发展过程中市区发展空间狭小的制约，2001年2月，杭州所辖的萧山、余杭撤市设区。行政区划调整后，杭州市区的面积从683平方千米扩大到3068平方千米，市区人口由179万增加到373万，市区面积和人口分别扩大了4.5倍和2.13倍，其中非农人口达到184.58万人，占全市非农人口的81.3%。杭州成为长江三角洲仅次于上海的区域性大都市。

杭州市行政区划的调整，为杭州加快构筑大都市、推进城市化进程提供了难得的历史性机遇。这个空间扩大的内涵，不仅是地域的扩大，更重要的是为杭州市重大基础设施的合理布局、产业布局的调整、资源共享创造了有利条件，为构筑大都市创造了有利条件。至今，杭州市区的城市功能布局、基础设施建设、产业发展格局等，按照现代化大都市的发展要求，作出了更高起点、更为合理的调整，城市化的发展质量进一步提高。[②]

2)显著增强了中、小城市的实力(县改市、强县扩权、城关镇改街道等)

改革开放以来，中国设市模式从“切块设市”变为“整县改市”。在中国当代特有的政治、经济体制下，“整县改市”有其特有的优势，即较之前者而言，可以避免市、县之间财产分割、企业归属权的再分配、各种相关利益的再分配等，还可避免引起社会震荡，以及可能产生的原一县之内出现市、县并立的两套行政管理机构的现象，有利于精简机构，节约开支，故成为一般的模式。当然，这也造成中国特有的所谓“城市地域化”现象，即市、镇设置与行政单元的城市发展程度相对应，但不表示全域范围完全达到城市标准。

县与市相比，市比县的地位高：第一，当县改为市时，它可以获得更多行政权力；第二，一个市在省的计划中是单列的；第三，县级市可以用地方财政收入的7%进行城市维护和建设，而县只可以用5%；第四，市的“品牌”比较容易提高地方的知名度与形象，有利于获得更好的外部发展环境。[③] 市、镇建制的设立，为中小城市的发展提供了最基础的体制条件。

与此同时，浙江省又实行了独特的“省直管县”的财政体制。这一体制对浙江省县域经济的发展起到了重要的作用。可以这样认为，浙江省的财政总收入、人均财政收入居全国前列，“百强县”数量居全国之前列，是与浙江省实行“省管县”的财政体制分不开的。[④]

3)增强和优化了小城镇的健康发展(乡镇撤并、中心镇扩权等)

浙江省多次对乡镇进行了行政区划调整和管理体制的改革，精简了机构和人员，减轻了财政支出和农民负担。

---

① 浙江省发展计划委员会编：《城市化：重整山河绘新图——浙江省城市化工作会议专辑》，浙江大学出版社2002年版，第5页。

② 浙江省发展计划委员会编：《城市化：重整山河绘新图——浙江省城市化工作会议专辑》，浙江大学出版社2002年版，第101～103页。

③ 吴缚龙、马润潮、张京祥主编：《转型与重构——中国城市发展多维透视》，东南大学出版社2007年版，第31页。

④ 余潇枫、陈劲：《浙江模式与地方政府创新》，浙江大学出版社2007年版，第115页。

以桐乡市为例。据有关实证研究，桐乡市2001年实施“撤乡并镇”的原因，主要有4个：一是乡镇密度偏高，乡镇之间差异大，不均衡性比较突出。二是乡镇财政供养人员多，支出大，24个乡镇中有12个乡镇入不敷出。三是城镇建设分散，阻碍了城市化进程及中心城镇形成。由于乡镇密度偏高，城镇集聚功能不强，城镇居住人口在5000人以上的只有4个。四是重复建设，资源浪费严重。由于受到现行分配体制和利益驱动的影响，助长了乡镇之间盲目效仿、攀比，带来了小砖瓦厂、小丝厂等工业企业低水平重复建设以及卫生院、影剧院闲置的现象。①

而乡镇规模调整后，明显的绩效有3项：一是促进了农村经济发展；二是推进了城市化的进程和小城镇的建设，促进了人口和生产要素的集聚；三是交通状况明显改善。据研究，桐乡全市的城市化率从2001年的35.3%提高到42%，提高了6.7个百分点；市区建成区面积由2001年的11.14平方千米发展到22.8平方千米，比原来扩大了1.05倍；城镇建成区面积由原来的21.7平方千米发展到28.8平方千米，增加7.1平方千米；城镇居住人口由原来的12.05万人增加到15.26万人，净增32050人。乡镇规模的扩大和乡镇密度的降低，促进了中心城镇的建设，基本形成了市区—中心城镇（崇福、濮院、乌镇、洲泉、石门、屠甸）—一般建制镇的三级规模城镇结构体系，并促进了工业经济发展布局和区域经济、块状经济的形成。②

2000年后的“强镇扩权”和中心镇的培育，则更进一步推动了小城镇的发展。“中心镇”是指属于县（市）域内一片地区相对中心位置且对周边农村具有一定社会经济带动作用的建制镇。浙江省大力实施以县城和中心镇建设为重点的城市化战略，拉动了县域经济发展。例如，绍兴县钱清镇2006年税收达到4.97亿元，可支配财政收入只有1亿元；2007年税收达6.5亿元，其增量部分中，约有1.6亿元归属镇级财政所有，仅财政收入一项，该镇实力就壮大了一倍以上。另据统计，2007年前四个月，钱清镇工业性固定资产投资总计为3.34亿元，同比提高了24.6%，镇财政总收入达2.17亿元，同比提高了39.65%。强镇扩权实施后，钱清镇获得了相应的财权、行政管理权与执行权后，镇政府全力改造提升轻纺原料市场；同时，由于镇政府管理权限扩大，为当地企业发展提供了更加有利的投资环境。杨汛桥镇的一些大企业，不少将总部留在镇上，一些企业还将总部从外地迁了回来。可见，强镇扩权提高了小城镇经济发展的活力，促进了小城镇的社会经济又好又快发展。③

这一举措，与浙江省“强县扩权”的思路是相一致的，即在行政区划保持稳定的前提下，通过层级关系的调整，达到培育小城市的目的。

（4）有利于城乡一体化的进程，有助于探索一条新型的工业化、城市化和新农村建设的道路

中国当代的城市化，由于其发动者是各级政府，主要资源也掌握在政府手中，故属于典型的“政府主导型”的城市化。在改革开放的前20年，各级中心城市得到迅速发展，但也导致城乡差距、区域差距拉大。在这种情况下，进入新世纪后，党和国家及时调整发展战略，提出科学发展观的新的指导思想，城乡统筹发展、城乡一体化成为新时代的新要求。浙江

---

① 余潇枫、陈劲：《浙江模式与地方政府创新》，浙江大学出版社2007年版，第61页。

② 余潇枫、陈劲：《浙江模式与地方政府创新》，浙江大学出版社2007年版，第61～62页。

③ 陈剩勇、张丙宣：《强镇扩权：浙江省近年来小城镇政府管理体制改革的实践》，载《浙江学刊》，2007年第6期，第112～117页。

在统筹城乡经济社会发展、全面建设小康社会的过程中，也不断探索“城乡一体化”的社会主义新农村建设道路和发展模式。2005年颁布了《浙江省推进城乡一体化规划纲要》，把解决城乡分割、农工分离的难题作为突破口，力图打破城乡二元体制，加快了城乡一体化建设步伐。浙江各地的城乡一体化规划和探索大致分两步：第一步是把城乡基础设施建设统一起来，第二步是逐步实现教育、医疗、社会保障的城乡一体化。①

在这一过程中，实行地方政府对包含中心城镇和周边其他中小聚落的整个辖区负责，而非仅仅关注中心城区这样的体制，对达到城乡一体化的要求，是比较有利的，较之区域之间的协调、协商等，要有效率得多。因此，整县改市、并乡扩镇的行政区划模式，因其都是将过去的城市政府(管辖某一城市聚落)转变为区域政府，对整个辖区负责，因此，这样做理论上有助于加快城乡一体化的进程，包括进一步改革城乡分割的体制和政策，打破城乡分割的二元结构，逐步实现城乡户籍、教育、就业、社会保障以及规划和资源配置一体化，促进农村人口有序地向城市转移等。当然，这里，行政区划体制仅是提供了一种可能，还需要相关的执政理念的改变和一系列政策、措施的协同和配合。

以义乌市的有关做法和发展历程为例。2003年初，针对当时“小五化”建设(指“道路硬化、卫生洁化、路灯亮化、家庭美化、环境优化”)中的村村各自为战、建设标准和档次低、基础设施共享不高、易造成重复投资的局限性，通过近4个月的调研，结合实际，义乌市委、市政府制定了《义乌市城乡一体化行动纲要》，确定通过近20年时间努力，完成城乡一体化任务，实现农村向社区、农民向市民、农业向企业转变；实现城乡融合，市域共享现代文明。随后，采用旧村改造、环境整治、异地奔小康三种形式，全面启动城乡一体化建设。②

其他地区也有类似的做法。浙江省的一些欠发达地区在推进工业化的同时，也加快了城市化进程，许多地方把下山移民与小城镇建设结合起来，提高了基础设施的共享性，促进了产业培育和经济发展。武义、青田、泰顺等县鼓励人口搬迁下山，走出了一条“小县大城关、小乡大集镇”的山区城市化发展路子。舟山市通过“大岛建、小岛迁”，全市有人居住的岛屿从103个减少到92个，减少了11个。③ 所有这些，都是以县级政区为单位来统筹进行的。

县辖政区近年来的改革实践也有助于推进城乡一体化，如中心镇的扶植和培育，既是着眼于推进城镇化发展，也是为了加速新农村建设。浙江省2007年出台的《关于加快推进中心镇培育工程的若干意见》(浙政发[2007]13号)，明确中心镇培育的指导思想：即以科学发展观为指导，以统筹城乡、区域协调发展，推进社会主义新农村建设为目标，以农业现代化为基础，以新型工业化和新型城市化为支撑，按照因地制宜、突出重点、梯次发展的原则，通过政府推动、政策扶持、体制创新、市场运作，努力把中心镇培育建设成为产业的集聚区、人口的集中区、体制机制的创新区、社会主义新农村建设的示范区。《意见》提出了中心镇培育的目标：即有重点地选择200个左右中心镇，分期分批进行全方位的培育，在全省形成一批布局合理、特色明显、经济发达、功能齐全、环境优美、生活富裕、体制机制活、辐射能力强、带动效应好、集聚集约水平高的小城市。其扶持政策和改革措施主要有10项：一是建立

---

① 余潇枫、陈劲主编：《浙江模式与地方政府创新》，浙江大学出版社2007年版，第197页。

② 夏阿国、蓝蔚青等著：《平安浙江——全面构建和谐社会》，浙江人民出版社2006年版，第107页。

③ 浙江省发展计划委员会编：《城市化：重整山河绘新图——浙江省城市化工作会议专辑》，浙江大学出版社2002年版，第5页。

和完善中心镇财政体制；二是实施规费优惠政策；三是加大对中心镇的投入；四是加大用地支持力度；五是扩大中心镇经济社会管理权限；六是深化投资体制改革；七是加快推进户籍制度改革；八是加快集体非农建设用地使用制度改革；九是深化农村集体资产管理体制改革；十是加快建立统筹城乡的就业和社会保障制度。[①]

从中心镇发展的趋势来看，中心镇不仅应具有“服务大城市”的传统功能，而且还应具有“服务农村”的现代功能。中心镇具备四方面功能：一是疏散功能，即疏散大城市人口和产业。二是减压功能，即减轻大城市的环境压力。三是集聚功能，即集聚农村人口和农村企业。四是辐射功能，即带动农村的经济发展和文明进步。中心镇不仅能够有机地疏散大城市的人口和产业，有利于缓解大城市的人口压力、就业压力、住房压力、交通压力、环境压力等造成的“大城市病”，使生活在大城市和中心镇的市民都能够提高生活质量，而且由于中心镇“门槛”相对较低，有利于中小企业和农村人口进城落户，促进“三农”问题的根本解决。[②]

具体说来，“强镇扩权”的作用表现在三个方面：

第一，在县镇关系上，增强了小城镇政府的权能。“强镇扩权”赋予小城镇政府较大的财政权、城市建设用地审批权和相应行政管理权与执行权，增强了小城镇提供公共产品和公共服务的能力，推进了公共服务型政府的建设。如嘉善县西塘镇从2005年开始，每年从镇财政拿出420万，每年解决7个行政村，用3年的时间使“四位一体”服务涵盖镇属全部21个行政村。因此，中心镇培育工程赋予小城镇政府财政权、管理权，初步缓解了县镇关系中小城镇政府的“权小责大、权责不一”的矛盾。

第二，有助于转变政府职能，提高了小城镇政府的适应性。绍兴县通过委托方式将环境保护、安全生产、劳动用工、城建监察等4项职能，因镇制宜进行委托授权，检查监督权全部下放，审批权和处罚权见章盖章。委托授权弥补了县政府职能部门对试点小城镇的管理越位及滞后，解决了基层管理缺位问题，夯实了小城镇政府权力运行的基础。同时，提高了行政效率，促进了职能转变。通过委托授权，理顺了条块关系，解决了基层“有权管不了，无权不能管”的窘境，化解了乡镇政府权小能弱责大的矛盾，有利于县镇两级政府更好地履行法律责任。例如，对于小城镇在环保监管上的空白，绍兴县的书面授权协议第三条明确规定，执法员可“对辖区企事业单位违法排污行为开展调查取证并提出处罚建议”。因此，强镇扩权，提高了小城镇政府管理效率，有助于克服和纠正小城镇政府管理“缺位”的弊端。

第三，社会经济上，提高了小城镇经济发展的活力，推进了社会主义新农村建设。强镇扩权提高了小城镇经济发展的活力，促进了小城镇的社会经济又好又快发展。同时，推进了社会主义新农村建设，促使了城乡的统筹发展，增强了小城镇政府的责任意识。强镇扩权的启动推进了小城镇和广大农村地区的城市化进程，有助于实现农村富余劳动力的就近转移，以提高人民的生活水平，加快城乡一体化进程，改善新农村建设的总体环境。[③]

---

① 《省政府出台政策加快推进中心镇培育》，见“浙江省发展与改革委员会网”：http://www.zjdpc.gov.cn/BrowseRssDocument.aspx? tableID=dynamicDB&recordKey=21ABC8FFB57644E5B37FFC403AC3B9F3。

② 邵波、潘强等编著：《浙江省城乡建设用地规模和优化布局研究》，浙江大学出版社2006年版，第80页。

③ 陈剩勇、张丙宣：《强镇扩权：浙江省近年来小城镇政府管理体制改革的实践》，载《浙江学刊》，2007年第6期，第112～117页。

(5)培育了市民精神,约束了各级政府,于潜移默化中开辟了基层民主的道路

在前述直接的、物质层面的城市化的过程中,所采取的政策、措施(包括行政区划的手段)主要目的一方面是着眼于推进城市化Ⅰ,另一方面也通过配套的改革推进了间接的、精神层面的城市化的进程,即城市化Ⅱ。行政区划的改革,在某种程度上,为现代市民精神的培育、现代民主意识的生长等,也打下了基础,或发挥了作用。这些作用,既表现在直接的制度层面的变革上,如在基层,政府退出直接控制领域,让位于民间自治,为社区建设、村委会建设等留出空间;也表现在诸如具体行政区划调整过程中,允许各方表达自己的意见,允许地方和基层合理利益的维护等,以及逐渐宽容、开放的政府管治方式。在此过程中,促进了政府自身的改革,使得政府从“无限政府”向“有限政府”转变,约束了各级政府,于潜移默化之中为基层民主和政府转变开辟了道路。

这一方面的作用主要表现在县级以下政区。随着乡镇政区的调整改革,一方面,乡镇布局得到优化的同时单体规模也得到了扩大,另一方面,众多原来的乡村型社区转变为城市型社区,同时,伴随着20世纪90年代后所推行的农村地区的村民自治和城市地区的居民自治的实践,乡村中的村委会、村经济合作社等村民自治组织和城市中的社区以及居委会等居民自治组织的重要性都日益增长。这里,乡镇及街道行政区划的调整和治理方式的转变等为这些基层自治的实践提供了空间和可能。

以浙江省有关地区为例。据不完全统计,2002年,在已完成村规模调整的慈溪市等11个县(市、区),行政村总数减少1901个,减幅达42.4%。按照“小政府、大社会”和管理服务“重心下移”的工作思路,2001年底全面完成杭、甬、温、嘉、绍、湖6个城市的城市社区体制改革,确定义乌等11县(市)为省级社区建设实验县(市),全省现建有新型社区1289个,覆盖人口近千万。①

农村与城市的基层民主建设既是引导群众有序参与、发展社会主义民主政治的突破口,又是提高社会自主治理水平、创建和谐社会的有力保障。乡村的村民自治的广泛开展是我国基层民主的最大亮点,而民主选举则是村民自治的重要前提(公推直选、自荐海选等);除了民主选举之外,还不断健全和完善村民会议、村民代表会议、村务公开等制度,探索了民主听证会、民情夜谈会、村民议事厅等治理形式。在城市,城市社区体制改革已经完成,城市基层民主以社区居民自治为载体,取得了蓬勃发展。②

总之,在以城市为中心的行政区划的调整过程中,在整个社会追求城市化的大潮中,市民精神也随之得以提升和弘扬。在某种意义上,市民精神的培育和成长,是城市化的另一项重要成果;同时,也是城市化的真正的、终极的目的。从这个意义上来说,行政区划调整作为一种相对宏观的环境塑造,其对市民精神、“城市性”等方面的培育和促进作用也是无庸置疑的,也是我们推进城市化的真正意义所在。

6.3.2 行政区划的调整和改革与完整意义的城市化的不相适应之处

由于行政区划及其管理体制的调整改革更多地属于政治体制范畴,该项权力原则上由

① 浙江省发展计划委员会编:《城市化:重整山河绘新图——浙江省城市化工作会议专辑》,浙江大学出版社2002年版,第23页。

② 夏阿国、蓝蔚青等著:《平安浙江——全面构建和谐社会》,浙江人民出版社2006年版,第167~170页。

宪法和政府组织法予以规定，主要由中央政府严格掌握，地方政府（主要为省级政府）的作为空间仅限于组织法给定的范围而相对处于软弱和无力的地位（这与在经济领域向地方政府分权形成鲜明对照），因此，即使是在浙江省这样一个市场经济发达、经济制度创新活跃的省份，在行政区划以及相应的地方政府管理体制方面，仍有与经济建设、社会建设不相适应的地方；特别是目前，多项改革已触及制度层面的瓶颈而难以提升。当然，这里的许多问题就不仅仅是浙江省自身所能解决的了。

同时，诚如2002年时任浙江省委书记的张德江所指出的："……城市化滞后于经济社会发展水平的状况尚未得到根本改变。大城市数量少、规模小，小城镇布局散，中心城市地位不突出等问题亟待解决。一些城市经过区划调整，市区面积和人口规模虽然扩大了，但增强城市功能，提高综合实力和国际竞争力的任务还十分艰巨，政府管理城市的水平有待于提高。一些地方在区划调整、旧城改造、土地征用以及历史文化遗产保护等问题上工作不细，措施不当，引发了一些新的矛盾。"①

归纳起来，浙江省在行政区划调整和改革方面与社会经济发展和完整意义的城市化的不相适应之处，主要表现在如下四个方面：

（1）制度层面的约束依然存在

由于目前法律、法规的规定以及实际存在的行政管理体制及其运作模式，许多行政区划的问题，尤其是现有政区体系对城市化进展的呼应迟缓与不相适应，其根源仍在于若干制度层面的缺陷。典型的，即设市方式上与城市化发展的严重不相适应。一方面，是"整县改市"与"市"（城市）的原意差距甚远，且实际执行中无以为继（县即使全部改为市，也有限度，以后怎样?），窒息了城市自然发展的空间。如1997年后，国家冻结或实际上停止"县改市"审批，浙江省众多达到城市标准的县只好在"县"名之下，而直接改设街道。另一方面，则是县以下真正需要设市的各个聚落，如诸多规模已经较大的小城镇，因为制度的限制而无从提升，无法设市，如龙港问题。

此外，如省直管县（市）的不彻底性。如前所述，浙江省虽然某种程度上、或实质上采取了"省直管县"的体制，但表面上、形式上，还是"市管县"的格局，即改革仍不彻底。这在实际运作中，不可避免地会带来许多问题。比如管理幅度减小后，管理层次却增加了；地市矛盾解决后，却又带来了市市矛盾和市县之间的矛盾等。这也是制度使然。

再如，地级市设区的问题，尽管法律规定只有"较大的市"才可设区，但现在国内一般均在地级市即设区，即使只有一区，也照设不误，则反而导致如湖州遵照自身特点而实行的市直管乡镇的体制无以为继，只能最终也回复体制，再重新增设区的建制。所有这些，都需要在制度层面统筹解决。

具体而言，可以概括为：

1）国家层面的行政区划走向尚未定型

改革开放以来，中国的经济、社会等基本状况发生了显著的变化，日益宽松的社会环境和不断完善的法制环境，促进了各种要素的有序流动和聚集，与30年前相比，人口、产业的分布发生了巨大的变化，城市发展不仅有空间的扩展，更有内涵的提高，通过交通、通讯、能

---

① 浙江省发展计划委员会编：《城市化：重整山河绘新图——浙江省城市化工作会议专辑》，浙江大学出版社2002年版，第7页。

源等基础网络的建设，城市之间在服务内容、辐射范围、产业特点等方面出现了初步的分工，并且这种分工一方面由于自然禀赋的客观制约将在相当长的时期内保持相对的稳定，另一方面这样的分工还将进一步细化。同时，我国的城市形态已经发生了根本性的变化，出现了都市区、城市群、城镇带等新的城市组织形式，更有大量的小型城市成长。从管理和服务的角度来看，一级地方政府的层级及其职能应该与其承担的任务相匹配，而具体承担的职能是与治理对象密切相关的。我国的行政区划历史十分悠久，有一些行政区划设置相当稳定，比如县级政区。这从一个角度说明，我国的社会形态在相当长的历史时期是进步缓慢的，其主要特征还是农业社会。30 年的改革开放，不仅取得了经济建设的巨大成就，也促进了社会组织形式的转型。有关统计数据显示，浙江省的城市化率已超过 50%。如果从从业人口比例分析，则纯粹的农民比例还要低得多。因此，行政区划如何反映社会的这种变迁，已经成为紧迫的问题。

我国目前的行政区划管理，主要的依据是 1982 年宪法。当时的社会，才刚刚从动乱中摆脱不久，主要的任务是恢复秩序，难以预见到社会形态将要发生如此迅速的根本变化，因此也没能对城市进行系统的分类和在行政区划上进行科学的设计，成为行政区划体系中最薄弱的环节。如今在城市行政区划管理上暴露的问题，最根本的原因在于宪法提供的空间不足。如只有“市”代表城市，于是出现了省、地、县三个层级的市，又有俗称的“副省级市”、“副地级市”，也有学者提出要在县下设市(副县级?)，等等。这一现象的出现，说明城市发展已到了需要细分管理的程度，不同等级、不同功能的城市需要不同的层级和职能配置，才能有良好的治理并发挥城市的最佳能力，但所有的城市都称为“市”，不仅混淆了城市之间的巨大区别，也给体制和政策的设计造成了困惑。

2)层级关系要依法规范还有很长的路

政府的层级关系是常常被讨论的“行政管理体制”问题的主要内容之一，改革开放以来多有这一领域的探索。对我国这样的单一制国家，层级关系是存在统辖关系的政府间最重要的关系。依靠宪法和各级政府组织法，层级关系在理论上已经得到规范。但从操作层面看，这一问题还远未得到系统的梳理，更谈不上得到彻底的解决。

首先，从国家到地方，公共管理和公共服务领域有哪些任务，哪些由国家承担，哪些由地方承担，或国家和地方各承担多少比例，必须清晰具体。尽管原则上有“分级管理、属地为主”的说法，仍失于粗疏，极易受到人为因素干扰。

其次，这些管理和服务具体包含了哪些内容，在较长的时间段内具有怎样的需求趋势，需要具备哪些必要的行政设施和技术条件，并转化成可以计量的人力成本和财务成本，这是对层级的机构设置和财务支持进行测算的基础。

第三，由于前两者的阙如，建立广义的行政区划体系还不具备条件，形成了名义的行政区划和实质的行政区划相分离的局面，即从实际运行的政府职能看，相同的行政区划类型往往不具可比性，而不同的行政区划类型有时却具有相似的实质。

由于层级关系的现状，一方面为改革“行政管理体制”提供了空间，使得浙江省的省管县、强县战略、中心镇等改革可以持续推进，并取得瞩目的成绩，但这些改革与行政区划体系的联系已处于间离的状态，二者还没有形成科学的对应关系。另一方面，由于层级关系没有明晰的边界，暴露出的矛盾和弊端更多，如事权财权对等问题、市刮县问题等等，在推进省管县过程中所顾虑的“管理幅度”问题，其实质也不在管理下辖行政单元的数量，关键还是事权划分存在不合理之处，对下授权不够充分。

3)行政区划管理权限的设置还有待合理化

在幅员广阔、地区发展阶段各异的国家，行政区划管理的权限如何实现既统一有序又灵活高效的管理，是行政区划与经济、社会发展相适应的重要条件，但这一问题尚未深入地进行过讨论。1949 年新中国成立以后，行政区划管理权限经历初期的变动期(在中央人民政府、内务部、各大区军政委员会等之间发生了大量的变动)后，以 1954 年宪法的颁布为标志，进入权限分配的稳定期。1958 年起，国家政治生活逐渐失序，至 1962 年基本恢复正常，旋又在 1966 年进入 10 年非正常时期。在此期间，国家机器受到严重破坏，管理秩序陷入混乱，行政区划管理业务自内务部撤销后曾呈现真空，后又辗转多个部门，遑论具体的权限分配。直至 1982 年宪法实施，才形成了延续至今的权限分配格局，其基本思想继承了 1954 年宪法精神，主要还是着眼于秩序的恢复。按照 1982 年宪法，县级以上行政区划管理权限分属全国人大、国务院，部分次要业务国务院也授权民政部，但不稳定；乡镇一级由省政府管理。

这样的权限划分，从有利的方面看，确保了国家组织结构的整齐划一，确保了行政区划的稳定，为国家宏观管理提供了权力分配的基础网络。但与活跃的经济、社会发展相比，行政区划管理显得过于刚性，尤其在东部地区，使行政区划更加滞后于经济、社会发展状况。在不便通过行政区划调整解决的情况下，迫使地方政府通过其他政策途径寻找出路，影响到国家层面宏观政策制定和实施的针对性。

4)与行政区划调整配套的有关措施未实现制度化

行政区划调整就其目的来讲，是以调整为手段，使行政管理的组织架构、保障条件等达到与当地的社会发展阶段相适应的过程。因此，有关行政管理的人事权、事权、财权等职能划分能否与行政区划调整配套进行，关系到行政区划调整综合成效能否实现，最终也关系到新的行政区划格局与社会发展阶段相适应的设计初衷能否达到。从目前的操作来看，行政区划调整与整个行政管理体制的调整一般很难达到同步协调，高层政府出于宏观角度的设想与低层政府对于现实利益的考虑存在着较大的落差，使体制机制的调整呈现“人格化”倾向：一是配套调整没有标准，调整对象、调整时间、调整时序、调整内容都不统一，各个行政区划调整之间均表现为个案，即使是同一类调整，其最后形成的体制(机制)也可能存在很大差别。二是配套调整缺乏系统性设计和规划，进行哪些方面、哪些内容的配套调整受到人为因素的严重影响，往往偏离行政区划调整的客观要求，普惠性的行政措施和服务能力不能及时加强，容易造成整个利益格局的失衡，导致行政区划调整易于成为阶层诉求的焦点。三是实施配套调整留有过长过渡期，在新的行政区划设置以后，除个别领域外，基本以原有体制(机制)长期运行，既造成相同类别行政区划下行政结构的复杂性，也造成新的行政区划设置难以显现其优势，成为不具实际意义的“翻牌调整”。

5)现有行政区划类型的转换没有稳定的渠道

在目前的法定行政区划类型中，同属地级的有市、自治州和作为派出机构的地区行署，同属县级的有县、市、自治县、市辖区，同属乡级的有乡、民族乡、镇和作为派出机构的街道办事处。在层级不变的情况下，除了民族型政区，不同类型政区理应根据发展阶段有转换的渠道，过去即有俗称的“地改市”、“县改市”、“县(市)改区”、“乡改镇”等等，当然，更完善的话也应该有逆向转换的渠道。尽管这种“地域性”区划对于城镇的认定有一定缺陷，在我们对政权机构数量仍然敏感时，这种转换方式也有其存在的合理性，至少通过转换在区划上指示了概略的城镇型区域与农村型区域，进而为宏观管理提供了必要依据。但这些转换渠道以往主要通过全国统一的、以绝对指标衡量的标准来实现，又要贯彻均衡发展的方针，免不了发达地区满足了标准的对象要排队、落后地区不达标准的对象要提携，在标准之外多了人为因素。因此，受多种因素影响，县改市于1997年、乡改镇于2003年被分别叫停，而2000年左右兴起的县(市)改区既没有依照“标准”路径，其在2004年以后基本停滞的状态也主要取决于国家层面的态度。至于“地改市”，自20世纪80年代至2000年几次机构改革中持续进行，东部省份不仅已经无“地”可改，有的甚至尝试了“拆市设市”(将一个地级政区分为两个地级政区)。由于上述情况，行政区划的类型转换至少从2003年起，已经在各个层级刹车。

行政区划上相同的层级有不同的类型，就蕴含了发展的思想。稳定、通畅的区划类型转换渠道，是行政区划客观、及时反映经济社会发展状况的必要途径。至于转换渠道运行中发现的缺陷和不足，完全可以通过标准的修改、机制的完善来解决，不宜轻易叫停。正是由于宏观政策的不稳定，一方面造成了行政区划改革进程与经济社会改革发展进程长期相脱节的现象，另一方面也造成不良的政策预期，每有新政出台，总是蜂拥而起，一哄而上，而这又反过来导致新政易于夭折，二者构成恶性的互动循环。

(2)调整中的“双刃剑”效应仍较明显

同时，在具体的区划调整中，由于现行管理体制等的原因，使得各项调整总会有后遗症出现。换言之，我们在收获行政区划调整之利的同时，往往还不得不咽下这种调整所带来的苦果，并花费相当多的精力去消化其所带来的难题。现所进行的各类行政区划调整中，除了仅仅涉及建制变更(如县改市)的调整、而不涉及地域变更的之外，其他各类调整，往往都是着眼于如何促进中心城市的发展，是以大城市、中心城区为导向的。这样的调整，一方面当然有利于中心城市、大城市、等级高的城市和区域发展，但另一方面，则多多少少对外围聚落、中小城镇、等级低的地区的发展造成冲击，形成区划调整中所难以避免的“双刃剑”效应。导致这种情况出现的原因，除了具体调整过程中程序不完善、工作粗率等之外，其深层原因还是与诸如政府体制改革不到位、权责不明，或资源、利益划分不甚合理等制度性因素有关。

这样的例子也有一些，县级以上、县级以下政区均存在。县级以上政区的调整改革，尤其是从一个原来独立性较强的政区形态转变为独立性较弱的政区形态(如撤县、市设区)，这样的调整牵涉面就较广，对原有被撤政区的负面影响也就较大，也更为持久，如黄岩之于台州等①。

而乡镇政区的调整，不论是撤乡并镇，还是撤镇改设街道，也往往导致周边被撤乡镇的公共服务等职能的丧失或削弱，以及发展动力和资源的减少，导致社区衰落和区域发展停滞。若干实证研究也表明此点。如有学者通过对桐乡市实施“撤乡并镇”后乡镇状况的实地调查，认为“撤乡并镇”后，在促进农村经济发展、促进城乡一体化、缩小区域差异、合理规划、减少重复建设、提高工作效率和改善交通状况等方面取得了比较明显的绩效，而在减少

① 具体情况可参看章敬平著：《浙江发生了什么》，第九章《黄岩：人大代表的不服从》，东方出版中心2006年版，第187～197页。

乡镇财政供养人员、精简乡镇机构、提高乡镇工作人员积极性、环境保护和社会治安等方面的表现为恶化。[①]

再如笔者曾经参与调查和论证的永康市芝英镇行政区划体制变更的案例。芝英镇曾于2001年改为街道，但因限于体制和地理位置等原因，自身缺乏相应的经济、集镇规划自主权，多数有规模的企业向中心城区和开发区集聚，导致芝英在经济发展中处于边缘化地位，与周边的古山等中心镇相比逐步失去了其独有的经济模式和中心镇、经济强镇的优势，其在基础设施共享度、城市建设力度和强度、政策扶持度等方面均处于弱化状态；同时，其原有的历史文化和地方知名度等也逐渐丧失，故地方民意要求恢复镇建制的呼声较为强烈。在此背景下，经过调查和论证，又于2009年改设为镇。[②] 这里，芝英问题的实质，不是达不到设街标准，也不是实力不够；而主要是在各方面形势变化的前提下，地方自主发展的需求、发展潜力在街道体制下无法充分发挥，以及由此而造成的与先进城镇发展差距日益拉大所引发的紧迫感和危机感。这当然是很可宝贵的一种动力，也是浙江省众多地区创业发展的活力所在，故应该予以保护和尊重，而不是无视和压抑。

(3)忽视了行政区划的历史、文化、遗产保护及公共服务等非经济功能的意义

尤其需要引起我们深思之处，还在于在我们过去的行政区划调整中，对于行政区划的意义多采取了片面的认识，即主要着眼于通过区划调整来增强城市发展，且主要是经济层面的发展。而全面来看，行政区划还具有重要的历史、文化、遗产保护及公共服务等非经济功能的作用，稳定的政区对地方历史文化传统等的维持和保护提供了基本的框架，成为地方意义、地方认同的符号，作为其核心的地方权威(地方政府)，也是公共服务的主要提供者，尤其在中国非政府组织很不发育的情况下。换言之，行政区划和政区的意义，除了推动城市化和促进经济成长之外，还是地方性、地方历史文化维持的重要载体。

但在我们目前的调整实践中，基本上还没有将之纳入考量的视野，或未将之与经济效应同等看待。这是过去区划调整中的一个很大的不足。在目前国家日益强调以人为本、重视社会和谐的科学发展观的指导思想下，对于行政区划这一方面的意义，必须审慎纳入调整决策的过程之中。

前述黄岩与台州市由于区划调整而长达10年的争执中，黄岩方面部分人士持有异议的一个原因，也是担心“黄岩蜜橘”这一地方著名品牌的不再或不彰。据有关报道，当地经济界人士说，“浙江黄岩”变为“台州黄岩”后，担心品牌弱化进而影响经济利益的黄岩商人，坐卧不安。一个经营果品公司的老板接受采访时称，黄岩变成区，黄岩蜜橘这个很响的品牌受损，他是受害者。[③]

(4)在具体区划调整的程序上也还不够完备

此外，就是在具体区划调整过程中，由于缺乏程序性规定，使得调整过程往往只是上级政府和少数官员在内部操作。虽然在目前的体制和环境之下，由于行政区划的敏感性和牵

---

① 余潇枫、陈劲：《浙江模式与地方政府创新》，浙江大学出版社2007年版，第61～62页。

② 2009年4月20日浙政函[2009]57号批复，同意永康市部分行政区划调整：“将芝英街道的黄塘下等15个行政村划归东城街道管理，同时撤销芝英街道建制，设立芝英镇。”见“浙江地名”网：http://www.zjsdmw.com/sitesmaintemplate/0001.aspx? id=507。

③ 具体情况可参看章敬平著：《浙江发生了什么》，第九章《黄岩：人大代表的不服从》，东方出版中心2006年版，第187～197页。

涉面广的原因，区划调整还不可能完全开放公民参与，但相关的诸如人大、政协等，还是有参与空间的。由于各方缺乏参与渠道，导致区划调整成为单纯内部操作的政府行为；也因之，往往有考虑不周，或利益分配不当，或仅仅只是信息不畅引起误解，而引起诸多问题，使得许多原本可以避免的冲突和问题，变得激化和不可调和。典型的如台州市与黄岩区在区划调整与相应权限利益划分等方面长达10余年的冲突等。[①] 其他各地也多少存在此类问题。

这些，虽然各有其复杂的原因，但均与行政区划调整缺乏明确的程序规定有关。因此，应逐步完善相关调整程序，尤其明确与各相关地方政府、人大，乃至基层社区和普通民众参与讨论、决策的程序。

6.4 适应新时期科学发展观要求，构筑城乡一体的地方治理格局——未来浙江省行政区划的改革构想

从浙江省改革开放以来经济、社会的迅速发展，城市化水平的迅速提升和政治文明的进步等方面来看，总体说来，行政区划这一上层建筑的调整变革是顺应了该省改革的实践的，成就也是主要的。当然，由于国家政治体制改革的滞后以及有关宪法和法律的规定，行政区划领域仍然存在一些问题和束缚，还不能完全适应现实经济、社会和政治发展的需要，还需要不断地在实践中摸索新的模式，进行制度创新。就浙江省而言，虽然有些矛盾是深层次的，涉及国家体制或宪法、法律的规定，但可以进行改革试点，尝试推出新的行政区划方式及地方治理体制。目前来看，适应浙江省大规模城市化进程的需要，行政区划改革仍然需要以城市地区管理体制创新作为探索改革的重点，如都市区及其都市内部的管理方式（包括地级以上城市的内部管理体制调整、社区的建设等），县和（尤其）县级市内部的管理体制（驻地镇改设街道等），以及小城镇的发展（培育中心镇）等。这里，可能以大都市区内部行政区划调整最具直接的经济效益，而以小城镇行政区划体制的创新和城市、乡村基层（准）政区即城市社区和村民委员会的建设最具突破性和长远意义（因其受到的限制较小，制度创新的空间较大），并进而影响到中国的城市型行政区划回归城市的本来面目。作为改革开放先行一步的浙江省，完全可以在不与现行法规冲突的情况下，从这两个方面入手，大胆改革、创新。

6.4.1 关于新时期科学发展观要求下的行政区划适宜模式的思考

浙江省在经济领域“敢为天下先”的精神早已闻名天下；实际上，就是在行政区划改革方面，浙江省也屡有一些创新之举。中国1979年以来的几次重大政区体制改革（尤其城市型政区），多从浙江省发端，并蔚为全国表率。如1978年以来的整县改市模式，就是源于当时浙江省的吴兴、嘉兴、绍兴、金华和衢县的实践及其请求；而20世纪80年代以来龙港的实践及其政区方面的困惑以及可能的突破，也是国内重点关注所在。因此，浙江省可以争取国家支持（试点），尝试在行政区划改革方面采取较大动作，并进行制度创新。

---

① 具体情况可参看章敬平著：《浙江发生了什么》，第九章《黄岩：人大代表的不服从》，东方出版中心2006年版，第187～197页。

浙江省的行政区划改革，不能离开整个国家政治、经济发展走向和相应体制改革的可能。因此，对有关影响中国政区发展的若干宏观背景及其改革目标的判断就会直接制约浙江省行政区划改革的目标确定和手段选择。

(1)影响中国政区发展的几个宏观发展趋势

1)政府权力会逐渐减少和规范，但仍然为强政府，各项发展仍然处于政府主导状态；权力的下放遵循中央一省一市、县的分权，但无论如何，主导权力仍然集中于各级(政区)政府方面。

2)随着政府职能的渐趋减少，同时交通、通讯和办公自动化等技术的迅速发展，则管理层次的减少和管理幅度的扩大就成为可能和必需。

3)随着政府职能的减少和分散，非政府组织会迅速发展，基层的城乡社区居民自治会逐渐完善和扩大。政府出于管治理念的转变(放弃对社会的全面干预)和减少管理成本的考虑(更为直接的压力)，将鼓励减少政区数量(尤其是基层政区数量)的努力，至少会尽量避免增加新的建制，并可以允许主要在基层政区进行居民自治的改造。

4)城市化成为国家发展经济、促进经济增长以及达成各项社会发展目标的重要手段，因此，为了迅速提高城市化水平，国家可以采取各种手段(包括行政区划的手段)以破除城市化的障碍。

(2)行政区划改革所要达到的几个基本目标及其相应手段

——扫除城市化障碍，改革制约城市健康、迅速发展的行政区划束缚：通过改革城市内部管理体制、增加城市治理(都市区等)的手段。

——减少管理成本，提高管理效率：通过减少层次、扩大幅度(省级政区以下的三级制向二级制转变)的手段。

——有序推进政治文明建设，促进民主政治发展：通过推行城乡居民自治、扩并乡镇(社区自治，政区与社区分离)的手段。

(3)行政区划调整改革的几个基本原则

1)政府主导，循序渐进，并尽可能在现有宪法、法律规定的框架内进行制度创新

行政区划改革应立足于在现行体制下，在政府的主导下进行，必须为实现政府的发展诉求服务。进程上，由于体制改革的复杂和困难，则只能分步实施，逐步到位。为减少改革的难度，应尽量不去纠缠如名称等枝节问题(即宪法规定的政区名称不去改变)，而是尽可能在现有宪法、法律规定的框架内，为各类政区注入新的制度变革的因素。

2)城乡一体，培育自治

具体调整方式方面，采取城乡合治，区域一体化发展。发挥政府宏观调控作用，以强带弱，以城市带动乡村。同时，鼓励适度竞争，在城市发展势头强劲、彼此差别不大的地区，避免不必要的、导致内耗的强强合并。基层以聚落为单位，以有效的自治为导向，政府给予指导、监督，减少基层政区数量并进而尝试减少层级。

3)分类指导，同等待遇

各层次政区(主要是中层政区)均区分类型，保留县、市建制，作为两种不同政区，管理方式、财政体制上等加以区分。即可以成为中等城市的，设市，以集聚人口、发展经济为主要考核标准；不宜发展为中等城市的，加以限制，保留县的建制，省级财政予以支持和转移支付，如生态脆弱区、敏感区或自然、文化遗产保护区等，并着重以保护方面等的业绩作为

考核标准。即二者具有不同的发展任务。

4)以各级各类城市地区的行政区划体制改革为重点和突破口

区分不同规模、不同区域城市和城市发展的不同阶段,制定适宜的行政区划体制和改革措施。近期以各级各类城市地区的行政区划体制改革为突破口,以都市区的行政区划体制创新(复合政区改为双层政区,同时发展区域的协商、合作机制)和内部辖区调整来带动中层政区改革目标的实现,审慎推行“整县改市”,并以“扩并乡镇”和“中心镇”的培育来激活基层政区改革的实施,即在地级市、县级市之外,大力培育“中心镇”,使之在实质上具有小城市的管理能力,使得中国的城市化进程真正获得健康发展的制度空间(即特大、大、中、小城市和小城镇均有各自的城市体制保证)。同时,尽量使政区范围与各自中心城市吸引范围大体一致;内部分区(如都市区内部的市辖区的划分,县级市内部的街道划分等)则应考虑人口、面积、经济实力等大体均衡(可适当通过划小现有市辖区的布局调整),形态上打破原来新、老市区的同心圆结构,以城乡合一的思路整合内部分区。

6.4.2 未来浙江省行政区划改革的思路和步骤

6.4.2.1 未来浙江省行政区划改革的若干思路

就浙江省而言,总体上与前述所论基本一致。具体而言,应该区分城市自身发展阶段,区分城市所在区域的自然、经济条件,制定不同的行政区划体制模式。城市自身发展状况、规模等的不同,以及其所在区域的条件差异,都会导致其适宜的区划体制的有所不同;同时,随着城市发展至高一阶段,其政区体制又是可以依次演替的。因此,一些新的行政区划改革措施可以在这一过程中采取局部试验、逐步完善、再待条件成熟时推广而成为普遍模式这一过程来加以审慎操作。即不必起始阶段就过分追求理想状态(如省下的二级制),而是循序渐进,条件成熟的地方推广二级制,条件滞后的地区仍保持原来的三级制体制等;待发展到一定阶段,同时,被改革地区已然稳定并获得操作经验,再行改革。

(1)三种城市类型及其改革方式

就目前浙江省发展态势而言,从城市自身来看,区分城市等级和规模,可分为3种类型。大致可采取如下的措施:

1)大城市区(现有地级市和部分邻接县、市):复式政区改为双层政区(地级市—市辖区—街道、镇、乡),取消市管县体制,适当撤县(市)设区。规模以其实际吸引范围确定。

2)中小城市区(现有大多数县级市和县、自治县的中心区域):市、县区分,各自扶持,不歧视(主要按照区域内部发展方向和自然生态条件限制:生态制约度不大的,鼓励经济成长,设市作为激励措施,以形成中、小城市;有较大生态制约度或生态保护任务的,甚至历史文化保护方面有特殊要求的,仍保持县的建制,任务重在保护,或曰重在生态、社会发展,而非经济发展,省里给予财政支持,县下扶持小城镇发展)。形态上,县级市和县维持复式结构(街道与乡、镇并存),以推动县级的城市中心的加速集聚。

3)基层聚落区(乡级政区):目前积极进行撤并乡镇以建立中心镇的改革。中心镇制度要进一步明确小城市的培育方向,并在体制(机制)上给予恰当的定位,首先使其成为实质的小城市政府,待将来条件许可时根据情况加以落实,或更改通名即可。县级政区以下形成“市”、镇、乡聚落型政区并列的格局;同时,积极培育城乡居民自治组织。

(2)三种城市化地区及其不同治理模式

就浙江省近期可预见的发展态势来看，则可明显分为三种类型的城市化地区，应分别采取不同措施，形成不同的治理模式。

1)都市连绵带区域：即杭州湾都市带，包括杭州、嘉兴、湖州、宁波、绍兴、舟山6地级市的市区及沪杭、杭甬沿线部分所属县市范围。除了个别地级市适当地撤县(市)设区之外，基本保持现有县级及以上的政区格局。重点应该转向按照都市影响范围，打破行政区划界线，以杭州、宁波为核心，重新整合大都市区，探索“都会区”的新型协商、共治的区域管理体制。设区市内部可重新划分市辖区(近期为大区、强区模式，以后随着政府职能的减少、社区居民自治的增强等，可考虑将区、街并为一级，即在划小“区”的基础上，取消街道，区向社会管理、服务功能转移)。强化现有中心镇职能，并以“新城”建设为契机，探索新型的、适应高度城市化区域的县(市、区)辖政区管理体制。

2)城市群区域：目前主要是位于交通通道沿线和东部沿海地带(如浙赣铁路、杭金衢高速公路沿线和甬台温、温福高速公路沿线)的地区，近期以大、中城市为核心发展，且中等城市发展势头强劲。鉴于本区城市化水平较低、大中城市尚少的情况，仍应培育多个中心；在扶持核心城市发展的同时，允许城市有序竞争，争取形成多个大、中城市，包括温州、金华、衢州、台州4地级市的市区及所属部分县、市范围。可分别采取撤县设区(严格控制)、县级市升格(如地级市，或由省直辖县级市)、整县改市或切块设市等多种手段。待某些区域的城市化水平发展至都市连绵带状态，再按照前种模式改革。

3)孤立城市区：主要是现丽水地级市范围的各县和前述地区外围的市、县。因主要位处山区，受自然条件制约，经济实力弱小，城市化水平低，城市规模小。考虑到生态作用，应定位为生态养护区，多采取异地城市化方式，本地选择条件相对优越、基础较好的城镇，发展中、小城市和小城镇，尤其是后两种。在行政区划方面，则主要是维持现有格局，不作大动。在某些条件较好区域进一步发展之后，可向前一模式(城市群治理模式)转换。

6.4.2.2 未来浙江省行政区划改革的基本步骤

(1)阶段与体系

以都市区治理和基层聚落自治为长远目标，最终形成行政区划的省以下的市、县一镇、乡的两级制(市分等)，过渡阶段则形成二级和三级混合体制。区分不同地区及不同地区的发展时段，依次采取相应措施，以达到行政区划体制与经济、社会发展目标匹配、协调、一致的局面。

就整个浙江省行政区划体系的改革和变迁过程来看，可大致划分为四大阶段(当然，只是理想的、理论上的划分，实际操作中根据实际情况决定进程和步骤，相互参差)：

1)完全的三级制阶段(现状)：浙江省目前的行政区划体系，仍然属于完全的三级制阶段(但管理体制上已经出现部分二级制)。现有行政区划体系如图6-8所示。

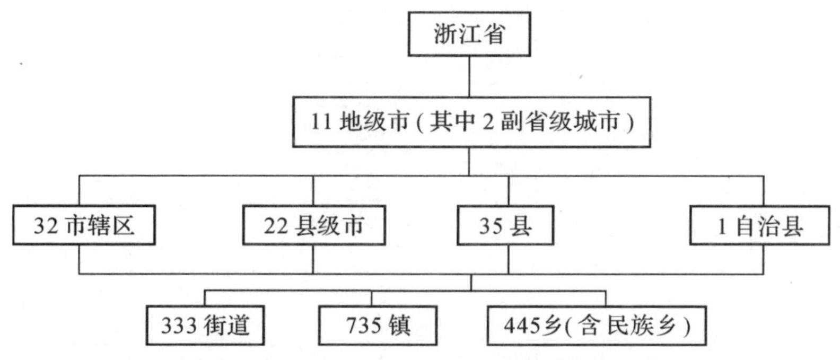

图 6-8 浙江省目前的行政区划体系（截至 2009 年底）示意图

2)不完全的三级制阶段（过渡前期）：近期，仍然维持形式上的地级市管县格局，但将若干区位优越、发展势头强劲的城市脱离原地级市的管辖，由省直管，视各城市具体情况，可设地级市，也可设副地级市，或直管的县级市。新设地级市均不辖县，又可分为两种，即设区的市和不设区的市。同时，争取县级政区以下可以设市（镇级市）。其他则继续进行撤县设区和市辖区的调整；慎重进行整县改市等已采用的设市模式。形成浙江省过渡前期的政区体系（不完全的三级制，二三级混合制；仍以形式上的三级制为主）。如图 6-9 所示：

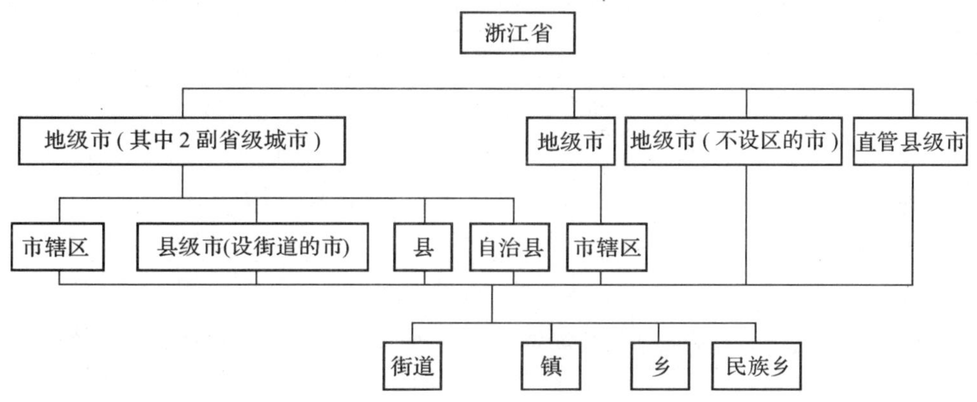

图 6-9 浙江省过渡前期行政区划体系示意图

3)不完全的二级制阶段（过渡后期）：远期，取消地级市管县模式，代之以都市区（名称或仍沿用地级市及宪法所确定的“较大的市”，或称都市区，或直接称“市”，视国家改革进程而定）模式。即将原有 11 地级市和若干强县级市在不断按照其实际吸引范围撤周围市、县设区，并合并、调整内部区划后，不再管辖其他原属各县、市，都市区和县级市、县、自治县同由省直辖，都市区与县级市（如果仍然都称为“市”的话）分等（连同镇级市可统一称为一等市、二等市、三等市，或其他类似称法）。但都市区内部仍为强区体制，区实际与县、县级市同级，下也辖街道、镇级市、镇、乡、民族乡等。形成浙江省过渡后期的政区体系（不完全的二级制，二三级混合制；以二级制为主）。如图 6-10 所示：

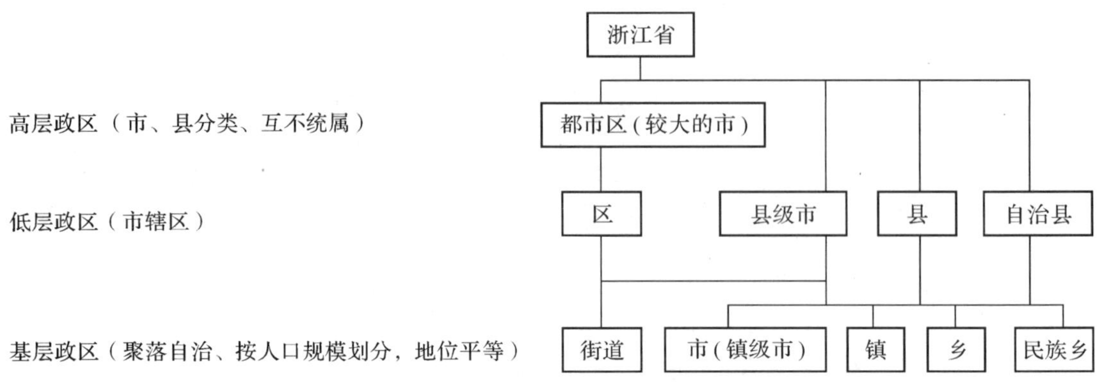

图 6-10　浙江省过渡后期行政区划体系

4)完全的二级制阶段(未来理想体系):浙江省最终政区体系可以设想为完全的二级制,即市辖区划小(区的数量不断增多),取消街道。如图 6-11 所示:

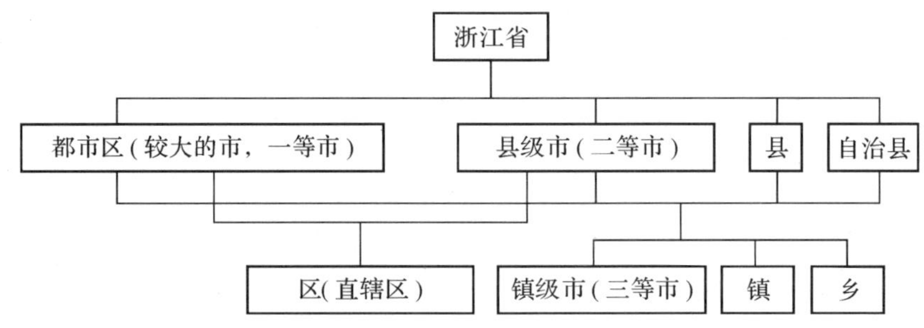

图 6-11　浙江省未来理想的行政区划体系示意图

(2)基本步骤

1)近期

现有政区框架之下,逐步回归宪法规定的省管市、县体制,争取市的设置延伸至县以下的镇级政区。重点步骤:

①将一些区位优良、实力强劲、发展势头迅猛、有望成为大城市的县级市明确由省直辖,从所在地级市管辖下独立出来。原有地级市根据不同情况将周边市、县适当并入(撤县设区),同时,调整内部市辖区结构,在不增加建制总数的前提下,使规模大体均一;暂维持形式上的地级市管县(县级市)格局。

②慎重进行整县改市和切块设市。达到整县改市标准的,还需要考察其与周围城市的关系。如果近邻特大、大城市,则可暂不改,以为将来改区减少障碍。

③尝试县级政区以下设市模式(可称为镇级市)。即在原有整县改市模式继续推行的基础上(针对驻地镇相对发达的情况),争取县级政区以下也可设市(针对整县改市的县级市的中心城区以外的其他发达镇和不宜整县改市的县、自治县的驻地镇和其他发达镇)。在国家未正式确定该模式之前,通过大力撤并乡镇来减少基层政区数量,并培育中心镇,为镇级市设立做好准备。浙江省应积极争取国家在省内进行设立镇级市的试点。

2)远期

原则:现有政区框架之下,完全回归宪法规定的省管市、县体制;市的设置延伸至县以下的镇级政区。

重点步骤:取消地级市管县、市体制,代之以双层的都市区治理模式;都市区内部仍分区,为三级制;其余政区由省直辖,为二级制。

未来,则突破现有框架,以市分等为手段,实行完全的省以下的二级制(取消街道,市辖区调小)。①

本章小结

行政区划是国家管理在地域上的划分,即区分地域进行国家管理的活动,其实质是国家权力在地域上的配置。按其含义,实际上包含了两个构成要素,或互有联系的两个方面,即地域划分和权力划分。前者即把国家分成不同层次、一定大小的区域,是行政区划的外在形式和表现,人们一般心目中的行政区划,都是从这个角度来理解的;而后者即赋予各个层次的行政区域单位以相应的管理权限,这是行政区划的直接目标,也是行政区划的内在内容和实质。相应地,其调整改革也可分为狭义的、外在的、或形式上的、仅涉及政区地域划分变更的改革与广义的、内在的、或实质上的、还涉及权力配置关系的改革。从浙江省改革开放30年来行政区划改革的实践来看,涉及政区地域划分变更的、形式上的改革固然重要,但究其本质,多多少少都会同时涉及实质性的、涉及权力配置关系的改革,或者成为对内在的管理体制改革的牵引和先导,为权力配置关系的改革开辟了道路。而更为成功的、对全国具有重要影响的一些举措,如“省直管县”、“强县扩权”和“中心镇培育”、“强镇扩权”等,则并未直接涉及现有政区的地域变更,主要是着眼于改革与市场经济不相适应的行政管理体制,其效果就较之前者要好得多,对地方的冲击、震动和负面影响也要小得多。

事实上,浙江省改革开放30年来,在行政区划调整中的一项重要经验,就是比较正确地处理了“两个关系”:“有为”与“无为”的关系,“实改”与“虚改”的关系。一方面,在地方政府自身权限范围内,看准时机,直接通过行政区划的调整来引导全省的城市化健康、快速发展,引导地方治理结构的良性变迁,如县级政区(及以上政区)的“整县改市”、“撤县(市)设区”,县以下政区的乡镇规模调整等;而与此同时,更加关注管理体制等方面的改革,如“省直管县”的探索,“强县、强镇扩权”的实践等。换言之,即保持了浙江省在许多领域都存在的所谓“无为而治”的传统,在形式的行政区划变动不大的同时,在改变治理方式上着眼变革。正如有学者在论及改革开放30年来浙江省的发展历程时,认为“浙江立足于市场化、民营化的先发优势,克服了工业化基础薄弱、资源贫乏、外部资本投入不足等种种局限,从一个经济实力居全国中下游水平的省份,迅速崛起,成为主要经济指标位居全国前列的‘经济大省’,以占全国1%的国土面积,近4%的人口,贡献了占全国8.2%的经济总量,创造出了令人瞩目的‘浙江现象’、‘浙江模式’和‘浙江经验’”;并对所谓“浙江模式”做了如下分析:

……

历史地看,“浙江模式”的一条重要的成功经验,就是地方政府顺应市场体系的发育和市场秩序的扩展,不断进行自我角色的调整和管理模式的创新,从而形成了市场发育、社会

① 有关浙江省未来行政区划的具体改革方案,笔者曾经在完成于2004年的博士论文《权力的空间配置与组织的制度创新——从城市发展与政区演变的互动关系论中国现当代的行政区划改革》中有过系统论述,可参看。

成长与政府创新的良性互动格局。在此，各级地方政府的角色行为呈现出了鲜明的“顺势而为”的倾向，政府既没有一味放任无为，听凭区域市场体系完全按照自生自发的逻辑缓慢演进，也没有运用行政手段去支配和控制市场化进程，而是在充分尊重市场体系发育内在规律的前提下，根据市场体系发育在不同阶段提出的客观要求，不断调整自己的角色地位，有所为，有所不为，有效地发挥自身对于区域市场体系发育的扶持、引导、增进作用。①

……

将之用在认识浙江省行政区划方面的实践，也是颇为中肯的。

因此，在现有实践的基础上，从长远来看，未来行政区划调整的主流是依照城市化的规律进行类型的更替，涉及辖区范围变更的调整将是局部的、个别的。今后，在行政区划和地方治理结构改革的过程中，除了谨慎地、适当地使用直接涉及地域变更的区划调整的手段之外，更多地，还应注重“两个转向”，即“外向”的注重区域协调——从区划调整转向区域行政，和“内向”的注重行政管理体制的改革——从区域变更转向类型更替。更多地通过区域之间的协商、合作和上级政府的统筹平衡（即新的区域统合协调机制）来解决区域面临的问题，更多地通过形实合一区划调整引导行政管理体制改革的城市化方向，以达成推进城市化、推进城乡一体化的历史任务，进而推进城市经济、社会发展，也推进市民社会的建立，实现全面的、平衡的城市化发展目标。

由于形实合一的行政区划改革是系统性很强的体制改革，所追求的目标除经济利益外更有政治、社会、文化、民族等复杂、复合的内容，因而改革是比较复杂的，只能是一个经过缜密设计规划、在条件逐步具备的情况下循序渐进的过程。其中，调动各级政府的积极性，有利于区域整体利益实现和区域公共问题的解决，有利于社会安定团结和人、财、物以及政府资源的整合，乃是行政区划调整改革的重要目标。②

对于浙江省而言，在今后一段时期内，就政区体系而言，应保持现有的部分领域的、或实质上的省一县直管体制，并通过“强县扩权”进至“扩权强县”，直至渐进达到实质的、较完整的省一县直管；除了杭州、宁波2个副省级城市之外，其余地级市逐步退出直接管县，地级市更多地具有历史、文化和象征的意义。在县级政区层面，则强化现有县、市（设区的市及不设区的市）职能，以县、市为单位，推进辖区内城乡一体化，提倡组团型城市新格局，避免中心城区“摊大饼”式扩张。对于乡、镇层级的区划调整应继续稳妥适度、因地制宜、循序渐进地进行，并将民意纳入考量的范畴。对于不同地理条件、资源禀赋、风俗历史、社会发展阶段的地区，要有不同的目标定位和调整时序，既保证城市化和城乡一体化进程的稳步推进和城镇聚落的良性生长，又避免削弱偏远地区公共管理和公共服务水平；既适时将发展成熟又满足地缘条件的镇（乡）转换为街道办事处，又抓紧探索乡（镇）从一级政府转换为派出机构直至自治单元的可行路径。具体而言，如平原、盆地和低丘地带，也是重要交通线、城市之间等，可以作为新城建设，撤镇改街，甚至再划分为新的街道，但要注意保持原聚落的完整和延续；对于山区、远离交通干线和中心城市的乡镇，则不能以人口多少、地域面积广狭而以简单化的所谓“标准”一刀切，更需从方便公共服务的提供和区域稳定发展着眼，

① 高杭、周建民、何显明等著：《经济转型升级与地方治理模式创新：基于浙江长兴县的个案研究》，学林出版社2010年版，第1页、第3页。

② 陈瑞莲、蔡立辉等著：《珠江三角洲公共管理模式研究》，中国社会科学出版社2004年版，第55页。

维持应有的行政建制。

浙江省，应该已经走过了利用行政区划来推进单纯外延的、形态性的城市化的阶段，而开始进入了内涵的、实质性的城市化的阶段。在这个阶段，从行政区划改革的角度而论，我们更应该注重实质性的权力配置方式的变革，而甚少、并且谨慎地进行涉及诸如辖境变更、政区撤并等行政区划的调整；或者，制定严格而明晰的程序，将行政区划调整的权力，适当也交给当地居民及各方利益相关者，由他们来参与决策。

07 “仁政必自经界始”

——简短的结论及对行政区划问题实质与改革关键的深层思考

中国未来的发展也必须靠改革开放。实践永无止境，探索和创新也永无止境。世界上没有放之四海而皆准的发展道路和发展模式，也没有一成不变的发展道路和发展模式。我们既不能把书本上的个别论断当作束缚自己思想和手脚的教条，也不能把实践中已见成效的东西看成完美无缺的模式。我们要适应国内外形势新变化、顺应人民新期待，坚定信心，砥砺勇气，坚持不懈地把改革创新精神贯彻到治国理政各个环节，继续推进经济体制、政治体制、文化体制、社会体制改革创新，加快重要领域和关键环节改革步伐，坚决破除一切妨碍科学发展的思想观念和体制机制弊端，促进现代化建设各个环节、各个方面相协调，促进生产关系与生产力、上层建筑与经济基础相协调，不断完善适合我国国情的发展道路和发展模式。

——胡锦涛[①]

中国自有宪法已将近百年，然中国之宪政建设尚待完成。盖宪法之于宪政，犹如法治之于法制，其盛衰兴废，不独受制于法律之制度，更取决于政制之安排、社会之结构、公民之质素与民众之信仰。故修宪法虽易，行宪政实难。

——梁治平[②]

还是很久以前了，曾经偶然翻阅《读书》2004年第二期，读到了陈映芳的文章《“城市化”质疑》，不禁心有戚戚焉，对陈文所论深有同感，也深表赞同。陈文中提到：

在现时的中国，从政界、学界到大众传媒，“城市化”是一个备受瞩目的大话题。如果说这个话题与其他的话题有什么突出的区别，那么首先可以列出的就是：它拥有着无可置疑的正当性。

“城市化”在今天的中国，不仅是由政府规划并倡导实施的一项国家目标，它还是一种意识形态（所谓意识形态在这儿主要是指具有一贯性

---

① 胡锦涛：《胡锦涛在纪念党的十一届三中全会召开30周年大会上的讲话》，见“中国共产党新闻网”：http://cpc.people.com.cn/GB/64093/64094/8544901.html。

② 梁治平：《〈宪政译丛〉总序》，见[英]詹宁斯著：《法与宪法》，生活·读书·新知三联书店1999年版，第1页。

及逻辑性的表象、主张的体系），它由国家及各级政府组织所担当，并被广大社会成员所内化。客观上，作为意识形态的“城市化”一方面为作为国家目标的“城市化”提供了思想资源，另一方面又在国家目标与社会成员的行为态度之间架起了桥梁。

……问题在于，当一种观念主张成了切合国家目标的意识形态，那么，存在其中的种种显在的或潜在的问题，就可能有意无意地被忽略、被遮蔽。

就概念而论，本来，与“产业化”、“社会现代化”相区别，“城市化”概念所涵盖的，应该包括：一、人口、生态的侧面（形态的侧面，人口的集中、空间的凝离、土地利用的功能分化等）；二、社会结构的侧面（专业分化的发达，地缘、血缘关系的稀薄化，团体参加的多样化等）；三、生活结构的侧面（构成生活的诸要素，以及这些要素间各种关联的变化，城市型生活意识、生活方式、生活目标及手段等的形成和扩散）；四、社会意识的侧面（城市型性格的形成）。但我们今天所看到的有关“城市化”的概念注释、观念主张甚至政策导向，却多朝着人口、经济方面明显倾斜。“城市化”被简单地解释为人口学的过程，被等同于产业化，或者被解释为城市的扩展和再开发。人、社会以及生活、意识等方面的内容被忽略了。

与此同时，在现实中，“城市化”被演绎成一场自上而下的、规模空前的经济运动。在这场运动中，许多事物获得了意义：农民进城打工成了“非农化”的主要内容，城市改造及城市规模的扩大成为各级政府最重要的政绩，城市的经济产出被视为国家发展的主要指标……但是这样一种被赋予了勿庸置疑的必要性和正当性的运动，其命题本身的真正意义到底如何？它的实际方案会包含些什么、其实施过程又会发生些什么？它可能给社会带来些什么样（多样性）的结果？等等问题，绝不会因为其命题被赋予的正当性而不再存在、不再发生。事实上，我们可以看到，诸多的问题，已经出现。①

所有这些陈文所揭示的问题，也是本书之所以选择这一论题的缘起之一。当然，本书的论述不仅于此，也不限于此。

陈文中列举了种种偏离城市化本义的现象，表达了作者的担心和忧虑，进而发出了质疑“城市化”的呼声。其实，城市化本身不必质疑；该质疑的是，我们目前所正在进行的“城市化”，是否偏离了正确的方向，或者，是否本来就走在一条错误的城市化之路上；该质疑的是，我们目前正在进行什么样的城市化，我们最终应该走什么样的城市化之路。这些问题，我们目前尚未真正理清；这种状况，笔者将之概括为是一种“暧昧的城市化”。而我们也再不能在这种“暧昧的城市化”之路上前行；我们不要“暧昧的城市化”。

7.1 简短的结论：城市及城市化的本质与中国行政区划的改革路径

欲求真正的、全面的、清晰的城市化，则必须正本清源，对诸如什么是城市、什么是城市化等进行认真的探究和梳理。笔者在广泛分析各种有关论述后，从城市发展与政区演变的

---

① 陈映芳：《“城市化”质疑》，《读书》，2004 年第 2 期，第 34～40 页。

关系出发，相互比照，提出城市的本质在于公共权力的集聚；城市最本质的特性，在于它是一定区域内某种(或某些)权力(主要是公共权力)的空间集聚，由此，引起区域内其他各种要素向该处的集聚。进而，给出一个新的关于城市的定义，即所谓城市定义的“权力说”：城市是一定区域内，随着生产力的发展和文明的进步，其中的人口出现分化，即职业上的分工以及随之社会中的分层，为了有效地进行组织和管理，而发生组织管理权力(即公共权力)在该区域内某一特定地点的集中并建立起正式的组织和机构(即国家机构)，进而引起人口及其相关设施、活动和信息等人工创造物在该地点的较大规模的持续的集聚所形成的聚落，由此又导致该地点(该聚落)的景观也产生集聚和分化现象而与该区域内其他地方(其他聚落)有显著的差别。城市就是公共权力集聚的空间，由于权力的集聚，引起其他要素的集聚，也由于权力的消失，引起其他要素的离散，从而导致城市形成、生长、繁盛、衰败以至消亡。

与此相应，城市化即“化为城市的过程”，就是一个与城市产生同时展开，并与城市发展相依相伴的永恒的过程。作为“化为城市的过程”的城市化，在其内在含义上，与城市一样，也应该包括或划分为两个层面，即形而上的制度层面的城市化过程和形而下的实体(地域、景观)层面的城市化过程。前者是核心、关键，决定着城市化的发展方向和实体城市化的过程。换句话说，虽然表面看，城市化主要表现为人口、经济活动、信息、人工物等等在城市的集聚，但其引力源、动力源等却是由制度层面的权力的集聚和配置方式所决定的。近代的工业革命、现代的信息革命，只是加速了城市外在东西的集聚速度，这就如同远古的农业革命加速了当时聚落的集聚速度一样。一个个鲜活的城市的真正的发展动力还是在于是否能够集聚权力，是否能够集聚更多的权力。在不同的权力配置状态之下，城市化的道路也是根本不同的，可以从不同的层面来解析。仍然循着笔者的思路，抽象地，从其形而上的制度层面，即权力集聚、配置的方式来看，笔者认为，可以宏观地概括为两种城市化道路——以中国古代和西欧国家中古以来为代表的两条“未能归一的路”：一条是国家权力消解城市(市民)权力的城市化之路，一条是城市(市民)权力与国家权力形成明确分野的城市化之路。

由此，笔者对城市发展史提出了一种新的分法和界定，仍然以与城市有关的公共权力配置的不同形态来划分城市发展的不同阶段，并揭示不同阶段城市化的不同特征。在此分析框架下，综合前人的研究成果，笔者提出“三次城市革命”说及“三波城市化浪潮”论，即聚落分化为城市和乡村(城市产生)的“城市革命”：“第一次城市革命”及其引发的“第一波城市化浪潮”；“中世纪城市革命”(自治城市出现)：“第二次城市革命”及其引发的“第二波城市化浪潮”；以及目前刚刚可见端倪的从“国家城市”到“世界城市”的“城市革命”：“第三次城市革命”及其引发的“第三波城市化浪潮”。第一波城市化以君主专制国家为范围，第二波城市化以近代民族国家为范围，但都是以一个国家范围内的国家权力为配置主体和对象；第三波城市化则是在超国家范围，以超国家的公共权力的介入而影响传统的国家公共权力的配置，从而对城市及城市化道路发生影响和作用。中国，将面临“第二波城市化”和“第三波城市化”两个阶段前后相继、“制度层面”和“实体层面”的城市发展两大任务同时完成的艰难处境，既是机遇，也是挑战。只有关注制度层面(即权力配置层面)的城市化，才能摆脱目前城市化的“暧昧”局面。

与城市发展直接相关的，随着公共权力在城市的集聚，国家出现并逐渐扩张。为了达成国家的治理目标，随着国家空间范围的扩大、人口和聚落的增多，又必然会发生国家公共权力的空间划分和配置。行政区划就是“权力的空间配置”，是“国家(公共)权力在其主权范围内(国土范围内)不同地域空间的划分和配置的过程和状况”，它是国家结构在地理(空间)上的反映，是国家内部次级的地理单位与权力单位的统一。这种公共权力的空间配置以城市体系为载体，进而形成一个国家的政区体系。因此，国家的政区体系就是其城市体系的客观反映，城市与政区具有同源关系。不仅如此，在二者各自的发展过程中，通过笔者的追索和考察，进一步提出了城市发展与政区演变所具有的互动关系，表现为二者的“同构”与“异构”。

所谓政区体系与城市体系的同构，是指国家内部的城市发展及其相应城市体系状况直接与国家公共权力(尤其是行政权力)的空间配置方式有关。在高度集中的权力配置机制下，一方面，城市发展的动因受到国家权力的强烈干预和影响，由于城市自身权力匮乏，只能依赖由国家配置的公共权力作为城市集聚的引力源，使得城市发展严重依赖于国家权力(尤其是行政权力)，一旦缺乏国家权力(未作为政区治所或高等级治所)，则自身发展动力严重缺乏，致城市萎缩；另一方面，公共权力高度集中于各级治所所在地的城市，那么，相应地，政区等级越高，权力集聚越多，则城市发展动力越强，城市规模也越大，导致城市体系与政区体系高度一致。

所谓政区体系与城市体系的异构，是指国家内部的城市发展及其相应城市体系状况虽然与国家公共权力的空间配置方式有关，但二者相关度不大。在国家权力空间配置相对分散的情况下，国家权力往往未能(被动)或不愿(主动)消解城市权力，城市发展动因除了与国家公共权力有关外，城市自身权力对城市发展的作用凸现出来，并产生强烈影响，使得城市发展可以依赖多种权力作为引力源；缺乏国家权力(未作为政区治所或高等级治所)并不必然导致城市发展动力缺乏，因而也并不必然引起城市不能迅速生长；这样，城市的发展规模就不与国家权力的配置有直接关系，城市体系与政区体系就会发生偏离，即导致二者异构。当然，异构并不是说二者没有关系，更不是说城市发展与国家公共权力的配置没有关系；相反，正是在这样的国家权力配置框架内，才形成二者的异构关系。

就实际发展过程而言，“同构”以中国为典型，而“异构”以美国为典型。西方国家现代以来，也多向异构方向发展。中国近代一度也走上了异构的道路，当然，并非国家主动为之，而是外力所迫，使得国家权力不能消解城市权力，所以在1949年外力消失后，大陆地区又回归传统，再次走上二者“同构”的发展道路。

总之，城市的实质在于其是一定区域内权力的空间集聚，而政区则是国家权力以各级城市为中心的空间划分和配置。就二者关系来看，显然，是城市发展决定政区演变，城市发展状况决定政区演变的方向、速度、数量等，而政区演变则从根本上来说，是城市发展的结果和表现。

相对于行政区划或政区的形式上的差异，笔者认为行政区划真正要关注的，还是其背后的国家公共权力配置的方式、过程和状态；没有国家公共权力的配置的合理，行政区划形式上的合理与否(包括层次、幅员、幅度等)，“城乡分治”抑或“城乡合治”，都没有实际的意义。行政区划和政区体系，是将所有居民纳入某种制度框架之下，将国家权力与居民自主权力进行划分和配置；国家权力的地域配置以各级城市为纽结和中心，居民自主权利(权力)也以聚落的自我管理、自我组织而得以保证和实现。因此，是城市发展决定政区演变，表现在诸如城市内部管理制度变革导致政区体制变革(城市管理方式普及于一般地域型政区),城市数量增多,导致政区类型发生演变(一般地域型政区基本稳定或有所减少,而城市型政区大量出现),以及城市起源导致国家、政区形成,城市体系与政区体系的同构或异构等,均表明,城市为里,政区为表。国家发展的过程,就是政区体系和城市体系形成的过程,也就是城市化的过程;由于城市化道路的不同,相应导致政区体系也呈现不同的状态,表现为二者的同构或异构。

但是,问题还可以反过来说。一定时期的政区格局及其演变,在某种程度上,尤其在某些情况下,也可以影响城市发展;这种对城市发展的影响,既可以影响其外在的数量增长、规模增长,也可以影响其内部的城市制度的变迁,以及城市型政区的管理体制向一般地域型政区传播。对于政区演变对城市以及城市化发展的这种反向影响,其效应也不能忽视。这种效应对于城市发展,尤其对于二者同构的国家来说,又是非常重要的,而且,二者同构度愈高,则这种反向作用愈大。对于中国这样一个长期以国家权力主导城市发展的高度同构的国家而言,我们又可以认为在某种意义上政区演变可以反过来直接影响、甚至决定城市发展,即在中国,二者成为一而二、二而一的关系;这从中国所存在的普遍的“行政区经济”、“行政区效应”等的“行政区现象”中可以清晰把握。这就是我们今天进行中国行政区划改革的一个非常重大的理由和理论支持,即在权力配置导致城市与政区高度同构的状态下,行政区划变革对城市发展具有重大的影响和作用,通过行政区划体制的改革,可以从上层建筑的角度打破城市化(既包括实体意义上的城市化,也包括制度层面的城市化)的障碍,进行强制变迁,强行推进城市化向良性发展。在中国,在前一层面的城市制度(实际即国家政治体制)改革面临重重障碍而难以启动的状况下,可以尝试以政区层面的改革(即城市型政区的推广以及内部自治因素的培育)来推动城市管理体制(抽象的,即国家政治体制)的创新和变迁。这是本书对二者互动关系分析的完整结论。

中国当代的城市型政区的设置目前常常为人所诟病(指市的设置混乱,既分散于高层、中层和低层政区,如直辖市、地级市、县级市,复设置方式又有如整县改市、切块设市等,管理体制又有地级市管县级市等)。问题的确存在;但考虑到中国城市发展和政区演变的状况,在深层的政治体制难以一步到位完成改革的特定历史条件下,通过政区演变对城市发展的反向作用(由于中国属于典型的同构模式,则反向作用也可以发挥到最大),未尝不是推进中国城市发展(实体层面,如城市数量扩张、规模扩张)和城市制度变革(制度层面,权力的合理配置)的有效手段。无论是政府赋予某个城市(聚落)以较多的行政权力,还是政府将权力转移给聚落的主体——居民,都会使城市(聚落)具有较之以前不同的、多样的权力,从而获得发展的机遇。因此,问题的关键还不在于中国当前“市制”的多么混乱,而是中国当前的市制仍未回归城市的本义——聚落以及聚落自治。中国当前的市制涉及高层(直辖市)、中层(地级市)和低层(县级市)层面,唯独没有给予基层政区以城市发展的空间(镇虽然被界定为城市范畴,但缺乏相应的自主权力),国家在基层给予城市地域所配置的权力过小,更不要说聚落自治的远未实现;而没有这一层面的大发展,中国的城市化是无法真正实现的。所以,在中国当代,从城市发展与政区演变的互动关系来考察,我们可以清晰地看到中国行政区划改革的必要性和可能性,以及突破口和重点所在,即以城市型政区为重点,县级政区之下辖“市”,而县级政区及其以上各级政区回归其地域型政区的本义(可更改县级以上政区中的“市”为其他名称)。

因此，参考国外发展态势，借鉴近代以来中国在城市化进程中行政区划演变的利弊得失，对于中国的行政区划改革而言，笔者在本书的相关章节中提出了一些看法，这里综合概括如下：

第一，从前所论述中我们已经看到，城市发展决定政区演变，因此，必须首先关注城市内部自身的体制变革，即进行国家行政体制、政治体制的改革。只有在政治体制改革顺利推进、政治文明建设得到认同的前提下，中国的行政区划改革才能达到其维护国家统一、保障公民权利和提高管理效率的初衷和目标。因此，在这一过程中，尽管可以从行政区划的角度来促成管治目标的实现，但行政区划改革本身不是目的，只是手段；政区格局只是在空间上提供了一个分权和治理的框架；而只有在一个相对稳定的框架内，权力的配置才能稳定而持久。因此，就其本质意义而言，实际上，行政区划在形式上是应该尽可能稳定的，能不动，就不要轻易去变动；我们所要改革的，应该是深层次的管治方式。换言之，尽量尊重既成、已有的政区空间格局，包括其行政区域和行政中心，而着重对其中的权力配置体系、管理方式等实质性的行政管理体制乃至政治体制等进行改革和完善。这是最终行政区划改革（也包括所有其他改革）成功的前提。

第二，由于中国还处于（并将长期处于）城市发展与政区演变高度同构的阶段，因此，行政区划的反向作用也非常巨大。虽然这种作用短期内更多地表现在形式上的“城市”数量的增长上，但因为中国城市型政区本身在制度安排上优越于所谓地域型政区，相比而言，更可以满足区域在经济、社会、文化等方面的多项发展诉求；同时，亦可以借助这样的制度安排，培育城市精神、市民精神，使得现代城市制度更具有生长的土壤和环境。因此，行政区划改革（尤其是城市地区行政区划改革）是近期推进城市发展的行之有效的手段，且既与近期国家、政府发展目标（主要是经济方面）契合，又与远期应该达到的目标（城市制度层面的变迁）相呼应，二者并行不悖，能够为政府和民众所普遍接受。当然，这里所谓的“城市地区行政区划改革”，既包括了辖区的调整、建制的转换和中心的迁移，也更应该包括其中管理体制的改革和创新。

第三，结合城市发展自身目标与中国政区演变趋势，在系统分析中国当前政区体系存在问题及各有关改革方案的基础上，笔者提出中国行政区划改革的三大目标和实施步骤。即在前述政治发展目标、政治体制改革等认同或展开的前提下，笔者将中国政区改革的目标确定为“分权体制”、“聚落自治”和“都市善治”，分别对应高层政区、基层政区和中层政区。当然，三者又是不能截然分开的三个问题，而是互为形成或达到的条件和保障。

所谓“分权体制”，即借鉴联邦制思想，参考特殊型政区经验，构造一种复合式的国家结构体系，台湾、香港、澳门为一类，民族自治区为一类，省、直辖市这样的一般类型政区为一类，并最终推广为所有政区相对一致的统一的、有法可依的管理体制。中央政府与省级地方政府合理分权，并有明确的法律规定（如制定《中央政府与省级地方政府权力划分法》）、制度安排（尤其是财政上的明确划分）和宪政保障（如设立相对独立的宪法法院等）。如此，则既可避免传统的、顾炎武所谓的“封建之失，其专在下。郡县之失，其专在上”之弊，又可融西方的“法治”思想为一体，而使中央与地方关系具备稳定的架构与可预期的变化，达成如顾炎武所期望的“寓封建之意于郡县之中”（顾炎武：《顾亭林诗文集》卷2“郡县论九篇”，中华书局1959年版）的美好理想。

所谓“聚落自治”，从行政区划改革的角度来看，就是按照人口聚居所形成的聚落，实行聚落中居民(城市聚落中的市民和乡村聚落中的村民)的自治(即西方"市"制的最初含义)。目前我们只是在最小的聚落(村)或较大聚落中局部很小的范围(城市社区)来实行,且政府行政权还往往过多干预,这是远远不够的。鉴于农村居民负担的过于沉重,近期可以先在乡村地区将聚落自治的层次、层面提升。具体来说,在县以下,以实际聚落为单位,将各聚落按照人口聚居程度,从小到大,依次划分为村、乡、镇、城(县辖市);先在村(已经实行)、乡和镇的层面推行自治,待时机成熟、政治体制改革到位,再逐步向高层聚落推进,即推至城市化地区(县辖市和大城市内部街道一级,名称可以再议)。最终,所有层次的政区,配合高层"分权体制"的推行,包括中间层次的地域型政区和大都市地区实行全面的"地方自治",就不是一件非常困难的事情,而是水到渠成。

所谓"都市善治",则可有多种理解及不同治理方式。从中国实际情况出发,在政区改革层面而论,应区分发展时段和改革进程,来确定城市地区的政区体系,不仅关注大都市区(地级市层面)、中等城市和小城市地区(县级市层面),而且迫切需要解决小城市、小城镇(即基层政区层面)的城市发展的制度约束问题。当然,就近期改革的重点而言,该目标主要着眼于大、中城市地区的政区体制改革;但从长期来看,县以下的小城镇发展,更加需要解决设"市"的问题(即设立"镇级市"或"县辖市"),这既是对"市制"本义的回归,也是"城乡统筹发展"得以实现的保证,当然,也是根本解决中国"市制"问题的关键所在。

当然,这些构想绝不可能在短期内实现;一些论断及其措施更需要把握时机,审慎推进。因此,应兼顾长远发展追求,近期主要以"都市善治"为目标,来进行政区体系的调整和改革。具体而言,在当前的城市发展阶段和权力配置格局之下,对于明显形成或将要形成的都市地区,必须采取合并(实际是兼并)的方式,利用政府的力量来加速中心城市的发展(当然,其范围应该适当;以目前的市领导县的范围来论,该并进来的,坚决合并,该放手的,坚决让其独立发展),即从市领导县的"复式结构"转变为目前所采取的"撤县(市)设区"的"双层结构"模式;更重要的是突破县级政区之下不能辖市的约束,通过县级政区之下辖市来真正推动中国城市的发展和城市化的实现,也可以借此使得中国的市制回归其本义;而当前所实行的"县改市"模式则应慎重推行。随着城市化的稳定以及权力配置格局的变化,再采取协商、合作的方式解决区域发展的问题,而较少或不再采用直接调整行政区划(尤其是辖区变更)的方式解决面临的共同问题。

7.2 中国当代行政区划问题的实质与根源——"法治"的缺失与"地方产权"(尤其是土地产权)的模糊

本书开始,曾经提到这样的问题:中国当代行政区划变动频繁,但为什么诸多改革难见成效,反而问题愈来愈多?问题的实质到底何在?笔者认为,根源在于两个问题没有解决:一个是直接的,即中国当代的地方治理结构紊乱,表现为有关制度不完善,法规不健全,随意曲解法律,甚至违背法律的规定而无从监督;另一个则是更深层的,即中国当代的产权制度模糊,与市场经济体制相匹配的产权制度还未建立,除了个人产权还不完善之外,共有(公有)产权也不健全,即社区的、地方的(各级行政区)乃至中央的公有财产(资源)的产权划分极其模糊,层级越低,对资源的支配力越小,导致行政区划改革主要成为不同政区试图占有更多资源的竞争。因此，中国行政区划的改革必须以这两个问题的解决为前提；无此，则所谓改革，只能引起混乱，成为所谓“折腾”，不如不改。

7.2.1 地方治理结构紊乱与法规缺失导致行政区划体系混乱且变动无常

中国当前的地方治理结构紊乱，源于一般的中央与地方的关系尚存在许多问题。对此，众多学者也在不同时期进行过多种分析，对问题所在的认识也基本一致，如前引潘小娟1997年的分析①。具体就行政区划方面而言，中国当前行政区划领域的有关法规也是非常不健全的；同时，执行上，也存在很大差距。表现在：

一是有关法律规定内容过于简略，用语模糊，多原则性规定而缺乏详细的标准和实质性内容，致使缺乏可操作性。如中国当前的行政区划体系，仅在《宪法》中有所规定，但具体各层级的含义、权责、划分方式和标准等都语焉不详，又缺乏相关法规配套与支撑（目前，直接涉及行政区划管理的，只有国务院于1985年颁布的《国务院关于行政区划管理的规定》，也仅规定不同政区设立、变更的审批权限）。尤其是将“市”分属多个层级，既有宪法所规定的三级，即“直辖市”、“较大的市”和“市”，又有行政等级上的省级市、副省级市、地（州）级市和县级市，所谓“三层四等”②，复使用同一通名，人为增加混乱。还有的法律、法规制定时间较早，已经落后于时代发展，但长期既不废止，也不修订，如《城市街道办事处条例》，即制定于1954年，虽现实中关于“街道”的设立早已突破其规定③，但该条例既未及时修订，也无人纠举其违法，仍延续至2009年，期间一直具有法律效力④。

二是有些规定内容上有漏洞，不完善，致使执行之后发现问题又无法解决，而只能暂停了事。如20世纪80年代以来所推出的几种“设市标准”⑤，虽然经过数次修订，仍然无法满足中国城市化发展的要求（现行“县级市”的标准是1993年制定的，但现在如东部地区一般的县均达到上述标准，如果都改设市，则县会几近消失；再加之乱占耕地等问题，故1997年国务院停止审批县改市申请⑥，至今仍未恢复），原因就在于其混淆了“地域型政区”与“城市型政区”（更确切地说，应该是“聚落型政区”）的概念，因此只能适用于一时，但难以为继，无

---

① 参见潘小娟：《中央与地方关系的若干思考》，载《政治学研究》，1997年第3期，第16～21页。见第四章引文。

② 戴均良著：《中国市制》，中国地图出版社2000年版，第63页。

③ 根据制定于1954年的《城市街道办事处条例》（1954年12月31日全国人民代表大会常务委员会第四次会议通过），城市街道办事处设立的初衷是“为了加强城市的居民工作，密切政府和居民的联系，市辖区、不设区的市的人民委员会可以按照工作需要设立街道办事处，作为它的派出机关”，而具体设立的标准为“十万人口以上的市辖区和不设区的市，应当设立街道办事处；十万人口以下五万人口以上的市辖区和不设区的市，如果工作确实需要，也可以设立街道办事处；五万人口以下的市辖区和不设区的市，一般地不设立街道办事处。街道办事处的设立，须经上一级人民委员会批准”。见“中华人民共和国民政部”网站：http://www.mca.gov.cn/artical/contentPJCN20031219112446.htm。

④ 2009年6月，全国人大常委会正式废止《城市街道办事处条例》。在有关说明中，是这样解释的：“该条例是1954年第一届全国人民代表大会常务委员会第四次会议通过的。五十多年来，城市街道办事处的设置、人员构成和职能权限发生了很大变化，该条例的规定明显不适应当前经济社会发展的需要。经研究认为，现实生活中该条例早已不适用，废止该条例后，街道办事处的设置和工作可以适用地方组织法的规定。同时，作为基层政府的派出机构，其设置、组织和工作职责可以通过行政法规、地方性法规作出规定。这样，也有利于进一步加强基层政权建设。据此，建议废止。”参见2009年6月22日“关于《全国人民代表大会常务委员会关于废止部分法律的决定（草案）》和《全国人民代表大会常务委员会关于修改部分法律的决定（草案）》的说明”，见“中国法律法规信息系统”：http://law.npc.gov.cn：87homebegin1.cbs。

⑤ 戴均良著：《中国市制》，中国地图出版社2000年版，第71～80页。

⑥ 戴均良著：《中国市制》，中国地图出版社2000年版，第39页。

法真正解决中国城市化发展所要求的适宜的行政区划体制的问题。

三是有些即使有规定，由于缺乏监督和纠错的机制，也没有得到严格的执行。这种现象比比皆是，突出的还是体现在市制之中，如地改市以及市管县的问题，即是将原来法律明文规定只能适用于"较大的市"的体制，扩展至没有法律依据的所谓"地级市"上面；而整县改市，虽然表面上没有违反有关法律的规定，但实际上属于"偷换概念"，将《宪法》条文的立法原意曲解以适应现实的需要，把适用于狭域型的城市地区的"市"建制转变为广域型的"市"(《宪法》条文中的"市"，从1954年宪法到1982年宪法，在相关对行政区划规定的部分中，均是与"直辖市"和"较大的市"并用的，即其各有其特定内涵；在这里，单独的"市"，其所指为狭域的实体城市地区的建制类型，是无可置疑的)；同样，法律规定只适用于城市区域(市辖区和市)的、作为城市政府派出机构的"街道办事处"体制，也被扩展至未设市地区(目前，已经有相当多的县将县政府驻地镇改为街道)，或者其职能被等同于具有基层政权性质的乡、镇政府。除此，还有各种没有法律依据的诸如开发区、度假区等等，以及在同样类型政区之上随意赋予的各种不同的级别。

于建嵘则在论述乡镇自治能否顺利推行时，也提及"立法"(文本制度与现实需求脱节)与"守法"(法律权威的欠缺)的问题。他认为：

> ……推行乡镇自治体制关系到国家的宪政体制，是十分复杂而系统的工作。这不仅需要具体研究乡镇自治体制的组织架构，还需要正确处理乡镇自治组织与县级政权及各职能部门、村民自治组织、执政党基层组织的关系等问题，特别是还有一个立法问题。历史的经验告诉我们，文本制度与现实需求的脱节是自治体制难以建立并发挥作用的根本原因，但法律权威的欠缺也是导致自治这种"规则—遵守"治理模型失败直接因素。因为，如果没有严格而明确的法律预期，行政的张力是不能受到适度限制的，一切自治也都会最终流于形式。①

因此，由于中国当代地方治理结构的紊乱，在行政区划领域，无法可依、有法不依、执法违法、违法又不究的现象，是非常严重的。这也是造成当前行政区划管理上许多问题出现的原因所在。换言之，若严格依照有关法律规定，即使现有法规的规定存在许多不够完善和全面之处，也不会导致行政区划的频繁变更与问题百出。

7.2.2 个人产权、集体产权乃至地方产权(尤其是地权)的模糊、缺失是行政区划频繁调整的内在冲动和根源所在

应该说，前述状况，即地方治理结构的紊乱，是导致不同政区可以钻法律的空白而较为随意地进行调整的原因。但是，为什么地方政府有迫切进行区划调整的愿望、冲动，则还有更深层的原因；这个原因，就是中国当代产权制度还非常不完备；与区划直接相关的，就是土地的产权制度(当然，不仅限于土地的产权，但这是最根本的)。因为区划调整，直接发生变动的，就是辖区范围，包括其管辖的土地和人口，进而包括了附着于其上的资源和资产。由于中国当代特殊的土地制度，导致行政区划调整所关注的焦点，主要是各级地方政府希

① 于建嵘：《乡镇自治：根据和路径——以20世纪乡镇体制变迁为视野》，载《战略与管理》，2002年第6期。

望以极低廉价格甚至无偿获得土地和相应的地域空间，以此来启动地方的城市化进程，推动地方的经济发展，当然也借以获得良好的政绩。

(1)个人土地产权的缺乏与集体土地产权的限制

应该说，目前，个人的私有产权已经得到宪法承认，但其中最重要的一项财产权利，即土地私有产权，则被排斥在外(城市居民和农村村民皆然)。① 集体产权一直是存在的，包括土地的集体产权(土地的农民集体所有)②，但也附加了严格的限制条件，即《土地管理法》第四十三条所规定的，“任何单位和个人进行建设，需要使用土地的，必须依法申请使用国有土地；……前款所称依法申请使用的国有土地包括国家所有的土地和国家征收的原属于农民集体所有的土地”③，即转为使用效益远高于农业用地的建设用地时，必须首先由国家征收或征用而变为国有土地。由此，产生的结果就是有学者所指出的：

> 由于“农村集体”的土地产权法律上的模糊和虚置，导致农民难以利用现有的法律与法规抵制各利益集团利用“国家”的名义对农民土地所有权的侵犯，结果“农民集体”所拥有的土地所有权出现了有限、虚拟和无力自保的特征；而政府或一些滥用“国家”名义的既得利益集团，却成了农村土地的终极所有者、最高仲裁者和绝对控制者。④

(2)地方产权(包括地方土地产权)的实际存在与不被承认

当前，关于中国“产权地方化”的客观存在现实及其对中国经济、社会等发展的作用，已经有学者讨论⑤；而地方政府的产权主体资格得不到国家(中央政府)和法律的承认的原因以及所带来的诸多问题，也有学者予以揭示，如王怡认为：

> 1994 年我国开始实现中央与地方的分税制。有人将这一变化称为财政的联邦化。但法律对分税制的解释是“在划分中央与地方事权的基础上，确定中央与地方财政支出范围”的一种财政管理体制。换言之，地方政府对税收拥有的只是一种管理权和使用权(并在上解和返还等补充制度下受到重大限制)，而非独立的财产权。这是威权体制下中央与地方权力划分的一个特征，即只从管理权限的分工出发，而避口不谈财产权的确立。这种体制下地方与中央之间绝不可能发生真

---

① 《中华人民共和国宪法》第十条规定：“城市的土地属于国家所有。农村和城市郊区的土地，除由法律规定属于国家所有的以外，属于集体所有；宅基地和自留地、自留山，也属于集体所有。”见“中国法律法规检索系统”网：http://law. npc. gov. cn：87homebegin1. cbs。

② 《中华人民共和国宪法》第六条规定：“中华人民共和国的社会主义经济制度的基础是生产资料的社会主义公有制，即全民所有制和劳动群众集体所有制。”见“中国法律法规检索系统”网：http://law. npc. gov. cn：87homebegin1. cbs。

③ 《中华人民共和国土地管理法》，见“中国法律法规检索系统”网：http://law. npc. gov. cn：87homebegin1. cbs。

④ 于建嵘：《农民是如何失去土地所有权？》，转引自洪朝辉：《论中国农民财产权利的贫困》，载《当代中国研究》，2004 年第 1 期。

⑤ 如 David Granick：Chinese State Enterprises—A Regional Property Rights Analysis，The Uni. of Chicago Press，1990(转引自罗小朋：《改革与中国大陆的等级产权》，载《当代中国研究》，1994 年第 2 期)；郑永年、吴国光：《论中央—地方关系——中国制度转型中的一个轴心问题》，第四章《“产权地方化”：一论中央与地方的经济关系》(载《当代中国研究》，1994 年第 6 期)。

> 正意义上的交易,并通过交易去推动公共选择。

并认为:“唯一的解决方案绝不是重提三纲五常,而是厘清中央与地方的产权和各自在宪法上的主体地位。”①

如果说,在资产领域,如对企业等的拥有等方面,地方政府的所有权中央政府还是承认或默认并给以尊重的话,那么,在资源领域,则明确归属国家,土地资源亦是如此。在《中华人民共和国土地管理法》中,其第二条即规定:“全民所有,即国家所有土地的所有权由国务院代表国家行使。”②但在实际中,土地资源与其他资源相比,又是地方性、属地性最强的一种资源,其价值的实现与高低,只能是由当地开发利用的方式和程度所决定,收益也主要由当地政府掌握。故不论就其开发利用的效率而言,还是从其使用主体而论,其地方所有的性质更为明显。

其所以形成如中国目前这样对土地产权的缺乏效率并难以监督的制度安排,郭励弘曾作过分析,他认为:

> 政府的产权制度之所以这样安排,起源于长期以来我们是以所有制的理念掩盖所有权的权属,由此导致“国有”概念的混乱。传统的计划经济一直是从所有制即生产关系的角度来诠释“国有”,简言之,“国有”就是全民所有,全民所有只能由国务院来代表,因此必须中央统一所有、地方分级管理。……
>
> 市场经济国家都是从所有权即产权关系的角度来认识“国有”,简言之,“国有”就是政府所有,而且是中央政府所有。在任何国家,没有人把州、县、郡、市等地方政府的资产叫作“国有资产”;同样在任何国家,政府的全部资产都是由各级政府分级所有。③

(3)产权的模糊与缺乏对行政区划调整的影响

由于前论各种产权、特别是土地产权的模糊和缺失,由此引发诸多问题:一是,且不说个人尚没有土地产权,就是农民集体所有的土地产权,也存在种种限制和漏洞,缺乏保障,无力抵挡各级政府凭借国家名义、“公共利益”等以低廉价格进行的征用和征收。二是,各级地方政府虽然事实上拥有对各自辖区内各种资源和资产(包括土地)的拥有和支配权力,但法律上并没有独立而明确的产权主体资格,其只是中央政府的分支机构,均受到上级政府乃至中央政府的节制,因而也导致下级政府(及其辖区内的居民)无力抵挡上级政府凭借国家名义、“公共利益”等所进行的区划调整(尤其是归入上级城市管辖的调整),将该辖区内的资产(土地、房产、企业、资源、财政收入乃至历史文化等无形资产)无偿划入另一政区之内。三是,由于各级地方政府自身没有被明确就是辖区内的土地及其他资源的所有者,不拥有明确的地方产权,只是国家(即中央政府才是最终拥有人)的代理人角色,且存在着

---

① 王怡:《奥运债券与财政联邦化》,见“北大法律信息网”:http://article.chinalawinfo.com/articleuserarticle_display.asp? ArticleID=3390。

② 见“中国法律法规检索系统”网:http://law.npc.gov.cn:87homebegin1.cbs。

③ 郭励弘:《发行地方债券前提是产权归属清晰》,见“新浪网”:http://finance.sina.com.cn/review/20050801/13591852008.shtml。

未来被上级政府进行区划调整的可能(即资产被无偿划出、占有的可能),导致地方政府主要追求近期政绩和发展速度[①],遂涸泽而渔,寅吃卯粮,大肆征用,以满足短期发展的诉求,而真正的土地所有者——国家,即中央政府,却几乎得不到收益,还要承担耕地减少、环境恶化等后果。

也正是在这种状况下,地方政府进行行政区划调整的冲动才十分迫切;而其最主要的利益所在,就是无偿或以低廉价格获得土地,即通过区划调整,获得更多的对土地的支配权、收益权。县以下的行政区划调整,不论是乡改镇,还是乡镇改街道,前者“镇”在中国属于城市范畴,用地指标增大,后者将乡镇土地直接归县级政府管辖(街道为城市政府的派出机构),更是使县府驻地城市用地急剧扩展;由于个人土地产权的缺乏和集体土地产权的限制,就使得地方政府可以合法地以极低的价格征收农民集体所有的土地而转为国有的城市用地,进而通过出售获取高额收益。同理,县改市,虽然只是换了一个名称,但市的权力高于县(包括干部级别、人员配置等),城市建设用地指标等也远高于县,市还可以名正言顺地改驻地镇为街道(进而将集体土地大规模地转化为国有土地);[②]撤县(市)设区,则中心城市不仅可以直接将周边县市土地纳入管辖,而且可将原县、市其他资产一并接收;地级市管县(县级市),虽然不直接将土地等据为己有,但也可以通过财政、人事等管辖权力,截流政策,垄断财源,以获取利益。直至中央政府,也可以为了所谓“全国”的利益,来进行类似的调整,如为三峡工程的建设而设立重庆直辖市等。

实际上,正是由于从个人、社区(如行政村)、基层政区(乡、镇)、低层政区(县、市)、中层政区(地级市)直到高层政区(省),而至中央政府(国务院),其产权划分均不明晰,便从上至下均可以无偿支配应分属不同区域或人群或个人的资源及资产,核心即土地资源(属于个人及企业的其他资产随着私有财产保护入宪,已经在理论上不能随意支配)。愈往上层,权力愈大,级别愈高,权力愈大,所以各地争取升格(县改市)、扩大辖区(撤县设区)乃至分省设直辖市等,动因皆源出于此。

由此还导致另外一个问题,即:由于土地等资源归属不明,个人、集体势单力孤,无力维护;中央政府鞭长莫及,无法维护;真正能够维护的地方政府,却守土无责,涸泽而渔,追求眼前效益,追求政绩,罔顾区域的可持续发展能力,致使耕地锐减、生态环境恶化。所以,就出现很多匪夷所思的现象:

---

① 郑永年、吴国光对此有过分析:“经济发展不仅能为地方政府带来经济上的利益,而且还可以为地方官员创造政治上的优势。地方经济发展不仅增加了地方官员在地方上的统治合法性,而且也是地方官员美好政治前途的重要基础。很显然,在改革年代,地方经济发展已成为地方官员进京或地方官员和中央讨价还价的筹码。”见:《论中央—地方关系——中国制度转型中的一个轴心问题》,第二章《“发展型地方主义”的兴起:简略的历史回顾》,载《当代中国研究》,1994 年第 6 期。

② 国务院发展研究中心土地课题组在《土地制度、城市化与财政金融风险——来自东部一个发达地区的个案(上)》一文中,曾经提到这种状况:“Z 省规划部门统计,2004 年,全省 33 个县级市以上的城市在建面积为 1509 平方公里。2000—2004 年五年间,城市面积扩张平均每年达 126.4 平方公里,是前五年的 3.4 倍。具体表现为:一是征新地。Y 市于 1988 年建市时只有 11.05 平方公里,到 2000 年城市面积拓展为 27 平方公里,2002 年为 38 平方公里,2003 年为 45 平方公里,2004 年遇到宏观调控,为 50 平方公里。平均每年向外扩张约 5 平方公里。二是划新区。2001 年,J 市撤县建区,全市面积由原来的 293 平方公里猛增到 2045 平方公里。三是建新城。2000 年,S 县从老城区搬出,在原先仅占地 1500 亩的开发区上建新城。到 2004 年已达 23 平方公里,配备面积达 38 平方公里,城市规划控制面积已达 100 平方公里,县城面积年均增长 17.7%。”上述城市建设用地的扩张均通过行政区划调整手段达成。见“国务院发展研究中心信息网”:http://www.drcnet.com.cn/DRCnet.common.web/docview.aspx?docid=1258710&leafid=3073&chnid=1002。

> 经过多年的"圈地运动",全国圈地达三千七百万亩,"寅吃卯粮"的现象非常普遍。截至2002年底,山东使用规划用地百分之八十,浙江超过百分之九十七,广东的规划用地早已用光,所谓国土规划不过虚应公事,连"天子脚下"的北京一些区县用地也无需报批,法律规定由中央掌控的国土资源实际是由地方随意操作。①

郭励弘曾经指出,从国外经验来看,整个地方、中央的管理体制应该接近于一个非常有效的公司治理结构,地方政府实际上就很像是中央的一个独立子公司;而我们的地方政府更多地像派出机构。他引用经济学家阿尔钦的话说,一个民主社会的政府产权,类似于股东分散的公司产权,由此可以产生出接近于私有财产下资源优化的结果。因而,他提出这样的改革思路:"从'统一所有'走向'分级所有',从而使'国有经济'的产权基础和体制框架与市场经济接轨。如果这一改革能够深入进行,那么必然的趋势就是以'一级政府、一级产权、一级信用'为原则,建立'国有经济'的总体架构和内部关系,并健全有关制度。"这样,"每一级政府都应该有清晰的产权及产权收益,包括非经营性政府资产、经营性资产中的政府股权、税费收入、上级政府财政转移支付、土地批租收入等等。产权在不同级政府之间可以交易,但是不可以平调。"同样,"每一级政府都有自己的债务,这里既包括直接债务也包括或有债务,既包括显性债务也包括隐性债务。债务规模、债务风险、偿债能力、偿债观念等等构成了每级政府的信用记录。地方政府由于信用等级不同,有些可以扩张信用,有些必须先收缩债务"。②

温铁军也在论述乡镇制度改革,提出推行村镇自治的主张时,分析过:

> 导致三农问题恶化最根本的原因在于人地关系紧张这一基本国情矛盾日益严重。这种情况下,发展城镇化绝不只是要放开户口,而是要允许农村集体土地进入一级市场,允许以农村土地的使用权折算换城镇土地的使用权。土地作为农民社会保障的根据,既不能分给个人,也不能被剥夺。可以通过相关的制度设计,寻找解决城镇化中征占土地问题的办法。例如,通过设立土地基金上市,其收益支付农村公益事业,以此来替代土地的社会保障功能。还可以允许农民宅基地流转,与集体进行收益分配;或者允许以集体为名的建设用地作股参与国家投资的建设项目,在此基础上建立无地农民的社会保障等等。
>
> 加快城镇化建设必然带来投资和金融的问题。可以有计划地、有步骤地搞活农村金融,聚合必要的民间资金,用于城镇发展。③

因此,必须界定明晰包括土地在内的各种资源、资产的产权,或个人所有,或企业、机构、社区等所有,或各级地方所有,或国家所有。界定清晰,才能使用有责,监管有力。只有个人、地方和中央各级产权划分清晰,尤其是基层的社区、乡、镇真正拥有独立的产权,并组

① 龙华著:《胡温新政内幕》,香港新华彩印出版社2004年版,第277～278页。

② 郭励弘:《发行地方债券前提是产权归属清晰》,见"新浪网":http://finance.sina.com.cn/review/20050801/13591852008.shtml。

③ 温铁军:《应该推行村镇自治》,载《21世纪经济报道》,2001年8月9日。

织成独立的法人，地方自治才能真正实现（如台湾地区的“土地法”第四条规定：“本法所称公有土地，为国有土地、直辖市有土地、县（市）有土地或乡（镇、市）有之土地。”），各级地方政府也才能真正为自身辖区的长远发展负责。有了这个基础，行政区划的体系才能真正理顺，地方治理结构才能合理而清晰。而那时，行政区划调整、变更的冲动就不会那么强烈了。因此，产权的明晰，个人、地方等产权的保障，是行政区划改革的前提，也是关键。在目前个人土地所有还不能实现的状态下，土地等资源及资产的地方公有是可行之路，并也应被认为是公有制的不同实现形式之一。

7.3 城市和城市化的“制度”之维与城乡统筹发展的“权利”供给——“聚落自治”的重要意义

7.3.1 城市化的制度之维及其缺失的后果

在 2008 年下半年爆发的全球金融风暴及其对中国的波及和冲击，是带有全局性的，并对未来发展影响深远的事件。由于世界各主要经济体短期内形势不容乐观，在过去的三十年、尤其是近十年里形成的对出口过度依赖的中国经济自然困难重重。而且，由于中国社会过去十余年里掩盖于经济高速增长之下的诸多问题较之西方国家要多得多，则此次经济危机的后果也可能会大不相同。

面对危机，中国政府正采取诸多手段，来提振经济，其主要着力点即在于“拉动内需”。为此，推出了庞大的投资计划和各项政策措施。于是，城镇、乡村、铁路、公路的建设计划，房产新政、产业保护与民生保障的各项措施，以及再次强调“城市化”和“新农村建设”的政策导向等等，诸种手段纷至沓来，以启动内需，改善经济，渡过难关。

但是，前述举措，仍然多集中在物质层面；而改革开放 30 年来，我们已经可以明显感觉，中国所缺所失，主要还不在物质，或并非物质丰裕就能全部解决，其关键在于思想的禁锢与制度的束缚，极大地限制了人们创造力的发挥。我们已经认识到，资源、环境和“可持续发展”的重要，已经提出要建设资源节约型、环境友好型社会，并提出了“科学发展观”的理论。希望不要因为危机一来，就又乱了方寸，重回旧路。

其实，以中国之大，人口之多，原就不应该形成对外的过度依赖。现在，回过头来转而向内，“拉动内需”，无疑是明智之举，且应该牢牢抓住，而非仅是面对危机的权宜之计。但是，对如何“拉动内需”，以及“城市化”及“城乡统筹发展”战略的内涵为何，则必须有全面的、完整的认识。这是避免重蹈前 30 年之所缺所失，获得真正的经济、社会全面、持久发展的前提和保证。

如前所述，城市（city, town）在西方语境中既是实体的（urban area，很早就有），也是制度的（municipality），且这种制度不言而喻是中世纪以来的城市自治制度，二者为一而二、二而一的关系。因之，“实体城市”与“制度城市”，这是城市、城市化的两个必不可少的“维度”。而城市在中国语境中主要是实体的（很早就有），虽然也曾有昙花一现的现代“市制”（20 世纪初出现，最初与西方同义），但到今天，这种“市制”已经被逐渐抽出内核，其内涵已经与西方迥异，严格地说，已不应该用“市”来谓之。

换言之，“城市”在今天的中国，主要还是中国自身传统的“城”和“市”的含义，仍着重经济层面、实体层面的意义；而在西方，其本质则是一个聚落（包括所谓城市、乡村，不论规模大小）居民的自我组织、自我管理的“自治”机构。应该说，中西方城市的这种差异是实质性的；而我们长期忽视这种制度层面的差异的确是造成我们诸多发展问题的症结所在。

从1949年以来中国的城市化进程来看，不论是早期的“反城市化”阶段，还是目前的推进城市化阶段，都不是一个自发、自然的过程，而是国家权力主导的过程。在此过程中，民间权力、地方权力或多或少仍然存在，但这是国家赋予的、授权的，而非自身拥有且得到明确保障的。换言之，国家还可以随时收回（收回多少，何时收回，完全视国家判断）。即是一种典型的一元权力配置下的城市化之路。笔者也曾指出，在此体制下，城市化完全可以非常迅速（比如1979年，尤其1992年后的中国），就如同“反城市化”时期（1966—1976）将城市的发展一下子逆转一样轻而易举，但这是不可持续的城市化之路。

可以说，由于我们长期以来对城市理解的片面和误区，导致“城市化”沦为“大城市化”，而小城市、小城镇发展滞缓，并由此而造成了乡村衰落、城乡对立、三农问题突出，等等。所有这些现象，追根溯源，均在于缺失了城市化的另一个维度——“制度”之维。

因此，拉动内需，除了大规模的投资——资金的、经济方面的供给之外，更需要的，是制度层面的、权利的供给。只有回复到或者逐渐赋予各个聚落（城、镇、乡、村）以相对完整且大致平等的自组织权利（包括政治的、经济的、文化的权利），才能真正解决城乡差距悬殊、乡村衰落的窘境，才能真正对各种规模、不同层面的历史文化遗产等加以有效的保护和传承；也唯有如此，方能开启庞大的人口所蕴含的创造力。如此，自然而然，水到渠成，经济、社会、文化等都会良性且顺利发展，其购买力自会提振，又何愁内需不旺。

7.3.2 聚落自治的重要性与实现的前提

在此，我愿意再次对聚落的、基层的、地方的自治的重要性予以强调。我认为，这是真正解决中国行政区划问题的突破口，也是中国真正实现城市化之关键所在，亦为真正达成城乡统筹发展之目标的最坚实也是最现实的道路，如此，方能循序渐进，脚踏实地，从而真正实现中国的可持续发展。

对此，有学者曾经有过透彻的解说，这里引述如下：

>……西方政治发展历程向人们所提供的有关以社会民主推进国家民主的经验似乎可以给我们某些启示。许多人把美国的民主政治完全归功于1787年宪法，实际上这是一种误解。事实上，大约在17世纪初，一些为逃避欧洲封建专制和宗教迫害的移民来到了北美，“他们早在建立政府以照顾公众需求或执行公共职能之前，就已经形成了一个没有政府的社会，签订了类似《五月花号公约》的协议以保护自己，开始了自治历程”。而且，由于新大陆没有封建专制政治的经历，这些移民大都受过欧洲资本主义启蒙思想的熏陶，对自由、民主、平等观念深信不疑，以致在统一国家建立之初，他们对任何一种形式的政府都充满戒心，认为政府永远是倾向专制的，因而是个人自由的大敌，必须采取行动限制政府权力。1787年宪法及以后的运作很大程度上奠基于这种独特的政治文化。所以当托克维尔1831年到达美国时，他指出，美国是当时世界上最民主的国家，其原因不独是由于美国公民享有一些平等的条件，还在于美国公民在各个领域中有着广泛的政治参

> 与的权利和机会。而且，托克维尔经过考察，认为“美国民主制度所依赖的三权分立体系，虽然绝对是必要的，但并不足以使一个国家既享有自由、又拥有民主……一个独立于国家的多元的、自我管理的公民社会，是民主社会的必不可少的条件”。所以有学者认为，西方宪政民主如果没有社会自治作为基础，是不可能成功建构的，“如果说美国是因为有了宪法才保持了民主，这对我来说是本末倒置；如果说是因为这个社会基本上是民主的，宪法才保持下来，这听起来似乎不对，但实际上却正确得多。”而且，此后的美国式民主的发展，也是以不断扩展公民权利为主要内容的。
>
> 通过上述对比分析，我们发现，国家制度的不完善确实是民主建设的障碍，而国家制度的不完善又内在地与公民权力的不完善密切相联，国家权力的过于强大，是以公民权利的过于弱小为代价的；忽视公民权利的建设而一味强调国家权力建设，不仅不能从根本上达成民主政治，还有可能使原有体系承受不了巨大压力而造成民主进程的巨大挫折。现代民主的基础就是一个高度健全的组织化或制度化的公民社会。正如达尔曾经指出的，“独立的社会组织在一个民主制中是非常值得需要的东西，至少在大型的民主体制中是如此，其功能在于使政府的强制最小化，保障政治自由、改善人的生活”。所以，民主建设应该是一个双向互动过程：一方面，必须改革国家权力的配置和运行体制，寻求国家行为的合理方式和限度；另一方面，必须建设公民社会，培养其合法的自治能力。对此英国学者赫尔德也指出：“民主在今日要繁盛发达，就必须被重新构建为一种双向现象：一方面涉及国家权力的重塑，一方面与重构市民社会有关。”
>
> 当代中国的民主建设既不可能也没有必要照抄照搬西方国家，但关键的问题在于民主建设要有一个正确的操作思路与基础定位，质言之，要从现实中国的国情出发，寻找中国民主政治的微观基础。也许，我们可以从当代中国村民自治的发展中找到答案。①

这是真正实现城市化，实现完全的、实体层面与制度层面的城市化的关键所在，也是我们前文所论的城市、城市化的本义、真意所在。要真正实现这样的追求，可供思考的问题很多，但如下的两个方面，是颇为根本和亟待解决的，即这是“聚落自治”得以顺利实现的前提。对此，笔者曾经论及：

第一，经济方面，在维护土地公有制的基础上，变模糊的国家所有（国务院为代表）和集体所有为明确的中央政府、地方政府（尤其是市、县政府）、社区组织（县以下的聚落）的分级公有；各级、各类所有者法律地位平等，相应地，土地按照市场规律交易，其土地收益由各自主体所有（国家通过税收调节）并自行支配。这样，城、镇、乡、村的各个聚落才能真正维持自身的独立性；广大乡村的发展才能有坚实的基础和充分的保障，所谓“弱势聚落”也有能力和可能来抵御各级“强势聚落”的随意“侵入”。而反过来，城市随意扩张的门槛提高，也倒逼城市集约用地，如此亦可达到保护耕地、资源和环境之目的。

第二，政治方面，在保持现有地方治理结构的基础上，县以下按照聚落的空间分布而自

① 唐兴霖、张紧跟：《村民自治：中国民主政治的微观基础》，《社会主义研究》，2000年第5期。

行组织，真正落实村、居自治，并逐渐上升至更高层面，且赋予各个聚落法定的自治的权利（即前述的社区组织）。这样，既可以真正落实基层民主，培育基层民主意识，又可以形成稳定的社区中心，使得地方的传统文化、原生态文化等有所依凭而得到传承，地方特色、社区意识等得到维护，地方经济也可以得到稳定发展。①

更重要的是，如此一来，各个地方就给各种人才提供了大量的机会，使得基层精英可以、也愿意留在当地，他们既有用武之地，也就不用都挤进大城市去寻找自我实现的机会；而他们在地方的存在，又可以带动地方各方面的发展，从而大量乡村人口就有了谋生的机会，也就不必背井离乡，都去大城市打工谋生了。如此，乡村发展得以良性循环，中国的城市化也才能够真正实现。

7.4 “夫仁政，必自经界始”——城乡统筹发展呼唤适宜的政治、经济体制和行政区划体制的改革

毛泽东曾经有过这样的话，也很出名：“我是马克思加秦始皇。”这句话正好可以作为我们前面所论中国行政区划存在问题的根源所在的注解，即：单纯的、单一的国家公有制和严格的、绝对的中央集权体制；而且二者在改革开放前的中国都达至极点，即国家公有成为中央政府所有，中央集权则甚至将控制深入至县以下的乡镇，乃至村落。1979 年之后的改革，尽管对这两个方面都有所触动，但还没有从根本上完全改变。私有财产得到宪法保护，但还不是完全的产权（土地的归属尚不明晰）；各级地方、不同社群的产权也不明确。行政管理体制等领域的改革虽有许多举措，但依然没有跳出原有框架；法律的独立地位没有建立，对公民负责、受公民监督的机制也不完善。二者又交织在一起，导致愈改革，问题愈多。关键还是在于，市场经济虽已经成为目标，但与市场经济紧密相连、并与之匹配的体制、制度还不具备；主要是两个方面的缺乏：一个是微观基础——个人的财产权利问题，一个是宏观基础——国家的政治体制问题，即权力配置问题。具体到行政区划领域，可以细化为：土地的个人的、社区的、地方的所有权的明晰，以及国家地方治理结构的合理。二者又是互相联系的。

仔细审视 1979 年以来中国行政区划的改革，尤其“市制”的转变，即“切块设市”变为“整县改市”，地级市扩张的“市管县（市）”和“撤县（市）设区”等，确实是与当时的改革背景和经济体制、政治体制相适应的。“市管县（市）”和“整县改市”、“撤县（市）设区”等，都是计划经济体制向市场经济体制转轨时期的变通做法，也是建立在产权单一制度（单一公有制）和“无限政府”、“全能政府”基础上的产物。但目前，这两个基础都在发生变化，则原有模式已经或将会不相适应，是可以预期的：

首先，区划调整实际上（核心问题）是资源的重新分配，尤其是土地资源。不论是“整县改市”，还是“撤县（市）设区”，抑或“市管县（市）”，都是为了增强大、中、小城市的实力，重点在中心城区。而这，是以牺牲周边的乡村地区、外围市县的发展为前提的；当然，在某种程度上，这是发展中必须付出的代价，也是起飞阶段难以完全避免的事情。随着产权的多样

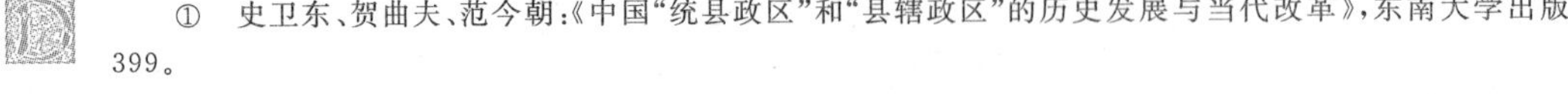

① 史卫东、贺曲夫、范今朝：《中国“统县政区”和“县辖政区”的历史发展与当代改革》，东南大学出版社 2010 年版，399。

化与产权意识的增强，尤其“地方产权”的实际存在，由上级政府随意调整行政区划以达到调配资源的目的等做法，将会由于受到多方面力量的制约而越来越困难。同时，现行设市模式，在某种程度上也具有“劫贫济富”的性质，并不符合新的科学发展观的要求，尤其对于小城市、小城镇的发展，没有给予制度上的支持，这是目前设市模式中的一个很大的缺陷。

其次，随着市场经济体制的确立，很多事情将会通过市场解决，区域统筹发展有了新的市场经济的平台，政府将会退出许多领域，各种非政府组织、居民自治组织等会承担许多职能，在“有限政府”、“责任政府”的施政理念下，区划调整必须顾及当地各种团体、企业、组织和居民的意愿，必然使得自上而下的调整越来越不容易。今天，适应多种产权制度的市场经济体制已经开始确立，也必将完全确立，而政府的施政理念、方式也正在发生深刻的变化，“有限政府”、“依法行政”也成为行政改革的目标。因此，传统的“郡县制”式的区划体制，无疑是与此趋势背道而驰的；适合新的经济体制和行政管理体制的行政区划模式，必须跳出原有窠臼，走向真正的“宪政制”轨道。

行政区划的本意，是为各个国家，尤其是幅员广大、人口众多的国家，提供一个实施有效管理的空间架构。此架构一旦形成，还是应该尽可能保持稳定；由此，一定地方的历史文化、习俗传统、环境风貌乃至资产财富等才能缓慢积累，所谓“地方性”始得形成和延续。因此，行政区划的调整（尤其是取消某个建制并入他区，或打破原有区域范围重新划分、归并），就首先意味着对这种“地方性”的冲击乃至破坏；而在当代中国，进而更成为对个人、社区乃至地方的有形与无形资产的剥夺。也因此，目前中国所采用的自上而下的对政区的随意调整，就不仅是对地方完整的历史、文化、传统、环境的无视，也不仅表现出对“地方性”的不尊重，更是对当地民众所享有或应该享有的共有资产的侵占，也是对当地民众的自身遗产的漠视。如是，则中国的城乡发展、遗产保护等也终究无法真正落实。所以，行政区划的调整必须慎之又慎。

行政区划体系，实际上只是国家整个政治体制、公共管理活动中的一个非常外在的架构；但由上论述，也可以看出其在调整和改革中所出现的种种困惑，正表明也深深地受制于此。因此，没有一些根本制度的变革和完善，适应计划经济时期、“无限政府”、“产权公有”（实际上是单一的国家所有，而且主要是中央政府所有）环境下的现行的行政区划体制，无法继续在市场经济条件下、产权日益多样化的环境中生存。这是近30多年来中国行政区划改革中问题的根源。所以，目前所要做的，不是在原有模式下修修补补，如设市标准如何修订、管理幅度多少算合理等，而是要求中国的政治体制真正转到宪政模式上来。只有产权明确，地方自治才能够真正实行；只有法律完善，政区体系才不致随意变更。而所有这些，又端赖有独立的司法保障，则争端也好，侵权也罢，均可循平和的法律途径加以解决。中国当前所缺乏的，正在于此；需要着力去做的，也在于此。

在笔者参与完成的《中国“统县政区”和“县辖政区”的历史发展与当代改革》一书的结尾部分，曾经引用孟子关于“经界”的论述，来论及中国当前行政区划改革的关键所在。笔者仍然坚持这样的看法，故这里也不惮啰嗦，在此重申如下（略有修正和补充）：

> 早在2000多年前，先贤孟子就在论述如何“为国”、如何“发政施仁”时，提及两个重要的基础，即“民之为道也，有恒产者有恒心，无恒产者无恒心”，和“夫仁政，必自经界始。经界不正，井地不均，谷禄不平，是故暴君污吏必慢其经界”（《孟

> 子·滕文公上》)。
>
> 不管对其可以有多少解读,也不究具体制度的差异,但"经界"——即厘清、划定边界的重要性无庸置疑。从今天的眼光来看,则个人财产权利的维护和社区(乃至地方)权力的明晰,恰恰是施行"仁政"的必备前提,也恰恰是真正落实城乡一体发展的重要条件。
>
> 因此,第一,必须界定明晰包括土地在内的各种资源、资产的产权归属边界,或个人所有,或企业、机构、社区等所有,或各级地方所有,或国家所有。界定清晰,才能使用有责,监管有力。只有个人、地方和中央各级产权划分清晰,尤其是基层的社区(村庄、乡、镇)真正拥有独立的产权,并组织成独立的法人,村民、居民等的群众自治、聚落自治乃至地方自治才能真正实现,各级地方政府也才能真正为自身辖区的长远发展负责。在目前个人土地所有还存在诸多问题和争议的状态下,土地等资源及资产的集体、社区乃至基层地方政府的所有是可行之路,并也应被认为是公有制的不同实现形式之一。
>
> 第二,必须界定清晰各级政府的权力运作边界。目前来看,可行之路,也是迫切之举,就是各级、各类大小不同、分属城乡的聚落的政治上、权力上的平等,即大、中、小聚落都有独立设置、互不隶属的政府(当然在具体组织形式上容有不同),其人事权、财税权等各项权力大体一致,依法自我组织、自行支配,并统归上级区域政府管辖。区域政府与其所在地(中心城市)政府为上下级关系,而不直接管辖该地的具体事务。即改目前行政区划的"嵌套体制"为"双层体制"。易言之,即将"市"的建制从目前的高于"县"回归其本来意义,在县以下,按照聚落人口规模,分置为"市"、"镇"、"乡"等,统属区域性政区"县"管辖。
>
> 1996—2000年,中国政府曾经有"勘界"之举,全面划定了省、县两级行政区域的界线。[①] 这是划定了政区的自然地理边界,当然意义重大。但比这更重要的,我们还需划定各级、各类政区的人文地理边界——即权力的边界。如此,行政区划的体系才能真正理顺,地方治理结构才能合理而清晰,而城乡统筹发展也才有了坚实的基础。[②]

可以令人感到欣慰的是,中国共产党十七大报告中,已经开始正视这些问题,并首次提出了增加公民的"财产性收入",以及扩展"基层民主"的政策宣示。当然,如何落实,并未深言,也的确需要慎重探索。也许,从乡村的土地制度的改革入手,至少,改变目前的不利于乡村发展的行政区划的"嵌套体制",让土地的收益成为乡村绝大多数居民的重要的(也许是唯一的)"财产性收入",或至少成为各个乡、村、城、镇等聚落的社区成员整体自身的收益,乃至在此基础上的乡村聚落、城镇社区的居民自治的实行,作为所谓"基层民主"的突破口,或至少,使得乡镇聚落有能力抵御来自强势聚落的随意的"剥夺",有财力来倾注于发展自身;很可能,就是破解中国当代的城乡发展困局、解决"三农"问题的可行之道。

---

① 有关此次"勘界"的具体过程,可参看靳尔刚、苏华著:《职方边地——中国勘界报告书》,商务印书馆2000年版。

② 史卫东、贺曲夫、范今朝:《中国"统县政区"和"县辖政区"的历史发展与当代改革》,东南大学出版社2010年版,第399～400页。

倘真能如此，能够真正厘清个人、社区与国家，乡村、城镇与大中城市等不同聚落，其各自的财产、政治权利(权力)，则城乡统筹、和谐发展才会有坚实的基础，才不会成为空话；则这就是再一次地走向了“农村包围城市”的道路，也很可能，会成为继20世纪70年代末叶的、发端于中国农村的“土地联产承包责任制”之后，中国又一次伟大变革的开端。

目前，我们在政府的管理体制上，还存在诸多制约城乡统筹发展的障碍。而障碍之一，即是中国当代的行政区划体制——该体制明显存在着对乡村发展、小城镇发展乃至弱势地区发展不利的因素，甚至成为阻碍乡村、小城镇乃至诸多弱势地区健康发展的桎梏。因此，中国当代行政区划改革的关键所在，即在于打破前所论及的“嵌套体制”；在各级政区层面，均应合理界定其各自的管辖空间与职责权限，减少层次，聚落自治，变行政区划的复杂繁冗、权责不清、空间虚泛的“复式结构”为层级简单、权责清晰与空间明确的“双层结构”，从制度层面维护弱势政区、周边地区的利益。

我们要走的，也必须要走的，应该是城市与国家权力有明确分野的城市化之路；我们要追求的城市，应该是实体层面、制度层面“两维”俱全的城市。而其根本，就是聚落的居民自治(而非表面的所谓“城乡分治”)；最坚固的根基，就是产权的清晰和法律的保障。由此，方能开出城市化的真正绚烂美丽的花朵，结出城乡统筹发展的真正饱满丰盈的果实。

在全书行将收尾之际，笔者要说的是，本书没有什么高深的理论，也不希图建立什么完整的体系，更多的可能只是把一些“常识性”的问题重新梳理了一下。诸多学者的艰辛研究和探索，现实中存在的诸多问题，都已经将明白无误的答案摆放在我们的面前。对于中国的城乡统筹发展和行政区划改革问题(实际上也是其他许多问题)而言，着眼于细节的修修补补、精雕细刻已然不行，而必须进行制度的重建与组织的创新。我们目前所缺的不是学理的迷茫，而是良知和勇气。我只是想说，坐而论道固然重要，起而行之尤所必需。

笔者再次申明，本书只是将众多研究者的许多真知灼见加以汇总，而个人“卑之无甚高论”；写法上，也为了清楚表明所引作者原意并不敢掠美，而不惮啰嗦，引述较多。当然，虽属“述而不作”的笔法，但引用的取舍之间，也实际表明了笔者的态度；故笔者并不想逃避自己的责任，存在问题一概由本人负责。

最后，我愿意再次引用朱国斌在其《近代中国地方自治重述与检讨》一文中最后的一段话作为本书的结尾：

> 中国地方自治的悲剧性结局留给我们的思考在于：当中央政府政治整合能力得到强化、合法性和权威性没有受到严峻挑战时，应该积极主动地承担起推进政治发展的角色，扩大政治参与，满足精英阶层的参与诉求，以激发政治体系的活力，扩大政府合法性基础。同时，应当承认在公共权力运作的精英原则与政治理想主义之间存在着某种难以协调的紧张关系，这就要求公共权力资源从封闭到开放应具有渐进性。消减张力、扩大开放的进程，都应以有利于优先满足普通民众的利益诉求为标准，而不能仅以政治理想主义者的理念为依托。当然，这一过程要求充分利用国家力量和政府行为，在政治发展中发挥推动和引导功能。这样，政府所追求的政治稳定这一优先目标和普通民众扩大政治参与的诉求将得以协调同步，并相互促进。

> “往者不可谏，来者犹可追。”在世纪交替之际，重温历史，使我们备感建设一个“富强、民主、文明”的中国的重任崇高而又艰巨。①

是的，“往者不可谏，来者犹可追”。在近代中国正式引入“市制”百年之时，在当代中国改革开放30余年正式提出“城乡统筹发展”战略之际，回顾历史，反思当下，展望未来，更让我们备感建设一个“富强、民主、文明、和谐”的中国的紧迫和艰巨，任重而道远。

① 朱国斌：《近代中国地方自治重述与检讨》，载张庆福主编：《宪政论丛（第2卷）》，法律出版社1999年版，第331～416页。本引文见第414～415页。

参考文献

B ibliography

白钢,赵寿星著.选举与治理:中国村民自治研究.北京:中国社会科学出版社,2001

薄贵利著.近现代地方政府比较.北京:光明日报出版社,1988

陈桥驿主编.浙江古今地名词典.杭州:浙江人民出版社,1991

陈桥驿主编.中国七大古都.北京:中国青年出版社,1991

陈瑞莲,蔡立辉等著.珠江三角洲公共管理模式研究.北京:中国社会科学出版社,2004

陈瑞莲编著.广东行政改革研究.广州:中山大学出版社,1999

陈小京,伏宁,黄福高著.中国地方政府体制结构.北京:中国广播电视出版社,2001

陈友华,赵民主编.城市规划概论.上海:上海科学技术文献出版社,2000

陈志敏著.次国家政府与对外事务.北京:长征出版社,2001

程存洁著.唐代城市史研究初篇.北京:中华书局,2002

戴均良著.中国市制.北京:中国地图出版社,2000

董辅礽等著.集权与分权——中央与地方关系的构建.北京:经济科学出版社,1996

杜建人著.日本城市研究.上海:上海交通大学出版社,1996

段渝著.政治结构与文化模式——巴蜀古代文明研究.上海:学林出版社,1999

方民生著.浙江制度变迁与发展轨迹.杭州:浙江人民出版社,2000

傅崇兰著.中国运河城市发展史.成都:四川人民出版社,1985

高杭,周建民,何显明等.经济转型升级与地方治理模式创新:基于浙江长兴县的个案研究.上海:学林出版社,2010

高珮义著.中外城市化比较研究.天津:南开大学出版社,1991

顾朝林,于涛方,李王鸣等著.中国城市化:格局·过程·机理.北京:科学出版社,2008

顾朝林等编著.概念规划:理论·方法·实例.北京:中国建筑工业出版社,2003

顾朝林等著.经济全球化与中国城市发展.北京:商务印书馆,1999

顾朝林著.中国城镇体系——历史·现状·展望.北京:商务印书馆,1992

韩继忠著.政府机构改革.北京:中国人民大学出版社,1999

胡康大著.欧盟主要国家中央与地方的关系.北京:中国社会科学出版社,2000
胡兆量等著.中国区域发展导论.北京:北京大学出版社,1999
黄珊著.国外大都市区治理模式.南京:东南大学出版社,2003
纪晓岚著.论城市本质.北京:中国社会科学出版社,2002
金太军著.当代各国政治体制——南欧诸国.兰州:兰州大学出版社,1998
金涛,孙运来主编.世界民族关系概论.北京:中央民族大学出版社,1996
金勇兴著.聚集与扩散——温州建制镇城市化研究.北京:社会科学文献出版社,2002
靳尔刚,苏华著.职方边地——中国堪界报告书.北京:商务印书馆,2000
靳尔刚,张文范主编.行政区划与地名管理.北京:中国社会出版社,1996
靳润成主编.中国城市化之路.上海:学林出版社,1999.
李昌道,龚晓航,唐海虹著.香港政制与法制.上海:上海社会科学院出版社,1991
李敬德,连俊沛著.当代世界政治体制比较.北京:中国物价出版社,1997
李路路,李汉林著.中国的单位组织——资源、权力与交换.杭州:浙江人民出版社,2000
李其荣著.对立与统一——城市发展历史逻辑新论.南京:东南大学出版社,2000
李振泉,杨万钟,陆心贤主编.中国经济地理.上海:华东师范大学出版社,1999
李植斌,陈雄著.区域体制改革与创新.北京:中国社会科学出版社,2002
联合国人居署编著.全球化世界中的城市——全球人类住区报告 2001.司然等译.北京:中国建筑工业出版社,2004
梁治平主编.法律的文化解释.北京:生活·读书·新知三联书店,1998(2 版)
林彬,王汉生主编.变迁中的城区政府与区街经济——一个典型城区的调查研究.北京:中国社会科学出版社,2002
刘传江著.中国城市化的制度安排与创新.武汉:武汉大学出版社,1999
刘凤瑞著.香港、澳门概况.香港:天马图书有限公司,1996
刘君德,冯春萍,华林甫,范今朝编著.中外行政区划比较研究.上海:华东师范大学出版社,2002
刘君德,靳润成,周克瑜著.中国政区地理.北京:科学出版社,1999
刘君德,汪宇明著.制度与创新——中国城市制度的发展与改革新论.南京:东南大学出版社,2000
刘溶沧主编.中国:走向 21 世纪的公共政策选择.北京:社会科学文献出版社,1999
刘亚伟编.给农民让权——直选的回声.西安:西北大学出版社,2002
马长山著.国家、市民社会与法治.北京:商务印书馆,2002
马啸原著.西方政治制度史.北京:高等教育出版社,2000
马学强著.从传统到近代——江南城镇土地产权制度研究.上海:上海社会科学院出版社,2002
木桢,高力,侯一红编著.市政学教程.昆明:云南大学出版社,1996
宁越敏,张务栋,钱今昔著.中国城市发展史.合肥:安徽科学技术出版社,1994
潘小娟著.法国行政体制.北京:中国法制出版社,1997

潘云鹤,史晋川等著.浙江省"十五"至 2015 年经济社会发展前瞻.杭州:浙江大学出版

社,2001

彭凤瑞,薛凤旋,苏泽霖编著.香港、澳门地区地理.北京:商务印书馆,1991

浦善新,陈德彧,周艺.中国行政区划概论.北京:知识出版社,1995

任晓著.中国行政改革.杭州:浙江人民出版社,1998

邵波,潘强等编著.浙江省城乡建设用地规模和优化布局研究.杭州:浙江大学出版社,2006

沈宗灵著.比较法研究.北京:北京大学出版社,1998

石树仁等编著.村民自治:黄土地上的政治革命.北京:中国青年出版社,2000

史晋川,罗卫东主编.浙江现代化道路研究.杭州:浙江人民出版社,2000

史晋川等著.制度变迁与经济发展——温州模式研究.杭州:浙江大学出版社,2002

史晋川等著.浙江省改革开放研究的回顾与展望.杭州:浙江大学出版社,2007

史卫东,贺曲夫,范今朝著.中国"统县政区"和"县辖政区"的历史发展与当代改革.南京:东南大学出版社,2010

宋迎昌著.都市圈:从实践到理论的思考.北京:中国环境科学出版社,2003

汪洋主编."十五"城镇化发展规划研究.北京:中国计划出版社,2001

谭天星,陈关龙著.未能归一的路——中西城市发展的比较.南昌:江西人民出版社,1991

汪水波,马力宏主编.浙江农村城镇化道路探索.杭州:浙江人民出版社,2001

汪玉凯主编.中国行政体制改革20年.郑州:中州古籍出版社,1998

王保畬,罗正齐著.中国城市化的道路及其发展趋势.北京:学苑出版社,1993

王恩涌等编著.政治地理学:时空中的政治格局.北京:高等教育出版社,1999

王丽萍著.联邦制与世界秩序.北京:北京大学出版社,2000

王浦劬,徐湘林主编.经济体制转型中的政府作用.北京:新华出版社,2000

王嗣均.中国城镇化区域比较研究论文集.杭州:杭州大学出版社,1992

王旭,黄柯可主编.城市社会的变迁:中美城市化及其比较.北京:中国社会科学出版社,1998

王旭著.美国城市史.北京:中国社会科学出版社,2000

王铮.区域管理与发展.北京:科学出版社,2000

吴大英主编.西方国家政治制度剖析.北京:经济管理出版社,1996

吴缚龙,马润潮,张京祥主编.转型与重构——中国城市发展多维透视.南京:东南大学出版社,2007

吴志华.政治学原理新编.上海:华东师范大学出版社,1998

伍杰,梁凌著.共和国机构改革与变迁.北京:华文出版社,1998

夏阿国,蓝蔚青等著.平安浙江——全面构建和谐社会.杭州:浙江人民出版社,2006

肖蔚云著.一国两制与澳门特别行政区基本法.北京:北京大学出版社,1993

徐强著.英国城市研究.上海:上海交通大学出版社,1995

徐颂陶,徐理明主编.走向卓越的中国公共行政.北京:中国人事出版社,1996

许学强,周一星,宁越敏编著.城市地理学.北京:高等教育出版社,1997

阎林著.政府组织结构调整与经济发展.北京:社会科学文献出版社,1999

杨百揆著.现代西方国家政治体制研究.北京:春秋出版社,1988

杨冠琼著.当代中国行政管理模式沿革研究.北京:北京师范大学出版社,1999

杨宽著.中国古代都城制度史研究.上海:上海古籍出版社,1993

杨重光,梁本凡主编.中国城市经济创新透视.北京:中国社会科学出版社,2002

姚礼明著.当代各国政治体制——中国港澳台地区.兰州:兰州大学出版社,1998

余潇枫,陈劲主编.浙江模式与地方政府创新.杭州:浙江大学出版社,2007

袁晖,曹现强主编.当代西方行政管理体制.济南:山东人民出版社,2000

张东升著.当代各国政治体制——荷兰.兰州:兰州大学出版社,1998

张光直著.中国青铜时代(二集).北京:生活·读书·新知三联书店,1990

张鸿雁著.侵入与接替——城市社会结构变迁新论.南京:东南大学出版社,2000

张千帆著.自由的魂魄所在——美国宪法与政府体制.北京:中国社会科学出版社,2000

张庆福主编.宪政论丛(第2卷).北京:法律出版社,1999

张文范主编.中国省制.北京:中国大百科全书出版社,1995

章猛进,黄祖辉主编.迈入新世纪的农业与农村:浙江的现代化战略和政策选择.杭州:浙江人民出版社,2000

赵锦良,王振海主编.走向城市化——县改市与县级市发展.北京:中国广播电视出版社,1991

折晓叶,陈婴婴著.社区的实践——“超级村庄”的发展历程.杭州:浙江人民出版社,2000

浙江省发展计划委员会编.城市化:重整山河绘新图——浙江省城市化工作会议专辑.杭州:浙江大学出版社,2002

浙江省民政厅编.浙江省行政区划.杭州:浙江人民出版社,1988

浙江省民政厅编.浙江建置区划沿革.杭州:浙江大学出版社,2009

浙江省民政志编纂委员会编.浙江省民政志.北京:中国社会出版社,1994

浙江省区划地名实用手册编委会.浙江省区划地名实用手册.杭州:浙江大学出版社,2003

郑文哲著.农村城市化背景下的区域发展研究:浙江县域经济发展研究.北京:中国致公出版社,2001

中国大百科全书·建筑、园林、城市规划卷编委会.中国大百科全书·建筑、园林、城市规划卷.北京:中国大百科全书出版社,1988

中国行政区划研究会编.中国行政区划研究.北京:中国社会出版社,1991

中华人民共和国民政部编.中华人民共和国行政区划简册.2010.北京:中国社会出版社,2010

周长山著.汉代城市研究.北京:人民出版社,2001

周定国,纪京慧编著.世界行政区划图册.北京:中国地图出版社,1999,第二版

周书灿著.中国早期国家结构研究.北京:人民出版社,2002

周一星著.城市地理学.北京:商务印书馆,1995

周振鹤著.体国经野之道——新角度下的中国行政区划沿革史.香港:中华书局,1991

周振鹤著.中国历代行政区划的变迁.北京:商务印书馆,1998

周振鹤著.随无涯之旅.北京:生活·读书·新知三联书店,1996

朱华晟著.浙江产业群:产业网络、成长动力与发展轨迹.杭州:浙江大学出版社,2003

卓勇良著.挑战沼泽:浙江制度变迁与经济发展.北京:中国社会科学出版社,2004

邹德慈主编.城市规划导论.北京:中国建筑工业出版社,2002

[比利时]亨利·皮雷纳著.中世纪的城市(经济和社会史评论).陈国樑译.北京:商务印书馆,1985

[德]汉斯·于尔根·尤尔斯.[英]约翰·B·戈达德.[德]霍斯特·麦特查瑞斯著.大城市的未来:柏林、伦敦、巴黎、纽约——经济方面.张秋舫等译.北京:对外贸易教育出版社,1991

[法]费尔南·布罗代尔著.15至18世纪的物质文明、经济和资本主义(第一卷).顾良、施康强译.北京:生活·读书·新知三联书店,1992

[美]奥斯特罗姆等著.美国地方政府.井敏等译.北京:北京大学出版社,2004

[美]朗著.权力论.陆震纶,郑明哲译.北京:中国社会科学出版社,2001

[美]利维著.现代城市规划(第五版).张景秋等译.北京:中国人民大学出版社,2003

[美]刘易斯·芒福德著.城市发展史——起源、演变和前景.倪文彦、宋俊岭译.北京:中国建筑工业出版社,1989

[美]迈克尔·麦金尼斯主编.多中心体制与地方公共经济.毛寿龙、李梅译.上海:上海三联书店,2000

[美]施坚雅主编.中华帝国晚期的城市.叶光庭等译.北京:中华书局,2000

[日]平冈武夫,市原亨吉编.唐代的行政地理.上海:上海古籍出版社,1989

[英]P·霍尔著.世界大城市.中国科学院地理研究所译.北京:中国建筑工业出版社,1982

[英]伊夫梅尼等主编.西欧国家中央与地方的关系.朱建军等译.北京:春秋出版社,1989

后　　记

本书主要是从人文地理学中的一个相对较新的分支学科——政区地理学的角度，来分析中国当代的城市化道路与城乡统筹发展的路径，并着重从行政区划体制及其改革的角度来论述其中所存在的问题。如前所述，通过笔者近些年基本上可以算作是持续的研究，确实发现二者实有密切的关系；进而在理论上，对何谓城市、何谓城市化及其关键所在等，提出了一些个人新见。这也是现实问题与理论研究互为依托与相互促进的一个例子吧。因此，在这里简要回顾一下笔者这些年来的思考历程，也许对理解本书中所提及的有关理论和政策主张会有所帮助。当然，这种回顾，也是自身学术经历的一个小小的说明，立此权作存照。同时，也把自己一路走来所得到的帮助与鼓励，择要载录，以志不忘，并藉此深致谢忱。

现在想来，笔者对这两个方面的论题实际上早在约 20 年前、于 1991—1994 年在原杭州大学（现浙江大学）师从陈桥驿先生攻读历史地理学硕士学位时，就开始发生兴趣，并进而进行了一些研究和思考。先是政治地理方面的。我缘于兴趣，曾有《各具特色的世界法律文化》一文在《百科知识》（1993 年第 5 期）上发表（该文曾得到北京大学王恩涌先生指教；这也是笔者第一次正式在公开刊物上发表学术性文章）；后又在陈先生支持下，以《中国历史的地理枢纽》为题，申请到当时杭大的学生科研基金，并写成同名论文（该文主要涉及中国古代都城的迁移与政治区域的划分；未刊）。随即，又因学位论文写作的需要，开始将研究重点转到城市地理方面，完成了硕士学位论文《宁波城市历史地理的初步研究》，并于 1994 年 5 月底通过了以陈学文先生为首的答辩委员会的评审和答辩。该项研究虽然只是针对一个城市的个案研究，但因涉及城市起源、发展等全过程，也迫使自己不得不阅读了大量的城市史、城市地理学等方面的文献。

这些兴趣和思考为后来我的研究打下了一些基础。1994 年 6 月硕士毕业以后，留原杭大地理系任教。由于工作安排以及其他一些方面的原因，教学及科研方面的重点转到其他领域，只好将上述思考等暂时放下。谁知这一放就是 6 年。2000 年 9 月起，我又有幸进入华东师范大学中国行政区划研究中心，师从刘君德先生攻读行政区划、政区地理等方向的人文地理学博士学位。研究中心的良好学术氛围和以刘君德先生为首的学者群 10 余年间从事行政区划理论和改革实践所进行的大量研究和成果积累，使我有机会更细致地、更微观地、也更全面地审视城市化的问题、城市化进程中的政府作用问题以及城市化进程中的行政区划改革问题。在先后接受导师刘君德先生安排的研究课题“中外行政区划比较研究”、“大中城市文明城区创建及区级政区管理体制改革研究”、“上海洋山港管理体制创新研究”等，以及笔者在任教的浙江大学（1998 年四校合并，杭大被合并进新浙大）当时所先后参加的若干浙江省民政厅委托的有关行政区划的规划（如“浙江省行政区划调整规划”）、调研和理论研究等课题的基础上，再结合自己的广泛阅读和实地调查，更加深了对城市化、行政区划问题的认识。

诚如本书"导言"中所述，"经过这些研究、思考，笔者认识到，行政区划及其政区地理格局实际上与城市及其城市体系有密切关系，一定时期的政区地理格局就是由当时的城市体系所表现出来的；反过来，要认识城市的本质，也必须从这种权力的空间配置中去寻找答案。城市的本质属性，就在于权力（主要指公共权力）的空间集聚，由此才引起其他种种物质的、精神的因素集聚于此；城市既是一种客观存在的地理空间实体，更是一种聚落人口的自组织形式，是一种管理方式，是一种制度、法律体系；城市与行政区划实际上是有着密切的同源关系、互动关系的"。

因此，在 2003—2004 年，鉴于当时学术界乃至社会各界在城市化、行政区划研究中仍存在的诸多理论问题的模糊不清和似是而非的一些说法和表述，笔者选择了城市化与行政区划的一些基本问题，以二者的互动关系为切入点，从历史发展和中外对比等角度，对有关问题重新加以诠释和辨析，提出了一些新的观点；并在此基础上，对中国近现代以来的城市化进程中的行政区划发展、变革的过程作了分析，进而在宏观上提出本人对未来改革方案的设计和思考，同时在微观方面以当时所参加的浙江省行政区划调整规划为例，进行具体的案例分析。由此，完成了题为《权力的空间配置与组织的制度创新——从城市发展与政区演变的互动关系论中国现当代的行政区划改革》的博士论文，并于 2004 年 6 月初通过了以王桂新教授为主席，宁越敏、曾刚、石忆邵和刘卫东等教授组成的答辩委员会的评审和论文答辩，获得理学博士学位。

其后的若干年里，笔者进一步从多种角度对这些问题进行思考，在许多方面又较之博士论文时期的认识有所加深和拓展。2005—2006 年，笔者利用获得国家留学基金资助，在新加坡国立大学(NUS)东亚研究所(EAI)以访问学者的身份进行访问研究的 1 年时间里，完成了题为《中国当代的行政区划：形成・问题・改革》的工作报告，进一步认识到中国当代的行政区划问题与地方的所有权（尤其是土地产权）之安排中所存在的问题之间存在密切的关系，从明晰土地产权的角度分析了中国当代行政区划问题的根源所在与解决之道。2006 年 11 月回国后，又结合当时所进行的遗产保护等研究，更从历史传统、文化认同乃至地域法统等方面，分析了行政区划调整由于没有将遗产保护等文化因素考虑进去而带来的种种对遗产"原真性"的破坏等问题，提出对行政区划的改革和调整，必须秉持一种谨慎而保守的态度，且应重视基层政区体系的建设和稳定，不能再随心所欲、任意变更。2008 年，再与浙江省民政厅区划地名处合作，承担了"改革开放以来浙江行政区划调整基本情况及对推进城市化的作用"等课题的研究，更进一步从微观方面探讨了区域行政区划体制的改革思路和路径选择。2009 年 8 月起，又得到"韩国高等教育财团"的资助，有机会来到韩国，得以亲身观察韩国的城市化进程、城乡发展状况与地方行政区划体制的演进及其相互关系，对如何达成"城乡统筹发展"的目标有了更详实的对照样本和更真切的亲身体会。

正是在前述这些观察、研究和思考的基础上，笔者以 2004 年完成的博士论文为基础，并将近年来个人的有关著述中的相关内容，重行归纳、整理，构成了本书的主要内容。虽然全书可能"卑之无甚高论"，但仍然凝结了笔者这些年来思考的心得，故而在全书完稿之际，仍觉欣慰，也颇有"敝帚自珍"的感觉；而个中甘苦，百般滋味，也惟有自知，亦是感触良多。

严格说来，虽然笔者先后参与写作的著作已经有几部，但都非完整意义上的原创作品：要么是参与撰写部分章节，要么是编纂的成分居多。因此，能够完成这部严格意义上真正的个人著作，这部可以说是个人10余年来治学道路、历程的总结、也是见证的著作，也的确不能不让人感慨万千。说起来，要感谢的人、事、机构、际遇等等实在太多，颇有些无从说起的感觉。从西安到杭州，从杭州到上海，再从中国到新加坡，到首尔，真是一路走来，山水不同，风景各异；所见所感，所思所悟，亦是丰富多彩，也让人眼界大开：正所谓“山阴道上行，山川自相映发，使人应接不暇”。而所得到的帮助、鼓励，所获得的温暖、感动，则始终如一，相伴左右。这些帮助、鼓励乃至督促和鞭策，都成为自己前行的动力，也是能够最终完成这部著作的支撑和条件。

在此，我首先愿意全文摘引写于2004年4月18日杭州家里的博士毕业论文的“后记”，以为纪念。这样做，不仅是因为本书的主体就是自己的博士学位论文，书中的主要思想、观点也是当时所集中精力思考与形成的，而且也是因为这一学习阶段的结束和博士学位的获得，为自己此后的学术道路和生涯开辟了更广阔的空间。自此，自己的研究重点和学术方向基本得以确立和延续，此后的经历和研究则都是在这一基点上的深化和继续。则当时的“后记”，既然真实地记载了彼时的求学经过与心路历程，录载于此，也就理所当然；而今天读来，也别有一番滋味。尽管当时屡屡在困惑、迷惘、失意中徘徊，但现今想来，“那逝去的都变为可爱”；而其中所表达的真切的感谢之情，则延续至今，亦将延至永远。一如当时所言：

> 选择这样一个题目和角度来研究政区地理并作为自己的博士论文，是与攻读博士学位的这些年所参与的一些研究课题有关的。先是入学不久，导师刘君德先生曾嘱咐进行“中外行政区划的比较研究”，为此选择了一些行政区划的主要方面进行了较为深入和系统的研究；后又结合导师承担的国家社科基金项目“大中城市文明城区创建及区级政区管理体制改革研究”，对城市化地区的行政区划问题做了系统的梳理；在此基础上，并结合过去已有的一些思考所得，从城市发展与政区演变的互动关系出发，在新的框架之下排比资料，整理归纳，并将过去已有的部分成果重新加以连缀和整合，形成了本篇论文；并得到了导师的首肯和支持。当然，这绝非意味着仅仅是原来已有成果的简单重复，其中，仍然有诸多自己的新观点、新思考。更巧的是，几乎与此同时，我又有机会参与到“浙江省行政区划调整规划”的课题研究之中；虽然这个课题刚刚开始，目前也尚未全部完成，但这个机会使我可以浙江省作为案例，来检验自己的一些思考的可行性和正确性，也可以使自己的论文更具现实感和针对性；因此，这样一个机会，于我，具有某种雪中送炭的意味，使我的论文不论在形式上，还是在内容方面，都具备了一定的深度和厚度。当然，由于种种客观原因，以及我的懈怠和不能专心致志，论文还非常的不成熟，有些见解也许还存在疏漏甚或错误。这些，都要请导师和各位师长原谅。
>
> 说起来非常惭愧，由于自己是在职攻读博士学位，自然就有了一般在职人员所面临的一些共同困难，比如本职的教学、科研和其他必不可少的工作，以及家里的一摊琐事；同时，正好这几年读博的时间，又赶上所在单位的一系列重大的改革举措出台，如四校合并（即原浙江大学、杭州大学、浙江农业大学和浙江医科大学

合组为新的浙江大学)之后的院系调整(从原地理系到资源与海洋工程系再到地球科学系),四年之内的三次聘岗,等等,就又更增加了许多干扰。因此,老实说,我这个学生是非常不合格的;既少了许多课堂受教、寝室切磋的可能,又无法更多聆听导师教诲、接受师长指点,同时,也免不了失去许多深入实际、调查研究和参加课题、合作攻关的机会;对此,自己每以为憾,也深深愧疚。在此,当然也要请求导师、各位师长、各位学友以及相关人士给予理解,并予以宽宥。

尽管如此,在这几年读博期间,我仍然得到了许多真切的关心、帮助和提携、支持;可以说,没有这些,我是无法完成自己的学业的;因此,对于这些关心、帮助和提携、支持,我的感激之情,是无以言表的。

导师刘君德先生学养深厚、见识高远,道德、学识自不待我言;他严格而不失宽厚,有原则又讲究灵活,对我的状况和处境给予了充分的理解,并在他力所能及的范围内,帮助我、也督促我完成了一些论著的写作和课题的研究,而其中的一些成果,就成为我今天这篇论文的重要组成部分;因此,如果不是这些督促,我的博士学位论文,可能至今还遥遥无期。在论文初稿大致完成,而体系、框架等尚略嫌杂乱、中心和主旨还时有游离的关键时刻,又是导师及时指点迷津,使全文得以围绕中心,删繁就简,深入下去;同时又无私惠赠最新研究成果,以为论文参考。可以说,没有数年来导师的谆谆教诲和悉心帮助,我是不会走到今天的。师母吴其宝女士仁厚细心,对我呵护关心备至,鼓励支持有加,也使我惶愧之余,有了进取的勇气。在此当然要深深鞠躬,对导师和师母的教诲、关爱,献上学生诚挚的、深深的感谢。

中心的汪宇明先生和张老师伉俪也一直非常关心我的学业和论文的写作。记得早在2001年6月,还是刚刚上完汪先生的课不久,就曾经针对我课程论文中的某些观点,在电话中花了数十分钟的时间与我进行讨论,让人获益匪浅;只是可惜没有更多机会讨教,实在令人遗憾。张老师负责中心的日常工作,由于本人常在杭州,难得在校,张老师不厌其烦地处理一些日常琐事,费心通告各种事项,耐心细致,毫无怨言。在此也对汪先生伉俪致以深深谢意。

学友李丽雅、黄明华、李勇健、谢守红、郑伯红和马祖琦、陶希东等也在学业上、生活上对我多有帮助;虽相见无多,但能体会到他们的睿智和博学,也能感受到他们的真诚和友善;尤其李丽雅女士,多少次电话打搅,又频频劳驾邮寄有关材料,希望她不要过于厌烦。

此外,还要感谢华东师范大学资源与环境科学学院及中国行政区划研究中心和西欧北美地理研究所的各位先生,如宁越敏、杜德斌、董波等和其他教辅人员等。由于机缘不巧,更加之我的驽钝和拙于表达,失去了许多向他们讨教的机会,因此,他们可能连我是谁还尚不清楚,但这不妨碍我把他们作为自己的老师,尽管他们可能并不认可我是他们的学生,并由衷地献上我的敬意和感谢。正是由于他们默默的工作,资环学院以及华东师范大学才成为我永远的又一母校。

当然,也要感谢作者所在单位的浙江大学理学院、地球科学系和城市与区域发展研究所的各位给过我帮助和支持的院、系、所的领导和同事;他们理解我的求学艰辛,分担我的教学和科研工作,并每每给我以热诚的鼓励。

同时，我要特别感谢浙江大学建工学院城市规划系的李王鸣教授，她邀我参加“浙江省行政区划调整规划”的研究工作，并给以热情的指导和帮助，允我使用若干材料和成果，使我得以充实自己的论文。

浙江省民政厅区划地名处的江宇处长、任晓林副处长等也在资料方面提供过热情帮助，这里也谨致谢忱。

妻子身体不好，孩子年幼顽皮，作为丈夫和父亲，我往往不能竭尽全力、同时也是力所不及照顾好他们，心中每以为憾。尽管他们偶有抱怨，但仍然尽了他们的力量支持我完成学业，这份情谊自当永铭我心。尤其今年已5岁的儿子范履葳，正好伴随我求学的这四年光阴而成长；尽管为了他增加了许多负累甚至烦恼，但他给我个人以及这个家庭所带来的生机和欢乐，又是无与伦比的。

长辈们也为了我的学业和这个家庭付出了许多心血。岳母大人和孩子的大姨在孩子出生后即帮忙照顾，起早贪黑，不计疲倦；使我可以专心复习，并有机会攻读博士学位；后来也时常看望、关切。父母这些年来也是格外辛苦；为了帮助我们，他们舍弃了自己的老家，牺牲了退休后的闲适生活，来照顾年幼的孩子并打理我们的起居，任劳任怨，默默操持。这些恩情，今生亦恐无以为报。

远在北京的姐姐一家，常常不厌其烦地接待他们的小侄子这位不速之客；每至寒假、暑期，孩子就北上姑姑家，以给我一点空闲的时间，却给姐姐一家增添了许多的麻烦。姐姐、姐夫还有他们的女儿咪咪（周天甍）总是热情招待，没有怨言；这些友善和帮助，也每每给我以温暖。

谨以本项研究献给所有这些帮助过我的、善良真诚的人们。当然，论文中的问题由我一人负责。

别了，美丽的丽娃河。有缘来到你的近旁，却没有更多的机会依偎于你的怀抱，一亲你的芳泽，真是一件终身憾事。但我的心灵深处，将会永远耀动你的粼粼波光、柔柔倩影。

同样，在其后的岁月里，虽然也屡屡碰到许多困难，但更多的仍是这种感动和温暖；且似乎经历过4年的博士生涯后，即使还有偶尔的失意和迷惘，但更多的则是乐观与豁达，困难、挫折等好像于我已经不再是个很大的问题，颇有从“少年不识愁滋味”而“为赋新词强说愁”的状态，到达“而今识尽愁滋味”、“却道天凉好个秋”的境界了。当然，如果说能够到达（或勉强到达）这一境界的话，也仍然离不开众多师长、同事、朋友和亲人的关心与支持。这里，我也愿意把2004年博士论文“后记”之后的、需要感谢和铭记的一些人和事，择要略叙一二。

首先要提及的，是笔者的两位导师陈桥驿先生和刘君德先生。虽然笔者硕士、博士均已毕业有年，但两位业师的鼓励和勖勉却一直不断。陈桥驿先生已经年届九旬，一直关心笔者的成长。虽然治学重点已经与老先生的不同，但先生从未怪罪，而是不断鼓励有加，让人深深感动。刘君德先生亦已过七秩，也不断鼓励，并一直关注我的学术发展。他多次组织有关行政区划改革方面的丛书的编纂，并热情邀请我参加有关书籍的撰著工作。本书也正是在相关撰述的基础上才得以最终完成的。因此，可以说，如果没有刘先生的督促和支持，以笔者慵懒的性格，这本书的完稿和出版，都是不可想象的。故此，尽管在前面的博士论文的“后记”之中已经对两位业师表达过衷心的谢意，这里的诚挚感谢还是要再次奉上；并以此书的出版，权作学生的报答和感恩之意。

也还清楚记得，当笔者博士论文完成及答辩结束后，曾经于2004年的年底及2005年的年初，分寄给吴传钧先生和王恩涌先生。当时大概是还想着去联系做博士后研究的事情，以及询问出版等事宜，后来因与去新加坡做访问学者冲突而作罢。两位先生都非常热情地回信，肯定、鼓励有加，如吴传钧先生信中说：“关于你的博士论文，内容充实，有不少新观点，的确是值得出版的一项科研成果。”除了鼓励之外，并就一些问题与笔者商榷。王恩涌先生更是在一个冬日的清晨，大老远从北京打电话到杭州，提出自己对有关论述的不同看法来与笔者讨论。虽然笔者不一定认同他们的观点，但他们这种虚怀若谷、平等相待以及对待学术问题的严谨细致与一丝不苟的精神，都令笔者深深感动，也将受用终身。遗憾的是，当笔者这部以当时的博士论文为主体的小书终于能够问世的时候，吴传钧先生已经仙逝；在此，也谨以此书作为对吴先生的纪念。

至于当时博士毕业论文的答辩委员会、评阅委员会的各位先生，由于此书一直未能面世，而前所附博士论文“后记”又草于答辩之前，故也一直没能有机会对这些先生正式表达谢意。在6年多的时间之后，笔者这里依然、也当然要对他们，如王桂新教授、宁越敏教授、曾刚教授、石忆邵教授、刘卫东教授、靳润成教授和谷人旭教授等，奉上笔者迟到的感谢。笔者至今仍清晰记得答辩那天的情景，2004年6月6日早晨，是一个阳光灿烂的日子；答辩结束之后，并与各位师长与几位同门合影留念，互道祝福。此情此景，亦将永留笔者心中。

当然，笔者这里还要感谢中国国家留学基金委员会（CSC）和韩国高等教育财团（KFAS）等机构。通过这些机构的资助，使我得以有机会分别在2005年和2009年到新加坡国立大学东亚研究所和韩国的国立首尔大学（SNU）社会科学学院的地理系和国土问题研究所等机构访学交流，并有时间进行相关研究和写作。在新加坡和韩国的时间，对自己眼界的开阔、思想的成熟和撰著的完成，都有莫大的助益。而其各自接待机构所给予的舒适和完善的研究条件以及所提供的热诚与细致的帮助，连同在新、韩期间与众多国内外、海内外朋友们的交往与友情，也都每每给我以温暖和动力，亦将永铭我心。这里，自然也要献上笔者诚挚的感谢。

此外，笔者还需要再次感谢自己所在单位及其有关的领导和同事。2000年起从我读博开始，到2005年后的分别抵新、赴韩访学，至今已经有10余年的时间，断断续续，其间多次把单位的有关工作暂时放下；而包括校（浙江大学）、系（地球科学系）和所（城市与区域发展研究所）的、认识和不认识的各位同仁，均为我的求学和访学提供种种便利，系里、所里的领导和同事更是每每给以支持和鼓励。特别是笔者所在研究所的所长欧阳安蛟副教授，10余年来，一直关心、帮助乃至照顾笔者，分担笔者工作、生活等各方面的事务和压力，对他的感激之情怕是任何言辞都难以表达。院、系的有关领导，如翟国庆教授、陈汉林教授、沈晓华教授、沈忠悦教授等，以及系、所的各位同事，如张兴平等老师，也都在自己繁重的工作之外，从多方面关心笔者的研究和生活，或者分担笔者的教学工作，这也是笔者铭感难忘的。虽然这里的有些帮助可能不是那么直接，但正是这些理解和分担，使得笔者没有了后顾之忧，而能专心于学术研究；故而，从某种意义上讲，他们，亦是笔者最应该感谢的。

以上就是本书观点形成和断续成书的简要过程。全书最后的修改、定稿阶段，基本上

是在韩国完成的。当时，虽然全书的基本内容和主要框架已经具备，但要完整地整理出来并达到出版的要求，也还是有许多的细节需要完善，如增补最新材料，删减重复枝蔓，修正若干观点，乃至一个个注解的核实与补充，亦是殚精竭虑，辛苦异常。想起臧克家先生曾经在《闻一多先生的说和做》一文中，描述过闻一多先生写作时的状态："他从唐诗下手，目不窥园，足不下楼，兀兀穷年，沥尽心血。杜甫晚年，疏懒得'一月不梳头'。闻先生也总是头发零乱，他是无暇及此的。饭，几乎忘记了吃，他贪的是精神食粮；夜间睡得很少，为了研究，他惜寸阴、分阴。深宵灯火是他的伴侣，因它大开光明之路，'漂白了的四壁'。"笔者在韩的那一段修改期间的生活情状，在一些方面，的确如同闻一多先生的样子，也确实是体会到了这种日夜颠倒、时空错乱的感觉。在紧张的修改和补充工作初步告一段落的 2010 年 2 月初，即本书的第一稿即将完成之际，曾在自己的博客上发了一段文字，对当时的情景和心境，做了简要的(但的确是准确的)描述：

> 恍恍惚惚又快是庚寅年的春节了。身在韩国，因近来忙于完成一部书稿，故暂时也无暇去感受异国新春的气氛；不但如此，就连一般的活动都基本取消，韩语课也不得不又一次停掉；每天就"蜗居"在几平米的小屋之中——该屋因实在是小，曾引得住在 BK 馆的同仁竟差点流下同情的泪水；而吃饭也就便，厚着脸皮搭伙于两位东南亚朋友之处，每天午餐、晚饭，一请即到，也不客气，去享受"饭来张口"的殊遇。惭愧惭愧。好在书稿接近尾声，再修改、补充，一二日即可完成吧。正因为此，即顺便把以前所写的文稿也翻检出来，一并加以整理；则正好看到去年春节前后(应该是春节之后吧，巧的是，当时也正在草拟申请赴韩的申请材料)所写的此文；读来仍觉有意义，就顺手贴上。也算是对庚寅年到来的祝福吧。
>
> 嘿嘿，再顺便秀一把韩语；虽然可能不再有时间继续跟着美丽又温柔的吴老师学习韩语了：
>
> 새해 복 많이 받으 세요!(韩语：新年大吉，万事如意！)

其他的就不多说了。从西子湖畔、老和山旁的浙江大学，来到汉江之滨、冠岳山下的国立首尔大学，再回到睽违一年的浙大玉泉，真是感慨良多。记得回来后，曾经用戚继光的诗描述过当时的心境："南北驱驰报主情，江花边草笑平生。一年三百六十日，都是横戈马上行。"巧的是，我所在的浙大玉泉校区和首尔大学的冠岳校区，其校园景象竟颇多相似：都在群山环抱之中，绿树掩映之下，都有朝晖夕阴、风霜雨雪和雾霭霓虹的万千气象；更重要的是，亦都书香浓郁、底蕴深厚，更兼远离尘嚣、超凡脱俗：凡此种种，都正可让自己的思绪集中在深深的思考之中。那么，也就让这本不成熟的小书，从冠岳山下、汉江之滨，从西子湖畔、老和山旁，飞向古老的中原大地、九州方圆，作为远方游子、一介书生的深深的祝福，献给古老而又常新的华夏祖国。

范今朝　谨识

2010-02-08 初稿于韩国，冠岳山下，国立首尔大学，社会科学学院地理系，16 栋 M208 室

2010-11-28 改定于杭州，老和山下，浙江大学，地球科学系，教六 301 室

内容提要

“城乡统筹发展”(也即不同时期所表述的“城市化”、“城镇化”等)与“行政区划改革”这两大命题,在最近30余年中的中国,既是为理论界所关注的热点和焦点论题,也是实践中迫切需要解决而又难以有效解决的难点和重点所在。本书主要从政区地理学的视角出发,选择城市化与行政区划的一些基本问题,以二者的互动关系为切入点,从历史发展和中外对比等角度,对此重新加以诠释和辨析,以澄清一些模糊和错误的看法,提出一些新的观点,对政区地理学中的一些基本理论问题加以论述。并在此基础上,既对中国近现代以来的城市化进程中的行政区划发展、变革的过程作了概括分析,也从历史文化等视角剖析了政区在地方发展方面的重要作用;既在宏观上提出对未来中国的城市化推进、城乡统筹发展的落实与行政区划体制改革的设计和思考,也在微观方面,以浙江省改革开放以来行政区划体制的变革及其对推进城市化和城乡统筹发展的作用、影响与问题为例,进行了详尽的实证研究。最后,分析了中国当代行政区划问题的根源与实质,并提出一些改革的政策主张。

全书除“导言”外,共分7章,分别就城市发展、政区模式、中外比较、近代演变、文化意蕴、浙江经验、问题实质与政策主张等方面进行分析,就有关概念、理论等加以归纳和梳理,并提出作者对中国当代行政区划体制改革的深层思考。

本书可供人文地理学、区域经济学、城市研究、行政管理等领域的相关专业人士和大学师生学习和参考。

图书在版编目(CIP)数据

仁政必自经界始:中国现当代城市化进程中的行政区划改革若干问题研究/范今朝著. —杭州:浙江大学出版社,2011.6
ISBN 978-7-308-08480-2

Ⅰ.①仁… Ⅱ.①范… Ⅲ.①行政区划—改革—研究—中国 Ⅳ.①K928.2

中国版本图书馆CIP数据核字(2011)第035740号

仁政必自经界始:中国现当代城市化进程中的行政区划改革若干问题研究
范今朝 著

责任编辑 周卫群
封面设计 刘依群
出版发行 浙江大学出版社
(杭州天目山路148号 邮政编码310007)
(网址:http://www.zjupress.com)
排　　版 杭州中大图文设计有限公司
印　　刷 富阳市育才印刷有限公司
开　　本 787mm×1092mm 1/16
印　　张 22.25
字　　数 541千
版 印 次 2011年6月第1版 2011年6月第1次印刷
书　　号 ISBN 978-7-308-08480-2
定　　价 46.00元
